U0862115

国家级精品课程

高等院校本科会计学专业教材新系

Financial Management

财务管理

第二版

肖作平 主编

东北财经大学出版社
Dongbei University of Finance & Economics Press
大连

图书在版编目（CIP）数据

财务管理 / 肖作平主编. —2版. —大连：东北财经大学出版社，2018.3

（高等院校本科会计学专业教材新系）

ISBN 978-7-5654-3098-5

Ⅰ.财…　Ⅱ.肖…　Ⅲ.财务管理-高等学校-教材　Ⅳ. F275

中国版本图书馆CIP数据核字（2018）第035750号

东北财经大学出版社出版

（大连市黑石礁尖山街217号　邮政编码　116025）

网　　址：http：//www.dufep.cn

读者信箱：dufep@dufe.edu.cn

大连图腾彩色印刷有限公司印刷　东北财经大学出版社发行

幅面尺寸：185mm×260mm　字数：608千字　印张：25.5　插页：1

2018年3月第2版　2018年3月第4次印刷

责任编辑：王　莹　责任校对：贺　鑫

封面设计：冀贵收　版式设计：钟福建

定价：56.00元

教学支持　售后服务　联系电话：（0411）84710309

如有印装质量问题，请联系营销部：（0411）84710711

“高等院校本科会计学专业教材新系”

编写指导委员会

指导委员会

主任委员

葛家澍　徐政旦　郭道扬

委　　员（按姓氏笔画排列）

于长春　于玉林　于增彪　王立彦　王庆成　王光远　孙　铮　冯淑萍　汤云为
汤谷良　朱小平　刘永泽　刘明辉　刘贵生　李　爽　吴水澎　陈国辉　张为国
张文贤　张杰明　陆正飞　杨宗昌　罗　飞　欧阳清　秦荣生　郭复初　夏德仁
常　勋　蔡　春　魏明海

编写委员会

主任委员

王光远　刘明辉

委　　员（按姓氏笔画排列）

方红星　王　华　刘永泽　汤谷良　李建发　许景行　张天西　孟　焰　杨周南
罗　飞　赵德武　耿建新　盖　地　常　勋　魏明海

第二版前言

现代西方财务管理理论方兴未艾，为处于新兴资本市场的中国企业提供了有益借鉴。同时，转轨经济制度下的中国企业财务管理实践迅速发展，为财务理论的创新研究提供了新鲜土壤。梳理现代西方财务理论，并考虑中国独特的财务管理环境，有利于管理者思考如何优化企业的财务状况，发挥财务管理在现代企业管理机制中的重要作用。

“财务管理”课程作为经济管理类专业本科生的一门核心课程，需要这样一本教材：既能够全面介绍财务理论，又能融合具体现实问题，达到理论与实务的结合。本教材正是上述背景下的一种尝试。本书是编者在参阅大量相关书籍的基础上，结合财务理论前沿编写而成的。本书可以满足高等教育经济管理类专业本科生学习的需要，还可以作为教师、研究生及自学者的参考书。

相比国内同类教材，本书力创以下特色：

（1）通俗易懂。在阐述每章具体内容的过程中，力求以通俗易懂的语言对相关知识进行阐述，同时辅之以典型例题，让读者能够更好地学以致用。

（2）结构新颖。每章在正文之前有相应的学习目标，可以让学生更好地把握学习的重点和难点。每章正文前穿插了一个小案例作为引子，开门见山地引入本章主题，且选取的案例经典、真实，均为国内知名公司近几年发生的财务事件或与生活息息相关的事件。让学生真切地感受到理论来源于实践、应用于实践，公司财务活动与我们的生活息息相关。

（3）资源丰富。本书为国家级精品课程“财务管理”的重要构件，为方便教学，将各章基本训练用二维码的形式放在章末，并附有参考答案，帮助学生更好地巩固和复习所学的知识。

在线资源共享课
“财务管理”

（4）博采众长。本书不仅覆盖了国外经典财务理论，且深入探讨了西方财务理论移植我国新兴资本市场后的异象，把相关领域最新的国内外研究成果充分展现给学生，帮助学生在学习基本知识的同时，了解当前国内外该领域的最前沿知识以及发展脉络。

本书共14章，涵盖了财务管理的基本内容。本书结构及各章主要内容如下：

第1章公司财务管理概论，主要介绍财务管理的基本内容、企业组织形式、目标、代理问题与公司治理以及财务管理环境。重点增加了宏观经济环境对公司财务管理的影响。

第2章财务报表分析，主要介绍财务报表分析的基本方法和基本步骤、财务比率分析和杜邦分析体系。重点从财务管理视角介绍了财务报表的内容、结构、作用及报表之间的关系，对计算出的指标的经济意义进行了分析，对案例中根据指标算出的值进行了拓展分析。

第3章资金的时间价值，主要介绍货币时间价值的概念、现值和终值的计算、名义利率和实际利率的区别以及各种年金的计算。重点对全部公式重新进行了梳理，增加了复利终值系数、复利现值系数、年金终值系数、年金现值系数的符号表示，从而与传统财务管理教材相衔接，便于学生的理解和教学工作。

第4章风险与收益，主要介绍收益、风险及其度量和资本资产定价模型。重点增加了市场线、风险与贝塔系数的内容。

第5章证券估值，主要介绍债券和股票的概念、分类、估值的基本方法。重点增加了利率期限结构、税收风险、股票价格、实物期权估值理论等内容。

第6章资本预算，主要介绍资本预算的分类和程序、基本方法以及现金流量的估算，同时介绍了常见的资本预算的深层问题。重点增加了增量现金流量——核心概念和决策树法的内容。

第7章资本市场的有效性，主要介绍有效资本市场的定义、类型、异象以及资本市场效率对公司理财的影响。重点增加了对资本市场异象的解释。

第8章长期融资，主要介绍普通股融资、非流动负债融资和混合性融资三种融资方式的概念、种类、各自的优缺点和融资基本程序。重点增加了IPO抑价（折价）之谜、股票发行成本的类型和特点、融资结构的选择，修订了普通股的类型、股票发行的规定和条件、股票发行方式、销售方式和发行价格、高收益债券等内容。

第9章资本成本，主要介绍债务资本成本、权益资本成本以及加权平均资本成本的度量方法。重点增加了资本成本和必要报酬率、公司资本成本和项目投资资本成本的区别、发行成本和加权平均资本成本等内容。

第10章资本结构，主要介绍资本结构的相关概念、基本理论发展轨迹、公司融资管理无差别点分析方法和中国上市公司资本结构的状况。重点增加了比较资本成本法及其应用、企业价值分析法及其应用。

第11章短期融资管理，主要介绍营运资金和经营周转期等相关概念、短期融资的特点和来源以及现金和有价证券、应收账款、存货三种短期融资方式的管理。重点对短期财务计划的内容进行了拓展，增加了短期投资的特点、投资可行性以及现金收支管理等内容。

第12章财务计划，主要介绍财务预测、利润规划和财务预算。重点修改了财务预测的概念，调整了财务预测的目的和意义，增加了财务预测的步骤，同时适当调整了本章的结构和格式。

第13章股利政策，主要介绍了股利支付的程序和方式、股利政策理论、影响股利政策的因素、实务中的股利政策以及股票回购、股票股利和股票分割三种易混淆的股利政策，同时介绍了中国上市公司股利分配情况。在中国股利政策的内容中，重点增加了证监会历年出台的股利分配政策。

第14章公司估值，主要介绍了公司估值的意义、方法、现金流量折现法、乘数法，以及公司估值模型的应用和难题。

本书由肖作平教授主编。具体分工如下：肖作平教授负责全书的总体框架设计和提纲细目的确定、组织编写工作并负责全书的审稿、修改、定稿工作；尹林辉博士编写第1、9章；梁利辉博士编写第2、11章；杨小平博士编写第3、4、13、14章；张子健博士编写第7章；张樱博士编写第5、6、8章；王伟博士编写第10、12章。

我们以精品教材为目标并尽己所能编写了本书，力求体现本科教育特色，但由于编者水平所限，疏漏和不足之处在所难免，恳请各位专家和读者批评指正，以便我们以后加以修正，不断提高教材质量。

肖作平

2018年1月

目　录

MULU

第 1 章 公司财务管理概论

学习目标

- 了解公司三大财务活动：筹资活动、投资活动和利润分配活动；
- 掌握公司理财目标的几种观点，了解现代公司理财目标；
- 了解现代公司代理关系和代理成本；
- 理解代理关系对公司财务活动的影响；
- 掌握解决代理冲突的方法；
- 了解公司治理和代理问题之间的关系；
- 掌握公司理财的金融市场环境，理解金融市场和公司理财之间的关系，理解金融市场的构成及其类别；
- 掌握主要的金融机构分类，了解中国的主要金融机构；
- 掌握公司理财的法律环境，了解税法对公司财务决策的影响；
- 掌握市场利率的构成，了解利率在公司理财中的作用，了解利率期限结构问题。

引子

万宝之争

自2015年1月起，以宝能集团为中心的资本集团（宝能系）开始通过证券交易所买入万科A股票。2015年8月26日，宝能系合计对万科的持股比例达到15.04%，以0.15%的优势首次超越万科原第一大股东华润集团。华润集团快速做出反击，增持万科A（000002.SZ），重新夺回第一大股东的位置。但是，宝能系继续进攻，不断增持万科A，截至2015年12月24日，宝能系对万科的持股比例增至24.26%，取代华润成为万科第一大股东。2015年12月18日，万科A午间临时停牌，称正筹划重大资产重组。2016年3月13日，万科A公告称重组的对手方为深圳地铁集团。6月17日，万科A发布重组预案，拟以新增发股份的方式收购深圳地铁集团旗下的前海国际100%股权。这份重组方案披露之时，万科的第一大股东宝能合计持股26.81亿股，占总股本的24.29%。如果交易完成，深圳地铁集团将持有万科28.72亿股，占总股本的20.65%，将成为第一大股东，宝能的持股比例将被稀释至19.27%，华润直接持股比例将被稀释至12.1%。这份方案被市场解读为万科为了抵御宝能而精心设计的“毒丸计划”。但方案一出，便遭宝能和华润的双双反对。从2016年3月起，万科管理层奔走半年以上的方案如今正式“胎死腹中”。重组预案发布后宝能系积极行使股东权利。宝能系向万科A发出通知，提请万科A董事会召集2016年第二次临时股东大会，并提出了罢免王石、郁亮在内的万科10名董事、2名监事。但最终临时股东大会并未召开。

2017年6月9日晚间，中国恒大（0333.HK）发布公告称，公司以292亿元将手中持有的万科A15.53亿股转让给深圳地铁集团，持股比例为14.07%。深圳地铁集团此前已经从华润手中买下万科A的15.31%股权，加上此次从恒大手中买下的万科股份之后，以持股比例29.38%一跃成为万科的第一大股东，而宝能则以25.4%的持股比例退居为万科的第二大股东，安邦为第三大股东，持股比例为6.73%。恒大的股权转让终破“万宝之争”僵局，此次转让后，深圳地铁集团正式成为万科第一大股东，万科大股东再次易主。

资料来源　改编自：李晓青．恒大彻底退出“宝万之争”　深铁成为万科第一大股东［EB/OL］．［2017-06-09］．http：//finance.ifeng.com/a/20170609/15443177_0.shtml.

1.1　公司财务活动

财务是进行与货币有关的活动，关注确定价值。公司财务即关注如何确定企业的价值。公司财务活动就是组织公司资本运动的活动。尽管不同企业的具体情况不尽相同，甚至差异很大，但是公司财务管理的主要职能是相似的，就是组织筹资、进行投资和分配股利，即解决如何获得资金，使用资金使其增值和如何分配的问题。因此，公司财务活动主要包括三个领域，即筹资活动、投资活动、利润分配活动，这三个领域从不同的角度处理财务交易。

1.1.1　筹资活动

投资是组织企业生产经营的基础，而筹资则是进行投资的前提。因此，筹资活动是现代企业财务管理的首要环节，而且始终贯穿于企业的发展过程之中。筹资，是指企业为了满足投资和用资的需要，筹措和集中资本的过程。

企业可获得的主要资本来源分为两大类：一是债务，其由契约条款构成，企业凭此借入一定数额资金并承担在某一特定时间偿还的义务；二是权益，企业为了获取资金而必须出售部分产权。这两种主要的融资工具与不同的收益和控制权水平相关，债务承诺要求权期满时的固定定期清偿，具有固定索取权；权益承担资源流入和承诺给其他代理人偿还差额的剩余风险，具有剩余索取权。

筹资活动面对的问题是多层次的。首先，不同的筹资形式（如向银行贷款、发行股票等）有着不同的资本成本（如利息、股息等），而不同的筹资方式和数量组合会形成不同的资本结构和成本组合。因此，筹资活动必须注重资本结构的合理安排，以保证企业财务具有稳定性和灵活性。其次，筹资活动必须注重成本的控制，不同的资金提供者会要求不同的报酬率，故而企业要进行广泛的比较与选择。此外，筹资活动还应该密切配合投资和生产经营的实际需要，做到适时和适量。财务管理中，有效的资金筹集就是形成这样的资本结构：以最少的成本、最低的风险来获取最大的收益。

1.1.2 投资活动

投资是金融机构或个人从事组合投资而获得回报的领域，是现代企业财务管理的重要环节。投资决策的成败，对企业具有根本性的影响。企业的投资决策按不同的标准可以作以下分类：

1）直接投资和间接投资

直接投资是指把资金直接投放于生产经营性资产，以获取利润。例如，购置设备、兴建工厂、开办商店等。

间接投资又称证券投资，是指把资金投放于金融性资产，以获取股利或利息收入。例如，购买政府债券、购买企业债券、购买公司股票等。

2）长期投资和短期投资

长期投资是指超过一年的投资，又称资本性投资。例如，购买设备、建造厂房等。

短期投资是指不超过一年的投资，又称流动资产投资或营运资产投资。例如，对应收账款、存货、短期有价证券的投资。

投资活动的基本内容是投资决策分析，就其完整意义而言，投资活动的首要任务是进行投资方向选择，如多元化投资、一体化投资及专业化投资等。由于不同的投资方向意味着企业不同的发展方向和路径，因此，投资方向选择是一个非常具有战略意义的问题，需要谨慎研究。在具体的投资决策分析中，一方面要结算现金流量，另一方面要充分考虑投资风险。在投资项目形成以后，还要注意加强跟踪管理，以确保投资项目实施过程中取得预期效果。

投资有三个功能：一是交易证券；二是个股分析；三是为投资人确定最佳的投资组合。

1.1.3 利润分配活动

企业盈利后，公司还要考虑如何分配收益。在满足公司所有者（股东）利益的同时，又留有足够的资金以保证公司可持续发展，这就是股利政策所要解决的问题。

利润分配活动主要是研究企业实现的税后净利润如何进行分配，多少用于发放股利，多少用于企业留存以进行再投资。在进行利润分配决策时，需要综合考虑股东的近期利益和长远利益。股利分配水平过低，会使股东的近期利益得不到满足，可能引起股东不满，造成股价下跌；股利分配水平过高，企业留存过低，又不利于企业的长期发展，影响企业再投资能力，会使未来收益减少，造成股价下跌。具体来说，利润分配活动主要研究解决的问题包括：①股东对分红的要求；②企业发展对保留盈余的要求；③影响利润分配政策的各种具体因素；④股利政策的连续性问题。

投资、筹资和利润分配三个方面相互联系、相互依存，共同构成了公司财务活动的基本内容。

1.2 财务活动的职能

那么，如何去管理以上领域？这就涉及财务活动的职能。财务活动的职能主要是建立科学的财务管理运行机制。

财务活动是一个循环过程，一般来说，它应与本企业的生产周期相吻合，应包括财务决策、财务预测、财务计划、财务控制、财务分析、财务检查六个环节。这些环节互相配合、紧密联系，形成周而复始的财务管理循环过程，构成完整的财务管理工作体系。

1.2.1 财务决策

财务决策，是指对财务方案、财务政策进行选择和决定的过程。财务决策的目的在于确定最佳的财务方案。只有确定了效果好并切实可行的方案，财务活动才能取得好的效益，完成企业价值最大化的财务管理目标。因此，财务决策是整个财务管理的核心。财务决策是在财务管理的基础与前提下对财务预测的结果进行分析与选择，是一种多标准的综合决策。决定方案的取舍，既有货币化、可计量的经济标准，又有非货币化、不可计量的非经济标准。因此，决策方案往往是多种因素综合平衡的结果。财务决策按照能否程序化，可以分为程序化财务决策和非程序化财务决策。前者指对不断重复出现的例行财务活动所作的决策；后者指对不重复出现、具有独特性的非例行财务活动所作的决策。按照决策所涉及的时间长短，可分为长期财务决策和短期财务决策。前者指所涉及时间超过一年的财务决策；后者指所涉及时间不超过一年的财务决策。按照决策所处的条件，财务决策分为确定型财务决策、风险型财务决策和非确定型财务决策。前者指对未来情况完全掌握、每种方案只有一种结果的事件的决策；次者指对未来情况不完全掌握、每种方案会出现几种结果，但可按概率确定的事件的决策；后者指对未来情况完全不掌握，每种方案会出现几种结果，且其结果不能确定的事件的决策。按照决策所涉及的内容，财务决策还可以分为投资决策、筹资决策和分配决策。前者指资金对外投出和内部配置使用的决策；次者指有关资金筹措的决策；后者指有关利润分配的决策。

1.2.2 财务预测

财务预测就是在认识财务活动的过去和现状的基础上，发现财务活动的客观规律，并据此推断财务活动的未来状况和发展趋势。在变化莫测的市场中，企业必须抓住机遇，驾驭市场，制定出可行的经营目标。财务活动自身的客观规律和现代经济预测理论、方法的发展，使准确地开展财务预测成为可能。从财务管理的整个过程看，财务预测在财务决策、预算和控制等之前，是财务活动的首要环节。财务预测可为进行财务决策、编制财务预算、实施财务控制提供依据。

财务预测可以根据不同标准进行多种分类：①按预测对象分为筹资预测、投资预测、成本预测、收入预测和利润预测；②按预测性质分为定性预测和定量预测；③按预测时间跨度分为长期预测、中期预测和短期预测；④按预测值多寡分为单项预测和多项预测；⑤按预测态势分为静态预测和动态预测。

开展财务预测的一般步骤如下：①明确预测对象和要求，即首先要明确预测什么和完成什么要求。预测的对象和要求不同，所需搜集的资料、采用的方法、预测结果的表现方式等均会不同。②搜集和整理资料。预测必须依据可靠的资料，并要求其具有完整性和典型性，对搜集到的资料还应进行归类、汇总、调整、加工处理，使之满足预测的需要。③运用预测方法进行预测，即对经过加工整理的资料，选用适当的预测方法做出说明，取得初步的预测结果。

财务预测有定性预测和定量预测两种方法。定性预测是通过判断事物所具有的各种因素、属性进行预测的方法，它是建立在经验判断、逻辑思维和逻辑推理基础之上的，主要特点是利用直观的材料，依靠个人经验的综合分析，对事物未来状况进行预测。经常采用的定性预测方法有专家会议法、菲尔调查法、访问法、现场观察法、座谈法等。定量预测是一种通过分析事物各项因素、属性的数量关系进行预测的方法。它的主要特点是根据历史数据找出其内在规律、运用连贯性原则和类推性原则，通过数学运算对事物未来状况进行数量预测。定量预测的方法很多，应用比较广泛的有时间序列预测法（包括算术平均法、加权平均法、移动平均法、指数平滑法、最小二乘法等）、相关因素预测法（包括一元线性回归法、多元线性回归法等）、概率分析预测法（主要指马尔柯夫预测法）等。

1.2.3　财务计划

财务计划是财务预测所确定的经营目标的系统化和具体化，又是控制财务收支活动、分析和检查生产经营成果的依据。它主要运用科学技术手段和数学方法，对目标进行综合平衡，制订主要计划指标，包括资金使用计划、资金筹集计划、费用成本计划、利润及利润分配计划等。企业在计划期内以货币形式反映生产经营活动所需要的资金及其来源、财务收入和支出、财务成果及其分配的计划。财务计划的实施也可编制成财务预算。财务预算既是财务预测和财务决策结果的系统化和具体化，又是企业内部各级、各部门的奋斗目标，是企业各项工作协调、实施财务控制和开展财务检查的依据。财务预算是反映某一方面财务活动的预算，如反映现金收支活动的现金预算，反映销售收入的销售预算，反映成本、费用支出的生产费用预算（包括直接材料预算、直接人工预算、制造费用预算）、期间费用预算，反映资本支出活动的资本预算等。综合预算是反映财务活动总体情况的预算，如反映财务状况的预计资产负债表、预计财务状况变动表、财务成果预计利润表。

编制财务计划大致要经过以下程序：①由企业最高管理层根据财务决策提出一定时期的经营目标，并向各级、各部门下达规划指标；②各级、各部门在规划指标范围内，编制本部门预算草案；③由财务部门或预算委员会对各部门预算草案进行审核、协调，汇总编制总预算并报企业负责人、董事会批准；④将批准的预算下达各级、各部门执行。

财务计划具有多种编制方式：①固定计划，即按计划期某一固定的经营水平编制的财务计划；②弹性计划，即按计划期内若干经营水平编制的具有伸缩性的财务计划；③滚动计划，即用不断延续的方式，使计划期始终保持一定长度的财务计划；④零基计划，即对计划期内指标不是从原有基础出发，而是以零为起点，考虑各项指标应达到的水平而编制的财务计划。

1.2.4 财务控制

财务控制是现代企业科学管理的重要内容，也是财务管理的核心内容。按现代企业制度管理要求，财务控制就是在实施财务计划、组织财务活动的过程中，根据反馈信息，及时判断财务活动的进展情况，财务控制要求相互对照，发现差异，并根据具体原因及时采取措施，保证财务活动按计划进行。财务控制不仅是企业经营状况和经营成果的评价和监督，而且是企业进行预测、决策和实施战略管理的基础和依据。财务控制和财务计划有密切关系，计划是控制的重要依据，控制是执行计划的手段，它们组成了企业财务管理循环。财务管理循环的主要环节包括：①制定财务决策；②制定预算和标准；③记录实际数据；④计算应达标准；⑤对比标准与实际；⑥差异分析与调查；⑦采取行动；⑧评价与考核；⑨激励；⑩预测。

1.2.5 财务分析

财务分析是以财务报表数据和其他资料为依据和起点，采用专门的方法，系统分析和评价企业过去和现在的经营成果、财务状况及其变动，并检查企业偿债、获利和抵抗风险的能力，为企业的投资者、债权人、经营者及其他关心企业的组织或个人了解企业过去、评价企业现状、预测企业未来，做出正确决策提供准确信息或依据的经济应用学科。通过这种分析和评价，可以为财务决策、计划和控制提供广泛的帮助。随着制度和法律的逐步建立和完善，对现代企业进行财务分析也变得越来越必要，越来越迫切。

财务分析的一般目的可以概括如下：评价过去的经营业绩；衡量现在的财务状况；预测未来的发展趋势。根据分析的具体目的，财务分析可以分为以下四类：①流动性分析；②盈利性分析；③财务风险分析；④专题分析。财务分析的方法包括比较分析法和因素分析法。因素分析法具体又分为四类：差额分析法、指标分解法、连环替代法、定基替代法。

1.2.6 财务检查

财务检查是以核算资料为主要依据，对企业经济活动和财务收支的合理性、合法性和有效性进行的检查，是实现财务监督的主要手段。财务检查主要检查国家财经制度、财经纪律的执行情况。

1.3 企业组织形式

任何企业都有财务活动，都需要进行财务管理，但是营利性组织和非营利性组织之间的财务管理有着较大的区别，本书讨论的是营利性组织的财务管理，即企业财务管理。企业组织形式主要有以下三种：个人独资企业、合伙企业、公司制企业。

1.3.1 个人独资企业

个人独资企业是指由一个自然人投资所建立的企业。财产归投资者个人拥有，自主经营，自负盈亏，投资人以其个人财产对企业债务承担无限责任。

个人独资企业具有以下重要特征：(1) 个人独资企业是创立成本最低的企业组织形式，不需要正式的章程，而且在大多数行业中，需要满足的政府规章极少；(2) 个人独资企业不需要缴纳企业所得税，企业所得利润按个人所得税纳税；(3) 个人独资企业对企业债务承担无限责任，投资者个人资产和企业资产之间没有差别；(4) 个人独资企业的存续时间受制于企业所有者的寿命；(5) 企业筹集的资金很有限，因为只有企业所有者的投资，所以个人独资企业所能筹集到的权益资本仅限于企业所有者的个人财富。

1.3.2　合伙企业

合伙企业是由各合伙人订立合伙协议，共同出资，合伙经营，共享收益，共担风险，并对债务承担无限连带责任的营利性组织。通常，合伙企业由两个或两个以上的自然人出资组建，有时也包括法人或其他组织。合伙企业可以分为以下两类：(1) 普通合伙制企业。全部的合伙人按一定的比例出资，共同经营，共负盈亏。每个合伙人都对合伙制企业的全部债务承担无限责任。合伙制企业中合伙人的权责通过协议加以明确。合伙制企业的协议可以是口头的，也可以以书面形式正式阐明所规定的事项。(2) 有限合伙制企业。有限合伙制企业允许部分合伙人对企业债务的责任仅限于其个人在合伙制企业的出资额。有限合伙制企业需要满足以下两个要求：至少有一个普通合伙人；有限合伙人不参与企业管理。

合伙企业具有以下重要特征：(1) 合伙企业的创建成本一般较低。无论是有限合伙制企业还是普通合伙制企业，都需要相应的书面文件，需要申请企业经营执照。(2) 普通合伙人对全部债务承担无限责任，而有限合伙人仅需承担与出资金额相应的责任。如果某个普通合伙人不能履行其相应的义务，其不足部分由其他普通合伙人承担。(3) 普通合伙制企业通常在某个普通合伙人死亡或撤出后将终止，而有限合伙人的死亡或撤出通常不会导致企业终止。对于一个合伙制企业，如果没有宣布解散是很难转让产权的。这通常需要全体普通合伙人的一致同意，但有限合伙人可以转让他们在企业中的权益。(4) 合伙企业筹资较为困难。筹资规模通常受到合伙人自身能力的限制。(5) 合伙企业按合伙人的个人所得缴纳所得税。(6) 合伙企业控制权归属于普通合伙人。

大型企业要以个人独资或合伙的形式存在是很困难的。个人独资企业和合伙企业最主要的优势是创立费用较低，但其劣势在创立之后可能变得很严重，主要表现如下：责任无限、企业生命有限、产权转让困难、筹集资金困难。

1.3.3　公司制企业

公司制企业是指依据公司法登记设立的营利性法人组织。在众多企业组织形式中，公司制是目前最为重要的。公司拥有名称，并享有很多自然人的法律权利。比如，公司可以购买和转让财产、可以签订合同、可以起诉和被起诉。

创建公司制企业比创建个人独资企业或合伙企业复杂得多。公司创建人必须准备公司章程和一套规章制度。公司章程要包含以下内容：公司名称、公司计划的经营年限（可以永续经营）、经营目的、公司获准发行的股票数量及相应股份的权限、股东拥有的权利、发起董事会的成员数量。

最简单的公司由三类不同的利益者所组成：股东、董事会成员、公司高层管理者。股东通常控制公司的方向、政策和经营活动。股东选举产生董事会成员，然后董事会成员聘请高层管理者。高层管理者是公司的主管，代表股东的利益管理企业的日常经营活动。在股东少、股权集中的公司，股东通常会兼任董事会成员或者公司高层管理者。但是，在大型企业中，股东、董事会成员和公司高层管理者往往分属不同的群体。

与个人独资企业和合伙企业相比，公司制企业具有以下优点：(1) 由于股份代表着公司的所有权，因此所有权可以通过股份随时转让给新的所有者。因为公司的存在与持股者本身无关，所以股份转让不像合伙企业那样受到诸多限制。(2) 公司具有无限的存续期。由于公司与它的所有者是相互独立的，因此某个所有者的死亡或撤出股份在法律上并不影响公司的存在。即便公司的创立者撤资，公司仍可以继续生存。(3) 股东在公司所承担的债务仅限于其所有权股份的出资额。

有限责任、所有权易于转让和永续经营是公司制企业的主要优点，这些优点增强了公司筹集资金的能力。但公司制企业也有其缺点：(1) 双重征税。政府除了对股东的股利收入征税外，还对公司的所得征税。(2) 创建公司的成本较高。相比个人独资企业和合伙企业，公司法对公司的建立要求更高，并需要提交一系列的法律文件，通常所需时间较长。公司建立后，政府对其监管比较严格，需定期提交各种报告。(3) 代理问题的存在。经营者和所有者分离后，经营者成为代理人，所有者成为委托人，代理人可能出于自身的利益考量而损害委托人的利益。

在三种企业组织形式中，个人独资企业数量所占比重是最大的，但是绝大多数的商业资金是由公司制企业控制的。因此，财务管理通常以公司制企业的财务作为讨论的重点。除非特别强调，本书讨论的财务管理均指公司财务管理。

1.4 财务管理的目标

公司理财目标，是指公司进行财务活动所要达到的根本目的。它是评价公司财务活动是否合理的标准，决定着公司理财的基本方向。公司的财务管理应有明确的目标，将其作为财务决策所依据的最高准则，是企业财务活动所要达到的最终目标。因为资本增值是企业的本质追求，企业的所有目标最终都会归结于财务目标，因此，企业目标也往往等价地表达为财务目标。

影响企业目标形成的主要因素包括投资者、雇员、管理者、消费者、政府及社会公众。究竟公司财务应以何为目标？随着研究的发展，理论界提出过以下四种观点。

1.4.1 利润最大化

利润最大化是财务管理最基本的目标，也是公司可能实现的目标。它是指公司的利润额在尽可能短的时间内达到最大。这样设定财务目标，从一般的经济理论意义上讲是合理的。因为，企业的目的就是创造剩余价值，而剩余价值的多少可以用利润来衡量；而且在自由竞争的条件下，资本将流向能实现最大增值的企业，以利润最大化为财务目标有助于实现社会资源的合理配置。现代财务理论认为，利润最大化作为企业财务目标，是在19世纪发展起来的。当时企业结构的特征是自筹资金、私人财产和个人业主。简单地以利润最大化就可以满足个人业主的目的——增加个人财富。但是现代企业的环境是以有限责任和经营权与所有权分离为特征的，企业由职业经理人负责经营。职业经理面临的环境比以往复杂得多，需要协调所有与企业有利害关系的主体之间的矛盾。在这种情况下，利润最大化的目标已经不适当了，它存在着一定的局限性，不能同时满足与企业相关的各主体的要求。

（1）没有考虑所获得的利润和投资资本额的关系，即没有考虑企业的投入和产出之间的关系。不考虑利润和投入资本的关系，会使财务决策优先选择高投入的项目，不利于高效率的项目。

（2）利润最大化的概念模糊不清。针对利润不同的定义，如是会计利润（账面价值）最大化还是经济利润（市场价值）最大化，是短期利润最大化还是长期利润最大化，它们并不总是相一致的。

（3）利润最大化忽略了所获货币的时间差异。货币是有时间价值的，而利润最大化只关注最终结果，而忽略了得到货币的时间。

（4）利润最大化忽视了不同方案间的风险。如果两个企业预期收益相同，但如果一个企业比另一个企业波动大得多，那么前者的风险就比后者大，理性的投资者毫无疑问会选择投资于后者。这样，利润最大化就不能满足投资风险和收益相匹配的原则。

（5）利润最大化强调的是会计利润，只考虑了债务成本利息，却忽略了重要资金成本之一的股本成本。且利润指标由于是根据会计标准、按权责发生制原则计算的结果，因此便于管理者操纵。

1.4.2　每股收益（盈余）最大化

每股收益是税后利润与普通股股数之比。这种观点认为，应当把公司的利润和股东投资的资本联系起来考察。其优点是把公司实现的利润额与股东投入的资本进行比较，能够说明公司的盈利水平，可以在不同资本规模的公司之间进行比较，揭示其盈利水平的差异。但该指标仍不能避免利润最大化目标在第（2）~（5）项上的局限性。

1.4.3　股东财富最大化

正常状态下，股东是公司的所有者，他们购买股票是为了追求财务报酬，投资者会对引起股票价格涨跌的各种信息做出反应。因此，股本价值提供了衡量公司业绩效果好坏的良好指标。管理者是为股东工作的，他们应当制定并执行有利于增加股东价值的经营策略，财务管理的最主要目标之一是股东财富最大化（stockholder wealth maximization）。股东财富最大化是指通过财务上的合理经营，为股东带来最多的财富。在股份经济条件下，股东财富就是股东所持有股票的价值，通常按照股东持有的股份乘以股票的市场价格来确定。在股票数量一定且股票价格达到最高时，则股东财富达到最大化。

股东价值最大化是指管理者寻求公司的股东预期未来收益现值的最大化。因此，该目标考虑了货币的时间价值、风险等因素。股东价值最大化是一个市场概念，而不是会计概念。持这种观点的学者认为，股东创办企业的目的是增长财富。他们是企业的所有者，是企业资本的提供者，其投资的价值在于它能给所有者带来未来报酬，包括获得股利和出售股权获取现金。在股份经济条件下，股东财富由其所拥有的股票数量和股票市场价格两方面来决定。因此，股东财富最大化也最终体现为股票价格。他们认为，股价的高低代表了投资大众对公司价值的客观评价。它以每股的价格表示，反映了资本和获利之间的关系；它受每股盈余的影响，反映了每股盈余大小和取得的时间；它受企业风险大小的影响，可以反映每股盈余的风险。

企业以股价最大化为目标，除了它代表着投资者对公司价值的客观评价，同时对社会而言也是有利的，这是因为：①股价最大化需要企业尽可能以低的成本提供高质量的产品或服务；②股价最大化要求公司不断开发新产品以满足消费者的需要，从而创造出更多的新产品、新技术和就业机会，为社会服务。

与利润最大化目标相比，股东财富最大化目标具有如下优势：①考虑了风险因素，这是因为风险的高低会对股票价格产生重要影响；②在一定程度上能够克服公司在追求利润上的短期行为，这是因为不仅当前的利润会影响股票价格，预期的目标利润也会对公司股票价格产生重要的影响。

但是股东财富最大化也存在一些缺陷：①“股东财富最大化”是一个十分抽象而很难具体确定的目标。“股东财富最大化”目标在实际工作中难以被企业管理层和财务管理人员所捉摸。股票价格受多种因素影响，并非都是公司所能控制的，把不可控因素引入理财目标是不合理的。②由于上市企业大都相互参股，其目的在于控股或稳定购销关系，或者说，法人股东似乎并不把股价最大化作为其财务管理追求的唯一目标。③“股东财富最大化”是企业所有者所希望实现的利益目标，而对其他利益相关者的利益重视不够，在实际工作中可能导致企业所有者与其他利益主体（如债权人、经理人员、内部职工、社会公众等）所希望的利益目标发生矛盾。

1.4.4 公司价值最大化

西方经济发展进入20世纪90年代以来，企业生存和发展的目的逐渐由追求股东财富最大化发展为公司价值最大化。公司价值是指把公司推向市场而具有的价值，即把公司作为特殊商品被用来买卖时的市场价值。公司价值是股东价值、债权人价值、社会价值、顾客价值、员工价值的集合，是兼顾眼前利益和长远利益的集合。

财务管理需要考虑的另一个目标是社会责任（social responsibility）。企业在寻求其他目标的同时，还应该考虑社会责任。成功的企业与雇员、供应商、消费者以及周围公共团体等紧密联系在一起，这些团体又与公司的繁荣和不断增产联系在一起，所以，公司应寻求与所有这些团体的利益均衡，而不只是关心自己公司的股东财富最大化。企业作为举足轻重的经济实体，必须要考虑其政策和行为对整个社会的影响，当然，社会责任行为需要支付成本，而不是所有企业都自愿支付这些成本。这意味着社会责任一般通过强制的方式（如法律和部门规章）而不是基于自愿的原则来确保所有的企业平均分担。

但是，越来越多的企业开始主动承担起社会责任，特别是在环境保护领域，因为这样做不但可以提高企业声誉，还促进了产品销售。例如，食品企业采用可循环使用或可生物降解的无毒包装材料；清洁用品中不再含磷等。

公司价值评估的基本方法是现金流量分析法。它通过预测公司未来的收益现金流来评估公司价值。如果风险一定，公司能产生的净现金流量越多，其价值也越高。在现金流量一定的条件下，公司价值与风险成反比，风险越大，公司价值越小，反之亦然。

公司的现金流量状况是评价公司财务状况的重要依据。用现金流量贴现模型进行公司价值评估可以采用三种方法：

1）股利贴现方法

该方法的依据是公司的价值等于预期未来全部股利的现值总和，它所采用的贴现率即是股东所要求的收益率或机会成本。缺陷是：难以对不支付股利或支付低股利的股票进行估价；股利支付率往往不稳定，使得每年的股利支付总额较税后利润额更难以预期。

2）自有资金现金流量方法

该方法假设公司股东拥有除去经营费用、本息偿还和为保持预定现金流增长率所需的全部资本性支出之后的剩余现金流，即股东权益现金流。其计算公式如下：

自有资金现金流量=净收益+折旧和摊销-营运资本追加额-资本性支出-偿还本金

营运资本是营业流动资产和无息流动负债的差额，营运资本追加额即营运资本的变动值，营业流动资产包括公司经营所使用或需要的所有流动资产，包括某些现金余额、应收账款以及存货等。该方法采用的贴现率是公司的股权融资成本。

3）完全现金流量方法

完全现金流量方法是指在支付了经营费用和所得税后，向普通股与优先股股东、债权人这些公司权利要求者支付现金之前的全部现金流。完全现金流量除可由净现金流量与优先股股东、债权人所要求的现金流量相加计算之外，另一种计算方法如下：

完全现金流量=息税前收益×（1-税率）+折旧和摊销-资本性支出-营运资本追加额

其中：

息税前收益=销售收入-经营费用-折旧和摊销

=净收益+所得税+利息费用

运用该方法进行股权价值评估需要先根据公司完全现金流量和以公司加权平均资本成本为贴现率计算出公司整体价值，再减去非普通股权益和债务的市场价值。它的优点在于其是债务偿还前的现金流，所以在估价时不需要考虑与债务相关的现金流量，较为简便。

除了上述基本方法以外，不少分析人员使用更为简便的方法进行估价。

（1）市盈率法。市盈率与预测的每股收益相乘就是该公司未来的股票价格。

（2）资产基准评估法，即先对公司的每项资产进行评估，得出各项资产的公允市场价值，然后将各类资产的价值加总，得出公司的总资产价值，再减去各类负债的公允市场价值总和，就得到公司股权的公允市场价值。该方法主要适用于公司的账面价值与市场价值差别很大的情况。

（3）市场评估模型，即先找出在营运和财务上与目标公司可比的上市公司作为参照对象，再根据参照公司的税后利润、净资产值、主营业务利润或现金流量等作为估价指标，算出这些指标与参照公司价值的比例，再根据目标公司的相同估价指标推断出目标公司的价值。该方法常用于对非上市公司的价值评估。

用公司价值最大化作为公司理财目标，具有以下优点：①考虑了取得报酬的时间，并用货币时间价值的原理进行了计量；②考虑了风险和报酬的关系；③有利于克服公司在追求利润上的短期行为；④兼顾了利益相关者的利益。

从理论上讲，公司价值最大化目标应该是现代公司理财的最优目标，但该指标也存在局限性，主要体现在其度量的非直观性，对公司价值的精确确定较为困难。

事实上，不同国家的企业由于所面临的财务管理环境存在着差异，其财务管理的目标也并非完全一致；即使是同一企业，由于其财务活动涉及不同利益主体，其财务管理的目标也不是唯一的。

1.5 代理问题与公司治理

1.5.1 代理问题

Jensen和Meckling把代理关系定义为一种契约，在这种契约下，一个人或更多的人（即委托人）聘用另一人（即代理人）代表他们来履行某些服务，包括把若干决策权托付给代理人。所谓代理成本，就是代理问题所衍生出来的成本。一般对委托人而言，难以零成本确保代理人所作决策可以永恒达到委托人所希望的最佳决策。为了防止或尽量减少代理人以牺牲委托人利益实现自己的最优福利，在代理关系中就需要有关激励、监督和契约关系的特别规定，以最大限度地缩小委托人和代理人之间的利益分歧，于是就出现了代理成本。“代理成本”这一概念是企业理论中的企业契约理论的基石。Jensen和Meckling将代理成本的总和定义如下：①委托人的监督支出；②代理人的保证支出；③剩余损失（residual loss）[①]。代理成本包括在利益冲突的各代理人之间建立、监督和组合一系列契约关系的成本以及契约实施的成本超过收益而造成的产值损失。代理成本的存在，使得企业的效率受到损害。

公司的基本代理关系包括：①股东和管理者之间；②股东和债权人之间；③大股东和小股东之间；④公司与其他利益相关者之间。

1）股东和管理者之间的冲突

股东和管理者之间的冲突源于控制权和所有权的分离，即管理层持有少于100%的剩余索取权。一方面，当经理人员对工作尽了努力，他承担了全部成本而只获得其追加努力所创造收入增量的部分；另一方面，当他增加“额外津贴”（perquisites）消费时，他得到全部好处但只承担一部分成本。因此，当经理持股比例较少时，他偷懒和谋求私利的积极性会增加，所以，部分所有制下的企业价值就会小于完全所有制下的企业价值，这两种价值的差额称为外部股权的“代理成本”，它是经理持股比例的减函数。增大经理持股比例，可以减少这种无效率性。经理在企业中的绝对投资固定不变时，增大投资中的负债数量将增大经理持股比例，从而减缓股东和管理者之间冲突造成的损失。Jensen的过度投资问题是该理论的一个特殊例子。根据过度投资假设，经理们具有使其公司成长超过最优规模和接受净现值为负数项目的激励。Jensen认为当公司具有较多的自由现金流量和较少投资机会时，过度投资问题加剧。自由现金流量产生了另一种代理成本。无论是内部来源还是外部来源，产生的为投资可获得的资金，企业都应该投资于净现值（NPV）为正的项目上。没有这些可获得项目的企业应把过量资金分配给股东。没能这样做也是一种代理成

① 代理人的决策与委托人福利最大化的决策之间会存在某些偏差。由于这种偏差，委托人的福利将遭受一定的货币损失，Jensen和Meckling把这种损失称为“剩余损失”。

本。典型地，这些过量资金是内部产生的，因为用发行债券向股东支付通常受负债契约禁止，发行权益向老股东支付不是理性经理人所做的。过度投资问题可以通过发行债券加以缓和。Jensen指出，负债的好处是能够提高管理者及其所在组织的效率，从而起到“控制效应”作用。负债的增加可以减少管理者随心所欲自由使用现金流量的数量，从而减少自由现金流量的代理成本。Jensen把其非随心所欲的本质称为负债的纪律作用。存在控制过度投资时可选择的机制有：①使经理们的收入取决于企业的业绩，这可以通过管理者持股或期权计划的方式完成；②内部和外部的公司控制可以减缓投资过度，内部控制机制包括董事会、大股东等，外部控制机制的一个例子是公司控制权市场，其特征是敌意接管。

在Harris和Raviv、Stulz的模型中，管理者和投资者的冲突源于经营决策的分歧，且假设冲突不能通过基于现金流量和投资支出的契约加以解决。在Harris和Raviv的模型中，经理被假定总是希望继续当前的经营，即使清算对股东更为有利。负债给债权人在现金流量不佳时强迫清算的选择权，从而减缓这个问题。然而，债权人在清算决策中，需要对企业的前景进行调查，这将产生相应的信息成本。因此，最优的资本结构是在强化清算决策和较高调查成本之间进行取舍。在Stulz的模型中，管理者被假定总是想把可获得的资金都用于投资，即便把现金支付给投资者是一种更好的选择。与Jensen的模型一样，在Stulz的模型中，负债支付减少了自由现金流量。在Stulz的模型中，负债的成本是负债的支付可能使自由现金耗尽，以致没有可获得的资金对有利可图的项目进行投资[①]。最优的资本结构是在负债的利益（即阻止对价值下降的项目的投资）和负债的成本（即妨碍对价值上升的投资）之间进行权衡。

2）股东和债权人之间的冲突

在股东和债权人之间的冲突中，股东（其代表）做出使财富从债权人向股东转移的决策。但是，债权人注意到这种财富剥夺可能发生的情形。因此，他们对其债权要求更高的收益。预知债权人反应的股东能减缓这个潜在的冲突。相关的文献已识别了股东和债权人之间的三种潜在冲突：直接财富转移、资产替代效应和投资不足。直接财富转移冲突的例子有股利增加或发行更高优先权的负债。Jensen和Meckling所指出的债权人和股东之间的利益冲突（资产替代效应），是由负债合约给予股东一种次优投资的激励所造成的（如果投资者按价值比例持有所有的证券，就不会有这类冲突）。特别是负债合约规定了：如果一项投资产生了大大高于负债面值的回报，股东可得到大部分回报；如果投资失败，由于有限责任，债权人将承担后果。于是股东可能从投资非常冒险的项目中获利，即使这些项目是价值减少的。这类投资将导致负债价值减少。由于这种拙劣的投资造成的股权价值的减少是以债权人的利益为代价所获的权益价值的收益，股东将向债权人承担这一成本。然而，当负债发行时，如果债权人正确地预期到股东的未来行为，这样，股东从负债中的所得将比其他情况下少，从而，由负债引起的投资于价值减少项目的激励成本由发行负债的股东承担。这个效应被称为“资产替代效应”，是负债融资的一个代理成本。Myers提出了由于投资不足和破产所引起的另一代理问题。当股东没有接受净现值为正的项目时，投资不足问题产生。Myers证明了负债能引起企业投资不足，因为投资给债权人带来了利

① 在Stulz的模型中，投资不足问题的起源与Myers的有本质上的差异。Stulz假定在企业中管理者不拥有股权和他们从经营更大企业中获得效用，结果，他们具有增大企业规模的激励。这一激励导致经理们从事净现值为负的项目。

益，而全部成本由股东承担。他发现在公司近期可能破产时，即使有新的可以导致价值增加的项目，股东也不会有投资的激励，因为在濒临破产的情况下，现有的破产程序可能使该项目的成本和风险全部由股东承担，但收益却大部分或全部被债权人优先占有。由于负债融资比例高的企业更易出现破产，因而他认为负债比例高的企业可能容易导致放弃净现值为正的项目，即产生投资不足问题。在Myers的投资不足问题中，成长选择权将不会被执行，这是因为，由于过度负债，股东将不提供权益为这些成长机会融资。

3）大股东和小股东之间的冲突

近年来人们开始关注另一种形式的代理问题，即控股股东以小股东的利益为代价谋求自己的利益。众多学者通过研究发现，当今世界企业所有权集中才是普遍现象。在集中的所有权结构条件下，最基本的代理问题就不再是外部投资者和管理者之间的关系问题，而是外部股东和控制性的大股东之间的利益冲突问题，因为控制性股东几乎能够全部控制管理者。在新兴国家和转轨国家，股权都高度集中。在这种集中所有权结构条件下，大股东和小股东代理问题就显得尤为突出。Shleifer和Vishney认为在某些国家代理成本来自控股股东和小股东之间的利益冲突，而不是管理者和分散股东之间的利益冲突。La Porta等总结道："全世界大公司的中心代理问题都是如何限制控股股东损害小股东的利益。"他们用"隧道行为"（tunneling）[①]一词来描述控股股东的掠夺行径。在这些情况下，大宗持股是有成本的，因为控股股东能以有效率和无效率的方式从其他与其利益不一致的小股东处掠夺财富。Faccio和Lang发现存在控股股东的公司掠夺发生的可能性较大。控股股东和小股东之间的代理冲突将影响公司财务活动，包括融资政策、投资政策和股利政策。

在中国特殊的股权结构下，公司治理的核心不但包括管理层和股东之间的利益冲突，更多的是控股股东和中小股东之间的利益冲突。根据肖作平的研究，中国上市公司大股东之间持股比例相差悬殊，第一大股东平均持股比例达44.35%，而第二大股东平均持股比例只有9.00%，第四到第十大股东平均持股比例为5.60%，这表明中国上市公司的股东实力分布不均，第一大股东拥有绝对控制优势，其他大股东难以与第一大股东相抗衡，股权制衡在制度上并不存在。在中国证券市场上，就曾发生多起大股东掠夺小股东的事件。大股东掠夺小股东现象的普遍存在说明在公司治理机制中需要健全对大股东行为的制约机制。

4）与外部利益相关者的冲突

与代理问题相关的另一类冲突是与外部利益相关者的冲突。Titman研究了资本结构选择和外部利益相关者之间的关系。Titman指出，企业股东和债权人同企业有关的各类人员（客户、工人和供应商等）之间也是一种代理关系，当企业进行清偿时，企业原有客户将失去原有服务合同，却得不到任何补偿。同样，工人失去原有工作，没有任何讨价还价的余地。Titman指出，购买耐用品（如汽车、洗衣机或电冰箱）的客户需要拥有将来的服务，如提供零部件和维修等。当一个客户购买了一件耐用品，他既为产品本身进行支付，也为获得随后的零部件和维修的服务进行支付。如果企业破产清算，客户就不再能获得他们曾预期能获得的零部件和服务。因此，企业和客户之间的代理问题就是保证客户将来需要的零部件和服务在他们需要时唾手可得。客户必须判断耐用品的销售者经营失败和被清算的可能性。Titman认为公司的清算也许会对顾客和员工强加成本，结果，他们要求对产

① "隧道行为"是指股东投入的资源从公司向控股股东转移。

品和工资的风险进行补偿，这些成本就被转移给股东。但是，如果股东只有在利得超过所有的成本（包括顾客和员工的成本）时才愿意清算，这将增加资本成本。

5）代理问题

委托人和代理人由于其目标函数并不总是保持一致，因此他们之间存在着利益冲突，这被称为代理问题。根据信息不对称发生的时间，代理问题可分为逆向选择和道德风险。信息不对称发生在委托代理关系形成之前的代理问题称为逆向选择，即代理人为了自己的利益，设法利用信息优势诱使委托人签订对其不利的契约；信息不对称发生在委托代理关系形成之后的代理问题被称为道德风险，即代理人在契约达成之后，利用自己的信息优势不努力工作或以权谋私，从而损害委托人的利益。代理问题研究的核心就是委托人如何设计一套激励约束机制促使代理人在满足自身效用最大化的条件下，达到对委托人效用最大的效果。

代理问题的分析框架，即影响代理问题的主要因素有：①权责不对等。代理人掌握着企业的经营控制权，但不承担企业财产损益的风险责任；委托人失去了经营控制权，却最终承担企业的财产风险。这样，代理人进行经营决策时就可能不负责任。②信息不对称。一方面，委托人对代理人条件禀赋的了解总是有限的；另一方面，代理人对自己的努力程度比委托人有更清楚的了解。根据有限理性假说，代理人作为经济人具有机会主义倾向，即借助不正当手段谋求自身效用最大化。信息不对称为代理人采取机会主义行为提供了可能。委托人对代理人了解得越少，信息不对称越严重，代理人就越容易采取机会主义行动。③不确定性。经营活动总是充满了不确定性，委托人难以辨明不良的经营后果是源于不可避免的风险还是由于代理人的主观意愿。因此，不确定性使代理人的机会主义行为更容易成为现实。不确定性因素越多，代理问题越突出。代理问题是如何才能激励相容的问题。如何降低代理成本实质上就是如何设计一个合理的激励与约束机制的问题。

（1）用激励制度来降低代理成本

让代理人拥有剩余索取权，就是一种激励机制。委托人将部分剩余索取权转让给代理人，使代理人收益与企业绩效相对应。这种产权结构的调整可以通过内部的激励来调动代理人积极性，使代理人收益与企业绩效相挂钩。对于委托人，从静态上看，其利益似乎受损，但这是降低代理成本的最优办法；从动态上看，从长远来看，这是一个“放长线钓大鱼”的做法。由于代理人获取了部分剩余索取权，其经营的积极性提高了，可以增加整个企业的绩效，这样便使委托人损失从企业绩效的提高中得到补偿。

如何设计激励方案？一般来说，代理人的效用函数目标不是单一的而是多元的。每个人的效用函数都具有特殊的形式。对于委托人而言，针对代理人“投其所好”设计激励和约束条件是很重要的。激励的形式可以多元化，除了货币激励，还应该有非货币激励。其中，股权期权激励是一种典型的激励代理人行为长期化的激励制度。它以期权形式让经理人获得了企业剩余索取权，是对其人力资本的认可和肯定。而且，因为期权收益最大化要求公司股票价格最大化，使得经理的目标函数与股东的目标函数达到了内在的一致，减少了经理的机会主义行为和股东对其进行监督的成本，实证研究也证明公司的绩效与以股票为基础的报酬之间存在着正相关关系。

除了物质上的激励外，精神上的激励（诸如对代理人的声誉进行激励）也是很有必要而且很有效的一种激励方法。

(2) 用约束制度来降低代理成本

利用市场竞争机制来约束管理者行为。在自由市场经济中，解决委托代理机制中双方目标函数的冲突，激励代理人按委托人意志行事，也要靠充分竞争的市场机制来完成。市场机制的充分竞争又主要表现在产品市场、经理人市场和资本市场上。

①产品市场的竞争。成本的高低在某种程度上决定了一个企业竞争力的大小。在市场上生产同一产品的企业有多家，但企业的生产成本是不同的。特别是在买方市场形成过程中，企业只有降低成本支出，增强自己的竞争力，才有可能在高度竞争的产品市场中占有一席之地。这种外在的压力会激励管理者节约开支。

②经理人市场的竞争。经理人市场作为劳动力市场的一个特殊部分，存在着一个人数众多的可以自由流动的职业企业家阶层。经理人在经理人市场中是一种可以买卖的商品。经理人的“定价”是根据他过去的经营业绩和表现来推断他的人力资本的价值，并由此来决定是否聘用。经理人市场上潜在的待聘的经理人的存在，对任职的经理人产生了有效的压力。如果经理人不努力，选择偷懒或者谋一己之私，那么待聘的经理人就会说服资本所有者，代替现在的管理者来管理企业，增加企业利润。所以，经理人如果从长远考虑，就会给企业和市场留下好印象，力求保持个人在经理人市场上的价值。

③资本市场的竞争。资本市场竞争实质上是争夺公司的控制权，其主要形式是接管。在现代市场经济中，股票市场十分发达，股票价格基本上能够反映企业经营状况。宏观上，股票是经济的“晴雨表”；微观上，一个企业的股票价格基本上能够反映该企业的经营状况。企业绩效好，该股票价格会上升；企业绩效差，该股票价格就会下降。现代企业的一个显著特征是股权结构高度分散，众多小股东不会也不可能去关心一个企业该如何提高绩效。他们只会在该企业股票下跌的时候“用脚投票”。这种股票市场上自由买卖、“用脚投票”的制度对在位的管理者形成强大的压力。由于股票在市场上的价值或价格是预期未来净利润的现值，如果当前的管理人员经营不善或其决策不能使长期利润最大化，则该企业股票的当前价格就会低于其他情况下的价格。这样该股份公司就会成为伺机接管者的猎物。有能力的企业家或其他公司就能以目前的低价买下该公司较大份额的股票，从而接管该公司。进而，管理者也就被解聘。

除了股东与管理层之间存在冲突外，股东与债权人之间也存在着矛盾，两者矛盾的根源在于对企业现金流量的要求权不同。债权人有权从公司收入中取得利息和本金。当公司破产时，债权人对公司资产具有求偿权。但股东是公司的所有者，当公司的收益足以偿付债务时，剩余的收益均属于股东，所以股东常要求管理者通过借款进行投资以增加自身财富。

假如股东通过管理者投资于比债权人预期风险要高的计划，这种增加的风险造成了公司债务的必要报酬率上涨。如果高风险项目获得成功，利益全部被股东获得，因为债权人的收益固定在过去低风险的利率水平上；但如果项目失败，债权人却要与投资者共同负担损失。

或者企业为增加股东权益而增加新的债务，这会导致现有债务的价值减少，致使当前的债务人权益受损。因为企业增加借债，破产的可能性就会增加，使现有债务人面临更多风险。

为了保护自身利益，防止上述现象发生，债权人一般会在债务契约上加入各种限制条款，如规定资金的具体用途。而且，当债权人认为公司有剥夺其财富的意图时，可以拒绝进一步的合作或要求高出正常水平的利息率来弥补潜在的风险。公司若不能公平地对待债权人，将会失去进入债务市场的机会或负担很高的利息率和限制条款，这对股东来说是有害的。同样地，试图剥夺公司其他利益相关者（如员工、顾客、供应商等）财富的行为最终也会对股东不利。实行股东价值最大化的目标要求公司管理者公正地对待有关各方。

1.5.2　公司治理

"公司治理"概念最早出现在经济学文献中的时间是20世纪80年代初期。威廉姆森曾于1975年提出过"治理结构"（governance structure）的概念，这与公司治理的概念已相当接近。Coohran和Wartick在1988年发表的《公司治理——文献回顾》一文中指出，公司治理问题包括在高级管理阶层、股东、董事会和公司其他相关利益者的相互作用中产生的具体问题，构成公司治理问题的核心是谁从公司决策和高级管理层的行动中受益和谁应该从公司决策和高级管理层的行动中受益。当在"是什么"和"应该是什么"之间存在不一致时，一个公司的治理问题就产生了。

公司治理的概念有广义和狭义之分。一般而言，狭义的公司治理是指公司股东和管理者之间的关系和制度安排。公司治理结构是一套制度安排，用以支配若干在企业中有重大利害关系的团体——投资者（股东和债权人）、经理人员和员工之间的关系，并从这种联盟中实现经济利益。广义地讲，公司治理是指有关公司控制权和剩余索取权分配的一整套法律、文化和制度性安排，它界定的是企业与其所有利益相关者之间的关系。实际上，按照企业契约理论，企业可以看做是企业各类参与者之间达成的一系列的实际与隐含契约，这些契约规定他们在各种情况下的权利、责任以及报酬。企业性质的契约性意味着利益相关者的多元性。为实现效率和价值的最大化，必须把他们的利益协调起来。

总之，公司治理实质就是如何以最小代理成本激励代理人和防范代理人的道德风险。公司治理的研究已经识别出许多机制来解决这些利益冲突。总的来说，所有权和控制权所引起的代理问题可以通过内部治理机制和外部治理机制加以缓和。外部治理机制包括公司控制权市场、产品竞争市场、经理人市场、债务融资和法律环境等；内部治理机制包括董事会、大股东和管理者持股等。

20多年来，西方大部分学者的研究成果主要集中在所有者和管理者的冲突问题上，主要研究内容涉及公司所有权结构、公司接管、管理者报酬等方面。国内对公司治理问题的研究主要集中在委托-代理理论及在此框架内分析"内部人控制"产生的原因及相关对策研究。

当代公司治理研究认为，公司治理的重点不应仅限于股东和经理层之间的代理问题，而应更多地关注大小股东之间的利益冲突和代理问题，并从全球角度比较分析"强大股东，弱小股东"格局对公司绩效和资本市场发展的影响，这也就使得当前主流的公司治理理论研究的方向和重心发生改变。近几年来，西方许多学者把研究的兴趣集中在分析上市公司中的"内部人控制"及控股股东与小股东之间的利益冲突等方面。

在存在控制性股东的情况下，股权结构对公司治理和绩效表现会产生两种相反的效应，即利益趋同效应和利益侵占效应。因此，从公司治理的角度看，大股东治理对公司治理效率有正反两方面的影响。正面影响有：一是有利于解决因所有权与控制权相分离而引发的代理问题；二是相互监督的有效性，相互监督可以使股东与管理者相互交流信息，股东可以及时纠正管理者的不当行为或者在投资项目等方面提出自己的建议。负面影响有：一是造成通过外部融资引入外部债权约束和其他股东监督的困难；二是中小股东监督积极性的丧失；三是大股东的缺位导致内部人控制，如果大股东治理和监督不到位，将导致实际上的内部人控制，从而极大地损害公司治理效率；四是并购的困难。

此外，公司治理也涉及债权问题。对债权约束在公司治理中作用的研究就是研究资本结构与治理效率的关系。不管是从理论还是从实践来看，资本结构都是公司治理最重要的一个方面。因为股东和债权人在控制权和现金收益要求权上都有所差别，他们是不同状态下企业的所有者。正常状况下，股东是企业的所有者，此时债权人是合同收益的要求者；在企业偿债能力不足时，债权人就获得对企业的控制权。

国外不少学者在代理框架下对资本结构与治理效率之间的关系进行了深入研究，认为资本结构是由代理成本决定的。资本结构决策是为了以最佳的方式将债务的正反两方面的效应相互抵减。当公司的负债率为零时，公司经理对资产的自由支配权最小，经理的积极性最低，所以权益资本的代理费用最高；当引入负债后，它会降低权益资本的代理费用。均衡的企业所有权结构是由股权代理成本和债权代理成本之间的平衡关系决定的。但目前国内学者对债权人在我国公司治理中的作用的研究还相当落后。

当代公司治理研究的方法是将法律变量引入金融学的实证中分析，试图从法律角度建立和比较全球公司治理的统一框架。在实践层面，当代公司治理研究大大加深了人们对法律和公司治理关系的认识，为各国提高公司治理水平指出了一条路径。当法律体系不完善时，内部人（控制股东/管理者）能轻易掠夺外部投资者利益。法律保护限制了掠夺的方式和减少了掠夺发生的可能性。完善的法律，特别是有效的执法，使内部人以高昂的代价才能取得掠夺收益，从而抑制掠夺行为发生。La Porta等检查了49个国家覆盖公司股东和债权人保护的法规、法律渊源以及这些法规的实施质量。结果表明，总体上，普通法法系国家的投资者保护最好，法国民法法系国家的投资者保护最差，德国和斯堪的纳维亚民法法系国家的投资者保护居中。当投资者权利（如股东的投票权以及债权人的重组和清算权）是广泛的且能很好地得到实施时，投资者愿意为公司融资提供资金。相反，当法律体系不能保护外部投资者时，公司治理和外部融资就不能良好地运行。

1.6 财务管理环境

1.6.1 金融市场环境

企业筹资、投资活动是在一定的环境约束下进行的。金融市场是公司理财的直接环境。它不仅为企业筹资和投资提供了场所，而且促进了资本的合理流动和优化配置。金融市场是指资金融通的场所。广义的金融市场，是指一切资本流动的场所，包括实物资本和货币资本的流动。广义金融市场的交易对象包括货币借贷、票据承兑和贴现、有价证券的买卖、黄金和外汇买卖、办理国内外保险、生产资料的产权交换等。狭义的金融市场一般是指有价证券市场，即股票和债券的发行与买卖市场。一般意义上的金融市场是指狭义的金融市场。

1）金融市场与公司理财

企业的经营活动离不开环境，同样公司理财也需要考虑其环境。企业在经营活动中总会面临资金短缺或盈余的情况。资金短缺需要筹集资金，资金盈余则需要进行投资获得收益，不论是筹资还是投资，在不同程度上都要和金融市场发生关系。金融市场是指货币资金融通和金融工具的场所与行为的总和，它把资金盈余部门和资金赤字部门联结起来，使企业能够随时获得所需资金，并把盈余资金投资于各种金融资产。金融市场和企业理财之间的关系体现在以下三个方面：

（1）金融市场是企业筹资和投资的场所。金融市场上有很多筹资渠道和筹资方式，并且比较灵活。企业需要资金时，可以到金融市场选择适合自己的方式筹资。企业有剩余的资金，也可以灵活选择投资方式，为其资金寻找出路。

（2）企业通过金融市场使长期资金相互转化。企业持有的股票和债券是长期投资，在金融市场上随时可以转手变现，成为短期资金；远期票据通过贴现可变为现金；大额可转让定期存单可以在金融市场卖出，成为短期资金。与此相反，短期资金也可以在金融市场上转变为股票、债券等长期资产。

（3）金融资产为企业理财提供有意义的信息。金融市场的利率变动反映资金的供求状况；有价证券市场的行市反映投资人对企业经营状况和盈利水平的评价。它们是企业经营和投资的重要依据。

2）金融市场的类别

金融市场是多种多样的。每种市场交易的工具有所不同，区别主要在于工具的到期日和实际代表的资产不同。不同类别的金融市场服务的顾客和区域也不同。按照不同的标准，金融市场主要有以下类别：

（1）金融市场按交易的期限可划分为短期资本市场和长期资本市场。短期资本市场是指期限不超过一年的短期资本市场，因为短期有价证券易于变成货币或作为货币使用，所以也叫货币市场。纽约和伦敦是世界上最大的货币交易市场。长期资本市场是指期限在一年以上的股票和债券交易市场，因为发行股票和债券主要用于固定资产等资本货物的购置，所以也叫资本市场。长期资本市场上的交易活动由发行市场和流通市场构成，其交易组织形式主要有证券交易所和柜台交易两种，其具体交易方式主要有现货交易、期货交易、期权交易和信用交易。

（2）金融市场按交易的时间可划分为现货市场和期货市场。现货市场是指买卖双方成交后，当场或几天之内买方付款、卖方交出证券的交易市场。期货市场是指交易双方当天达成协议，但是交易时间约定在未来某一天。在期货交易中，由于交易要按成交时的协议价格进行，金融交易对象价格的升降就可能使交易者获得利润或蒙受损失。

（3）金融市场按交易的性质可划分为发行市场和流通市场。发行市场是公司筹集资本的市场，公司通过一级市场的交易出售新发行的股票，同时收入资金，也叫初级市场或一级市场。首次公开发行（initial public offering，IPO）市场是一级市场的组成部分。在这个市场上，公司第一次向公众发行股票。流通市场是投资者买卖已发行流通股的场所，也叫次级市场或二级市场。证券交易所是二级市场，它交易已发行的而不是新发行的股票或债券。纽约证券交易所（NYSE）是世界上最大的股票二级市场交易所。

(4) 金融市场按交易标的物可划分为资本市场、外汇市场、黄金市场。资本市场以货币和资本为交易标的物；外汇市场以各种外汇信用工具为交易标的物；黄金市场是集中进行黄金买卖和货币兑换的交易市场。其中，与公司理财直接相关的市场主要是资本市场。

(5) 金融市场按交易的场所可划分为场外市场（private market）与公开市场（public market）。场外市场指交易双方直接进行交易的市场，银行贷款就是场外市场交易，交易是私下进行的，因此，可以依照双方的意愿确立交易的条款。公开市场指在有组织的交易所买卖标准化合约的市场，在公开市场发行的证券最终都由大量的投资者持有，这些证券必须有非常标准的合约，才能满足最广泛投资者的要求，而所有者的分散化也确保了公开发行的证券比场外市场具有更高的流动性。

科学技术的进步和社会经济的发展也给金融市场带来了新的趋势。全球化时代的来临形成了更有效、更复杂的国际市场，给市场的参与者、监管者都带来了许多新的问题。随着利率和汇率的波动，有大量的资本在我国迅速流动，资本的迅速流动会破坏当地的制度和经济。目前，我国的利率和汇率制度还没有放开，但未来总会面临这样的问题。

金融市场还有一个重要的趋势是衍生证券（derivative security）被广泛使用。衍生证券也是一种有价证券，其价值取决于某种标的资产的价格。上海期货交易所交易的铜标准合约和宝钢集团有限公司的认购权证都是一种衍生证券。

衍生证券可以被用于规避风险。如果机械设备公司预计原料铜的价格会上升，可以购入期货铜合约，以锁定价格降低风险头寸，进行套期保值。衍生证券也可以用于投机，大多数宝钢权证的购买者并不想购买宝钢集团有限公司的股票，而是为了在买卖差价中获得收益。

3）金融市场的构成

金融市场主要由参与者、金融工具、组织形式和管理方式、内在机制四个要素构成。

(1) 参与者。参与者是指参与金融交易活动的各个经济单位。金融市场的参与者最初主要是资本盈余或不足的企业、个人以及金融中介机构。随着金融市场的发展，现代金融市场的参与者已经扩大到社会经济生活的各个方面，包括企业、个人、政府机构、商业银行、中央银行、证券公司、保险公司、基金会等。按照进入市场的身份，金融市场的参与者可以分为资本供应者、资本需求者、中介人和管理者。在金融市场上，参加交易活动的经济主体都是能够独立做出决策，并承担利益和风险的经济法人。

(2) 金融工具。金融工具是金融市场的交易对象，如票据、债券、股票、基金、衍生金融工具等各种信用工具。资本供应者对资本数量、期限和利率的多样化的需求，决定了金融市场上金融工具的多样化，而多样化的金融工具不仅满足了资本供应者的不同需要，而且由此形成了金融市场的各类子市场。

(3) 组织形式和管理方式。金融市场的组织形式主要有交易所交易和柜台交易两种，交易方式主要有现货交易、期货交易、期权交易、信用交易。金融市场的管理方式主要包括管理机构的日常管理、中央银行的间接管理及国家的法律管理。

(4) 内在机制。金融市场交易活动的正常进行还必须有健全的机制。这种机制主要指具有一个能够根据市场资本供应灵活调节的利率体系。在金融市场上，利率是资本商品的“价格”。利率的高低取决于社会平均利润率和资本供求关系，但是，利率又会对资本供求和资本流向起重要的调节和引导作用。当资本供不应求时，利率上升，既加大了资本供应又减少了资本需求；当资本供过于求时，利率下降，既减少了资本供应又扩大了资本需求。因此，利率是金融市场上调节资本供求、引导资本合理流动的主杠杆。

1.6.2 金融机构

金融是指货币资金的融通，金融机构是指专门从事货币信用活动的中介组织。最早的信用中介组织是货币兑换业，主要办理货币代保管、代收、代付一类的业务，这些信用中介机构逐步演化为银行业。

1）西方国家主要金融机构分类

资本在储蓄和需求方间的转移存在三种方式：一是货币和证券的直接交易，即企业不通过金融机构，直接将股票或债券卖给投资者，同时投资者将货币交给企业。发行公司向储蓄者提供证券，而作为交换，储蓄者向发行公司提供资金。二是投资者和企业通过投资银行完成资金和证券的转移，投资银行充当企业财务顾问，帮助企业发行证券。通常投资银行还要包销或承销证券，企业将发行的股票或债券卖给投资银行，再由投资银行将这些证券卖给投资者。这样，企业的证券和投资者的货币通过投资银行进行转移，因为这是新证券的发行，而且企业获得发售证券的收入，所以属于一级市场交易。虽然资金从投资者直接转移到公司的情况经常发生，但通过投资银行可以更有效地筹集资金。投资银行可以帮助公司设计吸引投资者的证券，同时借助自身在市场上的信誉和同投资者良好的关系，将证券更好地推销出去。三是资本的转移通过商业银行等金融中介进行。金融中介通过出售自己的证券获得资金，然后用这些资金购买企业的证券。例如，存款人将钱存入银行，获得银行的存款单，银行再将这些钱以贷款的方式借给企业。投资者通过金融中介进行资金转移风险较小，而流动性较强。

上述提到的投资银行和商业银行都属于金融机构，是指专门从事货币信用活动的中介组织。金融机构大都由专业的从业人员组成，可以给企业和投资者提供各项专业的金融业务，形成规模经济，并且有能力开发新的金融产品，因此极大地提高了货币市场和资本市场的效率。

在美国和其他发达国家，一系列专业化、高效率的金融中介已经发展壮大。虽然环境变化很快，但是金融机构提供的服务范围越来越广，使得机构间的区别越来越模糊。以下介绍几种主要的金融机构分类①：

（1）联邦储备系统（中央银行体系）。美国的联邦储备系统是根据1913年《联邦储备法》建立的，该系统由三级金融机构所组成：①联邦储备委员会（简称美联储）。它是联邦储备系统的最高决策机构，有权独立制定和执行货币政策。美联储由7名理事组成。在联邦这一级的机构中，美联储系统还设立“美联储公开市场委员会”，其构成是美联储的7名委员加上5名各区的联邦储备银行行长（由12家联邦储备银行行长轮流担任，其中纽约联邦储备银行行长为常任成员）共12人组成，它是联邦储备系统中负责进行公开市场买卖证券业务的最高决策机构。此外，美联储系统还设立顾问委员会。②联邦储备银行。美国将全国划分为12个联邦储备区，在每一个储备区内设立一家联邦储备银行，作为该储备区的中央银行。③会员银行。根据《联邦储备法》的规定，所有向联邦政府注册的商

---

① 布里格姆，休斯敦．财务管理基础［M］．9版．张志强，王春香，译．北京：中信出版社，2004.

业银行（即国民银行）必须参加美国联邦储备系统。向州政府注册的州银行可自由选择是否加入联邦储备系统。

（2）商业银行。历史上，商业银行是处理支票账户的主要机构，美联储正是通过商业银行扩大或收缩货币的供应。但是迄今为止，一些其他金融机构也可以提供支票账户的服务。因此，对货币供应也有重要影响。同时，商业银行也提供着日益广泛的服务，包括股票经纪服务和保险业务。

需要注意的是，商业银行与投资银行存在很大的不同。商业银行经营借款，而投资银行帮助公司从其他地方筹集资金。1933年以前，商业银行也从事投资银行的服务，但1933年通过的《格拉斯-斯蒂格尔法案》（Glass-Steagall Act）禁止商业银行继续经营投资银行业务。从此，摩根大通银行（JP Morgan Chase Bank）一分为二：一部分为摩根信托公司（Morgan Guaranty Trust Company），继续经营商业银行；另一部分为摩根士丹利添惠，主要从事投资银行业务。然而，日本和欧洲银行仍然是混业经营，鉴于该法案限制了美国银行在全球的竞争，于是在1999年，美国国会废除了《格拉斯-斯蒂格尔法案》。

（3）储蓄贷款协会（S&Ls），传统上服务于个人储户、居民以及提供商业性的抵押贷款，它从众多小储户手中吸收存款再提供住房贷款和其他类型的贷款。首先，因为如果储户直接进行抵押贷款，他们就会失去一定程度的资金流动性，所以S&Ls最显著的功能就是“创造流动性”。其次，在分析客户信誉和设置贷款品种及贷款回收方面，S&Ls比个人储户更加专业，从而可以降低成本，增加不动产贷款的可获得性。最后，S&Ls拥有大量多样化的贷款和其他资产组合，它能够以小储户直接进行抵押贷款时所不具有的优势分散风险。由此，储户通过S&Ls可以把钱投资在流动性更强、管理更好、风险更小的资产上，而借款人可以按照更低的成本获得借款。

（4）共同储蓄银行，类似于S&Ls，经营范围主要在美国的东北部，先从个人手中吸收存款，再以长期贷款的方式将钱贷给买房者和消费者。

（5）信用联合会，是一种合作性协会，其成员都有一定的联系，如都是同一家公司的雇员。贷款只在成员间进行，且一般用于汽车贷款、住房贷款和住房维修贷款。信用联合会经常是个人借款者可以获得的最便宜的资金来源。

（6）养老基金，是政府机构和公司员工设置的退休金计划，主要由商业银行的财产托管部或人寿保险公司管理。养老基金基本上投资于债券、股票、抵押贷款和房地产。

（7）人寿保险公司，以年金的形式吸收存款并投资于债券、股票、抵押贷款和房地产，最终向投保人增加退休后的收益。近年来，保险公司设计出各种各样的可以推迟税款支付的存款计划，为投保人增加退休后的收益。

（8）共同基金，是指公司从储户手中吸收存款，再投资购买股票、长期债券以及公司或政府发行的短期债务证券。这些机构集中了资金，从而可以通过投资分散风险。他们在分析证券、管理证券组合、买卖证券方面都可以享有规模效益。

正在进行的监管变化导致了不同类型金融机构之间区别的模糊化。事实上，在美国现今最显著的趋势是大的金融服务公司（financial service corporations）[①]的建立，它不仅拥有自己的银行、S&Ls、投资银行、保险公司、操作养老金计划的机构和共同基金，而且

① 英国在经历“金融大爆炸”、实行混业经营之后，于1997年合并原有的九类金融监管机构的职能，成立金融服务局，对金融行业和金融机构统一行使监管权，成为英国唯一的金融监管机构。

分支遍布全美甚至全球。诸如美林证券、美国运通公司、花旗集团、Fidelity公司和普天寿证券公司，大多数金融服务公司源于美国的某个地区，其经营范围几乎覆盖所有金融产品系列。

2）中国的主要金融机构

中国的金融体制经过十几年来的改革，当前形成了一个以中国人民银行为领导、以政策性银行与专业性银行为主体，多种金融机构和非金融机构并存的分工协作的多元化金融组织体系。我国的金融机构按地位和功能可分为四大类：货币当局（中国人民银行），银行，非银行金融结构和在境内开办的外资、侨资、中外合资金融机构。

（1）中国人民银行

中国人民银行是中华人民共和国的中央银行，是在国务院领导下制定和实施货币政策、对金融业实施监督管理的宏观调控部门。

中国人民银行是1948年12月1日在华北银行、北海银行、西北农民银行的基础上合并而成的。1983年9月，国务院决定中国人民银行专门行使国家中央银行职能。1995年3月18日，第八届全国人民代表大会第三次会议通过了《中华人民共和国中国人民银行法》，至此，中国人民银行作为中央银行以法律形式被确定下来。中国人民银行的主要职责是：起草有关法律和行政法规；依法制定和执行货币政策；监督管理银行间同业拆借市场和银行间债券市场、外汇市场、黄金市场；发行人民币，管理人民币流通；经理国库等。

（2）银行

在中国，银行主要包括政策性银行和商业银行。

①政策性银行。

政策性银行，是指由政府设立，以贯彻国家产业政策、区域发展政策为目的，不以营利为目的的金融机构。政策性银行与商业银行相比，其特点在于：不面向公众吸收存款，而以财政拨款和发行政策性金融债券为主要资金来源；其资本主要由政府拨付；不以营利为目的，经营时主要考虑国家的整体利益和社会效益；其服务领域主要是对国民经济发展和社会稳定有重要意义而商业银行出于营利目的不愿融资的领域；一般不普遍设立分支机构，其业务由商业银行代理。

但是，政策性银行的资金并非财政资金，也必须有偿使用，对贷款也要进行严格审查，并要求还本付息，周转使用。

一般来说，政策性银行贷款利率较低、期限较长，有特定的服务对象，其放贷支持的主要是商业性银行在初始阶段不愿意进入或涉及不到的领域。例如，国家开发银行服务于国民经济发展的能源、交通等“瓶颈”行业和国家需要优先扶持领域，包括西部大开发、振兴东北老工业基地等，这些领域的贷款量占其总量的91%。中国进出口银行则致力于扩大机电产品和高新技术产品出口以及支持对外承包工程和境外投资项目。中国农业发展银行主要承担国家政策性农村金融业务，代理财政性支农资金拨付，专司粮棉油收购、调销、储备贷款业务等。

②商业银行。

商业银行是以经营存款、放款，办理转账结算为主要业务，以营利为主要经营目标的金融企业。商业银行的建立和运行受《商业银行法》管辖。

我国的商业银行分为国有商业银行、股份制商业银行和城市商业银行。

一是国有商业银行，是由国家专业银行演变而来的，包括中国工商银行、中国农业银行、中国银行、中国建设银行、交通银行。它们过去分别在工商业、农业、外汇业务和固定资产贷款等领域中提供服务，近些年来业务交叉进行，传统分工已经淡化。

二是股份制商业银行，是1987年以后发展起来的，包括招商银行、中信银行、华夏银行、中国光大银行、上海浦东发展银行、中国民生银行、兴业银行、广发银行、平安银行（原深圳发展银行）、浙商银行、渤海银行、恒丰银行。这些银行的股权结构各异，以企业法人股和财政入股为主，个别银行有个人股权。股份制商业银行完全按商业银行的模式运作，服务比较灵活，业务发展很快。

三是城市商业银行，是我国银行业的重要组成和特殊群体，其前身是20世纪80年代设立的城市信用社，资本来源以集体经济和个体工商户为主。随着我国金融事业的发展，城市信用社在发展过程中逐渐暴露出许多风险管理方面的问题。因此，20世纪90年代中期，中央以城市信用社为基础组建城市商业银行，目前共有110家。各地在组建城市商业银行的时候，当地政府入股25%～30%，其余70%～75%的股份是一些企业的特别是非公企业以及个人的。

（3）非银行金融机构

非银行金融机构是指除商业银行和专业银行以外的所有金融机构。非银行金融机构是随着金融资产多元化、金融业务专业化而产生的。早期的非银行金融机构大多同商业银行有着密切的联系。目前，中国主要的非银行金融机构有保险公司、信托投资公司、证券机构、财务公司、金融租赁公司、邮政储蓄、农村信用合作社等。

保险公司，主要经营保险业务，包括财产保险、责任保险、保证保险和人身保险。目前，我国保险公司的资金运用被严格限制在银行存款、政府债券和金融债券范围内，不能为企业提供资金。

信托投资公司，主要是以受托人的身份代人理财。其主要业务有经营资金和财产委托、代理资产保管、金融租赁、经济咨询以及投资等。

证券机构，是从事证券业务的机构，包括：①证券公司，其主要业务是推销政府债券、企业债券和股票，代理买卖和自营买卖已上市流通的各类有价证券，参与企业收购、兼并，充当企业财务顾问等；②证券交易所，提供证券交易的场所和设施，制定证券交易的业务规则，接受上市申请并安排上市，组织、监督证券交易，对会员和上市公司进行监管等；③登记结算公司，其主要业务是股票交易所有权转移时的过户和资金的结算。

财务公司，通常类似于投资银行。我国的财务公司是由企业集团内部各成员单位入股，向社会募集中长期资金，为企业技术进步服务的金融股份有限公司。它的业务被限定在本集团内，不得从企业集团之外吸收存款，也不得对非集团单位和个人贷款。

金融租赁公司，是指办理融资租赁业务的公司组织。其主要业务有动产和不动产的租赁、转租赁、回租租赁。

邮政储蓄，是指与人民生活有紧密联系的邮政机构，在办理各类邮件投递业务和汇兑等业务的同时，办理以个人为主要对象的储蓄存款业务。世界上，邮政机构办理储蓄已有几百年的历史，大多数较发达国家几乎都有邮政储蓄。中华人民共和国成立前设有邮政储金汇业局，中华人民共和国成立后结束其业务活动。

农村信用合作社，简称农村信用社，是我国农村集体所有制的合作金融组织。农村信用社一般按乡设立。信用社之间、信用社与各银行之间可以发生横向的业务联系。一般的县建有县联社。长期以来，从规范的合作金融标准来看，我国农村信用社存在性质不清、地位不明等问题。农村信用合作社虽称为合作社，但它们仍主要按与国有银行相同的规定进行管理。《国务院关于农村金融体制改革的决定》（国发〔1996〕33号）颁布后，农村信用社基本与农业银行脱离了行政隶属关系，即所谓的“行社脱钩”。这一改革对恢复农村信用社合作金融性质、加快农村信用社的发展速度起到了巨大的推动作用。

（4）在境内开办的外资、侨资、中外合资金融机构

在境内开办的外资、侨资、中外合资金融机构，包括外资、侨资、中外合资的银行，以及财务公司、保险机构等在我国境内设立的业务分支机构及驻华代表处。

这些金融机构相互补充，构成了一个完整的金融机构体系。金融机构在中国人民银行总行规定的浮动幅度内、以法定利率为基础自行确定的利率为浮动利率。商业银行应当按照中国人民银行的存、贷款利率的上下限，确定各自的存、贷款利率并予以公告。如因违反中国人民银行规定的存、贷款利率上下限而引起的对存款人或其他客户造成财产损害的，商业银行应当承担支付迟延履行的利息以及其他民事法律责任。

1.6.3　法律环境

财务管理的法律环境是指企业和外部发生经济关系时所应遵守的各种法律、法规和规章。企业在经营活动中要和国家、其他企业或社会组织、企业职工或其他公民，以及国外的经济组织或个人发生经济关系。国家管理这些经济活动和经济关系的手段包括行政手段、经济手段和法律手段三种。在经济改革中，行政手段逐步减少，而经济手段特别是法律手段日益增多，把越来越多的经济关系和经济活动的准则用法律的形式固定下来。同时，众多的经济手段和必要的行政手段的使用也必须逐步做到有法可依，从而转化为法律手段的具体形式，真正实现国民经济管理的法制化。

企业的理财活动，无论是筹资、投资还是利润分配，都要和企业外部发生经济关系。在处理这些经济关系时，应当遵守有关的法律规范。

1）企业组织法律规范

企业组织必须依法成立。组建不同的企业，要依照不同的法律规范。企业法在我国可以有三种理解：一是指各种关于企业的法律、法规、规章等有普遍约束力的规定的总称，如关于企业设立、组织和活动方面的法规，关于企业登记方面的法规，关于企业内部劳动用工方面的法规，关于企业财务、会计、税收管理方面的法规。二是指各种关于企业设立、组织和活动方面的法律、法规，如我国《公司法》《全民所有制工业企业法》《合伙企业法》《个人独资企业法》等。三是专指《全民所有制工业企业法》。

这里所述的企业法是指规范企业的设立、组织结构、明确企业权利义务关系的法律规范的总称。我国的企业法系主要包括《公司法》《全民所有制工业企业法》《外资企业法》《中外合资经营企业法》《中外合作经营企业法》等。我国的经济制度是以公有制为主体、多种所有制经济共同发展，因此，不同性质的企业，其设立条件、所处地位、企业财产所有权、组织结构、经营规范、税收政策以及解散清算都有所不同。这些法律、法规根据我国企业的经济性质、事业特点、法律地位、设立条件、组织结构、活动要求等分别做出了全面细致的规定。

例如，《公司法》对公司企业的设立条件、设立程序、组织机构、组织变更和终止的条件和程序等都做出了规定，包括股东人数、法定资本的最低限额、资本的筹集方式等。只有按其规定的条件和程序建立的企业，才能称为“公司”。《公司法》还对公司的生产经营的主要方面做出了规定，包括股票的发行和交易、债券的发行和转让、利润的分配等。公司一旦成立，其主要的活动（包括财务管理活动）都要按照《公司法》的规定来进行。因此，《公司法》是公司企业财务管理最重要的强制性规范，公司的理财活动不能违反该法律，公司的自主权不能超出该法律的限制。我国2006年1月1日正式实施新《公司法》，该法对于公司的设立、组织治理结构、财务活动以及合并解散都有详细规定。该法鼓励投资兴业、公司自治，强调了公司的社会责任，并增强了可操作性。

从财务管理来看，非公司企业与公司企业有很大不同：①承担的责任不同。非公司企业的所有者（包括独资企业的业主和合伙企业的合伙人）要承担无限责任，他们占有企业的盈利（或承担损失），一旦经营失败必须抵押其个人的财产，以满足债权人的要求；公司企业的股东承担有限责任，经营失败时其经济责任以出资额为限，无论股份有限公司还是有限责任公司都是如此。②承担的税负不同。独资企业和合伙企业一般只需交纳个人所得税，而公司制企业的股东则承担企业所得税和个人所得税。③筹资的难易程度不同。公司制企业一般比非公司制企业容易筹资。

针对金融机构的法律法规主要有《商业银行法》《证券法》《保险法》《证券投资基金法》《信托投资公司管理办法》等。

2）税收法律规范

税法是国家制定的用以调整国家和纳税人之间在征、纳税方面的权利和义务关系的法律规范的总称。它是国家及纳税人依法征税、依法纳税的行为准则。我国现行税收法律体系是在原有税制的基础上，经过1994年工商税制改革逐渐完善形成的。按其性质和作用大致分为五类：流转税、资源税、所得税、特定目的税、财产和行为税。其中，所得税对公司财务活动的影响是最为重要的。这里着重介绍所得税和公司理财之间的关系。

（1）所得税收体系

企业所得税法是指国家制定的用以调整企业所得税征收与缴纳之间权利及义务关系的法律规范。中国企业所得税收体制更倾向于古典税收体制[①]。中国的企业所得税制度，是随着改革开放和经济体制改革的不断推进而逐步建立、完善起来的。现行企业所得税法的基本规范是《中华人民共和国企业所得税法》（2017年2月24日修正并施行）和《中华人民共和国企业所得税法实施条例》（自2008年1月1日起施行）。

（2）税收对财务决策的影响

税收对财务决策的影响主要表现为税收影响企业筹资决策、投资决策和股利政策。

①税收影响筹资决策。基于税收理论，债务利息具有税收抵减作用，具有更高税率的公司具有使用更多债务的激励。企业的利息支出在利润表中包含在“财务费用”中，是一种税前可扣除的开支，但企业向股东支付的股息则是在税后，不能抵扣公司所得税。这种差别对公司的融资方式将产生重要的影响。债务融资在税收方面可以产生较大的优势，这种优势是杠杆收购和财务重组的主要理由。因此，实际税率高的公司应使用更多的债务融

① 在古典的税收体制中，股利支付既以公司水平又以个人水平征税，以税收抵减公司费用的利息支付只以个人水平征税。巴西、印度、爱尔兰、日本、朝鲜、马来西亚和美国等国家存在古典税收体制。

资，以获得更多的债务税盾。

②税收影响公司的资本支出决策。为了获得所需资产，资本支出需要税后资金的支出。预期资产所产生的经营收益易受税收的影响。折旧是许多与资本支出有关的、可抵扣所得税的费用。折旧所提供的税收抵扣额等于可折旧资产，税收条款对资产提取折旧的方法有详细规定。由于提取的折旧额是非现金费用，因此使应纳税额减少，也就减少了需要支付的税额。税收条款关于折旧率的变化，直接影响投资项目所产生的现金流量的现值的变化。在企业投资决策时，还需考虑税收对企业设立的地点和行业的影响、对企业分支机构设立形式的影响、对企业证券投资具体形式的影响等。另外，是租赁资产还是购买资产的决策也常常受到税收的影响，由于租金和利息均可抵扣所得税，如果支付的租金大于提取的折旧，那么租赁资产就比购买资产更为合算。

③税收影响股利政策。股份公司的股利政策不仅影响股东的个人所得税，而且影响公司的现金流量。股东获得的现金股利需要缴纳个人所得税，如果公司将盈利留在企业作为内部留存收益，股东可不缴纳个人所得税。这时股东虽然没有现金收入，但可以从以后的股价上涨中获得资本利得。

由于许多财务决策的依据是税后现金流量，因此财务人员和管理人员应对税收有一个基本的认识。税负是企业的一种费用，会增加企业的现金流出，对公司理财有重要影响。企业无不希望在不违反税法的前提下减少税务负担。税负的减少，只能靠投资、筹资和利润分配等财务决策时的精心安排和筹划，而不允许在纳税行为已发生时去偷税漏税。

3）证券法规

证券法规规定了证券上市规则和交易规则，其中涉及许多财务方面的要求。针对证券的不同形式，如股票、债券（政府债券、公司债券）和证券衍生品种等，我国有专门的法律法规来规范各种证券的发行、交易、交易主体、信息披露、监管主体及职责等。

4）财务法规

企业财务管理是基于企业在经营中客观存在的财务活动和财务关系而产生的，是一项以资金运动为对象，利用资金、成本、收入等价值形式组织企业经营中的价值形成、实现和分配，并处理在这种价值运动中的经济关系的综合性管理活动。

企业财务法规、制度是规范企业财务活动、协调财务关系的行为准则，对财务管理的规范化和科学化起着重要作用。我国在2006年制定了新的《企业财务通则》和《企业会计准则》。

企业内部财务制度是指企业管理部门根据国家和政府有关法规的规定、企业自身经营管理的特点和要求制定的，用来规范和优化企业内部财务行为、处理内部财务关系的具体规则，是整个财务制度体系中的操作性、基础性财务制度。

1.6.4　利率

在金融市场上，利率是金融资产或资金使用权的价格，在现代经济生活中起着重要的作用。资本通过利率在借款者中分配：拥有能获得最丰厚投资利润机会的公司愿意并且能够为借款支付最高的价格。因此，它们可以将资本从生产效率不高或是产品销售不畅的公司吸引过来。

1）利率水平

企业在融资过程中，必须要考虑使用借入资本的成本，这一成本就是利率。利率不是一成不变的，当市场供求关系发生变化时，利率也会变化。在成熟的市场中，经济繁荣时，经济处于扩张阶段，公司需要资本，在需求增加的推动下，一般短期利率会上升，而且通货膨胀的压力也会造成利率上升；在经济衰退期则相反，企业信贷需求的减少和通货膨胀率的降低必然会导致利率的下降。利率水平将随着当前通货膨胀率的变化以及未来通货膨胀率预期的变化而变化。同时，调整利率也是各国政府进行宏观调控的一个重要手段。

多年来，我国实行的是利率管制制度。这种制度曾为国家带来了丰厚的制度收益，一方面是巨额的直接财政收益，另一方面通过对体制内部门进行大量的金融支持和补贴，在技术层面上为改革的顺利推进提供了重要的制度支持和保证。但是，严格管制的利率使商业银行不能通过利率差别来区分风险不同的贷款人，高风险贷款缺乏高利息补偿，银行处于风险和收益不对称状态，而且这会强化金融工具之间的非市场差别，制约公平竞争。

从中国目前的情况看，利率还没有市场化①，虽然从理论和实践上都提出了对利率进行改革的要求，但离真正的利率市场化还有一定的距离。在占据社会融资份额绝大比例的存贷款方面，由中央银行确定利率并报国务院批准的利率决定的计划机制基本不变。在中国的信贷市场仍受管制、利率非市场化情况下，债务的利率不能反映债务人的信用状况，也不能表明债务的风险度，由于债务利率的非市场化，借入的边际成本一般不会随着债务数量的增加而增加，债权人也不能由于发现股东侵蚀其利益的企图而提高其贷款利率以保护收益和风险的对称性。银行有权力决定借款人的申请是否被批准，但无权根据借款人的资信调整利率。

随着我国经济市场化的进程不断深入和完善，利率市场化的条件逐渐具备，市场化进程开始稳步推进。利率市场化完成后，能够优化金融资源的配置，为各种金融资产市场定价奠定基础。

2）市场利率的决定因素

中国的利率分为官方利率和市场利率。官方利率是指政府通过中央银行确定公布，并且各银行必须执行的利率，主要包括中央银行基准利率、金融机构对客户的存款利率等。市场利率是金融市场上资金供求双方竞争形成的利率，随资金供求状况而变化，主要包括同行业拆借利率、国债二级市场利率等。市场利率要受官方利率的影响，官方确定利率时也要考虑市场供求状况。

在实践中，利率与投资者所承担的风险大小有关。风险越大，投资者要求的收益率就越高，企业支付的资金成本就越高。通常说的利率是名义利率，银行挂牌的利率就是名义利率。一般来说，它是由实际无风险利率、通货膨胀、违约风险、流动性风险和到期日的长短等各种因素决定的，即

$$名义利率=K=K^{*}+IP+DRP+LP+MRP \qquad (1-1)$$

式中，K为名义利率。K^{*}为实际无风险利率，它是指预期通货膨胀率为零的情况下无

① 利率市场化的具体含义应该是：中央银行根据货币政策最终目标的要求和市场信号的指示，控制科学的基准利率和产业利率，其他利率基本放开。利率市场化并不是毫无管制、放任自流的，中央银行有责任并且能够弥补完全自由利率的缺陷。

风险证券的利率。如在没有通货膨胀的情况下，国库券的利率可以看做实际无风险利率。实际无风险利率随经济状况的变化而变化，其高低受平均利润率、资金供求关系和国家调节的影响。IP（inflation premium）为通货膨胀溢价。它等于证券期限内的平均预期通货膨胀率。需要注意的是，预期通货膨胀率不一定等于即期通货膨胀率。通货膨胀对利率有重要影响，因为它削减了货币的购买力，并降低了实际的投资收益率。投资者把资金交给借款人时，会在实际无风险利率水平上再加上通货膨胀溢价，以弥补通货膨胀造成的购买力损失。DRP（default risk premium）为违约风险溢价。它反映证券发行人无法在约定日按约定金额还本付息的可能性。一般来说，政府债券的违约风险溢价为零，发行人的违约风险越大，溢价就会越高。债券评价，实际上就是评定违约风险的大小。信用等级越低，违约风险越大，要求的利率越高。LP（liquidity premium）为流动性溢价。每种证券按合理价格变现的能力不同，投资者要求得到的流动性溢价也不同：政府债券和国有商业银行发行的金融债券流动性溢价都很低，因为变现很迅速，而且交易量大，变现成本低；而小公司发行的债券不易变现，证券流动性溢价就会较高。MRP（maturity risk premium）为到期风险溢价。它是指因到期时间长短不同而形成的利率差别。例如，五年期国库券利率比三年期国库券利率高。两者的变现能力和违约风险相同，差别在于到期时间不同。长期债券按固定利率计息，到期时间越长，在此期间由于市场利率上升而使购买者遭受损失的风险越大。到期风险溢价是对投资者承担利率变动风险的一种补偿。

一般而言，由于到期期限风险溢价的存在（到期期限风险溢价通常是正的），长期债券的利率通常高于短期债券的利率，但有时候也会出现相反的情况。这是因为短期债券更容易受再投资风险①的影响。当再投资风险大于利率风险②时，即预期市场利率持续下降，人们都在热衷寻求长期投资机会时，可能出现短期利率高于长期利率的现象。

3）利率的期限结构

债券收益率与到期日的长短有关，如国库券与长期政府债券的收益率就取决于到期日，到期日越长，收益率就越高，到期日和利率之间的关系称为利率期限结构（term structure of interest rates），又称利率收益曲线（yield curve）。它描述了长期利率和短期利率之间的关系。在正常情况下，利率水平随着到期日的增长而提高。因此，收益曲线是一条向上倾斜的曲线，即利率期限结构的斜率向上。因为到期日较长的证券风险较大，这种风险缘于预期未来通货膨胀率会升高，所以投资者要求有较高的利率以补偿承担的额外风险。这种向上的收益曲线叫做“正常的”收益曲线（normal yield curve），如图1-1所示。

有时利率期限结构也会向下倾斜，因为市场预期未来通货膨胀率会下降，这种情况比较少见。这种向下的收益曲线叫做“反常的”收益曲线（abnormal yield curve），如图1-2所示。但不论哪种情况，随着到期日的增长，收益曲线会变得平坦，因为利率与较长到期日之间的差异越来越不重要了。

除到期期限风险溢价外，预期通货膨胀率、公司债券的违约风险和流动性风险也都会受债券到期日的影响。

---

① 短期投资有另一种风险，即购买短期债券的投资人在债券到期时，由于市场利率下降，找不到获利较高的投资机会，还不如当初投资于长期债券。这种风险称为再投资风险。

② 当利率上升时，长期债券的价格迅速下降，而且因为利率能够并且的确会上升，所以所有的长期债券甚至是长期政府债券，都有一种风险，称为利率风险。

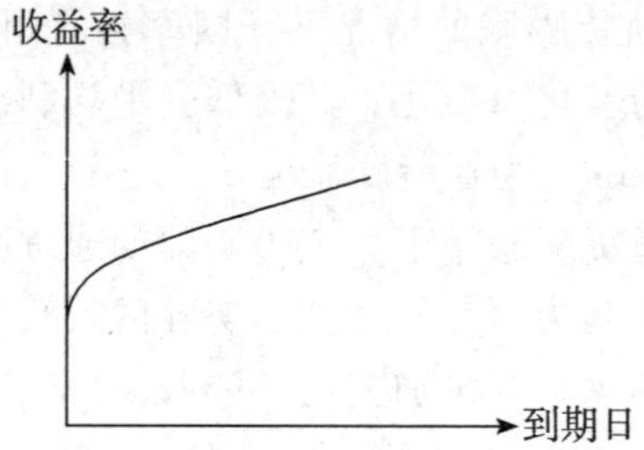

图 1-1 “正常的”收益曲线

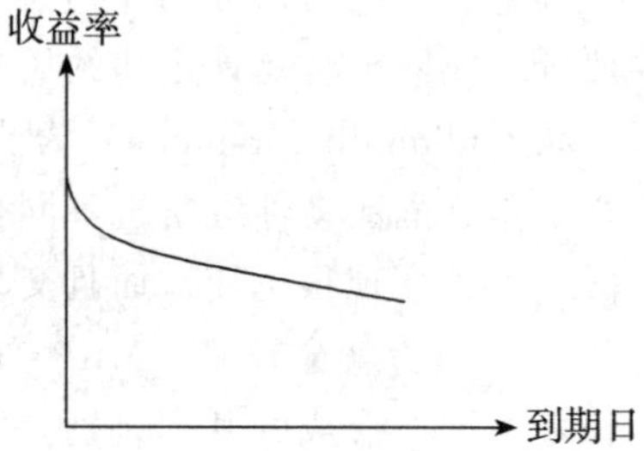

图 1-2 “反常的”收益曲线

通货膨胀率会随着时间的推移而发生重要变化，有时在一定程度上还是可以预测的。如果市场预期通货膨胀率在未来会上升，那么债券期限越长，通货膨胀溢价就越高。如果市场预期通货膨胀率在未来会下降，与短期债券相比，长期债券的通货膨胀溢价则较小。当预期通货膨胀水平增加时，由于预期未来通货膨胀水平上升和有正的到期期限风险溢价，长期债券可以获得更高的收益率。当预期通货膨胀水平降低时，预期通货膨胀水平下降将导致收益曲线向下倾斜。这意味着整个经济的衰退，因为衰退的经济形势通常伴随着下降的通货膨胀水平，相应地，其又会导致较低的长期利率。

公司债券的违约风险和流动性风险也受其期限的影响。例如，中国移动通信公司发行短期债券的违约风险很小，因为在未来几年，公司几乎不存在破产的可能性。但如果该公司发行期限很长的债券，与短期债券比起来，公司的违约风险就会提高。此外，小公司如果发行企业债，违约风险明显会比大公司的债券大。长期债券的流动性也比短期债券差，其流动性溢价要比同一公司的短期债券高，这主要是因为长期债券违约风险较高，投资者在买入长期债券之前要做更多的调查，交易的规模和速度都比不上短期债券市场，因此，期限越长，流动性溢价越高，即流动性溢价随着债券期限的增加而增加。

综合以上分析，可以看出，小企业发行的债券利率最高，大企业发行的公司债券利率次之，政府债券的利率最低，而且随着期限的增长，它们之间的差别会越来越大。

利率期限结构理论主要有三种：一是纯粹预期理论；二是市场分割理论；三是流动性偏好理论。它们解释了为什么债券收益随债券期限的延伸而呈扁平式的上升关系。

（1）纯粹预期理论，认为债券的收益取决于今后利率的预期结果。它假定整个证券市场是统一的，不同期限的证券之间具有完全的替代性，所以长期利率是该期内预期短期利率的平均数，这为证券市场上不同期限证券利率的同向波动提供了解释。如果不存在交易成本，且假设不同期限的债券的风险是相同的，那么纯粹预期理论无疑是可以成立的。如果上述两个假设不成立，它就不能完全解释长期利率一般高于短期利率的现象。

（2）市场分割理论，认为各种证券之间毫无替代性，它们的市场是相互分割的、彼此独立的，因而各种证券的利率都只是由各自的供求状况决定的，彼此之间并无交叉影响，它能解释长期利率一般高于短期利率的现象，但无法解释不同期限证券利率的同向波动。

（3）流动性偏好理论，认为长期投资比短期投资的风险高，因为长期债券的价格波动较大。结果，借债人应给长期债券持有者支付较高的利息。这部分多出的利息就是“流动性补偿”，所以，债券的收益随债券期限的增长而上升，“流动性补偿”也随债券期限的增长而扩大。

1.6.5　宏观经济环境

影响财务管理的宏观经济环境包括经济发展周期、经济发展水平和经济政策等因素。

经济发展周期对企业财务管理活动有很大影响。在不同的经济发展周期，企业的生产规模、销售量、竞争程度有着很大差异。在经济发展繁荣阶段，企业更可能做到产销两旺、技术进步加快，企业在财务预算时需要安排更多资金用于扩大企业的生产规模，增加厂房、设备，聘请更多员工等，推动企业的快速发展；在经济发展萧条阶段，市场处于衰退之中，企业更可能出现产品销售量下降、产品竞争加剧的情况，企业应减少投资，适当减少存货，处置闲置设备，合理安排好资金。

经济发展水平与企业的财务管理同样关系密切。经济发展水平较高的国家通常会更加重视企业财务管理，财务管理发展水平较高，对各种财务管理理论的应用和技术方法的运用较多，从而有力推动了财务管理的发展。相反，在经济欠发达国家，往往缺乏对财务管理的足够重视，财务管理发展相对缓慢。

经济政策是国家或地区制定的针对宏观经济发展的调控政策和手段，例如财政政策和货币政策。经济政策对企业财务管理同样有着较大影响。例如，政府在采用宽松的货币政策时，企业筹资渠道就会更加畅通，筹资成本更低，有利于企业筹集足够资金；反之，如果政府采用紧缩的货币政策，则会使企业难以筹集到足够资金。总之，经济政策会影响企业的筹资渠道和筹资成本，以及企业的资本结构和投资收益等。

基本训练

第1章基本训练

第2章 财务报表分析

学习目标

- 理解公司的三大财务报表——资产负债表、利润表和现金流量表;
- 了解财务报表分析的目的;
- 掌握财务比率分析的基本方法;
- 掌握杜邦分析体系;
- 了解财务报表分析的局限性;
- 了解财务分析中的新观点——市场增加值(MVA)和经济增加值(EVA);
- 了解公司三大财务活动:筹资活动、投资活动和利润分配活动。

引子

东芝虚报销售收入再涉财务造假　遭投诉索赔约166亿日元

据日本媒体报道,东芝公司宣布,因子公司伪造并挪用订货单等票据,截至2016年9月底,累计虚报销售收入5.2亿日元(约合人民币3 320万元)。这是东芝公司近年来曝出的最新一起财务造假事件,对该公司的品牌再次形成打击。

据报道,东芝2008年4月至2014年年底期间采用不将经费支出列入财报的做法,违规计入税前利润约2 300亿日元,为此公司曾遭到日本政府高达73.735亿日元的处罚,多名公司高管引咎辞职。在截至2016年3月31日的上一财年中,东芝亏损额达到了7 191亿日元。为摆脱财务丑闻的负面影响,2016年4月,东芝宣布战略重组,包括重新安排岗位和提前退休人员在内,将在日本国内外裁减1.445万名员工。

公司造假还引起其他公司对其投诉,从而增加了诉讼和巨额索赔等开支。据报道,德盛安联资产管理等45家海外机构投资者,以东芝公司财务违规问题导致股价下跌使其蒙受损失为由,向东京地方法院提起诉讼,要求东芝赔偿约166.5亿日元(约合人民币10.7

亿元）。在日本国内，也已有约100名东芝股东以股价下跌蒙受损失为由，对东芝提起了集体诉讼，要求公司及其5名前高管支付总额约5亿日元的赔款。一家日本信托银行也对该公司提起诉讼，指控公司去年爆发的13亿美元会计丑闻令其蒙受损失，索赔120亿日元。在美国咨询公司Interbrand 2016年10月发布的2016年全球企业品牌价值排行榜上，日本东芝已经跌出100名以外。

资料来源 改编自：周武英. 东芝虚报销售收入再涉财务造假［N］. 经济参考报，2016-11-14.

2.1 财务报表分析概述

2.1.1 财务报表类别

财务报表是对企业财务状况、经营成果和现金流量的结构性表述，一般包括资产负债表、利润表、现金流量表、所有者权益变动表和附注五部分。资产负债表、利润表和现金流量表是企业对外提供的三大主要报表。我们并不强调财务报表的编制，而是明确财务报表通常是财务决策重要的信息来源。因此，我们的目的是简单考察这些报表，并指出一些与财务决策相关的特点。

1）资产负债表

资产负债表，又称财务状况表，是反映企业在某一特定日期财务状况的会计报表。财务状况是指一个企业资产、负债、所有者权益及其相互的关系。此外，还包括依据一般公认会计准则所应予揭露的或有事项、承诺及其他财务事项等。

资产负债表是一张静态报表，按照“资产=负债+所有者权益”这一基本会计恒等式编制而成，包括资产、负债和所有者权益三大会计要素。资产负债表的格式以账户式为主，还包括报告式和营运资金式。账户式资产负债表，也称平衡式，是应用最广泛的一种格式，也是我国会计制度要求企业采用的格式。账户式资产负债表将表分为左右两部分，左方列示资产项目，右方列示负债和所有者权益项目，根据“资产=负债+所有者权益”会计等式，左右两方的合计数应该保持平衡。账户式资产负债表的基本格式见表2-1。

表2-1 **资产负债表（账户式）**

编制单位： 年 月 日 单位：元

资产	期末余额	年初余额	负债和所有者权益（或股东权益）	期末余额	年初余额
流动资产：			流动负债：		
货币资金			短期借款		
以公允价值计量且其变动计入当期损益的金融资产			以公允价值计量且其变动计入当期损益的金融负债		
衍生金融资产			衍生金融负债		
应收票据			应付票据		
应收账款			应付账款		
预付款项			预收款项		

续表

资产	期末余额	年初余额	负债和所有者权益（或股东权益）	期末余额	年初余额
应收利息			应付职工薪酬		
应收股利			应交税费		
其他应收款			应付利息		
存货			应付股利		
持有待售资产			其他应付款		
一年内到期的非流动资产			持有待售负债		
其他流动资产			一年内到期的非流动负债		
流动资产合计			其他流动负债		
非流动资产：			流动负债合计		
可供出售金融资产			非流动负债：		
持有至到期投资			长期借款		
长期应收款			应付债券		
长期股权投资			其中：优先股		
投资性房地产			永续债		
固定资产			长期应付款		
在建工程			专项应付款		
工程物资			预计负债		
固定资产清理			递延收益		
生产性生物资产			递延所得税负债		
油气资产			其他非流动负债		
无形资产			非流动负债合计		
开发支出			负债合计		
商誉			所有者权益（或股东权益）：		
长期待摊费用			实收资本（或股本）		
递延所得税资产			其他权益工具		
其他非流动资产			其中：优先股		
非流动资产合计			永续债		
			资本公积		
			减：库存股		
			其他综合收益		
			盈余公积		
			未分配利润		
			所有者权益（或股东权益）合计		
资产总计			负债和所有者权益（或股东权益）总计		

流动性是资产负债表中的重要概念，其指资产或负债转化成现金的速度和难易程度。流动性高的资产是指那些很快脱手且没有价值损失的资产。流动性低的资产是指那些不大幅度降价就无法转化为现金的资产。资产和负债通常按照其流动性递减的顺序排列。流动性高的资产（负债）排在资产（负债）的最前面。流动性是有价值的。一个企业的流动性越高，其陷入财务困境的可能性越小。但是，流动资产一般盈利能力较低。例如，持有现金是所有资产中流动性最高的，但是它们有时根本不能赚取报酬，只能放着。因此，财务经理需要在流动性的优点及其机会成本之间进行权衡。

资产负债表上所列的价值叫做账面价值，一般并非资产市场价值。因为我国现行会计准则要求按历史成本列示资产，即资产按照企业为它们所支付的金额入账。对于流动资产而言，市场价值与账面价值可能相对接近，因为流动资产在相对较短的时间内购买和转化成现金。在其他情形下，这两种价值可能差距较大。

资产负债表对许多利润集团有重要的作用。例如，供应商据此可以考察应付账款的规模，了解企业偿债及时性。潜在债权人可以考察流动性和财务杠杆程度。

2）利润表

利润表计量某一时期通常是一年的企业业绩。根据“收入-费用=利润”这一会计等式的原理编制而成。利润表中首先报告的一般是来自企业主营业务的收入和费用。按照结构不同，利润表可以分为单步式和多步式两种类型。

单步式利润表，是将所有收入和所有费用项目分别加以汇总，再相减而得出本期净利润。净利润只需要一步就能计算得出。单步式利润表的优点是收入费用归类清楚，经营成果的确认比较直观，报表编制方法简单。不足之处是对收入和费用的性质不加区分，不能揭示利润表中各要素之间的内在联系，也不便于同行业之间报表的比较分析。

多步式利润表，是通过对当期的收入、费用、支出项目按性质加以归类，按利润形成的主要环节列示一些中间性利润指标，分步计算当期净损益。我国一般采用多步式利润表。其基本格式见表2-2。

多步式利润表弥补了单步式利润表的不足，对收入和费用项目加以归类，列出一些中间的计算过程，准确地解释净利润各构成要素之间的内在联系，提供了比单步式更加丰富的信息。但多步式利润表较难理解，而且容易使人产生收入与费用的配比有先后顺序的误解，对收入、费用、支出项目的归类和分步难免带有主观性。

利润表根据权责发生制原则编制，当收入或费用发生时即列入利润，而不是以现金的流入或流出为标准。在实务中，这一原则意味着收入在销售时确认，而无须等到收到货款。因此，在此原则下，利润表所列的数据可能并不完全代表在特定期间内发生的现金流入和流出。

3）现金流量表

现金流量表也是法定报表之一，其反映企业会计期间内经营活动、投资活动与筹资活动等对现金及现金等价物产生影响的会计报表，用以说明会计现金的变动。现金流量表包含了重要的财务信息，对于理解财务现金流量非常有用。现金流量表反映现金的流入和流出，从动态上反映现金的变动情况，是一张动态报表。现金流量由三部分组成，即经营活动产生的现金流量、投资活动产生的现金流量和筹资活动产生的现金流量。编制现金流量表能使企业外部投资者、债权人和其他与企业有利害关系的财务报表的使用者，评估企业

表2-2 **利润表（多步式）**

编制单位： 年 月 单位：元

项目	本期金额	上期金额
一、营业收入		
减：营业成本		
税金及附加		
销售费用		
管理费用		
财务费用		
资产减值损失		
加：公允价值变动收益（损失以“－”号填列）		
投资收益（损失以“－”号填列）		
其中：对联营企业和合营企业的投资收益		
资产处置收益（损失以“－”号填列）		
其他收益		
二、营业利润（亏损以“－”号填列）		
加：营业外收入		
减：营业外支出		
三、利润总额		
减：所得税费用		
四、净利润		
（一）持续经营净利润（净亏损以“-”号填列）		
（二）终止经营净利润（净亏损以“-”号填列）		
五、其他综合收益的税后净额		
（一）以后不能重分类进损益的其他综合收益		
1.重新计量设定受益计划净负债或净资产的变动		
2.权益法下在被投资单位不能重分类进损益的其他综合收益中享有的份额		
……		
（二）以后将重分类进损益的其他综合收益		
1.权益法下在被投资单位以后将重分类进损益的其他综合收益中享有的份额		
2.可供出售金融资产公允价值变动损益		
3.持有至到期投资重分类为可供出售金融资产损益		
4.现金流量套期损益的有效部分		
5.外币财务报表折算差额		
……		
六、综合收益总额		
七、每股收益：		
（一）基本每股收益		
（二）稀释每股收益		

未来取得净现金流入的能力、未来偿还负债及支付股利的能力、分析企业盈利能力和分析本期营业取得净现金流入与本期净收益之间差异的原因、反映企业用现金或非现金的投资与筹资活动以及向外界提供所需要的现金流量信息，也可据以分析企业财务管理水平和制订营运资金计划，以加强财务管理和用好企业的营运资金。现金流量表的基本格式见表2-3。

2.1.2　财务报表分析的目的

财务报表及报表中推算出来的数据是企业内外沟通财务信息的主要资料。通过财务报表的分析，各类报表使用者可以获得反映公司经营情况及财务状况的各种相关信息，以帮助财务报表使用者改善决策。不同的报表使用者阅读报表时的侧重点和目的不同。例如，债权人关心的是其提供的资金能否收回本金且获得必要的报酬；潜在股东为了决定是否投资，需要分析企业的资产状况和盈利能力；持股股东为了决定是否要出售股份，需要分析股价变动趋势和企业发展前景；所有者为了考察经营者的业绩，需要分析资产的盈利水平和破产风险；股东大会为了决定股利分配政策，需要分析筹资状况。经理人员可以通过对经营业绩的分析进行计划、预算、业绩评估和部门考核，进一步提高企业的经营能力和盈利水平。管理人员还可以利用财务报表分析，了解企业的外部信息：对企业的供应商进行分析，了解其盈利能力和偿债能力，以确定其生产经营状况是否良好；对购货客户进行分析，了解其偿债能力和盈利能力，确定其信用水平，以此调整本公司的销货政策；对企业的竞争对手的盈利能力和发展动向进行分析，了解其市场份额和边际利润，以确定本公司的产品组合和定价；对收购和兼并的目标公司的财务报表进行分析，以确定收购价格是否合理。注册会计师通过财务报表分析可以确定审计的重点；专业的咨询人员可以利用财务报表分析提供专业建议；政府部门通过财务分析可以了解企业的纳税情况，了解企业是否遵守法规和市场秩序，了解企业职工的收入状况和就业情况。

2.1.3　财务报表分析的方法

财务报表分析方法众多，不同的人出于不同的目的使用不同的分析方法。一般来讲，财务报表分析方法分为比较分析法和因素分析法两类。

1）比较分析法

比较分析法就是将多个相关的可比数据进行对比，并通过比较揭示其差异和矛盾。按照不同的分类标准，比较分析法可以分为多种具体的分析方法。

（1）按比较的对象分类

①趋势分析法，就是和企业的历史数据比较。

②横向比较分析法，就是和行业平均数或者其他同类企业数据比较。

③差异分析法，就是根据实际执行的结果与计划指标的差异进行比较。

（2）按比较的内容分类

①比较会计要素的总量分析法。这种分析也称绝对数字比较分析，就是将财务报表中所呈报的绝对数字直接加以比较，以观察了解企业财务状况与经营成果的变化情况。总量是指会计报表项目的总金额。总量比较可以用于时间序列分析，研究每个总量的逐年变化趋势；也可以用于和行业平均或者同类企业的对比，了解企业的相对规模和行业中的竞争地位。

表2-3 **现金流量表**

编制单位： 年 月 单位：元

项 目	本期金额	上期金额
一、经营活动产生的现金流量：		
销售商品、提供劳务收到的现金		
收到的税费返还		
收到的其他与经营活动有关的现金		
经营活动现金流入小计		
购买商品、接受劳务支付的现金		
支付给职工以及为职工支付的现金		
支付的各项税费		
支付的其他与经营活动有关的现金		
经营活动现金流出小计		
经营活动产生的现金流量净额		
二、投资活动产生的现金流量：		
收回投资收到的现金		
取得投资收益收到的现金		
处置固定资产、无形资产和其他长期资产收回的现金净额		
处置子公司及其他营业单位收到的现金净额		
收到其他与投资活动有关的现金		
投资活动现金流入小计		
购建固定资产、无形资产和其他长期资产支付的现金		
投资支付的现金		
取得子公司及其他营业单位支付的现金净额		
支付其他与投资活动有关的现金		
投资活动现金流出小计		
投资活动产生的现金流量净额		
三、筹资活动产生的现金流量：		
吸收投资收到的现金		
取得借款收到的现金		
收到其他与筹资活动有关的现金		
筹资活动现金流入小计		
偿还债务支付的现金		
分配股利、利润或偿付利息支付的现金		
支付其他与筹资活动有关的现金		
筹资活动现金流出小计		
筹资活动产生的现金流量净额		
四、汇率变动对现金及现金等价物的影响		
五、现金及现金等价物净增加额		
加：期初现金及现金等价物余额		
六、期末现金及现金等价物余额		

②比较结构百分比分析法。这种分析方法是根据财务报表中列示的各组成项目的金额，计算出其占总金额的百分比，反映这些项目在总体中的比重，也就是将资产负债表、利润表和现金流量表都转换成为结构百分比报表。结构百分比报表可以用来发现有显著问题的项目，以确定进一步分析的重点。在分析中应注意造成结构百分比变动的原因。

③比较财务比率分析法。财务比率是应用最广泛的一项财务报表分析工具。比率分析在于通过指标的比较，研究各项目的内在联系与规律性。财务比率是相对数，排除规模等因素对指标的影响，不仅适用于同一企业不同时期指标的比较，也适用于不同企业之间的指标比较。比较财务比率分析法包括资产负债表、利润表和现金流量表各项目的比率分析。

2）因素分析法

因素分析法是指各指标与其驱动因素之间的关系，从数量上确定各因素对指标的影响程度。一个综合性经济指标的大小，往往是由多种因素造成的。只有计算出各个驱动因素对综合性经济指标值的影响程度，才能清楚地知道综合指标完成与否的真正原因。因素分析法主要包括连环替代法和差额分析法。连环替代法即连续应用替代法，依次用实际值替代标准值，据以测定各因素对财务指标的影响。差额分析法是连环替代法的一种简化形式，是利用各因素的实际值与标准值之间的差额来计算各因素对分析对象的影响程度的方法。如果各项因素与某项指标的关系为加减关系时，可采用差额分析法。

2.1.4 财务报表分析的主要步骤

财务报表分析并不是一种具有固定程序的工作，不存在唯一的通用程序，是一个逐步研究和探索的过程。具体的分析步骤和程序必须根据分析目的、分析对象和分析方法，由实际操作的人员进行设计。一般来说，财务报表分析通常包括以下几个步骤：

第一步，明确分析的目的。

第二步，收集有关的信息。

第三步，根据分析目的，将整体分割成各个部分，适当安排，使之符合分析的需要。

第四步，深入研究各个部分的特殊本质。

第五步，进一步研究各个部分之间的相互联系。

第六步，解释结果，提供有助于决策的信息。

2.1.5 财务报表分析的局限性

财务报表分析有一定局限性。导致财务报表分析存在局限性的原因主要体现在四个方面：

（1）财务报表本身的局限性。财务报表的数据，即资产负债表、利润表、现金流量表等各种会计报表及其附表和附注是财务分析的主要依据，也是财务分析的起点。因为财务报表根据特定会计假设前提和会计制度编制而成，具有特定的会计环境。会计环境缺陷必然导致会计系统缺陷。例如，会计以历史成本报告资产，未考虑现行市价、重置成本等因素，其数据均是对已发生的成本、费用、收入的记载，缺乏时效性；会计假设币值不变，没有考虑通货膨胀和物价变动等因素，其数据隐含着资产超值或贬值的风险；会计谨慎性原则要求预计损失而不预计收益，因此会计数据可能夸大费用，少计收益和资产；资产负债表与利润表所反映的时间不同，以比率的形式将两表的数据进行比较，可比性程度不一致。利润表是时期报告，反映的是跨越了整个会计年度的数据信息，而资产负债表是时点报告，只反映企业某一时点财务状况，将两张报表的数据进行比较可发现客观上存在的一些问题。

（2）财务报表的可靠性问题。在会计可靠性方面，报表分析不能解决报表自身的可靠性问题。报表的可靠性要由审计来解决。财务报表分析的假设前提之一就是所依据的会计报表信息是可靠的。只有根据符合规范的、可靠的财务报表，才能得出正确的分析结论。但是，事实上，会计信息质量是一个老生常谈的问题。财务报表信息低质量必然影响财务报表分析结果的可靠性。

（3）企业会计政策的不同选择影响可比性。在企业会计政策方面，会计准则常给予会计师对同一会计事项账务处理使用规则和程序的酌情权。例如，存货的计价方法有个别计价法、先进先出法、加权平均法、移动平均法等可供选择。虽然财务报表的附注部分会表述会计政策的选择规则和程序，但是报表的使用者未必能完成可比性的调整工作。

（4）比较分析的基础问题。比较分析的基础，就是评价企业当期实际数据的参照标准，包括同行业的数据、企业的历史数据和计划预算数据。例如，在进行横向比较时，需要同行业数据。同行业平均数不一定就具有代表性，也不一定合理。此外，进行多元化经营的企业，没有明确的行业归属，同行业比较更加困难。

总之，受各种因素制约，财务报表分析具有一定的局限性。财务报表分析数据使用者需要在限定意义上分析结论，避免简单化和绝对化。

2.2 财务比率分析

财务比率分析在于通过指标的比较，研究各项目的内在联系与规律性。财务比率分析通常可以分为以下几个方面：变现能力分析、资产管理能力分析、长期偿债能力分析、盈利能力分析、上市公司特有的财务比率分析和现金流量比率分析。为了易于说明财务比率的计算和分析方法，本章以中国国际贸易中心股份有限公司（简称中国国贸，证券代码600007）2016年年报[①]为例计算各类比率。

2.2.1 变现能力分析

变现能力是企业产生现金的能力，它取决于可以在近期转变为现金的流动资产的多少。变现能力分析包括流动比率分析和速动比率分析。

1）流动比率

流动比率是广为人知且运用最为广泛的比率之一。其计算公式如下：

$$流动比率=\frac{流动资产}{流动负债} \tag{2-1}$$

$$中国国贸2016年的流动比率=\frac{648\,951\,575}{2\,570\,279\,679}=0.25$$

① 中国国贸2016年财务报表见本章附录。

流动比率体现企业偿还短期债务的能力。企业流动资产越多，短期债务相对越少，则流动比率越大，企业的短期偿债能力越强。对供应商及短期债权人而言，流量比率越高越好。通常认为流动比率为2时，公司的短期偿债能力较强。但是，它同时也意味着现金及其他短期流动资产的利用率较低。但是，不同性质的行业，流动比率的比值与短期偿债风险之间关联度可能不同。因此，需要区分不同行业和不同企业具体分析，不能一概而论。此外，需要注意的是，与其他比率一样，流动比率可能受到许多不同交易类型的影响。例如，假设企业通过举借债务筹集资金，短期内导致现金和长期债务同时增加，使得流动比率上升。

2）速动比率

速动比率的计算公式如下：

$$\text{速动比率}=\frac{\text{速动资产}}{\text{流动负债}}=\frac{\text{流动资产}-\text{存货}-\text{预付费用}}{\text{流动负债}} \tag{2-2}$$

$$\text{中国国贸2016年的速动比率}=\frac{648\,951\,575-22\,595\,729-41\,821\,983}{2\,570\,279\,679}=0.23$$

速动比率又称酸性测试比率，比流动比率更能体现企业偿还短期债务的能力。因为流动资产中，存货是流动性最弱的流动资产，也是最难准确反映市场价值的项目之一。因此，企业资产流动性可能受流动缓慢的存货的牵制。预付费用也是影响流动性的重要因素。因此，将流动资产扣除存货和预付费用后再与流动负债对比，能更好地衡量企业的短期偿债能力。通常将公司流动性与同行业平均水平或者本企业历史的同一指标进行比较，以判断其流动性的高低。

2.2.2　资产管理能力分析

资产管理能力分析，也叫做营运能力分析，是指对企业资金周转状况进行的分析。资金周转越快，资金利用效率越高，企业的经营管理水平也就越好。资产管理能力分析包括存货周转率和存货周转天数、应收账款周转率和应收账款周转天数、流动资产周转率、固定资产周转率、总资产周转率和营业周期。

1）存货周转率和存货周转天数

在流动资产中，存货所占的比重较大，但是存货的流动性较差。因此，存货对公司资产的流动性影响较大，必须特别重视对存货的分析。存货的流动性一般用存货的周转速度指标来反映，即存货周转率或存货周转天数。存货周转天数是指企业的存货自入库登账之日起到发运出售之日止的平均天数。其计算公式如下：

$$\text{存货周转率}=\frac{\text{销售成本}}{\text{平均存货}} \tag{2-3}$$

$$\text{存货周转天数}=\frac{360}{\text{存货周转率}}=\frac{360}{\dfrac{\text{销售成本}}{\text{平均存货}}}=\frac{\text{平均存货}\times 360}{\text{销售成本}} \tag{2-4}$$

$$\text{中国国贸2016年的存货周转率}=\frac{1\,048\,786\,243}{\dfrac{22\,595\,729+23\,419\,985}{2}}=45.58\text{（次）}$$

这一数值表明，全部存货被出售或周转了45.58次。如果已知存货周转了45.58次，很容易就能计算出公司存货周转天数：

$$存货周转天数=\frac{360}{45.58}=7.90（天）$$

这一指标表明，存货在出售之前平均存在了7.90天。

一般来讲，存货周转速度越快，存货的占用水平越低，流动性越强，存货转换为现金或应收账款的速度越快，提高存货周转率可以提高企业的变现能力；存货周转速度越慢则变现能力越差。存货周转率（存货周转天数）指标的好坏反映存货管理水平，它不仅影响企业的短期偿债能力，也是整个企业管理的重要内容。

2）应收账款周转率和应收账款周转天数

及时收回应收账款，不仅能增强企业的短期偿债能力，也能反映出企业管理应收账款的效率。应收账款周转率指一年内应收账款转为现金的平均次数。应收账款周转天数表示企业从取得应收账款的权利到收回款项、转换为现金所需要的时间。其计算公式如下：

$$应收账款周转率=\frac{销售收入}{平均应收账款} \tag{2-5}$$

$$应收账款周转天数=\frac{360}{应收账款周转率}=\frac{360}{\frac{销售收入}{平均应收账款}}=\frac{平均应收账款\times 360}{销售收入} \tag{2-6}$$

$$中国国贸2016年的应收账款周转率=\frac{2\,349\,397\,869}{\frac{144\,293\,862+141\,547\,001}{2}}=16.44（次）$$

$$应收账款周转天数=\frac{360}{16.44}=21.90（天）$$

上面计算的指标表明，大致而言，中国国贸2016年共计16.44次收回流通在外的赊欠账款并且重新把账款放出去。平均下来，收回账款的时间为21.90天。

应收账款周转率越高或者周转天数越少，说明其收回越快。反之，说明营运资金过多呆滞在应收账款上，影响正常资金周转及偿债能力。

3）流动资产周转率

流动资产周转率是反映企业流动资产周转速度的指标。其计算公式如下：

$$流动资产周转率=\frac{销售收入}{平均流动资产} \tag{2-7}$$

$$中国国贸2016年的流动资产周转率=\frac{2\,349\,397\,869}{\frac{648\,951\,575+666\,870\,367}{2}}=3.57（次）$$

流动资产周转率是分析流动资产周转情况的一个综合指标。流动资产周转率反映流动资产的周转速度，周转速度越快，会相对节约流动资产，相当于扩大资产的投入，增强企业的盈利能力；周转速度变缓，则需补充流动资产参加周转，形成资产的浪费，降低企业的盈利能力。

流动资产周转率要结合存货、应收账款周转率一并进行分析，和反映盈利能力的指标结合在一起使用，可全面评价企业的盈利能力。

4）固定资产周转率

固定资产周转率也称固定资产利用率，是企业销售收入与平均固定资产净值的比率。其计算公式如下：

$$固定资产周转率=\frac{销售收入}{平均固定资产净值} \tag{2-8}$$

$$中国国贸2016年的固定资产周转率=\frac{2\,349\,397\,869}{\frac{1\,096\,222\,426+1\,146\,390\,545}{2}}=2.10（次）$$

固定资产周转率主要用于分析对厂房、设备等固定资产的利用效率，比率越高，说明利用率越高，管理水平越好。如果固定资产周转率与同行业平均水平相比偏低，则说明企业对固定资产的利用率较低，可能会影响企业的获利能力。

5）总资产周转率

总资产周转率是指企业在一定时期业务收入净额同平均资产总额的比率。其计算公式如下：

$$总资产周转率=\frac{销售收入}{平均资产总额} \tag{2-9}$$

$$中国国贸2016年的总资产周转率=\frac{2\,349\,397\,869}{\frac{11\,208\,470\,938+10\,219\,156\,999}{2}}=0.22（次）$$

该项指标反映资产总额的周转速度，周转越快，说明销售能力越强。企业可以通过薄利多销的办法，加速资产的周转，带来利润绝对额的增加。

6）营业周期

营业周期是从取得存货开始到销售存货并收回现金为止的时间。其计算公式如下：

营业周期=存货周转天数+应收账款周转天数　(2-10)

中国国贸2016年的营业周期=7.90+21.90=29.80（天）

一般情况下，营业周期短，说明资金周转速度快；营业周期长，说明资金周转速度慢。营业周期的长短是决定公司流动资产需要量的重要因素。较短的营业周期表明对应收账款和存货的有效管理。营业周期一般应结合存货周转情况和应收账款周转情况一并分析。营业周期的长短，不仅体现企业的资产管理水平，还会影响企业的偿债能力和盈利能力。

2.2.3　长期偿债能力分析

1）资产负债率

资产负债率反映债权人提供的资本占全部资本的比例，该指标也被称为举债经营比率。其计算公式如下：

$$资产负债率=\frac{负债总额}{资产总额}\times100\% \tag{2-11}$$

$$中国国贸2016年的资产负债率=\frac{5\,071\,716\,119}{11\,208\,470\,938}\times100\%=45.25\%$$

合理的负债经营是有利的。资产负债比率越大，企业面临的财务风险越大。如果企业资金不足，依靠欠债维持，导致资产负债率特别高，偿债风险就应该引起特别注意。一般认为，资产负债率在60%～70%比较合理、稳健；资产负债率达到85%及以上应视为风险预警信号，企业应提起足够的注意。

2）产权比率

产权比率指债权人与股东提供的资本的相对比例。其计算公式如下：

$$产权比率=\frac{负债总额}{股东权益}\times100\% \tag{2-12}$$

$$中国国贸2016年的产权比率=\frac{5\,071\,716\,119}{6\,136\,754\,819}\times100\%=82.64\%$$

产权比率反映企业资本结构是否合理、稳定，同时也表明债权人投入资本受到股东权益的保障程度。一般来说，产权比率高是高风险、高报酬的财务结构，产权比率低是低风险、低报酬的财务结构。从股东角度看，在通货膨胀时期，企业举债可以将损失和风险转移给债权人；在经济繁荣时期，举债经营可以获得额外的利润；在经济萎缩时期，少借债可以减少利息负担和财务风险。

3）有形净值债务率

有形净值债务率是企业负债总额与有形净值的百分比。其计算公式如下：

$$有形净值债务率=\frac{负债总额}{股东权益-无形资产净值}\times 100\% \tag{2-13}$$

$$中国国贸2016年的有形净值债务率=\frac{5\ 071\ 716\ 119}{6\ 136\ 754\ 819-856\ 120\ 814}\times 100\%=96.04\%$$

有形净值债务率是产权比率指标的延伸，更为谨慎、保守地反映在企业清算时债权人投入的资本受到股东权益的保障程度。这个比率不考虑无形资产（包括商誉、商标、专利权以及非专利技术等）的价值。因为无形资产不一定能用来还债，为谨慎起见，一律视为不能偿债。有形净值债务率主要是用于衡量企业的风险程度和对债务的偿还能力。这个指标越大，表明风险越大；反之，则越小。同理，该指标越小，表明企业长期偿债能力越强，反之，则越弱。

4）利息保障倍数

利息保障倍数是企业经营业务收益与利息费用的比率，用以衡量企业偿付借款利息的能力，也叫已获利息倍数。其计算公式如下：

$$利息保障倍数=\frac{息税前利润}{利息费用} \tag{2-14}$$

$$中国国贸2016年的利息保障倍数=\frac{918\ 586\ 273+78\ 413\ 094}{78\ 413\ 094}=12.71（倍）$$

式中的“息税前利润”是指利润表中未扣除利息费用和所得税之前的利润，用“利润总额+利息费用”测算。在我国，外部报表使用人要用“利润总额+财务费用”来估计。公式中的“利息费用”是指本期发生的全部应付利息，不仅包括财务费用中的利息费用，还应包括计入固定资产成本的资本化利息。

只要利息保障倍数足够大，企业就有充足的能力偿付利息。企业要有足够大的息税前利润，才能保证负担得起资本化利息。该指标越高，说明企业的债务利息压力越小；反之，则越大。

5）现金支付率

用于支付利息的必须是现金，而息税前利润并不等同于公司的全部现金来源。事实上，息税前利润和可用的现金的最大差异就是折旧摊销。因为在计算息税前利润时，折旧摊销是作为费用被减去的。这样看来，利息保障倍数作为偿债能力指标还是略有不足。为此，这里引入一个新的比率——现金支付率，作为利息保障倍数的修正。其计算公式如下：

$$现金支付率=\frac{息税折旧摊销前利润}{利息费用} \tag{2-15}$$

$$中国国贸2016年的现金支付率=\frac{1\ 287\ 207\ 600}{78\ 413\ 094}=16.42$$

2.2.4　盈利能力分析

盈利能力是指企业正常经营赚取利润的能力，是企业生存发展的基础。因此，盈利能力受到投资者、债权人和企业管理层等的广泛关注。反映企业盈利能力的指标很多，通常使用的有经营净利润率、经营毛利率、资产净利率和净资产收益率等。它们都试图计算企业利用资产和管理经营业务的效率。这些指标关注的焦点是利润表中的利润。

1）经营净利润率

经营净利润率，对于以产品销售为主营业务的企业，也称销售净利率，反映每一元主营业务收入带来的净利润是多少，表示主营业务的收益水平。其计算公式如下：

$$\text{经营净利润率}=\frac{\text{净利润}}{\text{主营业务收入}}\times 100\% \tag{2-16}$$

企业在增加主营业务收入的同时，必须相应获取更多的净利润，这样才能使经营净利润率保持不变或有所提高。

$$\text{中国国贸2016年的经营净利润率}=\frac{686\ 914\ 877}{2\ 349\ 397\ 869}\times 100\%=29.24\%$$

这一指标告诉我们，从会计的角度来看，中国国贸2016年每1元主营业务收入带来近0.3元的净利润。

经营净利润率可以分解成为经营毛利率、经营税金率、经营成本率、经营期间费用率等指标进行分析。

2）经营毛利率

经营毛利率表示每一元主营业务收入扣除主营业务成本后，有多少钱可以用于各项期间费用和形成盈利。其计算公式如下：

$$\text{经营毛利率}=\frac{\text{主营业务收入}-\text{主营业务成本}}{\text{主营业务收入}}\times 100\% \tag{2-17}$$

$$\text{中国国贸2016年的经营毛利率}=\frac{2\ 349\ 397\ 869-1\ 048\ 786\ 243}{2\ 349\ 397\ 869}\times 100\%=55.36\%$$

经营毛利率是企业经营净利率的最初基础，没有足够大的经营毛利率便不能形成盈利。企业可以按期分析经营毛利率，据此对企业主营业务收入、主营业务成本的发生及配比情况做出判断。

3）资产净利率

资产净利率，也称总资产收益率（ROA），把企业一定期间的净利润与企业的资产相比较，表明企业资产的综合利用效果。其计算公式如下：

$$\text{资产净利率}=\frac{\text{净利润}}{\text{平均资产总额}}\times 100\% \tag{2-18}$$

$$\text{中国国贸2016年的资产净利率}=\frac{686\ 914\ 877}{\dfrac{11\ 208\ 470\ 938+10\ 219\ 156\ 999}{2}}\times 100\%=6.41\%$$

这个比率越高，表明资产的利用效率越高，说明企业在增加收入和节约资金等方面取得了良好的效果，否则相反。资产净利率是一个综合指标。净利的多少与企业资产的多少、资产的结构、经营管理水平有着密切的关系。影响资产净利率高低的因素有产品的价格、单位产品成本的高低、产品的产量和销售的数量、资金占用量的大小。

4）净资产收益率

净资产收益率（ROE）反映公司所有者权益的投资报酬率，也叫净值报酬率或权益报酬率，净资产收益率具有很强的综合性，是最重要的财务比率之一。其计算公式如下：

$$净资产收益率=\frac{净利润}{平均净资产}\times 100\% \tag{2-19}$$

$$中国国贸2016年的净资产收益率=\frac{686\,914\,877}{\frac{6\,136\,754\,819+5\,651\,796\,449}{2}}\times 100\%=11.65\%$$

2.2.5 上市公司特有的财务比率分析

对上市公司而言，为了更好地反映股东的投资收益和证券市场对公司的评价，在进行财务报表分析时，除了基本的财务比率，还需要一些新的指标来反映上市公司财务目标的实现程度和投资者对公司的信心。这些新指标包括每股收益、市盈率、每股净资产、市净率等。

1）每股收益

每股收益是指税后利润与股份总数的比率，计算公式如下：

$$每股收益=\frac{净利润}{年末普通股股份总数} \tag{2-20}$$

$$中国国贸2016年的每股收益=\frac{686\,914\,877}{1\,007\,282\,534}=0.68$$

它是测定股票投资价值的重要指标之一。比率反映了每股创造的税后利润，比率越高，表明公司的盈利能力越强，直接影响公司未来的股价。

2）市盈率

市盈率是估计普通股价值的最基本、最重要的指标之一。其计算公式为：

$$市盈率=\frac{普通股每股市价}{普通股每股收益} \tag{2-21}$$

$$中国国贸2016年的市盈率=\frac{17.27}{0.68}=25.40$$

一般认为，较高的市盈率意味着公司有较好的市场盈利前景。但是，需要注意的是，当公司几乎没有盈利或盈利很小时，其市盈率可能会相当大。因此，使用此指标时应该小心谨慎。

3）每股净资产

$$每股净资产=\frac{年末股东权益}{年末普通股股份总数} \tag{2-22}$$

$$中国国贸2016年的每股净资产=\frac{6\,136\,754\,819}{1\,007\,282\,534}=6.09$$

这一指标反映每股股票所拥有的资产现值。每股净资产越高，股东拥有的资产现值越多；每股净资产越低，股东拥有的资产现值越少。通常每股净资产越高越好。

4）市净率

$$市净率=\frac{普通股每股市价}{普通股每股净资产} \tag{2-23}$$

$$中国国贸2016年的市净率=\frac{17.27}{6.09}=2.84$$

市净率是指每股市价与每股净资产之间的比值，比值越低意味着风险越低。

净资产的多少是由股份公司经营状况决定的，股份公司的经营业绩越好，其资产增值越快，股票净值就越高。因此，股东所拥有的权益也越多。一般来说，市净率较低的股票，投资价值较高，相反，则投资价值较低。但在判断投资价值时，还要考虑当时的市场环境以及公司经营情况、盈利能力等因素。

5）每股股利

$$每股股利=\frac{股利总额}{年末普通股股份总数} \tag{2-24}$$

$$中国国贸2016年的每股股利=\frac{201\ 456\ 507}{1\ 007\ 282\ 534}=0.20$$

股利总额的数额来自利润表的附表“利润分配表”中的“应付普通股股利”。

6）股票获利率

$$股票获利率=\frac{普通股每股股利}{普通股每股市价}\times100\% \tag{2-25}$$

$$中国国贸2016年的股票获利率=\frac{0.20}{17.27}\times100\%=1.16\%$$

股票获利率指标反映现行的股票市价与所获得的现金股利的比值。由于企业的现金流量情况大多数都不理想，再加上利用会计手法操作利润的影响，很多报表上的利润质量都不高，并不能用来发放股利。因此，股票获利率更加准确地反映了投资者从股利发放中所能够得到的资金回报。该指标通常要视公司发展状况而定。

7）股利支付率

股利支付率用来表示公司的股利政策，股利支付率为每股股利与每股盈余的比例关系，显示企业所赚取的净利润中用于股利分配的比例。

$$股利支付率=\frac{普通股每股股利}{普通股每股收益}\times100\% \tag{2-26}$$

$$中国国贸2016年的股利支付率=\frac{0.20}{0.68}\times100\%=29.41\%$$

8）留存收益比率

与股利支付率相对应的是留存收益比率。留存收益比率等于留存盈余和净利润之比，其中留存盈余是指净利润减去现金股利支付后的余额，是企业内部资本的主要来源。

$$留存收益比率=\frac{净利润-股利总额}{净利润}\times100\%=1-股利支付率 \tag{2-27}$$

$$中国国贸2016年的留存收益比率=1-29.41\%=70.59\%$$

9）股利保障倍数

$$股利保障倍数=\frac{普通股每股收益}{普通股每股股利} \tag{2-28}$$

$$中国国贸2016年的股利保障倍数=\frac{0.68}{0.20}=3.4$$

股利保障倍数恰好是股利支付率的倒数，这一指标反映了现金股利可由企业净利润来支付的程度。股利保障倍数是一种安全性指标，可以看出净利润减少到什么程度，公司仍能按目前水平支付股利。

2.2.6 现金流量比率分析

这部分介绍和现金流量表相关的比率，其意义可以分为两方面：企业的流动性分析以及获取现金能力分析。

1）流动性分析

（1）现金到期债务比

$$现金到期债务比=\frac{经营活动现金净流量}{本期到期债务} \tag{2-29}$$

其中：

本期到期债务=一年内到期的非流动负债+应付票据

现金到期债务比以经营活动的现金净流量与本期到期的债务比较，可以体现企业偿还到期债务的能力。这里采用经营活动现金净流量，是因为企业能够用来偿还债务的除借新债还旧债外，一般应当是经营活动的现金流入。

中国国贸2016年的本期到期债务为零，因此，这里这个比率没有实用意义。

（2）现金流动负债比

$$现金流动负债比=\frac{经营活动现金净流量}{期末流动负债} \tag{2-30}$$

现金流动负债比反映经营活动产生的现金对流动负债的保障程度。这里也采用经营活动现金净流量的原因同上。

$$中国国贸2016年的现金流动负债比=\frac{1\ 115\ 094\ 373}{2\ 570\ 279\ 679}=0.43$$

（3）现金债务总额比

$$现金债务总额比=\frac{经营活动现金净流量}{期末负债总额} \tag{2-31}$$

现金债务总额比反映经营活动产生的现金对公司全部负债的保障程度。注意，计算结果要与企业的历史数据比较，与同行业其他公司比较才能确定高与低。这个比率越高，企业承担债务的能力越强。这个比率同时也体现企业的最大付息能力。

$$中国国贸2016年的现金债务总额比=\frac{1\ 115\ 094\ 373}{5\ 071\ 716\ 119}=0.22$$

2）获取现金能力分析

（1）销售现金比率

$$销售现金比率=\frac{经营活动现金净流量}{销售额} \tag{2-32}$$

销售现金比率反映每元销售得到的净现金流入量。这个比率越高，表示企业的收入质量越好，资金利用效果越好。注意，计算结果并没有单一标准，要与企业的历史数据比较、与同行业其他公司比较才能确定好坏。

$$中国国贸2016年的销售现金比率=\frac{1\ 115\ 094\ 373}{2\ 349\ 397\ 869}=0.47$$

（2）每股营业现金流量

$$每股营业现金流量=\frac{经营活动现金净流量}{年末普通股股份总额} \tag{2-33}$$

每股营业现金流量反映每股经营所得到的净现金，其值越大越好。这个指标反映企业最大分派现金股利的能力，如果每股分红大于这个指标，就要借款分红。

$$中国国贸2016年的每股营业现金流量=\frac{1\ 115\ 094\ 373}{1\ 007\ 282\ 534}=1.11$$

（3）全部资产现金回收率

$$全部资产现金回收率=\frac{经营活动现金净流量}{期末资产总额} \tag{2-34}$$

全部资产现金回收率说明企业资产产生现金的能力，数值越大表示产生现金的能力越强。把上述指标求倒数，则可以分析全部资产用经营活动现金回收所需要的期间长短。因此，这个指标体现了企业资产回收的含义。回收期越短，说明资产获得现金的能力越强。

$$中国国贸2016年的全部资产现金回收率=\frac{1\ 115\ 094\ 373}{11\ 208\ 470\ 938}=0.10$$

2.3　杜邦分析体系

在公司绩效分析中，仅仅观察某一财务比率或者单独观察各个财务比率难以了解公司运营的全面状况。为此，就需要把各种财务比率结合起来综合分析。杜邦财务分析体系就是这样一种综合分析法。杜邦分析法主要用以解释各项主要财务比率指标的变动原因和揭示各项财务比率指标之间的关系。这种方法从评价企业绩效最具综合性和代表性的指标——净资产收益率出发，层层分解至企业最基本生产要素的使用、成本和费用的构成及企业风险，从而满足经营者通过财务分析进行绩效评价的需要，在经营目标发生变动时能及时查明原因并加以修正。

如图2-1所示，各指标的关系如下：

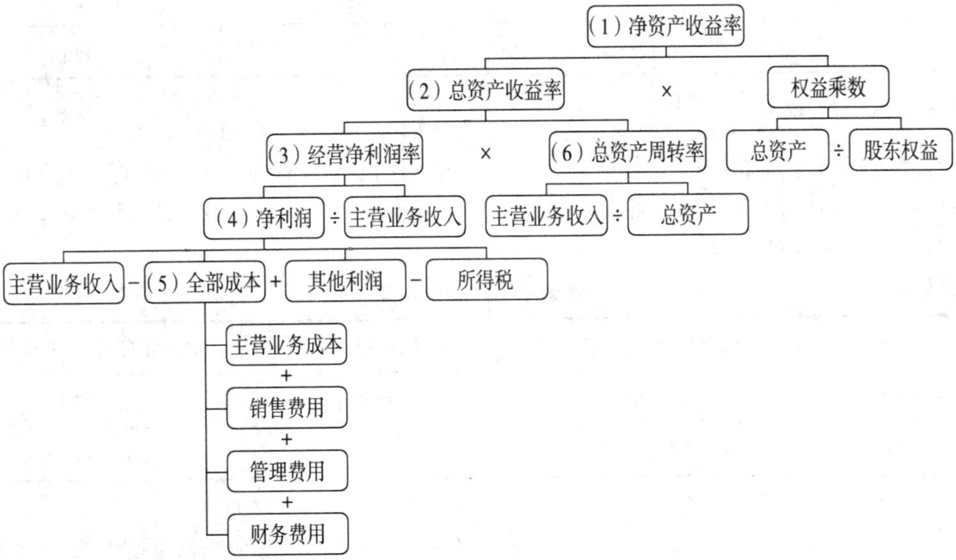

图2-1　杜邦分析图

净资产收益率=总资产收益率×权益乘数

=经营净利润率×总资产周转率×权益乘数

$$=\frac{净利润}{主营业务收入}\times\frac{主营业务收入}{总资产}\times权益乘数$$

净利润=主营业务收入-全部成本+其他利润-所得税

=主营业务收入-（主营业务成本+销售费用+管理费用+财务费用）+其他利润-所得税

在这一部分，本书将按照杜邦分析法的指标体系图，将以上指标由上至下逐层分解，综合分析中国国贸2015—2016年的绩效变化。本节为了简化计算，用年末报表的指标代替部分需要计算年初年末平均值的指标，如平均总资产和平均净资产都分别用年末的数据替代，因而一些比率的计算结果与第一节不同，但是不影响对杜邦分析体系的理解。

（1）净资产收益率=总资产收益率×权益乘数

中国国贸2016年较2015年的净资产收益率有所上升（见表2-4）。将这一指标分解之后可以看出，总资产收益率略有下降，权益乘数略有上升。

表2-4 **净资产收益率的计算**

年份	净资产收益率（%）	总资产收益率（%）	权益乘数
2015	11.12	6.15	1.81
2016	11.19	6.13	1.83

（2）总资产收益率=经营净利润率×总资产周转率

接下来对总资产收益率进行分解，探寻其下降的原因。事实上，经营净利润率反映主营业务的获利能力有一定程度的上升，但总资产周转率下降的幅度更大一些（见表2-5）。

表2-5 **总资产收益率的计算**

年份	总资产收益率（%）	经营净利润率（%）	总资产周转率
2015	6.15	27.66	0.2223
2016	6.13	29.24	0.2096

（3）经营净利润率=$\frac{\text{净利润}}{\text{主营业务收入}}$

通过对经营净利润率的分解可以了解到，中国国贸2016年的净利润和主营业务收入水平都有所增加，但前者的增加幅度较大，从而提高了经营净利润率，公司主营业务的盈利水平得到改善（见表2-6）。

表2-6 **经营净利润率的计算**

年份	经营净利润率（%）	净利润（万元）	主营业务收入（万元）
2015	27.66	62 826.31	227 127.84
2016	29.24	68 691.49	234 939.79

（4）净利润=主营业务收入-全部成本+其他利润-所得税

更进一步，对净利润分解，主要是主营业务收入增加，全部成本减少，使得中国国贸的净利润水平提高（见表2-7）。

表2-7 **净利润的计算** 单位：万元

年份	净利润	主营业务收入	全部成本	其他利润	所得税
2015	62 826.31	227 127.84	133 335.38	−9 899.63	21 066.52
2016	68 691.49	234 939.79	126 405.08	−16 676.08	23 167.14

（5）全部成本=主营业务成本+销售费用+管理费用+财务费用

对全部成本的各项分解可以看到，主营业务成本减少，财务费用大幅减少，管理费用和销售费用小幅增加，因此，全部成本总体上是减少的（见表2-8）。

表2-8　**全部成本的计算**　单位：万元

年份	全部成本	主营业务成本	销售费用	管理费用	财务费用
2015	133 335.38	110 553.37	4 632.19	7 374.76	10 775.06
2016	126 405.08	104 878.62	5 448.61	8 236.53	7 841.31

（6）总资产周转率=$\frac{主营业务收入}{平均总资产}$

可见，总资产周转率的下降是因为总资产增加的幅度超过主营业务收入增长的幅度（见表2-9）。

表2-9　**总资产周转率的计算**

年份	总资产周转率（%）	主营业务收入（万元）	总资产（万元）
2015	0.2223	227 127.84	1 021 915.70
2016	0.2096	234 939.79	1 120 847.09

本章附录

根据中国国贸2016年年度报告，息税折旧摊销前利润为1 287 207 600元，普通股每股市价为17.27元，应付普通股股利为201 456 507元。2016年12月31日合并资产负债表见表2-10，2016年度合并利润表见表2-11，2016年度合并现金流量表见表2-12。

表2-10　**中国国贸2016年12月31日合并资产负债表**　金额单位：人民币元

项目	附注	2016年12月31日	2015年12月31日	项目	附注	2016年12月31日	2015年12月31日
流动资产：				流动负债：			
货币资金	四.1	423 749 556	472 891 713	短期借款	四.14	—	432 756 142
应收账款	四.2，十二.1	144 293 862	141 547 001	应付账款	四.15	23 901 596	15 303 671
预付款项	四.3	41 821 983	21 149 268	预收款项	四.16	60 424 773	62 885 339
其他应收款	四.4，十二.2	11 072 440	7 862 400	应付职工薪酬	四.17	70 198 113	59 725 152
存货	四.5	22 595 729	23 419 985	应交税费	四.18	20 740 711	33 250 228
其他流动资产	四.6	5 418 005	—	应付利息	四.19	17 002 524	13 867 293
流动资产合计		648 951 575	666 870 367	其他应付款	四.20	1 379 950 851	1 055 572 725
非流动资产：				一年内到期的非流动负债	四.21	499 000 000	—
长期股权投资	四，7，十二.3	7 171 763	6 177 022	其他流动负债	四.22	499 061 111	—

续表

项目	附注	2016年12月31日	2015年12月31日	项目	附注	2016年12月31日	2015年12月31日
投资性房地产	四.8	7 351 725 547	6 305 047 979	流动负债合计		2 570 279 679	1 673 360 550
固定资产	四.9	1 096 222 426	1 146 390 545	非流动负债：			
在建工程	四.10	1 018 304 622	684 088 959	长期借款	四.23	2 103 736 440	2 000 000 000
无形资产	四.11	856 120 814	1 176 127 134	应付债券	四.24	397 700 000	894 000 000
长期待摊费用	四.12	172 918 999	181 376 217	非流动负债合计		2 501 436 440	2894000000
递延所得税资产	四.13	57 055 192	53 078 776	负债合计		5 071 716 119	4 567 360 550
非流动资产合计		10 559 519 363	9 552 286 632	股东权益：			
				股本	四.25	1 007 282 534	1 007 282 534
				资本公积	四.26	1 872 518 599	1 872 518 599
				盈余公积	四.27	503 641 267	503 641 267
				未分配利润	四.28	2 751 463 328	2 266 579 445
				归属于母公司股东权益合计		6 134 905 728	5 650 021 845
				少数股东权益		1 849 091	1 774 604
				股东权益合计		6 136 754 819	5 651 796 449
资产总计		11 208 470 938	10 219 156 999	负债及股东权益总计		11 208 470 938	10 219 156 999

企业负责人：洪敬南　　主管会计工作负责人：林南春　　会计机构负责人：王京京

表2-11　　**中国国贸2016年度合并利润表**　　金额单位：人民币元

项目	附注	2016年度	2015年度
		合并	合并
一、营业收入	四.29，十二.4	2 349 397 869	2 271 278 419
减：营业成本	四.29，十二.4	1 048 786 243	1 105 533 707
税金及附加	四.30	168 395 448	126 314 115
销售费用	四.31	54 486 141	46 321 930
管理费用	四.32	82 365 347	73 747 617
财务费用	四.33	78 413 094	107 750 572
加：投资收益	四.35，十二.5	1 414 103	12 856 366
其中：对联营企业和合营企业的投资收益		994 741	605 795
二、营业利润		918 365 699	824 466 844

续表

项目	附注	2016年度	2015年度
加：营业外收入	四.36	5 961 021	16 749 991
减：营业外支出	四.37	5 740 447	2 288 497
三、利润总额		918 586 273	838 928 338
减：所得税费用	四.38	231 671 396	210 665 216
四、净利润		686 914 877	628 263 122
归属于母公司股东的净利润		686 340 390	627 598 722
少数股东损益		574 487	664 400
五、其他综合收益的税后净额		—	—
六、综合收益总额		686 914 877	628 263 122
归属于母公司股东的综合收益总额		686 340 390	627 598 722
归属于少数股东的综合收益总额		574 487	664 400
七、每股收益：			
（一）基本每股收益	四.39	0.68	0.62
（二）稀释每股收益	四.39	0.68	0.62

企业负责人：洪敬南　　主管会计工作负责人：林南春　　会计机构负责人：王京京

表2-12　**中国国贸2016年度合并现金流量表**　金额单位：人民币元

项目	附注	2016年度	2015年度
一、经营活动产生的现金流量			
销售商品、提供劳务收到的现金		2 455 517 963	2 295 791 410
收到的其他与经营活动有关的现金	四.40（1）	95 639 590	113 356 264
经营活动现金流入小计		2 551 157 553	2 409 147 674
购买商品、接受劳务支付的现金		414 852 955	326 412 088
支付给职工以及为职工支付的现金		298 290 272	281 879 561
支付的各项税费		478 161 874	407 033 517
支付的其他与经营活动有关的现金	四.40（2）	244 758 079	249 265 436
经营活动现金流出小计		1 436 063 180	1 264 590 602
经营活动产生的现金流量净额		1 115 094 373	1 144 557 072
二、投资活动产生的现金流量			
收回投资收到的现金	四.35	155 000 000	1 666 000 000

续表

项目	附注	2016年度	2015年度
处置固定资产、无形资产和其他长期资产收回的现金净额		326 930	285 617
收到其他与投资活动有关的现金	四.40（3）	419 362	12 250 571
投资活动现金流入小计		155 746 292	1 678 536 188
购建固定资产、无形资产和其他长期资产支付的现金		977 960 657	811 078 066
投资支付的现金	四.35	155 000 000	1 666 000 000
投资活动现金流出小计		1 132 960 657	2 477 078 066
投资活动产生的现金流量净额		−977 214 365	−798 541 878
三、筹资活动产生的现金流量			
发行债券收到的现金		498 500 000	432 756 142
取得借款收到的现金		803 736 440	396 400 000
筹资活动现金流入小计		1 302 236 440	829 156 142
偿还债务支付的现金		1 132 756 142	1 100 000 000
分配股利、利润或偿付利息支付的现金		356 585 620	392 566 816
其中：子公司支付给少数股东的股利、利润		500 000	400 000
筹资活动现金流出小计		1 489 341 762	1 492 566 816
筹资活动产生的现金流量净额		−187 105 322	−663 410 674
四、汇率变动对现金及现金等价物的影响		83 157	−98 866
五、现金及现金等价物净增加额	四.41（2）	−49 142 157	−317 494 346
加：期初现金及现金等价物余额		472 891 713	790 386 059
六、期末现金及现金等价物余额	四.41（3）	423 749 556	472 891 713

企业负责人：洪敬南　　主管会计工作负责人：林南春　　会计机构负责人：王京京

基本训练

第2章基本训练

第3章 资金的时间价值

学习目标

- 掌握货币时间价值的概念，理解货币时间线问题；
- 掌握复利终值和现值的计算、普通年金终值与现值的计算、预付年金终值与现值的计算、递延年金终值与现值的计算（尤其是现值的计算）、永续年金现值的计算；
- 掌握名义利率和实际利率的换算；
- 理解偿债基金系数和投资回收系数的概念、意义。

引子

余额宝来了！

向来“只出不进”的支付宝也能赚钱了！按照支付宝公司的说法，只要将余额转入名为“余额宝”的账户，就能获得一定的收益。2013年6月13日，南宁网友何小姐首次尝鲜“余额宝”，用100元进行了投资。

上周日，何小姐像往常一样上淘宝网页闲逛，她在使用支付宝时发现了“新大陆”：在支付宝页面自动弹出窗口上写着“余额宝是可以让你的钱生钱的好东东”。“余额宝”能用来理财吗？能不能帮我赚钱？为什么能帮我赚钱？何小姐的好奇心当即被勾起来。她仔细阅读了相关介绍，网站说，用户把钱转入“余额宝”后，可以获得一定的收益。通过“余额宝”购买天弘基金增利宝货币基金，用户不仅能够得到较高的收益，还能随时消费支付和转出，像使用支付宝余额一样方便。

“要说最吸引我的，不是那个货币基金，而是‘余额宝’的投资门槛超级低，才1元钱。要知道，银行理财产品的投资门槛通常是5万元，银行的基金定投最少要100元/月，基金的申购金额也要1 000元起。‘余额宝’1元钱就可以投资了，我为什么不试试呢？”何小姐是去年才从广西大学毕业的“社会新鲜人”，虽然顺利地找了一份办公室文员的工作，但年轻人消费多，几乎月月光，理财谈何容易？购买银行理财产品、买分红险、基金定投、炒股……何小姐不是没想过，可是每次都卡在投资门槛上：她既没有足够的本金，也难以保证持续、稳定的投入，所以一直是“零投资”。“余额宝”1元起的投资门槛正中何小姐的心意，她随即开始操作。她首先登录支付宝实名认证账户，接着按照操作指南，直接把自己账户余额100元转入“余额宝”。

14日，何小姐登录“余额宝”主页面，发现转入“余额宝”的100元在第二个工作日已经由基金公司进行份额确认，对已确认的份额开始计算收益，收益计入用户余额宝资金内。而“余额宝”的收益率是动态的，上周公布的“余额宝”的7日年化收益率为3.981%，也就是说，何小姐的100元投资，7天后将得到收益0.077元。“100元看不出差距，如果投资10 000元，7天就可以得到约7.7元。”何小姐觉得很划算：“我的钱虽然很少，但钱少也不能阻挡我们理财的心，你说是不是？我觉得马云好聪明，他让我们的这些原本‘静静躺着的小钱’也能投资了，我想这会吸引很多年轻人。”

余额宝理财的优势

“门槛低、T+1、货币基金超低风险都是‘余额宝’的优势。”中华理财网校CEO卢俊宇指出，与普通货币基金相比，支付宝作为一个亿万用户的大平台，“余额宝”的托管费、管理费更低，门槛更低，1元起售。众所周知，银行理财产品最低门槛为5万元，理财基金和大部分货币基金的申购门槛虽然已经低至1 000元，也有少数货币基金将最低申购门槛定为100元，但1元起购的货币基金在基金行业仍是比较罕见的。“余额宝”收益如何？卢俊宇告诉记者，余额宝的收益率是动态的，资金在余额宝时间越长，收益率越高，这和银行存款一个道理。“余额宝”收益计算是从支付宝转入资金的第二个工作日开始进行确认的，若确认成功便开始计算收益。周一15时前转入余额宝的资金，在周二就能确认份额，周三中午12时前就能将周二的收益发放到“余额宝”内，双休日、法定节假日除外。至于风险，货币基金理论上存在亏损可能，但从历史数据来看货币基金收益稳定、风险极小。

2017年1月4日，蚂蚁金服旗下支付宝发布了2016年的全民账单。在这份账单中，厦门人均支付达到129 552元，厦门消费者平均购物金额为11 711元，位列全国第八、全省第一，账单分析显示，厦门消费意识也更加超前，超过六成的人熟练地使用消费信贷。在厦门最活跃的支付宝用户里，“80后”“90后”占据近八成，这其中约一半的人有孩、有房、有车。

厦门支付宝用户吃喝玩乐消费也很突出，每年在口碑吃货人均消费530.6元，最爱吃的食物是西餐和地方菜，平均口碑消费排名全国第二十二位。

利用余额宝理财现状之一瞥

除了会花钱，厦门支付宝用户的理财意识和风险防范意识也在逐渐增强，2016年第四季度，厦门支付宝用户理财人数增长了8.8%，其中81%是“80后”和“90后”。尤其是“90后”，不论在理财还是购买互联网保险方面，表现都很突出。2016年厦门的支付宝理财用户中，“90后”占比42.1%，位居省内第一；厦门支付宝保民，也是“90后”最多，占比41.78%，排名省内第一。

资料来源　房敏婕. 南宁投资者尝鲜支付宝理财［N］. 当代生活报，2013-06-18；张婧玮. 厦门支付宝理财用户“90后”占比全省第一［N］. 厦门晚报，2017-01-06.

思考

余额宝理财与众所周知的银行定期理财有什么区别？一笔1 000元的资金分别存入余额宝和银行，期限均为一年，假定年化收益率均为4%，请问哪种存款方式给投资者带来的收益高？为什么？（不需计算，凭直觉回答）

3.1　货币时间价值的概念

“放在桌上的现金”（cash on the table），是西方经济学家经常使用的隐喻，用中国人的话讲就是“压在床板下的钱”，它的含义是人们错过了获利的机会，之所以这样说，是因为货币具有时间价值。

货币的时间价值（time value of money），是指现金经过一定时期的投资和再投资所增加的价值，也称为资金时间价值。也就是说，当前所持有的一定量货币比未来获得的等量货币具有更高的价值；今天的100元钱比10年之后的100元钱更有价值。

货币之所以会有时间价值，主要有以下三方面的原因：

首先，货币可以用于投资获得利息、红利，这样在将来会获得更多的货币。假设你现在有100万元人民币，把这100万元放在银行存五年定期，五年期整存整取的年利率是3.60%，年利率不变，这样五年后你的100万元人民币就变成119.3435万元。如果你选择将这笔钱投资于某基金，该基金五年间的年平均回报率为9%，这样五年后你的100万元人民币就增值到153.8624万元。

其次，货币的购买力会因通货膨胀的影响而随时间改变。如果真的把那100万元“压在床板下”，假设这五年间每年平均的通货膨胀率是3%。这样五年后，你的100万元只能购买到相当于目前86.26万元的商品。

最后，一般来说，未来的预期收入具有不确定性。五年后才能得到的100万元和今天就能拿到手的100万元相比，显然是后者更有吸引力。

在理解货币的时间价值概念时，要把握以下三个要点：

（1）货币只有经过投资和再投资才会增值。货币投入生产经营过程后，随着时间持续不断地增加，是一种客观的经济现象。

（2）要持续一定的时间。资金的循环和周转以及因此实现的货币增值，需要或多或少的时间。每完成一次循环，货币就增加一定数额，周转次数越多，增值额也越大。

（3）货币时间价值是指“增量”。随着时间的延续，货币总量在循环和周转，使得货币具有时间价值。

时间线（time line）是用来分析货币的时间价值最重要的工具之一，是用图形使得现金流、折现率和时间更加形象化。

首先，在水平线上分隔出若干时间段，设当前时间点为0时间点，各个时间段依次向右排列。如图3-1所示，水平线标记上的数字代表期末值，两个数字之间的跨度代表期间的长度，一般是一年，还有小于一年或者大于一年的期间长度，如1个月、1个季度、10年等。

其次，将现金流量标在标记的下方（“+”或者没有符号表示现金流入，“-”表示现

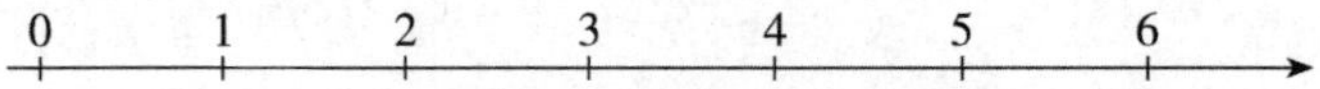

图3-1 时间线

金流出)，期间采用的折现率标在水平线的上方。需要计算的量用问号标出。若折现率在所有期间不变，就只标在第1期。如果折现率改变，就在相应的期间上方标出，如图3-2所示。

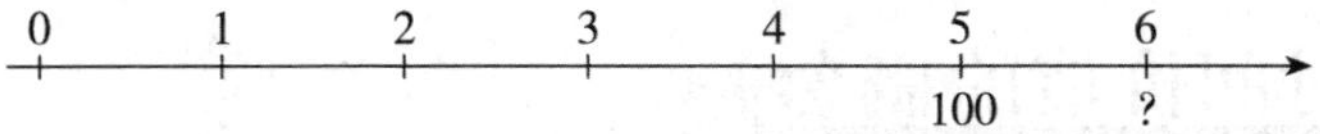

图3-2 时间线

在处理复杂的货币时间价值问题上，时间线能起到很好的辅助分析作用。

3.2 现值和终值

现值（present value）和终值（future value）这两个概念就是用来说明货币时间价值的。现值是一定金额的货币在当前的价值；终值也称未来值，表示现在一定金额的货币在将来某个时间点的价值。如何得知一定金额货币的现值或者终值呢？这就涉及货币时间价值的计算，货币的时间价值具体体现为利息。

需要明确的概念是单利（simple interest）和复利（compound interest）。

3.2.1 单利

单利是指仅本金部分获得利息，而期间产生的利息不再加入本金计算利息的计算方式。在这里，本金指的是进行投资以获得利息的初始金额，利息就是进行投资获得的回报。

单利的计算公式为：

$$FV=PV+I=PV+PV\times r\times t=PV\times(1+r\times t) \tag{3-1}$$

$$PV=\frac{FV}{1+r\times t} \tag{3-2}$$

其中：FV为终值，即t时间之后的本金和利息之和；PV为现值，在这里就是初始投资的本金；r为利率；t为投资的期间长度。

在我国，银行的储蓄存款利率和银行理财产品的收益率都是按照单利计算的，国内企业的长期借款利息一般也采用单利记账。

【例3-1】小刘有5 000元的现金，以三年定期存入银行，已知三年定期整存整取的年利率是3.24%，不考虑其余税费。按照单利计算，这笔存款到期时小刘获得的本息和是多少？

$$FV=PV\times(1+r\times t)=5\,000\times(1+3.24\%\times 3)=5\,486\text{（元）}$$

【例3-2】如果小刘想在三年后获得本息和为8 000元，那他现在以三年定期存入银行的现金应该是多少？已知三年定期整存整取的年利率是3.24%，不考虑其余税费，按照单利计算。

$$PV=\frac{FV}{1+r\times t}=\frac{8\,000}{1+3.24\%\times 3}=7\,291.29\text{（元）}$$

3.2.2　复利

复利实际上是反复使用单利法，在每期结束时，就将本期的本金和利息之和作为新的本金重新计算利息，也就是俗称的“利滚利”。这里所指的每一期，就是相邻两次计算利息的时间间隔。

1）复利终值

复利终值是指若干期以后包括本金和利息在内的未来价值。复利终值的计算公式是：

$$FV=PV\times(1+r)^t \tag{3-3}$$

其中：$(1+r)^t$称为复利终值系数，用$FVIF_{i,n}$或者（F/P，i，n）表示。

2）复利现值

复利现值是复利终值的对称概念，它是指未来一定时间的特定资金按复利计算的现在价值，或者说为了取得将来一定本利和现在所需要的本金。复利现值的计算公式是：

$$PV=\frac{FV}{(1+r)^t} \tag{3-4}$$

其中：$\frac{1}{(1+r)^t}$称为复利现值系数，用$PVIF_{i,n}$或者（P/F，i，n）表示。

复利公式中各个符号的含义和单利一样。

【例3-3】小刘有5 000元的现金，以一年定期存入银行。小刘计划存款之后，每过一年都将上一年的本金和利息提取出来，然后再一起作为本金存入下一年期的定期存款，一共进行3年。已知一年定期整存整取的年利率是2.70%，不考虑其余税费。这笔存款到期时小刘获得的本息和是多少？

反复利用单利法，实际上就是采用复利计算法：

$$FV=PV\times(1+r)^t=5\,000\times(1+2.70\%)^3=5\,416.03\text{（元）}$$

【例3-4】如果小刘想在三年后获得本息和为8 000元，以复利计算（实际操作如例3-3），那他现在以一年定期存入银行的现金应该是多少？已知一年定期整存整取的年利率是2.70%，不考虑其余税费，按照单利计算。

$$PV=\frac{FV}{(1+r)^t}=\frac{8\,000}{(1+2.70\%)^3}=7\,385.48\text{（元）}$$

可以将例3-3和例3-4中的一年期存款利率换为例3-1和例3-2中的三年期存款利率，计算复利法的终值和现值。从计算结果可以看出，同一笔存款在利率和计息期均相同的情况下，用复利计算出的利息金额数比用单利计算出的利息金额数大。此外，如果本金越大、利率越高、年数越多，两者差距就越大。

在同期数及同利率下，复利现值系数与复利终值系数互为倒数关系。

3.3　名义利率和实际利率

复利的计息期不一定总是一年，也可能是季、月或日。若复利期间不是每年一次，而为半年复利一次，或每季、每月复利一次，又将如何呢？本书用以下例子来说明这个问题。

【例3-5】已知信息和例3-3相同，如果银行采用的是每半年复利一次，每季度复利一次或者是每个月复利一次，小刘到期时获取的本息和分别是多少？

m表示每年复利的次数，n表示整个存款期间复利的总次数，有：

$$FV=PV\times\left(1+\frac{r}{m}\right)^n$$

每半年复利一次，m=2，n=6，

$$FV=PV\times\left(1+\frac{r}{m}\right)^n=5\ 000\times\left(1+\frac{2.70\%}{2}\right)^6=5\ 418.92（元）$$

每季度复利一次，m=4，n=12，

$$FV=PV\times\left(1+\frac{r}{m}\right)^n=5\ 000\times\left(1+\frac{2.70\%}{4}\right)^{12}=5\ 420.38（元）$$

每个月复利一次，m=12，n=36，

$$FV=PV\times\left(1+\frac{r}{m}\right)^n=5\ 000\times\left(1+\frac{2.70\%}{12}\right)^{36}=5\ 421.36（元）$$

从例3-5可以看出，对于同样的本金、同样的时间长度，每年的复利次数不同，所得的复利利息会不同。每年的复利次数越多，得到的复利利息就越大。所以利率可以分为名义利率和实际利率。名义利率是计算利息时所规定的利率；实际利率是将一年实际所得的利息折合而成的利率。当利息在一年内要复利几次时，给出的年利率叫做名义利率。名义利率其实就是每年复利一次得到的实际利率。在没有特别说明时，利率一般是指名义的年利率。

年度百分比率（annual percentage rate，APR）就是名义利率的表示方式。年度百分比率就是单纯将每个利率结算期间的利率乘以每年内的利率结算期间所得到的——比如将月利率乘以12，或者将季度利率乘以4，就会直接得到年度百分比率。

若月利率是0.465%，APR=0.465%×12=5.58%。

有效年利率（equivalent annual rate，EAR）是实际利率的表示方式，是按照复利情况计算得到的每年实际利率。

若月利率是0.465%，EAR=（1+0.465%）^{12}−1=5.72%。

年度百分比率和有效年利率的转换公式如下：

$$EAR=\left(1+\frac{APR}{m}\right)^m-1 \tag{3-5}$$

其中：EAR为有效年利率；APR为年度百分比率；m为每年复利的次数。

若m=1，EAR=APR；若m>1，EAR>APR；若m<1，EAR<APR。

【例3-6】若小李存100 000元到银行的活期储蓄存款户头，利率为2.5%，半年复利1次，请问2年后他的户头为多少钱？实际年利率是多少？

$$FV=PV\times\left(1+\frac{r}{m}\right)^n=100\ 000\times\left(1+\frac{2.5\%}{2}\right)^4=105\ 094.53（元）$$

$$实际年利率（EAR）=\left(1+\frac{2.5\%}{2}\right)^2-1=2.52\%$$

除了年度百分比率和有效年利率之外，连续复利（continuous compounding）也是一个很重要的概念。连续复利就是将有效年利率的利率结算期间的长度无限缩小，可以由EAR和APR的转换公式取极限得到，连续复利的公式如下：

$$CC=e^{APR}-1 \tag{3-6}$$

若APR=5.58%，$CC=e^{APR}-1=e^{5.58\%}-1=5.74\%$。

3.4　年金

3.4.1　年金的概念

过去，年金只是指每年定期支付一次的金额。现在这一概念逐步推广，在一定时期内，等额的（每期的金额相同）、定期的（时间间隔相等）现金流量都可以称为年金。

在相邻两次支付年金日期之间的时期称为支付期间，在相邻两次计息日期之间的时期称为计息期间。

按照每期年金的支付时期，年金可以分为普通年金和先付年金。

普通年金（ordinary annuity）又叫后付年金，其年金支付在每个支付期的期末。如果年金开始于1月1日，支付期间为一个会计年度，那么对于普通年金，第一次支付在第一年年末，也就是12月31日，第二次支付在第二年年末，也就是第二年的12月31日，以此类推。

先付年金（annuity due）也叫预付年金，其年金支付在每个支付期的期初。如果年金开始于1月1日，支付期间为一个会计年度，那么对于先付年金，第一次支付在第一年的1月1日，第二次支付在第二年的1月1日，以此类推。

假设年金值为A，先付年金和普通年金对比图见图3-3。

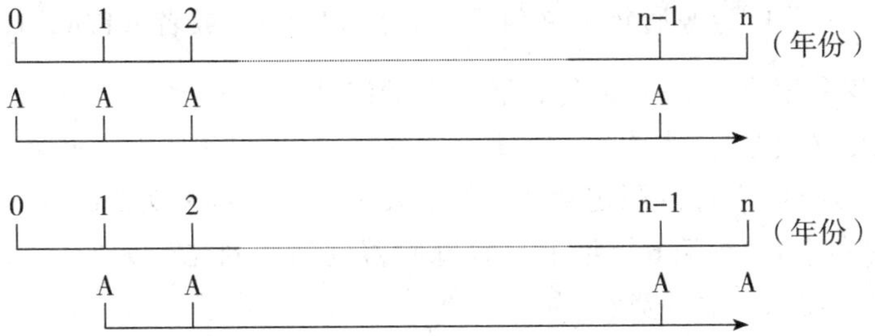

图3-3　先付年金和普通年金对比图

年金终值可以理解为将每一期的每一笔收入在收到的同时存入银行，在期末能够得到的本金和利息的总和。

年金现值也就是年金的每一笔现金流的现值的总和。

用FVA_n表示n年期的年金终值，PVA_n表示n年期的年金现值，PMT表示每一期的现金流，r表示年利率。

3.4.2　普通年金

普通年金的支付在每一期的期末。在财务管理中，普通年金是最常用的，没有特别指出的年金都是普通年金。

1）普通年金的终值

以4年期的普通年金为例介绍普通年金的终值计算。每年年末支付100元，年利率为5%，共支付4年，4年之后年金的终值是多少？

年金终值是每一笔现金流的终值之和，有：

$$FVA_4=PMT+PMT\times(1+r)+PMT\times(1+r)^2+PMT\times(1+r)^3$$
$$=100+100\times(1+5\%)+100\times(1+5\%)^2+100\times(1+5\%)^3$$
$$=431.01\text{（元）}$$

计算过程用时间线表示见图3-4。

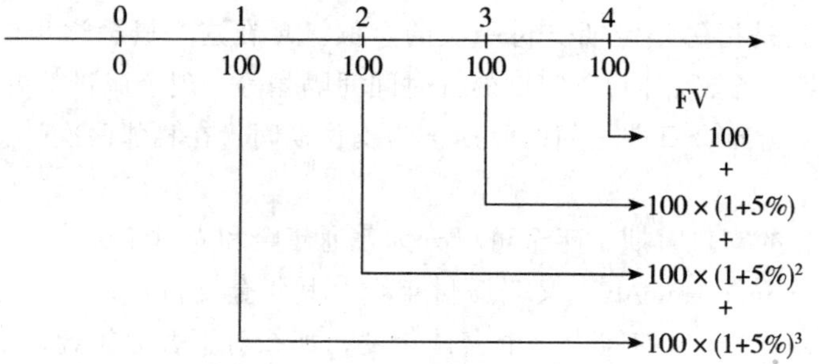

图3-4 普通年金的终值计算

普通年金的终值计算一般公式表示为：

$$FVA_n=PMT+PMT\times(1+r)+PMT\times(1+r)^2+\cdots+PMT\times(1+r)^{n-1}$$
$$=PMT\times\sum_{t=1}^{n}(1+r)^{n-t}$$
$$=PMT\times\frac{(1+r)^n-1}{r} \tag{3-7}$$

其中：$\frac{(1+r)^n-1}{r}$称为普通年金终值系数，用$FVIFA_{i,n}$或者（F/A，i，n）表示，表示每期支付1元、年利率为r的n年期的普通年金的终值。

【例3-7】刘先生和刘太太为正在上初中一年级的女儿办理教育储蓄，储蓄为六年期。开户时，他们与银行约定每月固定存入270元人民币，年利率为3.60%（按规定采用五年定期整存整取的利率）。到第6年年末，教育储蓄到期，刘先生夫妇可以从这一储蓄账户中取出多少钱用于女儿大学学费？

$$FVA_n=PMT\times\left[\frac{(1+r)^n-1}{r}\right]$$

$$FVA_{72}=270\times\left[\frac{\left(1+\frac{3.60\%}{12}\right)^{6\times12}-1}{\frac{3.60\%}{12}}\right]=270\times80.234=21\ 663.18\text{（元）}$$

储蓄到期时，教育储蓄账户的余额是21 663.18元。

已知普通年金的终值FVA，可以求解年金每期的支付额PMT，在这里后者又称为偿债基金，指为使年金终值达到既定金额每期末应支付的年金数额。由普通年金的终值计算公式可以得出：

$$PMT=FVA_n\times\frac{r}{(1+r)^n-1} \tag{3-8}$$

其中：$\frac{r}{(1+r)^n-1}$是普通年金终值系数的倒数，也叫做偿债基金系数。

【例3-8】同样是教育储蓄的例子，王太太为正在上初中一年级的女儿办理六年期的教育储蓄，银行规定的月利率为0.30%。到第6年年末（共72期）教育储蓄到期时，王太太希望从这一账户中能取出18 000元人民币用于孩子大学学费。请问从现在开始每月要固定存入这一账户多少钱？

$$PMT=FVA_n\times\frac{r}{(1+r)^n-1}=18\ 000\times\left[\frac{0.30\%}{(1+0.30\%)^{72}-1}\right]=18\ 000\times0.01246=224.28\text{（元）}$$

每月固定存入224.28元，这样六年后教育储蓄的账户余额就有18 000元。

2）普通年金的现值

同样以4年期的普通年金为例，介绍普通年金的现值计算。每年年末支付100元，年利率为5%，共支付4年，年金的现值是多少？

年金现值是每一笔现金流的现值之和，有：

$$\begin{aligned}PVA_4&=PMT\times(1+r)^{-1}+PMT\times(1+r)^{-2}+PMT\times(1+r)^{-3}+PMT\times(1+r)^{-4}\\&=100\times(1+5\%)^{-1}+100\times(1+5\%)^{-2}+100\times(1+5\%)^{-3}+100\times(1+5\%)^{-4}\\&=354.60\text{（元）}\end{aligned}$$

计算过程用时间线表示见图3-5。

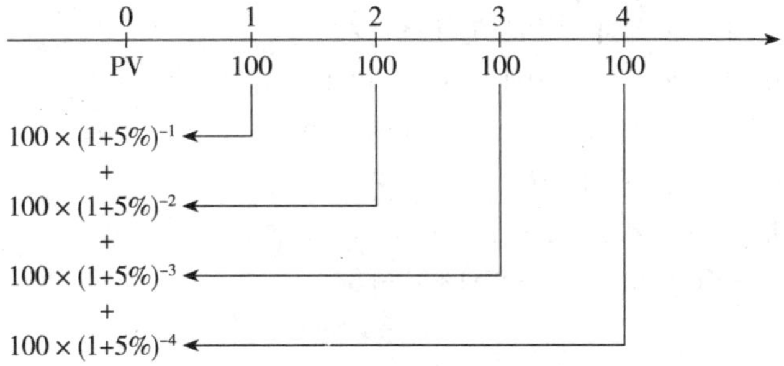

图3-5 普通年金的现值计算

普通年金的现值计算一般公式表示为：

$$\begin{aligned}PVA_n&=PMT\times(1+r)^{-1}+PMT\times(1+r)^{-2}+\cdots+PMT\times(1+r)^{-n}\\&=PMT\times\sum_{t=1}^{n}(1+r)^{-t}=PMT\times\frac{1-(1+r)^{-n}}{r}\end{aligned}\qquad(3-9)$$

其中：$\frac{1-(1+r)^{-n}}{r}$称为年金现值系数，用$PVIFA_{i,n}$或者（P/A，i，n）表示，表示每期支付1元、年利率为r的n年期的普通年金的现值。

【例3-9】陈先生想购买一辆丰田威驰汽车，北京的经销商报价12万元。为了购车，陈先生在建设银行办理了五年期的个人汽车贷款。为了简化计算，不考虑各项保险费和其他费用。在未来五年内，陈先生每月要向银行还贷1 500元，第一笔还款距今一个月到期。贷款利率为每个月0.4875%。请问陈先生向银行借了多少钱？也就是说，这笔贷款的现值是多少？

$$PVA_n=PMT\times\frac{1-(1+r)^{-n}}{r}$$

$$PVA_{60}=1\ 500\times\frac{1-(1+0.4875\%)^{-60}}{0.4875\%}=1\ 500\times51.9126=77\ 868.90\text{（元）}$$

已知普通年金的现值PVA，可以求解年金每期的支付额PMT。由普通年金的现值计算公式可以得出：

$$PMT=PVA_n\times\frac{r}{1-(1+r)^{-n}} \tag{3-10}$$

其中：$\frac{r}{1-(1+r)^{-n}}$是普通年金现值系数的倒数，称为投资回收系数。

【例3-10】小林为个人创业，以房产为抵押物向中国银行贷款40万元人民币，被要求在以后的3年中每月月末等额还款。小林获批的三年期贷款年利率为5.76%，请计算小林每月的还款额。

$$PMT=PVA_n\times\frac{r(1+r)^n}{(1+r)^n-1}=400\,000\times\frac{\frac{5.76\%}{12}\times\left(1+\frac{5.76\%}{12}\right)^{36}}{\left(1+\frac{5.76\%}{12}\right)^{36}-1}=12\,125.32\text{（元）}$$

3.4.3 先付年金

先付年金的年金支付在每个支付期的期初。从图3-3中可以看出，先付年金可以理解为是将其他条件同样的普通年金的所有支付都提前1期。

1）先付年金的终值

以4年期的先付年金为例，介绍先付年金的终值计算。每年年初支付100元，年利率为5%，共支付4年，4年之后年金的终值是多少？

$$FVA_4=PMT\times(1+r)+PMT\times(1+r)^2+PMT\times(1+r)^3+PMT\times(1+r)^4$$

$$=100\times(1+5\%)+100\times(1+5\%)^2+100\times(1+5\%)^3+100\times(1+5\%)^4=452.56\text{（元）}$$

计算过程用时间线表示见图3-6。

先付年金的终值计算一般公式表示为：

$$FVA_n=PMT\times(1+r)+PMT\times(1+r)^2+\cdots+PMT\times(1+r)^n$$

$$=PMT\times\sum_{t=1}^{n}(1+r)^t=PMT\times(1+r)\times\left[\frac{(1+r)^n-1}{r}\right]$$

$$=PMT\times\left[\frac{(1+r)^{n+1}-1}{r}-1\right] \tag{3-11}$$

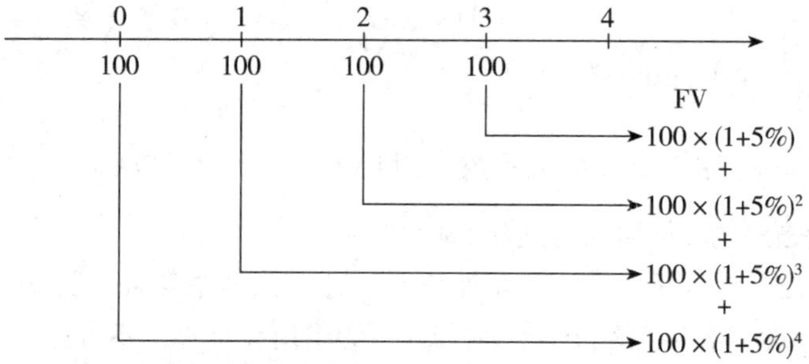

图3-6 先付年金的终值计算

其中：$\left[\frac{(1+r)^{n+1}-1}{r}-1\right]$为先付年金终值系数，表示每期期初支付1元、年利率为r的n年期的先付年金的终值。同样期数和年利率的先付年金终值系数$\left[\frac{(1+r)^{n+1}-1}{r}-1\right]$和普通年金终值系数$\left[\frac{(1+r)^{n}-1}{r}\right]$相比，先付年金的终值系数比普通年金的期数多1，系数少1，因此用年金终值系数方式可以表达为

$$FVA_n=PMT\times FVIFA_{i,n}(1+i)=PMT\times(FVIFA_{i,n+1}-1) \quad (3-12)$$

【例3-11】假如李小姐申请了招商银行提供的个人住房贷款，月利率0.51%。银行要求在未来25年内，每月初支付5 000元（共300期）。请问李小姐的贷款25年后的终值是多少？

$$FVA_{300}=PMT\times\left[\frac{(1+r)^{n+1}-1}{r}-1\right]$$

$$=5\,000\times\left[\frac{(1+0.51\%)^{300+1}-1}{0.51\%}-1\right]$$

$$=3\,547\,663\text{（元）}$$

2）先付年金的现值

同样以4年期的先付年金为例介绍先付年金的现值计算。每年年初支付100元，年利率为5%，共支付4年，年金的现值是多少？

$$PVA_4=PMT+PMT\times(1+r)^{-1}+PMT\times(1+r)^{-2}+PMT\times(1+r)^{-3}$$

$$=100+100\times(1+5\%)^{-1}+100\times(1+5\%)^{-2}+100\times(1+5\%)^{-3}=372.33\text{（元）}$$

计算过程用时间线表示见图3-7。

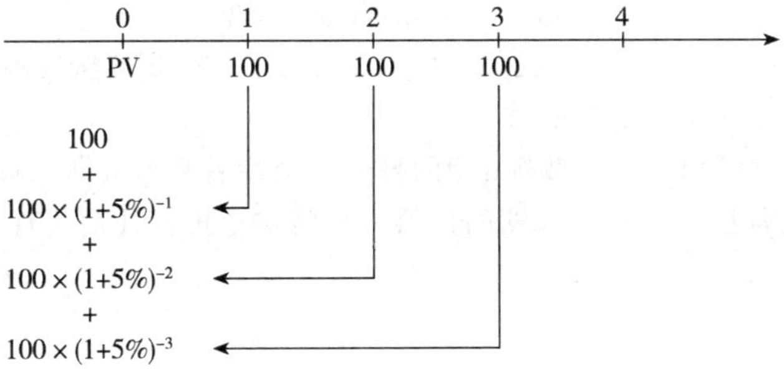

图3-7 先付年金的现值计算

先付年金的现值计算一般公式表示为：

$$PVA_n=PMT+PMT\times(1+r)^{-1}+PMT\times(1+r)^{-2}+\cdots+PMT\times(1+r)^{-n+1}$$

$$=PMT\times\sum_{t=1}^{n}(1+r)^{1-t}=PMT\times(1+r)\times\left[\frac{1-(1+r)^{-n}}{r}\right]$$

$$=PMT\times\left[\frac{1-(1+r)^{-(n-1)}}{r}+1\right] \quad (3-13)$$

其中：$\left[\frac{1-(1+r)^{-(n-1)}}{r}+1\right]$为先付年金现值系数，表示每期期初支付1元、年利率为r的n年期的先付年金的现值。同样期数和年利率的先付年金现值系数$\left[\frac{1-(1+r)^{-(n-1)}}{r}+1\right]$和普通年金现值系数$\left[\frac{1-(1+r)^{-n}}{r}\right]$相比，先付年金的现值系数比普通年金的期数少1，系数多1。因此，上式用现值系数进行计算的公式为：

$$PVA_n=PMT\times(PVIFA_{i,n-1}+1) \quad (3-14)$$

【例3-12】假如张小姐申请了招商银行提供的个人住房贷款，月利率0.51%。银行要

求在未来20年内，每月月初支付4 000元（一共240期）。请问张小姐的贷款现值是多少？

$$PVA_{240}=PMT\times\left[\frac{1-(1+r)^{-(n-1)}}{r}+1\right]=4\ 000\times\left[\frac{1-(1+0.51\%)^{-(240-1)}}{0.51\%}+1\right]$$

$$=4\ 000\times138.947=555\ 788（元）$$

由此得出重要结论如下：

（1）现值=普通年金×普通年金现值系数⇒普通年金=现值×投资回收系数；

（2）n期预付年金现值系数=n期普通年金现值系数×（1+r）；

（3）n期预付年金现值系数=（n-1）期普通年金现值系数+1；

（4）一般年金现值系数表为普通年金而非先付年金。

3.4.4 延期年金（递延年金）

延期年金是最初若干期没有产生现金流，后面各期才产生等额现金流的年金。最初M期不支付，支付之后n期的延期年金的现金流形式如图3-8所示。

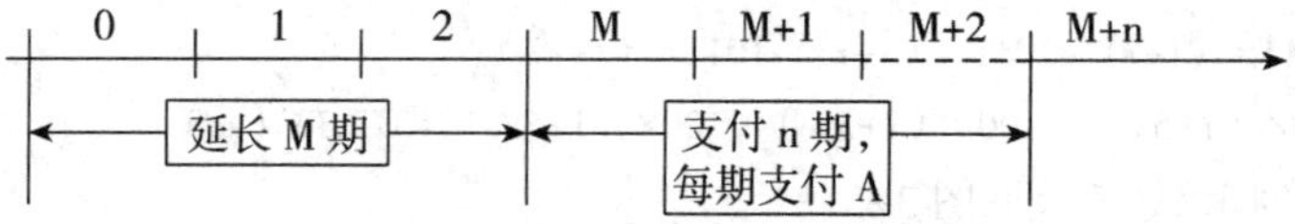

图3-8 延期年金的现金流

延期年金的终值大小与递延期无关，所以计算方法与普通年金终值相同。

延期年金的现值有两种计算方法：

第一种方法是将延期年金看做将n期的普通年金往后推迟M期。首先计算n期普通年金的现值，这就是延期年金在第M期的价值；再将这个价值往前折现M期，就能得到延期年金的现值。

$$P_n（def）=A\frac{1-(1+r)^{-n}}{r}（1+r）^{-M} \tag{3-15}$$

如果用现值系数，上式则可以表示为

$$P_n（def）=A\times PVIFA_{i,n}\times PVIF_{i,m} \tag{3-16}$$

第二种方法是将延期年金看做（M + n）期的普通年金和M期的普通年金之差，这样延期年金的现值就是这两个普通年金的现值之差。

$$P_n（def）=A\left[\frac{1-(1+r)^{-(M+n)}}{r}-\frac{1-(1+r)^{-M}}{r}\right] \tag{3-17}$$

如果用现值系数，上式则可以表示为

$$P_n（def）=A\times（PVIFA_{i,m+n}-PVIFA_{i,m}） \tag{3-18}$$

显然，以上两种方法的计算结果是相等的。

【例3-13】小张在本科一年级申请了中国银行的国家助学贷款，按照规定他必须在毕业后6年（即第4年到第9年）每年年末还款2 000元，年贷款利率5%。请问他贷款金额，也就是问这一贷款的现值是多少？

第一种方法：把延期年金看做将6年期的普通年金推迟3年。

$$PV=2\ 000\times\frac{1-(1+5\%)^{-6}}{5\%}\times（1+5\%）^{-3}=8\ 769.15（元）$$

第二种方法：这种“延期”年金等同于另外两个年金之差。所求年金的现值等于一个9年期年金的现值减去一个3年期年金的现值。

$$PV=2\,000\times\left[\frac{(1.05)^9-1}{0.05\times(1.05)^9}\right]-2\,000\times\left[\frac{(1.05)^3-1}{0.05\times(1.05)^3}\right]=8\,769.15\text{（元）}$$

3.4.5　永续年金

大多数年金都是在某种特定期间提供一系列的定期等额支付，但有一种年金所提供的定期等额支付却会一直持续到永远，此种年金称为永续年金（perpetuity）。也就是说，永续年金就是没有期限的年金，即年金期数 $n\to\infty$ 的年金。因为没有终止日期，计算永续年金的终值就没有意义。接下来对永续年金的现值计算进行讨论。

由普通年金的现值公式 $PVA_n=PMT\times\frac{1-(1+r)^{-n}}{r}$，有

$$PVA_\infty=\lim_{n\to\infty}PMT\times\frac{1-(1+r)^{-n}}{r}=PMT\times\frac{1}{r} \tag{3-19}$$

实际上，永续年金现值公式是一个无穷等比级数，公比为 $\frac{1}{1+r}$。

$$\text{无穷等比级数和}=\frac{\text{首项}}{1-\text{公比}}=\frac{PMT}{1+r}\times\frac{1}{1-\frac{1}{1+r}}=\frac{PMT}{1+r}\times\frac{1}{\frac{r}{1+r}}=\frac{PMT}{r}$$

【例3-14】叶老先生打算成立一个永久的奖学金，计划每年颁发10 000元。活期存款年利率是0.72%，投资于指数基金的平均年回报率是5%。如果将奖学金的初始投入存入银行的话，叶老先生现在应存入多少现金？如果将初始投入投资于指数基金，叶老先生现在应该存入多少现金？

解：

$$PVA_1=\frac{10\,000}{0.72\%}=1\,388\,889\text{（元）}$$

$$PVA_2=\frac{10\,000}{5\%}=200\,000\text{（元）}$$

基本训练

第3章基本训练

第4章 风险与收益

学习目标

- 掌握反映收益的两个指标：收益值和收益率；
- 了解股票的持有期间收益率、平均收益和无风险收益；
- 了解风险的概念及类别；
- 掌握度量风险的手段及相关指标的计算方法；
- 了解单个证券的期望收益、方差和协方差、相关系数的含义，并掌握其计算方法；
- 掌握投资组合的收益和风险的计算方法；
- 掌握两种和多种风险资产组成的资产组合的有效集；
- 掌握在存在一个无风险资产和多个风险资产的情况下的最优投资组合；
- 理解市场均衡的含义以及资产的β系数的定义，并掌握β系数的计算公式和相关推论；
- 掌握资本资产定价模型之下的资产期望收益的计算方法。

引子

低利率环境下如何追求保险投资收益率

受债务高企、老龄化程度加深、劳动力成本上升以及技术创新和制度创新放缓等一系列因素的影响，我国经济增长速度不断放缓，再加上受国外主要经济体的低利率环境影响，我国将在长期内处于低利率环境，低利率对我国保险资产配置的影响逐渐突出。

在低利率环境下，扩大价值型权益类资产配置比重是取得较高的长期平均回报的重要方法，也是经长期实践检验过的方法。保险资金的性质决定了保险公司在权益投资方面应开展积极股权投资，提高积极股权投资在资金配置中的比例，未来可以为保险公司带来长期性、战略性的资本增值机会，更符合保险资金长期投资、价值投资的资金性质要求。长远来看，积极股权投资一方面可以对抗通货膨胀风险，分享国民经济快速增长成果，另一方面可以弥补现有投资方式的不足，有效加强对资产负债结构、期限等方面的合理匹配，缓解负债经营压力，降低保险资产风险。

在低利率的大环境下，单靠以市场利率为基准的固定收益产品已很难维持保险资金的保值增值，保险资金需要寻求新的投资领域。目前，保险公司的另类投资主要集中在房地产、债权计划、信托、理财产品等领域。保险公司应进一步扩大另类投资的领域和规模，充分发挥保险资金期限长、金额大的优势。例如，保险资金可以通过债权计划PPP、股权投资和委托建设相结合等方式，对地方性基础设施建设或旧城改造项目进行融资；保险资金也可借助自身的资金实力和保险业务的系统优势，通过并购、股权投资等方式布局养老、医疗、健康、大数据产业。总体而言，另类投资的投资方向是具有稳定现金流、适度回报率以及较低风险的产业。

在当前中国利率处在低利率水平、美元进入加息周期的背景下，积极进行境外资产配置有助于保险公司抵抗利率周期，并在全球范围内分散风险。目前，保险资金可投资的海外标的包括股票、债券、基金和不动产等。根据外汇管理局2017年公布的投资额度，保险类的QDII额度为308.33亿美元，保险资金境外投资比例还不到1.6%，离欧美发达国家保险公司境外投资占比10%～15%的比例和保监会规定的15%的投资上限差距仍然非常之大。保险公司要在境外投资规模和境外资产专业管理团队建设上稳步推进，迈向全球资产配置路径，以拓宽保险资金投资渠道、增加保险资金配置可选范围、分散投资风险、提升保险资金投资收益的质量与空间。保险公司还要在海外投资方面积极准备，遵循不熟不投的原则，在具体投资时要非常谨慎，充分考虑各种潜在风险。早期保险资金可考虑与境外优秀的机构投资者合作，通过不动产投资、股权并购、私募基金等方式分享成熟境外市场投资收益。此外，国内保险公司还应提升境外投资的相关经验、团队和投资能力建设，把握海外投资机会，如境外融资、利差交易、外汇投资、衍生品投资、新兴市场债券、发达国家的高收益债、海外不动产等，获取长期稳定的投资收益。

资料来源　宋占军，莫骄．低利率环境下如何追求保险投资收益率［J］．中国保险，2017（2）．

4.1　收益

金融市场上的投资者，无论是机构还是个人，投资的最终目的都是追逐利润，也就是我们这里所说的收益。收益的概念给了投资者们一种更为直观和方便的方式来描述投资的财务表现。举例来说，如果以新东方股票的发行价，也就是以每股3.75美元的价格购买了100股股票，持有期间为1年。1年之后，该股票的价格涨到每股4.00美元。那么，这项投资的收益是多少呢？

4.1.1　收益值

收益值是衡量收益的一种方法，它从货币价值的角度对投资收益进行考察。购买股票是最为典型的投资。本书以上述投资新东方股票为例，对收益值的概念进行阐述。购买股票的收益有两方面来源：

一方面，作为新东方股票的持有者，你将有权利分享新东方股票在股票持有期间的经营利润。假设新东方在将来1年中的每股盈利（EPS）为0.4美元/股，它将分配一部分利润给股东。例如，它给每持有1股股票的股东们0.375美元的现金，这部分现金被称为“股利”。因此，作为新东方股票的股东，你的收益有一部分来自于你持有股票期间的股利收入。

另一方面，购买股票的收益来源于新东方股票价格的上涨，即从3.75美元/股涨到4.00美元/股，我们称这部分收入为“资本利得”。当然，如果1年之后新东方的股价下跌了，如变为3.00美元/股，那么，你的资本利得就表现为负值，也称为“资本损失”或“负资本利得”。

对新东方股票的投资收益表现为股利收入和资本利得这两者之和。下面对该笔投资的具体收益进行测算。图4-1是该笔投资的现金流量图。

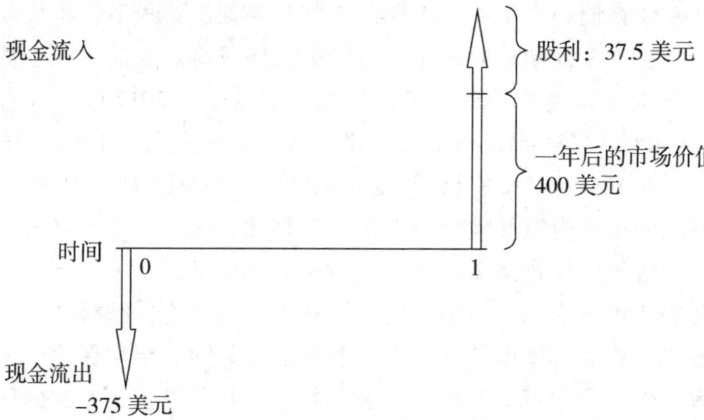

图4-1　新东方股票投资收益值

P_0=3.75×100=375（美元）

由于持有期间得到了每股0.375美元的现金股利收入，那么共获得的股利收入为37.5美元，即D=0.375×100=37.5（美元）。

1年以后，新东方股票的市场价格上升为4.00美元/股，由此获得的资本利得是25美元，即资本利得=（4.00–3.75）×100=25（美元）。

由此，投资总收益是股利收入和资本利得的总和，即：

总收益=股利收入+资本利得　　（4–1）

在本例中：

总收益=25+37.5=62.5（美元）

另外，如果在期末将股票售出，由于：

资本利得=期末市场价值–初始投资

而：

总收入=期末市场价值+股利收入

故总收益的另一种计算方法是：

总收益=总收入–初始投资　　（4–2）

在本例中，如果在1年之后将所持有的新东方股票出售，获得的总收入如下：

总收入=400+37.5=437.5（美元）

故总收益=437.5−375=62.5（美元），这与前一种方法计算得到的结果是一样的。

4.1.2　收益率

以上介绍了从货币价值的角度，即以收益值来衡量收益的方法，这样的方法非常简单而且直观，但在实际操作中却存在两个问题：第一，收益值的概念仅仅衡量了从一笔投资中获得的收益的货币价值，如果要对收益做出更有意义的判断，必须明白初始投资的规模。假定投资期限为1年，获得的收益是100美元，但是，为了这100美元的收益，到底投入的是多少资金呢？如果投入的是100美元，那么这将是一个很高的收益水平，但如果投入的是100 000美元，这样的收益水平就显得很低了。可见，如果不知道初始投资规模，收益值就显得毫无意义了。第二，收益值没有告诉我们，这100美元的收益，究竟花费了多长时间才获得。如果100美元的初始投资在1年以后就能得到100美元的收益，那么这将是一个很好的收益，但如果花了30年的时间才得到，那这个收益也就不怎么好了。

考虑到投资的规模和收益的速度，可以采用百分比的形式，即“收益率”的概念来衡量收益。收益率告诉我们，每1美元的初始投资/股带来了多少收益值。

在新东方的例子中，投资时的价格是3.75美元/股，1年中得到的股利收入是0.375美元/股，因此，股利收益率是：

$$\text{股利收益率}=\frac{0.375}{3.75}\times 100\%=10\%$$

资本利得收益率是持有期间股票价格的变动幅度除以初始的股票价格，本例中的资本利得收益率是：

$$\text{资本利得收益率}=\frac{4.00-3.75}{3.75}\times 100\%=6.67\%$$

将股利收益率和资本利得收益率相加，就得到1年中新东方股票投资的总收益率，即：

$$\text{总收益率}=10\%+6.67\%=16.67\%$$

1年中新东方股票投资的总收益率还可以用下式计算得到：

$$\text{总收益率}=\frac{\text{总收益}-\text{初始投资}}{\text{初始投资}}\times 100\%=\frac{62.5}{375}\times 100\%=16.67\%$$

在这个例子中，总收益率为16.67%，说明每1美元的投资可获得0.1667美元（16.67%×1）。如果收益率是负的，则表明初始的投资未能收回。假设在这个例子中，1年后，新东方股票的市场价格下跌为3.00美元/股，持有期间没有获得现金股利，那么投资收益率为：

$$\text{总收益率}=\frac{\text{总收益}-\text{初始投资}}{\text{初始投资}}\times 100\%=\frac{100\times 3-375}{375}\times 100\%=-20\%$$

这意味着每1美元的投资损失了20美分。

以下所讲的收益率都是指总收益率。值得注意的是，在实践中，收益率的表述一般是以年为基础，这样就解决了收益速度的问题。100美元的投资如果在1年后获得了10美元的总收益，那么其年收益率就是10%，但如果10年后才获得10美元的收益，那么其年收益率就不足1%了（采用复利计算）。

由于收益率的概念解决了与现金收益相关联的规模和速度两个问题，因此，在实践中，收益率是衡量投资收益最好的手段，被广泛应用于与投资相关的各个领域。

4.1.3 持有期间收益率

在上例中，我们持有新东方股票的期限为1年。但是，在现实中，投资者持有股票的期限往往要更长，可能是2年、3年，甚至更久。在这种情况下，投资者可以利用第1年股票投资的总收入，包括股利收入，继续投资增持股票。如果知道投资者在每1年中的收益率，要如何衡量其总收益率呢？这时候，就要用到持有期间收益率的概念。

所谓持有期间收益率，是指在初始投资为1元的情形下，将每年所得到的总收入，包括股利收入，用于再投资，最终所得到的总收益。若以R_t表示第t年的投资收益率，持有期间为t=T年，则持有期间收益率R的计算公式为：

$$1+R=(1+R_1)\times(1+R_2)\times\cdots\times(1+R_t)\times\cdots\times(1+R_T) \tag{4-3}$$

所以，

$$R=(1+R_1)\times(1+R_2)\times\cdots\times(1+R_t)\times\cdots\times(1+R_T)-1 \tag{4-4}$$

显然，(1+R）就是：初始投资为1元，假定各期的本金和收益进行再投资，持有证券期间的最终投资价值率；而R是最终投资收益率。

【例4-1】假设持有上述新东方股票3年，由上文计算可得第1年投资收益率为16.67%，另假设第2年和第3年的投资收益率分别为-3%和10%，那么，3年的持有期间收益率就应为：

$$R=(1+16.67\%)\times(1-3\%)\times(1+10\%)-1=24.49\%$$

这表明3年来持有期间收益率为24.49%。

4.1.4 股票的平均收益和无风险收益

由于资本市场的历史数据繁多，因而，有必要对其进行整理，将众多的历史数据简化为一些简单的指标，这对进一步研究具有非常重要的意义。如果想要描述中国股票市场2000—2017年的收益率情况，那么，应当采用什么样的指标呢？一个合理的描述指标就是在这段时间内的平均收益。

举例来说，要研究中国沪市的全部A股的收益情况，首先应搜集到2000—2017年沪市A股每年的收益率数值，见表4-1。

以表中数据为基础，我们可以绘制沪市A股年收益率的走势图，如图4-2所示。

将每年沪市A股的总收益率相加，并除以总年数，就可以得到沪市A股的年平均收益率，计算公式为：

$$\bar{R}=\frac{(R_1+R_2+R_3+\cdots+R_N)}{N} \tag{4-5}$$

据此，可以计算得出中国沪市A股2000—2017年的平均收益率是23.09%。

【例4-2】根据表4-1，计算2012—2017年中国沪市A股的平均收益率。

从表中可以得到，这6年的收益率分别为6.10%、13.78%、50.16%、51.88%、-10.04%和-3.36%。根据公式，这6年的平均收益率为：

$$\bar{R}=\frac{6.10\%+13.78\%+50.16\%+51.88\%-10.04\%-3.36\%}{6}=18.09\%$$

以上计算了股票市场2000—2017年的平均收益率，经过计算，还可以进一步发现，这

表4-1　**沪市A股2000—2017年的收益率**

年份	年交易天数（天）	收益率（%）
2000	239	65.12
2001	240	-19.09
2002	237	-19.69
2003	241	-10.96
2004	243	-14.40
2005	242	-15.62
2006	241	59.03
2007	242	196.94
2008	246	-58.41
2009	243	141.82
2010	242	9.31
2011	244	-26.89
2012	234	6.10
2013	238	13.78
2014	245	50.16
2015	244	51.88
2016	244	-10.04
2017	184	-3.36

资料来源　锐思数据库（RESSET）。

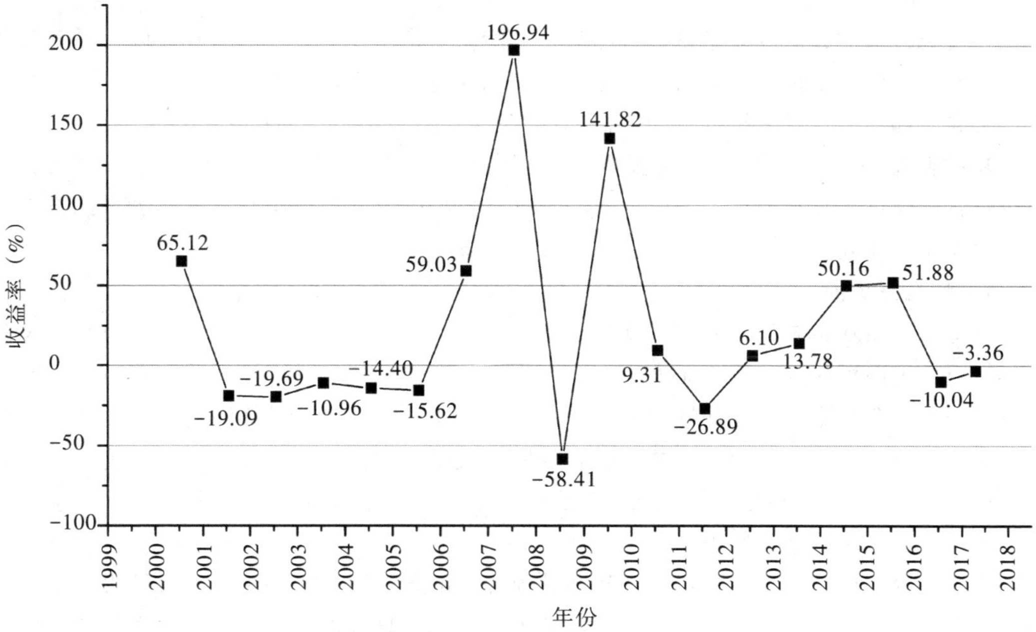

图4-2　沪市A股2000—2017年的年收益率走势图

期间我国股票市场的标准差为0.6152，波动非常剧烈。然而，在实际中，还存在着另一种证券，这种证券的标准差几乎为0，也就是说它的收益基本上没有波动。典型的代表就是政府发行的短期国库券，这是一种纯贴现债券，在1年或者更短的时间内到期。只要政府的信用足够好，这种债券几乎没有违约风险，因而从中得到的收益也就称为“无风险收益”，或者称为“无风险收益率”。在美国，采用短期国库券进行算术平均得到无风险收益率。

但是，在中国，由于债券市场还不发达，债券市场的交易也不活跃，债券品种的期限结构也不合理，没有像美国的短期国库券这样的现金等价物。因此，在中国的债券市场上无法找到合适的无风险利率的替代品。所以，在中国通常采用的是银行间同业拆借的市场利率或银行间回购利率作为无风险利率。此外，也可以采用一年期银行存款利率作为无风险利率。2013年以来，我国开始逐步推进银行利率市场化改革，银行的存款利率可以参照基准利率自由浮动，目前，我国一年期银行定期存款基准利率为1.50%，在一定程度上可以近似看待为无风险收益率。

接下来，可以比较股票市场的平均收益和无风险收益率。它们之间的差值被称为“风险溢价”，或者是“风险资产的超额收益”。

【例4-3】计算2012—2017年中国沪市A股的风险溢价。

根据计算公式，2012—2017年中国沪市A股的风险溢价为：

风险溢价=18.09%-1.50%=16.59%

4.2 风险及其度量

4.2.1 风险的概念

在投资过程中，与收益紧密相联的就是风险了。衡量一项投资的好坏，除了看其收益率的高低，另外一个很重要的指标就是风险。如果有两项金融资产：其中一项的投资收益率非常高，如50%，但是投资成功的概率仅有1%；另一项资产的投资收益率为1%，但投资成功的概率为100%，也就是说投资于这项资产，必然可以得到1%的收益。那么，作为投资者，你该选择这两项资产中的哪一项进行投资呢？在这种情况下，你就要综合考虑投资的收益和风险，才能做出一个最佳的投资决策。

1）什么是风险

风险在《韦氏词典》中被定义为“危险，冒险，可能造成的损失”。一般而言，风险是指遭受损失的可能性。风险无处不在，如你参加登山队攀登珠穆朗玛峰，有可能因此而丧命，失去生命就是你攀登珠峰的风险。如果第二天要考财务会计而你还没有复习，却想要和朋友去看电影，第二天的考试你就有可能不及格。因此，没法通过考试就是你去看电影的风险。风险广泛存在于重要的财务活动当中，并且对企业实现其财务目标有重要影响，使得人们无法回避和忽视。

总的来说，风险是指在特定的时间和其他确定的条件下，某一事件未来结果的不确定性，它衡量的是该事件的实际结果与预期结果之间的差异程度。风险是事件本身的不确定性，具有客观性。具体到某一项投资，预期得到的收益率是30%，但实际只有10%，实际收益率与预期收益率之间的差别就反映了这项投资的风险。

以下举例说明金融资产的风险。假如一个投资者拥有1 000 000美元的初始投资额，并且将其全部用于购买到期收益率为6%的短期政府债券。政府债券是以政府信用作为担保来偿还的，因此，正常情况下，该投资者在到期时必然可以得到政府支付的6%的投资回报率，也就是说，该投资者的到期实际收益率与预期收益率之间并无差别，因此，这项投资是无风险的。但是，如果投资者将这1 000 000美元投资于新东方股票，由于新东方股票的投资收益率取决于新东方的经营情况，而经营情况是无法准确预测的。因此，此时的投资收益率就无法准确预测了。当然，可以从统计意义上给出这个投资的期望收益率，如10%，但是应当清楚，最终的实际收益率可能是20%，也有可能是-10%，这取决于新东方股票的风险。

从上述例子可以看出，投资于股票的收益率是存在风险的，即实际收益有可能偏离预期的收益。在这种情况下，除非预期的收益率可以补偿投资者所承担的风险，否则投资者是不会做出相应的投资的。例如，如果投资新东方股票的预期收益率与政府债券的收益率相同，都是6%，很明显不会有人拿钱去投资有风险的新东方股票。

2）风险的类别

金融市场上存在两类风险：一是系统风险；二是非系统风险。

（1）系统风险

所谓系统风险，是指对于市场上存在的对所有证券都会产生影响的风险。这种风险来源于宏观层面上的变量的变动，从而对整个金融市场都会产生影响。所以，这种风险也称为宏观风险。此外，由于系统风险作用于市场上所有的证券，不可能通过证券组合的方式来降低或分散，因此，系统风险也称为不可分散风险。具体来说，系统风险主要包括市场风险、利率风险、汇率风险、购买力风险和政策风险。

①市场风险。所谓市场风险，是指引起整个证券市场行情变化，即影响大盘走势的风险。引起这类风险的原因很多，最为常见的是经济周期的影响：经济的繁荣往往伴随着牛市的到来，而经济的衰退则预示了股市的萧条。此外，一国政治局势的动荡，恐怖事件的发生，也会对股市的整体情况产生影响。例如，美国“9·11”事件发生时，代表证券市场走势的道·琼斯和纳斯达克指数都出现了大幅下滑。市场风险的一个显著特点是无法事先预测，因此，其对投资者所造成的损失也是巨大的。

②利率风险。利率的变化也是影响大盘走势的一个重要因素。从某种意义上说，股票市场和短期借贷市场具有一定的替代性。当利率上升时，投资股票的机会成本会变大。这是因为，如果你将投资于股票的资金存入银行，你将会得到更多的利息。在这种情况下，资金就会撤出股市，转而流向银行存款等无风险市场，从而导致股票市场整体价格的降低(请读者思考，利率下降时情况又会怎样?)。在中国，利率的调整由央行来制定，其调整的时间、方向和幅度，可以预测，但无法做出准确判断。因而，利率风险也是一个现实的系统风险。

③汇率风险。这是在国际金融中最为常见的一类系统风险。由于各国的汇率水平要受各国货币政策、财政政策的影响，同时也取决于外汇市场供给和需求情况的变动。因此，如果投资者的投资或者收益需要通过外汇来结算的话，就必须承担外汇汇率变动的风险。例如，你购买了美国国债，为期3年。3年之后，你获得了美国政府支付给你的一笔现金

流，然而，此时人民币相对于美元升值了，那么，你的这笔美元所换回的人民币就将大大缩水，这就是投资于外国金融市场所需承担的汇率风险。

④购买力风险。购买力风险又称为通货膨胀风险，是由于通货膨胀下的货币贬值给投资人带来的实际收益水平下降的风险。从宏观经济学的角度说，通货膨胀发生的原因一般是总需求的增加，也即通常所说的经济过热。在这种条件下，市场上的商品价格将会上升，包括证券市场上的证券价格也会上涨，投资者的资本利得往往比以往要多，但实际上由于货币的贬值，投资者的实际收益却反而可能降低。在现实操作中，人们往往会事先对通货膨胀作一个预测，以此为基础来对投资进行补偿。以银行为例，它公布给投资者的利率称为名义利率，这部分利率是在实际利率的基础上加上预期的通货膨胀率得到的。而实际发生的通货膨胀率可能背离人们的预期，这部分背离投资者是无法得到补偿的，因而也就承担了购买力变化的风险。

⑤政策风险。政策风险指的是政府政策的变动所带来的投资者的损失。一般来说，政府政策的变动往往会对股票市场的整体价格产生影响，这种影响往往不是直接的，而是通过上述几种因素间接地作用于股票市场。例如，政府提高利率，就是通过利率的变动作用于股市。又如，中国加入世界贸易组织（WTO），全面开放金融业，将带来外资的大量涌入，到时人民币的汇率升值压力就会增大，这就是通过汇率变动的风险间接地作用于股票市场。

（2）非系统风险

非系统风险也称为微观风险，是因个别上市公司的特殊状况所造成的风险。这类风险仅与该上市公司的股票价格变动相联系，不会对整个市场的价格变动产生影响。因此，对于投资者来说，可以通过资产组合的方式，来弱化甚至消除这类风险。具体而言，非系统风险包括财务风险、信用风险、经营风险和偶然事件风险等。

①财务风险。财务风险是指与企业的资本结构相联系的风险。一般而言，企业的资本由债务和权益构成，其中，债务的利息负担是一定的，但是如果通过扩大负债规模来进行筹资，就有可能造成债务成本的上升。同时，如果债务筹资所带来的资本利润率低于债务融资的成本，就会造成股东可分配利润的减少，从而给股东带来财务风险。

②信用风险。信用风险又称违约风险，是指企业在债务到期时无力偿还本息所带来的风险。作为上市公司股票的投资者，承担了上市公司来自如下几方面的信用风险：第一，上市公司债务过重或资金周转不灵，无法在债务到期时偿还本息所造成的恶劣影响，由于这部分信息的披露，有可能造成上市公司股票的下跌；第二，上市公司信用方面的危机所带来的股利的取消或者减少，也将对投资者的收入产生影响；第三，也是最为严重的，就是上市公司因为资不抵债而宣告破产，这将使得投资者承担更大的风险，即手中的股票成为废纸，一文不值。

③经营风险。经营风险是指上市公司经营不善所带来的盈利水平下降给股票投资者带来的风险。一般来说，上市公司的股票价格与其经营产生的每股净收益（EPS）是密切相关的，两者之间的比率就是该上市公司的市盈率。在市场竞争中，上市公司的经营战略、管理水平和市场占有率都要面临来自竞争对手的挑战。产品的质量、公司的管理、市场的营销策略等，都与公司的盈利水平息息相关，一着不慎，都会带来盈利水平的大幅下降。而对这些问题，股票投资者往往要等上市公司的财务报告披露之后才能得知，而当信息披

露后，股价也就无法保持原有水平了，这无疑给投资者带来了风险。

④偶然事件风险。所谓偶然事件，是指上市公司在经营过程中一般不会碰到，但对经营结果影响重大的风险。例如，一家航空上市公司，如果其麾下的客机发生空难，不仅会影响其这一年的经营利润，也会对其股价产生直接的影响。偶然事件风险发生的概率非常小，但是一旦发生，破坏力是非常巨大的。一种规避偶然事件风险的常用方法是购买保险，也可以采用金融市场上提供的保险方式，如购买看跌期权（put option），或者与对家签订远期协议，这都可以将损失控制在一定的范围之内，减少偶然事件所带来的风险。

4.2.2　风险的度量

以上简要介绍了风险的概念及类别，知道了什么叫做风险之后，接下来的问题就是，如何对风险进行度量。知道了两项金融资产未来的收益状况，如何比较其风险的高低呢？这就是我们所要讨论的内容。风险的度量，需要使用概率和统计方法。

1）概率

为了衡量一项投资的风险，首先要对其收益状况进行分析。由于一项投资的收益率是一个随机变量[①]，因此，在对其进行分析时要用到概率论方面的知识。

一个事件的概率定义为该事件将发生的可能性，并以百分比来表示。例如，一则天气预报可能会是“未来24小时内下雨的概率为10%，不下雨的概率为90%”。如果一件事情可能有N种结果，第i（$1 \leq i \leq N$）种结果发生的概率用P_i来表示，那么P_i必须满足如下条件：$0 \leq P_i \leq 1$，$\sum_{i=1}^{N} P_i = 1$。第一个条件要求每种结果发生的概率必须在0～1范围内，这是由概率的性质所决定的。第二个条件要求这些结果的概率之和必须为1，这是因为，这件事情最终的结果必然是上述各种结果中的一个，所以这些结果的概率之和必须为1。

在投资中，也可以给出各种结果，或者说收益的概率。举例来说，投资于新东方股票，有可能出现三种结果：① 该公司未来1年内的盈利状况极好，投资收益率高达40%；②该公司表现平平，投资收益率仅为5%；③ 该公司经营不善出现亏损，投资收益率为-20%。假设上述三种情况出现的概率分别为10%、70%和20%，那么，有了这些相应的数据，就可以对新东方股票在未来1年内的投资收益率和风险进行描述。

2）离散分布和连续分布

如果罗列出所有可能发生的事件或结果，同时给出每个结果的概率，这样的列示就称为概率分布（probability distribution）。以上述新东方股票收益率的分布为例，可以做出如表4-2所示的概率分布表。

表4-2　**新东方股票收益率概率分布表**

可能出现的结果	各种结果发生的概率（%）	各种结果之下的收益率（%）
盈利状况极好	10	40
表现一般	70	5
出现亏损	20	-20

① 在经济活动中，某一事件在相同的条件下可能发生也可能不发生，这类事件称为随机事件。表示随机事件各种结果的变量（一切可能的样本点）称为随机变量。

相应的概率分布图如图 4-3 所示。

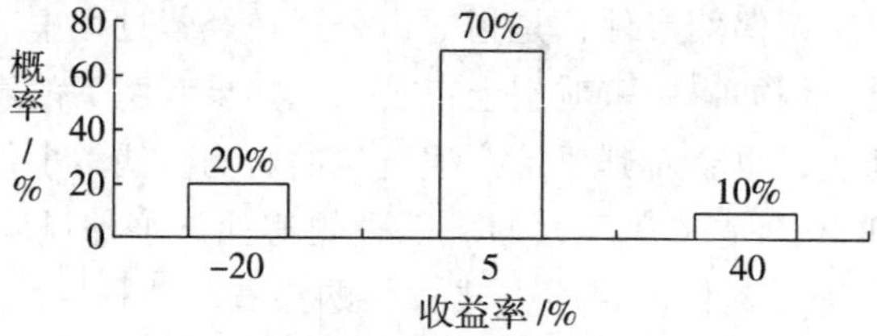

图 4-3 新东方股票收益率离散分布图

上述分布被称为离散分布，因为各种可能出现的结果是可数的（从实数理论的角度说，所谓可数是指能够建立其与可数集的一个子集之间的一一对应关系）。也就是说，如果随机变量只取有限个值，并且对应于这些值有确定的概率，则称为随机变量是离散型分布。但事实上，新东方股票的最终收益率可能会是从-20%～40%的任意一个数值，且每个数值都有其相对应的概率。这样的分布就称为连续概率分布，与离散概率分布不同，连续概率分布下可能出现的结果个数是不可数的。假设我们有足够的时间和耐心，针对每种可能出现的收益率情况，都给出其相应的收益率和概率。类似于图 4-3，同样能够给出收益率的分布图，所不同的是，所有结果可能出现的概率变成了一条连续的曲线。同时，假设新东方股票在未来 1 年内的收益率，不可能高于40%，也不可能低于-20%，但是，这其中的任意值都是有可能的。图 4-4 就是新东方股票在连续概率分布下的收益情况。

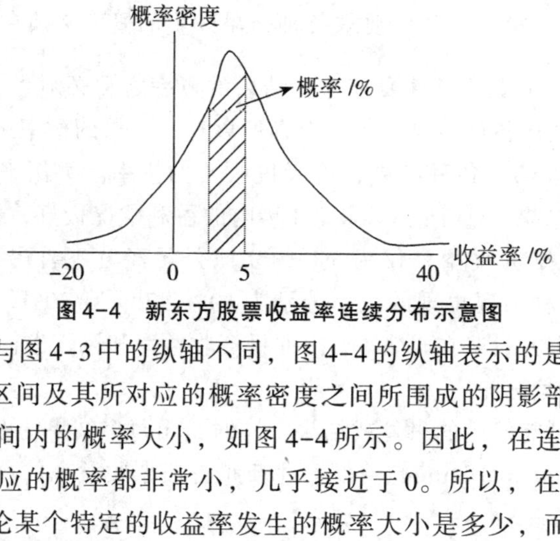

图 4-4 新东方股票收益率连续分布示意图

值得注意的是，与图 4-3 中的纵轴不同，图 4-4 的纵轴表示的是概率密度，而不是概率，而相应的收益率区间及其所对应的概率密度之间所围成的阴影部分面积，表示的才是收益率落在这部分区间内的概率大小，如图 4-4 所示。因此，在连续型概率分布的情况下，各种收益率所对应的概率都非常小，几乎接近于 0。所以，在这种连续分布的情况下，重点并不在于讨论某个特定的收益率发生的概率大小是多少，而是收益率落于某个区间的概率大小，或者收益率不低于某一水平的概率大小，这才是有意义的。

图 4-4 的报酬率呈正态分布，其主要特征是曲线为对称的钟形。实际上并非所有问题都按正态分布（存在肥尾现象）。但是，按照统计学理论，不论总体分布是正态还是非正态，当样本很大时，其样本平均都呈正态分布。一般来说，如果研究的变量受彼此独立的大量偶然因素的影响，并且每个因素在总的影响中只占很小部分，那么这个总影响所引起的数量上的变化，就近似服从于正态分布。于是，正态分布在统计上被广泛应用。有关连续分布的更多相关知识，在相关的统计课程中都会有详细阐述，在此不再赘述。

3）期望值

期望值也称均值，是指将每种可能值与其发生的概率相乘，然后将这些乘积相加所得到的加权平均值，每种情况下的概率就是其相应的权重。以k_i表示第i个可能结果对应的值，P_i表示第i个结果对应的概率，n为所有可能结果的数目，$\bar{k}$表示期望值，那么，$\bar{k}$的计算公式为：

$$\bar{k}=P_1k_1+P_2k_2+\cdots+P_nk_n=\sum_{i=1}^{n}P_ik_i \tag{4-6}$$

根据上例新东方股票的离散分布情况，可以计算出新东方股票收益率的期望值：

$$\begin{aligned}\bar{k}&=P_1k_1+P_2k_2+P_3k_3\\&=0.1\times0.4+0.7\times0.05+0.2\times(-0.2)\\&=3.50\%\end{aligned}$$

另外，也可以做出相应的损益矩阵表，见表4-3。

表4-3　**新东方股票损益矩阵表**

可能出现的结果（1）	各种结果发生的概率（%）（2）	各种结果之下的收益（%）（3）	乘积（%）（2）×（3）=（4）
盈利状况极好	10	40	4.00
表现一般	70	5	3.50
出现亏损	20	-20	-4.00
—	—	—	$\bar{k}$=3.50

以上是在离散分布下期望值的计算方法。但是，如果是在连续分布下，计算期望值的办法就比较麻烦，必须要综合运用到概率论和微积分中的知识。

假设X为服从连续分布的随机变量，其分布函数为f（x），其取值范围在区间［a，b］（注意，此处a可为-∞，b可为+∞）。以E（X）表示其期望值，那么，E（X）的计算公式为：

$$E(X)=\int_a^b f(x)\cdot x\,dx \tag{4-7}$$

4）离散程度

离散程度衡量的是各种可能结果与期望值之间的偏离。表示随机变量离散程度的量包括平均误差、方差、标准差和全距。在实际操作中，通常采用方差（variance）和标准差（standard deviation）的概念来衡量离散程度。方差是用来表示随机变量与期望值之间离散程度的一个量，标准差（也称均方差）是方差的平方根。通常以σ表示标准差，σ^2表示方差。一般说来，标准差越小，表明相应的概率分布区间越紧密，各种可能值与期望值之间的离散程度就越小。相应地，投资的风险也就越低。为计算标准差，可采用如下步骤：

第一步，计算期望值。

$$\text{期望值}\bar{k}=P_1k_1+P_2k_2+\cdots+P_nk_n=\sum_{i=1}^{n}P_ik_i \tag{4-8}$$

第二步，将各个可能值k_i减去期望值$\bar{k}$，得到一组关于期望值的离差。

$$\text{离差}_i=k_i-\bar{k} \tag{4-9}$$

第三步，将离差的平方乘以其相应值发生的概率，将这些值加总得到概率分布的方差。

$$方差\sigma^2 = \sum_{i=1}^{n}(k_i - \bar{k})^2 P_i \tag{4-10}$$

第四步，对方差求平方根得到标准差。

$$标准差\sigma = \sqrt{\sum_{i=1}^{n}(k_i - \bar{k})^2 P_i} \tag{4-11}$$

因此，方差实质上是各种可能结果的实际值与期望值之间离差平方的加权平均数，它直观地告诉我们实际值可能在多高或者多低的范围内偏离期望值。同样，可以采用表4-4的方式来计算新东方股票的标准差。

表4-4 **新东方股票的标准差计算表**

离差$_i$=$k_i-\bar{k}$	$(k_i-\bar{k})^2$	$(k_i-\bar{k})^2 P_i$
40%-3.5%=36.5%	0.133225	0.133225（0.1）=0.0133225
5%-3.5%=1.5%	0.000225	0.000225（0.7）=0.0001575
-20%-3.5%=-23.5%	0.055225	0.055225（0.2）=0.011045
—	—	方差 σ^2=0.024525
—	—	标准差 $\sigma^2=\sqrt{0.024525}$ =15.66%

上述是离散型分布下标准差的计算方法，同样，连续型分布的方差有如下计算方法：

假设X为服从连续型分布的随机变量，其分布函数为f（x），其取值范围在区间［a，b］（注意，此处a可为-∞，b可为+∞）。以D（X）表示其方差，那么，D（X）的计算公式为：

$$D(X) = \int_a^b [x - E(x)]^2 f(x)\,dx \tag{4-12}$$

5）变异系数

以上介绍了计算随机变量的期望值和离散程度的办法。这样，对于一项投资，就可以计算出它的预期收益率和标准差。其中，预期收益率衡量了这项投资的收益，而标准差则衡量了这项投资的风险。标准差是一个绝对指标，采用这一标准的前提是在期望值相同的条件下，标准差越大风险越高。反之，则风险越低。对于大多数投资者而言，投资的预期收益率越高越好，而标准差则是越小越好。因此，当两项投资的预期收益率相同时，投资者会选择标准差比较小的投资；而当两项投资的标准差相同时，投资者会选择预期收益率比较高的投资。

但是，两项投资并不总是会有相同的风险或者相同的收益，如果眼前的两项资产，其中一项的预期收益率比较高，而另一项的标准差比较小。当期望值不同时，标准差则无法准确地反映随机变量的离散程度。那么，如何解决这一问题？为此，我们借助于另一种度量风险的指标，即变异系数（coefficient of variation，CV）。

变异系数的定义是随机变量标准差与期望值之间的比值的绝对值，其含义是获得一个单位收益率条件下的离散程度。其计算公式如下：

$$CV=\left|\frac{\sigma}{\bar{k}}\right| \qquad (4-13)$$

从定义中可以看出，CV衡量的是单位收益中所包含的风险，CV越低，表明每获得一单位的收益所需承受的风险就越小。当两项投资的预期收益率不同时，CV提供了很有意义的比较基准。

【例4-4】前面的计算已得出，新东方股票的预期收益率为3.5%，其标准差为15.66%。现在，假设存在另一只股票A，其预期收益率为8%，标准差为40%，那么，应当投资新东方股票还是股票A呢？单从预期收益率或者标准差比较无从下手，因为股票A的预期收益率和标准差都比较高。下面来计算一下两者的CV。

新东方股票的CV为：

$$CV_1=\frac{15.66\%}{3.5\%}=4.47$$

股票A的CV为：

$$CV_2=\frac{40\%}{8\%}=5$$

可见，新东方股票每单位的收益所需承担的风险为4.47个单位，而股票A每单位的收益所需承担的风险为5个单位。很明显，股票A每单位收益承担的风险要高于新东方股票，尽管其预期收益率比新东方股票要高出许多。

4.3　资本资产定价模型

前面两节已系统阐述了一个随机变量的分布及其期望值和标准差的计算方式。事实上，一项资产的价值是由其未来的收益来决定的，而资产未来的收益从本质上看是一个随机变量，收益的波动则反映了该变量的风险。因此，以本章前两节为基础，本节将对资产的收益和风险进行度量。首先，介绍单个证券的收益和风险的度量方法，进而介绍一个包含若干个单项证券的投资组合的收益和风险的度量。其次，描绘两种和多种资产的投资组合的有效集，并导出最优投资组合和市场均衡的概念。最后，介绍本章最重要的一个内容，也是金融学上著名的一个理论——资本资产定价模型，并简要地介绍资本资产定价模型的实证检验状况。

4.3.1　单个证券的期望收益、方差和两个证券之间的协方差、相关系数

首先来研究最为简单的情形，就是当投资者仅持有一个证券时，如何来衡量该证券的风险和收益。其次，探讨两个证券的收益变动之间的相关关系，以及如何表述这种相关关系。

1）单个证券的期望收益和方差

单个证券的期望收益，是指当投资者仅持有一个证券时，该证券在下一个时期的收益的期望值。值得注意的是，这个期望值是综合考虑了该证券未来收益可能出现的各种情况，在概率意义上的平均值，未来的实际收益，往往会偏离这个期望值，可能会高于，也可能低于这个期望值。在实际操作中，可以基于该证券的历史表现，估算出它的一个期望

收益，如可以取该证券在过去几年中的平均收益作为它的期望收益。

方差则描绘了证券未来收益偏离其期望收益的大小，即证券收益的波动性。方差是一个证券的收益与其期望收益的离差的平方平均数。如果一个证券收益的方差为0，说明在未来该证券的收益必然等于它的期望收益。另一个描绘证券收益波动性的工具是标准差，它是在方差的基础上开平方得到的。

以下就结合一个例子，来直观地阐明期望收益和方差的概念，并介绍其数学上的计算方法。为简单起见，例子中的证券收益都服从离散分布。

【例4-5】假设1年之后的宏观经济只可能出现四种状况：萧条、衰退、正常、繁荣，这四种状态出现的概率分别为10%、20%、60%和10%。有两家上市公司A和B。A公司是一家银行，其经营业绩与宏观经济的运行状况紧密相联，因而当经济表现较好时，其收益也较高；B公司则恰恰相反，当经济越不景气时，其获得的收益就越高。这两家上市公司的收益见表4-5。

表4-5 **A、B公司未来收益的分布情况**

经济状况	相应概率P（%）	A公司收益$R_{A,t}$（%）	B公司收益$R_{B,t}$（%）
萧条	10	-7	15
衰退	20	0	5
正常	60	10	0
繁荣	10	20	-10

（1）计算两家公司股票的期望收益。

由于期望收益就是未来收益的期望值，因此，对这两家公司的期望收益计算如下：

$\overline{R}_A=0.1\times(-0.07)+0.2\times0+0.6\times0.1+0.1\times0.2=7.3\%$

$\overline{R}_B=0.1\times0.15+0.2\times0.05+0.6\times0+0.1\times(-0.1)=1.5\%$

其中，$\overline{R}$为期望收益。

（2）分别计算两家公司的收益在不同状态下与其期望收益之间的离差，即各种状态发生时的实际收益与期望收益之间的差值，并进而计算各状态下的离差平方。

为什么要计算离差平方呢？这是因为，不同状态下的离差有正有负，如果将其简单地相加则会使正负项之间互相抵销，无法准确反映其波动性。而采用离差平方的形式，将其转化为正数，能很好地克服这一缺陷。两家公司在不同状态下的离差平方见表4-6。

（3）计算两家公司股票收益的方差。

根据前两节介绍的计算方法，方差即为在各个状态下的离差分别与其相对应概率的乘积之和。于是，A、B两公司的股票方差如下所示。

A公司股票收益的方差：

$Var(R_A)=\sigma_A^2=0.1\times0.020449+0.2\times0.005329+0.6\times0.000729+0.1\times0.016129=0.005162$

B公司股票收益的方差：

$Var(R_B)=\sigma_B^2=0.1\times0.018225+0.2\times0.001225+0.6\times0.000225+0.1\times0.013225=0.003525$

（4）计算两家公司股票收益的标准差。

标准差就是将方差开平方所得到的，因此，两家公司股票的标准差如下。

表4-6　**A、B两公司收益在各个状态下的离差平方**

经济状况	收益率	收益率的离差	离差平方
A公司	$R_{A,t}$	$(R_{A,t}-\overline{R}_A)$	$(R_{A,t}-\overline{R}_A)^2$
萧条	-7%	-0.143	0.020449
衰退	0	-0.073	0.005329
正常	10%	0.027	0.000729
繁荣	20%	0.127	0.016129
B公司	$R_{B,t}$	$(R_{B,t}-\overline{R}_B)$	$(R_{B,t}-\overline{R}_B)^2$
萧条	15%	0.135	0.018225
衰退	5%	0.035	0.001225
正常	0	-0.015	0.000225
繁荣	-10%	-0.115	0.013225

A公司股票收益的标准差：

$\sigma_A=\sqrt{0.005161}=7.18\%$

B公司股票收益的标准差：

$\sigma_B=\sqrt{0.003525}=5.94\%$

以上就是单个证券的期望收益和方差、标准差最为普遍的计算方法。为了计算证券收益的方差，首先要计算出其期望收益。所谓期望收益，就是将证券未来各个状态下的收益与其相应概率相乘并求和，这样就得到了该证券未来收益的期望值。在此基础上，可以进一步计算该证券在各个状态下的收益与其期望收益之间的离差，从而得出在各个状态下的离差平方。通过将各个状态下的离差平方与其相对应的概率相乘并求和，可以得出该证券未来收益的方差。方差这一标准就很好地衡量了证券未来收益率的波动，但是，由于方差的单位是平方，在应用中存在不方便之处。因此，进一步将其开平方，就得到证券未来收益的标准差。标准差既能很好地衡量证券未来收益的波动，在实际应用中也非常直观和方便，因此，实际操作中普遍应用标准差作为衡量风险的标准。

2）两个证券之间的协方差和相关系数

以上介绍了衡量单个证券的收益和风险的标准及其计算方法，接下来要研究的问题是，如何度量两个证券的收益之间的相关关系。确切地说，我们希望构造一个指标，来反映两个不同的证券的收益之间的相互关系。这就是接下来要讨论的协方差和相关系数的问题。

在概率论中，协方差和相关系数度量的是两个随机变量之间的相关关系。两个随机变量X和Y之间的协方差可以表示为Cov（X，Y）或者σ_{XY}，其数学公式为：

$$Cov(X,Y)=\sigma_{XY}=E[(X-E(X))\cdot(Y-E(Y))]$$

其中：E（X）为随机变量X的期望值。

值得注意的是，在协方差中，两个变量的先后顺序并不重要，这点可以很直观地体会：X和Y之间的相关关系与Y和X之间的相关关系应当是相同的。也就是说，X和Y的协方差等于Y和X的协方差，即：

$$Cov(X, Y)=Cov(Y, X)=\sigma_{XY}=\sigma_{YX}$$

当X和Y都是满足离散分布的随机变量时，协方差的数学公式也可以表示为：

$$Cov(X, Y)=\sigma_{XY}=\sum_{t=1}^{n}(X_t-\bar{X})\cdot(Y_t-\bar{Y})\cdot P_t$$

其中：n为可能出现的各种状态的总数；X_t和Y_t分别为在状态t下随机变量X和Y的观测值；$\bar{X}$和$\bar{Y}$分别为这两个变量的期望值；$(X_t-\bar{X})$和$(Y_t-\bar{Y})$分别为X和Y在t状态下的离差；P_t为这两个离差同时出现的概率。

以下仍然通过上述例子直观地给出协方差的计算方法，然后再给出其蕴涵的经济意义。

【例4-6】计算例4-5中的A、B两公司的股票收益之间的协方差。

回顾例4-5中的计算结果，我们得到A、B两公司在不同状态下的收益与其期望收益之间的离差（见表4-6），在此基础上，分两步来计算协方差。

第一步，计算同一状态下A、B两公司收益的离差的乘积，用公式表示为：

$$(R_{A,t}-\overline{R}_A)\times(R_{B,t}-\overline{R}_B)$$

其中：$R_{A,t}$为A公司的股票在t状态下的收益；$\overline{R}_A$为A公司的股票的期望收益；$R_{B,t}$为B公司的股票在t状态下的收益；$\overline{R}_B$为B公司的股票的期望收益。

第二步，计算A、B公司股票收益的协方差。将各个状态下的离差乘积，乘以该状态出现的概率，并对其求和，就得到我们所需要的协方差，即：

$$Cov(R_A, R_B)=\sigma_{AB}=0.1\times(-0.01931)+0.2\times(-0.00256)+0.6\times(-0.00041)+0.1\times(-0.01461)$$
$$=-0.00415$$

在实际计算中，可借助协方差计算表计算获得（见表4-7）。

表4-7 **协方差计算表**

经济状况	A公司收益率离差 $(R_{A,t}-\overline{R}_A)$	B公司收益率离差 $(R_{B,t}-\overline{R}_B)$	A公司、B公司收益率离差的乘积 $(R_{A,t}-\overline{R}_A)\cdot(R_{B,t}-\overline{R}_B)$	离差乘积与相应概率乘积 $(R_{A,t}-\overline{R}_A)\cdot(R_{B,t}-\overline{R}_B)\cdot P_t$
萧条	-0.143	0.135	-0.01931	-0.00193
衰退	-0.073	0.035	-0.00256	-0.00051
正常	0.027	-0.015	-0.00041	-0.00024
繁荣	0.127	-0.115	-0.01461	-0.00146
求和	—	—	—	-0.00415

协方差中所蕴涵的经济意义如下：

如果在同一状态下，A公司与B公司股票收益的变动趋势总是相同的，即当A公司股票的收益高于其期望收益时，B公司股票的收益也高于其期望收益；而当A公司股票的收益低于其期望收益时，B公司股票的收益也低于其期望收益。由此可知，在各个状态下，$(R_{A,t}-\overline{R}_A)\cdot(R_{B,t}-\overline{R}_B)$的值为正，则最终计算得出的协方差也必然为正数。

相反，如果在同一状态下，A公司与B公司股票收益的变动趋势是相反的，即当A公司股票的收益高于其期望收益时，B公司股票的收益将低于其期望收益；而当A公司股票的收益低于其期望收益时，B公司股票的收益则高于其期望收益。那么，在各个状态下，$(R_{A,t}-\overline{R}_A)\cdot(R_{B,t}-\overline{R}_B)$的值为负，于是，最终计算得出的协方差也必然为负数。

当然，也有可能出现这样的状况：在有些状态下，$(R_{A,t}-\overline{R}_A)\cdot(R_{B,t}-\overline{R}_B)$的值为正，而在有些状态下，$(R_{A,t}-\overline{R}_A)\cdot(R_{B,t}-\overline{R}_B)$的值为负，即A、B公司股票的收益在有些状态下表现出一致性变动，在有些状态下的变动趋势则相反，那么，最终计算得出的协方差有可能为正，也有可能为负。

但是，总的来说：如果计算得出的协方差的值为正，那么A公司与B公司股票收益的变动趋势是相同的；如果计算得出的协方差的值为负，那么A公司与B公司股票收益的变动趋势是相反的。就例4-6来说，计算得出的协方差为负，表明A公司与B公司的股票收益变动方向相反，这与我们一开始给出的条件是一致的：当A公司的股票收益越高时，B公司的股票收益就越低。

最后，如果两个公司的股票收益之间没有关系，从理论上说我们计算得到的协方差就应当为0。在这种情况下，了解一家公司的股票收益是否大于其期望收益，无助于对另一家公司的股票收益状况做出判断。当然，即使两家公司股票收益之间没有关系，根据历史数据计算得出的协方差却未必为0，这是由于抽样误差所引起的。但是，如果历史时间足够长，而且抽样的样本足够大的话，根据概率论的相关理论，可以预期由此计算得出的协方差将会非常接近于0。

根据协方差的符号，可以判断两种证券之间收益变动的相关趋势。但是，这很难解释协方差的大小所蕴涵的意义，为此，以下引入相关系数的概念。

两个随机变量X和Y的相关系数可以用ρ_{XY}或Corr（X，Y）来表示，其定义为X和Y之间的协方差除以其标准差的乘积，用数学公式表示：

$$\rho_{XY}=Corr(X,Y)=\frac{Cov(X,Y)}{\sigma_X\cdot\sigma_Y} \quad (4-14)$$

值得注意的是，同协方差一样，在相关系数中两个变量的顺序并不影响其最终的结果，也就是说，X和Y的相关系数等于Y和X的相关系数，即：

$$Corr(X,Y)=Corr(Y,X)=\rho_{XY}=\rho_{YX} \quad (4-15)$$

由于两个变量的标准差的值总是正的，因此，相关系数的符号与协方差的符号是一致的。也就是说，可以根据相关系数的符号做出与协方差的符号相同的判断：当两个变量的相关系数为正，认为其变化表现为正相关；当两个变量的相关系数为负，认为其变化表现为负相关。

与协方差不同的是，相关系数的取值范围在-1和1之间（这一点在相关的概率书中都有证明），且其大小的绝对值反映了相关性的强弱。当两个随机变量的相关系数为-1时，这两个随机变量表现为完全负相关，即其变动的趋势完全相反；而当相关系数为1时，则表现为完全正相关，即变动的趋势完全相同；当两个变量的相关系数为0时，这两个变量之间的变动没有相关性。

由于相关系数的绝对值的大小反映了相关性的强弱，可以比较两对证券的相关系数。例如，A和B股票之间的相关系数大大高于C和D股票之间的相关系数，就可以认为第一对证券之间的相关程度要高于第二对证券之间的相关程度。

【例4-7】计算例4-5中的A、B公司的股票收益之间的相关系数。

在例4-5中已经计算得出A、B公司股票收益的标准差：

$\sigma_A=\sqrt{0.005161}=7.18\%$；$\sigma_B=\sqrt{0.003525}=5.94\%$

在例4-6中得到A、B公司股票收益的协方差：

$Cov(R_A, R_B)=-0.00415$

根据定义，可以计算得到A、B公司股票收益的相关系数：

$$Corr(R_A, R_B)=\frac{Cov(R_A,R_B)}{\sigma_A \cdot \sigma_B}=\frac{-0.00415}{0.0718\times 0.0594}=-0.97$$

可见，A公司和B公司股票收益的相关系数是非常高的，几乎接近于-1，说明其收益变动呈现出高度负相关关系，这与我们初始给出的条件也是一致的：A公司股票收益与经济状况的变动趋势完全相同，而B公司股票收益与经济状况的变动趋势则完全相反，A、B公司股票收益的变动趋势是完全相反的。

4.3.2 投资组合的收益和风险

接下来要讨论的问题就比较接近于实际情况了。假设投资者目前有若干证券可供选择，且其已经计算出了每个证券的期望收益的标准差。那么，其应当如何将自己的资金在这些证券上进行分配，来构成最佳的投资组合呢？直观地想，最佳的投资组合应当具备最高的期望收益和最小的标准差，这样才能使得组合的收益最大而风险最小。为此，首先分析两个问题：①投资组合的期望收益如何计算；②投资组合的标准差由什么决定。

1）投资组合的期望收益率

投资组合的期望收益率是组合中各项证券的期望收益率的加权平均。其中，每项证券的权重为投入其中的资金占整个投资组合资金的比重。以$\overline{R}_p$表示投资组合的期望收益，$\overline{R}_1$，$\overline{R}_2$，…，$\overline{R}_n$表示所拥有的n种证券的期望收益，w_1，w_2，…，w_n为其相应的权重。那么，期望收益可用如下计算公式表示：

$$\overline{R}_p = w_1 \cdot \overline{R}_1 + w_2 \cdot \overline{R}_2 + \cdots + w_n \cdot \overline{R}_n = \sum_{i=1}^{n} w_i \cdot \overline{R}_i \tag{4-16}$$

其中：各个权重之和为1，即$\sum_{i=1}^{n} w_i = 1$。

【例4-8】假设投资者手头有4种可供选择的股票：中国银行、中国电信、国美电器和蒙牛股份，各种股票的期望收益和投资者资金分配的权重见表4-8。

表4-8 **投资组合中各个证券的期望收益和权重（%）**

上市公司	期望收益$\overline{R}_i$	权重w_i
中国银行	7	20
中国电信	10	30
国美电器	40	40
蒙牛股份	30	10

那么，这个投资组合的期望收益为：

$\overline{R}_p=7\%\times 20\%+10\%\times 30\%+40\%\times 40\%+30\%\times 10\%=23.4\%$

2）两个证券组成的投资组合的风险

通常用投资组合的标准差σ_p表示投资组合的风险。正如我们所看到的，投资组合的期望收益是投资组合中各个证券的期望收益的加权平均值。但是，与之不同的是，投资组合的标准差通常不等于各个证券的标准差的加权平均值，而是比各个证券的标准差的加权平均值要小。

先介绍仅有两种证券的情形。假设投资者仅持有由两种证券 A 和 B 构成的投资组合，并且相应的权重分别为 w_1 和 w_2，A 和 B 的标准差分别为 σ_1 和 σ_2，A 和 B 的协方差为 σ_{12}，投资组合的标准差为 σ_p，方差为 σ_p^2，那么投资组合的方差可表示为：

$$\sigma_p^2=w_1^2 \cdot \sigma_1^2+2w_1w_2\sigma_{12}+w_2^2 \cdot \sigma_2^2 \tag{4-17}$$

可以看到，证券组合的方差受到如下 4 个因素的影响：①证券 A 的方差 σ_1^2；②证券 B 的方差 σ_2^2；③证券 A 和 B 的协方差 σ_{12}；④投资组合中各项资产的权重。

上述式子表明，投资组合的方差取决于每个证券的方差以及证券之间的协方差。给定各个证券之间的方差，如果证券之间的协方差越大，则组合的方差也就越大。如果证券的收益呈现出一致的变动关系，这意味着证券之间的协方差为正；反之，则证券之间的协方差为负。很明显，当证券收益的变动关系相同时，组合的方差要大于当证券收益变动相反的情形。这一点也很容易从直观上解释：当持有的一种证券收益上升时，另一种证券收益下降，反之亦然。那么，这两种证券的收益变动效应就将互相抵销，从而使组合呈现出较小的方差，这就是所谓的"对冲"操作。当然，如果所持有的两个证券的收益总是呈现出一致的变动关系：共同上升或者共同下降，那么，组合的方差就较大，这意味着将要承受更多的风险。

【例 4-9】回忆例 4-5 和例 4-6 中的上市公司 A 和 B 的股票。计算得出这两个股票的方差和协方差，见表 4-9。

表 4-9　**A、B 股票的方差和协方差**

股票	方差	协方差
A	0.005161	-0.00415
B	0.003525	

假设投资者拥有的初始资金为 100 美元，投入股票 A 的资金为 30 美元，投入股票 B 的资金为 70 美元，于是，股票 A 和 B 的权重分别为 30% 和 70%，投资组合的方差为：

$$\sigma_p^2=(0.3)^2\times0.005161+2\times0.3\times0.7\times(-0.00415)+(0.7)^2\times0.003525=0.000449$$

此外，还可以通过矩阵的形式来计算投资组合的方差，见表 4-10。

表 4-10　**计算组合方差的矩阵形式**

	A	B
A 公司	$w_A^2 \cdot \sigma_A^2$ $(0.3)^2\times0.005161$	$w_Aw_B\sigma_{AB}$ $0.3\times0.7\times(-0.00415)$
B 公司	$w_Aw_B\sigma_{AB}$ $0.3\times0.7\times(-0.00415)$	$w_B^2 \cdot \sigma_B^2$ $(0.7)^2\times0.003525$

在表 4-10 的 4 个单元格中，左上方和右下方的单元格分别表示投资组合的方差中 A 公司和 B 公司股票的贡献部分，左下方和右上方的单元格数字相同，表示的是 A 公司和 B 公司股票的协方差对方差的贡献部分。将这 4 个单元格相加，可以得到投资组合的方差，这

与上面的计算结果是相同的。

更进一步，将计算所得到的投资组合的方差进行开平方，可得到投资组合的标准差：

$\sigma_p=\sqrt{0.000449}=0.0212=2.12\%$

回忆之前计算得出的A、B股票的标准差分别为7.18%和5.94%，可以看出，投资组合的标准差大大降低了。下面给出两条基本事实（证明过程请读者自行思考）：

（1）两种证券构成的投资组合，当且仅当两个证券之间的相关系数$\rho_{AB}=+1$时，组合的标准差等于这两个证券的标准差的加权平均值；

（2）两种证券构成的投资组合，只要两个证券之间的相关系数$\rho_{AB}<+1$时，组合的标准差就小于这两个证券的标准差的加权平均值。

3）多个证券组成的投资组合的风险

下面简单介绍多种证券所组成的投资组合的方差的计算方法。多种证券组合的方差可以视为两种资产组合的方差的计算的拓展，至于其标准差，只要在方差的基础上开平方即可得到。仍旧采用矩阵的形式来直观地对其进行计算。

假设有n项资产，投资于其上的资金权重分别为w_1，w_2，…，w_n。这n项资产的方差依次为σ_1^2，σ_2^2，…，σ_n^2。此外，对于其中的两项资产i和j（i≠j），其协方差用σ_{ij}表示，那么，可以得到如表4-11所示的矩阵。

表4-11 **计算多项资产组合的方差的矩阵形式**

证券	1	2	3	…	n
1	$w_1^2\cdot\sigma_1^2$	$w_1w_2\sigma_{12}$	$w_1w_3\sigma_{13}$	…	$w_1w_n\sigma_{1n}$
2	$w_2w_1\sigma_{21}$	$w_2^2\cdot\sigma_2^2$	$w_2w_3\sigma_{23}$	…	$w_2w_n\sigma_{2n}$
3	$w_3w_1\sigma_{31}$	$w_3w_2\sigma_{32}$	$w_3^2\cdot\sigma_3^2$	…	$w_3w_n\sigma_{3n}$
⋮	⋮	⋮	⋮	⋱	⋮
n	$w_nw_1\sigma_{n1}$	$w_nw_2\sigma_{n2}$	$w_nw_3\sigma_{n3}$	…	$w_n^2\cdot\sigma_n^2$

与两种资产时的情形一样，将这些矩阵中每个单元格的数值相加，就可以得到整个资产组合的方差。值得注意的是，这个矩阵中的对角线代表的是每个资产的方差，而非对角线上的单元格则表示组合内两项资产间的协方差。例如，第3行第1列的$w_3w_1\sigma_{31}$表示证券1与证券3之间的协方差。非对角线上的元素总能找到一个与它关于对角线相对称的元素，且这两个元素的数值大小是相等的。例如，与$w_3w_1\sigma_{31}$相对称的元素是第1行第3列的$w_1w_3\sigma_{13}$，这两个元素的数值是相等的。

从以上矩阵可以看出，在多项资产构成的投资组合中，资产之间的协方差对于组合的方差的贡献要大于单个资产的方差的贡献。例如，在一个由10个资产组成的资产组合中，组合资产的方差个数有10个，但资产间的协方差的个数有90个。所以，投资组合的方差在更大程度上取决于该组合中各项资产的协方差。

4.3.3 两种资产组合的有效集

以上介绍了若干证券构成的投资组合的期望收益和标准差的计算方法。如果我们有两个可供投资的证券，或者说资产，其单独的期望收益、标准差和之间的相关系数见表4-12。

表 4-12　**两项资产的期望收益、标准差和相关系数**

资产	期望收益（%）	标准差（%）	相关系数
1	5.47	10.24	−0.6728
2	15.50	26.79	

理论上说，如果在这两个资产上分配的资金权重都不小于 0，即不存在卖空某项资产的现象，那么，可以构建出无数个资产组合，组合的期望收益将在 5.47% 和 15.50% 之间变动。但是，下面将要说明的是，并非所有的投资组合都是令人满意的。前面提到过，一个最佳的投资组合应当具有最高的期望收益和最小的标准差。如果我们构造出两个投资组合 P_1 和 P_2，但是，相比于 P_1，P_2 具有较小的期望收益和较高的标准差，那么，无论如何我们是不会选择 P_2 这个投资组合来投入资金的。

下面，我们先在图 4-5 中做出各个可能选择的投资组合的期望收益和标准差。

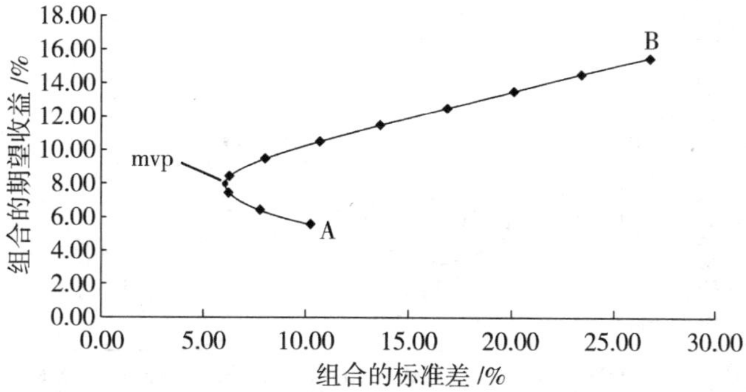

图 4-5　两个资产组成的投资组合的期望收益和标准差

如图 4-5 所示，这两个资产之间的各种可能的资产组合就形成了 A、B 两点之间的一条光滑的曲线。其中，A 点表示了资产 1 的期望收益和标准差，B 点表示了资产 2 的期望收益和标准差。同时，A 点代表的是将全部资金投入于资产 1 的资产组合，即资产 1 的权重为 100%，资产 2 的权重为 0；B 点代表的是将全部资金投入于资产 2 的资产组合，即资产 2 的权重为 100%，资产 1 的权重为 0。沿着从 A 到 B 的曲线方向，投入于资产 1 的权重不断减少，而投入于资产 2 的权重则不断增加。

图 4-5 中的曲线代表了将资金分配于资产 1 和资产 2 之间所有可能得到的组合。理论上说，只要投资者愿意，他可以选择这条曲线上的任意一点进行投资。因此，这条曲线上的各点又称为投资的可行集。但是，在不存在卖空某项资产的情形下，投资者不可能投资位于这条曲线之外的任意一点：他无法构造一个收益高于 15.50% 的投资组合，同样地，也无法构造一个收益比 5.47% 低的投资组合。投资者所能构造的投资组合，必然是位于这条曲线上的点。

此外，我们注意到，图 4-5 中曲线上最左端的点所代表的组合具有最小的方差，也即最小标准差。换句话说，该点上的组合是所有投资者可能构造的组合中标准差最小的，因而被定义为“最小方差组合”，用 mvp 来表示。如果一个投资者非常偏好风险，那么，他可以选择位于曲线最右端的点（比如 B 点）进行投资。反之，如果投资者希望最大限度地规避风险，那么，他可以选择 mvp 来进行投资，即最小方差组合。

现在来看看理性的投资者是否会愿意选择这条曲线上的任意一点进行投资。首先需要注意到这样一个事实：理性的投资者是不会选择期望收益低于最小方差组合的投资组合的。这是因为，理性的投资者总是希望在最小的风险水平，即最小的标准差之下，获得最高的期望收益。既然最小方差组合是所有组合中标准差最小的，即风险最小的，那么，任何组合的风险都要比最小方差组合来得大。如果有一个组合，它的期望收益要低于最小方差组合，那么，投资者必然更偏好于投资最小方差组合，因为这将带来更高的收益，同时不会增加投资的风险。所以，尽管投资的可行集是从A到B之间的这条曲线，但是，理性的投资者是不会考虑位于mvp之下的投资组合的。因此，从mvp到B点之间的曲线才是理性的投资者所会选择的，这条曲线被称为资产组合的有效集。

以上的投资组合曲线是在这两个资产之间的相关系数为-0.6728的条件下取得的。但是，两项资产的相关系数可能在-1到+1之间变动，那么，如果这两项资产的相关系数取其他数值时，有效集又会发生怎样的改变呢？

固定这两项资产的期望收益和标准差，变动它们之间的相关系数，可以得到如图4-6所示的投资组合曲线。

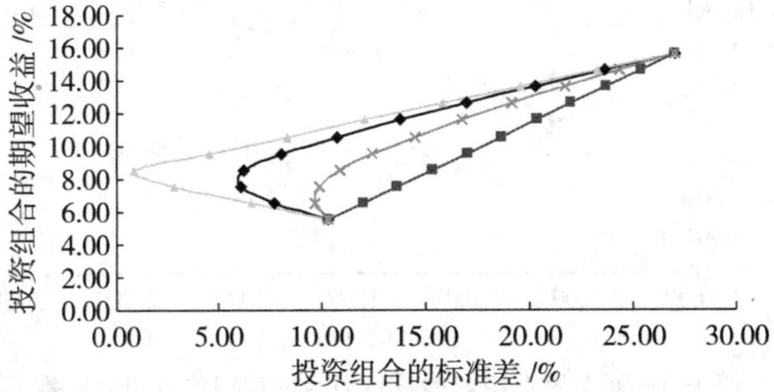

图4-6 不同相关系数下的投资组合曲线

图4-6是这两项资产的相关系数为+1，-0.6728，0，-1时的投资组合曲线。其中，当这两项资产的相关系数为1时，其资产组合的曲线表现为图中右下方的直线。随着相关系数的不断减小，组合的曲线不断往左上方突起，当相关系数达到最小值-1时，投资组合的曲线就是图中左边最外围的曲线。

我们注意到，当相关系数的取值为-0.6728时，在mvp的下端，有一条向左下方凹陷的曲线，这条曲线表明：增加风险较大的资产2的比重，投资组合的标准差反而降低了。这是为什么呢？实际上，这就是之前所提到的“对冲”现象。由于资产1与资产2之间的相关系数为负，因而两者的收益变动呈现出负相关。当资产1的收益上升时，资产2的收益下降，反之亦然。因而，两项资产的收益变动将会部分互相抵销，从而降低了组合的收益波动率，减少了组合的风险。

事实上，当两项资产的相关系数$\rho_{12} \leqslant 0$时，mvp下端就会出现向左下方凹陷的曲线，表明两者之间的“对冲”降低了组合的风险；而当$\rho_{12}>0$时，这样的曲线可能出现，也可能不出现。这一点，读者可以从图中相关系数的变动下曲线的变化趋势中更好地进行体会。

4.3.4 多种资产组合的有效集

前面讨论的是两种资产组合的有效集的情形，但是，现实生活中的投资者一般有多种资产可供选择。因此，接下来需要研究的是当存在多种资产时，投资组合的有效集又是怎么样的。

假设金融市场上有n项资产可供投资者选择，这n项资产的期望收益分别为$\overline{R}_1$，$\overline{R}_2$，…，$\overline{R}_n$，方差依次为σ_1^2，σ_2^2，…，σ_n^2。对于其中的两项资产i和j（i≠j），其协方差用σ_{ij}表示。如果投资于其上的资金权重分别用w_1，w_2，…，w_n来表示，要求$w_i \geq 0$（即不允许卖空某项资产），且$\sum_{i=1}^{n} w_i = 1$。那么，可以做出这n项资产组合的可行集，如图4-7所示。

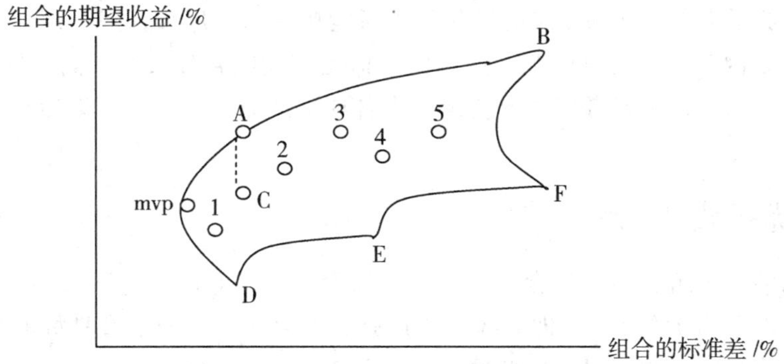

图4-7　多种资产组合的可行集

为简单起见，我们在图4-7中只标出了五项单独的资产。与两项资产的情形不同，多项资产组成的可行集并不是一条曲线，而是一个曲线所围成的闭合区域，正如图中的曲线ABFED所围成的区域。在这区域中的每一点，包括区域的边界上的点，都是有可能产生的资产组合；反过来说，由这n项资产所生成的资产组合，也必将落在这个闭合的区域内。

假设所拥有的n项资产中，期望收益最小的资产的期望收益为$\overline{R}_m$，期望收益最大的资产的期望收益为$\overline{R}_M$，由于不存在卖空，因此，资产组合的期望收益必然位于$\overline{R}_m$与$\overline{R}_M$之间。给定一个期望收益水平$\overline{R}$，使得$\overline{R}_m \leq \overline{R} \leq \overline{R}_M$，那么，理性的投资者总会希望选择所有期望收益为$\overline{R}$的组合中，标准差最小的组合。因此，可以列出以下二次规划：

$$\min\ (Var\ (R_p))$$

使得：

$$w_1\overline{R}_1 + w_2\overline{R}_2 + \cdots + w_n\overline{R}_n = \overline{R}$$

$$\sum_{i=1}^{n} w_i = 1$$

其中：$Var\ (R_p)$表示投资组合的方差，它是表4-13矩阵中各项之和。

表4-13　**投资组合方差矩阵计算表**

证券	1	2	3	…	n
1	$w_1^2 \cdot \sigma_1^2$	$w_1w_2\sigma_{12}$	$w_1w_3\sigma_{13}$	…	$w_1w_n\sigma_{1n}$
2	$w_2w_1\sigma_{21}$	$w_2^2 \cdot \sigma_2^2$	$w_2w_3\sigma_{23}$	…	$w_2w_n\sigma_{2n}$
3	$w_3w_1\sigma_{31}$	$w_3w_2\sigma_{32}$	$w_3^2 \cdot \sigma_3^2$	…	$w_3w_n\sigma_{3n}$
⋮	⋮	⋮	⋮	⋱	⋮
n	$w_nw_1\sigma_{n1}$	$w_nw_2\sigma_{n2}$	$w_nw_3\sigma_{n3}$	…	$w_n^2 \cdot \sigma_n^2$

求解该二次规划，就可以得出该组合中各项资产的权重，也就相当于知道了如何用这n项资产来得到这个组合。

图4-7中的曲线BAD就是计算得出的、当期望收益为$\overline{R}$（$\overline{R}_m \leqslant \overline{R} \leqslant \overline{R}_M$）时标准差最小的组合。和两项资产时的情形一样，BAD曲线上存在一个方差最小的组合，我们仍旧用mvp表示这个组合。需要说明的是，任何一个理性的投资者，都将选择位于mvp点到B点的曲线上的组合，该条曲线就称为多项资产组合的有效集。任何一个位于mvp到B这条曲线之下的点，其期望收益都小于有效集上的点，但标准差却都相等。例如，图中的A点和直接位于其下方的C点，如果C点的风险是你所能接受的，那么，一个理性的投资者将会选择A点，这是因为A点的风险与C点相同，但是期望收益比C点要高。同时，A点和C点都是可行集中的点，投资者仅需改变组合中各项资产的权重，就可以使自己的投资组合由C点变动到A点。

4.3.5 最优投资组合

以上讨论的资产组合中所包含的资产都是风险资产，即标准差不为0的资产。但在现实世界中，标准差为0的资产，即无风险资产是普遍存在的，如信誉良好的政府债券就可以看做是无风险资产。在中国，典型的无风险资产就是政府发行的国库券。因此，在实际投资中，投资者往往选择持有的是无风险资产和风险资产的组合。

在本节中，首先讨论一个无风险资产与一个风险资产组合所构成的投资组合的有效边界，并在此基础上讨论包含一个无风险资产的多个资产组合的最优投资组合。

1）一个无风险资产与一个风险资产组合构成的组合有效边界

这里以一个例子来阐明这种情形下的有效边界。在举例之前，必须明确一个事实：在现实世界中，无风险资产通常是可以卖空的。投资无风险资产意味着以无风险的利率贷款给别人，而卖空无风险资产则意味着以无风险利率借入资金。因此，卖空无风险资产，意味着你将有更多的资金用于投入其他的风险资产。

【例4-10】假设投资者可以在以下两项资产上进行投资：资产1为无风险资产，资产2为若干风险资产的组合（当然也可能只包含一个风险资产）。这2个资产的收益和风险见表4-14。

表4-14 **两项资产的期望收益和标准差**

资产	1	2
期望收益（%）	5	17
标准差	0	0.3

进一步假设投资者的初始资金为100元人民币，其中40元投入资产1，其余的60元投入资产2，即其投入资产1和资产2的权重分别为40%和60%。

与风险资产的情形一样，投资组合的期望收益仍然为两项资产期望收益的加权平均，即：

$$\overline{R}_p=0.4\times0.05+0.6\times0.17=12.2\%$$

其中：$\overline{R}_p$为投资组合的期望收益。

2个资产构成的资产组合的方差计算公式为：

$\sigma_p^2=w_1^2\cdot\sigma_1^2+2w_1w_2\sigma_{12}+w_2^2\cdot\sigma_2^2$

其中：σ_1^2和σ_2^2分别为资产1和2的方差；σ_{12}为资产1和2的协方差；w_1和w_2分别为投入资产1和2的权重。

由于资产1是无风险资产，它的收益不会波动，故其方差$\sigma_1^2=0$；同时，很显然资产1的收益变动与资产2的收益变动毫无关系，故有$\sigma_{12}=0$，上述方差公式可化简为：

$\sigma_p^2=w_2^2\cdot\sigma_2^2$

即：

$$\sigma_p=w_2\cdot\sigma_2 \tag{4-18}$$

也就是说，组合的标准差相当于风险资产的标准差乘以风险资产的权重。在本例中，组合的标准差就是$\sigma_p=w_2\cdot\sigma_2=0.6\times0.3=0.18$。

更进一步，可以做出由资产1和资产2构成的资产组合的收益和风险之间的关系，如图4-8所示。

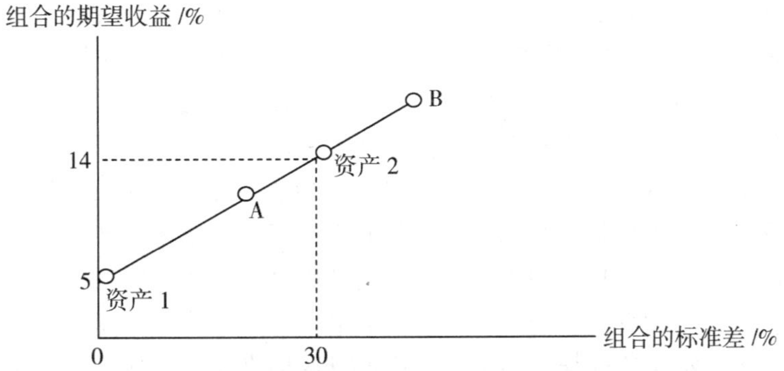

图4-8　资产1和资产2构成的资产组合的收益和风险的关系

如图4-8所示，由一项无风险资产和一项风险资产构成的资产组合的可行集是由无风险资产所对应的点出发，并经过风险资产所对应的点的一条射线。这个例子中的投资组合对应的点就是图中的A点：资产1上的权重为40%，资产2上的权重为60%。

如果投资者是风险偏好的，他可能愿意卖空无风险资产，并用所得的资金来投资风险资产。例如，投资者以无风险利率借入50元，加上原有的100元，总共用150元投入资产2，那么，此时的资产权重就变为-50%和150%。

投资者的期望收益$\overline{R_p}$=（-0.5）×0.05+1.5×0.17=23%

组合的标准差$\sigma_p=w_2\cdot\sigma_2=1.5\times0.3=0.45$

此时的投资组合就对应于图中的B点。因此，资产2对应的点右端的可行集表示的是卖空资产1，即以无风险利率借款，并投资于资产2的投资组合。

2）最优投资组合

有了上述基础，接下来就可以讨论存在无风险资产和若干风险资产的情形下的最优投资组合。如果投资者同时持有无风险资产和若干风险资产，实际上其相当于持有一个无风险资产和一个风险资产组合所构成的组合，如图4-9所示。

在这种情形下，可以分两步来考虑问题。首先，投资者选择了所有风险资产构成的一个风险资产组合，如组合Q；其次，投资者将组合Q与无风险资产按权重构成最终的组合。在第二步中的组合实际上就是之前所讨论的由一个无风险资产和一个风险资产形成的

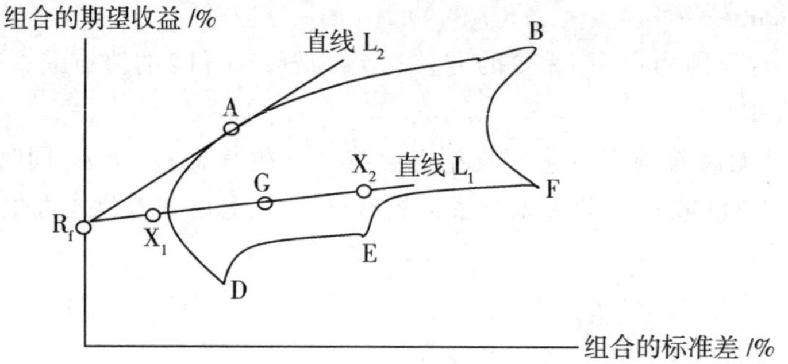

图4-9 风险资产和无风险资产构成的投资组合的期望收益和标准差的关系

组合的情形，因此，要得到这种情形下的最优投资组合，就只需要考虑Q点应当落于可行集DABFE区域上的哪一点。

首先考虑最为普通的情形，假设选择的组合Q是图中对应的G点。那么，由组合G和无风险资产（其收益率用R_f表示）所构成的投资组合就是由R_f出发并且通过G点的一条射线（对应图中的直线L_1）。我们最终选择的资产组合可能是点X_1，在该点，分配于无风险资产和组合G上的权重分别为65%和35%。当然，也可能选择点X_2所对应的资产组合，在该点，分配无风险资产和组合G上的权重分别为-50%和150%，说明以无风险的利率借入了相当于初始资本金50%的资金，并将其连同初始资本金一起投资于组合Q上。

在这种情形下，尽管投资者可以选择直线L_1上的任意一点进行投资，但是，L_1上的点却不是所有资产组合的有效集，即所说的最优资产组合。为了说明这一问题，我们考虑另一条直线L_2，它从R_f点出发，并与风险资产的有效集相切于点A。同样，如果选择的风险资产的组合是点A所对应的组合，那么，同样可以取得直线L_2上任意一点作为最终的投资组合。

现在来比较直线L_1和直线L_2。可知，直线L_1上的任意一点，在直线L_2上总有一点和它相对应，使得这两点的标准差相同，但是，直线L_2上的点的期望收益较高。换句话说，这两点具有相同的风险，但直线L_2上的点将带来更高的回报。事实上，直线L_2是风险资产的有效集的切线，因而，它给投资者提供了最优的投资机会。

至此，直线L_2就是所要求的最优投资组合。直线L_2上的任意一点，都是当无风险资产存在时的资产组合的有效边界上的点。一个极度风险厌恶的投资者将会选择R_f点进行投资，而随着投资者风险厌恶程度的降低，他选择的点会越来越偏离R_f点而接近A点。最终，追求风险的投资者将会选择A点右侧的点进行投资，即以无风险利率借入资金，并将其投资于组合A上。

图4-9同时告诉我们，不论投资者的风险厌恶程度怎样，他最终选择的风险资产的组合都将是A点，而不是除了A点以外的风险资产可行集内的其他点。这一点在接下来的分析中具有非常重要的意义。

4.3.6 市场均衡

1）市场均衡组合的定义

上述的讨论中只涉及一个投资者的情形，那么，上述分析的基础数据——各种资产的期望收益和方差、各种资产之间的协方差，可能是该投资者主观估计出来的。对于其他的投资者，他们可能对这些数据有自己的看法和估计。但是，由于所有的估计的基础大致相同——都是来自于历史的价格数据和上市公司公布的报告等其他相关信息。因此，有理由相信，所有投资者对于这些数据的估计都是大致相同的。

基于上述原因，金融经济学家们通常采用一个简化的假设，即所有的投资者得到的信息基本上是一样的。因此，他们对于各种资产的期望收益和方差、各种资产之间的协方差的估计是完全相同的。这一假设通常称为共同期望假设。当然，在现实世界中，大部分投资者都能得到公开的信息，但是会有少部分投资者却能获得没有公开披露的信息，相对而言，这部分投资者做出的估计将会更为精确。

既然所有的投资者都具有相同的估计，那么，他们得出的风险资产有效集必然是一样的。更进一步，由于所有投资者都面临同样的无风险资产，那么，他们最终选择的风险资产组合也将是一样的。也就是说，所有的投资者都能得到图4-9所描绘的组合期望收益和风险之间的关系，而且，他们选择持有的风险资产组合都将是图中点A所代表的组合。所不同的是，风险偏好的投资者可能选择直线L_2上A点右侧的点进行投资，而风险厌恶的投资者选择的组合可能介于R_f与A点之间。这样就得出了一个很有用的结论：如果所有的投资者都具有共同的期望，他们都会持有A点所代表的风险资产组合。

既然所有的投资者都持有相同的风险资产组合，那么，如果把这些投资者都看做是一个投资者，称其为市场投资者，则这个市场投资者所持有的组合必然也是A点所代表的组合。同时，由于市场投资者所持有的组合（称为市场组合）是所有风险资产按其市场价值加权计算得到的组合，因而就能确定A点所代表的组合是怎样的了。

在实际操作中，通常采用各种综合指数来代表我们的市场组合。例如，用标准普尔500来表示美国股市的市场组合，上证50指数来表示沪市的市场组合，恒生指数来表示香港股市的市场组合。尽管并不是所有的投资者都会选择持有这样的市场组合，但是大多数的投资者都会选择持有多元化的投资组合，而市场组合正是这些多元化的投资组合的一个典型代表。

2）风险的定义：当投资者持有市场组合

当所有的投资者都持有市场组合作为其风险资产组合时，用β系数来衡量单项资产的风险[①]。β是资本资产定价模型中的关键因素。单项资产的β值的大小，就相当于其收益变化率与市场组合的收益变化率的比值。以下举例来说明β的含义。

【例4-11】假设在美国上市的新东方股票和标准普尔指数（前文已述，该指数代表美国股市的市场组合）的收益，见表4-15。

表4-15　**收益分布表**

状态	经济类型	标准普尔收益（%）	新东方股票收益（%）
1	牛市	20	35
2	牛市	20	25
3	熊市	-10	-25
4	熊市	-10	-35

① 将一只β大于1的股票加入到一只β等于1的股票上，组成投资组合，那么这个投资组合的β值以及相应的风险都增加。相反，将一只β小于1的股票加入到一只β等于1的股票上，组成投资组合，那么这个投资组合的β值以及相应的风险都降低。于是，由于股票的β度量了它对投资组合的贡献。因此，从理论上讲，β值是股票风险的正确度量指标。

假设每种状态出现的概率相同。我们发现，尽管标准普尔的收益只有两种可能的结果，但新东方股票的收益却有四种可能的结果。因此，进一步统计出在牛市和熊市下新东方股票的期望收益，见表4-16。

表4-16 **简化的收益分布表**

经济类型	标准普尔收益（%）	新东方股票收益（%）
牛市	20	30
熊市	-10	-30

可见，新东方股票在牛市的情况下期望收益大于熊市下的期望收益，说明其收益随着市场收益的变动发生了变化。从熊市到牛市，市场收益变动了30%（20%-（-10%））。然而新东方股票的收益却变动了60%（30%-（-30%））。因此，新东方股票收益变动相对于市场收益变动的比例就是60%/30%，即其β为2。

可以用图示表示出这种收益变动关系，如图4-10所示。

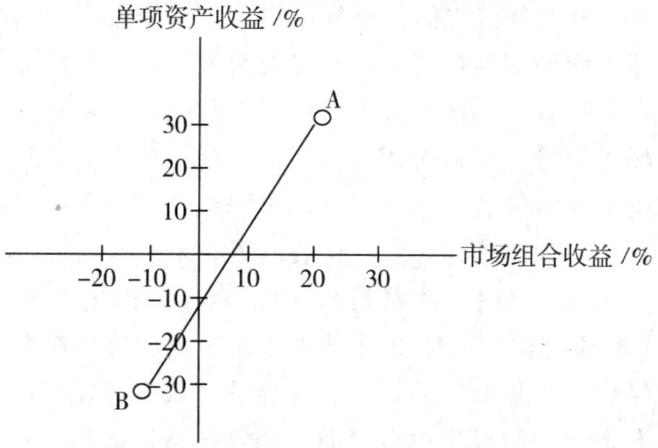

图4-10 单项资产收益与市场组合收益关系

在图4-10中，横轴表示市场组合的收益，纵轴表示新东方股票的收益，则A点表示牛市时出现的状态，B点表示熊市时出现的状态。连接A、B两点的直线，称为证券特征线，这条直线的斜率为2，正是前面计算所得到的新东方股票的β值。因此，一项资产对应的证券特征线的斜率就代表了其β值。

当然，在经济中可能还存在其他股票，它们在不同经济状态下的收益见表4-17。

表4-17 **不同股票的收益分布**

经济类型	标准普尔收益（%）	新东方股票收益（%）	股票1收益（%）	股票2收益（%）	股票3收益（%）
牛市	20	30	20	10	-30
熊市	-10	-30	-10	-5	15

同样，也可以在图4-11中做出它们的证券特征线。

如图4-11所示，L_1，L_2，L_3分别对应了股票1、2和3的证券特征线。很容易得到，股票1、2和3的β值分别为1、0.5和-1.5。对于股票1而言，它的收益变动与市场收益的变动是一致的，称为平均风险股票。而对于股票3而言，当市场走势较差时，它的收益反而

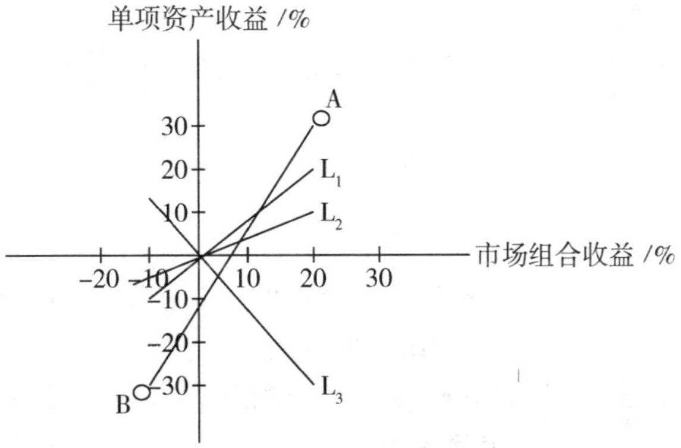

图4-11　不同证券的证券特征线

更好；当市场走势较好时，它的收益就比较低。这样的股票的β值为负，在实际操作中，可以将β值为负的股票纳入投资组合中，这样可以降低组合的风险①。

最后，值得强调的一点就是，根据定义，所有股票的平均β值是1（请自行思考其中的原因）。

在现实中，一些专业金融机构（在次贷危机前主要是一些美国大型投资银行比如美林证券公司和雷曼公司等。金融危机后美国投资银行受到巨大打击，雷曼倒闭，美林被并购，从此美国四大投资银行全部消失），如高盛公司，都会计算并发表上市公司的β值。一些著名的公司的β值见表4-18。可以看到，大多数股票的β值都在0.5~1.5范围内。

表4-18　**一些著名公司的β值**

股票	β值
美国在线	1.70
通用电气	1.20
杜邦公司	1.08
IBM公司	1.05
宝洁公司	0.85
Kimberly-Clark公司	0.80
大西洋贝尔	0.37
微软公司	1.10
可口可乐公司	1.05
Heinz公司	0.8
Energen公司	0.8
恩派尔区电力公司	0.45

注：以标准普尔500种股票的指数为市场组合来估计的各个股票的b系数。

① 从理论上讲，一只股票可以有负的β值。在这种情况下，当其他股票的收益率下降时，这只股票的收益率将上升。但在实际中，几乎没有β值为负的股票。

3）β系数的计算公式

以上用一个例子直观地给出了β值的计算方法，接下来，我们将给出β值在数学上的定义。

一项资产的β值的计算公式是：

$$\beta_i=\frac{Cov(R_i,R_M)}{\sigma^2(R_M)} \tag{4-19}$$

其中：R_M为市场组合的收益；R_i为这项资产的收益；Cov（R_i，R_M）为这项资产与市场组合之间的协方差；σ^2（R_M）为市场组合的方差。

式（4-19）的推导是采用回归分析的方法，通过建立回归模型来估计β值。在后面的4.3.7节中，我们将介绍资本资产定价模型。根据该模型，一项资产的期望收益与市场的期望收益存在线性关系，因而可以建立如下回归模型：

$$R_i=r_f+\beta_i(R_M-r_f)+\varepsilon \tag{4-20}$$

其中：R_M为市场组合的收益；R_i为这项资产的收益，两者都可视为随机变量；r_f为无风险收益，可视为常数；β_i为该项资产的β系数，也正是我们模型中要估计的参数；ε为模型的随机误差。

将式（4-20）进行变形，可以得到：

$$R_i-r_f=\beta_i(R_M-r_f)+\varepsilon \tag{4-21}$$

我们用Y表示（R_i-r_f），X表示（R_M-r_f），就可以得到新的模型：

$$Y=\beta_iX+\varepsilon \tag{4-22}$$

对该模型参数进行估计，可以得到：

$$\beta_i=\frac{Cov(X,Y)}{\sigma^2(X)}=\frac{Cov((R_M-r_f),(R_i-r_f))}{\sigma^2(R_M-r_f)} \tag{4-23}$$

由于r_f为常数，因此有：

$$\beta_i=\frac{Cov(R_i,R_M)}{\sigma^2(R_M)}$$

β系数的一个重要推论就是，一个风险资产组合的β系数，相当于各个风险的β系数与它们在组合中的权重的乘积之和，即：

$$\beta_p=\sum_{i=1}^{n}w_i\beta_i \tag{4-24}$$

这个公式的证明非常简单，学过概率论的读者可以自行推导。

基于上述公式，有如下推论：

当以某种证券的市场价值占所有证券组合的市场价值作为权重之时，所有证券的β系数的加权平均值为1，即：

$$\sum_{i=1}^{N}w_i\beta_i=1 \tag{4-25}$$

其中：N为市场中风险证券（资产）的个数。

【例4-12】假设市场上存在4种证券，它们的β系数及其在投资组合上的权重见表4-19。

那么，这个投资组合的β系数为：

$$\beta_p=0\times(-0.2)+0.4\times0.3+1.2\times0.5+2.0\times0.4=1.52$$

表4-19　**4种证券的β系数**

证券	β系数	权重
1	0	-0.2
2	0.4	0.3
3	1.2	0.5
4	2.0	0.4

4）贝塔系数和风险溢价

我们现在来看看市场怎样给风险回报。首先，假定资产A的期望报酬率为20%，贝塔系数为1.6，并且假设无风险报酬率等于8%，则根据定义，无风险报酬没有系统风险，所以无风险资产的贝塔系数是0。

考虑一个由资产和无风险资产所构成的投资组合。我们可以通过改变在这两项资产上的投资所占的百分比，计算出一些可能的投资组合的期望报酬率和贝塔系数。例如，如果投资组合的25%投资在资产A上，那么投资组合的期望报酬率就是：

$$E(R_P)=0.25\times E(R_A)+(1-0.25)\times R_f=0.25\times 20\%+0.75\times 8\%=11.0\%$$

同样投资组合的贝塔系数为：

$$\beta_P=0.25\times\beta_A+(1-0.25)\times 0=0.25\times 1.6=0.4$$

请注意，因为权数的和必须等于1，因此投资在无风险资产上的百分比就等于1减去投资在资产A上的百分比。

你可能想知道，投资在资产A上的百分比会不会超过100%？答案是肯定的。它之所以会发生，是因为投资者可以无风险利率借款。例如，如果一个投资者有100美元，并以无风险利率8%另外借了50美元，那么他对资产A的总投资就是150美元，也就是投资者总财富的150%。这种情况下的期望报酬率将为：

$$E(R_P)=1.5\times E(R_A)+(1-1.5)\times R_f=1.5\times 20\%-0.5\times 8\%=26\%$$

投资组合的贝塔系数则为：

$$\beta_P=1.5\times\beta_A+(1-1.5)\times 0=1.5\times 1.6=2.4$$

我们也可以计算一些其他可能的情况，见表4-20。

表4-20　**A资产投资百分比、期望报酬率和贝塔系数对照表**

投资组合中资产A所占的百分比（%）	投资组合的期望报酬率（%）	投资组合的贝塔系数
0	8	0.0
25	11	0.4
50	14	0.8
75	17	1.2
100	20	1.6
125	23	2.0
150	26	2.4

图4-12标示了表4-20对于A资产各种投资组合的期望报酬率和它们所对应的贝塔系数。我们会发现所有的组合都落在同一条直线上。

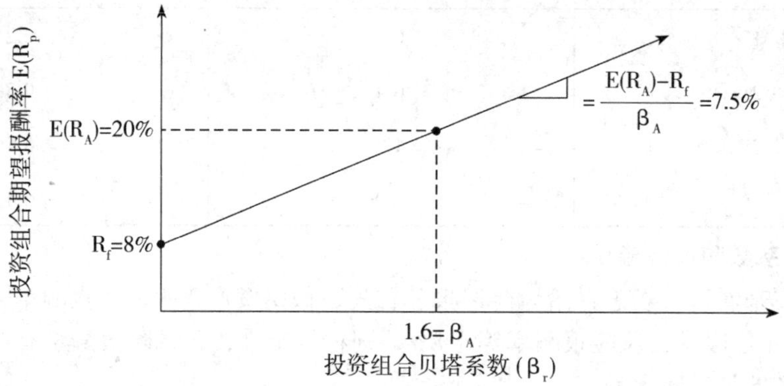

图4-12 资产A的投资组合期望报酬率和贝塔系数

风险回报率 图4-12中的直线的斜率是多少？与通常一样，直线的斜率等于纵向上升（rise）幅度与前进（run）幅度之间的比值。在这个例子里，当我们从无风险资产移动到资产A时，贝塔系数从0上升到1.6（横向增长1.6）。同时，期望报酬率也从8%上升到20%（纵向上升12%）。所以这条线的斜率为：

$12\%\div1.6=7.5\%$

请注意，这条线的斜率正好等于资产A的风险溢价［$E(R_A)-R_f$］除以资产A的贝塔系数（β_A）：

$$斜率=\frac{E(R_A)-R_f}{\beta_A}=\frac{20\%-8\%}{1.6}=7.5\%$$

它告诉我们，资产A所提供的风险报酬率（Reward-to-risk）为7.5%①。换句话说，对于每一“单位”的系统风险，资产A的风险溢价是7.5%。

基本论点 现在，假定我们考虑第二项资产——资产B。这项资产的贝塔系数是1.2，期望报酬率是16%。资产A和资产B哪一个更好？你可能还是觉得我们实在没办法说——有些投资者可能偏爱资产A，有些投资者可能偏爱资产B。但是，我们可以说：资产A更好，这是因为，正如下面所证明的，至少相对资产A来说，资产B所提供的报酬率不足以补偿它的系统风险水平。

我们首先计算资产B和无风险资产在不同组合下的投资组合期望报酬率和贝塔系数，就像对资产A所计算过的那样，例如，如果我们投资25%在资产B上，其余的75%投资在无风险资产上，那么这个投资组合的报酬率将为：

$$E(R_P)=0.25\times E+(1-0.25)\times R_f$$
$$=0.25\times16\%-0.75\times8\%=10\%$$

同样，投资组合的贝塔系数β_r为：

$$\beta_r=0.25\times\beta+(1-0.25)\times0=0.25\times1.2=0.3$$

表4-21列示了一些其他的可能性。

当我们把这些投资组合期望报酬率和投资组合贝塔系数的组合绘制成图4-13时就像得到资产A一样的一条直线。

① 为了纪念该比率的创立者，因此该比率也称为Treynor比率。

表4-21　**资产B投资百分比、期望报酬率和贝塔系数对照表**

投资组合中资产B所占的百分比（%）	投资组合的期望报酬率（%）	投资组合的贝塔系数
0	8	0.0
25	11	0.4
50	14	0.8
75	17	1.2
100	20	1.6
125	23	2.0
150	26	2.4

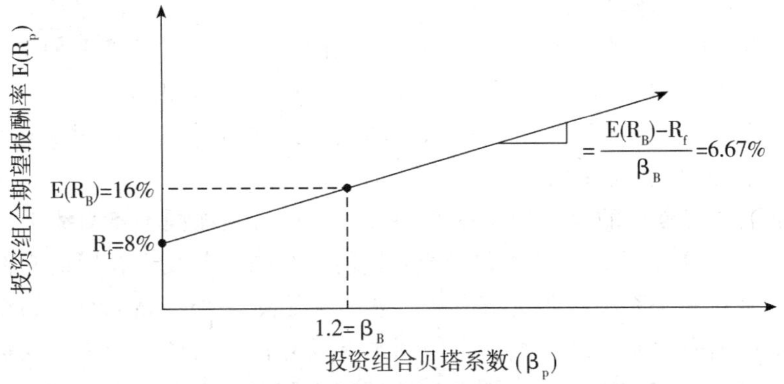

图4-13　资产B的投资组合期望报酬率和贝塔系数

一个值得注意的重要问题是，当我们比较资产A和资产B的结果时，如图4-14所示，代表资产A的期望报酬率贝塔系数组合的线高于代表资产B的线。它告诉我们，在任何一个系统风险水平（以β来计量）下，资产A和无风险资产的一些组合总是会提供较高的报酬率。这就是为什么我们说资产A是个比资产B更好的投资的原因。

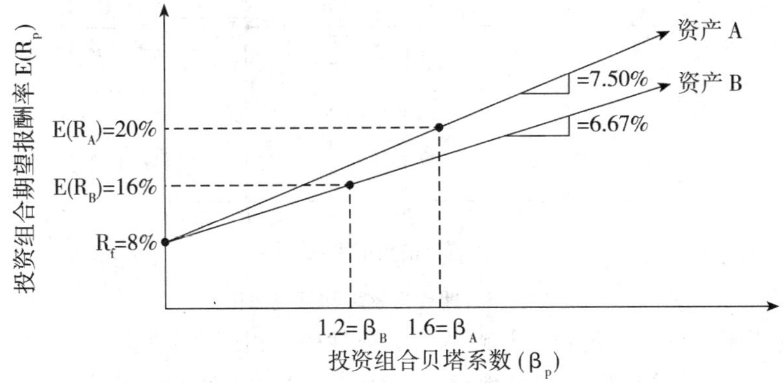

图4-14　两项资产的投资组合期望报酬率和贝塔系数

我们还可以通过与资产B的斜率对比，看出资产A在它的风险水平上能够提供更高的报酬率：

斜率$=\frac{E(R_B)-R_f}{\beta_B}=\frac{16\%-8\%}{1.2}=6.67\%$

因此，资产B的风险回报率是6.67%，小于资产A的7.5%。

基本结论 我们所讲的资产A和资产B的状况在一个健康运转的活跃市场上不可能长期存在，因为投资者会被资产A所吸引，而远离资产B。结果，资产A的价格将上升，资产B的价格将下跌。由于价格和报酬率的变动方向相反，因此A的期望报酬率将下降：B的期望报酬率将上升。

这种买进和卖出的交易将一直持续到两项资产刚好画在同一条直线上，它意味着市场对承担风险给予相同的回报。换句话说，在一个活跃、竞争性的市场上，我们会得到这种情形：

$$\frac{E(R_A)-R_f}{\beta_A}=\frac{E(R_B)-R_f}{\beta_B} \tag{4-26}$$

这就是风险和报酬率之间的基本关系。

我们的基本论点可以推广到多于两种资产的情形。事实上，不管我们有多少资产，我们得出的结论都是相同的：市场上所有资产的风险回报率必定相等。

这个结论其实一点也不奇怪。举例来说，它表明一项资产的系统风险是另一项资产的两倍，那么它的风险溢价也是两倍。

因为市场上所有资产的风险回报率都相等，它们必须在同一条直线上。这个观点展示在图4-15中。如图所示，资产A和资产B直接落在同一条线上，因而它们具有相同的风险回报率。如果一项资产落在这条线的上方，例如图4-15中的C点，那么它的价格就会上涨，期望报酬率就会下降，直到它落到这条线为止。同样，如果一项资产落在这条线的下方，例如图4-15中的D点，那么它的期望报酬率会上升，直到它也正好落在这条线上。

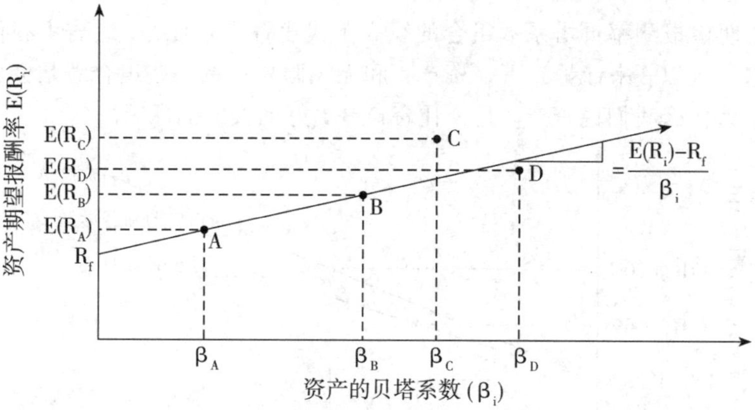

图4-15 期望报酬率和系统风险

我们在这里提到的观点适用于活跃的、竞争性的、组织良好的市场。金融市场，例如NYSE，很好地满足了这些准则。其他市场，例如，不动产市场，则可能这样，也可能不这样，由于这个原因，这个观念在考察金融市场最为有用。所以，我们在这里主要考虑这个市场。然后就像我们在接下来的章节中所要讨论的那样，金融市场上搜集到的有关风险和报酬率的信息，对于评价公司所做的不动产投资至关重要。

【例4-13】低价买进，高价卖出。

给定一项资产的期望报酬率和风险，如果它的价格太高，我们就说它被高估了，假设你发现了下列情形（见表4-22）。

表4-22　**贝塔系数与期望值**

证券	贝塔系数	期望报酬率
SWMS	1.3	14%
INSEC	0.8	10%

当前的无风险报酬率是6%，上面两个证券中是否哪一个的价值相对于对方而言被高估了？

本题需要计算两个证券风险回报率，SWMS公司的比率是6.15%，INSEC公司的比率是5%。我们的结论是：至少相对于SWMS公司而言，INSEC公司的风险报酬率不够高，所以价格太高了，换句话说，相对于SWMS公司而言，INSEC公司被高估了，所以，相对于SWMS公司而言，我们预计INSEC公司的价格将下跌，或者相对于INSEC公司而言SWMS公司被低估了。

4.3.7　风险与收益的关系：资本资产定价模型

以上介绍了衡量一项资产风险的β系数及其计算方法。从直观上说，一项资产的风险越大，投资者预期从其中取得的收益就应当越高。只有当资产的期望收益可以弥补投资其中所承担的风险时，投资者才会对其进行投资。那么，一项资产的期望收益和风险，即资产的期望收益和其β系数之间应当呈何等关系呢？下面我们就对此进行分析，并引入金融学理论中的著名公式——资本资产定价模型（CAPM）。

1）证券市场线

当我们把期望报酬率和贝塔系数描绘出来时，所得到的那条线显然具有一定的重要性，所以现在我们得给它取个名字，我们用来描述金融市场中金融风险和期望报酬率关系的这条线，通常称为证券市场线（Security Market Line，SML），它被认为是NPV之后现代管理学的另一个重要概念。

市场投资组合　了解SML等式是非常有用的，我们可以采用许多不同的方法来表述，但是其中有一种方式特别常见。假设我们的考虑是由一个市场上所有资产所组成的投资组合。这种投资组合叫做市场投资组合。我们将用E（R_M）来表示市场投资组合的期望报酬率。

由于市场上的所有资产都必定落在SML上，因此由这些资产所组成的市场投资组合也一定会落在SML上。要确定SML应该落在哪里，我们需要知道市场投资组合的贝塔系数，因为这个投资组合代表市场上的所有资产，所以它必定拥有平均的系统风险，换句话说，它的贝塔系数是1，这样我们就可以把SML斜率表述为：

$$\text{SML斜率}=\frac{E(R_M)-R_f}{\beta_M}=\frac{E(R_M)-R_f}{I}=E(R_M)-R_f \tag{4-27}$$

E（R_M）$-R_f$通常被称为市场风险溢价（market risk premium），因为它是市场投资组合的风险溢价。

2）市场的期望收益

金融经济学理论中，市场的期望收益的计算公式如下：

$$\overline{R_M}=R_f+\text{市场的风险溢价} \quad (4-28)$$

其中：$\overline{R_M}$为市场的期望收益；R_f为无风险利率。

上述公式的含义是：市场的期望收益是无风险资产的收益率加上由于市场的风险而提供给投资者的风险补偿。关于这个公式，有如下三点需要注意。

首先，这个公式计算得到的是市场的期望收益，而不是到期市场的实际收益。由于市场中各项资产的收益都具有波动性，因而最终得到的市场实际收益可能高于或者低于计算得到的期望收益。

其次，在无风险利率R_f中，我们考虑了通货膨胀的因素。一般来说，无风险利率通常表现为名义利率，是实际利率与通货膨胀率之和。在实体经济运行中，实际利率通常不会发生太大的变动，而通货膨胀率则是不断变动的。因此，也就引起了名义利率，或者说无风险利率的变动。随着无风险利率的变动，我们的市场组合的期望收益也会随之发生改变。在实际操作中，一般采用1年期政府发行的国库券收益作为无风险利率R_f。值得一提的是，由于中国目前的债券市场还不发达，债券市场的交易也不活跃，债券品种的期限结构也不合理，没有像美国的短期国库券这样的现金等价物。因此，在中国的债券市场上无法找到合适的无风险利率的替代品。所以，在中国通常采用的是银行间同业拆借的市场利率或银行间回购利率作为无风险利率。此外，也可以采用1年期银行存款利率作为无风险利率。

最后，市场的风险溢价反映了投资者对于风险的回避程度，数值越大表示回避程度越高。假设投资者是风险中性的，也就是说其投资决策不受风险的影响，那么，这里的风险溢价就为0。正常情况下，投资者对于风险都会要求补偿，因而风险溢价一般都是正值。从历史上来看，风险溢价是处于不断变动之中的。在实际操作中，通常采用过去的风险溢价的平均值作为未来风险溢价的估计值。

【例4-14】假设1年期银行存款的利率为2.52%，市场的风险溢价的历史平均数值为8%。那么，市场组合的期望收益为：

$$\overline{R_M}=R_f+\text{市场的风险溢价}=2.52\%+8\%=10.52\%$$

3）单个证券的期望收益

现在来讨论单项资产的期望收益与其风险之间的关系。在金融经济学理论中，著名的资本资产定价模型揭示了这一关系。该模型指出，在满足某些假设条件的情况下，资产的期望收益和β系数可以用如下公式来表述：

$$\bar{R}=R_f+\beta\times(\overline{R_M}-R_f) \quad (4-29)$$

其中：$\bar{R}$为这项资产的期望收益；R_f为无风险收益率；β为该项资产的β系数；$(\overline{R_M}-R_f)$表示市场组合的风险溢价。

上述公式就是著名的资本资产定价模型。该模型的主要假设如下：

（1）市场上存在许多的投资者，与整个市场相比，每个投资者的财富份额都很小，因而都是市场价格的接受者，其投资决策不会对市场的价格造成影响；

（2）所考察的资产都有相同的到期期限和流动性；

（3）投资者可以不受限制地以固定的无风险利率借贷；

（4）市场环境是无摩擦的，既不存在税收，也不存在交易成本；

（5）所有的投资者都是理性的投资者，其最终选择的投资组合都是最优投资组合；

（6）所有投资者对各项资产的期望收益、标准差和资产之间的协方差的估计都是一致的，即满足共同期望假设。

根据上述公式，可以做出证券的期望收益和其β系数之间的关系图，如图4-16所示。

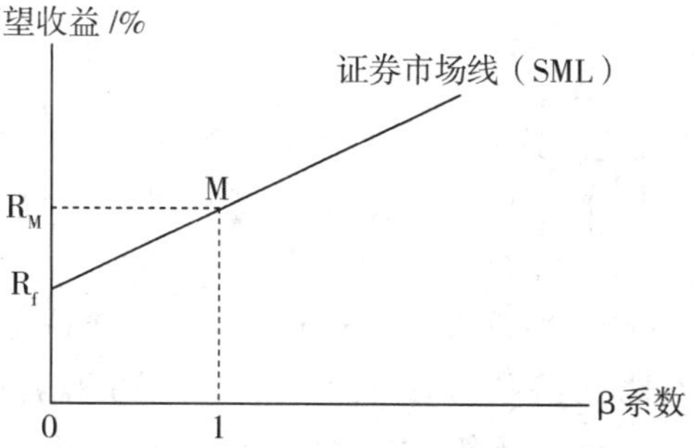

图4-16　证券的期望收益和β系数之间的关系

资本资产定价模型在图4-16中就表现为一条斜率为正的直线，称为证券市场线。从这条直线上，可以方便地确定出不同β系数所对应的资产的期望收益。例如，当b系数为0时，资产的期望收益就对应无风险利率R_f，而当资产的b系数为1时，则对应了市场组合的期望收益R_M。

另外，这条证券市场线的斜率，就是市场的风险溢价。由于通常市场溢价都是正值，所以证券市场线的斜率也为正，因而表现为一条向上倾斜的直线。

【例4-15】假设1年期国库券的利率为3.5%，市场的风险溢价的历史平均数值为8%。美林股票的β系数为2.0，宝洁公司股票的β系数为0.85，那么：

美林股票的期望收益=3.5%+2.0×8%=19.5%

宝洁公司股票的期望收益=3.5%+0.85×8%=10.3%

4）CAPM的缺陷

通过前文的资本市场线推导可以得到资本资产定价模型（CAPM）：

$$E(R_i)=R_f+\frac{\sigma_{iM}}{\sigma_M^2}[E(R_M)-R_f]=R_f+\beta_i[E(R_M)-R_f] \tag{4-30}$$

在实际操作中，资本资产定价模型得到了广泛的应用，作为确定资产或者投资组合的期望收益的标准。但是，资本资产定价模型还是存在缺陷的，其合理性也受到了一定的质疑。Fama和French研究发现，股票的收益率和其市场β值之间并没有联系。相比之下，他们研究发现，公司的规模和公司股票的市场价值与账面价值的比值，更能合理地解释股票的收益率。CAPM理论存在着较为严格的假设前提，并且它将资本市场假设为一个理想的简化的抽象市场。首先，CAPM需要一系列严格的假设，如市场的有效性，信息的获取是无成本的，每个投资者都是理性的，都按照Markowiz的均值-方差模型进行投资决策进行资本配置，不存在资本的借入和贷出限制，不存在交易成本。其次，CAPM理论将所有的系统风险系数都归于一个（相对风险）因素之中，忽略了其他因素对单个证券收益率的影响，这是不合理的。最后，CAPM理论假设市场证券组合中有足够多的证券从而将证券的非系统风险完全抵销掉。面对这些假设和条件，即使是在较为成熟的资本市场中也不可能满足这些条件。因此，在前提条件不能严格满足的条件下，CAPM在各个资本市场上就有适用效果的区别，即CAPM的理论同现实市场的符合程度。

目前，金融市场上的研究人员和业界人士都认识到了传统的CAPM的局限性，并想方设法加以改进。例如，现在的研究多采用多因素定价模型，在该模型中，市场风险由一系列决定资产收益行为的风险因素决定，除了市场收益之外，还引入了诸如债券的违约溢价、债券的期限结构溢价和通货膨胀溢价等风险因素，这就使得传统的CAPM更为完备了。

5）CAPM的经验证据

以上介绍了CAPM的理论，这是在金融经济学领域内具有突破性意义的理论，它深刻地揭示了资产的期望收益率和其β系数之间的关系。然而，同金融学上的其他模型一样，这个模型也是有待实证数据检验的。

自20世纪60年代CAPM发展以来，已经有了大量的有关CAPM实证研究的文献。早期的经验证据大多有力地支持了CAPM。其中，最为著名的当属Black等、Fama和MacBeth，以及Blume和Friend的研究。Black等对1926年1月至1966年3月期间在纽约股票交易所（NYSE）上市的所有股票月收益率进行统计分析。研究发现，收益和风险呈显著的正相关关系。Fama和MacBeth采用1943—1968年在纽约股票交易所上市交易的普通股的数据进行统计检验分析，其结论是——无法拒绝CAPM下的假设，投资组合收益率与其系统性风险值之间存在正线性关系。Blume和Friend通过对第二次世界大战后三个不同时期纽约股票交易所的普通股的数据进行分析，也证实了模型中存在的线性关系。值得一提的是，当时也有一些与CAPM相悖的实证研究，如研究结果显示，零β系数的投资组合的平均收益率高于无风险收益率，但是这可以由Black方法进行解释。所以，早期的CAPM还是得到了广泛的接受。

到了20世纪70年代后期，实证研究中开始出现了一些对CAPM不利的证据，这些研究结果也就被称为异常现象文献（anomalies literature）。最早的异常现象包括市盈率效应（price-earnings-ratio effect）和规模效应（size effect）。Basu首先提出并报告了市盈率效应这一现象。他的研究结果显示，低市盈率的公司具有较高的样本收益率，而高市盈率的公司的平均收益率反而要低，甚至要低于最优投资组合的收益率。因此，基于市盈率标准所选择的投资组合并非最优投资组合。规模效应最早是由Banz证实的，他的研究结果表明，市场资本化水平低的公司，一般具有高于最优投资组合的收益率。这两种类型的异常现象至少是部分相关的，因为规模较小的公司通常情况下市盈率也会比较低。

进入20世纪90年代以来，又出现了许多其他的异常现象。继1973年与MacBeth合作撰写了一篇论文支持CAPM之后，Fama于1992年和1993年又与French合作，先后发表了两篇论文，对CAPM提出了质疑。他们研究发现：① 单个股票的平均收益与公司股票账面价值-市场价值比率（B/M）以及公司股票的市盈率之间存在反比关系；② 1941—1990年，平均收益与β系数之间的关系非常微弱，而在1963—1990年，平均收益与β系数之间几乎没有关系。类似地，De Bondt和Thale研究发现，投资组合形成36个月后，过去亏损的组合收益将比过去盈利的组合收益高出25个百分点，尽管后者的风险要更大，这就与CAPM的结论相悖了。Fama对这些异常现象作了很详细的研究。这些异常现象，都引起了学术界的高度重视，也对于CAPM理论的主导地位提出了严峻的挑战。

然而，仅凭上述这些证据，还不能否定CAPM，上述对于异常现象的研究结果中，也存在许多富有争议的地方。例如，Black认为，Banz提出的公司规模效应只有在某个样本时期内才能出现。随后，Jegadeesh和Titman研究发现，市场上投资者对于股票价格，在公司发布的信息上将会有过度的反应，而对于那些普遍的因素的反应则会有一个滞后，这也支持了Black的结论。此外，Kothati等指出，在Fama和French从Compustat中所获得的数据存在着某些问题。Jaganathan和Wang认为，缺乏对CAPM的实证支持应当归因于实证检验中为求方便而设立的不适当的假设条件。

对于Fama和French的研究，还存在如下争论：首先，仅仅采用50年的数据，虽然看上去很多，但未必可以全面地检验CAPM。因此，尽管Fama和French无法拒绝平均收益与β系数无关的假设，但他们的研究也同样无法拒绝CAPM所确认的原假设。其次，他们关于市盈率和面值-市值比可能存在“事后认识误差”的统计错误，而且市盈率和面值-市值比这两个因素与平均收益之间的关系可能存在“虚假回归”的情况。再次，前面的研究已经表明，从1927年至今的数据很好地满足了CAPM，而采用一个比此更短的期间的数据来推翻CAPM，也难以令人信服。最后，在样本点的选择上，到底应当采用年份数据还是月份数据，也没有一个统一的定论。

中国的股票市场由于在20世纪90年代初才刚刚起步，因此，一直到20世纪末，才陆续有学者开始研究CAPM在中国股市的有效性。这些研究主要围绕着标准形式的CAPM进行。杨朝军和邢靖对中国股票市场的价格行为进行了研究，其目的是检验风险和收益的关系是否符合CAPM理论。研究结果表明，中国股票市场风险和收益关系并不如CAPM理论所预期的那样，系统风险并非是决定收益的唯一因素，还有其他因素影响股票收益率，这些因素包括股本规模、可流通股占总股本的比例、净资产收益率和成交量，且各因素对收益影响的重要性随时间而变化。陈小悦和孙爱军检验了CAPM在中国股市的有效性，结果表明β系数对中国股市的平均收益不具有解释能力，从而否定了其在中国股市的有效性假设。陈浪男和屈文洲研究发现，β值对市场风险的度量有较为显著的作用，但是对于股票收益率的相关性并不显著。此外，无风险收益率在大部分时间内都为负值。靳云汇和刘霖认为，由于中国证券市场上并不存在真正意义上的无风险证券，因此，应当采用零β模型进行实证检验。所谓零β模型，就是用β系数为0的证券组合收益率来代替原有CAPM中的无风险证券，由此所建立起来的模型。然而，他们的研究结果依然表明，股票收益率不仅与β系数之外的因子有关，而且与β系数之间的关系也不是线性的，CAPM并不适用于近年来的中国股市。

总的说来，这些实证研究表明，CAPM并不适用于中国的股市，主要原因是股票收益率的解释变量不只限于β系数，还有其他因素。由此，一方面，中国证券市场存在着系统性风险偏大的问题，使得CAPM所强调的通过多元化投资组合消除非系统性风险来降低风险，无法发挥明显的作用。另一方面，股票的定价与CAPM描述的机制有一定的偏离。我们只能说CAPM目前还不太适用于中国证券市场。

所有关于CAPM在中国股市的实证研究表明，CAPM还不适用于中国资本市场，β系数还不能包含所有影响股票收益率的因素，股票收益率与β系数的相关性并不显著。

随着金融市场的不断发展完善，CAPM也在不断的质疑和改进中发展，或许，对于CAPM的检验，还有待进一步的研究。

6）风险与收益的总结

表4-23依照我们所讨论的顺序针对这些不同的观念进行了总结。

表4-23 **风险和报酬总结**

（1）整体风险

一项投资的整体风险通过其报酬率的方差或者更常用的标准差来计算。

（2）总报酬率

一项投资的总报酬率包括两个组成部分：期望报酬率和非期望报酬率，非期望报酬率来自非期望预算事项，投资的风险来源于发生非预期预算的可能性。

（3）系统风险和非系统风险

系统风险也叫市场风险，是在一定程度上几乎影响所有资产的非预期事项，它影响整个经济体系，非系统风险是只影响单项资产或一小组资产的非预期事项。非系统风险也叫持有风险或具体资产风险。

（4）分散化效果

风险性投资的一部分风险（而不是全部风险）可以通过分散化来化解，原因在于，一个大投资组合中，个别资产所持有的风险系统风险倾向于互相抵销，而影响投资组合中所有资产的系统风险则无法抵销。

（5）系统风险原则和贝塔系数

由于非系统风险可以通过分散化而完全化解，系统风险原则认为承担风险系统所得到的回报取决于系统风险的程度，已向特定资产相对于平均资产的系统风险水平，就是该资产的贝塔系数。

（6）风险回报率和证券市场线

资产i的风险回报率是它的风险溢价$E(R_i)-R_f$，和它的贝塔系数β_i的比率。

$$\frac{E(R_i)-R_f}{\beta_i}$$

在一个健康运转的市场中，每项资产的回报率都是相同的。这样，在资产期望报酬率和资产贝塔系数的关系图中，所有的资产都落在同一条直线上，这条线叫证券市场线。

（7）资本资产定价模型

根据SML，资产i的期望报酬率可以写成：

$$E(R_i)=R_f+[E(R_M)-R_f]\times\beta_i$$

这就是资本资产定价模型（CAPM）。这样，一项风险性投资的期望报酬率包括三个因素：第一个是货币的纯粹时间R_f；第二个是市场风险溢价$E(R_M)-R_f$；第三个是该资产的贝塔系数β_i。

基本训练

第4章基本训练

第5章 证券估值

学习目标

- 掌握债券价值的概念及计算；
- 了解债券的种类；
- 掌握债券价值评估的基本思想；
- 掌握债券收益率的计算；
- 了解债券投资的风险种类；
- 了解股票投资的有关概念，如股利、股票的预期收益率等；
- 掌握“股票内在价值”的含义以及股票估值的基本原理；
- 掌握股票价值的计算；
- 理解市盈率在估计股票价值分析中的应用；
- 掌握在现实中，股票股价模型是如何应用的，了解其存在的问题。

引子

券商集合理财产品业绩：权益类收益走高　债券类平均回报率2.93%

从债券型产品业绩来看，大部分表现相对稳定。据Wind资讯统计，928只有业绩可查询的债券类券商集合理财产品（未披露11月30日数据的不纳入）中，近九成产品获得正收益，今年前11个月平均收益率为2.93%。具体来看，若简单剔除名为“进取级”或者“B级”产品，13只产品收益率超过10%。表现优秀的有浙商恒天季季聚利6号，今年前11月取得了16.40%的收益；浙商恒天季季聚利2号、东方红增利7号分别涨了15.32%、15.28%，紧跟其后；东方红增利7号、齐鲁赤月1号、东方红增利3号、东方红增利2号等同期收益均逾10%。值得关注的是，在上述13只业绩超10%的产品中，浙商资管旗下产品占到6席，东方红资管旗下产品占到3席，表现抢眼。

沪上某债基基金经理表示，受金融去杠杆影响，债市自年初以来短端利率持续上行，期限利差持续收窄。11月下旬央行等五部委联合发布了资管新规，对市场进一步造成压力，引发利率快速上行，债市波动加大。在其看来，债市悲观情绪修复尚需时间，预计至年末债市情况很难乐观。另外一位固收基金经理告诉记者，货币政策边际收紧，资金面偏紧，叠加12月份美联储加息临近、通胀预期加剧以及对后续监管落地的担忧等，都对债市造成了一定压力，短期内债市难言乐观。不过从中长期看，债市的配置价值在逐渐显现。"目前国内10年期与5年期国债利差收窄到1.8个基点，10年期和1年期国债到期收益率一度出现倒挂。期限利差触及历史低位往往预示着利率在未来一段时间内将面临拐点。"

对于未来债市投资策略，上述债基基金经理坦言，一方面仍将以精选个券、获取票息收入为主，另一方面可趁资金面、海外因素产生短期冲击时逐步增配利率债，从中期看，尤其看好目前收益率处在波动区间上限的长期利率债的配置价值。

资料来源　章子林，项晶. 前11月券商集合理财产品业绩：权益类收益走高 债券类平均回报率2.93%［N］. 中国基金报，2017-12-04.

5.1　债券及其估值

5.1.1　债券的概念

1）债券

债券是指政府、金融机构及工商企业等各类社会经济主体为筹措资金而向投资者出具的，并承诺按一定利率支付利息，到期偿还本金的债权债务凭证。债券具有5个基本要素：债券的票面价值、债权人与债务人、债券的价格、债券到期日、债券的票面利率。

债券反映了一种法律和信用的经济权益关系。债务人有使用借款的权利，又有向债权人还本付息的义务。而债权人有要求债务人履行义务的权利，当债务人不履行义务时，可以付诸法律。同时，债券也是一种投资手段与融资工具。对发行者而言，通过债券可以融资；对投资者而言，通过债券可以获取投资收益。

2）票面价值

债券的票面价值指债券发行时所设定的票面金额。债券到期时，每张债券支付给投资者的本金金额等于票面价值。票面价值又称为面值。

确定债券面值包括两个方面：首先，规定票面价值的币种，确定币种主要考虑债券的发行对象。一般来说，在国内发行的债券通常以本国本位币作为面值的计量单位。在国际金融市场筹资时，则通常以债券发行地的货币或以国际上通用的货币为计量标准。其次，规定债券的票面金额。票面金额的大小不同，可以适应不同的投资对象。其确定要根据债券的发行对象、市场资金供给情况以及债券发行费用进行综合考虑。目前，我国发行的债券一般是每张面额100元。

3）票面利率

票面利率是债券票面标明的利率，是债券发行人1年内向债券持有人发放的利息与票面价值之比。

例如，面值为100元、票面利率为6%的公司债券，若每年付息一次，则每期应支付利息6元（100×6%）；若每半年付息一次，则每期应支付利息3元（100×6%÷2）。

与票面利率相对应的是市场利率。票面利率与市场利率的高低对比是决定债券发行价格及投资价值的关键。当票面利率高于市场利率时，债券将溢价发行；票面利率低于市场利率时，债券将折价发行；两者相等时，债券平价发行。

4）债券到期日及付息日

通常债券都会有一个到期日，意味着债权债务关系的结束。在到期日当天，债券发行者会将本金及最后一次利息一起发放给债券的持有人。

另外，从发行日至债券到期日这段时间，称为“到期期间”。

债券付息日是债券发行人按规定的利率和期限向持券人支付利息的时间。

5.1.2　债券的种类

1）按发行主体分类

按照发行主体划分，债券可以分为政府债券、地方政府债券、金融债券、公司（企业）债券、国际债券。

（1）政府债券。中央政府发行的债券，主要包括国债与财政债券，其中最主要的是国债。国债因其有中央政府的信誉作担保，一般被视为零风险债券。

（2）地方政府债券。地方政府发行的债券，由于地方政府债券有拖欠风险，因此利率会高于中央政府债券。

（3）金融债券。银行和非银行金融机构发行的债券。在我国，目前金融债券主要由国家开发银行、进出口银行等政策性银行发行，此种债券从严格意义上来说，更类似政府债券。

（4）公司（企业）债券。企业依照法定程序发行的一种债务契约，约定在一定期限内偿还本金，并按规定的利率支付利息的债券。公司债券的发行主体是股份有限公司，但非股份公司的企业也可以发行债券。因此，一般将公司债券和企业债券合在一起，称为公司（企业）债券。

其中，公司债券根据不同标准有许多种划分方式。

①信用债券和担保债券。按有无担保划分，公司债券可分为信用债券和担保债券。信用债券是指仅凭筹资人的信用发行、没有任何担保的债券，其持有者的求偿权排名在有抵押债权人对抵押物的求偿权之后。发行信用债券的企业必须有较好的声誉，一般只有信用等级高的大企业才能发行，而且期限较短，利率较高。担保债券是指以抵押、质押、保证等方式发行的债券。其中，抵押债券是指以土地、房屋等不动产作为担保品所发行的债券，如果企业不能按期还本付息，债权人有权处理抵押品以资抵偿；质押债券是指以其自有的其他有价证券作为担保品所发行的债券，用作抵押品的证券必须交由受托人保管，但企业仍保留股票表决及接受股息的权利；保证债券是指由第三者担保偿还本息的债券。

②次级债券和优先债券。按求偿权先后进行划分，公司债券可分为次级债券与优先债券。次级债券的求偿权排在优先债券之后。当公司陷入危机进行破产清算时，公司发行在外的优先债券全额偿还之后所剩资金，才能用于次级债券的偿还。

③可提前赎回债券和不可提前赎回债券。按债券可否提前赎回进行划分，公司债券可

分为可提前赎回债券和不可提前赎回债券。可提前赎回债券是指公司债券附加早赎或以新偿旧条款，允许发行企业选择于到期日之前购回全部或部分债券；反之，则是不可提前赎回债券。可赎回条款对债券发行人有利，当市场利率降至债券利率之下时，赎回债券并代之以新发行的低利率债券可降低发行人成本；相应地，可赎回条款对债券持有人不利，因而通常规定在债券发行后至少5年内不允许赎回。

④可转换债券与不可转换债券。按债券是否可转为公司股权进行划分，公司债券可分为可转换债券与不可转换债券。可转换债券是指公司债券附加可转换条款，在满足条款的情况下，赋予债券持有人按预先确定的比例（转换比率）将公司债券转换为该公司普通股的选择权。因此，可转换债券兼有股票和普通债券双重特征。不可转换债券是指债券发行时没有约定可在一定条件下转换成普通股这一特定条件的债券。由于赋予投资者转股选择权，可转换债券的利率一般要低于不可转换债券的利率。对发行者而言，对于风险较大、筹措债务资本能力较低的企业，使用可转换债券的方式可增强对投资者的吸引力。对投资者而言，可转换债券有下述两方面好处：一方面，债券价格较为稳定，不会似股票价格那样大幅下跌；另一方面，在公司发展良好、股价较高时，实施转换可获得高额回报。

（5）国际债券。外国政府或外国公司发行的债券。国际债券不仅有违约风险，而且如果国际债券以国外货币结算，还具有汇率风险。

2）按发行期限分类

按照债券的发行期限进行划分，债券可分为短期债券、中期债券和长期债券。目前国际上尚无统一的划分标准。一般而言，短期债券是指1年以内的债券，中期债券是指1年以上、10年以内（包含10年）的债券，而长期债券则是指10年以上的债券。

我国公司债券的期限划分与上述标准有所不同。我国短期公司债券的偿还期限在1年以内，偿还期限在1年以上5年以下（包含5年）的为中期公司债券，偿还期限在5年以上的为长期公司债券。

发行短期和中长期债券一般由具体的投资项目决定。通常中长期债券筹集的资金主要用于建设期较长、投资额巨大、回收期较长的投资项目。

3）按利息支付方式分类

按照利息支付方式进行划分，可将债券划分为贴现债券、零息债券、固定利率债券和浮动利率债券。

贴现债券是指以低于面值的贴现方式发行，到期按面值兑现，不再另付利息的债券。此种债券往往是短期债券。贴现债券操作比较简单，对发行者来说，可以省去支付利息的麻烦；对投资者来说，可以省去利息再投资的麻烦。由于贴息债券中期不支付利息，仅在到期日偿还本金，因此，债券价格对利率变动比较敏感。

零息债券到期时和本金一起一次性付息、利随本清，也可称为到期付息债券。付息特点：一是利息一次性支付，二是债券到期时支付。零息债券和贴现债券非常相似。

固定利率债券是指定期支付固定利息，到期支付本金的债券。在我国，利息支付频率为每半年一次或一年一次。

浮动利率债券是指在既定的基础利率（如同期限的政府债券收益率、银行存款利率、伦敦银行同业拆放利率（LIBOR）等）上，上浮N个百分点作为每次定期支付的利率，并于到期时支付本金的债券。浮动利率债券能防止未来市场利率变动可能造成的价值损失。

对某些中小型企业或状况不太稳定的大企业来说，发行固定利率债券比较困难或成本过高时，可考虑选择浮动利率债券。

4）按是否记名分类

按照债券是否记名进行划分，债券可分为记名债券和无记名债券。

记名债券是指在债券的票面上记录债券持有人姓名或名称，并在发行单位或代理机构进行登记的债券。此种债券，发行者只对票面上注明并在公司登记簿中登记的持有人支付本息，所以债券转让时，必须办理相应的过户手续。记名债券比较安全，且手续比较复杂，因此，发行价格往往高于无记名债券。

无记名债券是指不需要在债券的票面上记录持有人姓名或名称，也不需在发行单位或代理机构登记造册的债券。无记名债券可以随意转让，不需要办理过户手续，持券人即为领取债券利息和本金的权利人。因此，无记名债券的安全性要低于记名债券，但其转让起来比较方便，且能节省交易费用。

5）按是否上市分类

根据债券是否可上市流通进行划分，债券可分为上市债券与非上市债券。

上市债券是指经证券主管机关核准，并在证券交易所注册登记，获得在交易所内公开买卖资格的债券。发行结束后，上市债券可在二级市场上市流通。对于发行者来说，上市债券可以扩大发行公司的社会影响，提高公司的名望和声誉，使其以较为有利的条件筹集资本，以扩大经济实力。对于投资者来说，上市债券的流通性好，容易变现，能够适合要求随时变现的闲置资金的投资需要。

非上市债券是指未申请上市或不符合证券交易所挂牌交易条件的债券。非上市债券进行交易时，往往是自主寻找买家或卖家。一般来说，非上市债券的种类要多于上市债券的种类。

5.1.3 债券价值评估

1）债券价值评估的基本思想

任何金融资产——股票、债券、租赁资产甚至是实物资产，如一套公寓或者一台机器，其价值都可以看做是相应资产期望获得的现金流量的总现值。

因此，债券的价值是发行者按规定从现在至债券到期日所支付的所有款项的总现值。计算现值时所使用的折现率，取决于当前的利率水平及现金流的风险水平，一般采用当时的市场利率或投资者要求的最低报酬率。

用图5-1表示债券现金流特征。

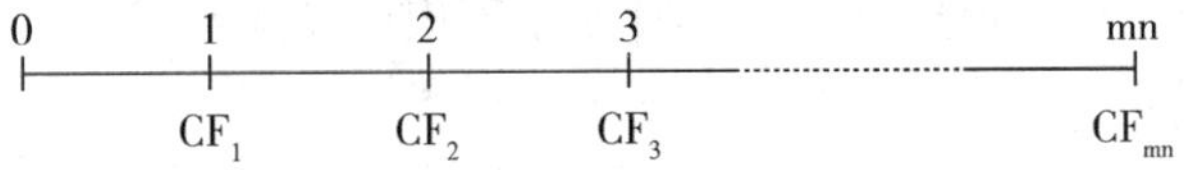

图5-1 债券现金流特征

债券价值P为：

$$P=\sum_{t=1}^{t=m\times n}\frac{CF_t}{\left(1+\frac{r}{m}\right)^t} \tag{5-1}$$

其中：n为债券剩余年数；m为债券年付利息次数；CF_1，CF_2，…，CF_{mn}为根据债券合同每期债券偿还的现金金额；r为与债券风险相对应的年名义折现率，又称必要收益率。

2）债券价值的确定

（1）贴现债券

贴现债券是指以低于面值的贴现方式发行，到期按面值兑现，不再另付利息的债券。其现金流如图5-2所示。

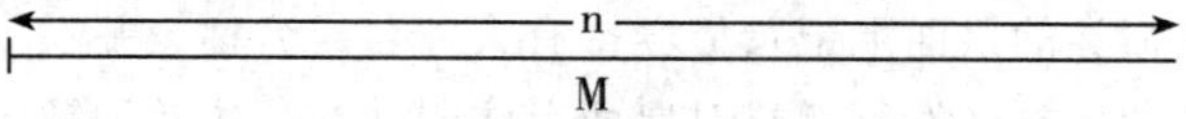

图5-2 贴现债券现金流量

$$P=\frac{M}{(1+r)^n} \tag{5-2}$$

其中：n为债券剩余年数；M为面值；r为与债券风险相对应的年折现率。

则债券价值P为：

【例5-1】天俞公司发行1年期贴现债券，其面值为100元，期内不计利息，到期按本金偿还。与天俞公司发行的贴现债券风险类似的市场利率为4%。请问，发行价格应该是多少？

天俞公司的贴现债券价值 $P=\frac{M}{(1+r)^n}=\frac{100}{(1+4\%)^1}=96.15$（元）

（2）零息债券

零息债券是指到期时和本金一起一次性付息的债券。其现金流如图5-3所示。

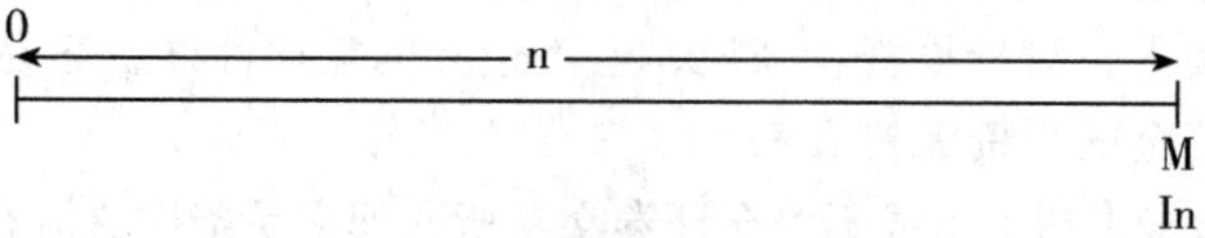

图5-3 零息债券现金流量

其中：n为债券剩余年数；M为面值；I为每年应支付利息；r为与债券风险相对应的年折现率。则债券价值P为：

$$P=\frac{M+I\times n}{(1+r)^n} \tag{5-3}$$

【例5-2】小李正在考虑购买风阳公司正在发行的零息债券。债券期限为2年，面值为100元，票面利率为4%，认购价格为99元。小李经过调查研究，认为风阳公司发行的此期债券的折现率应为5%。请问，根据小李的判断，小李是否应该投资此债券？

风阳公司的零息债券价值为：

$$P=\frac{M+I\times n}{(1+r)^n}=\frac{100+100\times 4\%\times 2}{(1+5\%)^2}=97.96\text{（元）}$$

零息债券价值小于认购价格99元，因此小李不应该投资此债券。

（3）固定利率债券

固定利率债券是指定期支付固定利息，到期支付本金的债券。利息支付的频率可能是一年一次、半年一次或每季度一次。其现金流如图5-4所示。

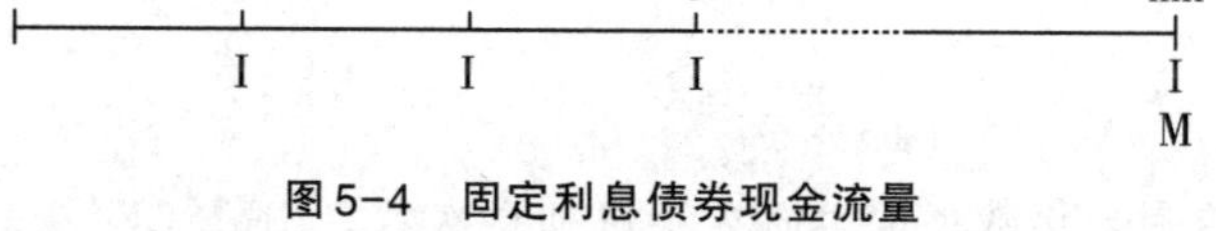

图5-4 固定利息债券现金流量

其中：n为债券剩余年数；m为债券年付利息次数；M为面值；I为每期支付利息；

r为与债券风险相对应的年名义折现率。则债券价值P为：

$$P=\sum_{t=1}^{t=m\times n}\frac{I}{\left(1+\frac{r}{m}\right)^{t}}+\frac{M}{\left(1+\frac{r}{m}\right)^{m\times n}}=\frac{I}{\frac{r}{m}}\times\left(1-\frac{1}{\left(1+\frac{r}{m}\right)^{m\times n}}\right)+\frac{M}{\left(1+\frac{r}{m}\right)^{m\times n}} \tag{5-4}$$

【例5-3】光火照明公司欲发行票面价值为100元，票面利率为8%，每年付息一次的10年期固定利率公司债券。圣琪证券作为此债券的主承销商，需要确定债券发行价格。经过研究，与光火照明公司此期欲发行的债券的风险类似的折现率为7%。根据以上资料，请替圣琪证券决定债券发行价格的大致范围。

光火照明公司此期债券价值为：

$$P=\sum_{t=1}^{t=m\times n}\frac{I}{\left(1+\frac{r}{m}\right)^{t}}+\frac{M}{\left(1+\frac{r}{m}\right)^{m\times n}}=\frac{I}{\frac{r}{m}}\times\left(1-\frac{1}{\left(1+\frac{r}{m}\right)^{m\times n}}\right)+\frac{M}{\left(1+\frac{r}{m}\right)^{m\times n}}$$

$$=\frac{100\times 8\%}{7\%}\times\left(1+\frac{1}{(1+7\%)^{10}}\right)+\frac{100}{(1+7\%)^{10}}$$

$=107.02$（元）

因此，圣琪证券应该将发行价格定在107.02元左右。

【例5-4】接例5-3，经过一番调查，圣琪证券发现，每半年付息一次的固定利率债券更受市场欢迎，故建议光火照明公司更改债券属性。光火照明公司接受了此建议，将付息频率调为每半年付息一次。假设名义折现率为7%（即每半年折现率为3.5%），请再次为此债券定价。

光火照明公司半年付息一次债券价值为：

$$P=\sum_{t=1}^{t=m\times n}\frac{I}{\left(1+\frac{r}{m}\right)^{t}}+\frac{M}{\left(1+\frac{r}{m}\right)^{m\times n}}=\frac{I}{\frac{r}{m}}\times\left(1-\frac{1}{\left(1+\frac{r}{m}\right)^{m\times n}}\right)+\frac{M}{\left(1+\frac{r}{m}\right)^{m\times n}}$$

$$=\frac{100\times 4\%}{3.5\%}\times\left(1+\frac{1}{(1+3.5\%)^{20}}\right)+\frac{100}{(1+3.5\%)^{20}}$$

$=107.11$（元）

（4）浮动利率债券

浮动利率债券是指在既定的基础利率上，上浮N个百分点作为每次定期支付的利率，并于到期时支付本金的债券。因此，浮动利率债券的特征是每期支付利息会有所浮动。其现金流如图5-5所示。

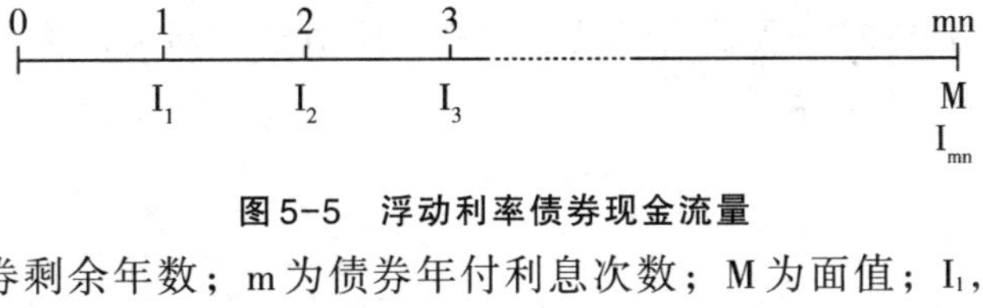

图5-5　浮动利率债券现金流量

其中：n为债券剩余年数；m为债券年付利息次数；M为面值；I_1，I_2，…，I_{mn}为每期支付利息；r为与债券风险相对应的年名义折现率。则债券价值P为：

$$P=\sum_{t=1}^{t=m\times n}\frac{I_t}{\left(1+\frac{r}{m}\right)^t}+\frac{M}{\left(1+\frac{r}{m}\right)^{m\times n}} \quad (5-5)$$

【例5-5】王小姐购买了吴氏制药公司发行的浮动利率债券50张，每张面值为100元，5年后到期，到期偿还本金，每年付息一次，目前债券利率为5%。令王小姐高兴的是，在她购买此债券后，人民币存款利率上涨了0.25%，根据此浮动利率债券的合同规定，利率将同样上浮0.25%。假设债券的折现率维持不变，维持在5%的水平，请问，此次人民币存款利率上升对王小姐手中债券价值有何影响？

人民币存款利率未上调时，此浮动利率债券价值为：

$$P=\sum_{t=1}^{t=m\times n}\frac{I_t}{\left(1+\frac{r}{m}\right)^t}+\frac{M}{\left(1+\frac{r}{m}\right)^{m\times n}}=\sum_{t=1}^{t=5}\frac{100\times 5\%}{(1+5\%)^t}+\frac{100}{(1+5\%)^5}=100\text{（元）}$$

人民币存款利率上调之后，此浮动利率债券价值为：

$$P=\sum_{t=1}^{t=m\times n}\frac{I_t}{\left(1+\frac{r}{m}\right)^t}+\frac{M}{\left(1+\frac{r}{m}\right)^{m\times n}}=\sum_{t=1}^{t=5}\frac{100\times 5.25\%}{(1+5\%)^t}+\frac{100}{(1+5\%)^5}=101.93\text{（元）}$$

每只债券价值上涨1.93元（101.93−100），因此，王小姐手中债券价值上涨96.5元（1.93×50）。

5.1.4 债券的收益率

1）到期收益率

债券的收益水平通常用到期收益率来衡量。到期收益率是指以特定价格购买债券并持有至到期日所能获得的收益率。它是使未来现金流量现值等于债券购入价格的折现率。到期收益率是指导选购债券的标准。它可以反映债券投资按复利计算的真实收益率。如果高于投资人要求的报酬率，则应该买进该债券，否则就放弃。

求解式（5-1），得到r的值即为到期收益率（年名义折现率）值。

【例5-6】小张于2017年5月1日平价购买一张票面价值为100元的固定利率债券，其票面利率为6%，每年5月1日支付利息，并于5年后的4月30日到期。求该债券的到期收益率。

$$P=\sum_{t=1}^{t=n}\frac{I}{(1+r)^t}+\frac{M}{(1+r)^n}=\frac{I}{r}\times\left(1-\frac{1}{(1+r)^n}\right)+\frac{M}{(1+r)^n}$$

$$=\frac{100\times 6\%}{r}\times\left(1-\frac{1}{(1+r)^5}\right)+\frac{100}{(1+r)^5}$$

$$=100\text{（元）}$$

由于是平价购买债券，可以发现，当r=6%时，上述等式成立。因此，此债券的到期收益率为6%。

【例5-7】接【例5-6】，假设小张是溢价购入此债券，购买价格为107元，其他条件不变。请求此债券的到期收益率。

$$P=\sum_{t=1}^{t=n}\frac{I}{(1+r)^t}+\frac{M}{(1+r)^n}=\frac{I}{r}\times\left(1-\frac{1}{(1+r)^n}\right)+\frac{M}{(1+r)^n}$$

$$=\frac{100\times 6\%}{r}\times\left(1-\frac{1}{(1+r)^5}\right)+\frac{100}{(1+r)^5}$$

$$=107\text{（元）}$$

求解上式r可用试误法，给定r=5%，

$$P=\frac{100\times6\%}{r}\times\left(1-\frac{1}{(1+r)^5}\right)+\frac{100}{(1+r)^5}=104.33<107$$

可判断r<5%。降低贴现率再计算，给定r=4%，

$$P=\frac{100\times6\%}{r}\times\left(1-\frac{1}{(1+r)^5}\right)+\frac{100}{(1+r)^5}=108.90>107$$

由此可以判断，到期收益率r处于4%～5%，用插值法计算：

$$\frac{5\%-r}{5\%-4\%}=\frac{104.33-107}{104.33-108.90}$$

得到r=4.42%，将r=4.42%代入，得：

$$P=\frac{100\times6\%}{r}\times\left(1-\frac{1}{(1+r)^5}\right)+\frac{100}{(1+r)^5}=106.95=107\text{（元）}$$

验证结果表明，r=4.42%是此溢价债券的到期收益率。

债券到期收益率的计算，可以采用相似三角形原理。其原理如下：

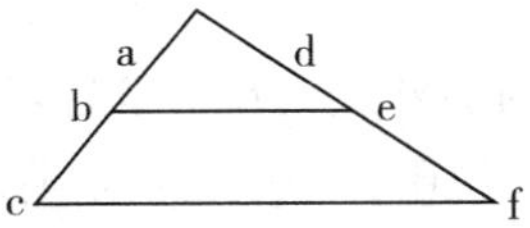

当be线段与cf线段平行时：

$$\Rightarrow\frac{ab}{ac}=\frac{de}{df}$$

所以，可令abc线段代表收益率，而def线段代表收益率对应的债券现值。利用相似三角形的相似比可以求得到期收益率。

【例5-8】某公司2018年2月1日用1 105元购买了一张面额为1 000元的债券，其票面利率为8%，每年2月1日计算并支付一次利息，并于5年后的1月31日到期。该公司持有该债券至到期日，计算其到期收益率。

第一步，以r=6%，可得到债券现值：

1 000×8%×4.212+1 000×0.747=1 083.96（元）

第二步，以r=4%，可得到债券现值：

1 000×8%×4.452+1 000×0.822=1 178.16（元）

第三步，为了使债券现值等于1 105元，其到期收益率必介于4%与6%之间，利用相似三角形相似比，可以求得其到期收益率。

根据下面的相似三角形，可求得本例题的到期收益率。

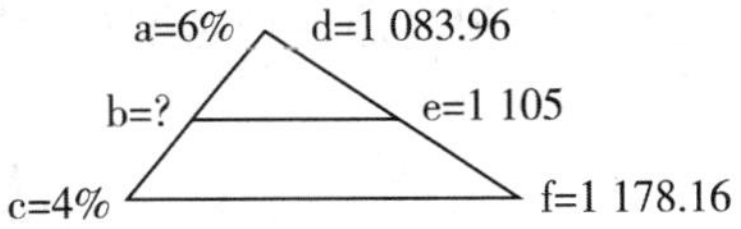

$$\frac{ab}{ac}=\frac{de}{df}\Rightarrow\frac{6\%-b}{6\%-4\%}=\frac{1\,083.96-1\,105}{1\,083.96-1\,178.16}\Rightarrow b=5.55\%$$

如果债券不是定期付息，而是到期时一次还本付息或用其他方法付息，那么即使平价发行，到期收益也与票面利率不同。

2）当前收益率

当前收益率衡量的是债券当前获得的收益，相比到期收益率，当前收益率更强调短期

收益率，计算方法是将债券的年利息额除以市场价格。用公式表示，即：

$$r=\frac{I\times m}{P} \tag{5-6}$$

其中：r为当前收益率；I为债券每期付息额；m为债券每年付息次数；P为债券市场价格。

当前收益率的一个缺点是，其只考虑了债券的利息回报率，而没有将债券的资本利得考虑在内。因此，当投资者买入折价债券时，一般当前收益率小于到期收益率，因为到期收益率包含了资本利得收益，而债券的价格将在到期日收敛于票面价格，即折价债券的价格有上升趋势，使其资本利得收益为正。同理，当投资者买入溢价债券时，当前收益率大于到期收益率。只有当投资者买入平价债券时，当前收益率等于到期收益率。

【例5-9】ABC公司购买一种15年期的固定利率债券，面值100元，每年付息一次，年付息率是8%。ABC购买此债券时的市价为115元。请计算此债券的当前收益率。

$$当前收益率=\frac{100\times 8\%}{115}=6.96\%$$

3）到赎回时的收益率

如果投资者购买的是可赎回债券，则债券发行者具有赎回发行在外的债券的选择权。赎回条款在债券合同中会有详细说明，一般在锁定期后（锁定期是出于对债券持有人的保护），债券发行者可按合同规定的价格赎回债券。若锁定期后，市场利率远远低于债券票面利率，则债券发行人很可能赎回发行在外的债券，并发行新的债券，从而降低其融资成本。

因此，如果当前市场利率远远低于债券票面利率，则此债券很可能在锁定期后发生赎回情况，即债券持有人不可能将此债券持有到期获得全部的到期收益，投资者应该按照到赎回时的收益率计算其期望收益率，而不是按照到期收益率计算。到赎回时的收益率可通过求解下面的公式中的r得：

$$P=\sum_{t=1}^{t=m\times n}\frac{I_t}{\left(1+\frac{r}{m}\right)^t}+\frac{C}{\left(1+\frac{r}{m}\right)^{m\times n}} \tag{5-7}$$

其中：P为债券当前市场价格；C为可赎回债券的赎回价格；I_t为每期支付利息金额；m为每年支付利息次数；n为当前至锁定期结束时的年数。

【例5-10】奥浦食品公司发行的可赎回债券合同中规定，公司在债券发行5年后，可按每张100元的价格赎回债券。此债券为固定利率债券，面值为100元，每年付息一次，票面利率为8%，到期期限为8年。假设债券发行3年后，市场利率大幅下降，债券价格上涨为110元，并且预计奥浦食品公司很可能在锁定期后赎回债券。在此情况下，请计算到赎回时的收益率。

$$P=\sum_{t=1}^{t=n}\frac{I_t}{(1+r)^t}+\frac{C}{(1+r)^n}$$

其中：

P=110元

I=100×8%=8（元）

n=5−3=2（年）

计算得到，到赎回时的收益率r=2.79%。

4）利率期限结构

短期利率和长期利率之间的关系称为利率期限结构，反映了任一到期期限的无风险、纯折现债券的名义利率，这种名义利率不包含违约风险，因此利率期限结构也可以表示为某个时点零息债券的收益率曲线。从本质上来说，期限结构反映了不同到期期限货币的纯粹时间价值。

由于不同期限的利率存在差异，期限结构的形状大致有向上倾斜、向下倾斜、倒U型（先上升后下降）、下凹、上凸等，但最常见的形状是向上倾斜，且倾斜程度存在差异。实际利率、通货膨胀溢价（对通货膨胀风险的额外补偿）、利率风险溢价（对利率风险的额外补偿，距到期日时间越长，利率风险越大）三因素的相互作用会影响期限结构的形状。

对于期限结构形状的形成机制，有三种主流的理论假设，即市场预期假设、市场分割假设、流动性偏好假设。

（1）市场预期假设。最古老的期限结构理论，由欧文·费歇尔（Irving Fisher）于1896年提出，该理论认为长期理论等价于市场对未来短期利率的预期，即长期利率可以表示为当前短期利率和未来预期短期利率的函数。

（2）市场分割假设。该理论认为，债券市场可以分割为不同期限的、独立的、权衡的市场，这些市场的均衡利率就决定了利率的期限结构，通过改变短期债券和长期债券的供求平衡就能影响短期利率和长期利率水平，进而影响利率的期限结构。

（3）流动性偏好假设。该理论假设投资者属于风险厌恶型，且偏好短期债券，为了吸引投资者购买长期债券，必须向他们支付流动性溢价以补偿风险，且期限越长，流动性溢价越高。因此，长期利率可以表示为当前短期利率、未来预期短期利率、流动性溢价的函数。

5.1.5　债券投资的风险

与股票投资相比，债券投资风险比较小，本金安全性高，收入稳定性强，但其购买力风险较大。总的来说，债券投资风险包括违约风险、购买力风险、变现力风险、利率风险、再投资风险、税收风险。

1）违约风险

债券的违约风险是指债券发行人无法按期支付利息和偿还本金的风险，是债券的个别风险。避免违约风险的方法是不买质量差的债券。

在各种债券投资中，财政部发行的国库券，由于有政府担保，所以几乎没有违约风险。除此之外，地方政府、公司或金融机构发行的债券，均存在不同程度的违约风险。因此，信用评级机构要对中央政府以外发行的债券进行评价，以反映其违约风险。投资者可以直接对债券发行人的偿债能力进行分析，以评价其违约风险。

造成违约风险的原因很多，一般有政治、战争、自然灾害以及企业自身的管理等。

2）购买力风险

债券的购买力风险是指由于通货膨胀而使投资者到期收回本息的购买力下降的风险。这也是系统性风险，所有债券均会面临这一风险。减少购买力风险的方法是，投资于预期报酬率会上升的资产。

在通货膨胀期间，购买力风险对于投资项目的投资价值有很大影响。一般来说，预期收益率不固定的资产，其购买力风险会低于收益率固定的资产。例如，房地产、流动负债及某些行业的股票收益率，受通货膨胀影响较小，而固定利率的债券，特别是长期债券，其购买力风险较大，浮动利率债券的购买力风险一般低于固定利率债券。

3）变现力风险

债券的变现力风险是指投资者期望获得资金而卖出债券时，无法在短期内以合理的价格将资产变现的风险。

投资者之所以选择债券投资，是因为债券具有一定的流动性，在投资者需要资金时，可以随时变现。但由于变现力风险的存在，投资者短期内无法找到愿意出合理价格的买主，要将价格降得较低才能将债券变现，增加了债券持有人损失的可能性，同时可能影响债券持有人的正常生产及消费。

一般来讲，国库券有一个非常活跃的市场，其流动性强，投资者可以在极短时间内以合理的价格将其售出，其变现力风险几乎为零。

4）利率风险

债券的利率风险是指由于市场利率变动而使投资者遭受损失的风险。这是一种系统性风险，所有债券都会面临此风险，即使是没有违约风险的国库券也不例外。减少利率风险的方法是分散债券的到期日。

对于固定利率债券，债券的价格随着市场利率的变动而变动。当市场利率上升时，债券价格就会下降，投资者将遭受利率风险带来的损失。

对于浮动利率债券，债券每期支付的票面利率与市场利率挂钩。因此，债券价格受市场利率变动影响较小。然而，当市场利率下降时，债券持有人的当期债券利息收入将减少。

债券的到期期限越长，利率风险越大。因此，长期债券的收益率一般要高于短期债券，来作为对投资者承受较大利率风险的补偿。

债券的票面利率越高，其利率风险越小。因为高票面利率表示债券的利息现金流量较多，所以债券价值较多地体现在利息现值上。而利息的支付在本金支付之前，故利息受利率变动的影响较小，因此，高票面利率的债券对利率风险的敏感度较小。

【例5-11】某公司2017年1月1日购入公司债券50万元，2019年12月31日到期，每年年末支付利息，票面利率等于市场利率，均为4%。2018年1月1日，市场利率上升至5%。若该公司需要将债券变现，请计算由于利率上升导致的损失。

$$债券价格=50\times\frac{4\%}{1+5\%}+\frac{50+50\times4\%}{(1+5\%)^2}$$

$$=49.07（万元）$$

遭受损失=50−49.07=0.93（万元）

5）再投资风险

债券的再投资风险与利率风险相对，是指投资者持有短期债券到期时，通过再投资可获得的收益率低于原先收益率的风险。当投资者购买短期债券而放弃长期债券时，存在再投资风险，如果市场利率下降，则投资者将遭受损失，因为短期债券收回的资金再投资时，只能按下降后的市场利率获取收益，而若当初选择投资于固定利率的长期债券，则可获得比现在市场利率高的固定收益。

例如，长期债券的利率为5%，短期债券的利率为3%。某投资者为减少利率风险购买了短期债券。在短期债券到期收回现金时，如果短期债券市场利率下降为2%，该投资者则不如当初购买长期债券，现在仍可获得5%的收益率。

利率风险与再投资风险是两种相对应的风险。一般而言，投资者欲降低利率风险，就要以增加再投资风险为代价。

6）税收风险

债券的税收风险是指投资者投资于免税政府债券所面临的风险。一种是税率波动风险，税率越高，免税的实际收益越大，税率越低，免税的实际收益越低，因而债券价格越低；另一种是免税优惠取消风险。

5.2　股票及其估值

5.2.1　股票投资的有关概念

1）股票

股票是股份公司为筹集资金而发行的一种有价证券，是股票持有人（股东）拥有公司股份并借以取得股利的凭据。

一般我们提到的股票主要是指普通股。普通股股东是公司的所有者，他们组成股东会。股东会是公司的权力机构，按照公司法行使权利，包括：决定公司的经营方针和投资计划；选举和更换非职工代表担任的董事、监事；审议批准董事会的报告；审议批准公司的年度财务预算方案、决算方案等。

股东所持股份都有表决权，公司持有的本公司股份没有表决权。但在选举董事、监事时，可以依照公司章程的规定或者股东大会的决议，实行累积投票制。累积投票制，是指股东大会选举董事或者监事时，每一股份拥有与应选董事或者监事人数相同的表决权，使股东拥有的表决权可以集中使用。

股东可以委托代理人出席股东大会，代理人应当向公司提交股东授权委托书，并在授权范围内行使表决权。代理权的争夺（proxy fight）成为财务学的热门研究问题。

此外，普通股股东享有优先认股权（preemptive right），即当股份公司需要再筹集资金而向现有股东发行新股时，股东可以按原有的持股比例以比较低的价格购买一定数量的新发行股票。这是普通股股东的一种特权。

股东享有优先认股权的目的主要有三点：一是不改变老股东对公司的控制权和享有的各种权利；二是对因发行新股导致短期内每股净利稀释而给股东可能承受风险进行的补偿；三是增加新发行股票对股东的吸引力。

优先股是一种兼有普通股和债券特征的证券。与债券相同，在普通股股利支付前必须先支付固定数量的优先股股利，但当公司盈余不足以支付优先股股利时，公司可以不发放股利，因而不会破产。与普通股股东不同，优先股股东不是公司的所有者，对公司没有控制权。

我国目前各公司发行的都是不可赎回的、记名的、有面值的普通股，只有少量公司过去按当时的规定发行过优先股股票。

2）股票价格

股票是一种凭证，自身并没有价值。它之所以有价格，可以流通转让，是因为股票能为投资者带来预期收益。公司第一次公开发行股票时要规定发行总额和每股金额，当股票发行成功上市流通之后，股票价格就与面值相分离。股票的市场价格由预期股利和市场利率所决定，即股利现值。此外，股票价格还会受到公司经营、资本市场、宏观经济、投资者心理等各种复杂因素的影响。

3）股利

股利是股息和红利的总称。股利是公司从税后利润中分配给股东的对股东投资的一种回报。股利包括现金股利、股票股利、财产股利和建业股利等。但我国目前只承认现金股利和股票股利两种形式。

4）股票的预期报酬率

评价股票价值使用的报酬率是预期的未来报酬率，而不是过去的实际报酬率。股票预期报酬率包括预期股利收益率和预期资本利得收益率。

股票的预期报酬率=预期股利收益率+预期资本利得收益率

5）普通股所有权产生的现金流特征

债券的现金流量是由其年利息付款和本金构成的，不论企业的经营状况如何，都必须要偿付债券的利息和本金。因此，债券产生的现金流是确定的。

股票产生的现金流包括现金股利和资本利得两部分。这两部分都是不确定的。公司能否支付现金股利不但取决于公司当年的盈余状况，还取决于公司是否决定分配利润以及以何种形式分配利润。如果股东在未来的某个日期出售或转让股票，可能获得资本利得，但也可能获得资本损失。

5.2.2 股票价值评估

股票的价值是指股票预期提供的所有未来现金流量的现值，又称为“股票的内在价值”。它是股票的真实价值。股票预期的未来现金流入包括两部分：一是每期预期的股利；二是出售时得到的价格收入。

1）股票价值的基本模式

假设：

P_0为当前的股票市价（market price）。

P_1为预计年末或下一年年初的股票价格。

D_t为股东在第t年年末期望得到的股利。D_0是最近一次发放的股利，D_1是第一次期望发放股利，在今年年底发放，以此类推。除D_0是确定值以外，未来股利都是预期值。

K_S为股票的报酬率（expected rate of return）。

因为投资股票可获得的收益包括股利收入和资本利得两部分，所以有：

$$K_S=\frac{D_1}{P_0}+\frac{P_1-P_0}{P_0} \tag{5-8}$$

其中：$\frac{D_1}{P_0}$为下一年的预计股利收益率；P_1-P_0为预期资本利得；$\frac{P_1-P_0}{P_0}$为预期资本利

得率；K_S是必要报酬率。只有当期望报酬率$\hat{K}_S \geq K_S$时，投资者才会购买股票。

由此得到股票的价格：

$$P_0=\frac{D_1+P_1}{1+K_S} \tag{5-9}$$

除非公司被清算，否则股票会一直存在。可以同理推导出1年后股票的价格$P_1=\frac{D_2+P_2}{1+K_S}$，2年后的股票价格$P_2=\frac{D_3+P_3}{1+K_S}$，…，N年后的股票价格为$P_n$。

分别将其代入式（5-9），得到：

$$P_0=\frac{D_1}{1+K_S}+\frac{D_2}{(1+K_S)^2}+\cdots+\frac{D_n}{(1+K_S)^n}$$

$$=\sum_{t=1}^{n}\frac{D_t}{(1+K_S)^t}+\frac{P_n}{(1+K_S)^n}$$

根据极限原理，$\lim_{n\to\infty}\frac{P_n}{(1+K_S)^n}=0$

若现金股利永远持续，则股票价格为：

$$P_0=\frac{D_1}{1+K_S}+\frac{D_2}{(1+K_S)^2}+\cdots+\frac{D_\infty}{(1+K_S)^\infty}=\sum_{t=1}^{\infty}\frac{D_t}{(1+K_S)^t} \tag{5-10}$$

式（5-10）被称为股票估价的股利折价模型。股票的价格是预期未来股利现金流的现值之和。

式（5-10）是股票估价的一般模式。在实际应用时，面临的主要问题是如何预计未来每年的股利，以及如何确定贴现率。

估计股利支付多少的方法是根据历史资料进行统计分析，如回归分析、时间序列分析和趋势分析等。股票估值的基本模式要求无限期地预计历年的股利，这在实际运作中是无法实现的。因此，所应用的模型都是各种简化办法，如每年股利相同，固定比率增长等。

从理论上讲，贴现率应当是投资者所要求的收益率。可以采用以下三种方法确定贴现率：一是根据股票历史上长期的平均收益率来确定；二是参照债券的收益率，加上一定的风险报酬率来确定；三是直接使用市场利率。

根据股利的发放情况，可以将企业划分为几种类型：零增长型企业、固定增长型企业和非固定增长型企业。

2）零增长型股票的价值

零增长型企业是指企业每股股利每年都不变，而且企业的全部收益用来发放股利，也就是说企业的每股收益（EPS）保持稳定，且留存收益增量为0，即：

$$D_1=D_2=\cdots=D_n=EPS_1=EPS_2=\cdots=EPS_n$$

此时，股票价格为：

$$P_0=\frac{D_1}{1+K_S}+\frac{D_2}{(1+K_S)^2}+\cdots=\frac{D_1}{K_S} \tag{5-11}$$

这其实就是永续年金。零增长型企业在现实中基本不存在，但是这种模式是理论分析的基础。

【例5-12】每股分配股利3元，最低报酬率为15%，则：

股票价格=3÷15%=20.00（元/股）

这表明该股票每年给你带来3元的收益，在市场利率为15%的条件下，它相当于

20.00元资本的收益，所以其价值为20.00元。

3）固定增长型股票的价值

如果公司发放的股利每年都增长，且增长比例保持不变，这类企业就称被为固定增长型企业。一般来说，投资者会认为大多数公司的利润和股票每年都会有所增长，而且常常预测未来股利增长的平均速度保持不变。一个正常经营的企业的股利增长率每年均处在一个比较稳定的区域内。虽然各公司预期增长率不同，但整体而言，平均增长率应等于国民生产总值的增长率。如果一个固定增长的企业，其上一次发放的股利是D_0，则将来的股利支付预计值为：

$$D_t=D_0(1+g)^t \tag{5-12}$$

其中：g为固定增长率；t为预计的年限。

股利以g的比例增长的股票价格为：

$$P_0=\frac{D_0(1+g)}{1+K_S}+\frac{D_0(1+g)^2}{(1+K_S)^2}+\frac{D_0(1+g)^3}{(1+K_S)^3}+\cdots=\frac{D_1}{K_S-g} \tag{5-13}$$

式（5-13）表示的固定增长型股票价格公式称为戈登模型（Gordon's model）。注意：当g=0时，$P_0=\frac{D_1}{K_S}$，所以零增长型企业是固定增长型企业的一个特例。

【例5-13】某投资者考虑购买某上市公司的股票。该股票从现在起的1年内将按0.3元/股支付股利，并且预计未来股利将按每年10%的比例增长。投资者基于对该公司风险的估计，认为应得的报酬率为15%，那么该公司股票每股价格是多少？

运用式（5-13）计算股票价格为：

$$P_0=\frac{D_1}{K_S-g}=\frac{0.3}{0.15-0.10}=6\text{（元/股）}$$

若假设g=12.5%，那么股票价格变为：

$$P_0=\frac{D_1}{K_S-g}=\frac{0.3}{0.15-0.125}=12\text{（元/股）}$$

股价翻了一倍。

可见对g的估计对股价的影响很大。而且，由公式可以看出，g不能大于或等于K_S。

【例5-14】某铜矿企业矿藏储量正在枯竭，为了弥补因矿产量减少而逐年上升的成本，该公司的每股收益和股利以每年10%的比例递减。

（1）如果去年支付的股利是6元，投资者所要求的回报率为15%，该公司的股票值为多少？

（2）投资者为什么愿意购买随时间推移预期价格会下跌的股票？

计算股票值并分析购买意愿如下：

（1）股票值为：

$$P_0=\frac{D_0(1+g)}{K_S-g}=\frac{6\times(1-10\%)}{15\%-(-10\%)}=21.6\text{（元/股）}$$

（2）年股利率为：

$$\text{年股利率}=\frac{D_1}{P_0}=\frac{D_0(1+g)}{P_0}=\frac{5.4}{21.6}=25\%$$

年股利率足以弥补投资者所预料的10%的年资本损益，因此，投资者仍会愿意购买该公司的股票。

【例5-15】G公司2016年年报披露，公司预期的收益和股利在3年内将翻一番，目前公司的每股收益和股利分别是0.62元和0.33元。

（1）估计今后3年内公司年股利增长率。

（2）假设以第（1）问的增长率增长，预计下一个3年内每股收益及每股股利。

（3）假如投资者要求的收益率是35%，根据固定增长股利价值模型确定该公司每股普通股的价值。

（4）假设该公司每股收益及股利增长在前3年中以第（1）问中的增长率增长，以后以10%的增长率增长，投资者要求的回报率是15%，请确定该公司普通股的价值。

计算如下：

（1）用复利计算公式 $0.33\times2=0.33\times(1+g)^3$，可得 $g=26\%$。

（2）用复利终值公式计算见表5-1。

表5-1　**3年内每股收益及每股股利**　单位：元/股

年份	股利	每股收益
2016	0.33	0.62
2017	$0.33\times(1+26\%)=0.42$	$0.62\times(1+26\%)=0.78$
2018	$0.33\times(1+26\%)^2=0.52$	$0.62\times(1+26\%)^2=0.98$
2019	$0.33\times(1+26\%)^3=0.66$	$0.62\times(1+26\%)^3=1.24$

（3）公司股价为：

$$P_0=\frac{D_1}{K_S-g}=\frac{0.42}{35\%-26\%}=4.67\text{（元）}$$

（4）前3年股利现值见表5-2。

表5-2　**前3年的股利现值**　单位：元/股

年份	股利	现值
2017	0.42	$0.42\div(1+15\%)=0.37$
2018	0.52	$0.52\div(1+15\%)^2=0.39$
2019	0.66	$0.66\div(1+15\%)^3=0.43$
总计	—	1.19

2019年年底的股票价格为：

$$P_{2019}=\frac{D_{2020}}{K_S-g_2}=\frac{0.66\times1.1}{15\%-10\%}=14.52\text{（元/股）}$$

现值为：

$$PV=\frac{P_{2019}}{(1+K_S)^3}=\frac{14.52}{(1+15\%)^3}=9.55\text{（元/股）}$$

所以：

普通股的股价=9.55+1.19=10.74（元/股）

4）非固定增长型股票的价值

很多情况下公司股利的增长并不是一成不变的，在公司处于成长期时，发展机会较多，股利增长率一般较高。随着公司的发展，投资机会逐渐减少，股利增长率会降低，并维持在一个比较稳定的水平上。

对于这种先高速增长，后又稳定增长的企业，其股票价格可以这样计算，首先假设公司以非持续增长方式增长N年，此后又以持续增长率g继续增长，N通常称为到期日（terminal day）或终止日（horizon day）。然后按以下3个步骤就可求出现在的股票价值：①求出非持续增长期内股利的现值；②求出非持续增长期末股票价格，并将其折现；③将两部分相加即得到股票价值。

【例5-16】某企业刚刚成立，以30%的股利增长率高速增长3年后，回落至整体经济平均水平8%。公司去年支付的股利为1.15元/股，股东要求的回报率为13.4%，估计该企业的股票价值。

第一步，计算高速增长期每年年末的股利。

第一年股利：

$D_1=D_0(1+g)=1.15\times1.30=1.4950$（元）

现值为：

$$PV=\frac{D_1}{1+K_S}=\frac{1.4950}{1.134}=1.3183\text{（元）}$$

第二年股利：

$D_2=D_1(1+g)=1.4950\times1.30=1.9435$（元）

现值为：

$$PV=\frac{D_2}{(1+K_S)^2}=1.5113\text{（元）}$$

第三年股利：

$D_3=D_2(1+g)=1.9435\times1.30=2.5266$（元）

现值为：

$$PV=\frac{D_3}{(1+K_S)^3}=1.7326\text{（元）}$$

第二步，股票价格是未来股利现值，在支付第3次股利后，股利以固定比率增长。因此，可以用式（5-13）来计算在第3年年末公司股票的价值。

首先预期第4年的股利是：

$D_4=D_3(1+g_n)=2.5266\times1.08=2.7287$（元）

再计算：

$$P_3=\frac{D_4}{K_S-g_n}=\frac{2.7287}{0.134-0.08}=50.5315\text{（元）}$$

其现值为：

$$PV=\frac{P_3}{(1+K_S)^3}=34.6516\text{（元）}$$

第三步，将这些现金流的现值相加即得现在的股票价值：

$P_0=39.2138$（元）

5）实物期权估值理论

实物期权是相对金融期权而言的。二者的主要区别在于金融期权的标的资产是期货、期权、债券等具有交易市场的金融工具，而实物期权的标的资产是某个具有潜在增长机会的风险型投资项目，不存在交易市场。实物期权意味着投资者在项目投资过程中可以使用一系列非金融性选择权，比如通过延迟、等待、放弃、扩大投资等方式获取新的信息。实物期权不仅考虑了项目的现金流量现值，而且考虑了项目投资的管理柔性价值和减少不确定信息所带来的价值，是对投资项目整体价值进行评估的一种更加科学的方法。

由于公司股票可以被视为看涨期权，因此根据实物期权估值理论，利用Black-Scholes期权定价模型对股票价值进行评估。

【例5-17】某公司发行了一份1年后到期面值为1.5万元的零息债券。目前该公司资产市值为1.6万元。该公司资产年回报率的标准差为40%，年无风险利率为5%，连续复利计算。基于B-S期权模型，公司权益及负债的市值为多少？

Black-Scholes看涨期权定价模型：

$C=S\times N(d_1)-E\times e^{-Rt}\times N(d_2)$

其中：

$d_1=[\ln(S/E)+(R+\frac{1}{2}\sigma^2)t]/\sqrt{\sigma^2 t}$

$d_2=d_1-\sqrt{\sigma^2 t}$

式中，S为标的资产价格；E为看涨期权执行价格；R为年无风险收益率，连续复利计算；σ^2为收益率的方差（标的资产收益波动率）；t为到期日时间（单位：年）。

公司资产价值1.6万元视为标的资产价格S，零息债券面值1.5万元视为执行价格E，公司权益价值就视为看涨期权价值C，套用B-S公式计算如下：

$d_1=[\ln(16\,000\div 15\,000)+(0.05+0.4^2/2)\times 1]\div(0.40\times\sqrt{1})=0.4863$

$d_2=0.4863-(0.40\times\sqrt{1})=0.0863$

$N(d_1)=N(0.4863)=0.6866$

$N(d_2)=N(0.0863)=0.5344$

把上述计算数值带入B-S模型，计算公司权益市场价值：

权益价值$=16\,000\times 0.6866-15\,000\times e^{-0.05\times 1}\times 0.5344=3\,360.78$

负债价值=资产价值-权益价值$=16\,000-3\,360.78=12\,639.22$

5.2.3　市盈率分析

对普通股进行估价，股利增长模型并不是唯一的方法。上述股票估值模型，在理论上比较健全，计算结果使用也很方便，但未来股利的预计很复杂并且要求比较高，投资者一般不容易确定，且会受贴现率的影响。投资者一直在寻找判断股票估价是否合理的标准，而市盈率分析就是其中的一种方法。

市盈率又叫P/E比率，即股票的每股市价与每股收益的比率。其计算公式为：

市盈率（P/E）= 每股市价/每股收益　（5-14）

于是，

股票价格=该股票市盈率×该股票每股收益

市盈率反映了投资者愿为1元报告盈余支付的价格，即市盈率表示了投资者能够从公司收回投资的时间。例如，股价同为50元的两只股票，其每股收益分别为5元和1元，则其市盈率分别是10倍和50倍。若企业盈利能力不变，这意味着投资者以同样50元价格购买的两种股票，要分别在10年和50年以后才能从企业盈利中收回投资。

股票的市盈率一般是不同的，影响它的因素有很多，主要包括市场风险、成长性、商业环境等。投资者对高风险股票会用较高的折现率。因此，当其他条件相同时，高风险股票的市盈率较低。由于企业的盈利能力是会不断改变的，投资者购买股票更看重企业的未来。因此，一些发展前景很好的公司即使当前的市盈率较高，投资者也愿意去购买。预期利润增长率高的公司，其股票的市盈率也会比较高。例如，对两家上年每股盈利同为1元的公司来讲，如果A公司今后每年保持20%的利润增长率，B公司每年只能保持10%的增长率，那么到第10年时A公司的每股盈利将达到6.2元，B公司只有2.6元。因此，A公司当前的市盈率必然应当高于B公司。投资者若以同样价格购买这家公司的股票，对A公司的投资能更早地收回。因此，单从市盈率的高低不能轻易判断股票是否被高估或低估。

市盈率的作用在于，假如某股票的市盈率远高于行业平均水平，而其成长性并不比同行业其他公司突出时，则意味着其股票市场价格过高。类似地，如果某公司的市盈率大大低于其历史平均水平，可能表示股票被低估，尤其当该公司的成长性和风险不变且行业的市盈率保持不变或增长时。

为了反映不同市场或者不同行业股票的价格水平，也可以计算出每个市场的整体市盈率或者不同行业上市公司的平均市盈率。具体计算方法是用全部上市公司的市价总值除以全部上市公司的税后利润总额，即可得出这些上市公司的平均市盈率。此时：

股票价值=行业平均市盈率×该股票每股收益

影响一个市场整体市盈率水平的因素也有很多，最主要的有两个，即该市场所处地区的经济发展潜力和市场利率水平。一方面，一般而言新兴证券市场中的上市公司普遍有较好的发展潜力，利润增长率比较高。因此，新兴证券市场的整体市盈率水平会比成熟证券市场的市盈率水平高。欧美等发达国家股市的市盈率一般保持在15~20倍，而亚洲一些发展中国家的股市正常情况下的市盈率在30倍左右。我国目前股市的平均市盈率在40倍左右。另一方面，市盈率的倒数相当于股市投资的预期利润率。因此，由于社会资金追求平均利润率的作用，一国证券市场的合理市盈率水平还与其市场利率水平有倒数关系。

作为衡量股价高低和企业盈利能力的一个重要指标，市盈率把股价和企业盈利能力结合起来，其水平高低更真实地反映了股票价格的高低。但市盈率有一个明显的缺陷，它依赖于报告会计盈余。因此，有些分析师选用其他数据对股票估价。例如，市价与现金流量比率或市价与销售比率。

【例5-18】某公司的股票每股收益为5元，市盈率为15.5，行业类似股票的平均市盈率为16，则：

股票价值=5元×16=80（元）

股票价格=5元×15.5=77.5（元）

这说明市场对该股票评价略低，股价基本正常，有一定的吸引力。

5.2.4 优先股价值评估

优先股是指在有关利益分配等财产权利上，如分配盈余、分配公司剩余财产等方面享有优先权的股份。它是相对于普通股而言的一种特别股。优先股的优先权主要表现在两个方面：①优先股有固定的股息，不随公司业绩好坏而波动，并可以先于普通股股东领取股息；②当公司破产进行财产清算时，优先股股东对公司剩余财产优先于普通股股东的要求权。

优先股的固定股息用面值的百分比或者每股多少元来表示，类似于债券。但是当公司的盈余不足以支付优先股股利，公司可以不发放股利，从而不至于破产；优先股股东的索偿权是位于债权人之后的。

优先股是没有到期日的，优先股股东定期得到固定金额的优先股股利。因而优先股的价值评估就是一个永续年金问题。

$$P_0=\lim_{n\to\infty}\sum_{t=1}^{n}D_p\times\frac{1}{(1+K_p)^t}=\frac{D_p}{K_p} \tag{5-15}$$

其中：P_0为优先股的价值；D_p为优先股每期的股息；K_p为优先股股东的要求回报率。

【例5-19】天田公司计划发行优先股，每股优先股每年付股息3元，估计优先股股东的要求回报率是8%，这样公司的优先股每股价值是多少？

$$P_0=\frac{D_p}{K_p}=\frac{3}{8\%}=37.5\text{（元）}$$

已知公司的优先股市场价格和每期支付的优先股股息，可以求得优先股的预期回报率$\hat{K}_p$，$\hat{K}_p=\dfrac{D_p}{P_0}$。

注意：K_p是优先股股东的要求回报率，$\hat{K}_p$是优先股的预期回报率。在均衡的市场条件下，二者相等。

基本训练

第5章基本训练

第6章 资本预算

学习目标

- 掌握与资本预算相关的概念，了解投资项目的分类；
- 掌握资本预算决策方法，了解公司如何进行资本预算决策；
- 掌握在评价互斥项目时所采用的决策方法；
- 掌握资本限额下的资本预算以及不同生命周期下的投资问题；
- 了解资本预算中所考虑的风险因素，以及通货膨胀问题；
- 掌握风险调整折现率法、风险调整现金法，以及敏感性分析法。

引子

美味七七倒闭背后

上海美味七七网络科技有限公司（以下简称美味七七）于2013年5月正式上线，“美味七七”音同江南乡音“美味吃吃”，服务区域以上海区域为中心点向外围辐射。2014年5月，美味七七获得大型电商亚马逊的B轮2 000万美元投资，成为亚马逊中国自成立以来在中国内地的首笔投资，而美味七七的估值一度高达1亿美元。美味七七CEO宓平认为自建冷链物流正是生鲜电商挖掘“性价比”潜能以打开市场的机会。宓平举例：“超市的水果损耗率至少是20%，也就是说100个水果摆上架就立刻坏了20个。”因此，美味七七开始斥重资自建冷链物流体系，并在引入资本后急速建仓建站扩大投资规模。截至2014年年底，美味七七已有5 000多个最小存货单位（SKU），沪上中央仓储达1万多平方米，自建全程冷链物流，建有30个中转“站点”覆盖上海各区域，并已开通一日三送。然而，业内人士表示，作为生鲜电商，美味七七较重的自建网点运营模式拖垮了自己，而它的投资方亚马逊战略重点也不在生鲜上，而是在海外直购上，导致美味七七没有进一步获得帮助。2016年4月7日，供应商聚集在美味七七的门口讨债，没过几个小时，网上传出美味七七的内部公告宣布倒闭。至于倒闭的原因，公告称：鉴于公司目前运作出现严重困难，已没有资金全额支付包括员工2016年3月份薪资和社保在内的所有债款。美味七七倒闭的原因之一即为重资产烧钱模式，公司斥资自建冷链物流体系并急速扩张，庞大的仓储物流系统引发资本链断裂。由此可见，企业为今后更好的发展应做好资本预算，切勿盲目投资，稳稳地打好产业基础、做好用户体验，并且坚守到高速发展的红利期，就能在生鲜电商行业脱颖而出、笑傲群雄。

资料来源　改编自：亿邦动力网. 美味七七倒闭背后：详解烧钱三大姿势［EB/OL］.（2016-04-26）. http：//www.ebrun.com/20160408/171613.shtml.

6.1　资本预算概述

6.1.1　资本预算的意义

资本预算是公司优化资源配置的一项重要议题，它与业务预算、财务预算一起共同构成全面预算体系。资本预算几乎直接影响到公司所有部门，是财务管理中最重要的决策之一。资本预算决策决定了公司的战略方向，并且会在长时间内影响公司的资源分配。资本的扩充基本上与预期的销售额有关，如果不能正确预测未来的需求，将导致固定资产投资过度或不足。有效的资本预算可以改善资产的投资时机。如果公司提前预测了对有关资本资产的需求，它可以在需求产生之前购置相应的资产，从而最大限度地发掘资产的价值潜力。如果公司预先预测出未来需求将会增长，然后通过投资扩张来满足这种预测的需求，但是如果投资的时机不准确，导致最终销售收入并没有如期增长，公司就将负担沉重的剩余生产能力和高额的成本，由此可能会导致经营亏损甚至破产。因此，准确地销售预测对于公司的发展是至关重要的。

6.1.2　资本预算的分类

资本预算按照投资项目，可以分为以下几类：

（1）进入新的行业领域和新的市场的投资。这些是指通过向新的行业（产品）或者新的市场进行扩张。例如，1999年，TCL投资成立TCL移动，对其持有40%的股权，生产经营数字移动电话，从家电市场进入手机市场。

（2）现有产品和市场的扩展投资。扩大现有产品的生产规模或者扩大现有营销渠道的规模。例如，购置设备扩大现有产品的生产能力，或是投资于开发现有产品的系列产品，或者投资于另一产品的生产。

（3）设备更新投资。设备更新是指对原有设备由于损耗而进行的替换。设备更新投资分两种：一是维持现有生产能力，即当旧设备严重磨损或者已经损坏（有形损耗），公司为了继续维持现有的生产能力，必须重新购置该种设备；二是降低成本，即由于技术进步、设备制造工艺不断改进、劳动生产率不断提高等原因引起的原有设备的无形损耗，即使原有设备的功能正常，但为了降低人工、原材料以及其他投入要素的成本，提高公司竞争力，公司必须使用先进的设备替换旧设备。

（4）环保及安全投资。为了遵循政府法律规定、劳动合同、保险政策等必须进行的投资，又被称为强制性投资，经常是没有收入，只发生成本。

（5）其他项目。这包括办公楼的修建、停车场的修建、研究开发项目等问题。

6.1.3 资本预算的程序

资本预算的重要性和影响决定了资本预算决策具有相当大的风险。因此，必须按特定的程序，运用科学的方法进行可行性分析，以保证决策正确、有效。资本预算决策的程序一般包括以下6个步骤：

（1）资本预算项目的提出。企业的经营者或管理人员，要善于寻找新的投资机会、开拓新市场、开发新技术、提出新创意，这一步骤是非常重要的。

（2）资本预算项目的评价。项目评估方法主要有投资回收期法（PP）、会计收益率法（AAR）、净现值法（NPV）、内部收益率法（IRR）、利润率指数法（PI）等，利用这些方法对资本性支出项目进行敏感度分析、盈亏平衡点分析以及情景分析，并进行优劣比较。

（3）资本预算项目的决策。企业高层管理者对所提出项目进行研究讨论，结合企业自身所处的状况对项目未来所能产生的效益进行审核，对在资金允许的情况下采用最优项目组合投资。

（4）资本预算项目的执行。将资本预算决策落实到实际工作中，并要求做好执行过程中每一步工作，及时收集执行中该项目在市场中的变化数据，以及所遇到的问题，并及时反馈，同时将所做出的新的决策贯彻到实际工作中。

（5）资本预算项目的再评价。对资本预算在实际工作中所遇到的各种变化及问题进行再次评估，并做出新决策反馈到实际中。

（6）资本预算项目的改善。企业根据自身情况对资本预算项目作筛选，对被拒绝的但是具有价值潜力的项目，返还后根据市场和企业自身情况再次对该项目进行资本预算，对原投资项目的资本预算的不足之处作补充，有偏离企业实际情况则予以纠正，并且根据对市场环境所作调查收集最新的资料对预算作调整，以保持时刻与市场同步，把握投资的最佳时机。

6.2 资本预算方法

在对投资方案进行评价时，一般使用两类评价指标，即静态评价指标和动态评价指标。不考虑资金时间价值的评价指标称为静态评价指标；考虑资金时间价值的评价指标称为动态评价指标。静态评价指标主要用于经济数据和不精确的项目初选阶段，主要包括回收期和会计收益率；动态评价指标则用于项目最后决策前的可行性研究，主要包括净现值、现值指数、内部收益率等。

6.2.1 静态回收期法

1）静态回收期法及其计算

静态回收期是投资项目所带来的预期现金流量累计到与原始投资额相等所需要的时

期。投资回收期法是根据投资回收期的长短来判断投资项目是否可靠的决策分析方法，同时也是最早用于项目资本预算的方法。

（1）计算步骤

①累加原始支出后的现金流量。

②观察累计现金流入量，记录加总数不超过原始支出现金流量的最大年份（必须为整数）。

③计算“最大年份”后现金流量中用来“补偿”原始现金支出的部分。

④将第二步中的整数与第三步中的小数相加，得出投资回收期。

（2）计算公式

可以使以下公式成立的PP即为投资回收期。

$$\sum_{t=0}^{PP} NB_t = \sum_{t=0}^{PP} (B-C)_t = K \tag{6-1}$$

其中：K为投资总额；NB_t为第t年的净现金流量；B_t和C_t分别为第t年的现金收入和现金支出（不包括投资）；PP为投资回收期。

若投资项目的每年现金流量相等，则有：

$$投资回收期=\frac{原始投资额}{每年现金流量} \tag{6-2}$$

若投资项目每年的现金净流量不相等，假设投资回收期大于等于n且小于n+1，则有：

$$投资回收期=n+\frac{到第n期末尚未收回的投资额}{第(n+1)期的现金流量} \tag{6-3}$$

【例6-1】投资A和B两项目的原始投资额及各期现金流量见表6-1，求项目A和B的投资回收期。

表6-1　**A和B两项目的各期现金流**　单位：元

项目	0年	1年	2年	3年	4年
A	−30 000	11 000	16 000	15 000	11 000
B	−35 000	9 500	11 500	12 600	13 000

A项目原始投资30 000元，第1、第2年共收回27 000元，比原始投资额少3 000元，还需要等待第3年收回，其投资回收期为：

$$PP_A=2+\frac{30\,000-27\,000}{15\,000}=2.2（年）$$

B项目原始投资35 000元，前3年共收回33 600元，比原始投资额少1 400元，还需要等待第4年收回，其投资回收期为：

$$PP_B=3+\frac{35\,000-33\,600}{13\,000}=3.1（年）$$

可以形象地画出这两个项目的计算过程，如图6-1所示。

2）回收期法的投资决策规则

回收期法的投资决策规则是，公司先确定一个标准年限（benchmark payback period），然后将项目的回收期与标准年限进行比较。若回收期小于或等于标准年限，则接受此项目，否则拒绝此项目。

项目A年份	0	1	2	3	4
净现金流量	-30 000	11 000	16 000	15 000	11 000
累计净现金流量	-30 000	-19 000	-3 000	12 000	23 000

项目B年份	0	1	2	3	4
净现金流量	-35 000	9 500	11 500	12 600	13 000
累计净现金流量	-35 000	-25 500	-14 000	-1 400	11 600

图6-1 项目A和B的现金流量图

3）回收期法的评价

回收期法的优缺点，我们在表6-2中进行总结。

表6-2 **回收期法的优缺点**

优点	（1）计算简单，容易理解 （2）可以大概地反映一个项目的资金流动性及项目的风险。投资回收期越长，投资风险越高；相反，投资回收期越短，投资风险越低
缺点	（1）没有考虑货币的时间价值 （2）无法考察回收期之后发生的现金流量对投资收益的贡献 （3）回收期标准年限的主观性较大

6.2.2 折现（动态）回收期法

1）折现回收期法及其计算

折现回收期是投资项目所带来的预期折现的净现金流累计到与原始投资额相等所需要的时期，该方法考虑了风险因素和资金的时间价值，对预期的现金流量以资本成本进行贴现，所以又称动态回收期。折现回收期法除了通过项目资本成本贴现现金流量之外，大体上和回收期法并没有区别。

动态回收期是能使下式成立的DPP。

$$\sum_{t=1}^{DPP}(CI-CO)_t(1+R)^{-t}=0 \qquad (6-4)$$

【例6-2】投资A和B项目的原始投资额及各期现金流量见表6-3，假设公司的资本成本为10%，求A和B两项目的折现投资回收期。

表6-3 **项目A和B的各期现金流** 单位：元

项目	0年	1年	2年	3年	4年
A	-30 000	11 000	16 000	15 000	11 000
B	-35 000	9 500	11 500	12 600	13 000

可以算得A、B两项目的各期现金流分别如图6-2所示。

A项目初始投资30 000元，第1年、第2年共收回23 223元，比原始投资额少6 777元，还需要等待第3年收回，其动态投资回收期为：

$$DPP_A=2+\frac{30\,000-23\,223}{11\,270}=2.6\text{（年）}$$

B项目原始投资35 000元，前3年共收回27 106元，比原始投资额少7 894元，还需要等待第4年收回，其动态投资回收期为：

$$DPP_B=3+\frac{35\ 000-27\ 106}{8\ 564}=3.9\text{（年）}$$

项目A年份	0	1	2	3	4
净现金流量	−30 000	11 000	16 000	15 000	11 000
折现现金流量	−30 000	10 000	13 223	11 270	7 513
累计折现净现金流量	−30 000	−20 000	−6 777	4 493	12 006

项目B年份	0	1	2	3	4
净现金流量	−35 000	9 500	11 500	12 600	13 000
折现现金流量	−35 000	8 559	9 334	9 213	8 564
累计折现净现金流量	−35 000	−26 441	−17 107	−7 894	670

图6-2　项目A和B的现金流量图

2）折现回收期法的投资决策规则

折现回收期法的投资决策规则是，公司先确定一个标准年限，然后将项目的回收期与标准年限进行比较。若回收期小于标准年限，则接受此项目；否则拒绝此项目。就上述例题来说，若标准年限为3年，则A项目的回收期小于标准年限，符合标准应接受该项目；而B项目的回收期大于标准年限，不符合标准应拒绝该项目。

3）折现回收期法的评价

和回收期法相比，折现回收期法考虑了资金的时间价值，但是它同样忽略了回收期之后的现金流。例如，有A和B两个投资项目，每个项目的初始投资为40 000元，即CF_0=−40 000元。假设两个项目的资本成本都为10%，项目A在未来的5年中预期每年获得现金流入量为10 000元，而项目B在前5年中没有现金流入量，在第6年将产生1 200 000元的现金流入量。直觉告诉我们，项目B能为股东创造更多的财富，但是从投资回收期看，项目B比项目A差。这是因为投资回收期没有考虑回收期之后的现金流。这就是投资回收期的一个严重缺陷。

6.2.3　平均会计收益法

平均会计收益法是采用年平均会计收益率进行投资决策的方法。所谓年平均会计收益率即投资项目产生的各年的平均净利润和整个期限内的平均投资额的比值。这种方法计算简便，应用范围很广，它在计算时使用会计报表上的数据，以及普通会计的收益和成本观念。

1）计算公式

$$\text{年平均会计收益率}=\frac{\text{年平均净利润}}{\text{平均投资额}}\times 100\% \tag{6-5}$$

【例6-3】某公司现在考虑投资项目A，原始投资额度为30万元，该项目的经营期限为5年，期末必须完全拆除或重建。项目A的各期投资余额计算表见表6-4，预计每年的净利润见表6-5。要求计算项目A的年平均会计收益率。

根据表6-4可以计算项目A的平均投资额：

$$\text{平均投资额}=\frac{\frac{30+24}{2}+\frac{24+18}{2}+\frac{18+12}{2}+\frac{12+6}{2}+\frac{6+0}{2}}{5}=15\text{（万元）}$$

表6-4 项目A的各期投资余额计算表 单位：万元

	0年	1年	2年	3年	4年	5年
累计折旧	—	6	12	18	24	30
投资余额	30	24	18	12	6	0

表6-5 项目A每年的净利润 单位：万元

	1年	2年	3年	4年	5年
净利润	10	15	5	0	-5

根据表6-5可以计算项目A的平均净利润：

$$平均净利润=\frac{10+15+5+0-5}{5}=5（万元）$$

因此项目A的会计收益率为：

$$年平均会计收益率=\frac{年平均净利润}{平均投资额}\times 100\%=\frac{5}{15}\times 100\%=33\%$$

2）会计收益法的投资决策规则

会计收益法的投资决策规则是，公司先确定一个标准会计收益率（benchmark accounting return），然后将项目的会计收益率与标准会计收益率进行比较。当备选方案是独立方案时，若会计收益率大于或等于标准会计收益率，则接受此项目，否则拒绝此项目。当备选方案是互斥方案时，首先考虑会计收益率高于标准会计收益率，然后选择会计收益率最高的项目。一般而言，会计收益率越高，项目的投资价值可能越大。

就上述例题而言，若标准会计收益率为25%，则应该接受此项目；但若标准收益率大于35%，则应该拒绝此项目。

3）会计收益法的评价

投资回收期的优缺点，我们在表6-6中进行总结。

表6-6 会计收益法的评价

优点	（1）计算简单 （2）容易理解 （3）考虑了项目在整个寿命期内的全部收益
缺点	（1）没有考虑资金的时间价值 （2）抛开客观合理的现金流，而使用容易受到人为因素影响的会计数据 （3）标准会计收益率的确定缺乏客观依据

6.2.4 净现值法

1）净现值法及其计算

净现值法（NPV），就是采用净现值作为参考指标进行投资决策的方法。净现值是指投资项目寿命周期内各年的现金流量按一定的折现率折算为现值与原始投资额之差。该指标是对投资项目进行动态评价的最重要指标之一。该指标所依据的原理是：净现值为0，说明项目的现金流量正好补偿资本投资，项目的报酬率正好等于项目的资本成本。如果净现值为正数，那么它就产生更多的现金，超过补偿项目的资本，项目的报酬率大于项目的资本成本，为股东创造了财富。如果净现值为负数，则表明该项目的收益不足以偿还项目的资本，项目的报酬率小于项目的资本成本。其计算公式为：

$$NPV=\frac{CF_1}{1+R}+\frac{CF_2}{(1+R)^2}+\cdots+\frac{CF_N}{(1+R)^N}-ICO=\sum_{t=1}^{N}\frac{CF_t}{(1+R)^t}-ICO \quad (6-6)$$

其中：CF_t为t时期的期望现金流量；R为项目的资本成本；N为项目的寿命期；ICO为原始投资额。

【例6-4】假设某公司投资A、B和C项目的寿命都为4年，其原始投资额及各期现金流量见表6-7，并且假定三个项目的税后预期报酬率分别为10%、9.5%和13.5%。分别求A、B和C项目的净现值。

表6-7　**A、B和C三项目的各期现金流**　单位：元

项目		0年	1年	2年	3年	4年
A	净现金流	-50 000	28 600	30 150	35 750	39 000
B	净现金流	-65 000	30 500	33 000	37 950	36 000
C	净现金流	-34 000	7 500	9 600	10 350	8 500

根据题中提供的数据，分别计算这三个项目的净现值见表6-8、表6-9、表6-10。

表6-8　**A项目的各期现金流**　单位：元

项目		0年	1年	2年	3年	4年
A	净现金流	-50 000	28 600	30 150	35 750	39 000
	净现值	-50 000	26 000	24 917	26 860	26 637
	累计净现值	-50 000	-24 000	917	27 777	54 414

可以计算出A项目的净现值为：

$$NPV_A=-50\,000+\frac{28\,600}{1+10\%}+\frac{30\,150}{(1+10\%)^2}+\frac{35\,750}{(1+10\%)^3}+\frac{39\,000}{(1+10\%)^4}=54\,414\text{（元）}$$

表6-9　**B项目的各期现金流**　单位：元

项目		0年	1年	2年	3年	4年
B	净现金流	-65 000	30 500	33 000	37 950	36 000
	净现值	-65 000	27 854	27 522	28 905	25 041
	累计净现值	-65 000	-37 146	-9 624	19 281	44 322

可以计算出B项目的净现值为：

$$NPV_B=-65\,000+\frac{30\,500}{1+9.5\%}+\frac{33\,000}{(1+9.5\%)^2}+\frac{37\,950}{(1+9.5\%)^3}+\frac{36\,000}{(1+9.5\%)^4}=44\,322\text{（元）}$$

表6-10　**C项目的各期现金流**　单位：元

项目		0年	1年	2年	3年	4年
C	净现金流	-34 000	7 500	9 600	10 350	8 500
	净现值	-34 000	6 608	7 452	7 079	5 122
	累计净现值	-34 000	-27 392	-19 940	-12 861	-7 739

可以计算出C项目的净现值为：

$$NPV_C=-34\ 000+\frac{7\ 500}{1+13.5\%}+\frac{9\ 600}{(1+13.5\%)^2}+\frac{10\ 350}{(1+13.5\%)^3}+\frac{8\ 500}{(1+13.5\%)^4}=-7\ 739\text{（元）}$$

净现值的另一种表达公式为：

$$NPV=\sum_{t=1}^{N}(CI-CO)_t(1+R)^{-t} \tag{6-7}$$

这就是说，净现值是指方案未来现金流入的现值和未来现金流出的现值之间的差额。其中：CI_t为第t年的现金流入；CO_t为第t年的现金流出；R为项目的资本成本；N为项目的寿命期。

2）净现值法的投资决策规则

净现值法的投资决策规则是，若考虑是否接受唯一一个备选方案，则当净现值为正时接受该方案，净现值为负时拒绝该方案；因为，净现值为正时，说明方案的报酬率大于项目资本成本。若考虑多个初始投资额相同的备选方案，应当选用净现值为最大值的 方案。

3）净现值法的评价

净现值法充分考虑了资金的时间价值，并且估算了项目的全部现金流量，能反映投资项目在经济年限内的总效益。净现值可以根据需要来改变折现率，因为项目的经济年限越长，贴现率变动的可能性越大，在计算净现值时，只需改变公式中的分母就行。但是，在多个方案的择优过程中，如果各个方案的投资额不同，单纯看净现值绝对量的大小难以确定投入和产出的效益。另外，在计算净现值时，需要事先确定项目的资本成本，它没有揭示方案本身可以达到的具体的报酬率是多少。

6.2.5 现值指数法

1）现值指数法及其计算

现值指数（PI），即投资项目的未来预期净现金流量的现值与项目的原始现金流出量的比值，也称现值比率、获利指数、贴现后收益-成本比率等。PI大于1，意味着项目的现值大于其初始现金流出量，于是项目的净现值大于0。

计算公式为：

$$PI=\frac{\frac{CF_1}{1+R}+\frac{CF_2}{(1+R)^2}+\cdots+\frac{CF_N}{(1+R)^N}}{ICO}=\frac{\sum_{t=1}^{N}\frac{CF_t}{(1+R)^t}}{ICO} \tag{6-8}$$

其中：CF_t为t时期的期望现金流量；R为项目的资本成本；N为项目的寿命期；ICO为初始现金流出量。

【例6-5】考虑投资A、B和C这三个项目，其原始投资额及未来预期现金流见表6-11，并且假设未来资本成本为10%，要求计算这三个项目的现值指数。

表6-11 **A、B和C三项目的各期现金流** 单位：元

项目		0年	1年	2年	3年	4年
A	净现金流	−100 000	57 000	56 000	67 500	75 600
B	净现金流	−125 000	57 600	58 500	74 500	70 000
C	净现金流	−95 000	23 000	28 500	29 760	25 900

根据题中提供的数据，可以计算得到A、B和C这三个项目的现值指数如下：

$$PI_A=\frac{\frac{57\,000}{1+10\%}+\frac{56\,000}{(1+10\%)^2}+\frac{67\,500}{(1+10\%)^3}+\frac{75\,600}{(1+10\%)^4}}{100\,000}=2$$

$$PI_B=\frac{\frac{57\,600}{1+10\%}+\frac{58\,500}{(1+10\%)^2}+\frac{74\,500}{(1+10\%)^3}+\frac{70\,000}{(1+10\%)^4}}{125\,000}=1.64$$

$$PI_C=\frac{\frac{23\,000}{1+10\%}+\frac{28\,500}{(1+10\%)^2}+\frac{29\,760}{(1+10\%)^3}+\frac{25\,900}{(1+10\%)^4}}{95\,000}=0.89$$

现值指数法的另一种表达式为：

$$PI=\sum_{t=1}^{N}\frac{CI_t}{(1+R)^t}/\sum_{t=1}^{N}\frac{CO_t}{(1+R)^t} \tag{6-9}$$

现值指数为未来现金流入现值与现金流出现值的比率。其中：CI_t为第t年的现金流入；CO_t为第t年的现金流出；R为项目的资本成本；N为项目的寿命期。

2）现值指数法的投资决策规则

现值指数法的投资决策规则是，若只考虑唯一一个被选方案（独立项目），则当PI大于或等于1时接受该投资方案，否则拒绝该方案；若考虑多个被选方案的互斥选择决策（互斥项目），则应通过对互斥方案的增量现金流量进行分析。

考虑上述例题，就单个项目而言，A和B项目的现值指数都大于1，说明它们的收益超过成本，即投资报酬率超过预期的项目资本成本，按决策规则都应被接受；而C项目的净现值小于1，说明其投资报酬率没有达到预期的项目资本成本，按规则应被拒绝。但若只选择唯一一个项目，应该选A。此时，可以用增量分析方法进行调整，把初始投资额大的项目B的现金流量减去初始投资额小的项目A的现金流量，可以得到表6-12。

表6-12　**增量现金流量分析**　单位：万元

项目	现金流量					增量现金流量现值	盈利指数	净现值
	C_0	C_1	C_2	C_3	C_4			
B-A	-25 000	600	2 500	7 000	-5 600	4 045.76	0.16	-20 954.24

由于增量现金流量的盈利指数小于1（净现值小于0），所以应该选择投资额小的项目，即项目A。

3）现值指数法的评价

现值指数法的主要优点是，可以进行独立投资机会获利能力的比较。它是一个相对指标，反映投资的效率。PI大于1，意味着项目的现值大于其初始现金流出量，于是项目的净现值大于0。然而，人们通常更愿意采用净现值法，因为净现值法不仅告诉我们是否应该接受一个项目，并具体算出了该项目对股东财富的经济贡献，反映投资的效益。现值指数法同样没有揭示方案本身可以达到的具体的报酬率是多少。

4）净现值法和现值指数法的比较

净现值法和现值指数法两者都考虑了资金的时间价值因素，从其方法的过程上来说，现值指数法也是建立在净现值法过程的基础上，只是净现值法具体给出了项目方案可实现的投资未来收益，而现值指数法是以价值尺度的观点说明项目方案的投资效率。对于独立性的项目方案来说，用净现值法和现值指数法来评价，得出的评价是一致的，因为NPV大于0的项目，其PI一定大于1。但是，对初始投资额不同的互斥项目而言，这两种方法得出的结论可能就不一样。例如，假设某企业现有A、B两个互斥方案可供选择，A和B方案原始投资额分别为3 500万元和4 400万元，并且每年分别产生1 500万元和1 800万元的现金流入，已知这两个方案的寿命期限都为4年，每年企业预期的投资报酬率为10%，它们的净现值和获利指数的比较见表6-13。

表6-13 **A和B方案概况** 单位：万元

项目	初始投资额	每年的净现金流入	NPV	PI
A	3 500	1 500	1 254.85	1.36
B	4 400	1 800	1 305.82	1.30

根据表6-13，若采用净现值法进行决策，应选择B项目；若采用获利指数法进行决策，应选择A项目。此时，可以用增量分析方法进行调整，把初始投资额大的项目B的现金流量减去初始投资额小的项目A的现金流量，可以得到增量现金流量的盈利指数为0.06，增量现金流量的净现值50.97万元。因此，B方案优于A方案。

总而言之，净现值是绝对量的指标，反映投资效益；而现值指数则是相对量的指标，反映投资效率，无法反映投资回收的多少。因此，在没有资本限额的情况下，对于互斥项目而言，应以净现值法的评价为主要依据，但是在与现值指数法不一致的情况下，应根据投资方案的情况，采用现金流量增量分析来选择最优方案。在资本限制情况下，公司应按照现值指数的大小选取净现值之和最大的投资项目组合，以保证公司获得最大的收益，增加股东财富。

6.2.6 内部收益率法

内部收益率（IRR）法是根据方案本身内部收益率来评价方案优劣的一种方法。内部收益率是根据方案的现金流量计算的，是方案本身的投资报酬率。内部收益率的经济涵义是在项目的整个寿命期内按贴现率为IRR计算，如始终存在未能收回的投资，而在寿命结束时，投资恰好被完全收回。

1）内部收益率法及其计算

内部收益率是指使投资项目的未来预期现金流入量总现值等于项目的投资成本总现值的贴现率，即净现值为零时的折现率。一般而言，内部收益率是净现值曲线和横坐标交点处的折现率。

按计算公式：

$$NPV=\frac{CF_1}{1+IRR}+\frac{CF_2}{(1+IRR)^2}+\cdots+\frac{CF_N}{(1+IRR)^N}-ICO=\sum_{t=1}^{N}\frac{CF_t}{(1+IRR)^t}-ICO=0$$

即：

$$\sum_{t=1}^{N}\frac{CF_t}{(1+IRR)^t}=ICO \tag{6-10}$$

其中：CF_t为t时期的期望现金流量；IRR为内部收益率；N为项目的寿命期；ICO为初始现金流出量。

式（6-10）隐含着一个基本假定：项目寿命期内所获得的净收益全部用于再投资，再投资的收益率等于项目的内部收益率。

通常采用插值法计算IRR。其方法介绍如下：先估算两个贴现率 r_1 和 r_2，分别计算这两个贴现率对应的净现值 NPV_1 和 NPV_2，要求两个净现值的大小介于两个“相邻的”贴现率 r_1 和 r_2 之间，而且两个净现值“一正一负”，以确保IRR介于 r_1 和 r_2 之间，再按公式：

$$IRR=r_1+(r_2-r_1)\times\frac{|NPV_1|}{|NPV_1|+|NPV_2|} \qquad (6-11)$$

即可计算出IRR。

对于式（6-11）的获得，可参见图6-3。

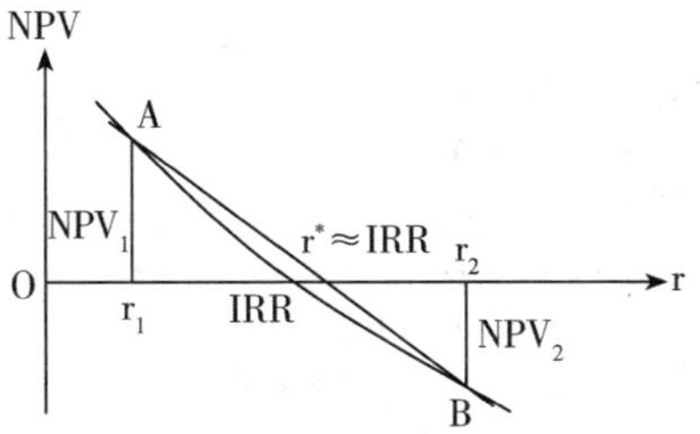

图6-3　内插法求IRR图解

在图6-3中，当 r_2-r_1 足够小时，可以将曲线AB近似看成直线AB，直线AB与横坐标交点处的折现率 r^* 即为IRR的近似值。ΔAr_1r^* 相似于 ΔBr_2r^*，故有：

$$\frac{r^*-r_1}{r_2-r^*}=\frac{NPV_1}{|NPV_2|} \qquad (6-12)$$

等比例变换可得：

$$\frac{r^*-r_1}{r_2-r_1}=\frac{NPV_1}{NPV_1+|NPV_2|} \qquad (6-13)$$

展开整理即可得式（6-11）。

由于上式计算误差与 r_2-r_1 的大小有关，且 r_2 与 r_1 相差越大，误差也越大，为控制误差，r_2 与 r_1 之差一般不应超过0.05。

【例6-6】假设某公司投资A项目的寿命为4年，其原始投资额及各期现金流量见表6-14，要求计算A项目的内部收益率。

表6-14　**A项目的各期现金流**　单位：元

	0年	1年	2年	3年	4年
净现金流	-60 000	33 000	21 000	15 000	12 600

根据内部收益率的经济含义，可得到：

$$\frac{33\,000}{1+IRR}+\frac{21\,000}{(1+IRR)^2}+\frac{15\,000}{(1+IRR)^3}+\frac{12\,600}{(1+IRR)^4}-60\,000=0$$

可以用插值法来计算A项目的内部收益率。首先，通过计算不同折现率的净现值，当折现率从0～15%时净现值大于0并且逐渐变小，但是从20%～30%时净现值开始小于0，并且越来越小，变化过程见表6-15。

从表6-15可见，IRR应该在15%～20%。当 r_1=15%，r_2=20%时，NPV_1=1 642，NPV_2=-3 160。根据插值法公式（6-11），可以计算得到A项目的内部收益率为：

表6-15 折现率和净现值的关系 单位：元

折现率（%）	0	5	10	15	20	25	30
净现值	21 600	13 800	7 231	1 642	−3 160	−7 319	−10 950

$$IRR_A=15\%+(20\%-15\%)\times\frac{|1\ 642|}{|1\ 642|+|-3\ 160|}=16.71\%$$

A项目的净现值曲线图如图6-4所示。

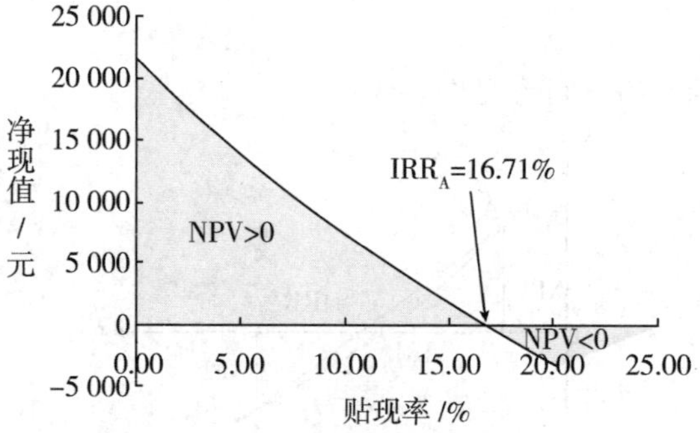

图6-4 净现值曲线图

通过对图6-4的观察可以知道，当贴现率小于内部收益率时该项目的净现值大于0；当贴现率等于内部收益率时该项目的净现值等于0；当贴现率大于内部收益率时该项目的净现值小于0。且A项目的净现值随贴现率的增大而减小。

2）内部收益率法的投资决策规则

内部收益率法的投资决策规则是，若只考虑是否接受唯一一个备选方案，则当计算出的内部收益率大于或等于公司的资本成本或必要的收益率时就接受该方案；因为，从图6-4可见，当内部收益率大于或等于项目的资本成本时，项目的净现值为非负的。当计算出的内部收益率小于公司的资本成本或必要的收益率时拒绝该方案。因为，从图6-4可见，当内部收益率小于项目的资本成本时，项目的净现值为负。若考虑多个备选方案的互斥选择决策，则应选择内部收益率超过资本成本或必要收益率最多的投资项目。

3）内部收益率法的缺陷

虽然内部收益率和净现值这两个法则形式上是相同的，具有净现值的一部分特征，在理财实务中最经常被用来替代净现值法，但是内部收益率法则存在一些缺陷。

（1）可能产生多个内部收益率

在前面的分析中，假设投资项目在整个寿命期间内现金流量只改变一次符号（也称常规项目），即原始投资时才产生负号，而项目发生效益时都变成正号：−，+，+，…实际中有可能在项目期中发生追加投资、税收延后或者成本突然增大等情况而使投资寿命期内现金流量多次改变符号（也称非常规项目），在这种情况下，有可能发生多个内部收益率共存的现象。

【例6-7】假设项目A的现金流量表见表6-16，假设资本成本为10%，讨论该项目是否存在内部收益率。

为了找出该项目的内部收益率，可以先计算不同贴现率时的净现值，见表6-17。

表6-16　**项目A各期的现金流**　单位：万元

	0年	1年	2年
现金流	-20 000	52 000	-33 750

表6-17　**项目内部收益率和净现值的关系**　单位：万元

贴现率（%）	0	10	20	30	40	50
净现值	-1 750	-620	-104	30	-77	-333

由表6-17可见，净现值随贴现率的变化而呈现出一个非常奇怪的变化趋势。当贴现率从0增加到30%时，净现值也随之递增，从负值增加到正值；当贴现率从30%增加到50%时，净现值且相反地递减，从正值再到负值。那么这个项目是否存在内部收益率呢？

可以近似画出该项目的净现值曲线图，见图6-5。

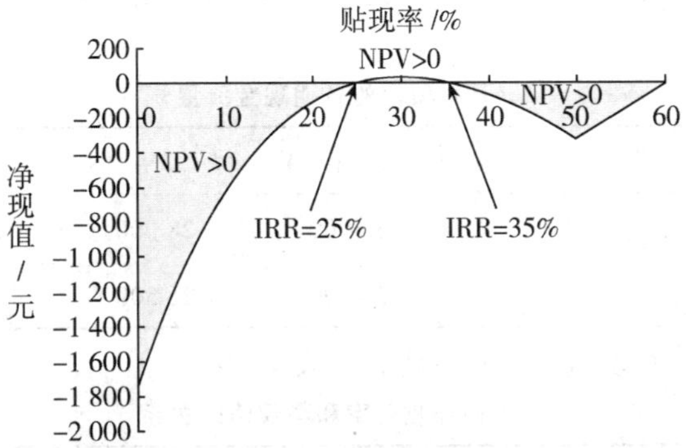

图6-5　净现值曲线图

从图6-5可以得知（可以根据插值法计算内部收益率），当贴现率为25%和35%时，净现值都为0，因此，项目A存在两个内部收益率，即25%和35%。根据内部收益率法的判断标准，这两个收益率都大于该项目的资本成本10%，理应接受该项目，但是根据10%的资本成本计算出该项目的净现值为-620万元，则应该拒绝该方案。在这种情况下，内部收益率法和净现值法的判断结果是相互矛盾的，明显地内部收益率法的结论是错误的。这时，25%和35%都不是真正意义上的内部收益率。它们都不符合内部收益率的经济含义。

对于非常规项目，只要IRR方程存在多个正根，则所有的根都不是真正的内部收益率。但如果非常规项目的IRR方程只有一个正根，则这个根就是项目的内部收益率。在实际中，对于非常规项目可以用通常的方法（插值法）先求出一个IRR的解，接着对这个解按照内部收益率的经济含义进行检验，如果满足内部收益率经济含义的要求，则这个解就是内部收益率的唯一解，否则项目没有内部收益率，不能使用内部收益率指标进行决策。

为什么会出现多个内部收益率呢？原因在于现金流的符号发生了多次变化。事实上，求解内部收益率的方程是一个高次方程。根据数学知识，一个n次方程，必有n个根，所以其正数根可能不止一个。根据笛卡儿符号法则，如果方程的系数序列的正负号变化次数为P，则方程的正根个数等于P或者比P少一个正偶数。当P=0时，方程无正根；当P=1

时，方程有且仅有一个单正根。也就是说，如果项目净现金流序列的正负号仅变化一次，不会出现多个内部收益率问题；如果净现金流序列的正负号有多次变化，有可能出现多个内部收益率问题。

（2）相互排斥的项目

如果实施一组投资项目中的某项投资后会完全消除其他投资项目的预期收入，那么这些投资项目就是相互排斥的项目。在企业实际的经营运行中，经常碰到相互排斥的项目，当企业选择投资项目时，经常面临着两个或者两个以上的备选项目，但是由于这两个项目是互相排斥的，只能选择其中的一个项目来实施。

假如给出了两个互斥的投资项目，那么到底应该选择哪一个呢？这时应该采用什么标准来评判这两个项目呢？是内部收益率还是折现法？下面将通过一个简单的例子来展示互斥项目的决策有何不同。

【例6-8】快捷熟食店的老板张伟正准备引进一套新厨具，现在有A、B两个项目，正准备从中挑选一个，这两个方案的现金流量见表6-18。请根据内部收益率来判断这两个项目哪个比较好。

表6-18 **A、B两项目的各期现金流量表** 单位：元

		0年	1年	2年	3年	4年
A项目	净现金流	-60 000	35 000	28 000	28 000	22 000
B项目	净现金流	-60 000	25 600	26 500	35 500	30 000

当贴现率不同时，净现值也不断变化，见表6-19。

表6-19 **项目内部收益率和净现值的关系** 单位：元

贴现率（%）	0	5	10	15	20	25	30	35
A项目的净现值	53 000	41 017	31 022	22 596	15 424	9 267	3 939	-707
B项目的净现值	57 600	43 765	32 336	22 793	14 748	7 904	2 035	-3 036

根据插值法公式（6-11）分别计算A、B两个项目的内部收益率：

$$IRR_A=30\%+(35\%-30\%)\times\frac{|3\,939|}{|3\,939|+|-707|}\times100\%=34.24\%$$

$$IRR_B=30\%+(35\%-30\%)\times\frac{|2\,035|}{|2\,035|+|-3\,036|}\times100\%=32.01\%$$

如果简单地根据内部收益率的评判标准，那么将会认为A项目优于B项目。但实际上，这种简单地根据内部收益率法来评估互斥项目的方法往往会出现错误结论。因为内部收益率只是一个相对指标，并没有考虑项目的规模因素，而规模显然十分重要。但是，可以通过表6-19观察出这两个项目中不一定总是A项目比较好：当资本成本即贴现率为15%时，B项目的净现值大于A项目。但是当资本成本为20%时，根据内部收益率法和净现值法判断出的结果都是一样的：A项目的净现值大于B项目。

读者一定很好奇，为什么贴现率变了，根据折现法判断的结果也变了呢？互斥项目的贴现率和净现值存在什么样的关系呢？下面将通过这两个互斥项目的净现值曲线图来回答上述问题。

图6-6是这两个互斥项目的净现值曲线图。

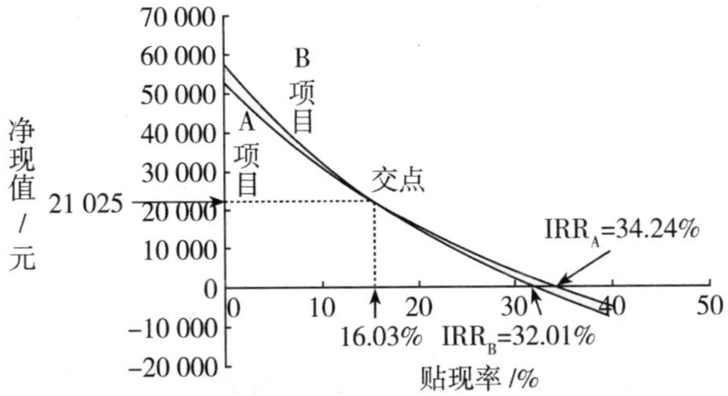

图6-6 两个互斥项目的净现值曲线图

由图6-6所知，如果资本成本小于两条曲线的交叉点16.03%，那么B项目的净现值大于A项目；如果资本成本等于16.03%，那么A项目和B项目的净现值相等；如果资本成本大于16.03%，那么A项目的净现值大于B项目。

经过前面复杂的讨论，由于内部收益率法相对指标没有考虑具体投资项目的规模（包括投资规模、效益规模等）。因此，在实际的互斥项目的评判过程中净现值法要优于内部收益率法。

4）内部收益率法的评价

内部收益率法的评价见表6-20。

表6-20 **内部收益率法的评价**

优点	（1）内部收益率反映了投资项目可能达到的收益率，容易为高层决策人员所理解 （2）揭示了投资项目本身的实际收益率，不必事先选择贴现率，可帮助财务管理人员更好地比较各项目的优劣 （3）考虑了资金时间价值，增强了对投资项目经济可行性的评价
缺点	（1）计算过程复杂，特别对于每年的净现金流量不相等的投资项目，一般要经过多次测算才能求得 （2）在隐含的再投资收益率假设上有明显的缺陷，可能会导致错误的决策 （3）在特定的情况下，由于内部收益率法的求解公式是一个N阶高次方程，所以它可能存在多个内部收益率，使决策者无法判别其真实的内部收益率究竟是多少，从而进一步限制了内部收益率的适用范围

5）净现值法和内部收益率法的比较

净现值法和内部收益率法两者均考虑了资金时间价值，一般情况下，这两种方法的评价结果是一致的。只是净现值法给出了项目具体的投资未来收益，而内部收益率法是以价值尺度的观点来说明项目的投资效率。

对于独立项目来说，用净现值法和内部收益率法来评价，得出的评价是一致的。净现值法和内部收益率法通常会得出相同的接受或者拒绝的决策。如果根据净现值法是可以接受的，那么根据内部收益率法也是可以接受的。因为，根据项目的净现值图，可以得出这样的结论：当内部收益率大于或等于项目的资本成本时，项目的净现值为非负的。

对于互斥项目来说，可能由于各项目之间的原始投资额、寿命期限相差悬殊，而导致NPV和IRR评价的结果不尽相同；或者可能由于净现金流符号变化多次（非常规项目），从而导致根本不存在IRR或存在多个IRR。在这种情况下，因为NPV法既考虑了项目的规模、具体金额的收益，又不会产生类似于IRR不存在或者多个IRR的问题，所以一般推荐使用NPV法进行项目评估。

虽然在上述情况中NPV法优于IRR法，但是从另一方面考虑，IRR法可以不必如NPV法事先给定基准折现率，而且也体现了投资的使用效率。因此，这两种方法各有千秋，在实际中得到财务管理人员的广泛使用。总之要选择最优方案，就必须通过选择合适的方法一起应用以及参考各种辅助财务指标，才能实现投资收益最大化。

总的来说，净现值法的决策原则充分体现了投资决策准则，依据其做出的决策符合公司理财目标。于是，当各种决策标准发生冲突时，如果为互斥方案，应该选择净现值大的方案；如果为独立方案，则应该选择净现值之和最大的投资组合。一般而言，净现值是进行资本预算的明智选择，净现值使用了现金流量，包含了项目的全部现金流量并对现金流量进行了合理折现。多数的研究表明，大公司经常使用的资本预算方法是内部收益率、净现值法，或者是二者结合起来使用。

6.3 现金流量估算

在资本预算的步骤中，最为重要也是最为困难的是估算项目的现金流量——投资的支出和在项目运营期间每年的净现金流量。在估算现金流量中，需要注意以下两个重要的基本原则：①资本预算决策必须建立在现金流量的基础上，而不是会计利润的基础上；②只有增量现金流量才是与项目相关的现金流量。

6.3.1 增量现金流量——核心概念

（1）“现金流量”与“会计利润”

财务管理课程通常使用现金流量，而财务会计课程通常强调收入、利润，现金流量和会计利润是两个完全不同的概念，进行资本预算决策必须估计现金流量，不用考虑会计利润。例如，某公司当前投资100 000元购买一项固定资产，进行资本预算决策时，时期0的现金流出量就是100 000元；而在会计确认中，若采用10年直线折旧法，当前时点的会计成本即固定资产折旧是10 000元（100 000÷10），而非现金流量100 000元。

我们在进行资本预算决策时，是用现金流量而非利润进行折现。另外，仅考虑现金流量是不准确的，而应考虑“增量现金流量”——因投资某个新项目所导致的现金流量的变化，即投资项目和不投资项目的现金流量的差异。

（2）沉没成本

沉没成本是指过去已经发生的成本，不论现在是否继续投资某个项目，这类成本都不会改变，同时和现有的资本决策无关。沉没成本不属于增量现金流量，我们应该忽略这类成本。例如，某公司目前欲扩张其产品市场，而且已于前年进行了一项问卷调查花费5 000元，请问前年的市场调查费和今年的投资决策有关吗？答案肯定是无关的。当然，这5 000元的市场调查费本身属于资本预算决策，在它沉没之前是绝对有关的。

（3）机会成本

和微观经济学中的“机会成本”概念类似，是指在有限资本预算决策中，如果投资某个新项目，则失去了投资其他正NPV项目的机会，这类相应的成本就是机会成本，机会成本属于增量现金流量，我们必须考虑这类成本。例如，某公司有一块空置的土地，目前考虑投资修建工厂以生产产品，请问空置土地的成本是否应包含在产品销售的成本里呢？答案是应该包含。这块土地用于其他用途所能产生的最大NPV就是相应的机会成本。

（4）副效应

副效应分为两类：侵蚀效应和协同效应。侵蚀效应是指新项目会负向影响（降低）原有项目的现金流量，协同效应是指新项目能正向影响（增加）原有项目的现金流量。副效应属于增量现金流量，我们同样应该考虑进去。

6.3.2　估算新投资项目的现金流量

新扩张投资项目（new expansion project）是公司投资于增加销售收入的资产。公司是否应该投资于扩张项目，取决于扩张项目的净现值是否高于原投资项目的净现值，也就是新项目的增量现金流是否大于0。如果大于0，则应该进行扩张，否则不应该。此时，增量现金流量就是项目的现金流入量和现金流出量的差。需要指出的是，在计算扩张项目的现金流时，要考虑放弃原有项目的机会成本。因为估计新投资项目的现金流量具有很强的应用性，以下将通过一个比较详细的例题来展示。

【例6-9】PH公司计划投资A产品，固定资产投资额500万元。假定建设期1年，即第2年就可以生产出产品并进行销售，项目经营期为5年。A产品经营期内年销售数量见表6-21。

表6-21　**A产品经营期内年销售数量**　单位：套

	1年	2年	3年	4年	5年
销售数量	6 500	7 500	7 800	7 200	6 900

PH公司计划开始3年将以1 100元/套的价格进行销售，随着竞争激烈地进行，PH公司计划在第4年开始将产品价格降为1 000元/套。

A产品项目开始需要投入100万元的流动资产，以后每年的净运营资本大约为销售收入的15%。A产品的可变成本为每套350元，且固定成本平均为每年250 000元。

固定资产采用直线折旧法折旧，预计可使用年限为5年，预计净残值率为10%，预计5年后市场价格为124万元。假设企业所得税税率为25%，必要投资收益率为10%。要求：

（1）计算项目的贴现投资回报期；

（2）用净现值法评价A产品的投资是否可行；

（3）假设该公司的预期收益率为30%，试用内部收益率法评价A产品的投资方案是否可行。

要计算A产品项目的投资回报期，必须把该项目的现金流计算出来，通过上面对增量现金流的学习可以知道，项目的现金流由运营现金流、净运营资本、资本支出这三部分组成。因此，我们的计算思路应该是先分别把这三者计算出来，然后相加得到每年项目的总现金流。

运营现金流的计算：运营现金流可以通过税前收入加上折旧再减去税收的计算方式得到，而这三个数据都能在利润表中找到。因此，先把利润表计算出来。根据例题中给出的A产品每年预测数量和价格，可以计算出其每年的销售收入，其每年的销售收入见表6-22。

表6-22 **A产品各年的销售收入表** 金额单位：元

	1年	2年	3年	4年	5年
销售价格	1 100	1 100	1 100	1 000	1 000
销售数量	6 500	7 500	7 800	7 200	6 900
销售收入	7 150 000	8 250 000	8 580 000	7 200 000	6 900 000

进一步根据题中给出的数据，可以得到表6-23。

表6-23 **A产品的利润表** 单位：元

	1年	2年	3年	4年	5年
销售收入	7 150 000	8 250 000	8 580 000	7 200 000	6 900 000
可变成本	2 275 000	2 625 000	2 730 000	2 520 000	2 415 000
固定成本	250 000	250 000	250 000	250 000	250 000
总成本	2 525 000	2 875 000	2 980 000	2 770 000	2 665 000
折旧	900 000	900 000	900 000	900 000	900 000
税前收入	3 725 000	4 475 000	4 700 000	3 530 000	3 335 000
所得税费用	931 250	1 118 750	1 175 000	882 500	833 750
净收入	2 793 750	3 356 250	3 525 000	2 647 500	2 501 250

净运营资本变化量的计算：根据题中给出的信息，A产品项目开始需要投入100万元的流动资产，以后每年的净运营资本大约为销售收入的15%，这意味着项目开始的净资本支出为100万元，而在第1年里，该项目的净运营资本从1 000 000元增加到1 072 500元（15%×7 150 000），即该年的净运营资本增加量为72 500元（1 072 500−1 000 000）。同时应该注意的是，因为净运营资本增加量是一种现金流出，所以应该在其前面标上负号，记为−72 500元，以表示公司增加了对净运营资本的投资，而正号表示净运营资本的回收。可以用同样的方式计算各年的净运营资本变化量，见表6-24。

表6-24 **A产品项目的净运营资本变化量** 单位：元

	0年	1年	2年	3年	4年	5年
销售收入		7 150 000	8 250 000	8 580 000	7 200 000	6 900 000
净运营资本	1 000 000	1 072 500	1 237 500	1 287 000	1 080 000	1 035 000
净运营资本变化量		−72 500	−165 000	−49 500	207 000	45 000

资本支出的计算：为了生产A产品，公司花费了500万元购买机器，通过上述讨论，在项目结束时该产品的市场价格为124万元，因此，公司税后收入为93万元（124×（1−25%））。见表6-25中的Ⅲ部分（资本支出）。

表6-25　**A产品项目的现金流量表**　单位：元

	0年	1年	2年	3年	4年	5年
Ⅰ.运营现金流						
税前收入		3 725 000	4 475 000	4 700 000	3 530 000	3 335 000
折旧		900 000	900 000	900 000	900 000	900 000
所得税费用		931 250	1 118 750	1 175 000	882 500	833 750
运营现金流		3 693 750	4 256 250	4 425 000	3 547 500	3 401 250
Ⅱ.净运营资本						
原始净运营资本	-1 000 000					
净运营资本变化量		-72 500	-165 000	-49 500	207 000	45 000
净运营资本回收						1 035 000
总净运营资本变化量	-1 000 000	-72 500	-165 000	-49 500	207 000	1 080 000
Ⅲ.资本支出						
原始支出	-5 000 000					
税后残值						930 000
资本支出	-5 000 000					930 000

项目的总现金流计算：通过前面对运营现金流、净运营资本和资本支出的计算，终于可以把它们合并成项目的总现金流量，计算结果见表6-26。

表6-26　**A产品项目的总现金流量表**　单位：元

	0年	1年	2年	3年	4年	5年
运营现金流		3 693 750	4 256 250	4 425 000	3 547 500	3 401 250
总净运营资本变化量	-1 000 000	-72 500	-165 000	-49 500	207 000	1 080 000
资本支出	-5 000 000					930 000
总项目现金流	-6 000 000	3 621 250	4 091 250	4 375 500	3 754 500	5 411 250
折现现金流	-6 000 000	3 292 045	3 381 198	3 287 378	2 564 374	3 359 961
累计折现现金流	-6 000 000	-2 707 955	673 243	3 960 621	6 524 995	9 884 956

（1）计算项目的贴现投资回报期。

$$PP_A=1+\frac{2\ 707\ 955}{3\ 381\ 198}=1.8\text{（年）}$$

（2）用净现值法评价A产品的投资是否可行。

$$NPV_A=-6\ 000\ 000+\frac{3\ 621\ 250}{1+10\%}+\frac{4\ 091\ 250}{(1+10\%)^2}+\frac{4\ 375\ 500}{(1+10\%)^3}+\frac{3\ 754\ 500}{(1+10\%)^4}+\frac{5\ 411\ 250}{(1+10\%)^5}$$

$$=9\ 884\ 956\text{（元）}$$

由于NPV>0，所以该投资可行。

(3) 用内部收益率法评价A产品的投资是否可行。

$$NPV_A=-6\,000\,000+\frac{3\,621\,250}{1+IRR}+\frac{4\,091\,250}{(1+IRR)^2}+\frac{4\,375\,500}{(1+IRR)^3}+\frac{3\,754\,500}{(1+IRR)^4}+\frac{5\,411\,250}{(1+IRR)^5}=0$$

用插值法计算A产品的内部收益率。当贴现率不同时，净现值也不断变化，见表6-27。

表6-27 **产品A的贴现率和净现值的关系** 单位：元

贴现率（%）	0	10	20	30	40	50	60	70
净现值	15 253 750	9 884 956	6 376 251	3 969 976	2 252 014	983 166	18 611	−732 959

根据式（6-11），A产品的内部收益率为：

$$IRR_A=60\%+(70\%-60\%)\times\frac{|18\,611|}{|18\,611|+|-732\,959|}\times100\%=60.25\%$$

根据内部收益率法的投资决策规则，A产品的内部收益率大于公司预期的收益率30%，因此，应该接受此项目。

6.3.3 估算重置型项目的现金流量

重置型项目（replacement project）是公司用新资产替代现有资产。公司是否应该投资于重置型项目，取决于重置型项目的净现值是否高于原投资项目的净现值，也就是新项目的增量现金流是否大于0，如果大于0，则应该进行替换，否则不应该替换。需要指出的是，在计算重置型项目的现金流时，要考虑放弃原有项目的机会成本。

【例6-10】宏业公司想用一种新型高速的复印机重置现有的打印机。现有的打印机是10年前花费30 000元购买的，预期寿命15年，折旧采用直线折旧法，现行的账面价值为10 000元（即购买价格减去过去10年的累计折旧），且在15年之后残值为零。

新型高速的复印机的价格为43 000元（包括运输费用和安装费用），预期寿命为5年。若使用新型复印机，则能够充分地把劳动和原料成本从每年28 000元降至16 000元，这项节约意味着每年将提高企业利润12 000元。

新型复印机在5年后其预期残值大约为8 000元。现有的打印机虽然其账面价值为10 000元，但是其实际市场交易价格仅为4 000元。如果购买新型复印机，那么现有的打印机将会卖给其他公司。企业的税率为25%，且重置复印机风险很低。在重置的同时，宏业公司的净运营资本需求将提高4 000元，并且在5年后得到回收。复印机的现金流相对确定，因此，相对于项目的平均资本成本12%，其资本成本被设定为11.5%。公司能够接受的最长还款期限为5年。该新型复印机设备的税前折旧见表6-28。

表6-28 **新型复印机的税前折旧** 单位：元

	1年	2年	3年	4年	5年
税前折旧	14 000	10 500	7 000	3 500	0

试计算项目的原始投资额度，宏业公司替代项目寿命期内的运营现金流、净运营资本变化量以及资本支出。然后用NPV、IRR和回收期法分析是否应该接受该项目。

运营现金流的计算：

可以使用差额分析法进行分析，即两个方案投资的差额作为更新的现金流出，而每年运行的成本差额作为更新带来的成本节约额，相当于现金流入。另外需要注意的是，当计算一个重置型项目的折旧时，需要通过现有打印机已发生的折旧费用降低新型复印机的折旧费用，如果实行了重置型项目，那么采用折旧差额作为现金流入，具体步骤如下：

CF_t=［ΔR（0）-ΔC（0）］×（1-0.25）+（D_t-2 000）×0.25

CF_1=［0-（-12 000）］×（1-0.25）+（14 000-2 000）×0.25=12 000（元）

CF_2=［0-（-12 000）］×（1-0.25）+（10 500-2 000）×0.25=11 125（元）

CF_3=［0-（-12 000）］×（1-0.25）+（7 000-2 000）×0.25=10 250（元）

CF_4=［0-（-12 000）］×（1-0.25）+（3 500-2 000）×0.25=9 375（元）

CF_5=［0-（-12 000）］×（1-0.25）+（0-2 000）×0.25=8 500（元）

净运营资本变化量的计算：

在重置的同时公司的净运营资本需求将提高4 000元。

资本支出：

计算出售现有打印机时的资本支出。如果实行重置型方案而出售现有的复印机，那么可以得到税后收入3 000元（4 000×（1-0.25））。同时由于购买新型复印机，需要花43 000元，那么，此置换项目的净原始现金支出为：

净原始现金支出=成本+来自于出售现有打印机的现金流入

=-43 000+4 000×（1-0.25）

=-40 000（元）

计算期末出售新型复印机的资本支出。当期末把新型复印机出售时获得了8 000元的税前利润，扣除2 000元（25%×8 000），将得到6 000元的资本流入。通过上述计算，该重置项目的现金流量见表6-29。

表6-29　**重置型项目的现金流量表**　单位：元

	0年	1年	2年	3年	4年	5年
Ⅰ.运营现金流						
运营现金流		12 000	11 125	10 250	9 375	8 500
Ⅱ.净运营资本						
原始净运营资本						
净运营资本变化量						
净运营资本回收						4 000
总净运营资本变化量						4 000
Ⅲ.资本支出						
原始支出	-43 000					
税后残值	3 000					6 000
资本支出	-40 000					6 000

项目的总现金流计算：

通过前面对运营现金流、净运营资本和资本支出的计算，最终可以把它们合并成项目的总现金流，见表6-30。

表6-30　　**重置型项目的总现金流量表**　　单位：元

	0年	1年	2年	3年	4年	5年
运营现金流		12 000	11 125	10 250	9 375	8 500
总净运营资本变化量						4 000
资本支出	-40 000					6 000
总项目现金流	-40 000	12 000	11 125	10 250	9 375	18 500
累计现金流	-40 000	-28 000	-16 875	-6 625	2 750	21 250
折现现金流	-40 000	10 762	8 948	7 394	6 066	10 735

该重置型项目的净现值为：

$$NPV=-40\,000+\frac{12\,000}{1+11.50\%}+\frac{11\,125}{(1+11.50\%)^2}+\frac{10\,250}{(1+11.50\%)^3}+\frac{9\,375}{(1+11.50\%)^4}+\frac{18\,500}{(1+11.50\%)^5}$$

$$=-40\,000+43\,905=3\,905\text{（元）}$$

因为NPV>0，所以按照净现值的投资决策规则应该接受该重置型项目。

该重置型项目的内部收益率计算如下：

$$NPV=-40\,000+\frac{12\,000}{1+IRR}+\frac{11\,125}{(1+IRR)^2}+\frac{10\,250}{(1+IRR)^3}+\frac{9\,375}{(1+IRR)^4}+\frac{18\,500}{(1+IRR)^5}=0$$

使用插值法计算该重置型项目的内部收益率。

当贴现率不同时，净现值也不断变化，见表6-31。

表6-31　　**重置型项目的内部收益率和净现值的关系**　　金额单位：元

贴现率（%）	0	2.50	5.00	7.50	10.00	12.50	15.00	17.50	20.00
净现值	21 250	16 659	12 582	8 947	5 965	2 775	144	-2 232	-4 387

利用式（6-11），重置型项目的内部收益率为：

$$IRR=15\%+(17.5\%-15\%)\times\frac{|144|}{|144|+|-2\,232|}\times 100\%=15.15\%$$

由于IRR=15.15%，大于该项目的资本成本，按照内部收益率法的投资决策规则应该接受该项目。

根据内部收益率法的投资决策规则，该重置型项目内部收益率大于项目的平均资本成本12%，因此，应该接受此项目。

该重置型项目的回收期为：

$$PP=3+\frac{40\,000-12\,000-11\,125-10\,250}{9\,375}=3.71\text{（年）}$$

该重置型项目的回收期小于项目的寿命期，按照回收期法的投资决策规则应该接受该项目。

该重置型项目的折现回收期为：

$$PP=4+\frac{40\,000-10\,762-8\,948-7\,394-6\,066}{10\,735}=4.64\text{（年）}$$

该重置型项目的回收期小于项目的寿命期5年，按照回收期法的投资决策规则应该接受该项目。

6.4 资本预算：深层问题

6.4.1 资本限额下的资本预算

前面对资本预算的讨论，都基于这样的假设前提：如果公司接受每一个具有正净现值的项目，公司股东的财富最大。但是，如果对投资项目有所限制，公司就不能选取所有项目，经济学家称之为资本约束（capital rationing）。资本限额顾名思义就是限制了企业的资本支出。当企业的资金不足以支付所有净现值为正的项目时，企业就要进行资本限制。在完善的资本市场中，企业总是能够获得净现值为正的项目所需要的资金，因为这个项目优于其他的市场机会。因此，假设现有的资本市场非常有效，企业就应该能取得投资于所有净现值为正的项目所需要的全部资金。然而，在现实经济活动中，企业一般都要对资本支出设定限额。而正如现实所证明的那样，资本限额有一些实用价值。资本限额可能增加了管理者利己行为的机会，从而增加了企业的代理成本。但是其他市场不完善的存在又使企业受益于资本限额。资本限额方法为在分析中包含资本市场交易成本及其他易被忽略的成本提供一种手段，从而能更精确地计量项目的净现值。基于上述因素共同作用，几乎所有企业都应用某种资本限额方法。但资本限额也具有局限性，由于壕沟效应，管理者可能希望“保守地”选择项目的净现值，他们会选择安全边际较大的项目。因为安全边际较大的项目能降低破产的概率、企业的总风险以及失业的机会。管理者这种机会主义行为增加了企业代理成本。总的来说，使用资本限额的缺点是其会增加代理成本。但是，由于市场不完善的存在又使企业受益于资本限额。企业可以以多种不同的方式来施加这种限制，常用方式有两种：一是使用一个超过项目资本成本一定比例的折现率；二是为资本预算的各组成部分或资本预算总额设置一个最大值。第二种方式的资本限额更显而易见，因而得到了人们的公认，在实务中使用最普遍。资本总量有限时，就需要在公司资源允许的范围内选取项目群，尽可能地最大化项目净现值，即选择净现值总和最大的一组项目。企业通常不能只接受项目的某些部分，它们或者拒绝或者接受整个项目。因此，在资本限额下，企业必须形成一个预算额小于或者等于可得到的最大资金额的总资本预算。现值指数是在资本限额下识别最佳项目组的有利工具。

【例6-11】维达公司有5个项目可供选择，资金只有150万元，5个项目评估情况见表6-32，那么我们应该选择投资哪些项目？

表6-32　**各项目的原始投资额、PI和NPV**　单位：元

项目	原始投资额	PI	NPV
A	250 000	2.0	250 000
B	250 000	1.8	200 000
C	1 250 000	1.7	875 000
D	500 000	1.3	150 000
E	500 000	1.2	100 000

让我们回顾一下6.2节资本预算方法，PI和NPV评估法。PI是现值指数，NPV是净现值，当PI≥1或者NPV≥0时，表示项目将产生非负的净现值，项目可以被接受。当PI<1或者NPV<0，表示项目将产生负的净现值，项目应该被拒绝。其分析过程如下：按PI指标选择，应选项目A、B，之后再选择项目C，但资金不够。若放弃项目C，而选择项目D、E，即选择项目A、B、D、E组合，正好满足资金要求，但该组合的NPV小于项目A、C组合的NPV，故应选择A、C项目组合。

现值指数是从相对的角度来看问题，它的优点是不管投资的规模大小，所有项目均以同一基准进行比较。当企业的投资限额有所限制不能投资于所有值得投资的项目时，现值指数能在一定的程度上发挥其作用。但如果初始投资之后在资金使用上还有限制，那么现值指数就会失败。也就是说，现值指数无法解决多个期间的资本限额问题。可以采用整数规划中的隐枚举法（implicit enumeration method）来解决资本限额问题。特别是涉及多个期间的资本限额问题，该方法更为适用、有效，而此时现值指数则显得无能为力。

隐枚举法的实质是分枝定界法。但是一般分枝定界法求解整数规划时，替代问题是放宽变量的整数约束。但用隐枚举法时，替代问题是在保持0～1的约束条件下放宽问题的主要约束。用隐枚举法求解问题时的步骤如下：

第一步，把问题转化成下面的标准形式。

（1）目标函数极小化，约束条件为“≥”形式。

（2）如果目标函数中变量X_j系数为负，可令$X'_j=1-X_j$代入，使系数值变为正。

（3）在目标函数中，变量按系数值从小到大排序，在约束条件中排列顺序也随之相应改变。

第二步，在标准化后的问题中令所有变量为0，代入约束条件中检查是否满足，如果满足即为问题的最优解，否则转入下一步。

第三步，按在目标函数中排列顺序依次令各变量分别为“1”或“0”，将问题分成两个子问题，分别检查是否满足约束条件，如果不满足继续对变量取值为1的子问题分枝，直到找出一个可行解为止。

注意当发生下列三种情况之一时，该分枝不再继续往下分，或保留或剪枝。

（1）该分枝的子问题为可行解，这时应保留所有可行解中目标最小的分枝，将可行解中边界值大的分枝剪去；

（2）不管是否为可行解，该分枝边界值已超过保留下来的可行解值；

（3）当该分枝中某些变量的值已确定的情况下，其余变量不管取什么值都无法满足一个或几个约束时，即该分枝无开心解，实行剪枝。

第四步，从（1）、（2）、（3）三种情况以外的分枝中找出边界值最小的分枝再往下分，一直到除保留的分枝外，其余全被剪去为止。这时保留下来的分枝的可行解值即为问题的最优解值。

【例6-12】A公司准备在接下来的几年中实行资本限额限制。许多考虑中的项目在本年和下一年都要求现金流出。该公司在对大量项目进行评价后，放弃了许多而只剩下那些列于表6-33中的项目。

表6-33　**两年的资本限额限制**　单位：元

项目编号	初始支出	NPV	第二年支出
1	437 000	301 500	55 000
2	382 000	214 000	0
3	310 000	43 000	86 000
4	260 000	55 000	0
5	229 000	316 000	30 000
6	188 000	85 000	0
7	135 000	124 000	0
8	107 000	78 000	28 000
9	93 000	122 000	73 000
10	86 000	95 500	41 000
11	82 000	59 000	9 000
12	70 000	61 000	151 000
13	55 000	21 500	19 000
14	49 000	41 000	110 000
15	38 000	60 000	142 000
合计	2 521 000	16 765 000	744 000

这些净现值为正的15个项目的初始支出总额为2 521 000元，第二年支出为744 000元，由于种种原因该公司实行资本限额，本年度的最大预算值为1 300 000元，下一年度的最大预算值为4 000 000元，那么该公司应如何选择这些项目？

显然这是属于多个期间的资本限额问题，不能根据获利能力指数进行求解，获利能力指数法在此时就会失败，但可以采用上述介绍的隐枚举法进行求解。我们用变量来说明第i个项目是否将被采纳，用“1”代表项目被采纳，“0”代表项目没被采纳。用两组变量Y_i和Z_i来分别表明第i个项目在本年度和下一年度的支出额。根据资本预算的总原则：使净现值总额（TNPV）在限制下最大化。于是可把问题转化为下列形式：

$$\text{Max（TNPV）}=\sum_{i=1}^{15} X_i NPV_i \tag{6-14}$$

$$\begin{cases} \sum_{i=1}^{15} X_i Y_i \leqslant 1\ 300\ 000 \\ \sum_{i=1}^{15} X_i Z_i \leqslant 400\ 000 \\ X_i=\begin{cases}1 & \text{当接受项目时} \\ 0 & \text{当拒绝项目时}\end{cases}(i=1,\cdots,15) \end{cases}$$

根据上述隐枚举法的算法，先把上述形式转换成标准形式，然后再根据其计算步骤，可求解得此问题的最优解。最优解提供的净现值总额为1 177 500元，各变量的值如下：

$X_1=1$，$X_2=0$，$X_3=0$，$X_4=0$，$X_5=1$，$X_6=0$，$X_7=1$，$X_8=1$，$X_9=1$，$X_{10}=1$，$X_{11}=1$，$X_{12}=0$，$X_{13}=1$，$X_{14}=0$，$X_{15}=1$。也就是说，该公司将采纳项目1，5，7，8，9，10，11，13和15，该组项目本年度的支出额为1 262 000元，第二年的支出额为397 000元。

可见，隐枚举法为资本限额下项目的选择提供了新思路，它弥补了我们常用的获利能力指数法的缺陷。在多个期间的资本限额中，隐枚举法更为有效、方便、快捷，而此时采用现值指数法就会失败。

6.4.2 不同生命周期下的资本预算

假设公司需要在两种不同生命周期的设备中做出决策。两种设备的功能一样，但它们的经营成本和生命周期不一样。如果简单地应用NPV法，那么我们会选择有较低成本的设备。但是，这样的判断标准往往会造成不正确的结论，因为成本较低的设备其重置的时间先于另一种设备。如果我们在两个具有不同生命周期的互斥项目中进行决策，那么项目必须在相同的生命周期内进行评价。对于这样的情况，需要使用重置链法和等值年金法做出投资决策。

1）重置链法

重置链法（replacement chain）是指把不同寿命的项目循环投资，直到它们具有共同的投资期限（其等于投资项目寿命期的最小公倍数），然后比较项目中间的净现值的评估方法。例如，一个项目寿命期为3年，一个为6年，因为两者的寿命不同，所以不能直接使用净现值法进行比较，但是可以假设3年后又投资3年期的项目，这样两个项目的寿命将相同，两者的净现值也可以比较。使用重置链法的前提是：

（1）互斥项目寿命期明显不同时可以考虑用使用重置链法比较分析，在非相关项目之间不存在寿命期不等的问题，一般不使用重置链法；

（2）即使是互斥项目，也必须满足公司进行再投资的资产性质将与目前所使用的资产完全一致，或者对未来可获得再投资机会做出某种特定的假设，使用重置链法才能得出正确的结果；

（3）假定各种产品价格、原材料价格等都不发生变化。

重置链法的投资决策规则是对于两个或者两个以上项目，选择净现值中最大者。

【例6-13】APPLE公司现有两个互斥的方案待评估。方案A初始投资为5万元，寿命期为3年，每年税后净现金流量为3万元；方案B初始投资为7万元，寿命期为6年，每年税后净现金流量为2.5万元。假设两种方案均可以无限复制，资金成本率为13%，试用重置链法来评估，应选择哪种方案？

因为方案A和方案B是具有不同的寿命期限的互斥项目，所以可以使用重置链法来评估这两个方案，假设APPLE公司在方案A寿命期的最后一年又对该方案进行了一次投资，并且产生了同样的效益。通过使用重置链法，我们使方案A和方案B具有相同的寿命期限，两方案的现金流量见表6-34。

计算方案A和方案B的净现值：

$$NPV_A=-50\,000+\frac{30\,000}{1+13\%}+\frac{30\,000}{(1+13\%)^2}+\frac{30\,000}{(1+13\%)^3}+\frac{1}{(1+13\%)^3}\times\left[-50\,000+\frac{30\,000}{1+13\%}+\frac{30\,000}{(1+13\%)^2}+\frac{30\,000}{(1+13\%)^3}\right]$$

$$=35\,347（元）$$

表6-34　**方案A和方案B现金流量表**　单位：元

	0年	1年	2年	3年	4年	5年	6年
方案A	-50 000	30 000	30 000	30 000 -50 000	30 000	30 000	30 000
方案B	-70 000	25 000	25 000	25 000	25 000	25 000	25 000

$$NPV_B=-70\,000+\frac{25\,000}{1+13\%}+\frac{25\,000}{(1+13\%)^2}+\frac{25\,000}{(1+13\%)^3}+\frac{25\,000}{(1+13\%)^4}+\frac{25\,000}{(1+13\%)^5}+\frac{25\,000}{(1+13\%)^6}$$

=29 938（元）

通过计算，$NPV_A>NPV_B$，且A、B为互斥方案，根据重置链法的投资决策规则，应该选择方案A。

重置链法的评价见表6-35。

表6-35　**重置链法的评价**

优点	（1）使项目寿命存在差异的项目具有相同的项目寿命，便于评估 （2）操作简单，通俗易懂
缺点	（1）价格不可能持续稳定不变。例如，通货膨胀导致价格上升，而机器设备的更新带来生产效率提高则可能带来价格下降，在实际市场中，这些都是真实的、随时发生变动的 （2）项目寿命期通常只是一种主观判断。对绝大多数的项目来说，估算寿命期项目困难 （3）如果寿命期有明显的差别，这种差别可能带来太多不确定性导致判断失误

2）等值年金法

等值年金法（equivalent annual approaches，EAA）是指通过比较所有投资项目的等值年金的大小来选择最优项目的决策方法。该方法适用于原始投资成本不相同，特别是项目计算期不同的比较决策。EAA的计算过程是，先分别计算各项目的净现值，然后使用期限的等值年金之和等于项目的净现值，计算出各自的等值年金，最后比较项目的等值年金。

计算公式为：

$$NPV=\sum_{t=1}^{N}\frac{CF_t}{(1+R)^t}-ICO=\sum_{t=1}^{N}\frac{EAA}{(1+R)^t} \tag{6-15}$$

EAA的投资决策规则是：等值年金越大的项目越优。

【例6-14】某公司拟购买新机器设备来扩大生产能力，可供选择的两种型号的机器为：A型，购买该机器的价格为30万元，使用年限为7年，每年税后净现金流量为12万元；B型，购买该机器的价格为50万元，使用年限为4年，每年税后净现金流量为15万元。资本成本率为14%时，问该公司应该购买哪种型号的机器？

因为方案A和方案B是具有不同的寿命期限的互斥项目，如果使用重置链法需计算28年（4和7的最小公倍数）的现金流，计算工作量大，所以可以使用等值年金法来计算。两方案的现金流量见表6-36。

根据式（6-15），可以计算得到方案A和方案B的等值年金：

$$NPVA=\sum_{t=1}^{7}\frac{12}{(1+14\%)^t}-30=\sum_{t=1}^{7}\frac{EAA_A}{(1+14\%)^t}$$

表6-36 **方案A和方案B现金流量表** 单位：万元

	0年	1年	2年	3年	4年	5年	6年	7年
方案A	-30	12	12	12	12	12	12	12
方案B	-50	15	15	15	15			

$$NPV_B=\sum_{t=1}^{4}\frac{15}{(1+14\%)^t}-50=\sum_{t=1}^{4}\frac{EAA_B}{(1+14\%)^t}$$

可以得到：

EAA_A=17 039万元，EAA_B=33 403万元

显而易见，方案B的等值年金大于方案A，并且方案A和方案B是互斥的。因此，根据等值年金法应该购买B型机器。

等值年金法操作简单，通俗易懂。这种方法非常适用于投资成本不同的项目，特别是项目计算期不同的多项比较决策。

6.4.3 通货膨胀问题

1）通货膨胀对资本预算的影响

资本预算的方法既适用于通货膨胀非常微小的情况，也适用于存在通货膨胀风险的情况。通货膨胀非常微小时，在资本预算过程中可以忽略不计；但是当通货膨胀风险影响巨大，成为项目一个关键因素时，就要对通货膨胀进行有效地处理。下面将分别具体阐述，通货膨胀对资本预算的关键要素——资本成本和现金流量的影响。

（1）资本成本与通货膨胀

一般地，名义利率和实际利率之间的关系可用公式表示如下：

$$r=(1+j)(1+i)-1 \tag{6-16}$$

其中：r为名义利率；j为年通货膨胀率；i为实际利率。

整理后可得：

$$i=\frac{1+r}{1+j}-1 \tag{6-17}$$

式（6-17）可得到精确的实际利率，以下是一个近似的计算实际利率的公式：

$$i\cong r-j \tag{6-18}$$

公司预期通货膨胀将导致名义利率上升，从而导致加权资本成本上升。例如，实际利率为4%，预期通货膨胀为10%，则求得名义利率为：

$r=(1+4\%)(1+10\%)-1=4\%+10\%+0.4\%=14.40\%$

该利率等价于能产生的实际收益，相比过去，名义利率大幅上升，这意味着企业的资本成本也上升了不少。

（2）现金流与通货膨胀

在资本预算过程中，我们都是通过现金流来描述投资项目。如果发生通货膨胀——价格水平提高，货币的购买力就会降低。例如，一项投资将在今年和明年各取得100万元的收入，明年的通胀率为5%，那么按照今年的货币计算，明年所取得的100万元收入相等于今年95.24万元（100÷（1+5%））的购买力，这里以货币衡量的明年的100万元收入的现金流通常称为名义现金流，而明年100万元的收入在今年的实际购买力95.24万元通常

可以理解为实际现金流。名义现金流和实际现金流在资本预算过程中都可以使用，但是在对资本项目的投资项目成本、收益进行描述或者评估时，决策者需要采用名义现金流或实际现金流，以保持前后现金流的联系性。

总而言之，通货膨胀对资本成本和现金流量都造成了影响。因此，存在通货膨胀时，必须对加权资本成本或者未来购买力作相应调整，使资本成本和现金流前后保持一致，才能消除通货膨胀的影响，以使我们做出的资本预算正确有效。

2）考虑通货膨胀后的资本预算调整

在不考虑通货膨胀率的情况下，项目预计的现金流都是实际值，贴现率也是实际值。在存在通货膨胀率情况下，贴现率变成了名义值。因此，需要进行相应调整。在考虑通货膨胀情况下，有两种调整方法：

（1）调整资本成本。因为估计的现金流是实际值，贴现率是名义值，所以，第一种方法是将贴现率调整为实际值，从而使得贴现率公式中的分子分母都是实际值，然后再计算项目的净现值。例如，贴现率是10%，每年预期的通货膨胀率为4%，则将贴现率调整为实际贴现率6%（10%−4%）。

（2）调整现金流量。将现金流量调整为名义值，这样分子分母都是名义值，根据调整后的名义值计算项目的净现值。例如，预计每年的收入为1 000元，通货膨胀率为10%，则调整后，第二年收入应是1 100元（1 000×（1+10%）），第三年收入应该是1 210元（1 100×（1+10%））。需要指出的是，理论上两种调整方法的结果都是一样的。

6.4.4　资本预算的风险分析

在前面的资本预算讨论中，我们假定现金流量是确定的，即可以确定现金收支的金额及其发生的时间。实际上，投资活动充满了不确定性。如果决策面临的不确定性比较小，一般可忽略它们的影响，把决策看做确定情况下的决策。如果决策面临的不确定性比较大，足以影响方案的选择，那么应该对它们进行度量并在决策时加以考虑。资本预算风险分析的方法主要有风险调整折现率法、场景分析和决策树法。

1）风险调整折现率法

风险调整折现率法，是根据方案的风险大小确定风险调整折现率，然后再用其对未来期望现金流进行折现。这种方法经常用来进行风险处置，其基本思路就是对高风险的项目采用较高的折现率计算净现值。其处理步骤为通过无风险收益（零风险投资的收益率）与风险报酬组成的调整折现率来调整投资收益率，以此来解决投资中隐含的风险，使经过调整的投资收益率与项目可能发生的风险水平相适应，使其能够达到“可接受的合理的”的一种风险型投资决策技术。无风险收益率或零风险折现率是由投资者根据对风险的态度，以及对项目隐含风险的预期决定的。不同的投资项目将会有不同的折现率，这与作为社会折现率的贴现率是不一样的。因此，从一定程度上看，无风险折现率是投资者主观的意愿决定的一个对风险的调整系数。确定一个含有风险的折现率有若干不同的方法，如用资本成本定价模型、综合资本成本以及项目本身的风险来估计折现率等。下面说明运用第三种方法确定含有风险折现率的过程，其计算公式为：

$$K=R+B\times Q \tag{6-19}$$

其中：K为风险调整折现率；R为无风险折现率；B为风险报酬斜率；Q为风险程度。

由式（6-19）可知，在R已知时，为了确定K，需要先确定Q和B。下面将通过一个例子来说明怎样计算风险程度Q和风险报酬斜率B，以及根据风险调整折现率来选择方案。

【例6-15】宏伟公司现拟有2个投资方案，该公司的最低无风险报酬率为7%，相关资料见表6-37。

表6-37 **A和B的投资方案**

项目	A方案		B方案	
	现金净流量（元）	概率	现金净流量（元）	概率
0	-100 000	1	-60 000	1
1	60 000 40 000 30 000	0.30 0.50 0.20		
2	60 000 40 000 30 000	0.30 0.50 0.20		
3	60 000 40 000 30 000	0.30 0.50 0.20	80 000 100 000 120 000	0.10 0.70 0.20

采用风险调整折现率来试分析评价这两个风险投资项目的优劣。

（1）计算各年现金流入量的期望值。E_i（i=1，2，3）表示第i年现金流入量的期望值，E_{ij}表示第i年第j种状态下的现金流入量，相应的概率为P_{ij}。则：

$$\overline{E_i}=\sum_{j=1}^{n} E_{ij}\cdot p_{ij} \tag{6-20}$$

可得计算结果如下：

A方案：

E_{A_1}=60 000×0.30+40 000×0.50+30 000×0.20=44 000（元）

E_{A_2}=44 000元

E_{A_3}=44 000元

B方案：

E_B=80 000×0.10+100 000×0.70+120 000×0.20=102 000（元）

（2）计算各年现金流入量的标准差。计算标准差的公式为：

$$\sigma_i=\sqrt{\sum_{i=1}^{n} p_i(X_i-Y_i)^2} \tag{6-21}$$

A方案：

σ_{A_1}=11 135.53元

σ_{A_2}=11 135.53元

σ_{A_3}=11 135.53元

B方案：

σ_B=2 683.28元

（3）计算项目变化系数$\left(Q=\frac{\sigma}{E}\right)$。A方案需要综合各年的风险，因此，需要用综合变化系数来描述。

$$Q=\frac{\sigma}{E}=\frac{\text{综合标准差}}{\text{现金流入预期现值}} \tag{6-22}$$

$$\sigma_A=\sqrt{\sum_{t=1}^{n}\frac{\sigma^2}{(1+i)^{2t}}}=\sqrt{\frac{11\ 135.53^2}{(1+7\%)^2}+\frac{11\ 135.53^2}{(1+7\%)^4}+\frac{11\ 135.53^2}{(1+7\%)^6}}=16\ 894.83(\text{元})$$

$$E_A=\sum_{t=1}^{n}\frac{E_{A_t}}{(1+i)^t}=\frac{44\ 000}{1+7\%}+\frac{44\ 000}{(1+7\%)^2}+\frac{44\ 000}{(1+7\%)^3}=115\ 456\ (\text{元})$$

$$Q_A=\frac{\sigma_A}{E_A}=\frac{16\ 894.83}{115\ 456}=0.146$$

$$Q_B=\frac{2\ 683.28}{102\ 000}=0.026$$

假定社会上中等风险程度项目变化系数为0.5，通常要求的最低报酬率为11%。则：

$11\%=7\%+0.5\times Q_B$

Q_B=0.08。所以，

A方案：

$K_A=7\%+0.08\times0.146\times100\%=8.17\%$

B方案：

$K_B=7\%+0.08\times0.026\times100\%=7.21\%$

根据经过调整的折现率计算各方案的净现值。

A方案：

NPV_A=113 045.33-100 000=13 045.33（元）

B方案：

NPV_B=82 774.06-60 000=22 774.06（元）

计算结果表明，考虑风险因素后，B方案优于A方案。

风险调整折现率法的评价见表6-38。

表6-38　**风险调整折现率法的评价**

优点	合乎逻辑，实务上经常广泛使用
缺点	把时间价值和风险价值混在一起，并据此对现金流量进行贴现，意味着风险随着时间的推移而加大，有时与事实不符

2）场景分析

（1）场景分析的含义

场景分析（scenario analysis）是指通过计算所有主要因素同时朝有利和不利方向变动时项目的NPV，并将其与基础值进行比较的一种分析方法。一般来说，一个项目的风险取决于两个方面：一是对关键变量的敏感程度；二是因素变动的概率分布。敏感性分析只考虑了第一个方面，因此是不全面的。场景分析不仅包括了项目的敏感性分析，而且还考虑了因素变动的概率分布，因此，在一定程度上克服了敏感性分析的局限性。还是以TCL

为例，由于手机市场的竞争日益激烈，且手机市场的更新速度快，市场的诸多不确定因素有可能使得TCL在投资了几千万元的资金在核心技术的研发上及采取购置设备扩大生产力等措施后，销售量并未达到预期的方案指标，导致存货堆积。当然也有可能获得预期的收益甚至更高的利润，那么该不该投资这个方案呢？投资这个方案到底有多大风险呢？

（2）场景分析的方法

在场景分析中，一般考虑三种可能的情况：最差、最好和一般。具体来说，其步骤如下：第一，分析人员确定影响净现值的主要变量及这些变量可能的变动幅度；第二，假定所有主要变量均朝着不利的方向变动（销售价格下降、成本上升等），计算出这种“最糟糕”情形下的净现值，再假定所有的变量均朝着有利的方向变动，并计算“最佳”情形下的净现值；第三，将其与基础净现值进行比较，并分析出该项目净现值的变动系数。

（3）场景分析的局限性

尽管场景分析比敏感性分析更为详尽，考虑了各因素的不同场景及其概率分布，但它考虑的场景数量过少，而实际上存在无数的场景。另外，场景分析中的估计值也不完全符合实际情况。例如，在最好场景中，各因素的估计值都是最好的，而实际上销量的上升会引起单价的下降，各因素不可能都为正相关。因此，在最好场景中的NPV可能是过高估计，而最差场景中的NPV可能是过低估计。

【例6-16】沿用例6-10中的PH公司对A产品的投资方案，该公司对未来市场做了最坏和最好的预计：最坏的情况是，年销售量下降10%，且产品5年内的销售价格均为1 000元/套，A产品的可变成本上升为400元/套，最坏的情况有20%的发生可能性；最好的情况是，年销售量上升10%，且产品5年内的销售价格均为1 100元/套，A产品的可变成本降低为300元/套，最好的情况有30%的发生可能性，有50%的可能按照预期计划发生，其他因素均不变。试用场景分析法求出该项目的净现值综合变化风险系数。

通过计算（计算过程可参考敏感性分析例题的计算过程，将数据代入表格运算后得NPV），其场景分析见表6-39。

表6-39 **场景分析** 金额单位：元

情况	发生概率	销售量变化（%）	销售价格	平均变动成本	销售收入	NPV
最坏	0.2	−10	1 000	400	32 310 000	5 464 511
预期	0.5	0	预期	350	38 080 000	8 615 398
最好	0.3	10	1 100	300	43 439 000	11 557 037

$$E(NPV)=\sum_{i=1}^{n}p_i NPV_i$$

$$=0.2\times5\ 464\ 511+0.5\times8\ 615\ 398+0.3\times11\ 557\ 037$$

$$=8\ 867\ 712\text{（元）}$$

$$\sigma_{NPV}=\sqrt{\sum_{i=1}^{n}p_i(NPV_i-E(NPV))^2}=2\ 125\ 542\text{（元）}$$

$$CV_{NPV}=\frac{\sigma_{NPV}}{E(NPV)}=\frac{2\ 125\ 542}{8\ 867\ 712}=0.24$$

3）决策树法

决策树是对项目中隐含的实物期权进行分析的一种资本预算方法，包括拓展期权、放弃期权、等待期权等。

【例 6-17】某公司研制出一种新产品，在一年后大规模投资生产之前需要进行市场测试，测试费是 1 亿元，测试成功的概率是 70%。测试成功后继续大规模投资的 NPV 是 15 亿元，若测试失败仍继续投资的 NPV 是-30 亿元，假设贴现率是 15%。请问该公司目前是否应当进行市场测试？

首先画出公司的决策树图，如图 6-7 所示。

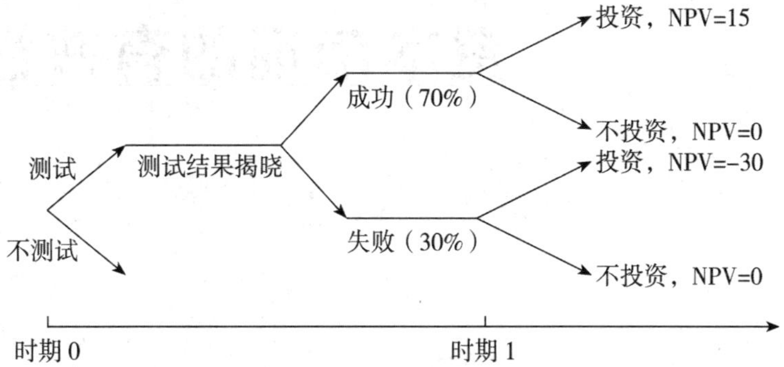

图 6-7　决策树

在时期 1，若测试成功，公司肯定选择继续投资；若测试失败，则选择放弃投资，因为此时若继续投资 NPV 为-30 亿元<0，这个过程就隐含着实物期权，因此：

时期 1 的期望现金流量 $=0.7\times15+0.3\times0=10.5$（亿元）

时期 0 的 NPV $=-1+10.5\div1.15=8.13$（亿元）>0，所以目前应当进行市场测试。

基本训练

第 6 章基本训练

第7章 资本市场的有效性

学习目标

- 掌握有效市场的理论假设、类型及其含义；
- 理解有效市场假说对公司理财的含义；
- 了解资本市场有效性在国内外的实证检验情况；
- 了解资本市场中的异常现象及相应解释，如规模效应、星期效应、价值效应等。

引子

警惕股票非理性炒作

作为重大信息披露违法强制退市的第一股，博元投资在退市整理期也上演过“末日狂欢”。2016年5月11日是该股退市整理期的最后一个交易日，上午最大跌幅逾3.5%，午后翻红并一度上涨超过5%，最后上涨2.75%收盘于4.49元，股价比一些绩优银行股还贵。退市博元在退市整理期交易相当活跃，累计换手率超过150%。

证券投资交易中常常出现这样的奇怪现象：业绩差的股票由于受到资金追捧而大幅上涨，而业绩好的蓝筹股股价反而岿然不动。同时，对于具有概念的股票的追涨和绩优股的杀跌等非理性行为，投资者却趋之若鹜。按照传统的价值投资理念，股票的价格围绕价值上下波动。股价出现这种非常规的波动，有可能是上市公司潜在利好消息提前泄露，也可能是庄家利用资金优势操纵股价。由于信息的隐藏，根据激励相容的理论和模型，拥有更多信息的投资者在市场均衡点必然拥有超额利润，这是对他拥有更多信息的回报，是一种租金。当市场出现这种规律和传统的价值投资思想不符合时，就会出现“劣股驱逐良股”的情形，即逆向选择。

资料来源　改编自：张炜．警惕退市整理期股票非理性炒作［N］．中国经济时报，2017-05-19；郑亚伍．严格制度　提高市场有效性［N］．中国证券报，2010-09-16.

7.1　有效资本市场的定义

在金融经济理论中，有效市场假说（efficiency market hypothesis，EMH）是有关资本市场效率问题中最权威、最具影响力的理论。有效资本市场是指资产的现有市场价格充分反映了所有与其相关、可用信息的资本市场。在一个有效资本市场里，股票、国库券、公司债券等各种金融产品的交易价格，都及时、充分地反映了资本市场上各种公开和未公开的信息，正确地体现其内在投资价值或真实价值；尽管每个投资者都能根据自己所掌握的信息及时进行理性决策，但最终任何投资者都不可能通过自己的投资决策而获得超额收益。

作为现代金融理论基石之一的有效市场假说，其成立还需满足一些条件：一是信息是充分、均匀分布的，获取信息的成本为零；信息对市场参与者而言是对称的；新信息的出现也是完全随机的；二是市场参与者都是追求个人效用最大化的理性经济人，对信息的分析和处理能力是同等的，资本价格的波动完全是投资者基于完全信息集的理性预期的结果。然而，现实世界是很难完全满足这些苛刻条件的，从而资本市场的效率也就存在高低之分。实质上，有效市场假说指的是“信息效率”（informational efficiency），即市场上交易的资产的价格充分、及时、准确地反映所有相关信息的效度。由此可见，资本市场效率的高低是衡量资本市场信息分布和流速、交易透明度和规范程度的重要指标，也是资本市场成熟与否的重要标志之一。

有效资本市场假说突出了信息在资产价格形成和波动中的作用。假设θ为某信息集，如果股票市场已经充分、准确地反映了θ所包含的信息，投资者基于信息集进行交易不能获得超额收益，则称股票市场关于信息集θ是有效的。

用$R_{i,t+1}$代表任一资产i在时刻t+1的收益率，则有：

$$R_{i,t+1}=(P_{i,t+1}+D_{i,t+1}-P_{i,t})/P_{i,t} \tag{7-1}$$

其中：P为价格；D为股票红利收益。

股票市场关于信息集有效可以表示为：

$$E[R_{i,t=1}|\theta_t]=E[R_{i,t+1}] \tag{7-2}$$

这表明任一资产i在时刻t+1基于时刻t的信息集的收益率的条件期望，等于时刻t+1收益率的无条件期望。

Ross et al.在《公司理财》（Corporate Finance）中明确指出，有效市场假说对于公司和投资者来说都具有许多重要的含义：①因为价格及时地反映了新的信息，投资者只能期望获得正常的收益率。等到信息披露后才认识到信息的价值对投资者而言没有任何好处。实际上，在投资者进行证券交易之前，价格就已经调整到位了；②公司应该期望从其发行的证券中获得公允价值。所谓“公允”，是指公司发行证券所获得的价值正好等于其现值。因此，在有效资本市场上，不存在通过愚弄投资者而创造价值的融资机会。

7.2 有效资本市场的类型

有效市场假设认为证券的市场价格已经反映了所有可获得的信息，这实际上表明的是完全有效或者最强型有效市场的特征。在现实中，某种信息对证券价格的作用可能快于其他信息，资本市场上可获得信息的完备程度有高有低，与此相对应，市场的有效性也有强弱之分。不同的信息对价格的影响程度不同，从而反映了资本市场效率程度因信息种类不同而异。Fama将证券的有关信息分为三类，一是“历史信息”，二是“公开信息”，三是“内幕信息”，据此定义了三种不同程度的市场效率。

7.2.1 弱型有效市场

弱型有效（weak form efficiency）是资本市场表现出的最低形式的效率。当现有的价格已凝聚了所有历史记录中的信息，即充分反映价格历史序列数据中所包含的一切信息，这时资本市场达到了“弱型效率”。弱型效率意味着投资者不能通过分析历史信息获得超常收益，有关证券的历史信息对证券价格的变动没有任何影响。因为诸如股价、交易量等历史信息可以公开地、无成本地获得，如果这些信息可以传递有关未来的可靠信号，那么所有投资者早已知道利用这些信号了，最终会因为信号的广泛可知性而使它们失去价值。反之，如果有关证券的历史信息对证券价格的变动仍有影响，则资本市场尚未达到“弱型效率”。

在弱型有效市场中，由于历史信息已经被充分披露、均匀分布和完全使用，任何投资者都不可能通过使用任何方法来分析这些历史信息以获取超常收益，这意味着技术分析（technical analysis）失效。

弱型效率可用以下数学公式表示：

$$P_t=P_{t-1}+\text{期望收益}+\text{随机误差}_t \qquad (7-3)$$

式（7-3）表明：某种证券第t期的价格等于“最近的观察价格”加上“证券的期望收益值”，再加上这段时间发生的“随机收益值”。其中，最近的观察价格可以是昨天的价格、上周的价格、上个月的价格，甚至上个年度的价格，这取决于样本的时间区间（t-1，t)。期望收益是证券风险的函数。随机误差是某种与证券有关的新信息引起的，可能是正数，也可能是负数，其期望值等于零。因此，这一随机项无法根据历史价格来预测。如果股票价格变动如式（7-3）所示，则称之为随机游走（random walk)。若股票价格呈随机游走状态，即市场达到“弱型效率”，则P_t和P_{t-1}之间是相互独立的。

7.2.2 半强型有效市场

半强型有效（semistrong form efficiency）是资本市场效率的中等强度。如果某一资本市场上的证券价格充分反映了所有公开可用的信息，包括如公司公布的财务报表和历史上的价格信息，那么资本市场就达到了“半强型有效”。如果有关证券的公开信息（如企业公布盈余公告、股票拆分或投资专业机构公开分析资料等）对证券的价格变动没有任何影响，则资本市场达到了“半强型有效”。由于任何一个投资者都有办法从公开使用的渠道中得到这些信息，投资者就会预期这些信息已经体现在股价上了。如果有关证券的公开信息对证券的价格变动仍有影响，则说明证券价格对公开信息尚未做出及时、充分的反映，则资本市场尚未达到“半强型有效”。

在半强型有效市场中，投资者通过分析公司财务报告、宣告股利的变化或股票拆分以及其他任何有关公司的公开信息都不能获得超常收益，这意味着基本分析（fundamental analysis）无效，即如果投资者同时掌握和使用有关公开信息进行投资决策，则一旦信息公布后，任何投资者都不可能通过使用任何方法来分析这些已公开的信息以获取超常收益。

7.2.3　强型有效市场

强型有效（strong form efficiency）是资本市场效率的最高强度。如果某一资本市场的证券价格充分反映了所有的信息，包括历史的、公开的和内幕的信息，那么资本市场就达到了“强型有效”，即证券价格已经充分地、及时地反映所有有关的公开和内幕信息，有关证券的所有相关信息（包括一切历史的、公开的和内幕信息）对证券价格没有任何影响，则资本市场达到了“强型有效”。在资本市场中，如果有人利用内幕信息买卖证券而获利，则说明资本市场尚未达到“强型有效”。

在强型有效资本市场中，证券价格充分反映了有关公司的所有信息，从而使任何获得内幕信息的人（包括公司董事、监事、经理以及有关的高级管理者、中介机构、监管机构等）也不能借此获得超常收益。

强型有效市场的状态包含了弱型有效市场和半强型有效市场的状态。半强型有效市场的状态包含了弱型有效市场的状态。强型效率假设理论着重指出，任何与股票价值相关的信息，即使是只有一个投资者知道的信息，实际上都已经充分地反映在股票价格中了。强型有效的市场类型很难被接受，经验证据基本上都否定强型有效市场的假设。

如果弱型有效市场、半强型有效市场和强型有效市场的信息集分别以θ_1、θ_2、θ_3表示，则存在如下关系：$\theta_1<\theta_2<\theta_3$，即效率更高的市场，其证券价格必然反映了范围更广的信息，投资者越难通过证券交易来获取超常收益。有关证券的三类信息之间的相互关系可用图7-1来表示。

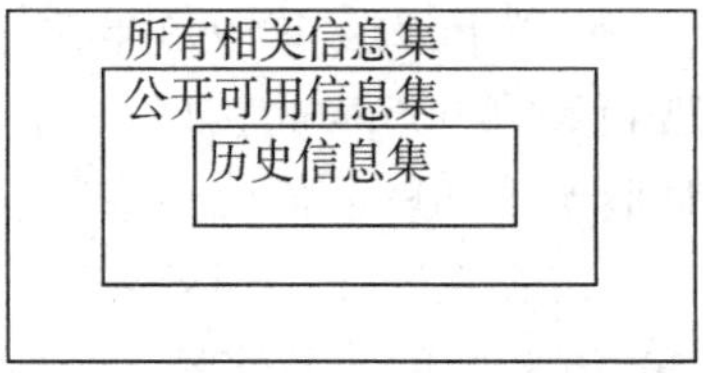

图7-1　三类信息之间的相互关系

表7-1对资本市场效率类型和信息类型的对应关系进行了总结。

表7-1　**资本市场效率类型和信息类型**

资本市场效率类型	证券价格完全充分反映信息的类型
弱型有效市场	历史信息
半强型有效市场	公开信息
强型有效市场	所有信息（包括历史信息、公开可用信息和内幕信息）

7.3 资本市场异象

资本市场有效性假设的检验一直是金融市场研究者关注的焦点之一。然而，越来越多的研究发现，证券市场存在许多用有效市场假说无法解释的现象，如规模效应、市盈率异象、应计异象等，这些市场“异象”（anomalies）对资本市场有效假说提出了挑战。总体来说，股市“异象”有以下四种：一是规模效应（size effect）；二是时间效应；三是价值效应（value effect）；四是惯性效应（momentum effect）和反转效应（contrarian effect）。

7.3.1 规模效应

规模效应是指股票投资收益率随所投资公司相对规模的上升而下降，尤其是投资于市值较小公司股票的投资收益率要超过市场平均水平，该现象又称为“小公司效应”（small-firm effect）。Banz和Reinganum（1981）首先研究发现在纽约证券交易所交易的小公司的收益率系统地高于CAPM预测的收益率。Banz对1936—1977年纽约股市的研究表明，在纽约证券交易所，虽然某些时刻大公司股票的收益率高于小公司股票，但长期来看，其中20%股票市值最小的企业的股票年收益率显著比20%股票市值最大的企业的股票年收益率高19.8%。Reinganum也证实了在20世纪的大部分时间里，美国小盘股的股票回报大于大盘股的股票回报。Keim也发现在每年1月多数小盘股的业绩超过大盘股的5%。Cochrane按规模（总市值）组成从小到大分类的纽约证券交易所上市股票的10组合，以及公司债券组合和长期国债组合。结果发现大股票和小股票的超额收益有很大的差距。超额收益率越高的组合，其b系数也越高。由最小公司组成的组合的超额收益率相对于其b系数而言太高了，这就是Banz发现的“小公司效应”，它在统计上是显著的。此外，也有一些学者对其他国家或地区的证券市场规模效应进行了检验，如Brown et al.（1983）对澳洲股市的检验、Garza et al.（1998）对东京股市的检验等，均证实这些股票市场存在规模效应。

近年来，一些学者对中国股票市场的有效性检验，发现我国证券市场也存在着“规模效应”。宋颂兴和金伟根（1995）利用上海股市1993年初至1994年10月的数据对股市规模效应进行统计检验，根据夏普模型（Sharpe model）估计上海证券交易所29种股票的周平均收益和系数，据此计算各种股票“调整的周收益率”。在此基础上，他们将29种股票按总股本分为6组，从而证明了沪市存在“小公司效应”，即对于同等风险水平，最小规模公司（总股本为4 000万～7 500万股）的收益比最大规模公司的收益高。周文和李友爱（1999）以1996年1月5日上海证券交易所的所有上市公司为抽样对象，随机抽取50家公司为研究样本，对其按公司规模（总市值）为标准分组，考察了不同组别公司在1996年1月5日至1998年8月28日整个区间内3个子区间（1996年1月5日至1997年1月3日、1997年1月3日至12月31日、1997年12月31日至1998年8月28日）的平均异常周收益率，结果发现从整个检验区间来看，上海股市具有显著的“小公司效应”。从3个子区间的动态过程看，上海股市的小公司效应呈现出一个逐步发展的过程，在1996年公司规模与异常收益率呈现出正向变动趋势，公司规模越大异常收益率越高，即规模效应异常；在

1997年与1998年两年，除个别组合出现异常外，公司规模与异常收益率呈反向变动，具有明显的“小公司效应”。

针对证券市场的规模效应，学者们提出了众多解释与假说，但尚未形成定论。如：

（1）风险观、模型设定和样本选择偏差。由于没有考虑系统风险导致将正常股票回报率误认为超额收益率或错误地设定了资本资产定价模型（Fama & French，1997，1998）；Kothari et al.（1995）认为受到样本选择偏差，财务困境公司没有包括在分析数据中，他们在剔除样本选择偏差后，没有发现规模效应；Berk（2000）认为样本数据的分组过程减少了解释力度使检验拒绝CAPM，造成变量误差问题，最终导致检验结果存在规模效应。

（2）投资者情绪。Bake et al.（2006）从投资者情绪角度进行了探讨，认为由于投资者拥有的基本信息少、估值困难以及流动性差等原因，使得理性的投资者没有积极参与小市值公司，从而小市值公司股票更易受市场情绪的影响；Robert et al.（2007）以澳大利亚股市为例，在控制一些影响因子后，发现规模效应主要是情感激励引起，但对情感刺激不成比例反应；Chou et al.（2010）发现财务杠杆、恐慌情绪都有可能导致规模效应的产生。

（3）流动性效应。Yakov & Haim（1986）认为，相对大公司，小公司股票交易的频度低，从而小公司股票的流动性差，投资者为弥补可能出现的变现损失而要求一种收益升水；Akiko & Mashiro（2006）证实了这一推测，小规模、高账面市值比的公司其价格冲击成本高、流动性差以及流动性风险也大。

（4）忽略效应。Bariy & Brow（1984）认为，通常机构投资者仅仅关注大公司，而研究小公司的热情不高，造成市场参与者对小公司的信息不完全了解，投资者之间存在信息不对称，风险越大，其超额收益率也就越大。

7.3.2 时间效应

Keim和Reinganum研究发现许多小公司的超额收益率发生在1月的头两个星期，这称为“1月效应”或“年初效应”。Roll认为是投资者为避税在年末卖出股票，从而使年末出现超额收益率。“1月效应”在发现后并没有消失，但效应已经变小。Ariel研究发现，从一年的各月来看，无论是大盘股或小盘股，1月份的股票平均收益高于其他月份；股票在上半月的平均收益显著高于下半月。在节假日的前一天，股票的收益特别高。Booth和Keim认为低价和流动性差可以解释“1月效应”。

“星期效应”则认为股票在周一的表现比一周的其他日子差。French检验了1953—1977年的区间，研究发现在一个星期中股票收益在周一是最低的，存在“星期效应”。Gibbons和Hess研究发现，从一周的各天来看，股票收益在周三和周五最高，而在周一最低。他们的研究发现证实了星期效应。但在其被提出后，周一效应似乎消失了。例如，Schwert检验了1885—2002年的数据，发现1978年之后，周一效应已经不显著。

对中国股票市场的有效性检验也反映了其中可能存在的“星期效应”：俞乔对1990年12月29日至1994年4月28日上海证券交易所和深圳证券交易所的实证研究表明，两市在周、日、季等周期上存在收益异常现象，存在“假日效应”，但不存在“1月效应”。张思奇等对上海股票市场1995年2月13日至1998年6月底共822个交易日市场平均收益率和星期五的平均收益率的计算表明，后者远高于前者，日均收益率星期五为5.212%，而市场平均仅为1.085%，星期五高出市场平均3.8倍，从而证明“星期五效应”在中国的存在。

关于时间效应的最有利解释当推纳税效应（tax-loss selling）。纳税效应认为，投资者为了避免缴纳资本利得税，通常在年底之前抛售已跌价的股票，实现资本损失，在下一年年初运用资金再投资，从而导致年初股市出现过多购买、股价上升，出现“1月效应”。

7.3.3 价值效应

价值效应认为某种比率较高的公司的收益率会高于比率较低的公司，比如E/P（每股盈余与每股价格之比）、D/P（每股股利与每股价格之比）和B/M（账面价值与市值之比）。Basu研究发现，高E/P比率的公司相对CAPM有正的超额收益，随后的研究发现高D/P或B/M的公司也存在相类似的正的超额收益。Fama和French研究发现，对于12/13的主要国际股票市场，账面价值与市值之比（B/M）高的股票的平均收益高于B/M低的股票。图7-2显示了世界五大股票市场的平均收益。从图7-2中可见，在这五大股票市场中价值股的表现优于成长股。

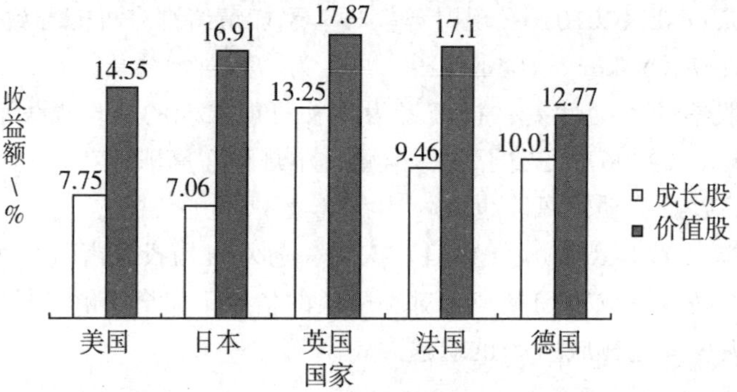

图7-2 某些国家成长股与价值股的美元年收益额（指超过美国国库券的收益）（比例）

注：在不同国家，价值股的市场表现均好于成长股

资料来源 FAMA，FRENCH.Value versus growth：The international evidence［J］. Journal of Finance，1998（53）：1975-1999.

吴世农和许年行（2004）以1995年2月至2002年6月深沪市A股上市公司为样本，实证发现我国股市存在显著的价值效应；朱宝宪和何治国（2002）运用中国股市1995年至1997年数据对β值、账面市值比与收益率的关系进行检验，发现账面市值比对股票收益率的解释力更强；佟孟华（2008）实证检验发现，上海股市在1998年1月至2004年12月存在流动性溢价现象的价值效应，牛市和熊市对流动性溢价的价值效应有显著不同，但纺织、石油和机械行业在2002年1月至2004年12月间存在价值效应。

7.3.4 惯性效应和反转效应

惯性效应和反转效应是已发现的异象中对传统资产定价理论冲击最大的现象之一。包括美国在内的许多国家都发现了惯性和反转现象，可见，惯性和反转现象绝非偶然，并且难以用传统资产定价理论来解释。

反转效应指股票收益具有负序列相关关系，惯性效应指股票收益具有正序列相关关系，即通常所说的“强者恒强，弱者恒弱”。Canpbell（2004）将惯性效应定义为，在前期信息冲击下，股票价格连续几个月向同一方向移动。这些信息包括价格本身的冲击、公司盈余信息的临时公告以及盈余报告偏离了证券分析师们的预测。当价格趋势在持续一段时间后又会出现反转，即反转效应。

Fama和French模拟了反转策略：每个月，他们根据各种股票在过去60个月到13个月期间的表现把所有股票分成10个组合，然后卖出表现最好的组合，同时买入表现最差的组合，结果发现，在1963—1993年这种策略月平均收益率为0.74%。运用1931—1963年的数据也得出了类似的结论。这说明股价在长期中存在反转现象，长时间表现很好的股票在未来会表现差劲，而长时间表现差的股票在未来会表现良好。

模拟惯性策略的做法是，每个月将所有股票根据其在过去12个月至2个月期间的表现分成10个组合，然后卖出表现最差的组合，买入表现最好的组合，其结果是在1963—1993年，这种策略月平均收益率为1.31%。运用1931—1963年的数据也得出了类似的结论。这说明股价在短期内存在"弱者恒弱，强者恒强"的现象，即惯性效应。

Lo & Mackinlay（1998）发现美国股票市场存在显著的价格惯性；王永宏和赵学军（2001）研究沪深市1993年后上市的股票，发现中国股票市场存在显著的收益反转，但惯性效应不显著；周琳杰（2002）研究了1995—2000年沪深市股票的惯性策略特征，发现各种形成和持有期股票均呈现出惯性效应；李少育（2013）引入稳健性偏好研究了中国股市的惯性投资策略，发现中国股市在中短期内惯性效应与反转效用并存。

在众多关于惯性效应形成的解释中，行为金融学给出了一些解释：由于非理性的投资者之间的相互作用，信息过度反应和反应不足会引发惯性效应。Daniel et al.（1998）认为投资者信息渠道不畅和处理能力不专业，对私人信息表现得过于自信，导致对价格过度反应，而在面对公共信息时又反应不足，从而引起惯性效应；Daniel & Titman（2004）提出，非理性投资者面对不确定信息时反应迟钝，出现追涨杀跌行为，使得股票偏离基本面，从而出现惯性效应。

7.4　资本市场效率对公司理财的影响

7.4.1　会计方法的选择与有效市场

在实践中，会计方法的选择为公司的会计报告提供了一定的灵活性。例如，在评价存货价值时，公司可以选择"先进先出法（FIFO）""加权平均法""移动加权平均法"等；对于建造合同收入，公司可以选择"完工百分比法"或"完全合同法"；对于提供劳务收入，公司可以选择"完工百分比法"或"合同或协议总金额法"；在计算折旧时，公司可以选择"加速折旧法"或"直线折旧法"。在具体运用纳税影响会计法核算时，有两种可供选择的方法：递延法和债务法。

会计师经常受到责备，被指责为了夸大利润和提高股票价格而滥用会计灵活性。但无论如何，如果以下两个条件成立的话，会计方法的改变将不影响股票价格。第一，年度财务报告应该提供足够的信息，从而使得财务分析师能够采用不同的会计方法测算盈余。例如，虽然财务报表实际上是按照FIFO方法进行编制的，许多高级财务分析师可以根据LIFO的假设模拟财务报表。第二，市场必须是半强型有效的。换言之，市场必须恰当地使用所有的会计信息来确定股票的市场价格。

许多学者对会计方法的选择是否影响股票价格进行了经验研究。例如，Kaplan和Roll发现改用直线折旧法替代加速折旧法并没有显著地影响股票价格。他们还研究了用全流量方法替代递延法核算投资抵免对股票价格的影响。他们发现这一改变提高了会计盈余，但并不影响股票价格。Hong等没有发现任何证据足以说明在收购和兼并案中，对比购买法，使用合并法编制人为的高盈利报表会影响股票市场。Biddel和Lindahl发现改用LIFO的存货成本核算方法的公司出现股票价格上升的现象。由于使用LIFO的存货核算方法可以降低税收，特别是对比FIFO的存货成本核算而言，因此，可以预期这一情况在通货膨胀环境下将发生。他们发现来自于使用LIFO的减税越多，股票价格上涨幅度越大。[①]总而言之，上述实证结果表明会计方法的变更并没有愚弄市场，或者说，市场理解会计方法变更的含义和结果。

我国上市公司从2007年1月1日开始执行的新会计准则，其最引人关注的是公允价值的引入。在理论上，公允价值比历史成本更好地反映了资产能够创造的未来现金流量，公允价值更具价值相关性。朱凯等（2008）利用我国上市公司按照新旧会计准则对2006年度会计信息提供两份报表的数据检验，发现投资者与公司之间的信息不对称程度越高，公允价值对股票定价的增量作用越显著；但蔡艳萍和陈惠萍（2010）证实，只有当相对信息效率较低时，公允价值对股票价格才有增量作用；当相对信息效率较高时，公允价值对股票价格没有增量影响。

7.4.2 选择时机的决策

近年来，一些学者开始关注市场效率对公司融资决策的影响，提出了选择时机理论(机会窗口理论)。在有效和整合的资本市场中，如果市场有效，证券的定价总是准确的。因此，选择时机的决策无关紧要。相反，在无效或分割的资本市场中，正如Myers所讨论的，明显地，公司在股票价格高时努力“定时”发行股票。倘若它们寻求外部融资，那么它们更可能在股价上升而不是在股价已下降后去发行股票（而非负债）[②]。选择时机理论的基本思想是经理们盯住债务市场和权益市场的当前情况。企业通常在高价格时发行权益，低价格时回购股份。如果具有高国库券利率的相对不利的负债市场条件，那么企业将倾向于减少负债融资的使用。在经济衰退时期，企业可能倾向于使用更多的负债。其目的是利用权益资本应对其他形式资本成本的短暂波动。

在实践中，选择时机似乎是公司真实财务政策的一个重要方面。正如Baker和Wurgler所指出的，在4种不同研究中存在选择时机证据。第一，实际财务决策的分析表明，当市场价值相对账面价值和过去市场价值高时，公司倾向发行权益而非债务；当市场价值低时，倾向回购权益。在无效或分割的资本市场中，选择时机以进入和退出的股东为代价使现有的股东受益。第二，公司财务决策后长期股票收益的分析表明，平均而言，权益选择时机是成功的。当权益成本相对低时公司发行权益，当成本相对高时回购权益。第三，围绕权益发行的盈余预测及其实现分析表明当投资对盈余前景非常热衷时，公司倾向发行权

---

① 罗斯，杰富，威斯特菲尔德. 公司理财［M］. 吴世农，沈艺峰，王志强，等，译. 北京：机械工业出版社，2009.

② Marsh在对英国公司在新负债和新股票的发行之间进行选择的研究过程中发现过去的股票价格变动是最优变量之一。

益。第四，也许最令人信服的是，在匿名调查中经理们承认市场时机。Graham和Harvey发现2/3的财务总监（CFO）同意“我们股票被低估或被高估的数目是一个重要或非常重要的考虑”。在发行权益中，将近同样多的财务总监同意“如果股价最近上升，我们能以高价出售”。整体而言，在这个调查中，权益市场价格被认为是比在发行普通股决策中考虑的10个其他因素中的9个重要，比在发行可转换债券决策中考虑的4个因素重要。

国内学者也对我国资本市场中公司财务行为是否具有时机选择特征进行了深入研究，如股票首次公开发行（IPO）对公司资本结构的影响。刘瑞等（2005）利用我国沪深市1993年至2003年11月IPO数据对市场时机选择理论进行了检验，发现IPO对于公司资本结构的影响在短期内不会很快消失，但也没有国外成熟资本市场那样超过10年的影响，大概持续5年；才静涵和刘红忠（2006）研究了市场时机行为对公司财务杠杆的影响，发现历史资产市净率对财务杠杆的解释力大大超过了包括当前资产市净率在内的其他解释变量，这一效应不仅明显而且长期存在；刘星等（2007）选取沪深市1992年至1995年IPO上市公司为样本，研究发现，在流通股市价被高估时，再融资政策是导致股权融资次数差异的主要因素，而其差异直接导致了上市公司利用市场融资条件的差异；但郭杰和张英博（2012）以沪深市2000年至2010年IPO上市公司为样本，发现：在现行新股发行制度下，我国IPO市场时机不仅包括公司自主选择的时机，也包括基于政府管制的时机。市场时机对资本结构具有显著影响，但这种影响主要来自于政府择时而不是企业择时。

基本训练

第7章基本训练

第8章 长期融资

学习目标

- 掌握普通股融资的概念、类型及其优缺点，了解普通股股东的权利；
- 了解股票发行的规定、条件和发行程序，股票上市的条件和股票上市的优缺点，以及中国和全球的IPO（initial public offerings，首次公开发行股票）抑价问题；
- 掌握非流动负债融资的特点、种类以及相关资本成本的计算，了解各种非流动负债融资的优缺点；
- 了解长期借款取得的条件和保护性条款，了解发行债券的资格、条件和程序，以及中国上市公司债务融资的构成情况；
- 掌握混合性融资的种类、特征及其优缺点。

引子

积极构建多元化投融资框架

积极构建包括亚洲基础设施投资银行（简称亚投行）在内的国际信贷新体系、以人民币资本为主导的面向“一带一路”的投融资框架和金融合作体系势在必行。“一带一路”倡议涉及的跨境投资领域多元、融资需求庞大、项目建设周期长，这需要金融合作在整个融资方式包括融资设计上有别于传统的贷款。积极构建包括亚投行在内的国际信贷新体系和金融合作体系势在必行。

要进一步加强金融基础设施建设，继续扩大我国与周边国家的双边本币互换规模和范围；通过完善相关政策及措施来鼓励人民币参与基金的扩容和设立；鼓励境内外机构和个人使用人民币进行跨境直接投融资，允许更多的境外人民币通过外商直接投资或RQFII的方式，投资境内的实体经济或证券市场；鼓励境内外银行为跨境项目提供人民币贷款，采用人民币进行对外投资，促进贸易融资和人民币环流。积极构建“一带一路”多元化投融资框架，首先应积极建立以亚投行为主的银行信贷支持体系。以新成立的亚投行为主，同时积极推动国家开发银行等政策性银行、股份制银行、城市商业银行等金融机构参与一些贷款业务，特别是大力发挥国家开发银行等开发性金融机构的作用。其中包括：利用外汇储备充实其资本金，鼓励在上海合作组织银行联合体框架下扩大信贷融资规模和服务范围，鼓励加强与国际开发性机构（如亚洲开发银行、欧洲复兴银行、世界银行等）以及国际知名商业银行开展合作。

从构建多元化的投融资体系框架的发展趋势看，除了中国亚投行、丝路基金等金融平台可以为基础设施融资发挥更大作用之外，也可以发行长期债券或设立各种创新融资工具，尤其是应该动员更多的社会资本，积极推进PPP模式，增强基础设施项目对于社会资本的吸引力。

资料来源　改编自：张茉楠．“一带一路”需要长期融资安排［N］．中国财经报，2016-07-26.

8.1　普通股融资

8.1.1　普通股的概念、股东权利及类型

1）普通股的概念

普通股是随着企业利润变动而变动的一种股份，是股份公司资本构成中最普通、最基本的股份，是股份企业资金的基础部分。普通股的基本特点是其投资收益（股息和分红）不是在购买时约定，而是事后根据股票发行公司的经营业绩来确定。公司的经营业绩好，普通股的收益就高；若经营业绩差，普通股的收益就低。普通股既是股份公司资本构成中最重要、最基本的股份，亦是风险最大的一种股份，但又是股票中最基本、最常见的一种股份。在我国上海证券交易所与深圳证券交易所上市的股票都是普通股。

2）普通股的股东权利

对于普通股股东来说，持有普通股便可以获得以下的股东权利，并承担责任。

（1）持有普通股的股东有权获得股利，但必须是在公司支付了债息和优先股的股息之后才能分得。普通股的股利是不固定的，一般根据公司净利润的多少而定。当公司经营有方、利润不断递增时，普通股能够比优先股多分得股利，股利率甚至可以超过50%；但如果公司经营不善，股东可能连一分钱都得不到，甚至可能连本也赔掉。

（2）当公司因破产或结业而进行清算时，普通股股东有权分得公司剩余资产，但普通股股东必须在公司的债权人、优先股股东之后才能分得财产，财产多时多分、少时少分，没有则只能作罢。由此可见，普通股股东与公司的命运更加息息相关，荣辱与共。当公司获得暴利时，普通股股东是主要的受益者；而当公司亏损时，他们又是主要的受损者。

（3）普通股股东一般都拥有发言权和表决权，即有权就公司重大问题进行发言和投票表决。普通股股东持有一股便有一股的投票权，持有两股便有两股的投票权。任何普通股股东都有资格参加公司最高级会议——每年一次的股东大会，但如果不愿参加，也可以委托代理人来行使其投票权。

（4）普通股股东一般具有优先认股权，即当公司增发新普通股时，现有股东有权优先

（可能还以低价）购买新发行的股票，以保持其对企业所有权的原百分比不变，从而维持其在公司中的权益。例如，某公司原有10 000股普通股，而某人拥有100股，占1%，现在公司决定增发10%的普通股，即增发1 000股，那么此人就有权以低于市价的价格购买其中的1%，即10股，以便保持持有股票的比例不变。在发行新股票时，具有优先认股权的股东既可以行使其优先认股权，认购新增发的股票，也可以出售、转让其认股权。当然，在股东认为购买新股无利可图，而转让或出售认股权又比较困难或获利甚微时，也可以任由优先认股权过期而失效。公司提供认股权时，一般规定股权登记日期，股东只有在该日期内登记并缴付股款，方能取得认股权而优先认购新股。通常，这种在股权登记日期内购买的股票又称为附权股，相对地，在股权登记日期以后购买的股票就称为除权股，即股票出售时不再附有认股权。这样，在股权登记日期以后购买股票的投资不再附有认股权，在股权登记日期以后购买股票的投资者（包括老股东）便无权以低价购进股票。此外，为了确保普通股权的权益，有的公司还发行认股权证，即能够在一定时期内（或永久）以一定价格购买一定数目普通股份的凭证。一般公司的认股权证是和股票、债券一起发行的，这样可以更多地吸引投资者。

（5）普通股股东还持有股份转让权。股票是股份公司的所有权凭证，这种凭证一般没有具体的到期日期，因为股票投资是无确定期限的长期投资，股票的期限取决于发行股票的公司的存在与否。但是，股票是一种所有权凭证，股东可以随时将股份转让出售，收回本金，结束其对该股份公司的投资。这种转让出售就是人们所说的股票交易。

综上所述，由普通股的前两个特点不难看出，普通股的股利和剩余资产分配可能大起大落，因此，普通股股东所担的风险最大，普通股股东当然也就更关心公司的经营状况和发展前景。而普通股的后两个特点恰恰使这一愿望变成现实，即提供和保证了普通股股东关心公司经营状况与发展前景的权利。

普通股股东基于其资格，也对公司负有义务。我国《公司法》中规定股东具有遵守公司章程、缴纳股款、对公司负有有限责任、不得退股款等义务。

3）普通股的类型

股份有限公司根据有关法规的规定以及筹资者和投资者的需要，可以发行不同种类的普通股。

（1）记名股票和无记名股票

按票面上是否记载股东的姓名或名称，股票可以分为记名股票和无记名股票。

记名股票是在票面上记载股东姓名或名称的股票。这种股票除了股票上所记载的股东外，其他人不得行使其股权，且股份的转让有严格的法律程序和手续，需要办理过户。我国《公司法》规定："公司向发起人、国家授权投资的机构、法人发行的股票，应当为记名股票，并应当记载该发起人、机构或者法人的名称，不得另立户名或者以代表人姓名记名。"公司发行记名股票的，应当置备股东名册，记载股东的姓名及住所、各股东所持股份数、各股东所持股票编号、各股东取得其股份的日期等。

无记名股票是在票面上不记载股东姓名或名称的股票。不记名股票的持有者具有股东资格，股票的转让也比较自由、方便，无须办理过户手续。我国《公司法》规定："对社会公众发行的股票，可以为记名股票，也可以为无记名股票。"发行无记名股票的，公司应当记载其股票数量、编号及发行日期。

（2）普通股和优先股

按股东的权利、义务的不同，股份可分为普通股和优先股。普通股是享有普通权利、承担普通义务的股份，是股份的最基本形式。依照规定，普通股股东享有决策参与权、利润分配权、优先认股权和剩余资产分配权。优先股是享有优先权的股票。在公司进行清算时，优先股股东优先于普通股股东取得公司剩余财产，但优先股股东不参与公司决策，不参与公司红利分配。在实践中，发行优先股的公司很少。优先股融资在资本市场发达的国家司空见惯，但在中国上市公司中尚未出现。

（3）国有股、发起人股、社会公众股

按投资主体的性质不同，股份又分为国有股、发起人股和社会公众股。

国有股包括国家股和国有法人股。国家股是指有权代表国家投资的政府部门或机构以国有资产投入公司形成的股份或依法定程序取得的股份。国有法人股是指具有法人资格的国有企业、事业单位及其他单位以其依法占用的法人资产向独立于自己的股份公司出资形成或依法定程序取得的股份。

发起人股是指股份公司的发起人认购的股份。根据我国《公司法》的有关规定，发起人可以用货币、实物、工业产权、土地使用权等资产作价折股。发起人认购的股份，自公司成立之日起三年内不得转让。

社会公众股是指个人和机构以合法财产购买并可依法流动的股份[①]。

（4）内资股和外资股

按投资者是以人民币认购和买卖股票还是以外币认购和买卖股票划分，股份可分为内资股和外资股。内资股一般是由境内人士或机构以人民币认购和买卖的股票；外资股一般是以外币认购和买卖的股票。外资股主要有境内上市外资股和境外上市外资股。境内上市外资股一般标为B股[②]；境外上市外资股一般以境外上市地的英文名称中的第一个字母命名，其中有在中国香港（Hong Kong）上市的H股、在纽约（New York）上市的N股、在新加坡（Singapore）上市的S股。

（5）始发股和增发股

始发股是指公司首次公开发行的股票即IPO，所有的首次公开发行必须是现金发行。增发股是指曾经发行过股票的公司再次发行新股（seasoned new issue），普通股的再次新发行可以是现金发行也可以是配股发行。始发股和增发股在发行条件、发行目的、发行价格等方面都有所不同，但股东的权利和义务都是相同的。

另外，人们还根据发行股票企业的经营状况，将股票分为绩优股、蓝筹股、红筹股、垃圾股等。根据管理的要求不同，股份有公司职工股和内部职工股之分。公司职工股[③]，是公司上市时低价售给职工和经理人的一种股份，它的性质类似于职工福利，并不与职工和经理的工作业绩挂钩。内部职工股[④]，是在股份制试点初期由定向募集公司向内部职工募集的股份。按股份的流动性（能否在证券二级市场进行公开交易），股份又可分为流通股（A股、B股、H股、N股）和非流通股（国家股、法人股、公司职工股、内部

① 社会公众股交易的数量和个人最小持有的时间不受限制。但是，《中华人民共和国证券法》要求向公众发行的部分不少于公司拟发行的股本总额的25%。

② 2001年2月20日，中国证券监督管理委员会发出通知，允许境内居民以合法持有的外汇开立B股账户交易股票。

③ 国务院证券监督管理机构于1998年12月发布了《关于停止发行公司职工股的通知》，该通知规定股份有限公司公开发行股票时一律不再发行公司职工股。

④ 1993年国务院决定停止内部职工股的审批和发行。

职工股）。

8.1.2 普通股融资的优点和缺点

1）普通股融资的优点

与其他筹资方式相比，普通股筹集资本具有如下优点：

（1）发行普通股筹措资本具有永久性，无到期日，不需归还。这对保证公司对资本的最低需要、维持公司长期稳定发展极为有益。

（2）发行普通股筹资没有固定的股利负担，股利的支付与否和支付多少，视公司有无盈利和经营需要而定，经营波动给公司带来的财务负担相对较小。由于普通股筹资没有固定的到期还本付息的压力，从这方面来看，普通股筹资风险较小。

（3）发行普通股筹集资本是公司最基本的资金来源，它反映了公司的实力，可作为其他方式筹资的基础，尤其可为债权人提供保障，增强公司的举债能力。

（4）由于普通股的预期收益较高，并可一定程度地抵消通货膨胀的影响（通常在通货膨胀期间，不动产升值时普通股也随之升值），因此，普通股筹资容易吸收资金。

2）普通股融资的缺点

但是，运用普通股筹资也存在一些缺点：

（1）普通股的资本成本较高。首先，从投资者的角度来讲，投资于普通股风险较高，相应地要求有较高的投资报酬率。其次，对于筹资公司来讲，普通股股利从税后利润中支付，不像债券利息那样作为费用从税前利润中支付，因而不具有税盾作用。最后，普通股的发行费用一般也高于其他证券。

（2）以普通股筹资会增加新股东，这可能会分散公司的控制权。此外，新股东分享公司未发行新股前积累的盈余，会降低普通股的每股净收益，从而可能引发股价的下跌。

8.1.3 股票市场

股票市场是股票发行和交易的场所。

1）全球股票市场

全球股票市场主要包括美国、英国、德国、日本等发达国家的股票市场和韩国、新加坡及中国的香港、台湾等国家或地区的新兴股票市场。下面重点介绍发展成熟的美国股票市场。

美国股票市场的形成晚于债券市场（主要是国债市场）。随着工业革命的进行，美国工业迅速发展，股份公司的数量尤其是铁路股份公司急剧增加，并且开始在纽约证券交易所（New York Stock Exchange，NYSE）上市，改变了最初证券市场上仅有公债发行和流通的状况。到19世纪末20世纪初，除了公益事业部门，美国其他各产业部门也都出现了巨大的股份公司，并且日益在美国经济中占据了统治地位。由此，股票发行和交易规模日益扩大，股票市场迅速发展，证券集资成为美国公司资本来源的主要方式。到2000年，在美国上市的美国及世界各国公司已经达到7 000余家。[①]

经过200多年的发展，美国的股票市场已经成为世界上最大的股票市场，其在国内及

① 谢百三. 金融市场学［M］. 北京：北京大学出版社，2003.

全球经济中的地位也不断上升。1999年，美国股市总市值占GDP的比重已经超过了150%（这一数值在1988年是50%），而其占全球股市市值的比重也从1988年的29%上升到53%。美国证券市场实际上已经成为一个国际性的证券市场，到2002年7月，约有50多个国家的2 400种证券（主要是股票）在美国挂牌上市交易。世界各国的投资机构与个人也大量购买美国的国债和股票。因此，从经济上和心理上来讲，美国股市对世界股市和世界经济发展的影响都是非常巨大的，美国的股市下跌，世界各国股市往往也随之下跌，从而引起世界多数国家的熊市。

2）一级股票市场和二级股票市场

股票市场分为发行市场和流通市场。股票发行市场又称一级股票市场，是发行新股票的市场，股票发行人通过发行市场将已获准发行的股票第一次销售给投资者，以获得资金。股票流通市场又称二级股票市场，是对已发行的股票进行买卖、转让交易的市场。

公司通过出售股票、债券来筹集资金，既增加了公司的现金数量，又扩大了公众持有股票和债券的规模。这类证券的发行就是所谓的一级发行，其发行的市场也叫一级市场。

金融市场除了帮助公司筹集新的资金外，还可以使投资者互相交易股票或债券。例如，股民李先生可以出售手里持有的某企业发行的A股票，以换取所需现金，而同时股民张先生则也可以将现金投资于A股票，这样，他们之间就形成了一笔交易，也就是说该股票的所有权从李先生手里转移到张先生手里，对发行该股票的企业的现金、资产及经营等并不产生影响。这类证券的购买与销售就是二级交易，其交易发生的场所就叫做二级市场。

在我国，公司为募集资金，经过审批发行股票，发行场所则为一级股票市场；股民在上海证券交易所或深圳证券交易所购买或出售股票则是二级股票交易，上海证券交易所或深圳证券交易所则是二级股票市场。二级股票市场（股票流通市场）的构成要素主要有：①股票持有人，在此为卖方；②投资者，在此为买方；③为股票交易提供流通、转让便利条件的信用中介操作机构，如证券公司或股票交易所（习惯上称之为证券交易所）。

证券交易所是股票流通市场的最重要组成部分，也是交易所会员、证券自营商或证券经纪人在证券市场内集中买卖上市股票的场所，是二级市场的主体。具体说，它具有固定的交易所和固定的交易时间，接受和办理符合有关法律规定的股票上市买卖，使原股票持有人和投资者有机会在市场上通过经纪人进行自由买卖、成交、结算和交割。

证券公司也是二级市场重要的金融中介机构之一，其最重要的职能是为投资者买卖股票等证券，并提供为客户保存证券、为客户融资融券、为客户提供证券投资信息等业务服务。

8.1.4　股票发行

股份有限公司在设立时要发行股票。此外，公司设立之后，为了扩大经营、改善资本结构，也会增资发行新股。股票的发行，实行公开、公平、公正的原则，必须同股同权、同股同利。同次发行的股票，每股的发行条件和价格应当相同。任何单位或个人所认购的股份，每股应支付相同的价款。同时，发行股票还应执行相关的管理规定，主要包括股票发行的规定和条件，股票发行的程序，股票发行方式、销售方式和发行价格等。

1）股票发行的规定和条件

公司公开发行的股票进入交易所挂牌买卖（即股票上市交易），须受严格的条件限制。2006年5月17日，中国证券监督管理委员会（简称证监会）发布了《首次公开发行股票并上市管理办法》，规范首次公开发行股票并上市的行为。为了缓解中小企业尤其是中小高科技企业融资难的问题，完善创业资本退出机制，促进创业投资的发展和企业创新机制的形成，证监会又于2009年3月31日正式发布《首次公开发行股票并在创业板上市管理暂行办法》（简称《暂行办法》），对在创业板首次公开发行股票的前提条件、发行程序、信息披露和法律监管等方面的内容作了详细规定。《暂行办法》自2009年5月1日起实施，标志着我国创业板正式开始上市。另外，《中国证监会关于进一步推进新股发行体制改革的意见》于2013年11月30日发布，改革内容着眼于推进新股的市场化发行机制、强化发行人及其控股股东等责任主体的诚信义务、进一步提高新股定价的市场化程度、改革新股配售方式、加大监管执法力度切实维护“三公”原则五个方面。

根据有关规定，股票发行人必须为具有股票发行资格的股份公司或经批准筹备设立中的股份有限公司，因股份有限公司发行股票时的情况不同，应具备的条件也有所不同。

（1）设立股份有限公司申请公开发行股票的条件

①其生产经营符合国家产业政策，国家的产业政策因经济环境的不同会有所变化。

②其发行的普通股限于一种，同股同权。同股同权即同种类股票的持有者具有同样的权利，强调“限于一种”和“同股同权”都是为了保护社会公众投资者的利益。

③发起人认购的股本数不少于公司拟发行的股本总额的35%。

④在公司拟发行的股本总额中，发起人认购的部分不少于人民币3 000万元（国家另有规定的除外）。

⑤向社会公众发行的部分不少于公司拟发行的股本总额的25%；公司拟发行的股本总额超过人民币4亿元的，证监会按照规定可以酌情降低向社会公众发行部分的比例，但是最低不少于公司拟发行股本总额的10%。

⑥发起人在近3年没有重大违法行为。

⑦符合国务院证券监督管理机构规定的相关条件。

（2）增资发行条件

股份有限公司为了扩大生产经营规模，可以增资发行股票筹集资金。《公司法》规定，上市公司发行新股，可以向社会公开募集，也可以向原股东配售，但应当符合《公司法》有关发行新股的条件。根据《公司法》的规定，公司发行新股，必须具备以下条件：

①前一次发行的股份已经募足，并间隔1年以上。

②公司在最近3年内连续盈利，并可向股东支付股利（公司以当年利润分派新股，不受此限）。

③公司在3年内财务会计文件无虚假记载。

④公司预期利润率可达同期银行存款利率。

以向社会公开募集方式发行新股的，还应符合国务院证券监督管理部门规定的其他条件。

（3）公司配股发行的条件

配股发行是增资发行的一种，是指上市公司在获得有关部门的批准后，向其现有股东提出配股建议，使现有股东可按其所持有股份的比例认购配售股份的行为。它是上市公司发行新股的一种方式。在集资的意义上，配股集资具有实施时间短、操作较简单、成本较低等优点，同时，配股还是上市公司改善资本结构的一种手段。根据国务院证券监督管理机构有关上市公司配股的规定，上市公司向股东配股必须符合以下基本条件：

①上市公司必须与控股股东在人员、资产、财务上分开，保证上市公司的人员独立、资产完整和财务独立。

②公司章程符合《公司法》的规定，并已根据《上市公司章程指引》进行了修订。

③配股募集资金的用途符合国家产业政策的规定。

④前一次发行的股份已经募足，募集资金使用效果良好，本次配股距前次发行间隔一个完整的会计年度（1月1日至12月31日）以上。

⑤公司上市超过3个完整会计年度的，最近3个完整会计年度的净资产收益率平均在10%以上；上市不满3个完整会计年度的，按上市后所经历的完整会计年度平均计算；属于农业、能源、原材料、基础设施、高科技等国家重点支持行业的公司，净资产收益率可以略低，但不得低于9%；上述指标计算期间内任何一年的净资产收益率均不得低于6%。

⑥公司在最近3年内财务会计文件无虚假记载或重大遗漏。

⑦本次配股募集资金后，公司预测的净资产收益率应达到或超过同期银行存款利率水平。

⑧配售的股票限于普通股，配售的对象为股权登记日登记在册的公司全体股东。

⑨公司一次配股发行股份总数，不得超过该公司前一次发行并募足股份后其股份总数的30%，公司将本次配股募集资金用于国家重点建设项目、技改项目的，可不受30%比例的限制。

（4）创业板发行条件

①主体资格方面，依法设立且持续经营3年以上的股份有限公司。

②盈利要求方面，最近两年连续盈利，最近两年净利润累计不少于1 000万元，且持续增长；或者最近一年盈利，且净利润不少于500万元，最近一年营业收入不少于5 000万元；最近两年营业收入增长率均不低于30%。净利润以扣除非经常性损益前后孰低者为计算依据（注：上述要求为选择性标准，符合其中一条即可）。

③资产要求方面，最近一期期末净资产不少于2 000万元。

④股本要求方面，企业发行后的股本总额不少于3 000万元。

⑤主营业务要求方面，发行人应当主营业务突出。同时，募集资金只能用于发展主营业务。

⑥董事及管理层方面，最近2年内未发生重大变化。

⑦实际控制人方面，最近2年内实际控制人未发生变更。

⑧同业竞争方面，发行人与控股股东、实际控制人及其控制的其他企业间不存在同业竞争。

（5）上市公司配股申请不予核准的情形

①不按有关法律、法规的规定履行信息披露义务。

②近3年有重大违法、违规行为。

③擅自改变招股说明书或配股说明书所列资金用途而未作纠正，或者未经股东大会认可。

④股东大会通知、召开方式、表决方式和决议内容不符合《公司法》规定。

⑤申报材料存在虚假陈述。

⑥公司拟定的配股价格低于该公司配股前每股净资产。

⑦以公司资产为本公司的股东或个人债务提供担保。

⑧公司资金、资产被控股股东占用，或有重大关联交易，明显损害公司利益。

申请配股的上市公司因存在上述②、③、④三项规定的情形而未获证监会核准的，不得在一年内再次提出配股申请。

上市公司必须按招股说明书所列的资金用途使用发行股票所募资金，如果改变须经股东大会认可；擅自改变用途而未作纠正或未经股东大会认可不得发行新股。

2）股票发行的程序

股份有限公司在设立时发行股票与增资发行新股，在程序上有所不同。

（1）设立时发行股票的程序

①提出募集股份申请。

②公告招股说明书，制作认股书，签订承销协议和代收股款协议。

③招认股份，缴纳股款。

④召开创立大会，选举董事会、监事会。

⑤办理设立登记，交割股票。

（2）增资发行新股的程序

①股东大会做出发行新股的决议。

②由董事会向国务院授权的部门或省级人民政府申请并经批准。

③公告新股招股说明书和财务会计报表及附属明细表，与证券经营机构签订承销合同，定向募集时向新股认购人发出认购公告或通知。

④招认股份，缴纳股款。

⑤改组董事会、监事会，办理变更登记并向社会公告。

3）股票发行方式、销售方式和发行价格

公司发行股票筹资，应当选择适宜的股票发行方式和销售方式，并恰当地制定发行价格，以便及时募足资本。

（1）股票发行方式

股票发行方式，指的是公司通过何种途径发行股票。总的来讲，股票的发行方式可分为公开发行和私下发行两种，其中公开发行又分为普通现金发行和配股发行两种发行方式。

①公开间接发行（公募）和不公开直接发行（私募）。公开发行指通过中介机构公开向社会公众发行股票。我国股份有限公司采用募集设立方式，在向社会公开发行新股时须由证券经营机构承销的做法，就属于股票的公开间接发行。这种发行方式的发行范围广、发行对象多，易于足额募集资本；股票的变现性强，流通性好；股票的公开发行还有助于提高发行公司的知名度和扩大其影响力。但这种发行方式也有不足，主要是手续繁杂，发

行成本高。

私下发行指不公开对外发行股票，只向少数特定的对象直接发行，因而不需经中介机构承销。我国股份有限公司采用发起设立方式和以不向社会公开募集的方式发行新股的做法，即属于股票的不公开直接发行。这种发行方式弹性较大，发行成本低，但发行范围小，股票变现性差。

②普通现金发行和配股发行。普通股的再次新发行包括现金发行和配股发行两种方式，其中向现有股东出售普通股股票就是配股发行，给予每位股东一种在确定时间按认购价格从公司买入确定数量新股的选择权，其特点有：第一，相比于IPO，配股发行不存在折价现象，但由于认购价格低于股票市场价格，配股发行后股票新的市场价格会低于配股发行前股票的市场价格，认购价格越低，配股发行的价格下跌幅度就越大；第二，相比于IPO，由于不存在差价、折价、绿鞋条款等相关成本，配股发行成本较低；第三，相比于现金发行方式，配股发行不会稀释现有股东的所有权比例，公司股东拥有优先认股权，每位股东的持股比例保持不变；第四，相比于现金发行方式，配股发行赋予股东较大的灵活性，股东既可以行使配股权以认购价格购买新股也可以出售配股权获取现金收入，无论是哪种选择，配股发行都不会影响股东财富。

（2）股票销售方式

股票销售方式，指的是股份有限公司向社会公开发行股票时所采取的股票销售方法。股票销售方式有两类：自销和承销。

①自销方式。股票发行的自销方式，指发行公司自己直接将股票销售给认购者。这种销售方式可由发行公司直接控制发行过程，实现发行意图，并可以节省发行费用；但往往筹资时间长，发行公司要承担全部发行风险，并需要发行公司有较高的知名度、信誉和实力。

②承销方式。股票发行的承销方式，指发行公司将股票销售业务委托给证券经营机构代理。这种销售方式是发行股票所普遍采用的。《公司法》规定，股份有限公司向社会公开发行股票，必须与依法设立的证券经营机构签订承销协议，由证券经营机构承销。股票承销又分为包销和代销两种具体办法。所谓包销，是根据承销协议商定的价格，证券经营机构一次性全部购进发行公司公开募集的全部股份，然后以较高的价格出售给社会上的认购者。对于发行公司来说，采用包销的办法可及时筹足资本，免于承担发行风险（股款未募足的风险由承销商承担），但股票以较低的价格售给承销商会损失部分溢价。所谓代销，是证券经营机构仅替发行公司代售股票，并由此获取一定的佣金，但不承担股款未募足的风险。

（3）股票发行价格

股票发行价格是股票发行时所使用的价格，也就是投资者认购股票时所支付的价格。股票发行价格通常由发行公司根据股票面额、股市行情和其他有关因素决定。以募集设立方式设立公司首次发行的股票价格，由发起人决定；公司增资发行新股的股票价格，由股东大会做出决议。

股票的发行价格可以和股票的面额一致，但多数情况下不一致。股票的发行价格一般有以下三种：

①等价。等价就是以股票的票面额为发行价格，也称为平价发行。这种发行价格，一

般在股票的初次发行或在股东内部分摊增资的情况下采用。等价发行股票容易推销，但无从取得股票溢价收入。

②时价。时价就是以本公司股票在流通市场上买卖的实际价格为基准确定的股票发行价格。其原因是股票在第二次发行时已经增值，收益率已经变化。选用时价发行股票，考虑了股票的现行市场价值，对投资者也有较大的吸引力。

③中间价。中间价就是以时价和等价的中间值确定的股票发行价格。按时价或中间价发行股票，股票发行价格会高于或低于其面额。前者称为溢价发行，后者称为折价发行。如果属溢价发行，发行公司所获的溢价款列入资本公积。

《公司法》规定，股票发行价格可以等于票面金额（等价），也可以超过票面金额（溢价），但不得低于票面金额（折价）。

总体而言，我国主板、中小企业板和创业板上市规则的异同分别见表8-1和表8-2。

表8-1 **主板、中小企业板和创业板上市规则相同部分**

相同项目	规则内容
主体资格	依法设立且合法存续的股份有限公司
注册资本	注册资本已足额缴纳，发起人或者股东用做出资的资产的财产权转移手续已办理完毕，发行人的主要资产不存在重大权属纠纷
偿债风险	不存在重大偿债风险，不存在影响持续经营的担保、诉讼以及仲裁等重大或有事项
股权	股权清晰，控股股东和受控股股东、实际控制人支配的股东所持发行人的股份不存在重大权属纠纷
会计	会计基础工作规范，财务报表的编制符合企业会计准则和相关会计制度的规定，在所有重大方面公允地反映了发行人的财务状况、经营成果和现金流量，并由注册会计师出具无保留意见的审计报告
独立性	应当在招股说明书中披露已达到发行监管对公司独立性的基本要求
内部控制	内部控制在所有重大方面是有效的，并由注册会计师出具无保留结论的内部控制鉴证报告

资料来源　参见《首次公开发行股票并上市管理办法》(2016)、《首次公开发行股票并在创业板上市管理办法》(2015)。

8.1.5 股票上市

股票上市，指的是股份有限公司公开发行的股票经批准在证券交易所进行挂牌交易。经批准在交易所上市交易的股票则称为上市股票。按照国际通行做法，非公开募集发行的股票或未向证券交易所申请上市的非上市证券，应在证券交易所外的店头市场（over the counter market，OTC Market，也称“场外市场”）上流通转让；只有公开募集发行并经批准上市的股票才能进入证券交易所流通转让。《公司法》规定，股东转让其股份，亦即股票进入流通，必须在依法设立的证券交易场所里进行。

表8-2　**主板、中小企业板和创业板上市规则不同之处**

项目	主板	中小企业板	创业板
经营年限	持续经营时间应当在3年以上（有限公司按原账面净资产值折股整体变更为股份公司可连续计算）	持续经营时间应当在3年以上，经国务院批准的除外（有限公司按原账面净资产值折股整体变更为股份公司可连续计算）	持续经营时间应当在3年以上（有限公司按原账面净资产值折股整体变更为股份公司可连续计算）
盈利要求	（1）最近3个会计年度净利润均为正数且累计超过人民币3 000万元，净利润以扣除非经常性损益前后较低者为计算依据 （2）最近3个会计年度经营活动产生的现金流量净额累计超过人民币5 000万元；或者最近3个会计年度营业收入累计超过人民币3亿元	（1）最近3个会计年度净利润均为正数且累计超过人民币3 000万元，净利润以扣除非经常性损益前后较低者为计算依据 （2）最近3个会计年度经营活动产生的现金流量净额累计超过人民币5 000万元；或者最近3个会计年度营业收入累计超过人民币3亿元	标准一：最近2年连续盈利，最近2年净利润累计不少于人民币1 000万元，且持续增长 标准二：最近一年盈利，且净利润不少于人民币500万元，最近一年营业收入不少于人民币5 000万元，最近2年营业收入增长率均不低于30% （注：上述要求为选择性标准，符合其中一条即可）
资产要求	（1）最近一期末无形资产（扣除土地使用权、水面养殖权和采矿权等后）占净资产的比例不高于20% （2）最近一期不存在未弥补亏损	（1）最近一期末无形资产（扣除土地使用权、水面养殖权和采矿权等后）占净资产的比例不高于20% （2）最近一期不存在未弥补亏损	（1）最近一期期末净资产不少于2 000万元 （2）最近一期不存在未弥补亏损
股本要求	发行前股本总额不少于人民币3 000万元	发行前股本总额不少于人民币3 000万元，发行后股本总额不少于人民币5 000万元	发行后股本总额不少于3 000万元，股东人数不少于200人
主营业务	最近3年内主营业务没有发生重大变化	最近3年内主营业务没有发生重大变化	发行人应当主要经营一种业务，其生产经营活动符合法律、行政法规和公司章程的规定，符合国家产业政策及环境保护政策。最近2年内没有发生重大变化
董事及管理层	最近3年内董事、高级管理人员没有发生重大变化	最近3年内董事、高级管理人员没有发生重大变化	最近2年内董事、高级管理人员没有发生重大变化
实际控制人	最近3年内实际控制人未发生变更	最近3年内实际控制人未发生变更	最近2年内实际控制人未发生变更

续表

项目	主板	中小企业板	创业板
持续盈利之限制行为	(1) 发行人的经营模式、产品或服务的品种结构已经或者将发生重大变化，并对发行人的持续盈利能力构成重大不利影响 (2) 发行人的行业地位或发行人所处行业的经营环境已经或者将发生重大变化，并对发行人的持续盈利能力构成重大不利影响 (3) 发行人最近一个会计年度的营业收入或净利润对关联方或者存在重大不确定性的客户存在重大依赖 (4) 发行人最近一个会计年度的净利润主要来自合并财务报表范围以外的投资收益 (5) 发行人在用的商标、专利、专有技术以及特许经营权等重要资产或技术的取得和使用存在重大不利变化的风险 (6) 其他可能对发行人持续盈利能力构成重大不利影响的情形	(1) 发行人的经营模式、产品或服务的品种结构已经或者将发生重大变化，并对发行人的持续盈利能力构成重大不利影响 (2) 发行人的行业地位或发行人所处行业的经营环境已经或者将发生重大变化，并对发行人的持续盈利能力构成重大不利影响 (3) 发行人最近一个会计年度的营业收入或净利润对关联方或者存在重大不确定性的客户存在重大依赖 (4) 发行人最近一个会计年度的净利润主要来自合并财务报表范围以外的投资收益 (5) 发行人在用的商标、专利、专有技术以及特许经营权等重要资产或技术的取得和使用存在重大不利变化的风险 (6) 其他可能对发行人持续盈利能力构成重大不利影响的情形	(1) 发行人的经营模式、产品或服务的品种结构已经或者将发生重大变化，并对发行人的持续盈利能力构成重大不利影响 (2) 发行人的行业地位或发行人所处行业的经营环境已经或者将发生重大变化，并对发行人的持续盈利能力构成重大不利影响 (3) 发行人在用的商标、专利、专有技术、特许经营权等重要资产和技术的取得和使用存在重大不利变化的风险 (4) 发行人最近一年的营业收入或净利润对关联方或者有重大不确定性的客户存在重大依赖 (5) 发行人最近一年的净利润主要来自合并财务报表范围以外的投资收益 (6) 其他可能对发行人持续盈利能力构成重大不利影响的情形
关联交易	发行人与控股股东、实际控制人及其控制的其他企业间不得有显失公平的关联交易；关联交易价格公允，不存在通过关联交易操纵利润的情形	发行人与控股股东、实际控制人及其控制的其他企业间不得有显失公平的关联交易；关联交易价格公允，不存在通过关联交易操纵利润的情形	发行人与控股股东、实际控制人及其控制的其他企业间不存在严重影响公司独立性或者显失公允的关联交易
公司治理结构	无	建立健全股东大会、董事会、监事会、独立董事、董事会秘书制度	建立股东大会、董事会、监事会、独立董事、董事会秘书、审计委员会制度
税收	依法纳税，享受的各项税收优惠符合相关法律法规的规定	依法纳税，享受的各项税收优惠符合相关法律法规的规定；经营收入对税收优惠不存在严重依赖	依法纳税，享受的各项税收优惠符合相关法律法规的规定；经营收入对税收优惠不存在严重依赖
募集资金用途	发行人董事会应当依法就本次股票发行的具体方案、本次募集资金使用的可行性及其他必须明确的事项做出决议，并提请股东大会批准	募集资金应当有明确的使用方向，原则上用于主营业务	无

续表

项目	主板	中小企业板	创业板
保荐人持续督导	发行人及其全体董事、监事和高级管理人员应当在招股说明书上签字、盖章，保证招股说明书的内容真实、准确、完整。保荐人及其保荐代表人应当对招股说明书的真实性、准确性、完整性进行核查，并在核查意见上签字、盖章	首次公开发行股票的，持续督导的期间为证券上市当年剩余时间及其后2个完整会计年度；上市公司发行新股、可转换公司债券的，持续督导的期间为证券上市当年剩余时间及其后2个完整会计年度。持续督导的期间自证券上市之日起计算	创业板IPO的持续督导期间为证券上市当年剩余时间及其后3个完整会计年度；创业板上市公司发行新股、可转换公司债券的，持续督导的期间为证券上市当年剩余时间及其后2个完整会计年度
会后事项	无	发行申请核准后、股票发行结束前，发行人发生重大事项的，应当暂缓或暂停发行，并及时报告中国证监会，同时履行信息披露义务。影响发行条件的，应当重新履行核准程序	发行申请核准后、股票发行结束前，发行人发生重大事项的，应当暂缓或暂停发行，并及时报告中国证监会，同时履行信息披露义务。出现不符合发行条件事项的，中国证监会撤回核准决定
发行审计委员会	无	创设主板发行审核委员会，委员为25名（主板审计委员会、创业板审计委员会和并购重组委员会不得相互兼任）	创设创业板发行审核委员会，委员35名（主板审计委员会、创业板审计委员会和并购重组委员会不得相互兼任）
保荐人专项意见	无	无	保荐人应当对发行人的成长性进行尽职调查和审慎判断并出具专项意见。发行人为自主创新企业的，还应当在专项意见中说明发行人的自主创新能力
初审征求意见	无	征求省人民政府、国家发展和改革委员会意见	无
其他	无	无	（1）要求发行人的控股股东对招股说明书签署确认意见 （2）要求发行人在招股说明书显要位置做出风险提示，内容为“本次股票发行后拟在创业板市场上市，该市场具有较高的投资风险。创业板公司具有业绩不稳定、经营风险高等特点，投资者面临较大的市场波动风险，投资者应充分了解创业板市场的投资风险及本公司所披露的风险因素，审慎做出投资决定” （3）不要求发行人编制招股说明书摘要

资料来源　参见《首次公开发行股票并上市管理办法》(2016)、《首次公开发行股票并在创业板上市管理办法》(2015)。

1）股票上市的目的

股份公司申请股票上市，一般出于以下一些目的：

（1）资本大众化，分散风险。股票上市后，会有更多的投资者认购公司股份，公司则可将部分股份转售给这些投资者，再将得到的资金用于其他方面，这就分散了公司的风险。

（2）提高股票的变现力。股票上市后便于投资者购买，自然提高了股票的流动性和变现力。

（3）便于筹集新资金。股票上市必须经过有关机构的审查批准并接受相应的管理，执行各种信息披露和股票上市的规定，这就大大增强了社会公众对公司的信赖，使之乐于购买公司的股票。同时，一般人认为上市公司实力雄厚，这也便于公司采用其他方式（如负债）筹集资金。

（4）提高公司知名度，吸引更多顾客。股票上市公司为社会所知，并被认为经营优良，会带来良好声誉，吸引更多的顾客，从而扩大销售量。

（5）便于确定公司价值。股票上市后，公司股价有市价可循，便于确定公司的价值，有利于促进公司财富最大化。

2）股票上市的缺点

股票上市在给公司带来好处的同时，也会对公司产生不利影响，这主要包括以下方面：

（1）公司将负担较高的信息披露成本。上市公司依法必须定期将财务报告或有关报告提交给证券管理部门、政府主管机关及股民大众等利益相关者，特别是对于小公司来说，印制发送这些报表的成本是不小的负担。

（2）各种信息公开的要求可能会暴露公司商业秘密。股票上市后，公司要公开经营状况、财务状况等信息，很可能使得同行了解公司发展的大致方向和经营手段，从而制定出相应的对付该公司的策略。

（3）股价有时会歪曲公司的实际状况，丑化公司声誉。虽然股票上市的公司可以通过股票价格的变动来体现公司价值，但是股票价格受多种因素影响，不能肯定任何时刻都处在好的位置上，因此不时的不良变动使得股民贬低公司价值，使公司声誉受损。

（4）可能会分散公司的控制权，造成管理上的困难。上市后原有股东的控制权会被稀释，在某些情况下，老股东会失去对公司的控制权。在公司已经上市的情况下，原来的控制者如果想要继续控制公司，可能会付出更高的成本。

3）股票上市的条件

公司公开发行的股票进入证券交易所挂牌买卖（即股票上市），须受严格的条件限制。

根据《公司法》的规定，非创业板公司申请其股票上市的条件如下：

（1）股票经国务院证券监督管理机构批准已向社会公开发行。不允许公司在设立时直接申请股票上市。

（2）公司股本总额不少于人民币5 000万元。

（3）开业时间在3年以上，最近3年连续盈利；属国有企业依法改建而设立股份有限公司的，或者在《公司法》实施后新组建成立、其主要发起人为国有大中型企业的股份有限公司，可连续计算。

（4）持有股票面值人民币1 000元以上的股东不少于1 000人，向社会公开发行的股份达公司股份总数的25%以上；公司股本总额超过人民币4亿元的，其向社会公开发行股份的比例为10%以上。

（5）公司在最近3年内无重大违法行为，财务会计报告无虚假记载。

（6）国务院规定的其他条件。

具备上述条件的股份有限公司经申请，由国务院或国务院授权的证券监督管理机构批准，其股票方可上市。股票上市公司必须公告其上市报告，并将其申请文件存放在指定的地点供公众查阅。股票上市公司还必须定期公布其财务状况和经营情况，每一会计年度内每半年公布一次财务会计报告。

由于创业板设置的目的就是帮助满足中小企业进行融资的需求，创业板上市需要具备相关的条件如下：

（1）股票已公开发行。

（2）公司股本总额不少于3 000万元。

（3）公开发行的股份达到公司股份总数的25%以上；公司股本总额超过4亿元的，公开发行股份的比例为10%以上。

（4）公司股东人数不少于200人。

（5）公司最近3年无重大违法行为，财务会计报告无虚假记载。

（6）深圳证券交易所要求的其他条件。

具备上述条件的中小股份有限公司经申请，由国务院或国务院授权的证券监督管理机构批准，其股票方可上市。

8.1.6　IPO抑价（折价）之谜

1）关于IPO抑价之谜的理论假说

新股发行是证券一级市场的重要组成部分。从世界各国的新股发行情况来看，如果投资者在新股发行时通过申购买入拟上市的公司股票，以新股上市当天收盘价计算，投资者会获得不同程度的平均收益率，尤其是在新兴市场，认购新股所获得的收益率更高。从股票上市第一天的平均表现来看，公司上市首次公开发行股票价格被严重低估的现象称为“IPO抑价之谜”。

（1）承销商行为假说。由于折价会增加发行人的发行成本，承销商为吸引发行人具有定价过高的动机。然而，一方面溢价发行会导致IPO不成功使承销商承担未出售股票的风险和损失，折价发行有助于降低发行失败概率及相关损失；另一方面溢价发行，不知情的外部投资者在股票交易中会遭受损失，那么在以后的交易中就会“抛弃”这个承销商，因此发行新股的错误定价以及不道德交易等行为将严重损害承销商声誉，承销商担心声誉受损会采取折价发行。

（2）信号假说。假设市场存在两类公司即优质公司和劣质公司，外部投资者无法区分这两类公司。优质公司把IPO折价视为一种向外部投资者传递公司高质量的信号工具，因为一级发行市场的折价成本可以在二级市场的增发中通过溢价发行弥补，可以认为IPO折价程度的增加将导致再次新发行更高的溢价；虽然劣质公司也可以伪装成优质公司通过IPO折价传递信号，但二级市场会在劣质公司上市后揭示和披露其真实价值，劣质公司无法承担折价发行的信号成本。因此该假说认为公司内在价值和IPO折价程度呈正相关关系。

(3)"赢家的诅咒"假说。假设市场存在两类投资者，即知情投资者（机构投资者）和不知情投资者（普通投资者），这两类投资者之间存在信息不对称，知情投资者拥有股票价值的充分信息。知情投资者只会认购折价发行的股票，而不知情投资者会认购所有首次公开发行的股票，包括折价发行和溢价发行的股票，最终不知情投资者将得到大部分定价偏高的股票而只得到小部分定价偏低的股票，不可避免地遭受亏损，这就是"赢家的诅咒"。在新股认购中，不知情投资者清楚地意识到自己处于信息劣势地位，必然要求发行公司折价发行新股以补偿他们由于信息不对称所带来的亏损，否则会推出新股认购。因此只有折价发行才能降低赢家诅咒带来的逆向选择问题，吸引不知情投资者积极参与新股认购。

2）中国的IPO抑价现象

中国证券市场是个新兴市场。一方面，长期以来，中国IPO实行配额制、审批制（现逐步发展到保荐人制度），新股总量受政府控制，因此对缺乏其他投资选择的投资者来说，新股很难满足投资者的需要，结果产生了巨量的投机行为；另一方面，中国IPO抑价本身相对比较严重，这也是导致中国证券一级市场上长期以来一直存在着一批专门申购新股、不投资二级市场股票的投资者的原因。他们不愿意承担二级市场上的投资风险，只追求稳定的投资回报，而投资一级市场申购新股是一个获得稳定投资回报的方式。从中国证券一级市场的实际情况来看，"新股不败"的神话已经延续了十余年，几乎很少有上市当天即跌破发行价的情况。长期以来，中国整个证券市场IPO平均抑价率高达130%以上。例如，假设投资者甲用8 000元认购某家公司发行的每股发行价为8元的新股，且成功认购到了1 000股，上市当天该新股抑价率达120%，则该投资者可获利9 600元。如果中国证券市场一直维持目前这种高IPO抑价状况，则投资者投资一级市场申购新股几乎不存在投资的风险问题。

一般认为，随着中国上市公司中股权分置改革的进行和股权分置问题的解决，上市公司的股权结构不再被人为地割裂为流通股和非流通股两个部分，加上新股发行逐渐市场化，IPO高抑价将会逐渐下降，申购新股风险将呈上升的趋势。但实际情况并不与理论上的说法完全一致。从2006年6月5日以全流通形式发行新股至2006年9月30日，深沪两个证券交易所共上市新股26家，这些新上市的26家公司平均IPO抑价率为80.36%。从抑价率来看，与130%相比似乎是出现了比较明显的下降，尤其是大盘股，平均抑价率更低，已经发行的股本相对比较大的五家大盘股平均抑价率水平只有28.59%，其中中国银行抑价率为零。但在这26家公司中有21家是在中小企业板上市的。如果将这21家抽出来单独作分析，会发现平均IPO抑价率达到92%以上。而之前有的学者对新老划断前在中小企业板上市的公司的IPO抑价进行过统计分析，发现平均IPO抑价率为84%左右。由此可以看出，至少目前全流通下的IPO抑价还没有比股权分置下产生的IPO抑价更低。

8.1.7 股票上市的暂停和终止

股票上市公司有下列情形之一的，由国务院证券监督管理机构决定暂停其股票上市：

(1) 公司股本总额、股权分布等发生变化，不再具备上市条件（限期内未能消除的，终止其股票上市)。

(2) 公司不按规定公开其财务状况，或者对财务报告作虚假记载(后果严重的，终止其股票上市)。

(3) 公司有重大违法行为(后果严重的，终止其股票上市)。

(4) 公司最近3年连续亏损(限期内未能消除的，终止其股票上市)。

另外，公司决定解散、被行政主管部门依法责令关闭或者宣告破产的，由国务院证券监督管理机构决定终止其股票上市。

8.1.8　新股发行成本的类型、特点

1) 新股发行成本的类型

①差价或承销折价，指发行人得到价格和公开发行价格之间的差额。②直接费用，不属于承销商报酬的部分，包括申请费、律师费和税金(招股说明书予以公布)。③间接费用，包括发行人在新股发行上花费的时间(招股说明书没有公布)。④超常收益，股票再次新发行公告日，股票价格会下跌，下跌保护新股东，防止发行人向新股东出售定价过高的股票。⑤折价，股票首次公开发行公告日，股票价格一般会大幅提高，由于股票是按照低于上市后的有效价格出售的，所以折价对发行人来说是一种成本。⑥绿鞋选择权，赋予承销商按照发行价格增购股票的权利，以满足股票的超额分配，当发行价格低于上市后的有效价格，承销商会增购股票然后立即转售给公众。

2) 新股发行成本的特点

①证券发行成本随着融资额的增加而下降，即发行成本服从规模经济效应。②在全部的发行成本中，股票发行成本高于债券发行成本。③证券发行成本在融资总额占有较大的比例，这意味着首次公开发行是个重大的决定，发行成本不容忽视。

8.2　非流动负债融资

8.2.1　非流动负债融资的特点

非流动负债是指偿还期在一年或超过一年的一个营业周期以上的债务。按其具体内容分类，包括长期借款、应付债券和长期应付款。非流动负债融资是指通过非流动负债来筹集资金。与普通股融资相比，非流动负债融资的特点为：①所筹集的资金具有使用上的时间性，需到期偿还；②无论企业经营好坏，都需固定支付债务利息；③其资本成本一般比普通股融资成本低，且不会分散投资者对企业的控制权。非流动负债融资可以解决企业长期资金不足的问题。例如，对需要长期性固定资产的投资，且非流动负债偿还期长，债务可作长期安排，因此还债压力或风险相对较小。但是，非流动负债融资一般成本高于流动负债融资，即非流动负债的利率较高，而且负债限制多，这是因为债权人为保证债务人能够及时、足额地偿还债务而设定种种保护性限制条件，因此债务人往往受到诸多约束。

目前，我国非流动负债融资主要有长期借款融资和债券融资两种方式。

8.2.2 长期借款融资

长期借款是指企业向银行等金融机构借入的偿还期在一年以上的各种款项，一般用于固定资产的购建、改建工程、大修理工程以及流动资产的正常需要等方面。

1）长期借款融资的种类

长期借款的种类很多，各企业可根据自身的情况和各种借款条件选用。我国目前各金融机构的长期借款主要有以下种类。

（1）按照用途，分为固定资产投资借款、更新改造借款、科技开发和新产品试制借款等。

（2）按提供贷款的机构，分为政策性银行贷款、商业银行贷款等。政策性银行贷款一般指执行国家政策性贷款业务的银行向企业发放的贷款，如国家开发银行主要为满足企业承建国家重点建设项目的资金需要提供贷款，进出口信贷银行则为大型设备的进出口提供买方或卖方信贷。商业银行贷款指由各商业银行向工商企业提供的贷款，这类贷款主要为满足企业建设竞争性项目的资金需要，企业对贷款自主决策、自担风险、自负盈亏。

此外，企业还可以从信托投资公司取得实物或货币形式的信托投资贷款，从财务公司取得各种中长期贷款等。

（3）按有无担保分为信用贷款和抵押贷款。信用贷款指不需企业提供抵押品，仅凭其信用或担保人信誉而发放的贷款。抵押贷款指要求企业以抵押品作为担保的贷款。长期贷款的抵押品常常是房屋、建筑物、机器设备、股票、债券等。

2）取得长期借款融资的条件

我国金融部门对企业发放贷款的原则是：按计划发放、择优扶植、有物资保证、按期归还。企业申请贷款一般应具备下列条件：

（1）借款企业独立核算、自负盈亏，具有法人资格，有健全的机构和相应的企业管理和技术人才。

（2）借款企业经营方向和业务范围符合国家政策，借款用途属于银行贷款办法规定的范围，并提供有关借款项目的可行性报告。

（3）借款企业具有一定的物资和财产保证，担保单位具有相应的经济实力。

（4）借款企业具有偿还贷款的能力。

（5）借款企业财务管理和经济核算制度健全，资金使用效益及企业经济效益良好。

（6）借款企业在有关银行开立有账户，办理结算。

具备上述条件的企业欲取得贷款，先要向银行提出申请，陈述借款原因与金额、用款时间与计划、还款期限与计划。银行根据企业的借款申请，针对企业的财务状况、信用情况、盈利的稳定性、发展前景、借款投资项目的可行性等进行审查。银行审查同意贷款后，再与借款企业进一步协商贷款的具体条件，明确贷款的种类、用途、金额、利率、期限、还款的资金来源及方式、保护性条件、违约责任等，并以借款合同的形式将其法律化。借款合同生效后，企业便可取得借款。

3）长期借款融资的保护性条款（契约）

由于长期借款的期限长、风险大，按照国际惯例，银行通常对借款企业提出一些有助于保证贷款按时足额偿还的条件。这些条件被写进贷款合同中，形成了合同的保护性条款。归纳起来，保护性条款大致有如下三类：

（1）一般性保护条款

一般性保护条款应用于大多数借款合同，但根据具体情况会有不同内容，主要包括：

①对借款企业流动资金保持量的规定，其目的在于保持借款企业资金的流动性和偿债能力；

②对支付现金股利和再购入股票的限制，其目的在于限制现金外流；

③对资本支出规模的限制，其目的在于减少企业日后不得不变卖固定资产以偿还贷款的可能性，仍着眼于保持借款企业资金的流动性；

④限制其他长期债务，其目的在于防止其他贷款人取得对企业资产的优先求偿权。

（2）例行性保护条款

例行性保护条款作为例行常规，在大多数借款合同中都会出现，主要包括：

①借款企业定期向银行提交财务报表，其目的在于及时掌握企业的财务情况；

②不准在正常情况下出售较多资产，以保持企业正常的生产经营能力；

③如期清偿缴纳的税金和其他到期债务，以防被罚款而造成现金流失；

④不准以任何资产作为其他承诺的担保或抵押，以避免企业过重的负担；

⑤不准贴现应收票据或出售应收账款，以避免或有负债；

⑥限制租赁固定资产的规模，其目的在于防止企业负担巨额租金以致削弱其偿债能力，还在于防止企业以租赁固定资产的办法摆脱对其资本支出和负债的约束。

（3）特殊性保护条款

特殊性保护条款是针对某些特殊情况而出现在部分借款合同中的，主要包括：

①贷款专款专用；

②不准企业投资于短期内不能收回资金的项目；

③限制企业高级职员的薪金和奖金总额；

④要求企业主要领导人在合同有效期间担任领导职务；

⑤要求企业主要领导人购买人身保险等。

此外，短期借款融资中的周转信贷协定、补偿性余额等条件，也同样适用于长期借款融资。

4）长期借款融资的成本

长期借款融资的成本核算，可以利用资金成本率这一指标来计算。资金成本就是企业在筹集资金和使用资金时所支付的一定代价。企业可以利用各种方式从多种渠道筹集资金，但不论具体方式如何，企业都要付出一定代价，花费一定的成本，即付出筹资费和使用费。筹资费是指企业在筹集资金过程中发生的各种费用，如委托金融机构代理发行股票、债券而支付的注册费和代理费等，向银行借款而支付的手续费等。使用费是指企业因使用资金而向资金提供者支付的报酬。例如，采用发行股票方式筹集的资金，要向股东们支付利息、红利；采用发行债券和银行贷款方式借入的资金，要向债权人支付利息；租入的资产，要向出租人支付租金等。由于在不同情况下筹集资金的总额不同，为了便于比较，资金成本通常以相对数来表示，即用资金成本率来表示。资本成本一般的计算公式为：

$$K=\frac{D}{P-F} \quad 或 \quad K=\frac{D}{P(1-f)} \tag{8-1}$$

其中：K为资金成本率（一般通称为资金成本）；P为筹集资金总额；D为使用费；F为筹资费；f为筹资费率，即筹资费占筹集资金总额的比率。

资金成本是市场经济条件下企业财务管理中的一个重要概念，它是选择资金来源、拟订筹资方案的主要依据，是评价投资项目可行性的主要经济标准，也可作为评价企业财务经营成果的依据。

长期借款融资，即向银行借款，企业所支付的利息和费用一般可作为企业的费用开支，相应减少一部分利润，会使企业少缴一部分所得税，因而使企业的实际支出相应减少。每年年末支付利息、贷款期末一次全部还本的借款，其借款资金成本率为：

$$K_L=\frac{I(1-T)}{L-F}=\frac{i(1-T)}{1-f} \tag{8-2}$$

其中：K_L为借款资金成本率；L为借款总额；T为所得税税率；I为借款年利息；i为借款年利率；F为借款费用；f为筹资费率。

【例8-1】某公司向银行借款100万元，期限为3年，年利率为12%，每年年末付息一次，到期一次还本，筹资费率为0.5%，企业所得税税率为25%。求该项借款的资金成本率。

$$K_L=\frac{I(1-T)}{L-F}=\frac{i(1-T)}{1-f}=\frac{12\%\times(1-25\%)}{1-0.5\%}\times100\%=9.05\%$$

5）长期借款融资的偿还方式

企业偿还长期借款的方法可分为分期付息到期还本法、完全分期等额偿付法和部分分期等额偿付法。第一种方法很容易理解，下面介绍后两种方法。

（1）完全分期等额偿付法。完全分期等额偿付是指借款在借款期内连本带息，均按照相等金额归还，分期的期间可按季度、半年或一年划分。

（2）部分分期等额偿付法。部分分期等额偿付法是指借款的一部分按完全分期等额偿付法分期偿还，另一部分按期付息，到期还本。

6）长期借款融资的特点

综上所述，长期借款融资的特点主要表现在以下方面：

（1）长期借款种类较多，企业可根据自身情况和各种借款条件进行选择。

（2）由于长期借款期限长、风险大，企业在借款时常会应金融机构要求签订保护性条款。

（3）长期借款成本相对较低，其利率一般低于债券利率，但除利息之外，银行还会向借款企业收取其他费用，如实行周转信贷协定所收取的承诺费，要求借款企业在本银行中保护补偿余额所形成的间接费用等。

（4）长期借款弹性较大。借款企业可与银行直接交涉，有关条件可谈判确定；用款期间发生变动，亦可与银行再行协商。

长期借款融资与其他负债融资相比，融资速度较快，手续较为简便。

8.2.3 债券融资

债券是企业（包括公司）或政府向社会公众筹集资金而向出资者出具的债务凭证。持有者凭借这种凭证有权在约定期限内要求发行者还本付息。债券是有价证券的一种。债券的本质是债的证明书，具有法律效力。债券购买者与债券发行者之间是一种债权债务关系，投资者（或债券持有人）即债权人，债券发行者即债务人。债券融资是指企业通过发行债券来筹集资金，以满足自身长期性安排的资金需求。

1）债券的种类

债券的分类方式有很多，对投资者来说，比较重要而且经常会遇到的主要有以下几种。

（1）按发行主体分类

债券按其发行主体分类，可分为国家债券、地方债券、金融债券和企业债券等几大类。国家债券简称国债，是由中央人民政府发行的政府债券，其债务人为国家。国债是投资者接触最多的一种债券。地方债券，是由省、市、自治区及其他地方政府发行的债券，其债务人为地方政府。金融债券，是由银行和非银行金融机构为筹集资金而发行的债券，其债务人为发行债券的金融机构。企业债券又称为公司债券，是企业发行的债券，其债务人为发行债券的企业，较之国债而言，其信誉要低一些，风险相对较高，利率也相对较高。另外，可转换公司债券也属于企业债券，如在上海证券交易所上市的南化转债（100001）、在深圳证券交易所上市的丝绸转债（5301）。

①国债。国债即国家债券，是中央人民政府为筹集财政资金而发行的一种政府债券。国债是以国家信用作保证的，因此风险小，流动性强。在我国，国债利率较其他类型债券低，而比同期银行存款利率要高，通常被称为“金边债券”。国债是我国证券市场中发行量最大、交易量最多的一种债券，从其形式来看，目前我国发行的国债可分为凭证式国债、无记名（实物）国债和记账式国债三种。

A.凭证式国债，类似于大额的储蓄存单，可记名、挂失，并以“凭证式国债收款凭证”来记录债权，但不能上市流通，从购买之日起计息，可以提前支取，国债销售网点按投资者实际持有时间和相应的利率为投资者办理还本付息。

B.无记名国债，即实物国债，以实物券的形式出现，我国20世纪80年代恢复发行国债后发行了大量实物国债。实物国债不记名、不挂失，可以上市流通，投资者既可以在国债发行网点进行购买，又可以开立证券账户后通过证券公司在沪深证券交易所进行购买。发行结束上市交易后，投资者可以在国债发行网点进行买卖，也可在沪深证券交易所进行交易买卖。

C.记账式国债，则没有实物券，以记账形式出现，通过证券交易所进行发行和交易，可以记名、挂失，投资者在证券交易所开立账户后即可进行记账式国债的买卖，其方式与买卖股票方式相同。

②地方债券。地方债券又称“市政债券”，指由地方政府发行的债券，其目的是筹集足够的资金用于修建公路、开办学校等公共事业。地方债券最明显的好处是税收的优惠，这也是最吸引投资者的地方。

③金融债券。金融债券是指银行和非银行金融机构为筹集资金而发行的债券，其债务人为发行债券的金融机构。

④企业债券。企业债券又称公司债券，是企业发行的债券，其债务人为发行债券的企业。较之国债而言，其信誉要低一些，风险相对较高，利率也相对较高。

⑤可转换公司债券。可转换公司债券是公司债券的一种，是可以在一定时间内和一定条件下转换成公司股票的公司债券。投资者认购发行公司所发行的可转换公司债券后，如果一直持有该债券而不转换成股票，那么债券到期时，公司按照发行时所约定的利率对投资者进行还本付息，双方是债权和债务关系，与普通的公司债券相同。而同时，持有可转换公司债券的投资者还拥有将可转换公司债券转换成股票的权利，投资者可以在持有债券和股票之间做出选择，投资者一旦按约定的条件将可转换公司债券转换成股票之后，就不能再转回债券，同时投资者的身份也从债权人变成了公司的股东，其所享有的权利和义务与公司的其他股东完全相同。可转换公司债券将在8.3节混合性融资中作详细介绍说明。

⑥高收益债券（high yield bond）又称垃圾债券（junk bond）或非投资级债券（non-investment grade bond），是指信用评级低于投资级，收益率高于同期限国债收益率的一种信用债券，它并非法定概念或某种特定的证券品种，而是金融市场对风险收益选择的结果。一般而言，中小微企业经营业绩波动率较大，抵押资产较少，其发行债券的信用等级较低、利息水平较高，因此这种中小微企业债就符合高收益债券的特征。

（2）按偿还期限分类

按债券偿还期限的长短分类，可分为短期债券、中期债券和长期债券。通常期限在1年以下的债券称为短期债券，期限在1～5年的债券称为中期债券，期限在5年以上的债券称为长期债券。

（3）按发行方式分类

按债券的发行方式分类，可分为公募债券和私募债券。公募债券是指向社会公开发行、任何投资者均可购买的债券。私募债券是指向特定的投资者发行的债券，其发行和转让均有一定的局限性。

2）债券融资的特点

债券融资的筹资面广、数额大、期限长、发行费用低，对财务的公开性要求不高，这使得债券发行者比较容易筹集到资金。一般来说，债券融资的特点可归纳为以下几个方面：

（1）偿还性。债券一般都规定有偿还期限，发行人必须按约定条件偿还本金并支付利息。

（2）流通性。债券一般都可以在流通市场上自由转换。

（3）安全性。与股票相比，债券通常规定有固定的利率，与企业绩效没有直接联系，收益比较稳定，风险较小。此外，在企业破产时，债券持有者享有优先于股票持有者的对企业剩余财产的索取权。

（4）收益性。债券的收益性主要表现在两个方面，一是投资债券可以给投资者定期或不定期地带来利息收益；二是投资者可以利用债券价格的变动，买卖债券，赚取差额。

3）债券评级

进行债券信用评级最重要的原因是方便投资者进行债券投资决策。投资者购买债券是要承担一定风险的，如果发行者到期不能偿还本息，投资者就会蒙受损失。发行者不能偿还本息是投资债券最大的风险，称为信用风险。债券的信用风险因发行者偿还能力不同而有所差异。广大投资者尤其是中小投资者，由于受时间、知识和信息的限制，无法对众多债券进行分析和选择，因此需要专业机构对准备发行债券的发行人的还本付息可靠程度进行客观、公正和权威的评定，也就是进行债券信用评级，以方便投资者决策。

债券信用评级的另一个重要原因，是减少信誉高的发行人的筹资成本。一般来说，资信等级越高的债券，越容易得到投资者的信任，能够以较低的利率出售；而资信等级低的债券，风险较大，只能以较高的利率发行。

目前，国际上公认的最具权威性的信用评级机构主要有美国的标准普尔公司和穆迪投资者服务公司。上述两家公司负责评级的债券很广泛，包括地方政府债券、公司债券、外国债券等。由于它们既有详尽的资料，采用先进、科学的分析技术，又有丰富的实践经验和大量的专门人才，因此它们所做出的信用评级具有很高的权威性。标准普尔公司信用等级标准从高到低可划分为：AAA级、AA级、A级、BBB级、BB级、B级、CCC级、CC级、C级和D级。穆迪投资者服务公司信用等级标准从高到低可划分为：Aaa级，Aa级、A级、Baa级、Ba级、B级、Caa级、Ca级和C级。两家机构信用等级划分大同小异。前四个级别债券信誉高，履约风险小，是“投资级债券”；从第五级开始的债券信誉低，是“投机级债券”。

标准普尔公司和穆迪投资者服务公司都是独立的私人企业，不受政府控制，也独立于证券交易所和证券公司。它们所做出的信用评级不具有向投资者推荐这些债券的含义，只供投资者决策时参考，因此，它们对投资者负有道义上的义务，但并不承担任何法律上的责任。

在我国，债券评级工作从1987年开始出现，但发展相对缓慢。到1998年年底，我国有50多家评级机构，其中只有20多家是独立法人，它们一部分是依靠当地中国人民银行的，一部分是隶属专业银行的，相对独立或完全独立并经中国人民银行总行批准的全国性评级机构，有中国诚信证券评估有限公司和大公国际资信评估有限公司。我国目前尚无统一的债券等级标准和系统评级制度。根据中国人民银行的有关规定，凡是向社会公开发行的企业债券，需要由中国人民银行及其授权的分行指定资格评级机构或公正机构进行评估。

4）发行债券的资格和条件

（1）发行公司债券的主体

根据《公司法》的规定，以下三种形式的公司主体有资格发行债券：①股份有限公司；②国有独资公司；③两个以上的国有企业或者其他两个以上的国有投资主体投资设立的有限责任公司。

（2）发行公司债券必须具备的条件

第一，股份有限公司的净资产额不低于人民币3 000万元，有限责任公司的净资产额不低于人民币6 000万元。

第二，累计债券总额不超过公司净资产额的40%。

第三，最近3年平均可分配利润足以支付公司债券一年的利息。

第四，所筹集资金的投向符合国家产业政策。

第五，债券的利率不得超过国务院限定的水平。

第六，国务院规定的其他条件。

另外，公司发行债券所筹集的资金，必须符合审批机关审批的用途，不得用于弥补亏损和非生产性支出，否则损害债权人的利益。

我国《公司法》规定，发行公司凡有下列情况之一的，不得再次发行公司债券：①前一次发行的公司债券尚未募足的；②对已发行的公司债券或者其债务有违约或延迟支付本息的事实，且仍处于持续状态的。

5）发行债券的程序

按照《企业债券管理条例》的规定，我国企业债券的发行必须受到国家发行计划规模的限制，因此，企业发行债券只有在经过配额审核和发行审核之后才能进行发行和销售。

（1）配额审核

企业在发行债券前，必须先向企业的行业主管部门提出申请；获准后，行业主管部门向省、区、市的人民银行和计委申报发行配额；经逐级审核申报后，编制出全国的企业债券发行计划，并将配额发放到各省、自治区、直辖市或计划单列市；各省、自治区、直辖市或计划单列市的中国人民银行和计委再将配额分给企业或企业主管部门，企业获得发行债券的配额，得到发行企业债券申请表。

（2）发行审核

企业在获得债券发行配额后，应当聘请有证券从业资格的会计师事务所对企业近3年的财务状况进行审计，聘请证券评估机构对企业进行信用评级，并协助债券发行的主承销商制作发行债券所必需的材料，送债券发行的主管部门进行审批。按照《企业债券管理条例》的要求，中央企业发行企业债券，由中国人民银行会同国家发展和改革委员会审批；地方企业发行企业债券，由中国人民银行省、自治区、直辖市或计划单列市的分行会同同级的计委审批。

管理部门一般根据发行人资格、发行条件、禁止发行事项和债券管理办法中列示的各项条件对发行申请进行审核。企业如获得通过，将获得发行企业债券的批文。

（3）公开发行与上市

取得企业债券发行的批文后，企业和主承销商应当在指定的信息披露报刊刊登债券发行公告和发行章程，目前指定的信息披露报刊有《中国证券报》和《金融时报》等“七报一刊”。同时，应当在取得中国人民银行的实物券准印证后，在指定的印刷厂印制实物券。主承销商将实物券发至各承销网点，向社会公众销售债券。在债券发行期结束后，按照承销协议的有关规定处理剩余债券。如果是代销，承销商将剩余债券退还给企业；如果是包销，承销商将购买剩余的债券。在协议规定的划款期内，承销商应将债券款划至企业所指定的银行账户。

如果企业发行的是上市交易的债券，那么债券成功发行之后，企业和主承销商应当向中国证券监督管理委员会和拟上市的证券交易所报送上市所必需的材料，在获得中国证券监督管理委员会和证券交易所准许上市交易的批文后，企业在指定报刊刊登企业债券上市公告书，同时在指定的证券登记公司进行实物券的集中托管，然后按照证券交易所的上市安排在交易所挂牌交易。

6）债券的发行价格

公司债券从发行人手中出售给债券初始投资人时的价格，亦即投资人购买债券时所支付的价格。发行公司可以采用三种不同的发行价格（见表8-3）。

表8-3　**债券的发行价格**

债券的发行价格	价格与面值的关系	票面利率与市场利率的一致程度
平价	发行价格=面值	票面利率与市场利率一致
溢价	发行价格>面值	票面利率高于市场利率
折价	发行价格<面值	票面利率低于市场利率

（1）票面发行价格。按与债券面额相等的价格发行公司债券。债券采用票面价格发行，表明发行公司确定的债券票面利率和实际市场利率正好相等。

（2）溢价发行价格。按高于债券面额的价格发行公司债券，其原因是债券的票面利率高于市场利率。由于债券的利息高于市场利息，以后发行公司要多给债券购买者利息，所以，溢价部分对发行公司多付息有一种补偿与调整作用，这就使发行公司和投资者谁也不吃亏。

（3）折价发行价格。按低于债券面额的价格发行公司债券，其原因是债券的票面利率低于市场利率。债券折价相当于债券发行者预付给债券投资者的一笔利息，通过票面利率与市场利率的对比分析，发行公司和债券购买者都不吃亏。

选择不同的债券发行价格，可以使其同不断变化的市场利率保持基本平衡，对投资者的实际收益进行适当调整。以上三种价格方式，到底采取哪一种，对发行公司降低筹资成本并吸引投资者，具有十分重要的意义。其决策技巧主要是综合分析三个因素：①实际市场利率；②社会经济状况；③发行公司自身未来的盈利能力和偿还能力。债券的价格是由其价值决定的，而债券的价值又取决于以下四个因素：①到期偿还的债券面值；②债券面值按市场利率换算的现值；③债券按名义利率各年所支付的利息；④债券利息按市场利率换算的现值。其总和构成债券价值，所以必须按照市场利率把发行公司将来支付的面值和利息折算成现值，这才是债券的发行价格。

7）发行债券融资的优点和缺点

企业发行债券筹资有如下优点：

（1）与股票筹资相比，债券的利息率较低，可降低资金成本。

（2）债券利息可作为费用列支，这会降低企业所缴纳的所得税，即债务税盾效应。

（3）发行债券筹资不会影响企业所有者对企业的控制权。

（4）当企业投资报酬率大于债券利息率时，由于财务杠杆的作用，企业自有资金收益率会得到提高。

发行债券筹资也有明显的缺点：

（1）由于债券有固定的偿还期，这对企业而言是沉重的负担，无疑会增大企业的筹资风险，增加企业的财务困境成本。

（2）发行债券筹资会提高企业的负债比率，降低企业的财务信誉。

（3）发行债券筹资的限制条件较多。例如，国家有关条例和法规对债券的发行有严格规定，多数债券需要企业提供财产担保等。

8.3 混合性融资

从并购角度分析，混合性融资一般分为混合性融资安排和混合性融资工具的运用。前者指在一项并购交易中，既有银行贷款资金和发行股票、债券筹集的资金，又包括并购公司与目标公司之间的股票互换，发行可转换公司债券、优先股、认股权证等多种融资工具的综合运用，其中主要以杠杆收购为代表；后者是指兼具债务和权益两者特征的融资工具，包括可转换公司债券、认股权证等。

8.3.1 优先股融资

通常投资者谈论权益或股票时，他们都是在谈普通股，但是作为公司权益的重要组成部分的优先股，它与普通股存在着重大的差异，在股利支付和公司破产清偿时的财产索取方面都具有优先权，性质很像债券。在兼并及其他一些特殊情况下，优先股是一种很有用的筹资方式。

1）优先股融资的特征

优先股不同于普通股之处首先在于它的“优先”的含义：优先股的持有者在企业清算时对偿付债务后所余净资产有优先要求支付的权利；而且，优先股的持有者有优先获取股利的权利，也就是说，如果公司未能先行彻底付清过去拖欠的优先股红利，公司普通股股东就将不被派发一分一厘的红利。但是，拥有优先股所要丧失的是投票权（即公司的控制管理权限）以及对公司超额利润分配的权利。如果公司拖欠优先股红利，一般情况下公司会给予优先股股东一定的投票权，与普通股股东共同分享公司的控制权。

优先股是一种混合性质的筹资方式，它兼有股票和债券的双重特点。其特点是股息率固定，即优先股的收益是股票面值与其规定股利率之积，而且不参与公司剩余利润的分配，这点与债券性质相同；优先股无到期日，不需还本，升值可不支付，这点和普通股性质相同。优先股持有者对公司资产的要求权小于债权人，大于普通股持有者，是介于两者之间的一种筹资方式。

可以根据优先股的一些特征来细分优先股票，并讨论它们之间的异同。

（1）累积优先股和非累积优先股

累积优先股具有累积股利的特征，即任何一年未付的股利都能递延到以后各年进行支付。未支付的优先股的股利会使优先股在公司中的权益增加。需要强调的是，公司必须付清了优先股股利之后才能支付普通股的股利，也就是说优先股股利也具有优先支付权。例如，A公司连续3年未支付其所发行的优先股股利，该优先股的面值为100元，股票利率为10%，也就是说A公司已经累积拖欠每股优先股股利30元，并因此使得每股优先股在公司的权益累积到了130元。正是因为A公司派发拖欠的优先股股利，所以普通股的股东们并未能获得股利，这极有可能使A公司的形象在普通股票市场上受损，对普通股的市价及将来要进行的新股发行计划也会有负面影响。当然，若是公司有计划地将拖欠优先股股利作为市场策略或是财务策略，则另当别论。

在通常情况下，公司如果经营状况不好会采取拖欠优先股股利来缓和财务压力，不过，即使公司的经营状况很好，也不一定要付清拖欠的优先股股利。若公司在大量拖欠优先股股利的情况下，又想支付普通股股利，则可以按照相关规定和条款，通过将优先股调换成普通股而使优先股持有者放弃对拖欠股利的要求权来达到。沿用上例，A公司已经连续4年未支付拖欠的优先股股利，使得优先股的市价一度下跌到每股70元，而使优先股的持有者对所持优先股信心甚缺，并表示担忧。而此时A公司用市价每股110元的普通股来调换上述优先股。从优先股的持有者的角度来看，像是用每股140元的权益换取的只是每股110元的权益，但是实际上从市场的角度进行分析，他们是以每股70元的优先股换得每股110元的普通股，因此并未有损失。当然，这种情况是需要相关部门认可的。

非累积优先股和累积优先股最大的区别在于当年未付的优先股股利不能转移到以后年度补付，而且发行公司没有补付过期优先股股利的义务，优先股的持有者也无权要求公司予以补付。也就是说公司在以后盈利的年度，并不需要支付以前各年度所拖欠的优先股股利，只需支付当年的股利。这种非累积的优先股对于持有者的权益的保护性差，因此很少有人愿意投资于该类型股票，毕竟需要冒极大的风险，收益也不能得到保障。在实际情况中也很少有公司发行该类优先股。

（2）参与分配优先股和非参与分配优先股

参与分配优先股，顾名思义，就是指优先股在获取自己应得的股利之外，如果公司有超额利润，则有权参与同普通股一样的分配，而分享额外股利。而非参与分配优先股则只能获得规定的股利，无权参与分配公司所获得的超额利润。在公司经营得当、利润丰厚、普通股的股利分配情况超过优先股股利的时候，参与分配优先股有权要求享有与普通股持有者相同的股利报酬，具有双重分红性。

【例8-2】红星公司发行一种面值为100元/股、股利率为8%的优先股，并且在条款中已经说明了该股票可以按1：1的比例参与公司剩余利润的分配。普通股的账面价值为6元/股，当年红星公司普通股股票的实际股利分配情况为0.6元/股，在这种情况下，优先股的第二次分红股利是多少？

第一步，计算普通股以账面价值为基础的股利率为：

$$股利率=\frac{0.6}{6}\times100\%=10\%$$

第二步，以普通股的股利率计算优先股的应得股利为：

优先股股票的应得股利=100×10%=10（元/股）

第三步，计算优先股第二次分红股利（即用应得股利扣除第一次所派发的固定股利后所余）为：

优先股第二次分红股利=10-100×8%=2（元/股）

（3）可转换优先股和不可转换优先股

可转换优先股和可转换公司债券具有相同的性质，即该类优先股在某特定时期内，可以按照规定的价格条件转换成普通股。当然，行使这种权利的资格属于可转换优先股的持有者。而不可转换优先股只能固定地收取股利，而不能转换成普通股，与普通股无任何联系。可转换优先股具有极大的潜在价值，使得投资者对于优先股的价值较为关注。可转换优先股的价值就是其在市场上出售的价格，确定公式为：

$$PV=\sum_{t=1}^{\infty}\frac{D_P}{(1+i)^t}=\frac{D_P}{i} \tag{8-3}$$

其中：PV为优先股的价值；D_P为年股利额；i为期望收益率。

结合下面的例题来说明优先股的价值。

【例8-3】顺风公司发行年利率为8%、面值为100元/股的可转换为普通股的优先股，假定该优先股股票的年利率要达到12%才能按面值出售，该可转换优先股作为优先股的价值为多少？

根据式（8-3），得可转换优先股作为优先股的价值为：

$PV=\frac{D_P}{i}=\frac{100\times 8\%}{12\%}=66.67$（元/股）

（4）可赎回优先股和不可赎回优先股

可赎回优先股是指公司发行的一种在特定情况下可根据条款按规定的价格和方式赎回的优先股。可赎回优先股虽然和普通股一样都没有规定到期日，但是公司一般都在合同中规定了可赎回优先股的条款，而且这种权利的行使权归该股票的发行公司所有，这种可赎回优先股使得公司的筹资更具有灵活性。公司可设立偿付基金来保证赎回优先股，偿付基金应根据赎回优先股的资金实际需要量计算提取。一般在出现以下情况时，公司会动用偿付基金来赎回优先股：

①市场利率降低，使得优先股价值上升，而提高资金成本时，公司可以通过其他融资途径筹集资金，赎回优先股，减轻财务负担。

②公司资金充裕时，可赎回资金成本高的优先股，减轻股利上的派发所带来的财务负担。

③可以通过其他筹资方式获取资金，并希望摆脱优先股的限制，从而赎回优先股。

【例8-4】某公司发行可在15年内收回，发行在外的可赎回优先股1 000万元，每隔3年赎回发行优先股面值的20%，赎回条款中规定了赎回价格为优先股面值的120%，折现率为6%。该公司每年应提取多少偿付基金？

优先股的股利在这里不予以考虑，假定为每年已经支付，因此不必为股利提取偿付基金。每3年赎回一次优先股，作一循环，因此可以在第4年的年初再作一次同样的循环。因此只需计算3年一期的偿付基金即可。

每3年赎回优先股所需偿付的价格为：

1 000×20%×120%=240（万元）

根据年金终值，可以计算：

$$\sum_{t=1}^{3}A(1+6\%)^t=240$$

得A=75.38（万元）。

所以，只要公司每年提取75.38万元的偿付基金，每隔3年就可以赎回一次优先股。

但是，由于市场利率的变化多样，不可能一成不变，而且优先股的市价也会随着市场利率的变动而变化，因此，在赎回优先股时应该考虑到赎回优先股是否能为公司带来好处。如果赎回优先股所节约的股息支出大于赎回优先股的成本（赎回优先股的价格与优先股面值的差价），赎回优先股也就是适时之举。

（5）优先股的表决权

一般情况下，优先股持有者在享有对公司净资产和利润的优先要求权的同时，就意味着放弃了对公司重大问题及管理决策的表决权。但是，如果公司连续地拖欠大量股利，公司将会给予优先股持有者一定的表决权来作为补偿，此时优先股股东和普通股股东将共同享有公司的控制权。因为优先股持有者并不能要求公司支付所欠股利，虽然可以借由公司给予补偿的权利来保证公司在偿清优先股股利之前不能支付普通股股利，但是公司仍然不必承担立即偿付优先股股利的义务，从这点来看，优先股虽然具有和债券相似的性质，但它的持有者所享有的对股利的要求权比债权人小得多。

2）优先股融资的优点和缺点

发行优先股融资，从发行公司来看，其优劣之处可以归结为表8-4。

表8-4　**优先股的评价**

优点	（1）不降低企业的偿债能力，风险低 （2）不减少普通股的收益和控制权 （3）支付股利具有随意性，可拖欠，财务负担轻 （4）筹资形式灵活，具有可赎性
缺点	（1）股利不可抵减税收，使得发行的资金成本高 （2）股利固定支付；虽然可以拖欠，但是拖欠将造成不良影响，所以，在公司想进一步扩大生产或经营规模时，股利的支付将成为一项财务负担

3）中国的实际情况

优先股融资在资本市场发达的国家司空见惯，但在我国上市公司中尚未出现。《证券法》《公司法》都没有专门针对优先股的条款，更没有关于优先股同普通股之间如何转换的法律规定，这是制约优先股发展的主要原因。而且，我国的公司筹资管理尚未能以股东财富最大化为目标，公司筹资的目的主要是从市场上融入生产经营所需的资金，对资金来源的结构特别是股本结构对股东权益的影响并不重视。

虽然我国目前尚不存在优先股，但是我国法律并没有禁止或限制优先股的发行，也未禁止二者之间的转换，因此企业发行优先股没有法律障碍，可以操作的空间很大。在不违反法律和尊重各方面利益的前提下，如果发行优先股即可转换优先股对我国的产权改革有利，对企业发展有利，完全可以进行一些有益的探索。而且，随着规范化的股份公司日益增多，公司理财目标将会逐渐转向股东财富最大化，随着股票市场的日益健全，公司发行股票的自主权也会相应增加，到那时股份公司将会自然考虑到优先股筹资的问题，优先股也将成为我国证券市场上的常见证券品种。

8.3.2　租赁融资

租赁有出租和承租两种含义，是以商品资本表现的借贷资本的一种形式，它兼有商品信贷和资金信贷的两重性。具体来看，租赁是一种契约性协议，它规定资产所有者（出租人）在一定时期内，根据一定条件，将资产交给使用者（承租人）使用，承租人在规定的期限内，分期支付租金并享有对租赁资产的使用权，在此期间，出租人保持资产的所有权。租赁期满，租赁资产的处理应依据租约的规定，或转卖给承租人，或返还给出租人。对承租人而言，承租人实际上是取得了一笔信贷资金。

1）租赁的种类

租赁有广义与狭义之分。广义的租赁泛指一切财产使用权的有偿转让活动，不仅包括订有合同的租赁，还包括不订立合同的财产使用权有偿转让。而狭义的租赁则指以固定资产为主要对象，以融资为目的，租赁双方订有合同并按合同要求支付租金，且对期满租赁物进行处理的资产使用权转让。

按租赁契约的不同，租赁可分为多种类型，在这里只讨论经营租赁和融资租赁这两种常见的租赁类型。

（1）经营租赁

经营租赁，又称为业务租赁、营业租赁等，是指承租人为生产经营过程中的临时、季节性需要而向出租人短期租用资产的行为，承租人在租赁期届满后必须将租赁资产退还出租人。经营租赁主要有以下基本特征：①在租赁期届满时，承租人没有购买租赁资产的特殊权利，也没有续租与购买的选择权；②经营租赁合同是一种可解除的合同，一般情况下，租赁双方都有权在租赁期间内预先通知对方后解除租约；③租赁期远远短于租赁资产的经济寿命期，要经过多次租赁才能收回投资；④资产所有权不转移，租赁期内资产的风险和报酬仍归出租人，出租人要承担出租资产的保险、折旧、维修等有关费用；⑤经营租赁的承租人的目的单纯是满足经营上短期或临时的需要而租入资产。

由以上特征可看出，承租人既不承担持有租赁资产的风险，也享受不到持有租赁资产所带来的收益。

（2）融资租赁

国际会计准则定义的融资租赁为：在实质上转移与一项资产所有权有关的几乎全部风险和报酬的一种租赁。所有权最终可以转移，也可以不转移。

融资租赁具有以下特征：①租赁期届满时，承租人可廉价购买资产，或以优惠价的租金延长租期；②租约一般不可取消，除非发生意外事件，或承租人与出租人以同样的资产签订新的租约；③租赁期一般以资产经济寿命期为年限（从会计学的角度看，租期大于或等于资产经济寿命期的75%，就可视为融资租赁），所以出租人只需一次就可收回全部投资；④与租赁资产所有权有关的风险和报酬转移给承租人，租赁期内，承租人虽不可拥有资产所有权，但根据会计学中实质重于形式的原则，对租赁资产视同私有资产，在享受利益的同时，承担相应的保险、折旧、维修等有关费用；⑤融资租赁以融资为主要目的，承租人有明显购置资产的企图，承租人能长期使用租赁资产并最终取得资产所有权；⑥承租人有购买资产的选择权，且在租赁开始日就相当肯定承租人未来会行使此项选择权，资产的购买价格将充分低于行使选择权时的公允价值。

从以上特征可以看出，在融资租赁中，承租人每期所付的租金实际上就是通过租赁期间取得固定资产的使用权和租赁期满时取得资产的所有权所进行的分期付款，即租金实质上是对实物信贷的分期偿还。

对承租人而言，通过租赁合同来取得对资产的使用权；而对出租人来说，通过租赁合同出租资产的使用权收取租金从而取得收益；而出租人又通过购买等方式来取得资产。因此，他们之间的关系如图8-1所示。

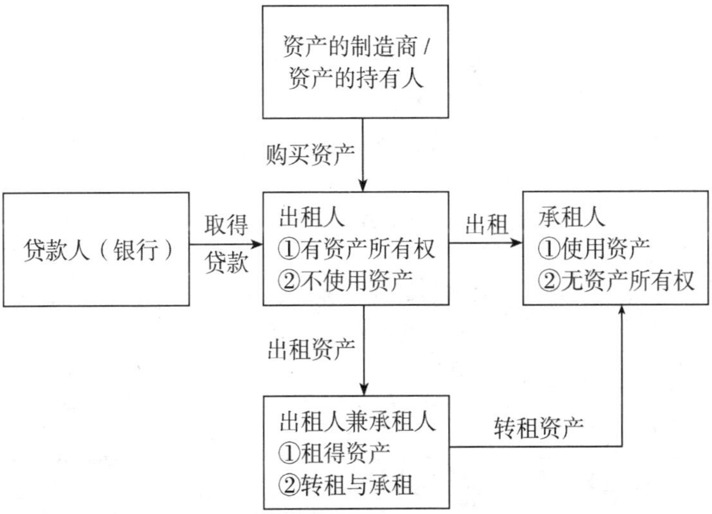

图8-1　租赁业务的资产走向关系图（以出租人为方向基准）

我们可以根据租赁业务的资产走向关系图的不同关系组合把融资租赁分成以下几类。

直接租赁，指以自有资金或筹借的资金购入资产租给承租人并收取租金的租赁业务，也即承租人直接向生产厂商或租赁机构租赁生产经营所需资产的租赁形式，它属于纯粹的融资租赁。

转租赁，指租赁机构具有承租人和出租人双重身份的租赁，即租赁机构一方面作为承租人，从其他出租人处租入资产；另一方面作为出租人，把租入的资产转租给其他承租人。这种租赁形式，对最终承租人而言，与直接租赁并无太大差异。

杠杆租赁，指租赁公司以现金投资设备成本费的20%～40%，其余的购置费用通过向银行或保险公司等金融机构借款获得，然后把购得的设备出租给承租人。租赁公司要把租赁物的所有权、融资租赁合同的担保受益权、租赁物的保险受益权及融资租赁合同的收益权转让或抵押给贷款人。该种租赁方式通常适用于金额较大的租赁项目。由于出租方用少量的资金推动了巨额的租赁业务，产生了杠杆效应，因此称为杠杆租赁。

售后租回，指设备使用方通过将自己的设备或厂房等物化资产在法律上的所有权转让给租赁公司而取得现金流入，然后再以直接融资租赁的形式租回上述资产，并在租期内按合同约定分期支付租金，此时企业对资产只有使用权。回租的主要目的是改变资产形态，将物化的长期资产变为流动性最强的现金资产，可以解决企业现金严重短缺的问题，并且立即增加企业资产的流动性，优化企业的财务状况。此外，该种租赁形式还有可能使企业获得租金抵税的好处。

2）租赁对所得税和财务报表的影响

（1）租赁对所得税的影响

对于承租人来说，利用长期租赁来进行融资，只要租赁业务符合相关的规定条件，就可以用租金来抵减税收。因为不同的公司适用的所得税税率不同，这种差异性也最终形成税收优惠，使得承租人和出租人都能够在融资租赁中获得收益。也正是这种税收优惠所形成的收益，使得租赁融资的资金成本比购买资产低，所以公司在考虑添置新的设备时一般都倾向于采用租赁的方式而非购买，或举债购置。我们可以通过以下例子来分析融资租赁对所得税的影响。

【例8-5】假设东方公司需添置一台100万元的设备，该设备经济寿命期为5年，采用年限平均法计提折旧，5年后无残值。东方公司可以通过租赁的形式取得该设备，每年的租金为30万元，租期刚好为5年。公司的所得税税率为25%，折现率为10%。现金流量表见表8-5。

表8-5 **租赁的现金流量表** 单位：万元

	1年	2年	3年	4年	5年
租赁付款额	-30	-30	-30	-30	-30
租金抵税额	7.5	7.5	7.5	7.5	7.5
合计	-22.5	-22.5	-22.5	-22.5	-22.5

租金抵税为：

每年的租金×税率=租金抵税额

即：

30×25%=7.5（万元）

根据所设定的10%的利率，通过计算所支付的现金流量的现值来确定融资租赁所带来的收益。

先来计算一下5年租赁付款的现值为：

22.5×（P/A，10%，5）=85.29（万元）

那么，对于承租人来说，该项租赁的收益是获得该资产的现值收益与所付租赁款的税后现值之间的差，计算结果为：

100-85.29=14.71（万元）

而如果没有租金抵税这一优惠的话，那么该项租赁业务的价值收益则要重新判定，计算结果为：

$$100-\sum_{t=1}^{5}\frac{30}{(1+10\%)^t}=-13.72\text{（万元）}$$

也就是说，如果没有租金抵税的话，东方公司并不能从该项租赁业务中取得价值，所以东方公司并不情愿接受这样的局面，而租金抵税所带来的28.43万元（14.71+13.72）的收益无疑是个巨大的诱惑。

（2）租赁对财务报表的影响

《企业会计准则》注明，除了被划分为资本租赁（即融资租赁）外的租赁业务，可以不必在资产负债表中揭示该项资产或租赁合同，承租人只需在财务报表的附注中揭示这类租赁业务的信息即可，即表外融资（off balance sheet financing）。当然，在有些国家中，甚至只要是租赁业务都不必在资产负债表中披露。正因为如此，一些公司则通过形成融资租赁的条件，利用融资租赁的分类标准来规避该租赁业务，使之不在资产负债表上列示。可以将形成融资租赁的条件归纳如下：①在租赁期届满时，租赁资产的所有权转移到承租人一方；②在租赁期届满时，承租人可以以低于市场公允价值的价格购买租赁资产，具有优先购买权；③租赁期限为租赁资产经济期限的75%及以上；④租赁的付款额现值至少为资产价值的90%。

一些财务管理人员则尽量利用标准来规避融资租赁。例如，融资一台100万元、经济寿命为10年的设备，他们则可能签一份7年零4个月（少1个月，不满足条件③）的租赁合约，支付现值899 000元（不满足条件④）。如果他们同样规避了条件①和条件②，那么他们就不用在资产负债表上对这一租赁业务进行披露，也就是说他们正在做表外融资，这也就使一些财务指标（如负债-权益比）低于实际水平，形成虚伪的表面信息。所以，对于长期租赁来说，不管是否在资产负债表中被反映，都应视做负债，而不用介意长期租赁的适度大小。

另外，作为表外融资，租赁还可能增加账面利润，降低账面资产，从而影响利润表。租赁的支付额是作为费用处理的。在租赁业务的前期，由于租金低于举债购置资产的折旧和利息费用之和，使得从表面上来看，租赁增加了账面利润，更可能使收益率急剧上升，这往往是因为人们忽略了表外融资而低估账面资产，尽管实际上企业的价值并未发生变化。

3）中国租赁会计处理

（1）融资租赁会计处理。在融资租赁情况下，需要将融资租赁（资本租赁）的租金资本化，在确认租入资产的同时，确认一项非流动负债。但是对于如何计量租入资产和非流动负债，各国之间存在差异。根据《企业会计准则第21号——租赁》的规定，一般将应付租金的现值确认为一项资产，将应付租金确认为非流动负债，将资产和负债二者的差额作为“未确认融资费用”。这种做法能够反映承租人为租赁资产所付出的代价，但资产按现值计价，负债却按终值计价，计价基础不一致。同时，考虑谨慎性原则的要求，规定“承租人通常应当将租赁开始日租赁资产原账面价值与最低租赁付款额的现值两者中较低者作为租入资产的入账价值”。对于融资租赁情况下出租人的会计处理，我国一般采用“总额法”，即在租赁开始日，将租赁投资总额（最低租赁收款加上未担保余值）作为长期债权（未担保余值也可以单列），将租赁投资总额与租赁资产的账面净值之间的差额确认为“未实现融资收益”。这种处理方法能够反映承租人和出租人双方的财务状况。

（2）经营租赁会计处理。在经营租赁情况下，与租赁资产所有权有关的风险和报酬实质上并没有转移给承租人，承租人不承担租赁资产的主要风险，承租人对经营租赁的会计处理比较简单，承租人不需将所取得的租入资产的使用权资本化，相应地也不必将所承担的付款义务列作负债。其主要问题是解决应支付的租金与计入当期费用的关系。一方面，承租人在经营租赁情况下发生的租金应当在租赁期内的各个期间按年限平均法确认为费用；如果其他方法更合理，也可以采用其他方法。另一方面，对出租人的会计处理规定是，经营租赁用的资产应区别自用的固定资产，单独进行核算，同时租赁用固定资产的折旧费、维修费应比照自用的固定资产折旧、维修的会计方法处理，而且经营租赁用固定资产的折旧应单独核算，但经营租赁资产的修理费在“销售费用”科目中设置为明细科目核算。

4）融资租赁决策分析

融资租赁作为长期借款的替代融资方案而言，其核心问题是“租还是借”，所以在进行融资租赁决策时，应该将融资租赁与长期借款的利益作比较，即对替代长期借款方案后采用融资租赁进行价值评估，选择最优方案。

（1）融资租赁与举债购置的决策

假如企业需要添置固定资产筹资，在筹资方面既可用融资租赁又可用长期借款方案，那么，则需比较两种筹资方案择优而行。比较两种筹资方式的优劣，则可以考虑通过比较不同方案的现金流量和资金的机会成本，将不同方案的现金折算为现值，现金流出量现值低者为较优方案。

【例8-6】百捷公司决定添置一台250万元的设备，该设备的经济寿命期为10年，预计10年后无残值。公司特拟订了两种融资方案，选择较优的来实行。第一种是从租赁公司租入设备，合同中规定了设备的租赁期为5年，每年年初支付租金50万元，并按未付租金部分价值的8%支付利息，租赁期满时，百捷公司需要一次性支付90万元购得该设备。第二种是通过向银行借款，长期借款期限也为5年，借款利息率为10%，年末支付利息，并在到期时还本。百捷公司期望的资金成本率为5%，所得税税率为25%，租金可作为费用抵减所得税收益。哪个方案较优？

首先编制不同方案的现金流量表（见表8-6和表8-7），计算不同方案的现金流出量的现值。

表8-6 **融资租赁现金流出量现值计算表** 金额单位：万元

期限	租金及转让费	利息支付额	税前现金流出量	税后现金流出量	折现系数	现金流出量现值
0	50	—	50	37.5	1	37.50
1	50	16	66	49.5	0.952	47.12
2	50	12	62	46.5	0.907	42.18
3	50	8	58	43.5	0.864	37.58
4	50	4	54	40.5	0.823	33.33
5	90	—	90	90	0.784	70.56
合计	340	40	380	307.5		268.27

表8-7 **长期借款现金流出量现值计算表** 金额单位：万元

期限	利息支付额	还本金额	税前现金流出量	税后现金流出量	折现系数	现金流出量现值
1～5	25	—	25	18.75	4.329	81.17
5	—	250	250	250	0.784	196
合计	125	250	375	343.75	—	277.17

从表8-6和表8-7可以清楚地看到，虽然融资租赁的税前现金流出量大于长期借款的税前现金流出量，但是，由于租金可以抵税，因此，整体方案上融资租赁比长期借款少了8.9万元（277.17-268.27）。因此，百捷公司选择融资租赁的方案比较合适。

（2）借款与售后租回的决策

当企业固定资产占用量过大而流动资金相对短缺，导致企业固定资产的生产能力不能充分发挥时，企业应当筹集资金，追加流动资产的投入。当然，如果能向银行或其他金融机构申请流动资金借款或长期借款，可以解决流动资金短缺的问题。但是，如果企业的财务状况不能满足银行的贷款需求指标，如企业的流动比率要求达到某一指标之上，或是企业的资产负债率必须低于银行要求的某一指标，则难以从银行借得款项。在这种情况下，可以利用售后租回的融资方式来改变企业的资产结构。我们可以通过以下例子来阐述这个问题。百捷公司资产负债数据见表8-8。

表8-8 **百捷公司资产负债表数据** 单位：万元

资产	金额	负债及所有者权益	金额
流动资产	1 500	流动负债	2 000
固定资产	5 500	所有者权益	5 000
合计	7 000	合计	7 000

从表8-8可以看出，百捷公司的流动资产不足，固定资产占用量大，且公司的权益比重高。通过资产与负债的比较，百捷公司的流动比率为0.75，也就是说百捷公司的资产的流动性差，公司的部分固定资产资金来源靠流动负债来解决，短期偿债能力极低。银行对于这种财务状况的公司一般是不会给予流动资金借款的，而百捷公司的短期偿债能力差使得银行对于长期借款的申请也颇为留意，即使可以取得长期借款，银行也会为了回避风险而要求公司将长期借款专款专用于固定资产的投资。但是，百捷公司又由于流动资金短缺使得固定资产部分闲置，并不能发挥出最大的生产能力，所以百捷公司要尽快解决流动资金的困难。而且，百捷公司的所有者权益比重较高，为了限制所有者权益比重的进一步提高，不采取筹集股权资金的筹资形式。

在这种情况下，百捷公司可以选择售后租回的融资租赁形式来筹资。如果百捷公司把账面价值2 500万元的固定资产出售给租赁公司，然后又以租赁形式以3 000万元的租赁费总额将其租回，那么百捷公司的资产负债将发生如下变化（见表8-9）。

表8-9 **百捷公司资产负债表** 单位：万元

资产	金额	负债及所有者权益	金额
流动资产	4 000	流动负债	2 000
固定资产	6 000	应付融资租入固定资产款	3 000
其中：自有固定资产	3 000		
融资租入固定资产	3 000	所有者权益	5 000
合计	10 000	合计	10 000

从表8-9可以看出，百捷公司通过售后租回的融资租赁形式筹资后，公司的资产流动性增强，流动比率从0.75提高到2，资产负债率也不超过50%。此时的百捷公司已经摆脱了流动资金短缺的困窘处境，发挥了固定资产的生产能力，已经足够应付生产经营的需要。

其实，售后租回的方式，是资产出售和租回两个方面的决策，即在公司流动资金运转困难的时候，公司是否采取出售固定资产的决策。出售价格方面，如果其出售价格高于该资产的账面价值，可以为当期带来利润。如果再采用租回固定资产的方式，该收益则不能确认，应用来抵减的租回资产价格高于出售价格的价差。而租回是否可取，则可以同其他方案作比较，如举债购置。

8.3.3 认股权证

认股权证（warrants）是赋予其投资者在未来规定的某个到期日或者之前的某段时间以预定的认股价格买进或者卖出一定数量相关资产（如股票、指数、货币等）的权利的一种证书。

认股权证上通常载明有有效期限、认股价格、执行比率、发行价格和权证价格等基本要素。这里将对以上基本要素进行简要地说明。

（1）有效期限。只有在有效期之内，其持有者才有认购新股的权利，超过有效期限后，认股权证即失效。

（2）认股价格。认股权证的持有者在新股认购时总是按认股价格而不是市场价格认购，认股价格通常是固定的，但也可以按普通股的市场行情进行调整。这种调整通常随时间的推移而逐渐提高。

（3）执行比率。公司发行认股权证时，规定了每一认股权证能认购的股票数量。具体认购时，需按该认股比率执行，不得随意更改。

（4）发行价格。发行价格的实质就是认股权证所代表期权的价格。

（5）权证价格。权证价格即权证的市场交易价格，它由内在价值和时间价值两部分组成。

在实际的融资活动中，认股权证的融资方式十分灵活，对公司的融资活动发挥着积极的辅助作用。一方面，认股权证能为公司筹集额外的现金，认股权证不论是单独发行还是附带发行，大多数都为发行公司筹集一笔额外现金，从而增强公司的资本实力和运营能力；另一方面，认股权证能促进其他融资方式的运用，单独发行的认股权证有利于将来发售股票，附带发行的认股权证可促进其所依附债券发行的效率。例如，认股权证依附于债券发行，用以促进债券的发售。

1）认股权证的特征

认股权证是优先购买普通股的权利证书。认股权证本身不是股票，单一的认股权证的持有者不能视做股东，不能享受股东的权益，也无权影响公司的现行政策。认股权证主要特征如下：

（1）认股权证是一种金融衍生工具。因为认股权证的价值源于股票、指数、货币或其他资产等基础工具，所以应当属于金融衍生工具，与股票等其他基础工具一样，认股权证既可以成为融资者的融资工具，又可以成为投资者的投资工具。

（2）认股权证是一种具有流通性的金融衍生工具。流通性，即在不同的投资者之间可以实现互相交易转让。流通性一方面可以使权证的持有者随时套现，另一方面又可以使其他市场投资者随时参与。

（3）认股权证是一种具有收益性的金融衍生工具。因为认股权证具有选择行使买卖股份权利而产生经济效益的内在价值，具有选择权本身的期限限制的时间价值，同时还具有认股权证的流通性所产生的流通价值，所以认股权证具有财产价值，从而可以为权证的投资者带来收益。

（4）认股权证价值是一种具有价值不稳定性的金融衍生工具。由于认股权证的有效期限一般较短，而且其内在价值随有效期限日的接近而减少，同时，各国认股权证的发展经验表明，认股权证的市场价格波动幅度通常比其他有价证券大，因此可以认为认股权证的价值是非常不稳定的。

（5）认股权证是一种具有价值增加性的金融衍生工具。和一般的期权相比，认股权证募集的资金收益流入发行方，而不是最初的投资者；而一般的期权并不为发行方增加资金，而是为那些对特定股票有兴趣的投资者提供套期保值或投机的机会。同时，其他期权一般是纯粹的二级市场金融工具，而认股权证则在移入二级市场与它们认购的股票并排交易之前，就在初级市场开始了生命。由此可见，一般的期权的交易具有“零和”（zero-sum）特征，而认股权证的交易并非投资者之间的零和游戏，其作为有效联结一级市场和二级市场的一种投资工具，具有一定的价值增加性①。

2）认股权证的评价

认股权证的评价见表8-10。

表8-10 **认股权证的评价**

优点	（1）增加了企业的融资渠道，认购权的执行增加了企业的资金来源； （2）发行债券或者股票时附送认股权证能够有效地刺激投资者的投资需求； （3）发行债券或者股票时附送认股权证能够适当地降低利率，从而获取低成本的资金
缺点	（1）股权稀释。认股权的执行必将导致股份数量的增加，从而致使公司的资产与利润将由更多的股份分摊； （2）发行认股权证可能为企业募集一部分资金，但是企业并不知道何时能够获得这笔资金

8.3.4 可转换公司债券

可转换公司债券（convertible bonds）是一种其持有者拥有根据预先规定的条款将它转换为发行人的普通股票的权利的固定收益的债券。在合约条款中阐明了可转换公司债券可以转换为其发行人的普通股票的条件。转换权是否行使取决于持有者的判断力，并且只有在持有者认为交易有利时才行使。一般地，可以认为可转换公司债券是债券与股票认股权证合成的混合债券（hybrid bonds），现在有许多公司用发行可转换优先股的方式代替传统的将优先股与认股权证进行捆绑组合发行的方式。企业发行可转换债券的目的，一般就是通过赋予投资者一定的优惠条件获取普通股票的权利，来换取资金成本较低和限制较少融资条件的利益。

1）可转换公司债券的价值分类和特征

可转换公司债券通常属于次级债券。从概念上讲，这意味着如果企业破产，在对次级债券持有者进行任何偿付前，必须充分满足优先债权人的要求权。优先债权人一般包括所有其他长期债券的持有者及其提供贷款的银行。但次级债券优先于优先股和普通股。从结构上看，可转换公司债券非常类似于有相关担保的直接公司债券，这种相似性如图8-2所示。

可转换公司债券的价值与许多变化因素密切相关，如基础股票的价格变化、利率变化、信用质量、股票波动性变化和利率波动性变化等。理想的可转换公司债券是在发行人

① 杨正洪. 认股权证及其在国内证券市场的应用［J］. 证券市场导报，2003（3）：19-25.

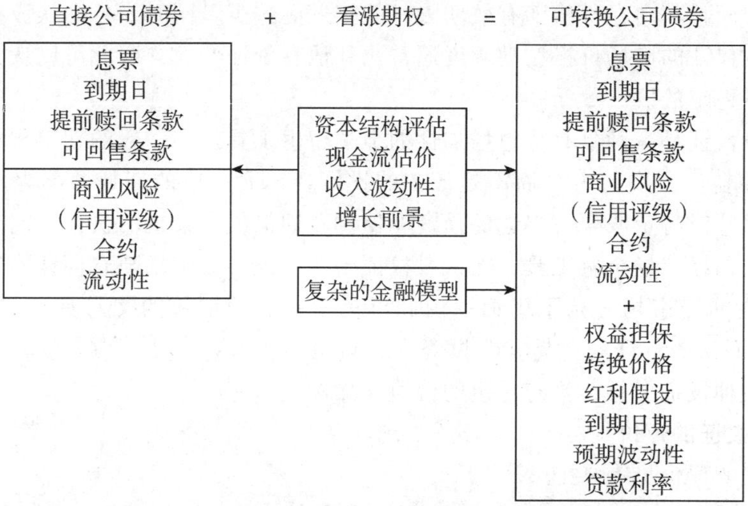

图8-2　可转换公司债券和直接公司债券结构对比图

资料来源　迪安利纳斯，等．固定收益证券收益手册［M］．北京：中国人民大学出版社，2005.

的基础股票收益很小或为负时，仍可提供与债券一样的收益，即债券到期，其持有者仍然可以像债券一样获得息票收入、利息再投资收入和本金回收。因此相比于其他股票，可转换公司债券可以向投资者提供更稳定的收益。其价值关系如图8-3所示。

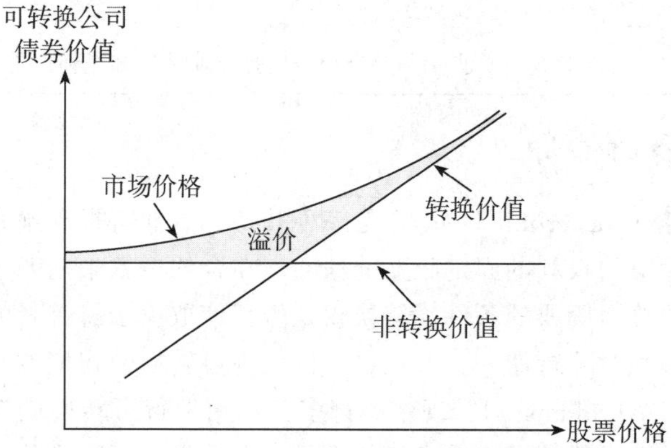

图8-3　股票价格和可转换公司债券价值的关系图

一般来说，可以将可转换公司债券的价值分为三类：债券价值、普通股票的潜在价值和可转换公司债券的市场价值。接下来我们将结合图8-3具体讨论这三类价值①。

（1）债券价值。可转换公司债券的债券价值也被称为非转换价值，它是可转换公司债券的持有者所能得到的最低收益保障，即无论普通股票价格下降到多少，甚至当可转换公司债券不具备可转换权利在市场的销售价值时，可转换公司债券的价值一般都不会低于其债券价值。可转换公司债券的价值评估方法与债券的价值评估方法一样，是用市场风险收益率对未来现金流量折现的结果。

（2）普通股票的潜在价值。普通股票的潜在价值，简称转换价值，是由可转换公司债券转换为普通股票后的股票价格所决定的。其计算公式为：

普通股票的潜在价值=转换比率×普通股票的价格　　（8-4）

① 熊楚熊，刘传兴．公司中级理财学［M］．北京：清华大学出版社，2005.

从以上公式可以看出，转换价值是由转换比率和普通股票的价格两个因素所决定的。如果可转换公司债券的转换比率随着时间的延长而递减，那么可转换公司债券持有者在什么时候行使转换权最优，就与他对普通股票市场价格的预测相关了。

（3）可转换公司债券的市场价值。如上文所述，可转换公司债券持有者的利益受到最低收益保障，在这种情况下，由于套利活动的存在，最终会使可转换公司债券的市场价值至少不低于其转换价值或者作为非转换债券的价值。

前面我们已经阐述，可转换公司债券实质上就是债券与股票认股权证合成的混合债券，使得可转债券兼具债券、股票和期权这三方面的部分特征，以下具体总结可转换公司债券的特征。

（1）可转换公司债券是一种债券和认股权证相互结合的新型金融工具。一方面，与其他债券一样，可转债券有规定的利率和期限；另一方面，可转债券和认股权证相似，规定了转换日期和转化价格等。

（2）可转换公司债券是一种具有流通性、收益性和价值不稳定性的新型金融工具，这三方面特征可以参照上节关于认股权证特征的讨论。

（3）可转换性是可转换公司债券的重要标志，债券持有者可以按约定的条件将债券转换成股票。转股权是投资者享有的、一般债券所没有的选择权。可转换公司债券在发行时就明确约定债券持有者可按照发行时约定的价格将债券转换成公司的普通股股票。如果债券持有者不想转换，则可持续持有债券，直到偿还期满时收取本金和利息，或者在流通市场出售变现。

（4）可转换公司债券是一种具有一次转换性特征的新型金融工具。其持有者可以根据自己的权利决定是否将可转换公司债券转换为公司的普通股票，而且一旦转换之后，原债券持有者就由债权人变成了公司的股东，可参与企业的经营决策和红利分配。

可转换公司债券的投资者还可以享有将债券回售给发行人的权利。一些可转换公司债券附有回售条款，规定当公司股票的市场价格持续低于转股价（即按约定可转换公司债券转换成股票的价格）达到一定幅度时，债券持有者可以把债券按约定条件出售给债券发行人。另外，可转换公司债券的发行人可拥有强制赎回债券的权利。一些可转换公司债券在发行时附有强制赎回条款，规定在一定时期内，若公司股票的市场价格高于转股价达到一定幅度并持续一段时间，发行人可按约定条件强制赎回债券。

2）可转换公司债券的设计

可转换公司债券的设计通常包括以下基本因素：

（1）转换比率和转换价格

转换比率（conversion ration）即可转债券的持有者认领的普通股份额。转换价格（conversion price）即可转换公司债券为每份股票所支付的价格。可转换公司债券的收益率是由利息收益率和资本收益率所决定的，在可转换公司债券转换比率既定的情况下，利息收益率与资本收益率成反比，即：

可转换公司债券的收益率=利息收益率+资本收益率　（8-5）

我们可以通过可转换公司债券的价值计算公式来确定可转换公司债券的转换比率和转换价格。可转换公司债券的价值计算方法和一般债券一样，即：

$$PV=\sum_{t=1}^{n}\frac{C}{(1+i)^{t}}+\frac{V}{(1+i)^{n}} \tag{8-6}$$

其中：PV为可转换公司债券的面值；i为可转换公司债券的收益率；C为可转换公司债券的年利息额；V为可转换公司债券转换为普通股票后的普通股票的市价。

在确定了可转换公司债券的收益率及其构成以及债券的发行面值后，可以通过公式求得可转换公司债券转换为普通股票后的普通股票的市价，并通过对转换期的每股普通股票市价的预计，用所求得的V的数值除以预计的每股普通股票的市价，就可以得到可转换股票的转换比率（每张债券可转换多少股普通股票）以及转换价格。通过例题来了解一下可转换公司债券的收益率构成。

【例8-7】公司发行年利率为6%的可转换公司债券，债券的面值为1 000元/张，并按面值发行，10年后可转换为普通股票25股，预计每股市价为50元。求该可转换公司债券的收益率及其构成情况。

①可转换公司债券的收益率，代入式（8-6）得：

$$PV=\sum_{t=1}^{10}\frac{1\,000\times 6\%}{(1+i)^{t}}+\frac{25\times 50}{(1+i)^{10}}$$

可以用差值法来计算出i：

当i=8%时，得PV=981.35元；

当i=7%时，得PV=1 056.44元。

所以i=7.75%。

于是可转换公司债券的收益率为7.75%。

②收益率的构成。

根据式（8-5），可转换公司债券的收益率=利息收益率+资本收益率。

而利息收益率=6%，所以资本收益率=1.75%。

企业在发行可转换公司债券的时候，要充分考虑可转换公司债券收益率的两个组成部分，根据企业的财务状况确定收益率中的两个部分的构成，在做到吸引投资的同时，保持企业财务状况为最优状态。下面将要通过例题讨论可转换公司债券的转换比率、发行利率和转换价格之间的关系。

【例8-8】公司发行面值为1 000元、收益率为12%的可转换公司债券，假设现在设定利率为4%、6%、8%的三个方案，预计第10年公司的普通股票的市价为50元/股，求不同方案的转换价格。

①根据式（8-11），当利率为4%时，C=1 000×4%=40（元）。

$$1\,000=\sum_{t=1}^{10}\frac{1\,000\times 4\%}{(1+12\%)^{t}}+\frac{V}{(1+12\%)^{10}}$$

即：

1 000=5.65×40+0.322V

得到：

V=2 403.73（元）

转换比率=2 403.73÷50=48.07（股）

转换价格=1 000÷48.07=20.80（元/股）

②当利率为6%时：

V=2 052.8元

转换比率=2 052.8÷50=41.06（股）

转换价格=1 000÷41.06=24.35（元/股）

③当利率为8%时：

V=1 701.86元

转换比率=1 701.86÷50=34.04（股）

转换价格=1 000÷34.04=29.38（元/股）

从以上的例题可以看出，随着可转换公司债券利率的上升，可转换公司债券可转换的普通股票越少时，即可转换公司债券要转换成每股普通股票时，需要付出的价值越大。

（2）票面利率

可转换公司债券的票面利率（coupon rate）指在可转换公司债券存续期内需要对其持有者定期支付的利率。通常来说，在同等条件下，投资者偏好较高票面利率的可转换公司债券。可转换公司债券的票面利率主要由市场利率、公司信用等级及发行条件与其他要素组合决定。市场利率越高，票面利率就越高；市场利率越低，票面利率自然就越低。信用高的公司的利率水平相对低一些。虽然票面利率的高低影响着投资者的倾向偏好，但票面利率对投资者的收益影响显得微乎其微，因为投资者主要通过转股而获利。发行条件的其他因素及条款也会影响票面利率，赎回条款限制了投资者收益的上限，转换价格偏高也会减少投资者的收益，发行公司则为了吸引投资者而提高票面利率，给予投资者一定的补偿；回售条款保护了投资者的利益，增加了发行公司的财务负担和风险，票面利率就应适当降低。从投资者的角度来看，发行公司把可转换债券的票面利率定得越高，投资者行使转换权获得的收益就越少，转换性就越差；票面利率越低，则转换价格越高。所以公司发行可转换公司债券时会合理设计票面利率，使得既可以权衡可转换公司债券的转换价格，又能够吸引投资者投资。

可转换公司债券的利率在存续期内，一般实行单一利率，但是有时顾及公司的财务状况，为了吸引更多的投资者参与，采用增加式的组合利率，利率分期递增。票面利率的这种设计，一方面降低了公司的财务负担，另一方面也使投资者的固定收益提高，降低了他们的收益风险，扩大了投资者的范围。

（3）转换时间

可转换公司债券的转换时间（conversion time）是指可转换公司债券的持有者在规定的转换期限内将可转换公司债券转换为普通股票的时点。从投资者的角度出发，转换期限越长，可转换公司债券可能产生溢价的空间就越大，对投资者就越有吸引力。而从发行可转换公司债券的公司的角度出发，转换期限越长，公司要承受的风险就越大。这是因为市场利率和普通股票的市价处于不断变化中，如果普通股票的市场价值高于转换价格，公司将会蒙受资金成本的损失；当普通股票的市场价值低于转换价格时，又会出现呆滞债券，不利于公司的后期计划工作，且转换期限太短，不利于吸引投资者的注意，使得债券发行困难。所以，如何选择合适的转换期限，是公司发行可转换公司债券必须面对的决策问题。

【例8-9】A公司在市场利率为10%的时候发行可转换公司债券，通过预测，提出两种发行方案。第一种，如果将可转换公司债券的期限定为5年，则其票面利率和转换价格分别为5%和10元/股，才能够按面值1 000元/股发行可转换公司债券；第二种，如果将可转换公司债券的转换期限定为10年，如果也要按面值1 000元/股发行，那么其票面利率和转换价格分别为3%和12元/股。公司预计第5年的普通股票的市场价格为12～15元/股，第10年的普通股票的市价为18～30元/股，哪种方案比较合适？

由于5年期和10年期两个方案的可转换公司债券的转换价格都低于普通股票的预计市价的最低价格，所以可以视为无呆滞债券的问题，只要比较在最高市场价格时资金成本的高低即可。

通过式（8-6）来计算各方案的最高资金成本率。

计算5年转换期的最高资金成本率：

$$1\,000=\sum_{t=1}^{5}\frac{1\,000\times 5\%}{(1+i)^{5}}+\frac{100\times 15}{(1+i)^{5}}$$

得i=12.75%。

计算10年转换期的最高资金成本率：

$$1\,000=\sum_{t=1}^{10}\frac{1\,000\times 3\%}{(1+i)^{10}}+\frac{83\times 30}{(1+i)^{10}}$$

得i=11.65%。

从结果可以看出，10年转换期的最低资金成本率和最高资金成本率均低于5年转换期，所以公司应选择转换期限为10年的方案。

（4）赎回条件

赎回条件（call provision）是指可转换公司债券的发行公司在规定的条件下行使赎回权，按规定的赎回条件赎回全部或部分未转换的债券。例如，丰原转债自2003年10月27日起开始转换为G丰原发行的A股股票，截至2006年1月24日，已有497 809 600元丰原转债转换为公司发行的A股股票，尚有2 190 400元丰原转债在市场流通。公司股票在2005年11月28日至2006年1月24日连续40个交易日中，已有连续30个交易日的收盘价格高于生效转股价格（2.40元/股）的130%，即3.12元/股。根据有关规定和公司的《可转换公司债券募集说明书》约定，公司有权赎回全部或部分在赎回日之前未转股的丰原转债。

当然公司在行使赎回权时，需要按照有关规定发布赎回公告，赎回公告将载明赎回程序、价格、付款方式、赎回比例、赎回日等内容。

赎回权使得公司能够在变化的环境中掌握主动，控制可转换公司债券的资金成本，限制了可转换公司债券的转换价格与普通股票的市价的无限扩大，避免了公司的可转换条件的无限升高。

（5）转换价格调整

转换价格调整（adjustment of conversion price）分为正常调整和非正常调整。正常调整，是指公司分配股利、公积金转赠股本或增发新股而进行的调整。正常调整的目的是保证可转换公司债券持有者的利益。非正常调整，是指因转换价格高于普通股票的市场价值，公司为了避免呆滞债券的产生而进行的向下调整。

以下为黑龙江电力股份有限公司可转换公司债券转股价格的调整公告：

本公司发行的8亿元可转换公司债券的初始转股价格为7.43元，公司实施2002年度利润分配方案，即每10股派发现金红利1元（含税），根据2003年5月29日本公司刊登的可转换公司债券募集说明书发行条款和中国证监会关于可转债发行的有关规定，特将龙电转债转股价格调整如下：设调整前的转股价格为P_0，D为每股派息金额，则调整后的转股价格P为7.33元（$P=P_0-D=7.43-0.10=7.33$（元）），调整后的转股价格的生效日期为2003年7月17日。

制定转换价格的调整条款对发行可转换公司债券的公司极为重要，它给予了发行公司极大的灵活性来改善公司的财务状况，并在很大程度上回避发行可转换公司债券的预测错误，减少由呆滞债券所引发的损失。公司向下调整转换价格的幅度大小，直接影响公司筹资的灵活性和资金成本，下调的幅度越大，公司筹资的灵活性越大，相反，相应的资金成本越高。所以公司应当在预计普通股票变化的可能区间内制定合适的转换价格下调幅度，以便既能保证筹资灵活，又不会付出过高的资金成本。

3）可转换公司债券的成本

虽然可转换公司债券融资有较低的利息成本和较少的契约限制这两个基本的潜在好处，但是我们必须相信在市场经济中是没有“免费午餐”的，利用可转换公司债券融资的发行企业在获得利益的同时，也必须承担相应的成本。

（1）融资成本的内容

发行可转换公司债券的融资成本具体包括显性成本和隐性成本。

①显性成本。显性成本包括发行费用和票面利率。其中，发行费用是指发行公司支付给与股票发行相关的中介机构的费用，主要包括承销费用、注册会计师费用（审计、验资、盈利预测审核等费用）、资产评估费用、律师费用等，通常券商承销费用为发行额度的1.5%～3%，加上其他中介结构的费用，总费用率一般为2.5%～4%，平均不超过3.5%。如果按发行期限5年摊销，发行费用每年摊销0.5%～0.8%。可转换公司债券的票面利率一般低于普通公司债券的利率，利率的高低与其他发行条款相关联。其他条款更有利于发行人时，票面利率则可适当高些，以让利投资者。所以不同的可转换公司债券，利率可能不尽相同。按照证监会的有关规定，可转换公司债券的年利率不超过银行同期存款利率，一般在1%～3%。综合发行费用和票面利息，其综合显性成本每年为1.5%～3.8%。

②隐性成本。对可转换公司债券的发行企业来说，如果不考虑企业因转股失败而面临的财务风险[①]和到期可转换公司债券没有转换为股票的情况，那么其融资成本的确是比较低廉的。但可转换公司债券融资决策是一种混合的、不确定性的资本结构决策，可转换公司债券在发行初期是一种债券，利息是发行企业的费用支出，而股息不是费用支出。然而，由于利息支出相对于企业销售收入是增加的，因而提高了发行人的风险。实际上在极端的情况下，如果业务十分繁荣并且普通股票价格狂涨，企业的可转换公司债券会被转换为股票，现存股东的利益会被稀释，这样就会把一部分应由原有股东享有的收益转移给可转换公司债券的投资者，这部分成本可以视作原有股东承担的机会成本。这种成本无法预测，企业发行可转换公司债券不过是一场赌博，寄希望于企业的实际盈利能力会比市场根据价格波动得出的评价更稳定。

因此，如果公司股票市场价值上升，债权向股权转化，可转换公司债券的融资成本会

---

① 当发行人的业务前景变得非常糟糕时,那么选择可转换公司债券而不是股票融资将会是一个糟糕的决定,因为破产风险将大幅提高。

逐步增加，超过甚至远远超过普通公司债券的成本。因此对企业尤其股东而言，这种负面影响带来的主要融资成本可能是隐性的。因此一旦债券转化为股票后，不能简单地用显性成本衡量转股的融资成本，还要考虑隐性成本。

（2）融资成本的模型①

基于以上分析，为进一步考察可转换公司债券的融资成本，我们通过建模来分析可转换公司债券的发行条件、股票市场价格对融资成本的影响。由于显性成本对融资成本的影响是显而易见的，对此不予讨论，仅需分析可转换公司债券中的隐性成本。从上面分析可以看出，投资者的收益即融资者的成本，因此，我们从投资者的角度讨论隐性成本问题。隐性成本等于投资者总收益与利息收入之差，即转股所得的收益。投资者总收益由三部分构成：利息收入、本金收入、转股利益。假设可转换公司债券平价发行，票面价值为B_p，份额为M，存续期内投资者可以随时转股，到期按面值兑换，其他因素不计，则投资者利息收入现值为：

$$I_1 = MB_p\int_0^T\left(1-\int_0^t z(t)\,dt\right)r_pe^{-rt} \quad (8\text{-}7)$$

其中：r_p为可转换公司债券的票面利率；z（t）为转股密度分布；r为折现率。

到期末转股的债券按面值兑换，则投资者收回本金的现值为：

$$I_2 = MB_p\left(1-\int_0^T z(t)\,dt\right)e^{-rT} \quad (8\text{-}8)$$

设可转换公司债券的价格为S_t，t时刻的股票市场价格为P_c，则投资者在整个存续期内的转股收益的现值为：

$$I_3 = M\frac{B_p}{P_c}\int_0^T(S_t-P_c)e^{-rt}z(t)\,dt \quad (8\text{-}9)$$

因为投资者投资于可转换公司债券的收益率，就是投资者总收益现值为本金时的折现率，所以当r为可转换公司债券收益率时，有：

$$I_1+I_2+I_3=MB_p \quad (8\text{-}10)$$

将式（8-7）、式（8-8）、式（8-9）代入式（8-10）得：

$$MB_p\int_0^T\left(1-\int_0^t z(t)\,dt\right)r_pe^{-rt}+MB_p\left(1-\int_0^T z(t)\,dt\right)e^{-rT}+M\frac{B_p}{P_c}\int_0^T(S_t-P_c)e^{-rt}z(t)\,dt=1 \quad (8\text{-}11)$$

由式（8-11）可求出r，则转股收益率r_c为：

$$r_c=r-r_p \quad (8\text{-}12)$$

综上所述，可转债的融资成本为：

$$C=r_0+r_p+r_c=r_0+r \quad (8\text{-}13)$$

其中：r_0为筹资费用率。

从式（8-11）中可看出，隐性融资成本由转换价格、转股密度分布、转股期间、票面利率等发行条件和公司未来股票市场价格共同决定。

（3）发行条件对可转换公司债券融资成本的影响

因为可转换公司债券的发行条件和公司未来股票价格决定融资成本，所以在设计可转换公司债券发行条件时，既要考虑投资者的利益，保证可转换公司债券发行和转股交易的顺利进行，又要考虑公司股东的利益，减少股东财富的损失，降低融资成本。

---

① 李励. 中国上市公司可转债融资研究［D］. 广州：暨南大学，2005.

为了方便起见，仅讨论投资者在到期日一次全部转股的情况，分析发行条件对融资成本的影响。根据上面的分析可得：

$$MB_p=\sum_{i=1}^{T}\frac{MB_p r_p}{(1+r)^i}+\frac{(MB_p/P_c)S_T}{(1+r)^T} \tag{8-14}$$

两边同时除以MB_p得：

$$\sum_{i=1}^{T}\frac{r_p}{(1+r)^i}+\frac{S_T/P_c}{(1+r)^T}=1 \tag{8-15}$$

式中给出了转股价格P_c、公司未来股票价格S_T与可转换公司债券融资成本r之间的关系。根据式（8-15），我们可以得出结论：融资成本与S_T/P_c成正比，S_T/P_c越高，融资成本也就越高；S_T/P_c越低，融资成本也就越低。因此，转股价格的设计和公司未来股票价格的波动直接决定了可转换公司债券的融资成本，要控制融资成本，保证股东权益，关键在于在准确预测公司未来股票价格的基础上合理确定转股价格。

另外，从式（8-15）中不难看出，要降低融资成本，应尽量提高转股价格。在确定融资成本和预测公司未来股票价格的基础上，式（8-15）给出了保证股东权益的最小转股价格，但转股价格的确定还要考虑投资者的利益。同样，在预测公司未来价格的基础上，式（8-15）给出了保证投资者预期收益率的最高转股价格，公司确定的转股价格不能超过这个最高限，否则投资者会因无投资收益而不去购买，从而使可转换公司债券的发行受阻，即使发行顺利，较高的转股价格也会使转股无法顺利实现而产生呆滞证券，增加公司财务风险。在我国，可转换公司债券的发行往往只注意发行和转股的顺利进行，没有考虑保护股东的权益和资金成本问题。例如，1998年发行的南化股份（广西南宁化工股份有限公司）可转换公司债券和丝绸股份（江苏吴江中国东方丝绸市场股份有限公司）可转换公司债券，在发行条件的设计中均以追求转股成功为核心，这造成了较高的融资成本。下面，我们以深圳南玻公司1995年7月在瑞士市场发行的可转换公司债券为例分析实际融资成本。

【例8-10】深圳南玻公司1995年7月在瑞士市场发行了4 500万美元可转换公司债券，其发行条件是：票面利率r_p为5.25%，初始转股价格P_c为5.151港元/股。发行1年零8个月内，有2 867万美元的MB_p转股为6 500万股（1美元=7.8港元），当时股票市场价格S_t为5.15港元/股（除权后转股价格已调整为3.44港元）。

将上述条件带入式（8-20）得：

$$2\,867\times7.8=\frac{(2\,867\times7.8\times5.25\%)}{1+r}+\frac{(2\,867\times7.8\times5.25\%\times8/12)}{(1+r)^{20/12}}+\frac{6\,500\times5.15}{(1+r)^{20/12}}$$

由此求出r = 28%。

28%的融资成本远远高于5.25%的票面利率，也高于当时市场的一半接待利率，当时在国际资本市场上，5年期的美元债券票面利率一般低于10%，所以深圳南玻公司的可转换公司债券的融资成本是相当高的。

通过上述分析可以得出以下结论：

第一，可转换公司债券的融资成本包括显性成本和隐性成本两项，低票面利率并不意味低融资成本，融资成本的高低还取决于隐性成本的高低。

第二，隐性成本由发行条件和公司未来股票价格决定，转股价格越高或公司未来股票价格越低，投资者的收益越低，发行公司的融资成本也就越低，反之亦然。

第三，发行公司应在准确预测公司未来股票价格的基础上，合理确定转股价格等其他发行条件，以降低融资成本，保护股东权益。另外，转股价格的确定还应考虑投资者的利益，以保证可转换公司债券发行和转股的顺利进行。

4）可转换公司债券的评价

从发行公司的角度来看，可转换公司债券的评价总结见表8-11。

表8-11 **可转换公司债券的评价**

优点	（1）从发行企业的角度来分析，发行可转换公司债券的利息成本较低 （2）从发行企业的角度来分析，发行可转换公司债券的契约限制较少 （3）从投资者的角度来分析，购买可转换公司债券的本金安全性较高，即对资产的要求权优于权益证券的投资者 （4）从投资者的角度来分析，购买可转换公司债券在已知利率下收入的稳定性较高
缺点	（1）从发行企业的角度来分析，相对于不可转换公司债券来说，出售可转换公司债券所取得的收益率是随时间、特定的交易结构和信用质量而变化的 （2）从发行企业的角度来分析，相对于权益资本和债务资本来说，发行可转换公司债券决策是一种混合的、不确定性的资本结构决策，面临资本结构的不确定性 （3）从投资者的角度来分析，购买可转换公司债券是为了获得转换的权利，投资者必须接受比相同信用质量的非转换债券更低的收益率

5）中国的可转换公司债券

（1）中国可转换公司债券市场的发展历程

可转换公司债券兼具债券和股票的双重特点，较受投资者欢迎。我国可转换公司债券市场的发展起步于20世纪90年代初期，1992年深圳宝安集团在国内证券市场公开发行了我国第一支可转债，揭开了我国可转债市场发展的序幕。但由于深圳宝安集团可转债转股的失败以及各方面条件的不具备，中国可转换公司债券市场的发展基本处于停滞状态。

1996年，中国政府决定选择有条件的公司作为可转换公司债券的试点，并于1997年颁布了《可转换公司债券管理暂行办法》。3家非上市公司（南宁化工、吴江丝绸和茂名石化）先后发行可转换公司债券，中国的可转换公司债券市场出现生机。2001年4月28日，《上市公司发行可转换公司债券实施办法》及其三个配套文件正式出台，这标志着可转换公司债券成为我国一种常规的融资品种，从此，我国的可转换公司债券市场开始快速发展。截至2002年10月31日，已经有阳光转债、万科转债、水运转债、丝绸转债以及燕京转债等5家陆续在沪深两大证券交易所上市。全国已有60多家上市公司公布了发行可转换公司债券的计划，证监会正式受理发行申报材料的就有30多家。可以预计，可转换公司债券发行的竞争会越来越激烈，而发行人在可转换公司债券发行方案条款上有望对投资者提供更有利的条件，这将使可转换公司债券的投资价值得到进一步的提升。

目前我国发行的可转换公司债券有两种形式。

一种是上市公司发行的可转换公司债券。从20世纪90年代开始，我国在国内发行A股和B股的企业分别在国内和国外尝试发行可转换公司债券。例如，1992年，中国宝安集团股份公司在我国资本市场公开发行的第一支可转换公司债券，发行总额为5亿元，年息3%，期限3年，转股价格为每股25元，发行半年后即可转股；1993年，中国纺织机械股份有限公司在瑞士发行了我国首例境外发行的可转换公司债券，发行方式为私募形式。同时，我国境外发行N股、H股的企业和境外上市企业也发行过可转换公司债券。例如，我国首批境外上市的大型国有企业——华能国际电力股份有限公司，发行了2亿美元的可转换公司债券，期限为7年，息票利率为11.75%，发行3个月后可转为华能国际电力股份有限公司在美国上市的（American Desositarg Receipts，美国存托凭证）转股价为29 120美元/ADR。转换债券对于上市公司来说，无疑是一条很具吸引力的融资渠道。对于那些无法进行股权融资或者是绩优成长型的公司来说，转债融资将是一个低成本的优化选择。

另一种可转换公司债券的发行主体为非上市公司重点国有企业，如1998年8月在上海证券交易所上市发行的第一支非上市公司可转债——南化转债。可转换公司债券对上市公司来说已是较为成熟的金融产品，但我国目前主要的可转换公司债券都是基于国有非上市公司发行的，这主要由我国国有企业改革的经济背景所决定。众所周知，国有企业改革遇到的直接难题在于资金短缺，国有企业在面临转制艰难、历史包袱沉重、财务状况恶化等问题的情况下，内源融资几乎不可能，外源融资也相当困难。而充分利用国有企业发行可转债的特点可以从另一个渠道对国有企业的改制起到积极的催化作用。1998年8月，南宁化工和吴江丝绸可转换公司债券作为非上市公司发行的可转换公司债券开始在上海证券交易所和深圳证券交易所发行上市，其可转换公司债券发行面值分别为115亿元和2亿元，期限为5年。此外，南宁化工和吴江丝绸可转换公司债券还设有强制性转股条款。可转换公司债券的发行为非上市国有企业开辟了一条广阔的融资渠道。

无论在市场规模还是制度建设上，2002年是可转换公司债券市场起步发展的一年；2003年、2004年是可转换公司债券市场快速发展的两年，2003年之前可转换公司债券融资规模累计为88.5亿元，2003年可转换公司债券募集资金总额达180.6亿元，发行融资规模远远超过历年总和，2004年可转换公司债券融资规模为209.03亿元；2010年，可转换公司债券市场达到历史最高点717.3亿元，随后振荡下滑；在定增融资大幅受限后，上市公司纷纷寻找包括可转债融资在内的其他融资渠道，使其在2016年迎来拐点，在2017年快速增长，达到近7年来的高点，全年合计融资602.72亿元。2000年以来上市公司可转债融资规模如图8-4所示。

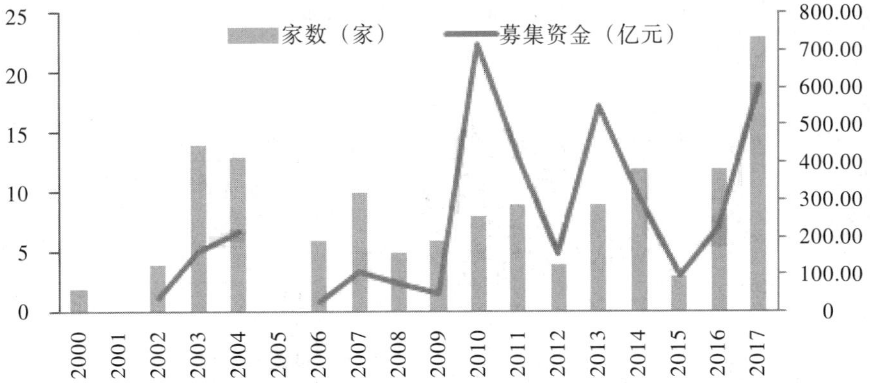

数据来源：Wind。

图8-4　2000年以来上市公司可转债融资规模

（2）可转换公司债券的发行条件及发行程序

《证券法》规定："公开发行债券，必须符合法律、行政法规规定的条件，并依法报经国务院证券监督管理机构或者国务院授权的部门核准或者审批。"目前，我国《企业债券管理条例》对上市公司和重点国有企业发行可转换公司债券做出了一系列规定：①最近3年连续盈利，且最近3年净资产利润率平均在10%以上；属于能源、原材料、基础设施类的公司可以略低，但是不得低于7%。②可转换公司债券发行后，资产负债率不高于70%。③累计债券余额不超过公司净资产额的40%。④募集资金的投向符合国家产业政策。⑤可转换公司债券的利率不超过银行同期存款的利率水平。⑥可转换公司债券的发行额不少于人民币1亿元。⑦国务院证券委员会规定的其他条件。

重点国有企业发行可转换公司债券，除应当符合上述第③、④、⑤、⑥、⑦项条件外，还应当符合下列条件：①最近3年连续盈利，且最近3年的财务报告已经由具有从事证券业务资格的会计事务所审计；②有明确、可行的企业改制和上市计划；③有可靠的偿债能力；④有具有代为清偿债务能力的保证人的担保。

发行可转换公司债券，必须按照《公司法》和《可转换公司债券管理暂行办法》的规定报经批准。未经批准，不得发行可转换公司债券。上市公司发行可转换公司债券，应当经省级人民政府或者国务院有关企业主管部门推荐，报国务院证券监督管理机构审批，并抄报国家发展和改革委员会、国家经济贸易委员会、中国人民银行、财政部。对符合发行可转换公司债券规定的，国务院证券监督管理机构予以批准。

8.4 融资结构的选择

8.4.1 公司融资结构

上市公司的融资结构具体划分如图8-5所示。

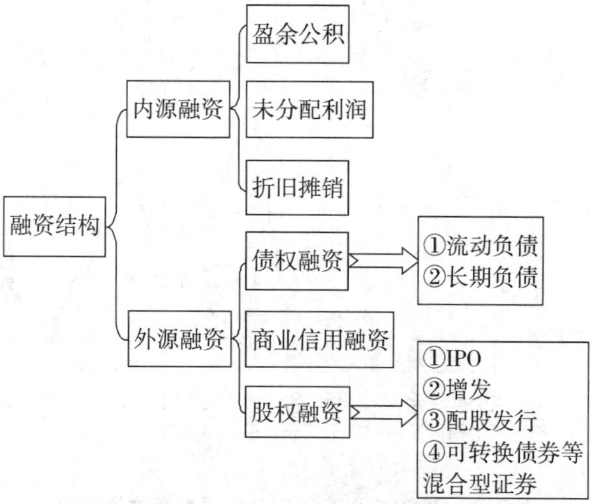

图8-5 上市公司融资结构图

8.4.2　影响公司融资结构选择的因素

融资结构影响因素分类见表8-12。

表8-12　**融资结构影响因素分类**

影响因素	代表性变量
国家因素	国度虚拟变量（发达国家和发展中国家）
宏观经济因素	经济增长率、通货膨胀率、利率期限结构、市场择时、银行贷款/GDP、股票市值/GDP、税收项目
行业因素	行业特征变量
公司特征因素	商业风险、公司所得税税率、有形资产、非债务税盾、研发费用、盈利性、公司规模、成长机会、资产流动性
公司治理因素	管理者持股、第一大股东持股、机构投资者持股、股权分散度、CEO任期、外部董事比例、董事会规模、过量的报酬、CEO嵌套期权

资料来源　肖作平．中国上市公司资本结构影响因素研究［D］．厦门大学，2004.

基本训练

第8章基本训练

第9章 资本成本

学习目标

- 掌握与资本成本相关的概念，了解资本成本在经营决策中的作用；
- 了解影响资本成本的因素，及其在国内外的经验检验情况；
- 掌握债务资本成本的计算、权益资本成本的计算以及加权平均资本成本的计算；
- 了解各种资本成本计算方法存在的问题；
- 掌握资本成本在中国公司的计算和应用。

引子

海康威视业绩持续高增长动因分析

成立于2001年的海康威视是国内安防服务行业的龙头企业，2010年在深市中小板上市，面向全球提供监控产品、技术解决方案以及安防服务。上市以来，公司以每年40%以上的利润增速位居行业前列。下文将立足于公司战略的基本点，从价值创造的框架出发，剖析海康威视业绩持续高增长的动因。

公司的价值创造能力由投入资本回报率（ROIC）峰值和回报率高于加权平均资本成本（WACC）的持续能力共同决定。所谓ROIC峰值是指ROIC高于WACC的程度；持续能力指的是ROIC高于WACC的时间长度。在剖析公司业绩增长的来源时，要考虑公司是否有低于竞争对手的生产成本，是否具有较高的资本效率，是否能够保持未来的持续增长。

采用轻资产运营模式，提升成本竞争力和资本投资效率。轻资产运营模式指的是在资本运营的过程中，以轻资产（相对于占用大量资金的厂房、设备等重资产而言）为基础进行的资本扩张，充分利用自有资源并间接利用外部资源，以最低的投入实现股东价值最大化的战略管理模式。海康威视的轻资产运营模式特征主要体现在：资产负债率基本维持在20%以下，非流动负债占比几乎为0，负债水平低；固定资产占比极低，流动资产占比达

80%以上；流动负债中60%以上为应付账款和预收账款，有息债务占比极低，财务费用常年为负；采用外协加工模式，专注于研发等。

以低于竞争对手的成本出售产品和服务是实现高投入资本回报率的重要驱动因素之一，而海康威视的轻资产运营模式对其在行业中保持成本竞争力发挥了巨大作用。公司采取自主研发加外协加工的轻资产运营模式进行生产，核心生产环节由公司自行完成，部分基线产品的生产采取外协加工的方式完成。通过这种方式将利润率最低的生产环节外包出去，把重心集中到微笑曲线两端回报率最高的研发和营销环节，通过压缩生产环节的成本来提高投入资本回报率。此外，由于公司的行业龙头地位和国企背景，采购环节的规模采购优势在同行业中彰显无遗，较强的议价能力使得公司的采购价格几乎是其他厂商的一半。

资本效率也是维持高投入资本回报率必不可少的因素。海康威视在产品单位利润本来就不低的前提下，还取得了高于行业平均水平的资产周转效率。在应付账款周转速度较为稳定的情况下，公司的现金周转天数维持在两个月左右。这说明公司从原材料采购到产成品出售的周期较为稳定，资本周转控制能力较强。

资料来源　改编自：姜英兵，于雅萍．海康威视业绩持续高增长动因分析［J］．财务与会计，2015（19）．

9.1　资本成本概述

9.1.1　资本成本的概念

资本成本是指企业为筹集和使用资金而付出的代价。资本成本包括资金筹集费和资金占用费。资金筹集费是指在资金筹集过程中支付的各项费用，如银行借款手续费、股票和债券的发行费用、资信评估费、律师费、公证费、审计费、广告费、印刷费等。资金占用费是指为占用资金支付的费用，如向债权人支付的利息和向股东支付的股利、股息等。相比之下，资金占用费是筹资企业经常发生的，而资金筹集费是在筹资时一次性发生的，因此在计算资本成本时可作为筹资金额的一项扣除。

资本成本通常不用绝对金额表示，而用资本成本率这样的相对数表示。资本成本率是企业资本占用费与实际筹资金额的比率，用公式表示为：

$$K=\frac{D}{P(1-F)} \tag{9-1}$$

其中：K为资本成本率；D为资本占用费；P为筹资金额；F为筹资费用率，即资本筹资费占筹资金额的比率。

资本成本可以有多种计量形式。在比较各种筹资方式时，通常使用个别资本成本，包括银行借款成本、债券成本、优先股成本、普通股成本和留存收益成本；在进行资本结构决策时，通常使用加权平均资本成本。

9.1.2　资本成本和必要报酬率

当我们说某项投资的必要报酬率是10%时，这就意味着，只有当报酬率超过10%时，这项投资的净现值才会是正值。同样也可以这样理解：公司必须从这项投资中获取10%的报酬率，才能补偿该项目中的各项支出。因此，我们可以说10%是这项投资的资本成本。

为了进一步说明，假设我们正在评估一个无风险项目。首先我们要确定该项目的必要报酬率，很明显其确定方法是：分析资本市场，找出现行无风险投资的报酬率，并且采用该报酬率对项目的现金流进行折现。因此，无风险报酬率就是无风险投资的资本成本。

假如项目是有风险的，那么在其他信息不变的情况下，项目的必要报酬率显然会更高。换句话说，假如这是一个风险性项目，那么它的资本成本就会比无风险报酬率更高，而且适用的折现率也会高于无风险报酬率。

在很多教科书中必要报酬率、适用的贴现率和资本成本这几个术语是交替出现的，我们要说明的是，它们实质上是一样的。要特别强调的是，一项投资的资本成本取决于该项投资的风险。换句话说，资本成本主要取决于资金的运用，而不是资金的来源。人们往往错误地认为投资的资本成本主要取决于如何和从什么渠道筹集资金。

9.1.3 公司资本成本和投资项目的资本成本

公司资本成本是公司投资者所要求的必要报酬率，投资项目的资本成本是指项目本身所需投资资本的机会成本。

1）公司资本成本和项目资本成本的区别

我们必须重视公司资本成本和项目资本成本的区别。公司资本成本是投资者针对整个公司所要求的必要报酬率，或者说是投资人对于企业全部资产所要求的必要报酬率。项目资本成本是公司投资于相应资本支出项目所要求的必要报酬率。

2）每个项目都有自身的资本成本

不同投资项目所面临的风险不同，它们所要求的最低报酬率也不同。风险较高的投资项目所要求的报酬率也较高，而风险较低的投资项目所要求的报酬率也较低。投资项目的资本成本即项目的必要报酬率，其水平高低主要取决于资本运用在什么样的项目。如果新的投资项目与公司现有资产平均风险相同，则项目资本成本等于公司的资本成本；如果新的投资项目风险高于公司现有资产的平均风险，则项目资本成本高于公司的资本成本；如果新的投资项目风险低于公司现有资产的平均风险，则项目资本成本低于公司的资本成本。因此，我们认为每个投资项目都有自身的资本成本，它是项目风险的函数。

9.1.4 资本成本的作用

资本成本是企业选择资金来源、确定筹资方案的重要依据，企业要进行比较，选择资本成本最低的筹资方案。资本成本对企业筹资决策的影响主要有以下几点：①资本成本是影响企业筹资总额的重要因素；②资本成本是企业选择资金来源的基本依据；③资本成本是企业选用筹资方式的参考标准；④资本成本是确定最优资本结构的主要参数。公司理财目标是实现股东价值最大化，通过投资于收益高于资本成本的项目，公司就可以增加股东财富的价值，因此资本成本有时也被称为“门槛比率”。它是比较和选择投资方案的主要标准，即对于一个可以接受的项目，收益必须高于其门槛比率。在公司价值度量（公司估值）中，通常以加权平均资本成本作为折现率，其他情况相同，资本成本最低，公司价值最大。因此，资本成本可以促使资本使用者充分挖掘潜力，节省资金的占用金额和占用时间，提高资金使用效率。

9.1.5 资本成本的度量

资本成本的度量，一方面，以每年的用资费用与筹资净额之比来估算资本成本，即资本成本=每年的用资费用/（筹资数额-筹资费用）；另一方面，用股利贴现模型、资本资产定价模型来估算资本成本。错误估算可能导致毁灭性的结果。正确评估资本成本，进而确定一个投资项目的潜在价值，是成功经营的必经之路。

9.2 资本成本的影响因素

资本成本的影响因素很多，除比较成熟的观点之外，学者们通过各种经验研究，得出了不同的结论。这些经验证据有助于我们更深入地分析资本成本的各类影响因素。现将具有代表性的经验证据分述如下：

传统研究表明，资本成本受系统风险、公司规模、流动性、市场-账面值等公司特征和利率、经济周期、通货膨胀等宏观经济因素的影响。这些研究表明：资本成本和系统风险、账面价值与市值比率正相关，与流动性、公司规模负相关；宏观经济因素显著影响资本成本。

最近研究表明，资本成本受公司治理因素的影响。总的来说，这些研究表明公司治理水平的提高有助于资本成本的降低。

Botosan以Value Line中1990年的122家机械行业公司为样本，使用由Edwards和Ohlson、Feltham等开发的“基于会计价值公式”度量权益资本成本，在控制公司β和公司规模的情况下，应用多元回归实证检验信息披露水平和权益资本成本之间的关系。研究发现：①分析师跟踪少的公司，信息披露水平与权益成本负相关；②分析师跟踪多的公司，信息披露水平与权益成本之间不呈显著关系。

Sengupta以Compustat数据库中1987—1991年的114家公司为样本，使用新债务发行到期收益（yield to maturity）和新债务发行总利息成本两种方法度量债务成本，在控制相关变量的情况下，应用多元回归实证检验信息披露质量和债务成本之间的关系。研究发现，信息披露质量等级高的公司具有更低的债务成本，即信息披露质量与债务成本负相关。

Himmelberg等以Worldscope数据库中1988—1998年的38个国家的公司水平数据为样本，实证检验投资者法律保护、股权结构与资本成本之间的关系。研究发现：①投资者法律保护越弱，内部人持股越集中；②内部人持股越集中，资本成本越高。

Chen等以里昂信贷亚洲证券（CLSA）公司治理调查中横跨新兴市场的9个国家2001—2002年的545个公司的年观察值为样本，采用CLSA公司治理调查方法度量信息披露和非信息披露公司治理机制，在控制公司β和公司规模的情况下，实证检验信息披露和其他非信息披露公司治理机制对权益资本成本的影响。研究发现：①更高得分的信息披露和非信息披露公司治理机制与更低的权益资本成本相关；②国别水平的私有产权法律保护和公司水平的公司治理在减少权益资本成本中都发挥着重要作用；③当在回归方程中加入非信息披露公司治理机制时，信息披露和权益资本成本之间的负相关关系变弱。

Ashbaugh等以Compustat数据库中1996—2002年的5 036个公司的年观察值为样本，在控制公司β、公司规模、市场-账面值和年度特征因素的情况下，实证检验公司治理机制如何影响权益资本成本。他们检查公司治理属性的4个纬度（财务信息质量、股权结构、股东权利和董事会结构）对权益资本成本的影响。研究结果支持具有良好治理水平的公司向股东呈递更少的代理风险，导致更低权益资本成本的假设。

Chen对传统的风险因素、账面-市场比值、通货膨胀和投资者预期偏差进行控制，实证检验了25个新兴市场公司治理机制对权益资本成本的影响，发现公司治理与权益资本成本呈显著的负相关关系，并且这种显著性在法律保护力度更弱的国家更高。

9.3 债务资本成本

按照融资渠道的不同，资本可以分为债务资本成本和权益资本成本两种基本的类别。债务是通过贷款或出售债券获得资金。普通股权益代表了所有者利益，主要是来自出售普通股或是留存收益。资本的第三类来源就是优先股的出售。优先股具有债务和权益的特征，是一种混合型资本。为了便于分析，我们把优先股视为两种基本资本要素的一部分。因此，债务资本包括银行借款的资本成本和债券的资本成本，权益资本包括优先股资本成本、普通股资本成本和留存收益资本成本。

9.3.1 银行借款的资本成本

银行借款的资本成本是指借款利息和筹资费用。借款利息是资金使用费用。银行借款利息在税前支付，可以起到债务利息抵税作用。因此一次还本、分期付息的借款成本为：

$$K_l=\frac{I_t(1-T)}{L(1-F_l)} \tag{9-2}$$

其中：K_l为银行借款成本；I_t为银行借款年利息；T为企业所得税税率；L为银行借款筹资总额（借款本金）；F_l为银行借款筹资费用率。

上述公式也可改为以下形式：

$$K_l=\frac{LR_l(1-T)}{L(1-F_l)}=\frac{R_l(1-T)}{(1-F_l)} \tag{9-3}$$

其中：R_l为银行借款的利率。当银行借款的筹资费很少时，可以忽略不计。

上述公式没有考虑货币的时间价值，在考虑货币时间价值的情况下，计算的结果会更精确。公式为：

$$L(1-F_l)=\sum_{t=1}^{n}\frac{I_t}{(1+K)^t}+\frac{P}{(1+K)^n} \tag{9-4}$$

$$K_l=K（1-T） \tag{9-5}$$

其中：P为第n年末偿还的本金；K为所得税前的银行借款成本；K_l为所得税后的银行借款成本；I_t为第t年银行借款利息。

式（9-4）中的等号左边是借款的实际现金流入；等号右边为借款引起的未来现金流

出的现值总额，由各年利息支出的年金现值之和加上到期本金的复利现值而得。

按照这种办法，实际上是将银行借款的资本成本看做使这一借款的现金流入等于其现金流出现值的贴现率。运用时，先通过式（9–4）采用内插法求解银行借款的税前资本成本，再通过式（9–5）将银行借款的税前资本成本调整为税后的资本成本。内插法的应用见债券资本成本的计算。

9.3.2　债券的资本成本

与银行借款筹资相比，债券筹资具有筹资费用较高的特点。债券的筹资费用即发行费用，包括申请发行债券的手续费、债券注册费、印刷费、推销费及上市费等。债券利息与银行借款利息相同，可以起到抵税的作用。在不考虑货币时间价值时，债券成本的计算公式为：

$$K_b=\frac{I_b(1-T)}{B(1-F_b)} \tag{9-6}$$

其中：K_b为债券资本成本；I_b为债券的年利息；T为所得税税率；B为债券筹资额；F_b为债券的筹资费用率。

当债券以平价发行时，公式可简化为：

$$K_b=\frac{R_b(1-T)}{1-F_b} \tag{9-7}$$

其中：R_b为债券利率。当债券以溢价或折价发行时，债券年利息I_b按债券的面值计算，而债券的筹资额应以实际发行价格来计算。

【例9–1】某公司发行总面额为600万元的10年期债券，票面利率为12%，发行费用率为4%，公司所得税税率为25%，该债券的成本为：

$$K_b=\frac{600\times12\%\times(1-25\%)}{600\times(1-4\%)}\times100\%=9.38\%$$

或：

$$K_b=\frac{12\%\times(1-25\%)}{1-4\%}\times100\%=9.38\%$$

如果上述例题中公司发行面额为600万元的10年期债券，发行价格为700万元，其他条件不变，则债券的成本为：

$$K_b=\frac{600\times12\%\times(1-25\%)}{700\times(1-4\%)}=8.03\%$$

上述计算债券成本的方法没有考虑货币的时间价值，如果需要将债券资本成本计算得更为准确，则应考虑货币时间价值，依据现金流量确定税前的债券成本，进而计算其税后成本。债券成本的计算公式则为：

$$B(1-F_b)=\sum_{t=1}^{n}\frac{I_b}{(1+K)^t}+\frac{P}{(1+K)^n} \tag{9-8}$$

$$K_b=K\ (1-T) \tag{9-9}$$

其中：P为第n年年末应偿还的债券面值；K为所得税前的债券资金成本；K_b为所得税后的债券资金成本。

在利用上述公式计算债券资本成本时，通常采用内插法。

【例9–2】某公司以95元的发行价格向社会公开发行面值为100元的公司债券500 000

张，票面利率为10%，期限为5年，债券的发行费用率为3%。公司的所得税税率为15%。计算公司债券筹资的实际资本成本。

第一步，计算税前债券成本。

$$95\times(1-3\%)=\sum_{t=1}^{5}\frac{100\times10\%}{(1+K)^{t}}+\frac{100}{(1+K)^{5}}$$

查复利现值系数表，12%、5年期的复利现值系数（P/F，12%，5）=0.5674。查年金现值系数表，12%、5年期的年金现值系数（P/A，12%，5）=3.6048。将其代入上述公式有：

$$100\times10\%\times3.6048+100\times0.5674-95\times(1-3\%)=0.638$$

由于0.638大于零，提高贴现率再试。

查复利现值系数表，14%、5年期的复利现值系数（P/F，14%，5）=0.5194。查年金现值系数表，14%、5年期的年金现值系数（P/A，14%，5）=3.4331。将其代入上述公式再试有：

$$100\times10\%\times3.4331+100\times0.5194-95\times(1-3\%)=-5.879$$

由于-5.879小于零，运用内插法求得税前债券成本为：

$$\frac{12\%-K}{0.638-0}=\frac{14\%-12\%}{-5.879-0.638}$$

得：

$$K=12\%+\frac{0.638}{5.879+0.638}\times(14\%-12\%)\times100\%=12.196\%$$

第二步，计算税后债券成本。

$$K_b=K(1-T)=12.196\%\times(1-15\%)\times100\%=10.37\%$$

9.4 权益资本成本

9.4.1 优先股的资本成本

优先股的资本成本包括筹资费用和预定股利。只要股票仍然存在，优先股就会给投资者提供持续的股利，所以优先股没有到期日，且股利一般是按照股利率预先确定的，且股利是在所得税后支付的，因此优先股的资本成本计算公式为：

$$K_p=\frac{D_p}{P(1-F_p)}\times100\% \tag{9-10}$$

其中：K_p为优先股资本成本；D_p为优先股年股利额，按面值和预定的股利率确定；P为优先股筹资额，按发行价格确定；F_p为优先股筹资费用率。

优先股是一种债权和股权特征并存的证券。与债券类似，优先股有固定的股息，如果公司没有现金支付股息，还可以累积到公司有足够的收益时支付；与债券类似，优先股的持有人并不享有对公司的控制权，他们的投票权将限制在一些可能影响到他们对公司现金流量或资产索取权的议题上。与股权类似，优先股的偿付不能减税而只能来自税后的现金流量，而且，优先股没有到期日。在优先权方面，当公司破产时，优先股的持有人必须等到债权持有人的索取权得到满足后才能得到应得的公司资产。因此，为了便于资本结构分析和资本成本估算，优先股被视作债券和股权以外的第三种资本成分。

【例9-3】某公司发行总面值为1 450万元、股利率为5%、不可赎回、累积分派的300万股优先股，发行费用率为6%，每股发行价格为3.2元，求优先股的资本成本。如果该公司在5年后按每股3.9元的价格赎回，优先股的资本成本为多少？（注：累积优先股的股东有权获得在过去年度因公司利润不足而被拖欠的股利，这些未支付的股利可以累积计算并在公司获得足够利润时得到偿付。而可赎回优先股允许公司在将来某一约定的时间向股东购回股份。可赎回优先股的投资风险较不可赎回优先股的风险低，因此可赎回优先股所享有的股利也低于不可赎回优先股）

在优先股不考虑赎回的情况下有：

$$K_p=\frac{1\,450\times 5\%}{3.2\times 300\times(1-6\%)}\times 100\%=8.03\%$$

如果该优先股股东愿意在5年后按每股3.9元赎回，那么优先股的资本成本为：

$$3.2\times 300\times(1-6\%)=\sum_{t=1}^{5}\frac{1\,450\times 5\%}{(1+K_p)^t}+\frac{3.9\times 300}{(1+K_p)^5}$$

利用内插法，当K_p=14%和K_p=12%时分别测试上述公式：

902.4=72.5×（P/A，14%，5）+1 170×（P/F，14%，5）

902.4=72.5×（P/A，12%，5）+1 170×（P/F，12%，5）

查表得如下系数：

（P/A，14%，5）=3.4331，（P/F，14%，5）=0.5194

（P/A，12%，5）=3.6048，（P/F，12%，5）=0.5674

利用内插法得优先股的资本成本为：

$$K_p=12\%+\frac{22.8060}{45.8022+22.8060}\times(14\%-12\%)\times 100\%=12.66\%$$

9.4.2　普通股的资本成本

当公司所需的资本超过从公司的利润中筹集的权益资本时，就需要通过发行新股票来进行筹资。总的来说，有两种方法估计权益资本成本：一是基于市场价格和公司财务数据的贴现模型，即估计事前的权益资本成本，如股利折现模型、剩余收益价值模型等；二是基于市场风险的收益率，即使用平均实现的收益作为预期收益的代理变量，如资本资产定价模型（capital asset pricing model，CAPM）、套利定价理论（arbitrage pricing theory，APT）、Fama-French三因素模型等。

1）股利折现模型

这种方法是利用普通股现值的公式来计算普通股成本的一种方法。对普通股而言，普通股的价值可以被定义为持有该股票而给投资者所带来的未来股利。更精确地讲，普通股的价值等于该股票未来期望股利的现值。股票价值的表达公式为：

$$P_0=\sum_{i=1}^{n}\frac{D_i}{(1+K_s)^i}+\frac{P_n}{(1+K_s)^n}\tag{9-11}$$

其中：K_s为普通股资本成本；D_i为第i期支付的股利；P_0为普通股当前市价（或发行价格）；P_n为普通股终值。

上述评价方法考虑了公司在整个寿命期内的期望股利流，对于在特定期内持有该股票但随后出售该股票的投资者而言，仍然可以使用该种方法，由于投资者只能从持有其股票的公司取得股利，所以出售时的股票市场价值就反映了未来股利的现值。因此，在确定恰当的销售价格时，股票不再持有之后的预计股利流对投资者来说应当是极其有价值的。

由于股票没有到期日，则当n→∞时，$\frac{P_n}{(1+K_s)^n}$→0，所以，股票现值的计算公式为：

$$P_0=\sum_{i=1}^{n}\frac{D_i}{(1+K_s)^i} \tag{9-12}$$

（1）单一阶段增长模型（Gordon增长模型）

现假设普通股长期持有，且普通股股利以某一固定比率g增加，则$D_i=D_1(1+g)^{i-1}$。

根据等数列求和公式，可获得：

$$P_0=\frac{D_1}{K_s-g} \tag{9-13}$$

则发行普通股的资金成本为：

$$K_s=\frac{D_1}{P_0}+g \tag{9-14}$$

如果考虑普通股筹资费用率，则普通股的资金成本为：

$$K_s=\frac{D_1}{P_0(1-f)}+g \tag{9-15}$$

其中：$D_1=D_0(1+g)$，D_1为预定第一年股利额，D_0为当前期的股利额；f为普通股筹资费率；g为普通股的固定增长率。

【例9-4】假设A公司目前的股价为40元，最近一年的股利为1.5元，固定股利增长率为5%。那么估计的资本成本为：

$D_1=D_0(1+g)=1.5\times(1+0.05)=1.575$（元）

$K_s=\frac{D_1}{P_0}+g=\frac{1.575}{40}+0.05=0.0394+0.05=0.0894=8.94\%$

在该例中，假设股利增长率固定。

使用单一阶段增长模型会面临两个棘手问题：一是需要获得一个准确永续的股利，因为事实上股利不能永远以一个稳定的比率增长；二是单一阶段增长模型不允许增长率超过权益资本成本。由等式$P_0=\frac{D_1}{K_s-g}$可见，如果$g>K_s$，则$P_0<0$。而对于一些快速增长的公司，增长率可能超过权益资本成本。因此，构建一个考虑增长率随时间变化和超过权益资本成本的模型能提供权益资本成本的更好估计量。

（2）二阶段增长模型

为了提供权益资本成本的更好估计量，可以使用一个多阶段股利折现模型。所有的多阶段股利折现模型都考虑了除最后阶段外增长率超过权益资本成本的情形。二阶段增长模型可表达为：

$$P_0=\sum_{i=1}^{n}\frac{D_0(1+g_1)^i}{(1+K_s)^i}+\frac{\frac{D_n(1+g_2)}{K_s-g_2}}{(1+K_s)^n} \tag{9-16}$$

其中：P_0为普通股当前市价（或发行价格）；K_s为权益资本成本；D_0为第0年的股利额；D_n为第n年的预期股利；g_1为第1年到第n年的预期股利增长率；g_2为从第n+1年起的预期股利增长率。

式中，第一个加项代表前n年的预期股利现值，第二个加项代表从n年以后的所有年份的预期股利现值。为了使资本成本估计结果有用，后期的增长率应该是无限期持续的。无限期持续增长率的一个例子是经济预期长期增长率。

【例9-5】假设B公司目前的股价为50元，第0年的股利为2元，第1年到第5年的增长率为8%，从第6年以后的增长率为5%。那么估计的资本成本应该为多少？

根据二阶段增长模型有：

$$50=\sum_{i=1}^{5}\frac{2\times(1+0.08)^{i}}{(1+K_s)^{i}}+\frac{\dfrac{2\times(1+0.08)^{5}\times(1+0.05)}{K_s-0.05}}{(1+K_s)^{5}}$$

应用内插法，可以求得：

K_s=9.78%

（3）三阶段增长模型

三阶段增长模型为：

$$P_0=\sum_{i=1}^{n_1}\frac{D_0(1+g_1)^{i}}{(1+K_s)^{i}}+\sum_{i=n_1+1}^{n_2}\frac{D_{n_1}(1+g_2)^{i-n_1}}{(1+K_s)^{i}}+\frac{\dfrac{D_{n_2}(1+g_3)}{K_s-g_3}}{(1+K_s)^{n_2}} \tag{9-17}$$

其中：P_0为普通股当前市价（或发行价格）；K_s为权益资本成本；D_0为第0年的股利额；D_{n_1}为第n_1年的预期股利；D_{n_2}为第n_2年的预期股利；g_1为第1年到第n_1年的预期股利增长率；g_2为从第（n_1+1）年到第n_2年的预期股利增长率；g_3为从第（n_2+1）年起的预期股利增长率。

式中，第一个加项代表前n_1年的预期股利现值，第二个加项代表从第（n_1+1）年到第n_2年的预期股利现值，第三项是第n_2年后的所有年份的预期股利现值。

【例9-6】假设B公司目前的股价为50元，第0年的股利为2元，第1年到第5年的增长率为8%，从第6年到第10年的增长率为6.5%，第11年之后的增长率为5%。那么估计的资本成本应该为多少？

根据三阶段增长模型有：

$$50=\sum_{i=1}^{5}\frac{2(1+0.08)^{i}}{(1+K_s)^{i}}+\sum_{i=6}^{10}\frac{2\times(1+0.08)\times(1+0.065)^{i-5}}{(1+K_s)^{i}}+\frac{\dfrac{2\times(1+0.08)\times(1+0.065)^{5}\times(1+0.05)}{K_s-0.05}}{(1+K_s)^{10}}$$

应用内插法，可以求得：

K_s=10.03%

当然还可以采用附加的增长阶段，如四、五阶段股利折现模型等，这些模型的原理与二、三阶段折现模型基本类似，但实践中，通常使用一、二、三阶段股利折现模型。

在实务中，确定股利的未来增长率g常常是一个棘手的问题。解决这一问题的方法之一就是使用过去时期股利增长率的平均数，再考虑未来前景的好或坏，依据某些新信息加以调整。股利增长模型本身没有解释权益资本的成本与风险究竟有什么联系。

2）剩余收益价值模型

剩余收益价值模型由Ohlson和Gebhardt等提出。具体地说，隐含的权益资本成本R是股票当前价格，等于股票内在价值的内部报酬率，即权益资本成本，R可用下式决定：

$$P_t=B_t+\sum_{i=1}^{\infty}\frac{E_t(ROE_{t+i}-R)B_{t+i-1}}{(1+R)^{i}} \tag{9-18}$$

其中：P_t为时间t的股票价格；B_t为时间t的权益账面价值；R为事前权益资本成本；

ROE_{t+i}为第t+i期的权益收益率；$E_t(\cdot)$为基于时间t可获得信息的预期。

由于上式要求所有未来期间的盈余预测，实际计算过程中必须确定有限的预测期，因此预测期以外的现金流量，以一个终值来反映。因此，上式可以转换成：

$$P_t = B_t + \sum_{i=1}^{T}\frac{(FROE_{t+i} - R)B_{t+i-1}}{(1+R)^i} + \frac{(FROE_{t+T} - R)B_{t+T-1}}{(1+R)^T R} \quad (9-19)$$

其中，FROE为预测的权益收益。

同时，假设在预期中权益盈余，股利满足“干净盈余”（clean surplus），即：

$$B_{t+i}=B_{t+i-1}+FROE_{t+i}B_{t+i-1}(1-pout_{t+i}) \quad (9-20)$$

其中：$pout_{t+i}$为预测的股利支付率，通常使用前5年的股利支付率均值（中位数）度量。一旦$FROE_{t+i}$和B_{t+i}系列被确定，对于给定的t值，R可以从等式中求解获得。

3）资本资产定价模型

从公司视角看，期望收益率就是权益资本成本（资本成本是使用经济资源的机会成本）。资本资产定价模型说明投资风险和投资收益之间的数学关系。如果采用资本资产定价模型，权益资本成本如图9-1所示。

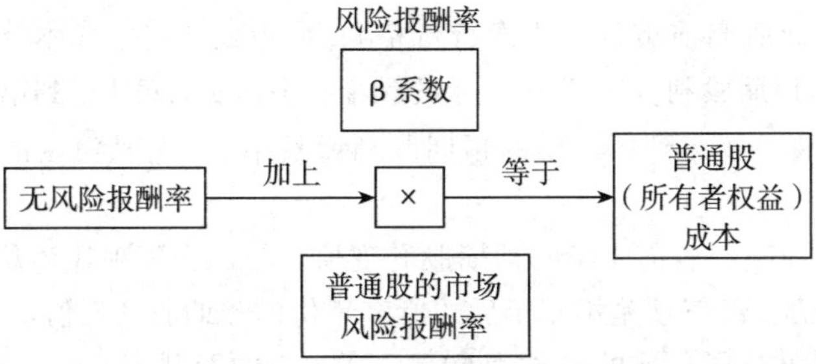

图9-1 利用资本资产定价模型计算普通股成本

由前文可知，风险与投资者的要求报酬率之间存在一定关系。风险和收益相联系的观点是与投资者都愿意回避风险的假设相关的。项目的风险水平越高，那么所要求的报酬率就越高，项目投资者就会寻求额外的报酬来补偿与特定投资项目有关的风险，这种额外的报酬被称为风险报酬率。因此，特定投资项目的总的要求报酬率由无风险报酬率和风险报酬率组成。图9-2描述了风险程度和报酬率之间的关系。

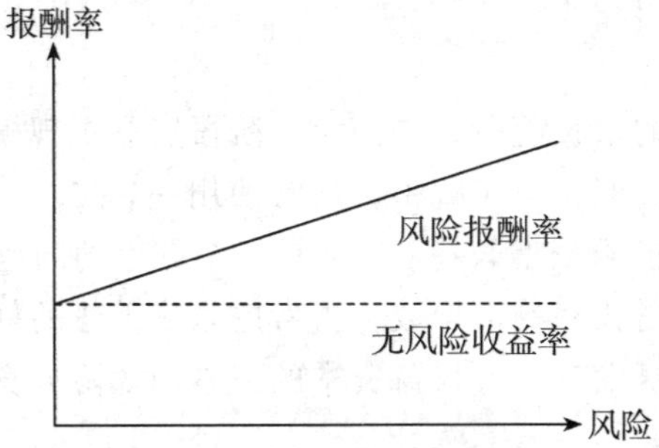

图9-2 风险和报酬率之间的关系

上述思想同样适用于普通股投资，所以普通股投资者所要求的报酬率（也就是公司普通股的成本）也被认为是由无风险报酬率加上风险报酬率组成的。通常把政府债券的报酬率作为无风险报酬率的近似值，这个比较容易得到，较为困难的是如何计算特定股票的风险报酬率。资本资产定价模型通过以下三个步骤来解决这个问题：①衡量普通股市场的整体风险报酬率。整体风险报酬率是普通股市场报酬率和投资于无风险项目的报酬率之间的差额。②衡量个别股票报酬率与普通股市场整体报酬率之间的相关性。③把这一报酬率的相关指标应用于普通股整体风险报酬率，从而得出个别股票的风险报酬率。

至此，普通股资本成本的计算公式为：

$$K_s=R_f+\beta\times(R_m-R_f) \tag{9-21}$$

其中：K_s为权益资本成本；R_f为无风险利率；R_m为市场收益率；(R_m-R_f)为市场风险溢价；β为公司贝塔系数。

【例9-7】某公司的β系数为1.25，股票市场的平均收益率为10%，无风险利率为5%，则该公司的权益资本成本是多少？

运用资本资产定价模型得：

$$K_s=R_f+\beta(R_m-R_f)=5\%+1.25\times(10\%-5\%)\times100\%=11.25\%$$

资产的系统风险用β度量。资产β代表资产收益移向整个市场的程度。公司的股票β定义为：

$$\beta=\frac{Cov(R_i,R_m)}{Var(R_m)}=\frac{\sigma_{i,m}}{\sigma_m^2} \tag{9-22}$$

这表明β是股票收益率与市场收益率协方差除以市场收益率的方差。在资本资产定价模型中，β实际上预期将来值。也就是说，在一定情况人们能理想地预测股票β。但是，由于在市场中，这个预期的β是不可观察的，β通常使用历史数据进行估计。获得β的一个典型方法是进行如下的回归分析：

$$R_s-R_f=\alpha_s+\beta\times(R_m-R_f)+\varepsilon_s \tag{9-23}$$

其中：R_s为组合或股票的收益；R_f为无风险资产的预期收益；α_s为回归常数项；R_m为市场收益；ε_s为随机误差项。

通常使用最近5年的月数据进行回归。在美国通常使用标准普尔500的收益作为整个股票市场收益的代理。在中国通常使用“上证”指数或“深证”指数作为整个股票市场收益的代理。

4）债券收益率加风险溢价法

一般情况下，任何报酬都可以被看做基础利率和所承受风险的溢价之和。不同的公司投资风险和相应的风险溢价不同，一个公司的不同证券之间的投资风险和风险溢价也不相同。债券是较安全的投资，而股票的风险就高很多了。它们之间的关系在公司间是相对稳定的，债券风险和股票风险的增量在高风险和低风险公司之间是几乎相同的，这个风险增量往往要求一种额外的风险溢价，为3%～5%。因此，要估计一个股票的报酬，可以在公司债券的市场报酬率基础上加3%～5%。

该种方法计算权益资本成本为：

$$K_s=K_b+RB_c \tag{9-24}$$

其中：K_b为债务成本；RB_c为股东比债权人承担更大风险所要求的风险溢价。

有些分析人员不相信资本资产定价模型，他们采用一种较为主观的方法估计公司普通股的资本成本。债务成本比较容易计算。如果是上市债券，可以在公开的证券信息资料中了解它的收益率；如果是非上市债券，则可以向从事投资银行业务的机构咨询了解它的收益率。问题的难点在于确定风险溢价RB_c。风险溢价可以凭借经验估计。一般认为，某公司普通股风险溢价对其自己发行的债券来讲，在3%~5%，当市场利率达到历史性高点时，风险溢价通常较低，在3%左右；当市场利率处于历史性低点时，风险溢价通常较高，在5%左右；而通常情况下，常常采用4%的平均风险溢价。这样，权益资本成本则为：

$$K_s=K_b+4\% \tag{9-25}$$

9.4.3 留存收益的资本成本

采用留存收益进行融资存在一定的好处。由公司对所获得的利润进行再投资是一种较发行新普通股更为有用的资金筹集方式。留存收益是公司内部运营所产生的，所以经常认为留存收益对公司来说是免费的。然而所有留存收益归股东所有，无论他们是把留存收益作为股利还是保留，在某种程度上，管理者保留留存收益就相当于他们将股东的资金在公司内部进行了再投资。因此，那些报酬就相当于股东将得到的股利再投资于新股而应得的报酬。因此，公司使用留存收益是以失去投资于外部的报酬为代价的，它要求与普通股获得等价的报酬。用留存收益的资本成本的确定方法与普通股相似，所不同的只是留存收益无需发行成本，因而其资金成本略低于普通股资金成本。在此不对留存收益资本成本的计算方法进行赘述。

对于资本成本的计算，需要注意以下问题。

第一，负债资本的利息具有抵税作用，而权益资本的股利不具有抵税作用。所以，一般权益资本的成本要比负债的资本成本高，且一般是计算税后资本成本。

第二，从投资者的角度来看，投资者投资债券要比投资股票的风险小，所以要求的收益率比较低，筹资人弥补债券投资人风险的成本也相应较小。

第三，对于借款和债券，因为借款的利息率通常低于债券的利息率，而且借款的筹资费用（手续费）也比债券的筹资费用（发行费）低，所以借款的筹资成本要小于债券的筹资成本。

第四，对于权益资本，优先股的股利固定不变，所以优先股风险相对于普通股的风险要小，优先股股东要求的收益率比普通股股东要求的收益率低，即筹资者的筹资成本低；留存收益没有筹资费用，所以留存收益的筹资成本要比普通股的成本低。

成本从低到高排序依次为银行借款、债券、优先股、留存收益、新发行的普通股。

9.5 加权平均资本成本

9.5.1 加权平均资本成本的概念和确定

由于受多种因素的制约，企业不可能只使用单一的筹资方式，往往需要通过多种方式筹集所需资本。为进行筹资决策，就要确定企业全部长期资本的总成本——加权平均资本成本（weighted average cost of capital）。加权平均资本成本一般是以个别资本成本占全部资本的比重为权数来对个别资本成本进行加权平均确定的，其计算公式为：

$$K_w = \sum_{j=1}^{n} K_j W_j \tag{9-26}$$

其中：K_w为加权平均资本成本；K_j为第j种个别资本成本；W_j为第j种个别资本的权重。

对于权重W_j的确定有三种方法可以选择。第一，按照账面价值确定。以账面价值为基础计算权重，所需数据可以直接从资产负债表中获得，资料容易取得；但当资本的账面价值与市场价值差别较大时，如股票、债券的市场价格发生较大变动时，计算结果会与实际有较大差距，从而贻误筹资决策。第二，按照市场价值确定。这是以股票、债券的现行市场价格为基础确定权重，采用这一基础的好处在于能够有效反映公司当前的实际资本成本的水平，有利于正确做出决策；但是股票、债券的市场价格经常处于变动中，难以选用，可使用某一时期的平均市场价格来确定。第三，按照目标价值确定。这是以债券、股票未来预计的目标市场价值为基础确定权重，这种权重能体现期望的资本结构，而不像账面价值和市场价值那样只反映过去和现在的资本结构，所以这一方法确定的加权平均资本成本更适用于公司追加资本时的筹资决策。然而，企业很难客观合理地确定证券的目标价值，又使这种计算方法不易推广。

【例9-8】某公司拟筹集长期资本（账面价值）2 000万元，其中长期借款500万元，长期债券500万元，普通股1 000万元，它们的个别资本成本依次为5%、6%和9%。那么，该筹资方案的平均加权资本成本为：

$$WACC=\frac{500}{2\,000}\times5\%+\frac{500}{2\,000}\times6\%+\frac{1\,000}{2\,000}\times9\%=7.25\%$$

9.5.2　影响加权平均资本成本的因素

许多因素影响公司的加权平均资本成本，一些因素是公司可以控制的，而另一些因素则是超出公司的控制范围的。

1）公司可以控制的因素

在公司财务活动中，其资本结构政策、股利政策和投资政策直接影响着资本成本。

（1）资本结构政策。在前面计算加权平均资本成本时，都假定公司的目标资本结构已经确定，在此基础上来确定权重。但在实际中，公司可以改变其资本结构，并且这种改变会影响资本成本。如上所述，债务的资本成本要低于权益资本成本，如果公司决定用更多的债务和更少的权益，这会使加权平均资本成本计算公式中的权重发生变化，进而降低加权平均资本成本。但债务的增加也会增加债务资本和权益资本的风险，从而抵消一部分权重变化的影响。

（2）股利政策。前面介绍公司可以动用留存收益和发行新股来增加权益资本，但由于发行成本的存在，发行新股比留存收益的成本要更高，所以公司只有在将其留存收益都用做投资的情况下才去发行新股。因为留存收益就是未作为股利支付出去的收益，所以公司的股利政策是通过留存收益水平影响资本成本的。

（3）投资政策。在估计资本成本时，以公司发行在外的股票和债券的要求收益率为起点，这些成本率反映了公司现有资产的风险。假设新资本会投资于与现有资产相同类型的资产，从而也具有相同的风险。这一假设在通常情况下是成立的，因为大多数公司会投资于与当前资产相类似的资产。但如果公司突然改变其投资政策，则公司的特征与风险则大不同于原有资产的特征与风险，进而会影响公司的资本成本。

2）公司不可控制的因素

（1）利率水平。一定时期的利率水平与公司的资本成本有密切的关系。例如，当利率上升时，公司为获得债务资本不得不向债权人支付更多的收益，因此债务资本成本增加。同时在资本资产定价模型中，较高的利率也会增加普通股和优先股的资本成本。

（2）税率水平。虽然公司可以采取措施获得税收优惠，但税率通常是超出公司的控制范围的，而且税率对资本成本有重要影响。在计算债务资本成本时，税率以不太明显的方式影响着资本成本。例如，资本利得税税率的降低可以增加股票的吸引力，从而降低权益资本成本，从而也会降低加权平均资本成本。

3）加权平均资本成本的局限性

加权平均资本成本没有考虑投资决策中的风险，实际上，不同的投资机会可能会有不同程度的风险，所以在估计每项资本成本时应对资本成本进行调整。风险程度高，则投资者就会要求更高的报酬率来补偿风险，这表明只有当人们预期新的投资项目与现有项目具有相同程度风险或拟投资项目规模很小从而不会对公司的总体风险产生重大影响时，加权平均资本成本才是合适的。而且加权平均资本成本假设公司的资本结构在整个项目生命期里保持稳定，但如果情况不是这样，那么该方法的有效性就大打折扣了。

9.6 发行成本和加权平均资本成本

在前文中我们已经探讨了公司通过发行股票或债券进行筹资所发生的筹集费用，这部分费用又被称为发行成本。但对于发行成本和加权平均资本成本的关系，有必要进一步探讨。

有人建议将公司的加权平均资本成本上调以反映发行成本。但这不是最优的办法，因为项目投资的必要报酬率取决于投资风险，而不是资金来源。当然这不是说我们应该忽略发行成本。这些成本是与我们进行项目投资决策相关联的现金流量，因此我们有必要讨论如何将它们引入项目投资分析中。

9.6.1 基本方法

我们的讨论可以从一个案例开始。假设ABC公司是一家全权益公司，没有负债，权益资本成本为20%。由于公司全部资产都为权益，其加权平均资本成本和权益资本成本相同。ABC公司正考虑对其现在的业务进行大规模扩张，拟投资1亿元，所需资金通过发行股票来筹集。通过与投资银行谈判，ABC公司预计其发行成本将会占发行股票总额的10%。这就意味着ABC公司从股票发行中所得的总额仅为股票售出总额的90%。假如考虑了发行成本，那么扩张的成本会是多少呢？ABC公司需要在扣除股票发行成本后还能筹资1亿元。换句话说：

发行成本=1÷（1−10%）=1.1111（亿元） （9−27）

根据以上资料可知，ABC公司的发行成本是1 111万元。在包含了股票的发行成本后，扩张的实际成本就是1.1111亿元。

假如公司同时进行债务和权益筹资，那么情形就会更复杂些。比如假定ABC公司的目标资本结构是60%的权益及40%的债务。与权益筹资相关的发行成本仍是10%，但与债务筹资相关的发行成本较少——假设是5%。之前当我们的权益资本成本和债务资本成本不同时，我们使用目标资本结构权数计算了加权平均资本成本。在这我们将采用同样的方法。我们可以用股票的发行成本F_s乘以股票占筹资总额的比重（S/V），再用债券的发行成本F_b乘以债券占筹资总额的比重（B/V），将它们相加就可计算出加权平均发行成本F_w。

$$F_w=F_s\times(S/V)+F_b\times(B/V) \tag{9-28}$$
$$=10\%\times60\%+5\%\times40\%$$
$$=8\%$$

加权平均发行成本就是8%。这就意味着为新项目对外筹资1元，必须实际发行1.087元数额的股票或债券：

实际发行额=1÷（1−8%）=1.087（元）

在ABC公司这个例子中，当我们忽略发行成本时，项目需筹资1亿元。而假如我们考虑发行成本的影响，那么项目的实际支出就为：

实际支出=1÷（1−F_w）=1÷（1−8%）=1.087（亿元）

如果要考虑发行成本问题，公司必须注意不要用错权数。公司应该运用的是目标权数，即使公司可以仅依靠债务或是权益筹集项目的全部资金。公司可以仅使用债务或权益为某特定项目筹集全部资金与我们求解发行成本并非直接相关。例如，如果某家公司的目标负债权益比是100%，但是决定仅依靠债务为某特定项目筹资，那么它在以后还是得发行额外的权益以保持其目标资本结构。将这一因素考虑在内，公司在计算发行成本时就应该运用目标权数。

9.6.2　发行成本和净现值

为说明如何在净现值分析中引入发行成本，我们假设CBA造纸公司目前的负债权益比为100%。公司考虑再建造一家新的500 000元的造纸厂，新工厂预计将在未来每年带来73 150元的税后现金流量，税率为34%。现在有以下2种筹资方案，求新造纸厂项目的净现值：①发行总额为500 000元的普通股，新股发行成本占筹资总额的10%，公司新增权益的必要报酬率为20%；②发行总额为500 000元的债券，新增债务的发行成本占筹资总额的2%，新债利率为10%。

首先，由于造纸是公司的主要业务，我们可以使用公司的加权平均资本成本对新造纸厂进行估值：

$$WACC=K_s\times(S/V)+K_b\times(B/V)\times(1-T) \tag{9-29}$$
$$=20\%\times50\%+10\%\times50\%\times(1-34\%)$$
$$=13.3\%$$

由于未来每年现金流量始终为73 150元，则以13.3%的折现率折现后的现值为：

PV=73 150÷13.3%=550 000（元）

假如我们不考虑发行成本，那么净现值就是：

NPV=550 000−500 000=50 000（元）

在忽略发行成本的情况下，项目的净现值大于0，因此该项目是可以被接受的。

假如考虑发行成本呢？由于进行了新的筹资，此时发行成本是相关成本。在两个方案中，债券发行成本为2%，普通股的发行成本为10%。由于CBA造纸公司的债务和权益比率是100%，因此，计算加权平均发行成本得到：

$$F_w=F_s\times(S/V)+F_b\times(B/V)$$

$$=10\%\times50\%+2\%\times50\%$$

$$=6\%$$

需要特别注意的是：CBA造纸公司是否仅依靠债券或权益筹集全部资金与讨论的问题无关。由于CBA造纸公司建造新工厂所需资金为500 000元，因此，当我们考虑其发行成本时，实际支出就是：

实际支出=500 000÷（1−F_w）=500 000÷（1−6%）=531 915（元）

由于未来现金流量的折现值为550 000元，因此，该新建造纸厂项目的净现值就为：

NPV=550 000−531 915=18 085（元）

该项目仍然是个不错的项目，但是其净现值比我们之前计算的要低。

9.6.3 内部权益和发行成本

我们在之前关于发行成本的讨论隐含了公司总是需要为新的投资项目对外融资。事实上，大多数公司都几乎不发行股票。相反，公司内部积累的现金流就能够满足所需资金中的权益部分，只有债务部分需要通过对外筹集资金。

内部权益资金的运用不会改变我们现行的方法，但是因为现在已经不存在权益发行成本，因此我们要将该值设定为0。在CBA造纸公司的例子中，加权平均发行成本是：

$$F_w=F_s\times(S/V)+F_b\times(B/V)$$

$$=0\times50\%+2\%\times50\%$$

$$=1\%$$

可以注意到权益资金是通过外部筹集还是内部筹集会对结果产生重要的影响，因为外部筹资的发行成本相对更高。

基本训练

第9章基本训练

第10章 资本结构

学习目标

- 掌握与资本结构相关的概念，了解资本结构与企业价值之间的关系以及资本结构选择的决定因素；
- 掌握现代公司资本结构理论基本内容，了解资本结构理论的发展轨迹；
- 了解公司资本结构理论在国内外的实证检验情况；
- 掌握资本结构决策方法，了解公司如何作资本结构决策；
- 了解中国公司融资制度背景，以及与西方国家和其他新兴市场国家的差别；
- 了解中国公司资本结构的现状，以及与西方国家和其他新兴市场国家的差别。

引子

恒大引入1 300亿元战略投资促资本结构优化

2017年11月6日，中国恒大发布公告称，其附属公司凯隆置业及恒大地产与第三轮投资者订立增资协议，引入第三轮投资600亿元。随着中国恒大完成三轮共计1 300亿元战略投资的引入，公司净负债率大幅下降，未来三年利润承诺增至1 650亿元，远超市场预期。

据中国恒大公告透露，第三轮投资者向中国恒大地产增资600亿元资本金，占恒大地产扩大股权约14.11%权益。在三轮增资完成后，投资者合计向恒大地产投入1 300亿元资本金，共将获得恒大地产股权约36.54%权益，公司大股东凯隆置业持有恒大地产约63.46%权益。

此次引进的6家战略投资者都是实力雄厚的投资机构或行业龙头企业。其中，既有苏宁、正威等世界五百强企业，也有山东高速、嘉寓等知名企业。山东高速此前投资30亿元，此次追加200亿元；嘉寓此前投资20亿元，此次追加50亿元。

据中国恒大数据显示，在引入600亿元战略投资后，公司净负债率较年中大幅下降近四成。今年以来，在引入1 300亿元战略投资及一系列降负债措施推动下，中国恒大净负债率较去年年末大降超六成。

值得注意的是，中国恒大附属公司在引入第三轮战略投资中提高了利润承诺，2018年至2020年净利润分别为500亿元、550亿元、600亿元，三年合计1 650亿元，远超其去年公布的2017年至2019年三年888亿元的承诺利润，利润承诺提升近一倍。

据中国恒大数据显示，截至2016年年底中国恒大已售未结算收入为1 924亿元，2017年前十个月中国恒大已实现销售额4 223亿元，全年销售额突破5 000亿元几无悬念。若以公司中报14.5%的净利润率估算，已经锁定1 000亿元左右的净利润，占到承诺利润1 650亿元的约六成。

德意志银行、花旗银行、野村证券、摩根士丹利等国内外大型机构纷纷发布研究报告，认为中国恒大引入战略投资的力度超出预期，将大大提升公司的盈利能力，并大幅降低负债率。基于中国恒大强劲的发展预期，多家机构均认为，中国恒大能够完成未来三年1 650亿元的利润新承诺，给予恒大买入评级，并上调目标价。

资料来源　武新. 恒大引入1 300亿战投促资本结构优化 [N]. 北京晨报，2017-11-08.

10.1 关键术语

10.1.1 资本结构

资本结构是由企业采用各种筹资方式筹集资金而形成的，各种筹资方式不同的组合类型决定着企业的资本结构及其变化。从不同的角度理解，资本有不同的含义。按第一种角度理解，资本是指全部资金来源；而按第二种角度理解，资本是指长期资金来源。

资本结构是指资本的组成及其相互关系，企业的资本主要来源于负债和权益，而企业的负债有非流动负债和流动负债之分。学术界对于资本结构的定义主要有两种观点。一种观点认为资本结构是企业全部资金来源的构成及其比例关系，即广义资本结构。例如，根据Schwatrz的看法，“企业资本结构这个词应包括所有负债和权益请求权之和，即通常列在资产负债表负债一方的所有项目之和”。另一种观点认为资本结构是企业取得长期资金的组合及其比例关系，即狭义资本结构。例如，Megginson认为：“相对于负债率、杠杆率和其他衡量一个公司总负债情况的术语，资本结构通常严格地用于支持公司运作的‘永久性’或‘长期’资本。”总的来说，资本结构问题是负债资金的比例问题，即负债在企业全部资金中所占的比重。

10.1.2 公司融资

融资（financing），即资金融通，它的本义是指资金由供给者手中向需求者手中转移的过程。广义的融资不仅包括资金的融入，还包括资金的融出，是一种资金双向的互动过程，但狭义的融资主要是指资金的融入，即资金的来源。而公司融资，可以界定为在市场经济条件下，公司为了其经营目的，以不同的方式进行的资金借贷和筹集活动，它是公司进行其他经营和管理活动的基础。不同的公司具有不同的经营战略，即使是同一家公司，在不同的发展阶段，其具体目的也存在差异，由此表现为公司融资的动机的不一致性，总的来说，公司融资的目的主要有这么几种：一是满足日常生产经营的需要；二是满足调整资本结构的需要；三是满足公司扩张和兼并的需要。除此之外，新建公司的发起筹资及募集筹集也是公司融资的目的。

10.1.3　融资结构

融资结构（financial structure），是指公司在取得资金来源时，通过不同渠道筹措的资金的有机搭配以及各种资金所占的比例。公司资金来源的划分方式不同，融资结构也表现出不同的特征。如上所述，资金可以按其来源渠道划分为内源融资与外源融资，其中内源融资又可划分为折旧融资和保留盈余融资，外源融资又可分为股权融资与负债融资，这种分类方法形成了公司融资的来源渠道结构。按取得的资金在公司存续时间长短来划分，可将公司融资划分为长期融资与短期融资，这种分类方法形成了公司融资的期限结构。按公司是否直接融入资金划分，公司融资又可划分为直接融资和间接融资，而直接融资和间接融资所利用的多种融资工具又各不相同，就种分类方法形成了公司融资的关系结构。融资结构是公司融资行为的反映，是一个动态的过程，公司不同的融资行为必然会导致不同的结果，从而形成不同的融资结构。也有的研究者在进行分析时，并未将融资结构与资本结构严格区别。

10.1.4　债务融资与股权融资

债务融资和股权融资是公司获取资金的不同融资方式（financial method）。债务融资是指公司通过银行和非银行的金融机构借款、发行债券、商业信用和租赁等方式融资，其特点是债权人对公司的经营状况不负责任，可依借款协议按期获得本金和相应的利息，但是无权参与公司的经营活动和决策。股权融资是公司采取发行股票的方式进行筹资，其特点是股权所有者（即股东）享有公司的管理权，有权对公司的决策和经营活动进行一定程度的参与，股东的回报并非固定的，要根据公司的经营情况而定，公司一旦破产，则股东承担有限责任。上市公司可以通过发行股票的方式向社会吸收资金，也可以通过发行债券或者向银行借款等方式融通资金。前者为公司的股权融资，而后者为公司的债务融资，相应地形成了公司的股权资本和债务资本。

10.1.5　代理成本

代理成本这一概念是企业理论中企业契约理论的基石。Jensen和Meckling将代理成本的总和定义如下：①委托人的监督支出；②代理人的保证支出；③剩余损失（residual loss）。[①]代理成本包括在利益冲突的各代理人之间建立、监督和组合一系列契约关系的成本以及契约实施的成本超过收益而造成的产值损失。

---

① JENSEN.Agency cost of free cash flow，corporate finance，and takeovers［J］. American Economic Review，2006，76：323.

10.1.6 自由现金流量

自由现金流量，这一概念由Jensen首次提出。他把“自由现金流量”定义为“企业现金满足以资本成本进行折现后净现值（NPV）大于零的所有项目所需资金后的那部分资金”，即企业投资所有净现值大于零之后剩余的现金流量。Jensen提出这一概念，主要是为了说明当公司拥有大量自由现金流量时出现的管理层与股东间的冲突及其所带来的代理成本问题。

10.1.7 融资优序理论

公司在为新项目筹集资金时，首先动用其现金余额或有价证券组合。然而，如果需要外部融资公司首先发行最安全证券，那么它们首先使用负债，然后可能是诸如可转换证券等混合性证券，最后求助于权益。在这个理论中，缺乏被清楚定义的目标负债-权益比例，因为存在两种权益，内部的和外部的，一个在啄食次序的顶部，另一个在底部。每一个公司所观察到的负债比率反映了它对外部资金积累的需求，即资本结构是企业在为新项目筹资的愿望驱使下形成的，先通过内部资金，然后再通过低风险负债，最后不得已才求助于权益。Myers和Majluf把这种情形描述为“融资优序理论”。

10.2 资本结构理论发展轨迹

自从Modiglian和Miller的无关性命题以来，资本结构理论模型主要集中于放松严格假设和调查资本结构相关性问题，试图从税收、破产成本、代理成本、信息不对称、公司控制权市场和市场时机等方面进行研究。总的来说，解释公司资本结构的理论有静态权衡理论、代理成本理论、信号传递理论、融资优序理论（见10.1.4）、公司控制权市场理论、市场时机理论、产品-要素市场理论等。静态权衡理论说明了在税收和破产成本存在的情况下，公司具有一个最优资本结构。代理成本理论说明了各种利益冲突产生的代理成本如何影响资本结构选择。基于信息模型说明在内部人和外部人对公司信息了解存在差异的情况下，公司如何选择资本结构。公司控制权市场理论是考察公司控制权市场与资本结构之间的关系的。市场时机理论是从市场效率的角度出发解释了一些现实融资现象。“产品-要素市场理论”说明负债如何影响竞争者的战略关系以及与利益相关者的相互关系。

10.2.1 静态权衡理论

在一个试图解释企业间负债比率的可观察变化中，学者们已开发了最优资本结构权衡理论。正如Kim所指出的，尽管没有形成一个全体一致意见，但在文献中普遍流行的大致一致的论点是最优资本结构涉及负债税收优势对与财务困境相关的各种成本的权衡。静态权衡理论假设企业设置一个目标负债-权益比率，且逐渐移向这一目标。通过对诸如税收、破产成本等市场不完善成本最小化而使企业价值最大。企业被描述为利息税盾价值与财务困境或破产等各种成本间的权衡的纽带。企业应该用负债替换权益，或权益替换负债，直到企业价值最大。这个理论的早期模型是对负债的税收优势和破产成本的劣势进行权衡。之后改进的模型考虑了个人所得税和非债务税盾（non-debt shield）[①]。

总之，综合税收和破产相关成本对资本结构的影响，可以得出结论：负债数量未达到某点时，负债税收优势起支配作用；超过该点，破产成本的效应显著增强，抵消部分税收利益；在减税的边际利益完全被负债的边际成本所抵消时，企业资本结构最优，企业价值最大；超过这个最优点，破产成本超过税收利益从而减少企业价值。对静态权衡理论的描述如图10-1所示。

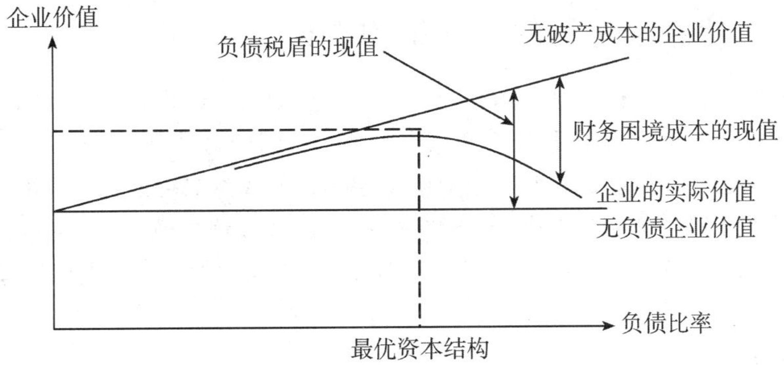

图10-1　资本结构静态权衡理论

10.2.2　代理成本理论

自从Jensen和Meckling的开创性论文以来，学界形成了许多用资本结构代理理论来解释资本结构变化的文献。这些文献的一个重要结论是：负债契约结构和与负债相关的破产威胁，制约了管理层的自由，减少了外部权益的代理成本。

与代理问题相关的利益冲突主要有三大类。Jensen和Meckling对基于代理成本的资本结构模型进行开创性研究。他们识别了两类冲突：第一类是股东和管理者间的冲突，第二类是股东和债权人间的冲突。Titman、Maksimovic和Titman识别出第三类冲突，即股东和外部利益相关者之间的冲突。此外，有相当多的学者吸收和发展了代理成本理论。

Harris和Raviv对基于管理者-股东冲突的代理模型进行比较，见表10-1。

表10-1　**管理者-股东冲突的代理模型比较**

模型	冲突	负债利益	负债成本
Jensen和Meckling（1976）	管理者额外津贴	增加管理者权益	资产替代
Jensen（1986）	过度投资	减少自由现金流量	没有详细说明
Harris和Raviv（1990）	不能清算	允许投资者清算的选择权	调查成本
Stulz（1991）	过度投资	减少自由现金流量	投资不足

资料来源　HARRIS，RAVIV.The theory of capital structure［J］. The Journal of Finance，1991（1）：303.

相关的文献已识别了股东和债权人之间的三种潜在冲突：直接的财富转移、资产替代效应和投资不足。Smith和Warner指出，股利的增加或发行更高优先权的负债是直接财富转移冲突的典型例子。Jensen和Meckling指出，资产替代效应是负债融资的一个代理成

① 非负债税盾是指会计制度上的折旧，是投资税贷项和亏损递延等税收方面的抵减利益。

本。Myers识别了由于投资不足和破产所引起的另一代理问题。

与代理问题相关的另一类冲突是财务利益相关者（股东和债权人）与非财务利益相关者的冲突。Titman指出，企业股东和债权人同企业有关的各类人员（客户、工人和供应商等）之间也是一种代理关系，当企业进行清偿时，企业原有客户将失去原有服务合同，却得不到任何补偿。同样，工人将失去原有工作，没有任何讨价还价的余地。Maksimovic和Titman认为生产对顾客更低清算成本的产品的企业也遭受类似的冲突。要求具有生产高质量产品声誉的企业将具有较少的负债。

10.2.3 基于信息不对称的资本结构理论

在公司理财中，不对称信息是指企业内部人（典型的是经理人员）比市场参与者对企业资产质量和投资机会拥有的更多信息。资本结构文献的这个分支考虑了企业融资选择：①向资本市场传递私人信息；②允许企业降低逆向选择成本的可能性。总的来说，基于信息不对称的资本结构可分为两大类：一是固定投资的杠杆信号模型，如Ross模型、Leland和Pyle模型；二是信号和新投资模型，如Myers和Majluf的“融资优序”理论（pecking order theory）。

1）Ross模型

在投资固定的情况下，资本结构作为私人内部信息的信号由Ross首创。Ross使用一个信号模型解释了负债的使用。Ross认为，在投资固定的情况下，负债-权益比例可充当内部人了解企业收益分布情况的信号。在Ross模型中，管理者知道企业收益的真实分布，但投资者不知道。企业收益分布遵从一阶随机优势。如果企业证券受市场过高估价，经理受益，如果企业破产，经理将受到惩罚。投资者把负债水平作为质量高低的一个信号。由于对任何负债水平，低质量企业具有高的边际预期破产成本，因此低质量企业的经理无法通过发行更多的负债来模仿高质量企业。Williamson描述了Ross模型，假设具有不同前景的两家企业，管理者知道这些前景，但投资者没有觉察到。在这些情况中，使用负债可传递不同前景的信号。具体地说，前景好的企业比前景差的企业能发行更多的负债。这个信号均衡发生，因为前景差的企业发行负债将导致更高的破产可能性，而破产被假定对管理层是有成本的。

这一模型的主要经验结果是企业价值（或盈利能力）与负债-权益比率正相关。

2）Leland和Pyle模型

另外一个信号模型是Leland和Pyle模型。在Leland和Pyle模型中，内部人持股比例提供了企业质量的信号。这个研究利用管理层的风险厌恶心理来获得决定资本结构的信号均衡。其基本思想是企业杠杆的增加使管理者保留更大比例的权益。在一定条件下，高质量企业的经理通过保留高比例权益来传递其类型，因此高质量企业的经理会比低质量企业的经理使用更高的负债水平融资。用负债融资使管理者保留更大的权益，但更大的权益份额由于风险厌恶而减少了管理者福利，即更大权益利益对风险厌恶经理来说是有成本的。但对高质量企业的经理来说，这种福利下降相对较少这一事实驱使了信号激励相容，即在均衡中高质量企业的经理能通过拥有更多负债来传递这一事实。

3）信号和新投资模型（Myers和Majluf模型）

Myers和Majluf集中讨论企业如何为新投资融资的问题。当经理和投资者间存在不对称信息时，企业筹集外部资本为新项目提供资金面临着逆向选择问题。资本结构的设计使企业能降低逆向选择成本，低价值投资机会企业能模仿高价值投资机会企业，导致低价值企业证券被高估，高价值企业证券被低估。这就是Myers和Majluf发展的融资优序假设的资本结构首创研究的基础支持。在Myers和Majulf的模型中，当权益被高估时，具有优先信息的且按老股东利益行事的经理将发行权益。如果需要为正的净现值投资融资的权益被市场充分地低估，经理将放弃这些项目。考虑投资不足问题，为新资本发行时，资本结构受偏好等级的驱使，Myers将这种融资方式称为"融资优序"理论，即资本结构是企业在为新项目筹资的愿望驱使下形成的，先通过内部资金，然后再通过低风险负债，最后不得已才求助于权益。

"融资优序"理论的经验含义是：①发行股票的消息一经宣布，企业现有股份的市场价值将会下降，而通过内部资金或无风险负债融资不传递任何有关企业类型的信息，从而不会导致股价的任何反应；②新项目主要倾向于用内部资源或低风险负债融资；③权益发行倾向于聚集在信息披露后，股价下降将与信息释放和宣布发行之间的时间负相关；④有形资产对于企业价值而言较低的企业更易受信息不对称的影响，这些企业比不严重信息不对称的类似企业更经常产生投资不足问题。在其他情况相同的条件下，这些企业随着时间推移将被预料累积更多的负债。

10.2.4 公司控制权市场理论

随着1980年接管活动的日益重要，财务文献开始关注公司控制权市场和资本结构之间的关系，这些文献利用了普通股具有投票权而负债没有这一事实。资本交易不仅会引起剩余收益的分配，而且还会引起剩余控制权的分配。Harris和Raviv、Stulz、Israel对这一领域做出了贡献。在Harris和Raviv、Stulz的模型中资本结构通过对投票权分配的影响进而影响接管竞争的结果。在Israel模型中，资本结构影响投票（权益）和无投票（负债）请求权之间现金流量的分配。

1）Harris和Raviv模型

Harris和Raviv集中于在位经理通过改变自己拥有的权益比例来操纵接管企图的方法及成功可能性的能力。由于在位经理和竞争对手经营企业的能力不同，企业价值取决于接管竞争的结果。经理的股权份额决定了三种可能结果中的一种：①竞争对手接管；②在位经理仍然保留控制权；③结果取决于消极投资者的投票权，且导致更好候选人的选举。最优的股权份额取决于在位经理从其股份中的资本利得与源于控制权的任何个人利益的损失之间的权衡。由于经理的股份由企业资本结构间接决定，这个权衡导致一种资本结构理论。

Harris和Raviv的模型表明，如果成功的要约收购的情况是最优的，那么公司没有负债。同时它还表明，一般地，代理权争夺需要一些负债，而保证要约收购不成功则需要更多的负债。于是，平均而言，接管标的将增加其负债水平，不成功要约收购的标的将比成功要约收购或代理权争夺的标的发行更多的负债。在公司经历了代理权争夺的例子中，人们预料将观察到在位者仍然保持控制地位的公司杠杆较低。

2）Stulz模型

Stulz也集中于股东通过改变在位经理的股权份额影响接管企图本质的能力。特别是随着在位经理股份的增加，要约收购提供的溢价也增加，但接管的概率和股东实际得到的溢价减少。Stulz讨论了在任经理的股权份额如何受资本结构（和其他变量）的影响。

与Harris和Raviv的模型一样，在任经理持股比例能通过增加企业的杠杆而增大。Stulz得出结论，接管标的具有使外部投资者股份价值最优的负债水平。敌意接管标的比不是接管标的企业具有更多的负债。由于成为接管标的是好消息，人们可以预料，用负债换取权益，与之相伴的是股票价格上升。此外，接管概率与标的公司的负债/权益比率负相关，而接管溢价与这一比率正相关。

3）Israel模型

Israel也采用类似方法。他的模型与Stulz模型一样，如果接管发生，负债的增加将使标的企业的股东收益增加，但会降低接管发生的概率。不过，在Israel的模型中，负债增加使标的企业股东收益增加的原因和Stulz不一样。Israel观察到债权人掌握了按契约规定的固定的接管收益份额，标的企业及收购企业的股东之间能够讨价还价的只有事先未承诺给债权人的那部分收益。负债越多，留给标的企业及收购企业的股东分割的收益就越少，收购企业的股东获得的收益也就越少。而且，标的企业的股东还可以在发行债券时获取应归标的企业债权人所有的收益。这样，他们就获得了所有不归收购企业股东的收益。由于负债减少了收购企业股东所获得的收益，一旦接管发生，标的企业股东的收益随负债水平的增加而增加。最优负债水平则取决于这一效应同因收购企业股东所获收益份额的减少而导致的兼并可能性的减少之间的平衡。

4）Aghion和Bolton模型

对公司控制权理论进行研究的另一个代表是Aghion和Bolton，他们认为负债筹资与股票筹资不仅在收益索取权上不同，而且在控制权安排上也不相同。从本质上讲，公司筹资方式的选择在很大程度上影响着公司控制权的变化。他们证明，在契约及信息不完全的情况下，资本结构的选择就是控制权在不同证券持有者之间分配的选择；最优的负债比率应该是在该负债水平导致公司破产时将控制权从股东转移给债权人是最优的。他们的分析说明了债券筹资契约的一个主要问题，即控制权的转移，而控制权转移又可导出资本结构的再调整，也就是说，控制权转移对公司资本结构具有整合效应。Aghion和Bolton的模型表明，在一方财务受到约束时，在某种状态下将控制权转移给另一方是最佳的。在模型中，未清偿负债合约造成了控制权的转移，而且这种转移依赖于一种可证实的状态，即公司控制权是状态依存的。

10.2.5 市场时机理论

近年来，一些学者开始关注市场效率对公司资本结构和融资决策的影响，提出了资本结构市场时机理论。在有效和整合的资本市场中，如果市场有效，证券的定价总是准确的，因此选择时机的决策无关紧要。相反，在无效或分割的资本市场中，如Myers所讨论的，明显地，公司在股票价格高时努力“定时”发行股票，倘若它们寻求外部融资，那么他们更可能在股价上升而不是在股价已下降后去发行股票（而非负债）。市场时机理论的基本思想是经理们盯住负债市场和权益市场的当前情况，在高价格时发行权益，低价格时回购股份；如果具有高国库券利率的相对不利的负债市场条件，那么企业将倾向于减少负债融资的使用。在经济衰退时期，企业可能倾向于使用更多的负债，其目的是利用权益资本对其他形式资本成本的短暂波动。

在实践中，市场时机似乎是公司真实财务政策的一个重要方面。在最近的一个调查中，Graham和Harvey发现2/3的财务总监同意“我们股票被低估或被高估的数目是一个重要或非常重要的因素”。在发行权益中，将近同样多的财务总监同意“如果股价最近上升，我们能以高价出售”。整体而言，在这个调查中，权益市场价格被认为比在发行普通股决策中考虑的10个其他因素中的9个重要，比在发行可转换债券决策中考虑的所有4个其他因素重要。

10.2.6　产品-要素市场理论

20世纪80年代中期以来，财务经济学家和产业组织经济学家各自为政的格局开始被打破，产品要素市场竞争与资本结构互动关系受到财务经济学家与产业组织经济学家的关注。总的来说，产品-要素市场理论可以分为两类。一类是在产品市场竞争时，开发企业资本结构和其战略间的关系，即资本结构和战略理论；另一类是研究企业资本结构和其产品或要素特征间的关系，即资本结构影响客户、供应商、员工等的相互关系，有些学者称之为资本结构和利益相关者理论，也有些学者称之为利益相关者共同投资理论。

1）资本结构和战略理论

资本结构和战略理论试图确定负债水平和战略变量间的关系。这些理论背后的思想是改变股东和经理的激励，通过负债使企业在产品市场中更具有激进（aggressive）行为。这增加了事前预期企业价值。Brander和Lewis在这一领域进行了开创性研究。Brander和Lewis使用Jensen和Meckling的基本思想，杠杆的增加诱使股东追求风险性战略，即所谓的资产替代效应。他们的研究表明，通过增加风险性负债，权益的有限责任使企业出现了一个激进产出态势（有限责任效应），即如果企业增加其负债水平，那么它将做出在产品市场中更激进的竞争承诺，这给企业更多地投资于低边际成本产品的激励。Brander和Lewis指出，公司在作资本结构决策时，需要对负债对产出的战略影响和预期破产成本进行权衡。Brander和Lewis进一步表明，竞争对手也许通过增加产量或降低价格试图驱使高杠杆竞争进入破产，即战略破产效应。在他们的模型中，如果企业增加杠杆，那么行业产量增加，价格下降。Maksimovic、Showalter进一步延伸了有限责任效应。Maksimovic提出了重复博弈的寡头竞争理论，在举债能力是行业和企业特征的基础上导出了比较静态结论[①]，表明举债能力随需求弹性的增加而增加，随折现率的增加而减少。Showalter提出了价格竞争理论，表明如果在产品市场中企业间价格相竞争，那么有限责任效应诱使企业及其竞争对手在杠杆增加后提高价格。

2）资本结构和利益相关者理论

资本结构和利益相关者理论认为公司债务水平受公司非财务利益相关者（如客户、供应商和员工等）的影响。因此，不仅要考虑股东和债权人对公司现金流量的索取权，而且也应该考虑公司非财务利益相关者对公司现金流量的索取权。这一关系可以通过包括客户对特殊产品或服务的需求、维持公司产品可靠质量的愿望以及员工或其他供应商的谈判能力加以解释。

---

① Maksimovic认为，举债能力是在没有毁坏默许共谋可能性的情况下，在这行业中的企业能支持的杠杆最大数量。

在生产耐用品或独特性产品的情况下，公司清算会对客户、供应商和员工强加成本，如客户不能获得产品、零件或相关服务，供应商停止与公司进行业务往来，员工提升的机会大大降低等。这些成本将以给客户更低价格的产品、供应商不愿意或停止与公司进行业务往来以及这些公司的员工避免寻找工作的形式转移给股东。Titman的研究表明，在其他情况相同的条件下，耐用品（如计算机、汽车、洗衣机或电冰箱）生产者的债务将会少于非耐用品（如旅馆和餐馆）的生产者。

Maksimovic和Titman考虑了负债如何影响企业提供高质量产品的激励。他们指出，非唯一生产、非耐用商品的生产商也服从于一个类似的效应。考虑一个能使生产处于任一阶段的高或低质量产品的公司，且假设客户只有在消费产品之后才能区分出质量。即使生产高质量产品成本高，但企业如果能为其成为高质量生产商建立声誉，生产高质量产品也是值得的。然而，如果当企业破产时声誉散失（至少对于股东来说），那么生产高质量的激励被负债削弱。因此，可以预料，在其他情况相同的条件下，容易从高质量向低质量产出转移，但其客户没有购买产品不能区分质量的企业具有较少的负债。

Saring的研究表明如何使用负债来加强股东与要素供应者谈判的讨价还价力量。与从成功讨价还价中获得的净收益相比，债权人要承担不成比例的谈判失败责任，即债权人承担着谈判失败的大部分费用，却只能从谈判成功中获得一小部分利润。债权人在一定程度上给股东提供了与供应者谈判失败的保险。杠杆的增加提高了这种保险的程度，因此加大了股东在与供应者的谈判中的威力，因此负债能增加公司价值。Saring认为高负债公司的技能性员工比低负债公司的同类员工能谈判出更好的契约条款，因为高负债公司比低负债公司更易受雇员寻求可替代工作的威胁。这样，在不存在其他市场不完善性的情况下，公司价值将随债务的增加而降低。因此，面临高专门性雇员的公司将具有更低的债务以对雇员谈判力或威胁进行保护。Saring预测到，在其他情况相同时，高度联合的企业、雇佣拥有容易转换技能的工人的企业以及具有强有力供应商的企业都将利用伴随高负债融资的讨价还价力量。

Jaggia和Thakor、Hart和Moore考虑了管理者人力资本的重要性，人力资本的不可分散性使经理和股东之间产生目标背离。上市公司的股东在其投资组合中，通常持有多种不同股票，能在一定程度上消除非系统风险。与此形成鲜明对比的是，由于人力资本的不可分散性，公司价值的一次偶然波动足可将其经理“消灭”。因此，投资时股东和经理的激励可能有很大不同。破产对员工的影响可能比对股东的影响要大得多。另外，如果企业所提供产品或服务的专用性越强，人力资本的不可分散性程度就越高，其应拥有相对少的负债。

总之，资本结构和利益相关者理论与资本结构破产理论很相似。当企业破产时，利益相关者会散失其公司特征（firm-specific）的投资。对于利益相关者投资重要的企业，其负债水平较低。

10.3 公司资本结构决策

根据资本结构决策原理，确定企业的最佳资本结构主要有以下几种方式：

10.3.1　比较资本成本法

比较资本成本法是通过计算不同资本结构的加权平均资本成本，并以此为标准，选择其中加权平均资本成本最低的资本结构。它以资本成本的高低作为确定最佳资本结构的唯一标准。在资本结构决策中，采用比较资本成本法确定最佳资本结构，在理论上与股东或企业价值最大化相一致，在实践中则表现为简单和实用。其决策过程包括：①确定各方案的资本结构；②确定各结构的加权资本成本；③进行比较，选择加权资本成本最低的为最佳结构。

陈晓和单鑫（1999）以1997年为研究窗口，应用截面数据，选取1995年9月以前上市的81家公司为研究对象，采用一元线性回归模型研究得出长期财务杠杆（长期债务与资产之比）与加权平均资本成本和权益资本成本之间存在显著的负相关关系，但短期财务杠杆（短期债务与资产之比）对资本成本没有显著影响，进而推理出：目前我国上市公司的资本结构处在“静态均衡理论”最优资本结构的前半段。张连忠（2002）运用案例分析法，通过比较各筹资方案的综合资本成本和市场价值，最终选择综合资本成本最低（同时市场价值也最大）的方案作为企业的最优资本结构。其中，综合资本成本等于税前债务资本成本和权益资本成本的加权资本成本，企业价值等于债券的市场价值与股票的市场价值之和。

10.3.2　EBIT-EPS无差别点分析

EBIT-EPS无差别点分析是一种决定最优筹资方式的方法。这种方法衡量不同的融资方式对每股收益（earnings per share，EPS）的影响，其目的是为了找出使得EPS不变的息税前收益（earnings before interest and tax，EBIT）水平，也就是EBIT无差别点。

在EBIT无差别点处，不论考虑何种融资方式，EPS总是维持不变。一般来说，当EBIT高于EBIT无差别点时，更高的融资杠杆（即采用负债筹资）会产生更多的EPS；当EBIT低于EBIT无差别点时，更低的融资杠杆（即采用权益融资）会产生更多的EPS。

计算EBIT无差别点，也就是使得不同的融资计划无差别的EBIT水平为：

$$\frac{(EBIT^{*}-I_1)\times(1-t)-P_1}{N_1}=\frac{(EBIT^{*}-I_2)\times(1-t)-P_2}{N_2} \tag{10-1}$$

其中：I为税前利息支付；t为公司所得税税率；P为优先股股利；N为该融资计划实行之后发行在外的普通股数；计算得出的$EBIT^{*}$就是使得这两种筹资方式产生相同EPS的EBIT无差别点。

下面简单举例来解释EBIT-EPS分析方法的使用。

【例10-1】润天公司的长期资本全部由普通股组成，有100万股发行在外，价值为400万元。公司没有负债和优先股，所得税税率为25%。现在公司需要筹集300万元资金来扩大生产，有以下三种方式可以选择：①发行普通股（发行75万股，每股4元）；②发行债券（利率15%）；③发行优先股（股利12%）。

假设公司预计EBIT是120万元。在计算EBIT无差别点之前，先计算一下在这一EBIT水平下，三种筹资方式的EPS分别是多少（见表10-2）。

表 10-2 润天公司EPS的计算（EBIT=120万元） 金额单位：元

筹资方式	普通股	债券	优先股
息税前收益（EBIT）	1 200 000	1 200 000	1 200 000
-利息支出	0	450 000	0
税前收益（EBT）	1 200 000	750 000	1 200 000
-所得税税额（25%）	300 000	187 500	300 000
税后收益（EAT）	900 000	562 500	900 000
-优先股股利	0	0	360 000
普通股股东可得收益	900 000	562 500	540 000
在外流通普通股数（股）	1 750 000	1 000 000	1 000 000
每股收益（EPS）	0.514	0.563	0.54

从表10-2的计算结果可以看出，当EBIT为120万元时，三种方式中发行债券带来的EPS是最高的。

如果公司预计EBIT是85万元，同样可以计算三种筹资方式的EPS（见表10-3）。

表 10-3 润天公司EPS的计算（EBIT=85万元） 金额单位：元

筹资方式	普通股	债券	优先股
息税前收益（EBIT）	850 000	850 000	850 000
-利息支出	0	450 000	0
税前收益（EBT）	850 000	400 000	850 000
-所得税税额（25%）	212 500	100 000	212 500
税后收益（EAT）	637 500	300 000	637 500
-优先股股利	0	0	360 000
普通股股东可得收益	637 500	300 000	277 500
在外流通普通股数（股）	1 750 000	1 000 000	1 000 000
每股收益（EPS）	0.364	0.300	0.278

从表10-3的计算结果可以看出，当EBIT为85万元时，三种方式中发行普通股带来的EPS是最高的。

接下来根据表10-2和表10-3的信息做出一个无差异曲线图（图10-2）。横轴代表EBIT，纵轴代表EPS。当EBIT为120万元时，普通股、债券和优先股这三种方式带来的EPS分别是0.514元、0.563元和0.54元；当EBIT为85万元时，普通股、债券和优先股这三种方式带来的EPS分别是0.364元、0.3元和0.278元。两点成一直线，在同一坐标系内，分别画出代表三种筹资方式的直线。

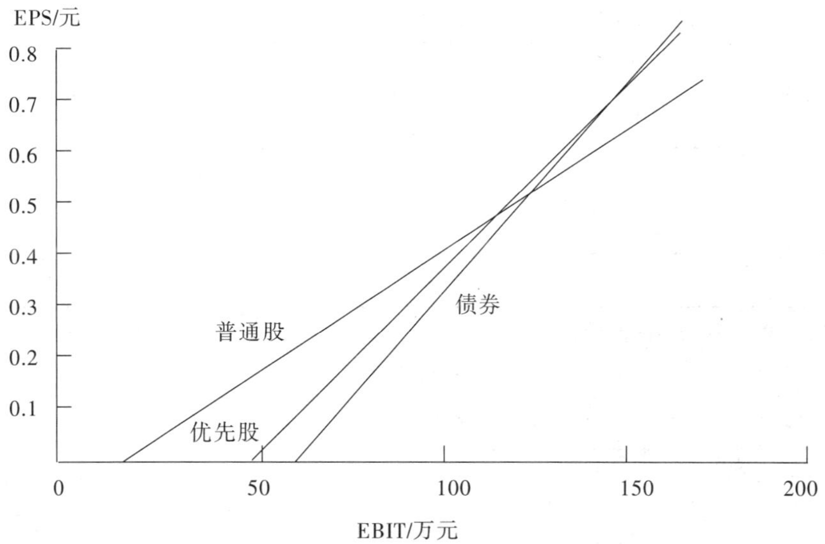

图10-2　三种筹资方式的无差别曲线图

从图10-2可以看出，普通股和债券筹资的无差别点是EBIT为105万元时，普通股和优先股筹资的无差别点是EBIT为112万元时。债券和优先股这两种方式不存在无差别点，同样EBIT水平下，债券筹资方式带来的EPS总是比优先股筹资方式高。当EBIT小于105万元时，普通股筹资方式是最佳的；当EBIT大于105万元时，债券筹资方式是最佳的。

如何通过计算得到EBIT无差别点？

利用式（10-1）得：

$$\frac{(EBIT^{*}-I_1)\times(1-t)-P_1}{N_1}=\frac{(EBIT^{*}-I_2)\times(1-t)-P_2}{N_2}$$

比较普通股和债券这两种筹资方式，代入公式：

$$\frac{(EBIT^{*}-0)\times(1-0.25)-0}{1\ 750\ 000}=\frac{(EBIT^{*}-450\ 000)\times(1-0.25)-0}{1\ 000\ 000}$$

计算得$EBIT^{*}$=105（万元）。

同样，比较普通股和优先股这两种筹资方式，代入公式：

$$\frac{(EBIT^{*}-0)\times(1-0.25)-0}{1\ 750\ 000}=\frac{(EBIT^{*}-0)\times(1-0.25)-360\ 000}{1\ 000\ 000}$$

计算得$EBIT^{*}$=112（万元）。

这两个计算结果也可以通过图10-2得到验证。

10.3.3　EBIT-EPS无差别点分析的中国实例

【例10-2】2016年7月，ABC钢铁股份有限公司（以下简称“ABC公司”）需要为冷轧及带钢表面涂镀层工程项目筹资4.28亿元。ABC公司没有优先股，筹资之前公司的基本财务数据见表10-4。

ABC公司考虑以下两种筹资方式：①中国建设银行冶金专业支行的专项贷款，期限为9年，月利率5.100‰；②增发股票，增发价格为每股3.5元。

分别计算两种筹资方式得到的EPS，见表10-5。

表10-4　　ABC公司2016年部分财务数据（筹资之前）　　金额单位：元

项目	数值
息税前收益（EBIT）	1 999 956 262.16
财务费用	348 685 545.58
所得税税率	25%
总股本	2 266 296 800

资料来源　ABC公司2016年年报。

表10-5　　EPS计算——ABC公司　　金额单位：元

筹资方式	银行贷款	增发
息税前收益（EBIT）	1 999 956 262.16	1 999 956 262.16
-利息支出	361 950 469.62*	348 685 545.58
税前收益（EBT）	1 638 005 792.54	1 651 270 716.58
-所得税税额（25%）	409 501 448.14	412 817 679.15
税后收益（EAT）	1 228 504 344.40	1 238 453 037.43
-优先股股利	0.00	0.00
普通股股东可得收益	1 228 504 344.40	1 238 453 037.43
在外流通普通股数（股）	2 266 296 800	2 388 582 514**
每股收益（EPS）	0.54	0.52

注：*银行贷款半年利息费用=428 000 000×［（1+5‰）^{6}-1］=13 264 924.04（元），所以有348 685 545.58+13 264 924.04=361 950 469.62（元）。

**增发股数=428 000 000÷3.5=122 285 714，所以有2 266 296 800 + 122 285 714=2 388 582 514（股）。

由于银行贷款方式带来的每股收益大于增发方式，ABC公司应该采用银行贷款方式融资。实际上，ABC公司也是采用了借贷方式来融资。

再换个角度来看问题。要使得这两种筹资方式对于每股收益是无差别的，ABC公司的EBIT必须是多少？

把数据代入式（10-1）得：

$$\frac{(EBIT^{*}-I_1)\times(1-t)-P_1}{N_1}=\frac{(EBIT^{*}-I_2)\times(1-t)-P_2}{N_2}$$

有 $$\frac{(EBIT^{*}-361\,950\,469.62)\times(1-25\%)}{2\,266\,296\,800}=\frac{(EBIT^{*}-348\,685\,545.58)\times(1-25\%)}{2\,388\,582\,514}$$

解得，

$EBIT^{*}$=607 786 666.8（万元）

当EBIT大于$EBIT^{*}$时，用负债融资比权益融资能带来更高的EPS（这正是ABC公司的实际情况）；当EBIT小于$EBIT^{*}$时，权益融资就是更好的融资方式。

【例10-3】2016年7月5日，HL公司发布增发A股上市公告，宣布新增上市流通股64 581 612股，发行价格是9.68元/股，发行募集资金总额为625 150 004.16元（不考虑发行费用的扣除）。除了增发筹资，HL公司还可以考虑发行企业债券或者是向银行贷款，年利率是5.05%。

HL公司没有发行过优先股，筹资之前的部分财务数据见表10-6。

表10-6　**HL公司2016年部分财务数据（筹资之前）**　金额单位：元

分项	数值
息税前收益	49 127 869.57
财务费用	7 246 718.23
所得税税率	15%*
总股本	154 275 248

注：*HL公司享受浦东新区内资企业所得税优惠政策。

资料来源　上市公司年报。

我们通过EPS计算来比较一下这两种方式，见表10-7。

表10-7　**EPS计算——HL公司**　金额单位：元

筹资方式	企业债券或者银行贷款	增发
息税前收益（EBIT）	49 127 869.57	49 127 869.57
-利息支出	23 031 755.84*	7 246 718.23
税前收益（EBT）	26 096 113.73	41 881 151.34
-所得税税率（15%）	3 914 417.06	6 282 172.70
税后收益（EAT）	22 181 696.67	35 598 978.64
-优先股股利	0.00	0.00
普通股股东可得收益	22 181 696.67	35 598 978.64
在外流通普通股数（股）	154 275 248	218 856 860**
每股收益（EPS）	0.144	0.163

注：*半年利息=625 150 004.16×5.05%÷2=15 785 037.61（元），有15 785 037.61+7 246 718.23=23 031 755.84（元）。

**增发股数为64 581 612股，有64 581 612+154 275 248=218 856 860（股）。

增发筹资带来的每股收益高于债券筹资，所以HL公司采用增发来筹资是正确的选择。

同样，我们再计算一下HL公司这两类筹资方式的EBIT无差别点。

$$\frac{(EBIT^* - 23\,031\,755.84)\times(1-15\%)-0}{154\,275\,248}=\frac{(EBIT^* - 7\,246\,718.23)\times(1-15\%)-0}{218\,856\,860}$$

解得，

$EBIT^*$=60 739 711.95（元）

HL公司2016年的EBIT小于这个EBIT无差别点，所以权益融资是更好的融资方式；若实际EBIT大于EBIT无差别点水平，则应该采用债务融资。

10.3.4 企业价值分析法

企业价值分析法是通过计算和比较各种资金结构下企业的市场总价值，进而确定最佳资本结构的方法。这种方法的出发点是，从根本上说财务管理的目标在于追求企业价值的最大化。然而，只有在风险不变的情况下，每股收益的增长才会导致股价上升，实际上经常是随着每股收益的增长，风险也加大。如果每股收益的增长不足以弥补风险增加所需的报酬，尽管每股收益增加，股价仍可能下降。所以，最佳资本结构应当是可使企业的总价值最高，而不是每股收益最大的资本结构。同时，企业的总价值最高的资金结构，企业的资金成本也是最低的。企业的市场总价值V应等于其股票的总价值S加上债券的价值B：

$$V=S+B \tag{10-2}$$

为简化起见，假设债券的市场价值等于其面值。股票的市场价值可通过下式计算：

$$S=\frac{(EBIT-I)\times(1-T)}{K_S} \tag{10-3}$$

其中：EBIT为息税前利润；I为年利息额；T为企业所得税税率；K_S为普通股成本。

式中的普通股的成本（率）可采用资本资产定价模型计算：

$$K_C=R_i=R_f+\beta\times(R_m-R_f) \tag{10-4}$$

其中：R_i为第i种股票的预期收益率；R_f为无风险收益率；R_m为平均风险股票的必要收益率；β为第i种股票的贝他系数。

而企业的资金成本则应采用加权平均资金成本（K_w）来表示，其公式为：

$$K_w=K_B\times\frac{B}{V}+K_S\times\frac{S}{V} \tag{10-5}$$

其中：K_B为债务资金成本；$\frac{B}{V}$为债务额占资金总额的比重；K_S为普通股成本；$\frac{S}{V}$为股票额占资金总额的比重。

10.3.5 企业价值分析法的应用

设某公司息税前利润为500万元，资金全部由普通股资本组成，股票账面价值2 000万元，公司适用的所得税税率为25%。该公司认为目前的资本结构不够合理，准备用发行债券购回部分股票的办法予以调整。经咨询调查，目前的债务利率和权益资金的成本情况见表10-8。

根据表10-8，可计算出该公司筹措不同金额的债务时的公司价值和资金成本（见表10-9）。

从表10-9中可以看出，在没有债务的情况下，企业的总价值就是其原有股票的市场价值。当公司用债务资金部分地替换权益资金时，一开始公司总价值上升，加权平均资金成本下降。当债务资金达到600万元时，公司总价值最高，加权平均资金成本最低。当债务资金超过600万元时，公司总价值下降，加权平均资金成本上升。因此，债务资本为600万元时的资本结构是该公司最佳的资本结构。

企业价值分析法充分考虑了公司的财务风险和资本成本等因素的影响，以公司价值最大为标准进行资本结构决策，更符合公司价值最大化的财务管理目标，但测算原理及过程较为复杂，通常适用于资本规模较大的上市公司。

表 10-8　**债务利率和权益资金成本情况表**

债券的市场值B（百万元）	债券利率（%）	股票的贝他系数（β）	无风险收益率（R_f）（%）	平均风险股票的必要收益（R_m）（%）	权益资金成本（K_s）（%）
0	0	1.20	10	14	14.80
2	10	1.25	10	14	15.00
4	10	1.30	10	14	15.20
6	12	1.40	10	14	15.60
8	14	1.55	10	14	16.20
10	16	2.10	10	14	18.40

表 10-9　**不同筹措方式的资金成本表**

债券市场价值（百万元）	股票市场价值（百万元）	公司市场价值（百万元）	债券占市场全部资金的比重（%）	股票占全部资金的比重（%）	债券资金成本（%）	权益资金成本（%）	加权平均资金成本（%）
0	22.64	22.64	0	100	0	14.80	14.80
2	21.44	23.44	10	90	6.70	15.00	14.17
4	20.28	24.28	20	80	6.70	15.20	13.54
6	18.38	24.38	30	70	8.04	15.60	13.33
8	16.04	24.04	40	60	9.38	16.20	13.47
10	12.38	22.38	50	50	10.72	18.40	14.56

基本训练

第10章基本训练

第11章 短期融资管理

学习目标

- 了解营运资本的概念及其特征，掌握经营周期和现金周期的概念及其计算；
- 掌握营运资本管理的投资政策和融资政策；
- 了解短期融资的特点和来源，掌握放弃现金折扣成本的计算及其逻辑；
- 了解现金管理的重要性和现金持有的动机，了解最佳现金持有量模型，以及现金持有量的决定因素；
- 掌握应收账款管理的目标，信用政策的制定以及应收账款的日常控制；
- 掌握存货管理的目标，经济订货批量模型，了解其他存货管理方法（如ABC存货控制方法，适时存货控制系统）。

引子

鞍钢发行行业首单"债券通"短期融资券

2017年8月22日，鞍山钢铁集团有限公司（以下简称鞍钢）面向全球投资者发行10亿元"债券通"短期融资券。这是钢铁行业首单"债券通"短期融资券。

在目前金融市场资金偏紧、钢铁行业仍未完全复苏的情况下，鞍钢本期"债券通"短期融资券最终发行利率为4.86%，全场认购倍数为3.08倍，发行利率低于同期、同类型AAA级企业平均利率30个BP（基点），每年可降低财务费用300万元。作为我国钢铁行业首只"债券通"产品，鞍钢"债券通"短期融资券受到境内外投资者的热烈追捧。

借助"债券通"平台，全球投资者得以进一步了解鞍钢和中国钢铁行业。同时，本期债券的成功发行也标志着中国内地与中国香港债券市场互联互通机制更加成熟，为今后企业拓宽融资渠道、降低融资成本、保障资金来源奠定了良好基础。

据了解，"债券通"是指境内外投资者通过中国香港与中国内地债券市场基础设施机构的互联互通，买卖中国香港与中国内地债券市场交易流通债券的机制安排，于7月2日上线。其中，隶属于“债券通”的“北向通”于7月3日上线试运行。“北向通”境外投资者的投资标的债券为可在银行间债券市场交易流通的所有券种，投资者既可以通过参与银行间债券市场发行认购，也可以通过二级市场进行买卖。这一新政的实施为鞍钢成功发行“债券通”短期融资券提供了契机。

资料来源　尹霁，郑亚伍. 鞍钢发行行业首单“债券通”短期融资券 [N]. 中国冶金报，2017-08-29.

11.1　短期财务计划

财务管理决策通常可以分为长期决策和短期决策。短期财务管理或者说短期财务计划，主要是营运资本管理。对营运资本的管理，包括对现金、有价证券、应收账款和存货的管理，以及为维持这些流动资产而进行的融资活动（尤其是流动负债）的管理。从根本上讲，营运资本管理即管理流动资产和流动负债。

11.1.1　营运资本的概念及其特征

1）营运资本的概念

营运资本是用以维持公司日常经营活动正常进行所需要的资金，是公司经营活动中用在短期资产上的资金。与营运资本相关的概念有总营运资本、净营运资本和净经营性营运资本，它们都与流动资产和流动负债紧密相关。

总营运资本也被称为营运资本，是指公司运营中的流动资产。净营运资本是指流动资产与流动负债的差额，用公式表示为：

净营运资本=流动资产-流动负债　　(11-1)

据此可将基本的资产负债恒等式改写为：

净营运资本+固定资产=长期债务+权益　　(11-2)

进一步整理，得到：

净营运资本=长期债务+权益-固定资产　　(11-3)

从上面几个等式可以看出，公司某一时点的净营运资本数量可以看成是用流动资产偿还流动负债后的余额，也可以看成是公司将长期筹资（包括债务和权益）投资于流动资产的部分。

净经营性营运资本是用经营性流动资产减去经营性流动负债，通常就是现金、应收账款、存货之和减去应付账款、应付职工薪酬和应付税费之和。

当流动资产大于流动负债时，净营运资本为正值。它意味着在未来的12个月内变为可用的现金超过同期必须支付的现金。一家运转健康的企业，其净营运资本通常为正值。营运资本可以用来衡量公司避免发生流动性问题的能力和经营风险的大小。一般而言，营运资本越大，公司违约风险就越小，举债融资能力就越强。因此，很多贷款合同都要求借款公司的营运资本不低于一定标准。

2）营运资本的特征

营运资本的特征之一是它同时影响公司的盈利能力和风险程度。公司可以通过营运资金管理来调整公司的盈利-风险结构。例如一家公司通过增加流动资产或减少流动负债来增加营运资本。一方面，当流动负债不变，增加现金或存货持有量，就会增加净营运资本，公司的流动性就升高，经营风险降低。增加现金持有量能缓解现金的缺乏，增加存货可以避免生产中断和由于存货不足而丧失客户。但是，由于流动性资产的收益率较低，因此，公司增加流动资产可能导致利润率下降。另一方面，当流动资产不变，增加流动负债，会减少公司的净营运资本。此举可能提高公司的利润率，因为：①短期融资利率通常较低；②如果通过短期融资来满足公司季节性的资金需求（如食品店在中秋节前增加月饼的库存），公司可以在过季后立即偿还债务，支付利息的时间很短。如果使用长期融资，则公司将不得不持有大量闲置资金并以较高利率支付利息，从而降低了利润率。与此同时，由于短期融资要求偿付的频率远高于长期融资，因此，使用短期融资会增加公司不能按时偿债的风险和流动性风险。

此外，公司营运资本和销售额之间的关系既密切又直接。例如，如果某公司的销售（赊销）额是每天2 000元，平均收款期是40天，则可以认为它在应收账款（营运资本）上的投资为80 000元。如果销售（赊销）额增加到每天3 000元，则该项投资上升到120 000元。销售额的增加还可能导致公司的存货以及日常现金持有量（二者都是营运资本）相应增加。

营运资本的这些重要特征决定了营运资本管理是公司财务管理活动中一个极其重要的方面。

11.1.2 经营周转期和现金周转期

短期财务主要关注的是公司的短期经营和财务活动。以制造业为例，这样的活动主要包括以下一系列事件和决策：购买原材料、支付购货款、生产产品、销售产品和收取现金（表11-1）。公司的短期经营和财务活动如图11-1所示。

表11-1 **企业短期经营决策**

事件	决策
购买原材料	存货定购量是多少
支付购货款	借款还是使用自有现金
生产产品	采取何种生产技术
销售产品	采取何种信用政策
收取现金	如何管理应收账款

从图11-1可见，公司的短期资产在现金、存货和应收账款几种形式之间转换，但这几种形式都归属于营运资本。这表明用营运资本计量公司的流动资产和流动负债具有连续性，可以不受短期生产、季节性生产以及其他暂时性波动的影响。但由于现金、存货和应收账款的流动性和风险不同，上述短期活动创造的现金流入和流出量既不同步，也不确定。因此，需要深入到上述流程内部进行考察。

1）经营周转期和现金周转期的概念

为了便于理解，我们通过具体案例考察经营周转期和现金周转期的概念。

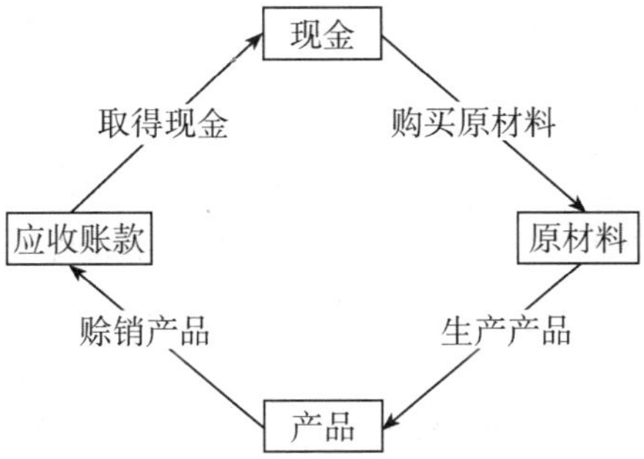

图11-1　公司的短期经营和财务活动

【例11-1】以A公司为例，假设该公司第1天以赊购方式购进了价值10 000元的原材料，并且在第40天付清了原材料款。又过了30天（第70天），A公司的客户以14 000元购买了用这批原材料加工成的存货，但直到60天（第130天）之后才真正地付款。整个过程见表11-2。

表11-2　**A公司短期经营活动对其现金的影响**

天数（天）	活动	对现金的影响（元）
1	赊购原材料	0
40	支付原材料款	-10 000
70	赊销存货	0
130	收回销售收入	+14 000

（1）经营周转期

在这个例子中，整个周期，即从取得原材料开始一直到收回现金为止，共用了130天，它叫经营周转期。经营周转期就是取得原材料、制成产成品、卖掉存货、收回现金所花费的时间。

经营周转期可分为两个相互区别的部分：存货周转期和应收账款回收期。用公式表示为：

$$经营周转期=存货周转期+应收账款回收期 \tag{11-4}$$

存货周转期是从购入原材料到生产出产成品并销售出去所花费的平均时间。例11-1中，存货周转期是70天。更为一般的存货周转期计算公式为：

$$存货周转期=\frac{年平均存货额}{日平均销售成本}=\frac{年平均存货额}{年销售成本/360} \tag{11-5}$$

应收账款回收期是从产生应收账款到收到现金的平均时间。在例11-1中，应收账款回收期是60天。更为一般的应收账款回收期计算公式为：

$$应收账款回收期=\frac{年平均应收账款}{日平均赊销额}=\frac{年平均应收账款}{年赊销额/360} \tag{11-6}$$

（2）现金周转期

在经营周转期中，一个重要特征是现金的流入和流出是不同步的。例11-1中，A公司是以赊购方式购进原材料的，现金流出发生在原材料入库40天以后。这40天的时间称为应付账款滞后期间（payable deferral period），是指从发生应付账款到实际支付现金的平均时间。应付账款滞后期间的一般计算公式为：

$$\text{应付账款滞后期间}=\frac{\text{年平均应付账款}}{\text{日平均赊购额}}=\frac{\text{年平均应付账款}}{\text{年销货成本}/360} \qquad (11-7)$$

A公司的现金流出直到经营周转期期末（也就是第130天）才得到补偿，现金流入比现金流出整整晚了90天。从理论上讲，A公司必须为此安排金额为10 000元（货款）的、期限为90天的短期筹资，这段时间就叫做现金周转期，即从支付现金到收回现金的时间。用公式表示为：

$$\text{现金周转期}=\text{经营周转期}-\text{应付账款滞后期} \qquad (11-8)$$

图11-2可以更为清晰地说明上述概念及其相互联系。

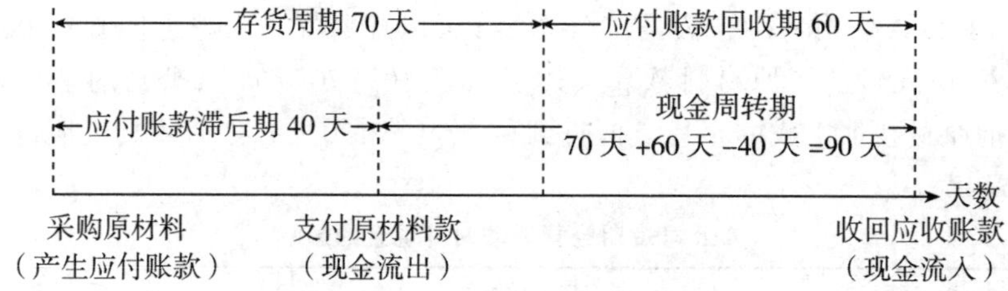

图11-2　经营周期及现金周转期

图11-2中现金流入和现金流出之间的缺口就是短期融资管理的需求，它与经营周期和应付账款滞后期间的长短有关，并且这个缺口可以通过借款或持有高流动性的现金和证券来填补。此外，还可以通过以下途径缩短这个缺口：①加快存货的生产和销售速度以缩短存货周转期；②加快应收账款回收速度以缩短应收账款回收期；③放慢应付账款支付速度以延长应付账款滞后期。

2）经营周转期和现金周转期的计算

在上一节的例子中，组成不同期间的时间长度非常明确，所以经营周转期和现金周转期的计算也比较简单。如果能看到的信息只有财务报表，那么需要做的工作就更多了。这节看一个具体的例子。

【例11-2】表11-3和表11-4为搜集到的财务报表信息。

表11-3　**资产负债表摘要**　单位：万元

项目	期初	期末	平均
存货	9 473 742 712.51	9 024 905 239.41	9 249 323 975.96
应收账款	2 879 212 111.93	2 960 534 651.37	2 919 873 381.65
应付账款	24 794 268 372.47	29 541 466 861.10	27 167 867 616.79

资料来源　G格力（000651）2016年年报（合并报表）。

表11-4　**利润表摘要**　单位：万元

项目	本期数
主营业务收入	108 302 565 293.70
主营业务成本	72 885 641 217.00

资料来源　G格力（000651）2016年年报。

现在，可以通过上述资料计算现金周转期和经营周转期。

（1）计算经营周转期：

由式（11-5）得：

$$存货周转期=\frac{年平均存货额}{年销售成本/360}=\frac{9\ 249\ 323\ 975.96}{72\ 885\ 641\ 217.00 \div 360}=45.68（天）$$

由式（11-6）得：

$$应收账款回收期=\frac{年平均应收账款}{年赊销额/360}=\frac{2\ 919\ 873\ 381.65}{108\ 302\ 565\ 293.70 \div 360}=9.71（天）$$

再由式（11-4）即得：

经营周转期=存货周转期+应收账款回收期=45.68+9.71=55.39（天）

需要指出的是，在上述计算过程中，假设全年销售额全部为赊销额。从实际来看，这样的假设是不合理的。

另外，利用上面的结果还能得到：

$$存货周转率=\frac{360}{存货周转期}=\frac{360}{45.68}=7.88（次）$$

$$应收账款周转率=\frac{360}{应收账款回收期}=\frac{360}{9.71}=37.08（次）$$

（2）计算现金周转期：

由式（11-7）得：

$$应付账款滞后期=\frac{年平均应付账款}{年销货成本/360}=\frac{27\ 167\ 867\ 616.79}{72\ 885\ 641\ 217.00 \div 360}$$

$$=134.19（天）$$

由式（11-8）得：

现金周转期=经营周转期-应付账款滞后期

=55.39-134.19=-78.8（天）

另外，还能得到：

$$应付账款周转率=\frac{360}{应付账款滞后期}=\frac{360}{134.19}=2.68（次）$$

以上结果表明，G格力2016年度的营运资本状况非常好：存货周转率达7.88次，存货周转期为45.68天；应收账款周转率高达37.08次，应收账款回收期仅为9.71天；应付账款周转率为2.68次，应付账款滞后期为134.19天。营运资本运转良好的好处也是明显的：经营周期为55.39天，而现金周转期竟为-78.8天。

G格力2016年度有一个负的现金周期也就意味着它的现金流入在现金流出之前，每一笔销售都有事先得到的现金流提供支持。当然，这些现金流来源于G格力较长的应付账款滞后期，即G格力的上游供货商，这也从一个侧面反映了格力公司目前在空调市场上的龙头地位。

但是大部分公司的现金周转期都是正的，因此它们必须为存货和应付账款筹资。现金周转期越长，所需的筹资就越多。冗长的现金周转期可能说明公司在存货周转或是应收账款收账上遇到了麻烦，这种问题可以被拉长的应付账款滞后期所掩盖。因此，现金周转期和应付账款滞后期二者都必须被监控。

11.2 短期融资

11.2.1 短期融资的特点

短期融资是支持企业流动资产的资金来源，在资产负债表中显示为流动负债，是企业一年或一年以内到期的债务。企业对资金的需求通常是不稳定的，具有一定周期性或波动性。如果企业预测未来的资金需求将上升，或者由于生产经营活动的季节性而出现新的资金需求时，就可以通过短期融资解决。与长期融资相比，短期融资具有如下特点。

第一，短期融资的风险大。短期债务需在短期内偿还，若企业在短期内资金安排不当，就会陷入财务危机。这是因为：①企业经营产生的短期现金流量往往不足以在很短的时期内偿还债务，因此必须承担债权人在贷款期满时不再续贷的风险。如果资金提供者存在财务危机，那么这种风险就更为显著了。②短期融资还存在着利息成本不确定的风险。如果采取长期融资，企业能够确切地知道在资金使用期内企业的利息成本是多少，但采用短期债务进行融资时，企业不得不频繁地再融资，再加上短期利率比长期利率波动性要大，所以再融资的利息成本是不确定的，而这种利息成本的不确定性对企业而言无疑是一种风险。

第二，短期融资的成本较低。首先，从长期来看，尽管在高利率时期短期债务的利率可能会高于长期债务，但是，总体上短期债务的预期成本要低于长期债务的预期成本。其次，短期融资在期限上比长期债务灵活。企业借入长期债务往往意味着在企业不需要资金时仍需支付利息，而短期融资则不存在这个问题。最后，较大的短期融资风险必须被较低的短期融资成本所平衡。企业债务的期限越短，融资成本就越低；企业债务的期限越长，融资成本就越高。

第三，短期融资更具可行性。这主要表现在：①短期融资取得速度要比长期融资快。企业进行长期融资时，不得不接受贷款人苛刻的、彻底的财务检查，并且贷款协议往往规定得很详细。这就意味着取得长期债务一般会花费很长时间，短期融资则不然。因此，如果企业急需资金，应该选择短期融资。②短期融资的贷款协议中较少对企业未来的经营活动有所限制，但是长期融资贷款协议往往有这方面的限制，如规定企业未来的固定资产投资上限，规定企业的盈余分配政策等。

第四，短期债务的来源多。从取得方式上看，短期融资可分为商业信用融资和协议性融资两大类，其中协议性融资根据贷款具体条件的不同还可以进一步分为信用贷款和抵押贷款两种；从内容上看，短期融资包括应计款项、商业信用、短期银行借款等。不同类型的短期融资在流动性、成本和风险等方面也存在较大程度的差异。

11.2.2 短期融资的来源

短期融资来源形式较多，大致可以分为三大类：自发性筹资、短期银行借款和其他来源。其中，以商业信用和短期借款为主。

1）自发性筹资

商业信用来源于一般商业贸易，是指在企业的日常交易活动中由于延期付款或预收账款而形成的借贷关系。商业信用筹资是指企业作为购买者往往在到货一段时间后才付款或者作为销售者在商品发出去之前先收一部分货款。通过这种途径可以给企业带来一部分短期资金。商业信用筹资在企业短期筹资中占据相当大的比重，主要包括应付账款、应付票据和预收账款等。

（1）应付账款

应付账款是指企业购买货物应付而暂时未付款形成的欠账，也可以理解为卖方允许买方延期付款的一种形式。应付账款是短期融资中占比最高的一种形式。很多小公司因为很难从银行获取贷款，在很大程度上依赖于应付账款。因此，小公司应付账款的比例更高。对购货方来说，延期付款等于向卖方借用资金购进商品，可以满足短期资金的需要。利用应付账款筹资时主要应该考虑信用条件和信用成本。

信用条件是指采取赊账方式销售货物的企业所制定的专门的信用条款和政策。信用条件根据有无折扣期限和现金折扣分为三类：①无商业信用，包括交款提货（cash on delivery）和提货前交款（cash before delivery）。采取这两种信用政策时，销货方都没有给予购货方商业信用。②无现金折扣。销货方向购货方提供商业信用，但是规定了付款期限，如规定销售条件是“net30”，即购货方必须在30天内支付货款。③现金折扣。信用条款中包括现金折扣百分数、优惠期限和信用期。信用条款表示形式为“3/20，n/60”，其中3%是现金折扣，20天是优惠期，60天是信用期。具体来讲，就是购货企业如果于售货方开出发票20天内付款，可享受到发票价格3%的优惠折扣；如果超过20天付款则享受不到任何优惠折扣，但60天内必须付款。它是鼓励购货方较早付款的一种方法。

信用成本的确定要视销货方的信用条件而定。如果销货方没有提供现金折扣，在信用期间内使用信用就不会有成本。如果销货方提供现金折扣，企业只在折扣期内使用商业信用也不会产生成本。只有当销货方提供现金折扣、企业放弃这种折扣、在信用期的最后到期日付款时，才会有一个确定的信用成本。

【例11-3】在信用政策“2/10，n/30”下，A公司购进原料10 000元。由于现金折扣的存在，如果A公司决定第10天付款以享受2%的折扣优惠，则免费信用额为9 800元（10 000×（1-2%））。如果A公司决定放弃该现金折扣，在第30天付款，我们可以视之为A公司在第10天借入一笔为期20天的金额为9 800元的贷款，融资成本为200元。并且可由此估算出该项贷款的近似年利率x%，得：

$$200=9\,800 \cdot x\% \cdot \frac{20}{360}$$

$$x\%=\frac{200}{9\,800} \cdot \frac{360}{20} \cdot 100\%=36.73\%$$

因此，存在优惠折扣时，企业放弃优惠折扣获得信贷的融资成本可以用下面的近似计算公式得出：

$$\text{放弃优惠的近似成本（年利率）}=\frac{\text{现金折扣百分比}}{1-\text{现金折扣百分比}}\times\frac{360}{\text{信用期}-\text{折扣期}} \quad (11\text{-}9)$$

应付账款现金折扣的信用条件为“2/10，n/30”，其放弃优惠的成本公式逻辑如图11-3所示。

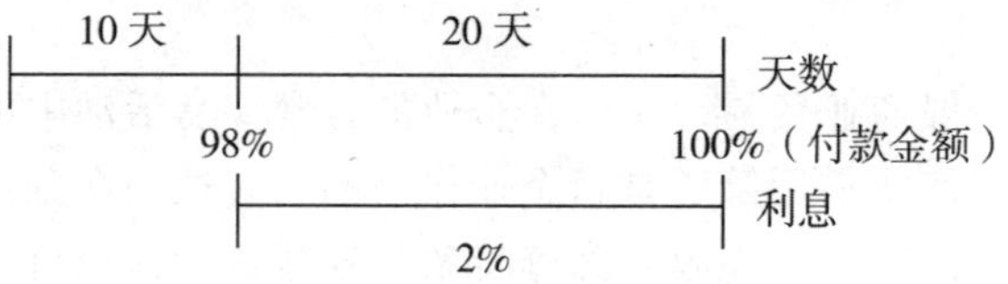

图11-3 隐含优惠利率逻辑

从图11-3可以推出，

$$98\%\times 隐含利率\times\frac{20}{360}=2\%$$

延长信用期可以降低信用成本的结论是明显的。例如，若将上例中的信用条件改为“2/10，n/60”，则放弃现金折扣而在信用期末付款带来的成本率为：

$$x\%=\frac{200}{9\,800}\times\frac{360}{50}\times 100\%=14.70\%$$

如果企业推迟付款，则可以通过负债的额外积累为企业带来额外的短期融资。但是这一收益是有成本的，主要包括销货方对企业推迟付款的惩罚，以及对企业信誉的损害。

最后，需要指出的是，式（11-9）不能用于复利计算，它得到的结果是按年计算的实际单利，或称APR。如果以有效年利率（复利）的形式表示，用应付账款融资的成本将更大。仍以信用政策“2/10，n/30”为例，如果采用复利计息，有效年利率的计算为：

360÷20=18（个“利息期”）

$$每个利息期的利率=\frac{折扣百分比}{1-折扣百分比}\times 100\%=\frac{2\%}{1-2\%}\times 100\%=2.04\%$$

$$有效年利率=(1+2.04\%)^{18}-1=143.84\%-1=43.84\%$$

（2）应付票据

应付票据是指商业汇票，是一些实力雄厚、信用良好的企业对应付债务开出的无担保票据。它是一种无违约风险、高度变现的短期期票。这类融资方式仅仅适用于那些信誉好的大公司。根据承兑人的不同，商业票据可分为商业承兑汇票和银行承兑汇票。商业承兑汇票是由收款人开出、经付款人承兑或由付款人开出并承兑的汇票。银行承兑汇票是由收款人或承兑申请人开出、由银行审查同意承兑的汇票。对于收款人来讲，商业承兑汇票的风险要高于银行承兑汇票。

商业票据的期限在1年以内，一般为90～180天，其长短与票据发行企业的特征和发行方式有关。商业票据的成本包括佣金和利息。佣金是指企业通过经纪人发行商业票据时以年金的形式所承担的发行费用。商业票据的利息是贴现息，是最主要的融资成本。假如一家企业发行票面面值是P、票面利率是r、期限是f（按1年等比例表达）的应付票据，则该票据的年成本可以表示为：

$$APR=\frac{r}{1-rf} \qquad (11-10)$$

【例11-4】某企业发放票面面值为100万元、票面利率为10%、期限为120天的商业票据，则其实际年成本为：

$$APR=\frac{r}{1-rf}=\frac{0.1}{1-0.1\times(120\div 360)}=10.3\%$$

商业票据的利率一般低于同期银行借款利率。企业通过发行商业票据可以筹集到低成本的资金。商业票据利率的高低通常取决于企业的信用强度。企业信用越好，利率相对越低；反之，则利率相对越高。

（3）预收账款

预收账款是企业根据合同或协议的规定，在发出商品之前向买方预收部分或全部货款的信用行为。这可以看做是企业的融资行为，即向买方借入一笔资金，然后用商品偿还。这种融资方式也具有一定的局限性，因为这种情况中的商品往往得是稀缺的或紧俏的，买方愿意预付货款而取得期货，从而使企业筹得资金。

企业采用商业信用进行短期融资前必须权衡商业信用的优点和缺点。商业信用作为短期融资方式的优点主要有：①容易获得。大多数企业的商业信用都表现出一定的连续性，企业没有必要为此做出专门的融资安排。企业偿还旧应付账款时往往会同时进行新的赊销，即会增加新的应付账款。企业的商业信用融资数量就相应地发生波动。②灵活。其他类型的短期融资往往需要同贷款方协商贷款条件，贷款者为了自身安全往往会对企业经营活动实施限制。但是，商业信用筹资的限制条件非常少。企业没有必要为之签署票据、指定抵押品等。商业信用筹资最大的缺点是综合考虑各种因素时，其成本会很高。如果采取延期付款来降低昂贵的成本则可能导致惩罚或者造成信用声誉恶化，或者销售方可能会因此提高以后的售价。

应计项目是指资产负债表上的“应付职工薪酬”“应交税费”等项目。应计项目是随着企业的业务扩张而自动增加的，即它是自发增长的。应计项目是“免费的”，即企业不需要为通过应计项目筹集的资金支付利息。但是，企业缺乏对应计项目的控制力，不可能像对正常债务一样对其加以控制。比如，支付工资的时间和额度有法律和行业习惯规定，公司所得税缴纳时间和数额更是由国家法律直接规定的。因此，在进行短期融资时，公司应优先选择应计项目融资，但同时应考虑其局限性，即由于法律和行业习惯等因素的制约，公司对应计项目融资的额度和期限的控制力较弱。

2）短期银行借款

企业的短期借款筹资通常是向银行贷款取得的，从财务公司取得期限在1年以内的借款也包括在内，但采用这种方式筹集资金的较少。作为短期融资方式之一，短期银行借款的重要性仅次于商业信用筹资。短期银行借款是银行为企业提供的外部资金，属于非自发增长性资金。当企业融资需求增长时，需要银行提供更多资金。如果融资要求得不到满足，企业很可能被迫放弃良好的投资机会。按照周转时间的长短和具体用途，可以将短期银行借款分为生产周转借款、临时借款、结算借款和卖方信贷等几种类型。其中，结算借款是指企业采用托收承付结算方式向异地发出商品，在委托银行收款期间，为满足在途结算资金占用的需要，以托收承付凭证为保证向银行取得的借款；卖方信贷是企业采用赊销方式销售商品时，为解决延期收款或分期收款占用的资金问题而向银行借款。

（1）取得短期银行借款的条件

企业从银行获取短期借款时，通常要接受银行附加的一些信用条件。这些信用条件通常包括以下几种方式：

①补偿性余额（compensation balance）。补偿性余额指银行要求借款人在银行中按贷款限额或者实际借款额的一定比例（一般为10%～20%）保持最低存款余额的信用条件。这一信用条件将增加短期银行借款实际利率，减少企业实际可用资金额度。对银行来讲，则可以降低信贷风险。

②偿还条件（repayment terms）。短期银行借款有到期一次偿还和贷款期内定期等额偿还两种方式。一般来讲，企业倾向于到期一次偿还，因为后一种还款方式实际上缩短了借款使用时间，从而提高了借款实际利率。银行则希望企业在贷款期内定期等额偿还，这样一方面加速了货币回收，加快资金周转，另一方面能减轻企业财务负担，从而降低企业拒付或到期无力偿付的风险。

③信贷限额（line of credit）。信贷限额指银行和企业之间达成的非正式协议，规定银行向借款人提供无担保贷款的最高额。在规定额度内，如果企业经营状况良好就可以随时使用这部分信用贷款；如果企业经营状况恶化或者企业信誉恶化，银行可以停止向企业发放贷款，也就是说，银行不需要对信贷额度承担法律义务。

④周转信贷协定（revolving credit agreement）。这是银行和企业之间达成的正式协议，该协议规定银行具有法律义务向企业提供不超过某一最高限额的短期贷款。在协议期内，无论企业经营状况如何，只要企业的借款总额没有超过协议规定的上限，银行就必须满足企业的借款要求。企业不但要对实际使用的借款支付正常利息，还必须按未使用贷款余额和一定利率向银行支付一笔承诺费（commitment fee）。

⑤财务业绩（financial performance）。为控制贷款风险，保证贷款能够及时得以偿还，银行需要掌握借款企业的财务状况。因此，银行可能会要求企业定期提供财务报表，并保持合理的财务水平。如果企业的财务状况恶化，银行可能会要求企业立即偿还全部贷款本息。

（2）短期银行借款成本

在同一时间，不同贷款人的短期银行借款的成本会有所不同；同一借款人在不同时间，取得短期银行借款的成本也可能发生变化。决定短期银行借款成本的主要是利率。银行一般会视企业不同情况而提供不同的利率，包括最优惠利率、浮动优惠利率和非优惠利率。最优惠利率是银行向信誉最好、最值得信任的客户提供贷款时收取的利率，是短期贷款利率的最低限。其他客户获取相同贷款则需支付高于最优惠利率的利率。浮动优惠利率指随其他短期利率变动而变动的最优惠利率，是随着市场条件的变化而随时调整的优惠利率。非优惠利率指银行向一般企业发放短期贷款时所收取的高于最优惠利率的利率，这种利率通常是在最优惠利率的基础上再加一定的百分比，这个百分比的大小取决于借款企业的信誉、当时信贷市场状况以及企业和银行之间的关系等。

根据银行向企业收取利息的方式不同，可以将短期银行借款的利息分为以下四种。

①单利的实际利率。它是定期利率，是比较其他利率的基础。到期时一并还本付息的短期借款的利息一般按单利计算。贷款利率常以年利率计算，一年或一年以上的单利贷款的名义利率等于实际利率。如果短期贷款名义利率为K，一年需分n次支付利息，则实际利率不等于名义利率。实际利率的计算公式为：

$$实际利率=\left(1+\frac{K}{n}\right)^{n}-1 \tag{11-11}$$

如果贷款的名义利率不变，一年支付利息的次数增加，实际利率将高于名义利率，贷款的实际成本增大。

②贴息贷款的实际利率。银行向企业发放贷款时先从本金中扣除利息部分，借款企业到期只需偿付本金的一类贷款叫贴息贷款。在这种贷款中，企业可利用的贷款额只有本金

减去利息的差额部分，因此其实际利率要高于名义利率。实际利率的计算公式为：

$$实际利率=\frac{r}{1-r} \tag{11-12}$$

其中：r为名义利率。

如果贴息贷款的期限短于一年，则贷款的实际利率将进一步增大，计算公式为：

$$实际利率=\left(1+\frac{r}{1-r}\right)^n-1 \tag{11-13}$$

其中：n为1年内贷款次数或者利息支付次数。

③分期等额偿还贷款的实际利率。当企业获得分期等额偿还贷款时，由于随着时间推移可使用的贷款按等额递减，利息却是按贷款初期的全额计算，因此贷款的实际利率将发生很大变化。计算方式为：

$$实际利率=\frac{2\times I\times 360}{T}\times\frac{M}{n+1} \tag{11-14}$$

其中：I为名义利率；T为每期还款天数；M为贷款面值；n为贷款期内还款次数。

④根据补偿性存款条件贷款的实际利率。前面已经说到当存在补偿性存款时，借款人实际可使用贷款减少，提高了实际贷款利率。计算方式为：

$$实际利率=\frac{I}{M\times(1-B)} \tag{11-15}$$

其中：M为贷款额；B为补偿性存款百分比。

（3）短期银行借款融资的优点和缺点

短期银行借款融资的主要优点是筹资方便，对于企业来说，取得短期银行借款要比长期借款方便得多。在大多数情况下，银行都可以随时为企业提供短期融资。短期银行借款比较灵活，企业可以在资金需求加大时增加借款数额，在资金需求减少时偿还借款。

短期银行借款融资的主要缺点是：①资本成本高，短期借款不仅要承担利息，还要附带一些其他条款，如补偿性存款、贴息等，因而使借款的实际利率升高，加大其资本成本。② 限制较多，银行在向企业提供贷款之前，要对企业的财务状况和经营前景进行周密考察，要求企业将相关财务指标维持在一定范围之内。

11.3　现金及有价证券管理

11.3.1　现金管理的目标

现金和有价证券是企业流动性最强的资产。从经济意义上来说，“现金”这个概念有广义和狭义之分。狭义的现金是指企业的库存现金。广义的现金除了库存现金外，还包括银行存款和其他票证。本节中的现金是指广义的现金概念。

现金对于公司的重要性显而易见，因为公司要利用其流动性满足三种需求，即交易需求、预防需求和投机需求。在公司的日常经营中，持有一定的现金余额对于保证公司日常经营活动的顺利进行并对意外事件有一定的预防能力是非常重要的。但是现金持有量也不是越多越好，因为持有过多的现金会带来巨大的机会成本，包括：①利息成本，以现金状态持有的资金自然无法投入资本市场以获得较高的收益；②管理成本，大量持有现金会增加现金管理的难度，安全性也得不到保障。

面对持有现金的收益和成本，公司现金管理目标有两个：一是保证现金的安全；二是保持一个合理的目标现金余额，提高现金周转效率。

11.3.2 现金管理的有关规定

对于现金管理的第一个目标，一般通过建立和健全现金收支的内部控制制度以及遵守相关条例法规得以实现。鉴于现金在资产中的特殊地位，一般来说，各企业都会制定自己的现金管理条例，通过加强内部控制保证现金安全。这种内控制度主要包括三方面的内容：

（1）明确现金收支职责分工以及建立内部牵制制度

其主要表现在：①现金保管职责与记账职责分离；②现金收支业务审批人、当事人分离，且必须由经办人在有关的原始凭证上签字盖章；③在人员变更时，要履行严格的交接手续。

（2）明确现金支出的批准权限

公司应建立明确的现金支出授权批准制度，划分总经理、部门经理等有关管理人员的批准权限。任何现金支出，必须经有关主管人员批准或授权方可使用。

（3）做好收支凭证的管理及账目核对

例如，建立和完善收据、发票、支票、有关凭证等的保管、领用及登记制度，现金收支日清月结，定期盘点，确保账款相符等。

除此之外，中国人民银行以及财政部对于企业的现金管理和控制也都做出了明文规定，出台了《现金管理暂行条例》《银行结算办法》等条例来约束企业的现金管理行为。

11.3.3 现金收支管理

除了遵守以上的一些基本原则外，要达到企业现金管理的第二个目标，还需要对企业的现金收支进行积极有效的管理，使得现金的利用效率和闲置资金的利息收入同时最大化。一般来说，公司现金余额波动来自日常的经营活动。例如回收货款带来了现金流入，而支付工资、偿还债务、交纳税款、派发股利等则是现金的流出项。在很多情况下，现金的流入和流出并不同时发生；在赊销赊购的情况下，现金与货物的流动也不是同时的。如果公司可以加速收款并在保证公司信誉的情况下尽量延迟付款，那么无疑会提高公司现金管理效率。下面通过几个具体的例子来研究公司的现金收支管理，首先要清楚的一个概念便是“现金浮差”（cash float）。

【例11-5】假设A公司2017年5月8日的银行存款余额约为500 000 000元，其在购买了一些原材料后，用一张5月9日开具的2 000 000元支票向供货方付款，此时企业的账目上立刻显示现金余额为498 000 000元。但是A公司的开户银行要等到供货方将支票存入其开户银行，假设是在5月16日，并且A公司在此银行通知自己进行支付时才知道这张支票的存在。那么在这段时间里，A公司在其开户银行账户上仍然显示了500 000 000元的余额，也就是说，A公司在支票进行清算前还可以利用这2 000 000元的额外资金取得收益，这两个账户上的2 000 000元就称为支付浮差。

企业账目余额498 000 000元+支付浮差2 000 000元=银行账目余额500 000 000元

只需要开张支票便可以享受支付浮差，看起来是很吸引人的，但是世界上没有免费的午餐，同样由支票带来的可用浮差就不那么受欢迎了。假设2017年5月8日A公司又从客户那里收到了一张1 000 000元的支票，并在5月9日把其存入了银行，此时公司和银行的账户上都增加了1 000 000元的现金余额。但是这笔钱要等到A的开户银行把它交给开票的客户的开户银行并从那里收到货款以后才可以使用，这个过程也许还需要2～3个工作日。那么在5月9日乃至随后的几天内银行的账户上都显示可用余额500 000 000元以及可用浮差1 000 000元。

企业账目余额499 000 000元+支付浮差2 000 000元=银行账目余额501 000 000元

可用余额500 000 000元+可用浮差1 000 000元=银行账目余额501 000 000元

从此例我们可以看出公司受益于支付浮差，但因可用浮差而受损。两者之差称为“净浮差”。在这个例子里，公司因为有1 000 000元的净浮差，所以银行的可用余额要比公司账目上的余额多1 000 000元。

较之账面余额，公司的财务管理者应该更关注净浮差和银行存款余额。如果知道有张几天内都不会被要求支付的支票，那么它就可以保持较低的存款余额，这种手段可以称为“浮差游戏”。净浮差的增加会增加银行账户上的可用余额，这就涉及浮差的管理，主要包括现金回收控制和现金支付控制，简单来说就是早收晚支。良好的浮差管理会给企业带来很大的收益，尤其是日常现金流量很大的公司。比如，格力公司这样的企业每天约有100 000 000元的销售收入，如果其收款期提前一天，就会有100 000 000元的闲余资金可以用于投资或支付股利等。

浮差是延迟的产物。图11-4列示出了一些与现金收付相关的延迟。显然，这种延迟对支付者有利而伤害了回收者，所以前者会尽量晚付，而后者则会尽量早收。

1）加速收款

加速收款的方法有：①增加现款销售，减少赊销。如果在经济上可行，尽量采用现金折扣。②建立科学有效的收账政策，避免欠款逾期或出现坏账。③采用安全快速的结算方式，加速客户汇款速度。④收到支票后尽快处理，使之早存入账户，指定专人处理大额收款等。

集中银行法是一种可以加速回收货款的方法，即某一特定区域的客户不再将支票提交到公司总部，而是提交到当地的分支银行，由该分支银行将这些支票存入当地的银行账户，超过当地存款银行最低存款余额的资金则转给该公司总部的中心银行。集中银行法可以从两方面减少浮差：一方面，因为分支银行较公司总部离客户更近，所以递送支票的时间减少。另一方面，因为当地客户的支票大部分是在当地银行所开，那么清算支票的时间也会减少。集中银行法可以将很多小额账户余额集中成一个大的中心账户余额，从而可以将其一次性地投资于付息的资产，这样大大减少了不付息现金余额的数目。

集中银行法通常和“锁箱法”一起结合使用。锁箱法的工作原理如下：公司在若干不同区域内分别租一个邮箱，并通知这个区域内的客户都将其持有的支票投入这个邮箱。那么当地的银行受公司的委托，定时地开启邮箱处理支票，将其存入公司的当地账户。超过当地存款银行最低存款余额的资金则定期地转给该公司总部的中心银行。在此种情况下，公司只需向当地银行付一部分管理日常账户的管理费即可。公司可以根据客户的分布情况、日平均处理的支票数、支票面额、利率以及管理费率的高低来决定租用邮箱的个数。

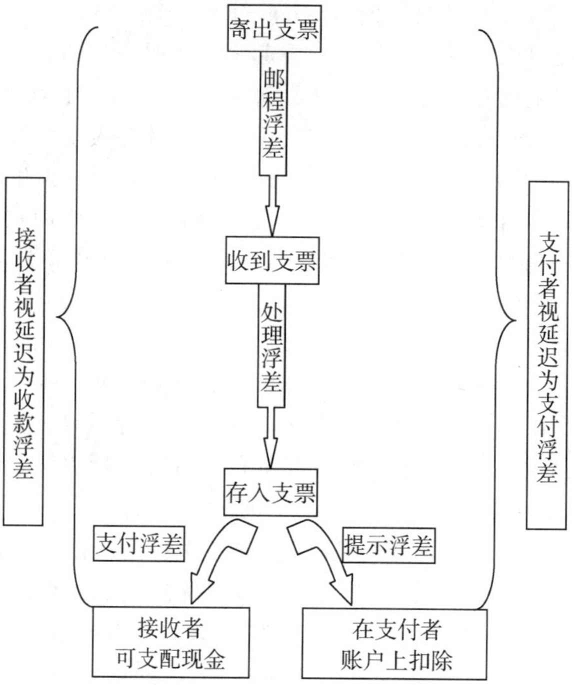

图 11-4　支票处理过程及浮差的产生

此外，电子清算系统和互联网的使用使得企业间可以通过银行进行电子资金划拨，从而加速了资金的流转速度。由于我国目前尚未有配套的电子资金划拨法，所以这个方法目前在我国的广泛应用条件还不成熟。在美国，电子资金划拨主要有两种形式：①电汇，可以通过联邦储备银行电汇服务和西部联合银行电汇，或者通过纽约银行同业清算系统进行，此时资金立即从一个银行划拨到另一个银行。②电子存款转账支票，通过这个协议，这笔资金的电子支票图像要先经过一个自动票据清算所的处理，在一个营业日之后就可以使用。电子存款转账支票与电汇相比，优点是成本低，前者的成本大约只有后者的1/4，但是前者要耽误一天，而后者毫不延误。对于小额汇款来说，电汇的成本也许就太高了。

2）控制支付

减缓现金支付同样可以带来净浮差。一个可能的设想是延长支票的递送时间。比如，格力公司可以把其付给新疆供货商的支票从珠海寄出，而把付给海南供货商的支票从黑龙江寄出。但是，显然这是一个很容易令人识破的不甚高明的伎俩，供货商完全可以要求公司在自己指定的时间接收到支票。那么有没有高明一些的方法呢？答案是肯定的。比如，格力公司可以给新疆的供货商开出一张珠海的某家银行的支票，在这种情况下，虽然支票会按时到供货商手上，但是其要想提示珠海的银行付款也要3～4天的时间，这种延迟，便带来了浮差。

3）最佳现金持有量

企业的现金持有量随着日常的经营状况而波动，在权衡持有现金的成本和收益之后，企业需要明确自身的最佳现金持有量。前面已提到过，持有现金的成本主要有利息成本和管理成本。而当企业通过交易有价证券的方法来保证自己的现金余额在一定范围内时，证券交易的成本就产生了。而最佳的现金持有量无疑是在寻找总成本最低的点。下面介绍一种常用的计算最佳现金持有量的模型——威廉·鲍摩尔模型（William Baumol model）。该模型将机会成本和交易成本结合在一起，以此确定最佳现金持有量。

【例11-6】假设某公司在第0周的现金余额为C=500 000 000元，并且每周的现金流出量比流入量多250 000 000元，该公司的现金余额在第2周周末将降为0。那么在这两周内的平均现金余额为C/2=250 000 000元。所以在第2周周末，该公司就要通过出售有价证券或是借贷来补充现金。图11-5说明了这种情况。

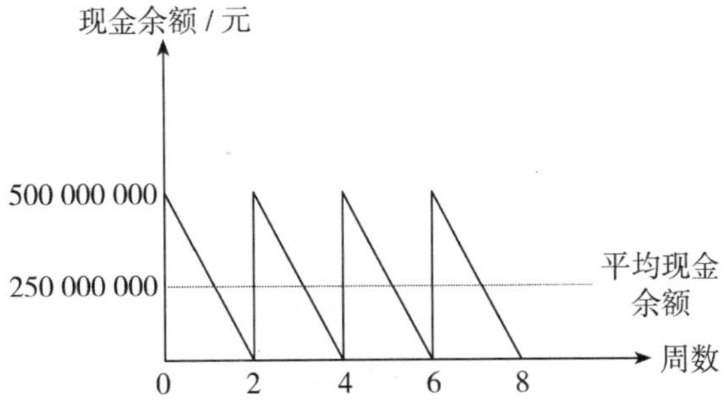

图11-5　平均现金余额

如果初始的现金余额较高，如C=1 000 000 000元，那么公司可以维持4周的正现金余额，因而减少了补充现金交易的频数。由于在补充现金时必然发生交易成本（如出售有价证券时的经纪费用），往往是固定的，所以建立初始现金余额越高，交易成本越低。但是另一方面，平均现金余额的增加会增加持有现金的机会成本——利息成本，所以要求最佳现金持有量必须明确以下3个变量：F为售出证券以补充现金的固定成本；T为在相关的计划周期（如1年）内交易的现金总需要量；K为持有现金的机会成本，即有价证券的利率。知道了这3个变量，便可得出任一特定现金余额政策的总成本，从而找出总成本最低的现金余额政策，即最佳现金持有量。

机会成本=现金余额×利率，即机会成本$=\frac{C}{2}\times K$

交易成本：可设定每次的交易成本固定，那么，

总的交易成本=交易次数×每次的交易成本，即交易成本$=\frac{T}{C}\times F$

总成本=机会成本+交易成本$=\frac{C}{2}\times K+\frac{T}{C}\times F$

由基本的微积分知识可以知道，对其求一阶导数并使导数等于0即可得出使成本最低的C，即最佳现金持有量，即：

$$\frac{dTC}{dC}=\frac{K}{2}-\frac{TF}{C^2}=0$$

计算得：

$$C=\sqrt{\frac{2TF}{K}}$$

设F=150 000元，T=15 000 000 000元，K=0.0225，得出C=447 213 595.5元。

此时机会成本为：

$$\frac{C}{2}\times K=\frac{447\ 213\ 595.5}{2}\times 0.0225=5\ 031\ 152.95\text{（元）}$$

交易成本为：

$$\frac{T}{C}\times F=\frac{15\,000\,000\,000}{447\,213\,595.5}\times 150\,000=5\,031\,152.95\text{（元）}$$

所以：

总成本=5 031 152.95+5 031 152.95=10 062 305.90（元）

威廉·鲍摩尔模型指出，如果利率比较高的话，公司应该持有较小的现金余额，因此就会进行更频繁的、小额的有价证券操作。同时，当公司使用现金的速率加快或者是交易成本增加时，就要增加其现金持有量。

11.4 应收账款管理

公司可能以两种方式销售商品或劳务：①购买者当即付款；②购买者延后一段时间付款，也就是赊销。在第二种情况下，应收账款就产生了。对于大部分企业来说，应收账款占总资产的比例并不小。例如，金龙汽车集团2009年应收账款占总资产的比重为22.1%，占流动资产的比重为28.1%。

赊销是公司向客户提供信用的一种方式，公司对应收账款的投资，不但取决于信用销售额，还取决于平均收账期。例如，如果某公司每天的信用销售额为10 000元，平均收账期为7天，那么它的应收账款就达到了70 000元。

11.4.1 应收账款管理目标

应收账款的投资占用了大量的资金，随之而来的便有以下一些成本：①机会成本，即公司由于持有应收账款而放弃的其他投资机会的收益；②管理成本，即公司从应收账款发生到收回期间，对应收账款进行管理所发生的费用，如调查客户信用状况、收账费用等；③坏账成本，即由于客户无法偿还或拖欠时间过长而使公司发生的损失。

既然应收账款有如此多的成本，那么为什么还要提供信用呢？这主要源于以下两个目的：第一，增强市场竞争力。赊销实际上是向客户提供了一笔无息贷款，故可以吸引客户购买本公司的产品，增加销售额。第二，加速公司资金周转。赊销在增加产品销售的同时，也降低了存货的数量，从而减少了管理存货而引起的仓储费、保险费、管理费等一系列成本，节约了资金，提高了资金利用效率。

11.4.2 信用政策的制定

公司的信用政策主要包括以下三方面：

（1）销售条件，指在公司销售产品或劳务、提供信用时所附带的一些条件，如信用的期限、现金折扣或信用工具的种类等。

（2）信用分析，公司提供信用时，应尽力区分哪些购买者将付款而哪些不会，从而尽可能地保证信用回收的概率。

（3）收账政策，在提供信用以后，公司应制定资金回笼政策来确保按期收回资金。下面就从这三方面来探究公司信用政策的制定。

1）销售条件

销售条件是指提供信用的期限、现金折扣或信用工具的种类等。购买时的信用条件往往是“5/10，n/30”这种形式，这表示该购买者从开具发票日起有30天的付款期限，如果在10天以内付款，就可以享受到销售价格5%的现金折扣。也许会有“n/60”这样的形式，表示在开票日60天内付款，但是提前付款没有现金折扣。

信用期限的设定与公司所处的行业有关。比如，一家大型机器设备厂商开出的信用条件也许是“5/30，n/90”，而从事蔬菜批发业务的商家的信用条件则是“n/7”。一般来说，公司设置信用期限会考虑以下三个因素：

（1）购买者不会付款的概率。购买者若处于高风险行业，公司的信用条件会比较严格。

（2）金额大小。小额交易的信用期限会比较短，因为小额账户的管理费用较高，而且客户的重要性也较低。

（3）商品是否易保存。如果存货的变现价值低，而且不能长时间保存，公司的信用条件也会比较有限。

延长信用期限实际上降低了购买者的买入价格，一般会增加销售额。

现金折扣的好处往往较大，因而可以加速应收账款的回收，而公司在利用现金折扣进行交易的时候，就要考虑折扣成本。

【例11-7】甲公司的正常情况是30天回收货款，但是某客户提出了这样的信用条件：“5/10，n/30”，交易金额为10 000元，即他可以选择在第30天付款10 000元，也可以在第10天付款9 500元（10 000×（1-0.05））。也就是说，如果选择前一种方案甲公司就要提供利率超过0.05%的20天的短期贷款。到底要不要接受这种条件呢？这就要计算一下两种方案的现值，折现率采用短期贷款利率5.58%。

第30天付款：

$$PV=\frac{10\ 000}{1+0.0558\times 30\div 365}=9\ 954.35\text{（元）}$$

第10天付款：

$$PV=\frac{9\ 500}{1+0.0558\times 10\div 365}=9\ 485.50\text{（元）}$$

两相比较，第二种方案得到的现值比较低，所以该公司不会同意客户的要求。

在很多情况下，销售是持续发生的，那么为每笔业务都设定不同的支付时间是很麻烦的事情。一个比较常用的处理办法就是设定所有的销售都在月底（end of month，EOM）进行，那么信用条件就成为类似“5/10，EOM，n/30”的形式，即若客户在从月底起往后计算的10天内完成支付，则可以享受5%的折扣，否则可在从月底起往后计算的30天内完成支付。

也有很多销售是季节性的，如农产品、空调等，在这种情况下，销售商往往会用信用条件促使客户尽早地提走货物并将其付款期限延迟到下一个销售旺季。

信用期限只决定了货款什么时候支付，但是并没有决定合约的性质。与本地的客户作频繁的交易时通常只是有一个默认的销售合约，在交易发生时，在卖方账册上进行记录，签发发票，并收到买方签字的收据。如果交易额很大，公司可以要求客户签发一张借据。使用借据有两个好处：一是其证明了这种债务的存在；二是其持有者可以以其作抵押融资。借据是在发货之后签发的，如果想在发货前得到购买者的付款承诺，常用的方法是使用商业汇票，其原理为，销售方签发商业汇票，要求购买者在特定时期支付特定数额的款项，然后将商业汇票和发货发票一起寄到购买方的开户行，如果销售方要求即期付款，则使用“即期汇票”，否则使用“远期汇票”。根据汇票形式的不同，购买方或者直接支付或者签收汇票确定债务。购买方开户行在购买方签收商业汇票之后出具提货发票，购买方以提货单向销售方提货，同时购买方开户行向销售方汇去现金或是贸易确认单，销售方可以拿到现金或持确认单至到期取出现金或使用其作为抵押贷款。

如果对购买方的信用有质疑，销售方可以要求银行支付货款款项，银行的书面承诺称为“银行承兑汇票”。一般来说，银行的信誉好，所以银行汇票的流动性强，是流动性金融工具之一。银行汇票在国际贸易中得到了非常广泛的使用。

公司也可使用“条件销售合同”作为信用工具。条件销售合同是公司在购买方完全付清款项之前，在法律上享有交易商品的所有权的一种合同。条件销售合同经常采用分期付款的形式，一般计入利息成本。

2）信用分析

一般来说，不允许对不同的顾客采取价格歧视的政策，也不允许以提供相同的价格但是不同信用期限的方式来对待不同的顾客。但是公司可以对不同类型的顾客提供不同的销售方式，如批量折扣，对大宗交易和长期来往的客户提供较优惠的信用。但是从原则上来说，对于信用状况不良的顾客，还是要限制信用购买的额度。

要确定一个客户是否会偿付货款有很多的方式，最简单的便是查阅其以往的偿还记录。当然，也不排除有这样的客户，他们在过去及时偿还了一系列的小额账户而积累了较大的信用额度，使用了该信用额度以后便再无踪影。新的客户没有交易记录可查，在这种情况下企业可以聘请信用机构来对新客户的信用状况进行调查。如果银行有这种服务的话，也可以委托自己的开户银行与顾客的开户银行联系来得到对方的信用状况的一些相关信息。当然，也可以向金融圈子里的其他机构询问对该客户的信用状况的印象。总之，企业应该尽可能地综合各方面的信息来对新客户有一个认识。这个过程看起来繁琐，但是如果该公司是一个公开的上市公司的话，相关信息应该很好获得，因为有专门的评级公司对其进行评价。如果该公司有发行债券的话，可以比较同类公司的债券价格来获取信息。当然，还可以观察其股价的波动状况。虽说价格的大幅下降并不一定意味着公司遇到了麻烦，但是也是对其未来的一个预警。

（1）财务比率分析

前面介绍了很多方法使公司获取客户信用状况的外部信息，当然，公司也可以利用其财务报表上的数据来进行自主分析。使用财务数据以及对未来的财务预测可以进行相当详细的分析，但是相对而言成本也比较高。因而一般来说，财务管理者会关注财务报表上的数据，基本的工具便是一系列的财务比例，如流动性比例、现金比例等。

（2）信用评分系统

如果公司的客户群体较小、交易比较有规律，信用管理者就可以很容易地、不用总是经常地完成调查。但是如果公司的客户非常多，就需要有一些模式化的评分系统。例如，常见的银行的信用卡申请，工作人员会问很多问题，涉及工作、家庭、财产状况等方方面面，然后再根据这些信息打出一个信用评分，依照这个分数决定是否要办理信用卡。对于多数银行和企业的信用管理部门来说，建立一套完整科学的信用评分系统会是非常高效的方法。但是需要注意的是，信用评分系统往往是历史数据回归的结果，它对历史数据拟合得很好并不代表可以很好地适用于未来的情况。所以不要过分地相信信用评分系统，也许会因为过分谨慎而失去可能的大收益。也就是说，好的信用评分系统是一个信用管理的好的保障，但是并不要过分地依赖它。

（3）信用决策

当公司对一个客户已经谈好了销售条件并进行了信用分析后，就该进行信用决策，即决定是否向该客户提供信用。

当没有第二次交易的可能性的时候，这种决策是相当简单的。图11-6表述了企业面临的决策：一是不提供信用，那么收益为零；二是提供信用，那么成本是C，客户还款收益R，欠款收入为零。假设还款的概率为p，那么提供信用的期望收益为：

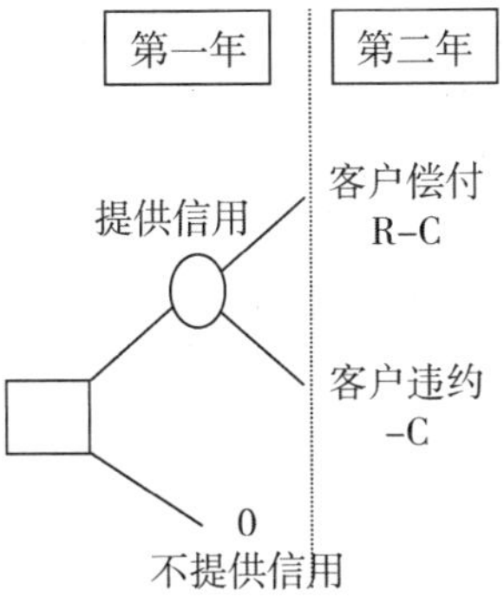

图11-6　企业信用决策

p×PV×（R-C）-（1-p）×PV（C）

当这个值大于零时，则提供信用；反之则拒绝。

比如，佳华公司的一项销售的收入现值为1 200元，成本现值为1 000元，一个客户有3/4的概率还款，那么提供信用的期望收益为：

3/4×（1 200-1 000）-1/4×1 000=-100（元）

其小于零，故公司不应该提供信用。

（4）停止信用

当企业向客户提供信用以后，应该继续进行监控分析以便确定什么时候停止向该客户继续提供信用。假设佳华公司的信用管理部门要分析哪些客户很可能会违约，经调查发现，95%的客户可以及时地付款，5%的客户会拖延。同时又知道，大约有20%的有拖延记录的客户会在下一次交易中违约，而总是及时付款的客户只有2%可能在下一次交易中违约。假设该公司查阅了1 000个客户的样本，目前这些客户都没有违约记录。在这些客户中，950个客户可以及时地付款，50个客户有拖延记录。那么根据以前的经验，会有19个无拖延记录的客户在未来违约，10个有拖延记录的客户会在未来违约。那么现在信用管理者就要决定是不是要拒绝继续提供信用给有拖延记录的客户。

当然，如果当企业可以确定某一个客户是有拖延记录的，那么当然要拒绝继续提供。因为该客户的违约概率为20%，提供信用的预期收益为：

0.8×（1 200-1 000）-0.2×1 000=-40（元）

预期收益为负。

但是在多数情况下，企业要想做到对每一个客户信用状况进行跟踪需要较高的成本。比如，佳华公司确定某一个客户是否有拖延记录会带来10元的成本，那么进行这项工作的预期收益如下：

确认客户工作的预期收益=某客户有拖延记录的概率×可避免的损失-确认成本

=0.05×40-10=-8（元）

显然，这项工作不值得做。但是若该客户一次的交易量扩大了10倍，那么一次信用提供的预期收益就变成了400元，确认工作的预期收益就成为：

0.05×400-10=10（元）

显然，确认工作就有必要做。

从以上的计算中我们可以得到一个信用管理的基本原则：不必对每一个客户的每一笔交易都进行同样的信用分析，要把自己的注意力放在数额较大、安全性最值得怀疑的交易上。

（5）重复订单的信用决策

以上的分析都只是关注单笔交易，但是当企业试图获取一个稳定的长期客户时，只按照上面的原则来做就不够了。图11-7阐述了这样一个问题。

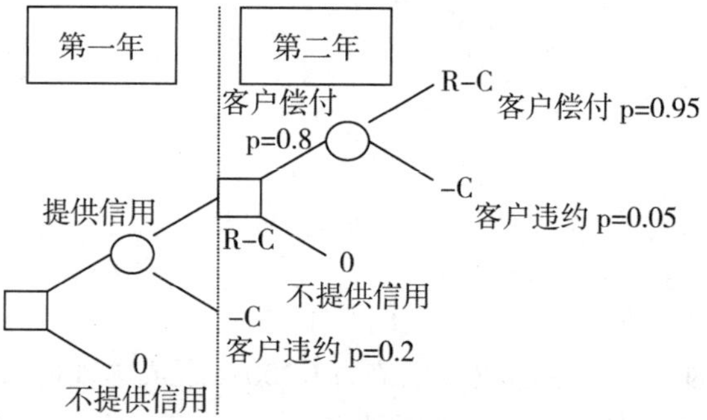

图11-7 两阶段下的信用决策

假设佳华公司现在有一个新客户，其违约概率大约为20%，预期收益率为：

0.8×（1 200-1 000）-0.2×1 000=-40（元）

那么公司会拒绝提供信用。但是考虑到再次交易的可能性，如果客户这次会还款，下次（如在第2年）还会有交易，鉴于第1次的良好记录，第2次该企业就会有95%的还款可能，在这种情况下，第2次交易的预期收益在交易时的价值为：

0.95×（1 200-1 000）-0.05×1 000=140（元）

那么对于要作决定的今天：

预期收益的现值=第一次交易的预期收益+第二次交易的概率×第二次交易预期收益的现值

=-40+0.8×PV（140）

假设折现率为6%，那么可得到预期收益的现值为：

-40+0.81×40÷1.06=66（元）

显然是应该提供信用的。所以说，在考虑到多次交易的可能性时，公司可能会对第一次交易期望收益为负的客户也提供信用。

（6）一些基本的原则

在以上的例子中，公司面临的决策都很简单而又清晰。但是，现实中的情况要复杂得多，客户的表现也不稳定。也许在很多情况下客户总是会拖延付款，而公司不仅花成本来收账款，也损失掉了利息。所以从实际情况看，对公司来说，实际的收入和成本都不是记录在册的那些数额，而是要打折扣的，但是折现率是多少，几乎没有人能说清楚。

所以信用管理非常需要及时准确的判断，本书的例子只是作为相关事项的提示而绝不期望读者照本宣科。然而，还是有一些基本的原则需要读者注意：

第一，最大化利润。信用管理者的目标仍然是利润最大化而绝不是最小化坏账数量。

第二，集中精力应对最有问题的账目。不要把精力同等地放在不同的账目上，小额的清晰的账目只需要日常的管理即可，而对于大额的问题较多的账目则需要进行仔细的信用状况分析。大多数信用管理者不会对每一个账目都作信用决策，相反，他们会对每一个客户给予一个信用额度，如果该客户超过了这个信用额度，再通过专门的途径进行评估决定。

第三，要考虑长期客户的发展。信用决策是一个动态过程，所以信用管理者不可以只看眼前。有时候为了与客户建立长期交易关系而对可能有风险的客户授予信用也是值得的，这种风险就是建立新的客户关系的成本。

3）收账政策

在实际生活中，不可能所有的客户都会自觉地按时还款，那么公司就必须有一定的收账政策来保证尽量减少坏账的损失。

信用管理部门会有每一个客户的偿付记录，如A公司通常会享受现金折扣而B公司则会在还款期限到期才付款。根据这些记录，公司会制定一个应收账款的账龄分析表来监控账款的回收，见表11-5。

表11-5　**应收账款账龄分析表**　单位：元

客户	未到期账款	超过1月	1个月以上	欠账总数
A	10 000	0	0	10 000
B	0	0	5 000	5 000
C	5 000	4 000	21 000	30 000
加总	15 000	4 000	26 000	45 000

当遇到有客户拖延支付时，通常的处理方法就是给客户打电话、发信、重寄发票，并且逐渐增加频率。如果以上做法都没有效果，绝大多数公司都会将其交给收账代理机构或是提起诉讼。当然，所有这些努力都是有成本的，尤其是后两种，费用可能会占到应收账款的15%～40%。

收账机构和销售机构之间总是有潜在的利益冲突的。销售代表也许会认为收账机构的催收行动会增加他们赢得新客户的难度，而收账机构则认为销售部门只盯着订单数额的短视行为增加了坏账的概率。其实，如果协商得好，双方还是有很多可以合作达到双赢的机会。例如，佳华公司的某一个客户在原先银行那里的融资出现了一些问题，鉴于其过去的良好记录以及对该客户的了解，收账部门建议销售部门继续和该客户合作，提供信用，甚至延展信用期限，该建议得以采纳并且该客户得以渡过难关，也重新获得了银行的信任，那么对于佳华公司来说，无疑客户的忠诚度又提高了一步。

虽然公司一般不能直接融资给客户，但是当公司提供商业信用时，就相当于间接地融资给客户。对于某些很难在银行实现融资的小企业来说，商业信用是他们很重要的一条融资渠道。但是这又引发了一个问题，在银行不愿意贷款给客户的情况下，卖方应该继续提供或是延展信用吗？基于以下两方面的考虑，这样做也许是值得的。第一，卖方比银行更了解客户的情况，正如前面所举的例子；第二，若客户就此退出该行业会使企业失去相当大的销售额，那么现在冒一下险也许是值得的。

11.4.3 应收账款代理商和信用保险

由于规模效应的存在，大公司在管理应收账款方面具有一些优势。同时，由于收账方面也需要经验和判断，小公司由于无法聘请到专业的信用管理者而陷于劣势。在这种情况下，小公司可以将部分应收账款交给应收账款代理商。代理商的工作如下：首先，其与委托人商议好每一个购买商的信用额度和平均收款期；其次，由委托人通知购买商，其债务已被代理商购买，所以委托人每作一次交易都要把发票的拷贝交给代理商，购买商直接将货款付给代理商；最后，无论其是否收到货款，代理商都要按照事先约定的收款期向委托人支付货款。当然，代理商会按账款标的收取一定的手续费，手续费比例一般是1%～2%。通过这种形式，回收应收账款的风险就转嫁给了代理商，类似于保险。应收账款代理非常适用于买卖双方分散、数量众多、很难有长期合作关系的行业。尤其是当某一个代理商被多家销售商聘请的时候，它就掌握了更多的交易信息，因而对购买方的信用状况会有较好的把握。

除此之外，企业也可以参加应收账款保险。2005年10月，中国平安财产保险股份有限公司与全球第三大信用保险公司法国科法斯公司联合推出的“国内贸易短期信用保险”就是中国首次推出的应收账款保险。为了防止道德风险，这种保险通常对不同信用等级的应收账款确定不同的保额上限比率。比如，某保险公司对佳华公司最高等级的应收账款的最高保额为1 000 000元，而对次一等级的应收账款的最高保额为600 000元。在这种保险下，公司可以在应收账款延期支付时就要求赔付，而不必非等到其成为坏账无法回收时。在这种情况下，回收账款的任务就落在了保险公司那里。

11.5 存货管理

11.5.1 存货管理目标

存货是指公司在生产经营过程中为销售或者耗用而储备的物资，主要包括原材料、在产品、产成品、低值易耗品等。存货是产品生产和销售的纽带。存货的存在会增加一系列的费用，而且其变现能力低，所以最理想的状态是没有存货，但是出于增加公司的经营弹性和节约成本费用两个原因，公司存有一定量的存货是必要的。所以公司存货管理的目标除了要保证存货的减损保值之外，就是要在持有存货的成本和收益上权衡取舍，确保有最佳的存货余额，使得在满足公司日常经营的情况下有最低的存货成本。

11.5.2　存货管理成本

最佳存货余额的确立需要对公司的存货成本进行仔细的确定，一般来说，存货持有成本主要有以下几部分。

1）取得成本

取得成本指为取得某种存货而支出的成本，它又可分为订货成本和购置成本。

（1）订货成本，即取得订单的成本，其中一部分与订货次数无关，称为固定订货成本，如采购部门的办公费、折旧费等；另一部分与订货次数有关，称为变动订货成本，如差旅费、邮电费等。

（2）购置成本，即存货本身的价值，等于买价及运杂费之和。

因此，取得成本为：

$$TC_a=F_1+K\times\frac{D}{Q}+D\times U \tag{11-16}$$

其中：TC_a为取得成本；F_1为固定订货成本；D为存货总需要量；K为每次订货的变动成本；Q为每次进货量；U为进货单价；订货成本为$F_1+K\times\frac{D}{Q}$；变动订货成本为$K\times\frac{D}{Q}$；购置成本为$D\times U$。

2）储存成本

储存成本指公司为保持存货而发生的成本，如仓储费、保险费、占用资金的利息等。储存成本也根据是否与存货数量相关分为固定成本和变动成本两部分。假设公司每次都是待存货量为零时进货，那么平均存货量就是$\frac{Q}{2}$，类似地，将储存成本表示为：

$$TC_c=F_2+K_c\times\frac{Q}{2}=F_2+M\times U\times\frac{Q}{2} \tag{11-17}$$

其中：TC_c为储存成本；F_2为储存的固定成本；$K_c=M\times U$，为单位持有成本；M为持有费用率；U为进货单价。

3）缺货成本

缺货成本是指由于存货储备不能满足生产和销售的需要而造成的损失，如停工损失、失去销售机会的损失、经营信誉的损失、紧急采购的额外开支等。缺货成本用TC_s表示。

综上所述，公司持有存货的总成本就是以上各项成本之和，表示为：

$$TC=TC_a+TC_c+TC_s=F_1+K\times\frac{D}{Q}+D\times U+F_2+K_c\times\frac{Q}{2}+TC_s \tag{11-18}$$

11.5.3　存货决策

有关的存货决策基本上都是研究如何使存货成本最小化的问题，下面介绍几个常用的存货控制模型。

1）经济订货批量

经济订货批量控制是最基本的存货定量控制方法，其目的在于决定进货时间和进货批量，以求得最低的存货总成本。该模型有几个假设：①公司能及时地补充存货，此时缺货成本TC_s为零；②订货可一次到库；③有确定的需求量和稳定的单价，即D、U已知；④公司现金充足，不会因现金紧缺影响进货；⑤所需存货市场供应充足。在上述假设条件下，公司的存货情况如图11-8所示。

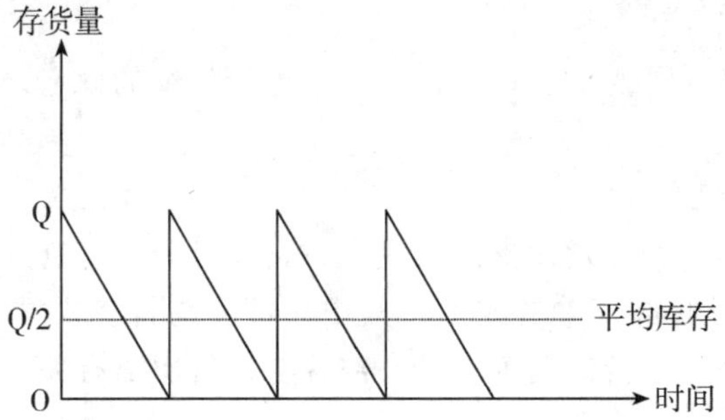

图11-8 经济订货批量假设下的存货情况

此时在存货总成本TC的组成部分中，$F_1+D\times U+F_2+TC_s$已确定，只需要关心剩下的那部分，由于D、K、K_c都确定，所以这部分成本可以看做Q的函数，表达式为：

$$TC(Q)=D\times\frac{K}{Q}+K_c\times\frac{Q}{2} \tag{11-19}$$

对其求一阶导数并令其为零即可得到使TC最小时的Q，即经济订货批量，表达式为：

$$Q^*=\sqrt{2\times K\times\frac{D}{K_c}} \tag{11-20}$$

这便是著名的经济订货批量公式。从式（11-20）中可以看到，经济订货批量随总需要量D和订货成本K的增加而增加，随持有成本增加而减少。

【例11-8】甲公司在100天内某项存货的耗用量为2 000件，每次订货的变动订货成本为100元，而且每100天内的单位持有成本为10元，那么经济订货批量为：

$$Q^*=\sqrt{2\times K\times\frac{D}{K_c}}=\sqrt{\frac{2\times 2\,000\times 100}{10}}=200\text{（件）}$$

当订货批量为200件时，该公司将在相应期间内订货10次（2 000÷200），即每10天订一次货。

在前面的例子中，假设订货和收到货物之间不存在延误，这显然与实际不符。但是如果该提前期是一常数并且可以确切地知道，则最佳订货批量就不会受到影响。在例11-8中，该公司每次仍应订购200件并且在该期间订10次货。如果发货的提前期为5天，则甲公司只需要在上一次订单发货日的5天后再订货。

图11-9表示了经济订货批量成本函数。该图绘制了变动订货成本、变动储存成本和总成本。可以看到变动订货成本与订货规模成反比，变动储存成本与订货规模成正比。在开始时，随着订货规模的增加，固定成本分摊到存货上，总成本下降。当平均变动订货成本的降低不足以抵销增加的持有成本时，总成本线开始上升，因此最低点Q^*即为最佳经济订货批量。

2）保险储备、再订货点和订货提前期

在实际情况中，存货的需求量或耗用量一般是不能确切知道的，而且在给定的一段时间内它通常是波动的。一般而言，原材料存货和在产品存货两者的耗用量都取决于生产计划，可预测性较高。除了需求量以外，从发出订单到收到货物所需的提前期也会有所变化。由于这种不确定性的存在，公司就不能使用在确切知道耗用量和提前期情况下的做法，即让预期库存量降至零时再着手安排下批订货，因此需要一定量的保险储备。

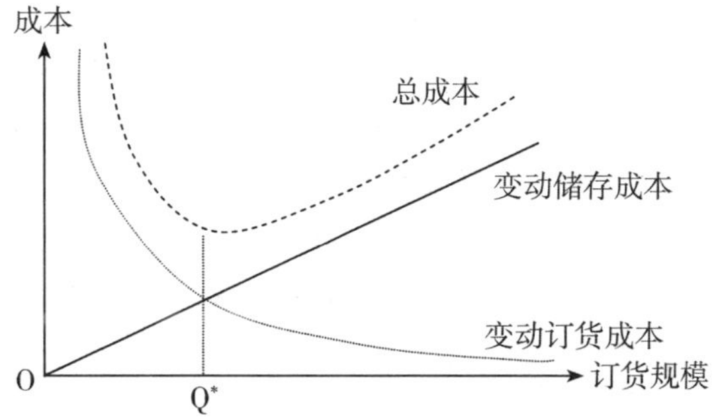

图11-9　经济订货批量成本函数

在讨论保险储备前，首先要考虑再订货点，即库存量降至哪一点时着手订货。如果如前文所述，可以确切地知道存货需求量，而且知道从发出订单到收到货物需要5天，如果耗用量稳定，那么公司就要在其库存用完之前5天，或者说当库存量降到100件时订货，因此再订货点为100件。当5天后收到新订的货物时，该公司的原有库存刚好用完，如图11-10所示。

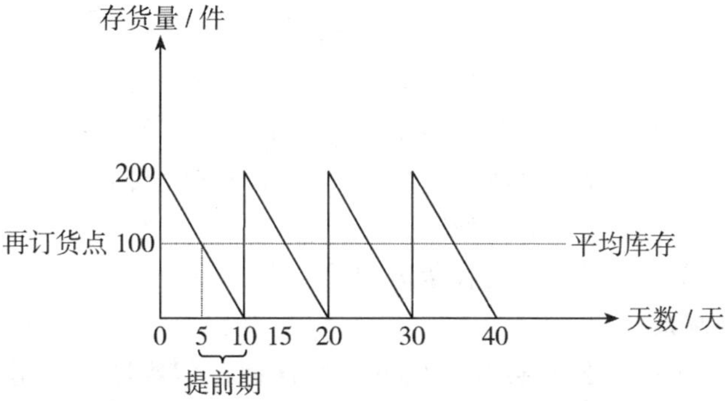

图11-10　订货提前期示意

注：再订货点指当存货量为该数时再次订货，下同。

当考虑存货需求和提前期的不确定性时，则设保险储备是必要的。图11-11形象地说明了这一点。设定公司要100件的保险储备、每10天的需求量是200件且提前期为5天时的库存情况。需要特别注意的是，当要求有100件的保险储备时，要在库存量为200件时安排订货，而不再是前面计算的100件。

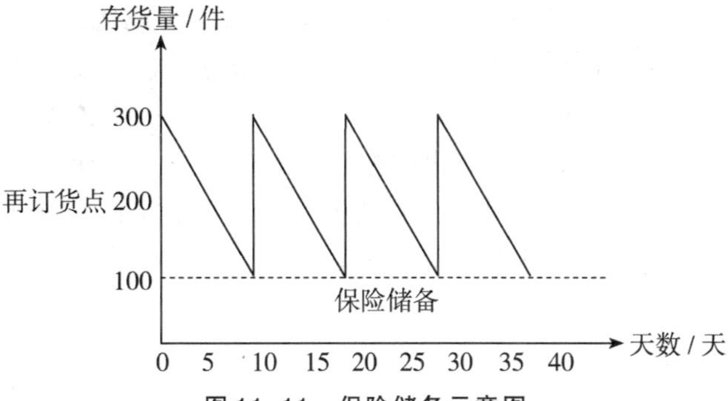

图11-11　保险储备示意图

图11-12给出了甲公司的实际情况。可以看到，在第一阶段，实际的耗用量比期望值少一些。公司在持有200件存货的再订货点上发出一份订单再订购200件存货。并且此时

从发出订单到实际收到存货只用了4天，而非预期的5天。第二阶段，实际的耗用量比期望值大得多，所以存货被迅速地耗用。当还剩下200件存货时，又发出一份订单再订购200件存货。但是这次从订单发出到收到存货却用了6天，此时保险储备被大量消耗。第三阶段，耗用量与期望值差不多，所以几乎从该阶段一开始就发订单，到收到存货用了5天。最后一个阶段，实际消耗量比期望值高，提前期为7天，结果公司再次运用保险储备。这个例子充分说明了保险储备对于应对耗用量和提前期波动的重要性。如果没有保险储备，公司将面临两次存货短缺。

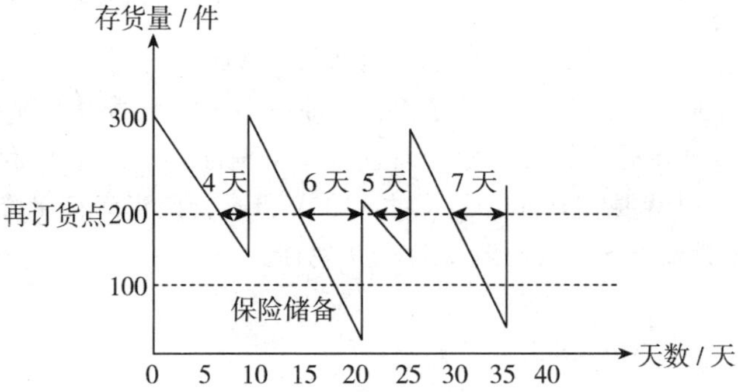

图11-12　实际存货的波动情况

保险储备量取决于多个因素。存货需求量预测值的不确定性越大，订货提前期的波动越大，公司希望维持的保险储备量越高。此外，存货短缺的成本越高，公司希望维持的保险储备量越高。当然，存货持有成本使得公司不能任意地扩大保险储备量，两者之间的权衡取舍其实就取决于公司愿意承受的存货短缺的概率有多大。

3）ABC存货控制系统

在实际的经济生活中，公司会有各种不同的存货，其数量、占用资金量都不同，这就需要结合经济订货批量采用ABC存货控制系统。该系统是根据各项存货在全部存货中重要程度的大小，将存货划分为A、B、C三类，并实行不同的控制方法分别管理。其中A类存货数量少，资金占用多，其品种、数量通常占全部存货的5%～30%，但是资金的份额却占到了存货总金额的60%～80%，应实行重点管理；B类为一般存货，存货的品种、数量通常占全部存货的20%～30%，资金的份额占存货总金额的15%～30%，应实行常规管理；C类存货的品种、数量通常占全部存货的60%～70%，而资金只占存货总金额的5%～15%，数量多，资金占用少，不必花费太多精力，一般凭经验管理即可。

对存货进行分别管理，有利于抓住重点，从而有效地控制主要存货资金。对于A类存货，应保持严密控制，经常检查库存，详细、科学、准确地确定该类存货的经济批量和有关定额；对于C类存货，可采用比较简化的控制方式进行管理，如集中采购、适当加大保险储备等，以节约订货费用，同时可避免缺货损失；B类存货的控制介于两者之间，可根据其在生产中的重要程度和采购的难易程度分别采用A类或C类的控制方法。

ABC存货控制系统的具体内容见表11-6。

4）适时存货控制系统

适时存货控制系统（just in time system，JIT System）最早应用于日本丰田公司，它要求企业在生产经营的需要与材料物资的供应之间实现同步，使物资传送与作业加工速度节

表11-6 **ABC存货控制系统简明表**

项目	A类	B类	C类
控制程度	严密控制	一般控制	粗犷控制
定额制定方法	详细计算	经验数据	不足即进货
储备记录情况	详细记录	有记录	无明细记录
保险储备量	低	较多	灵活
库存监督方法	经常检查	定期检查	抽查

拍同一，最终将存货降低到最小限度，甚至没有存货，实现零库存。适时管理的好处在于消除了大量的存货，节约了在储备存货上所占用的资金及相应的储存成本，从而提高了生产效率及效益。这就要求企业有高效的采购、非常可靠的供应商以及一个有效的存货处理系统，其核心是由某种流动运作方式组成一张“绷紧的”网络，企业借助这张网络实现标准作业，从而达到零库存。目前运用得非常广泛的计算机技术使这种构想成为现实。JIT的最终目标是“三个必要”，即“必要时生产必要数量的必要产品”，防止生产过度，节约储存成本。当然，适时控制会对供应商、员工、生产系统提出更高的要求。例如，在机床车间，运用计算机辅助制造手段，新一轮生产流程的准备工作只需几分钟就可完成，而且成本有了大幅降低，使得订货成本减少，从而降低了经济订货批量，降低了平均存货量。通过筛选可靠的原材料供货商，可以降低原材料库存。对于产成品而言，存货的适时供应会加快生产流程，如果产成品能够很快地得以补充，那么库存短缺的成本就会减少，从而降低存货水平。当然，存货水平永远不会降为零，存货适时供应的观念只是为使存货水平最低而进行的一种极端严密控制。一家公司与这一理想目标的接近程度取决于其生产过程的类型以及供货商的行业特点，但是对任何公司而言，这都是一个有价值的目标。

基本训练

第11章基本训练

第12章 财务计划

学习目标

- 掌握与财务计划相关的概念，了解财务计划与企业发展之间的关系及财务计划的基本方法；
- 掌握财务预测的销售百分比法，了解报表预测的其他方法；
- 掌握盈亏平衡分析及敏感性分析等利润规划基本手段；
- 了解全面预算体系；
- 掌握现金预算的编制过程；
- 了解预计财务报表的编制。

引子

广能公司：降本提效之信息化全面预算管理

在广能公司2017年度工作报告中有这样一串数字：2016年，广能公司材料成本比预算下降6.2%，同比下降33%；电力成本比预算下降1.5%，同比下降4%；生产性“六费”比预算下降42%，同比下降33%；非生产性“六费”比预算下降50%，同比下降24%……

广能公司始建于1970年，2000年改制为国有控股公司，2005年上划四川省国资委管理，重组成为四川省煤炭产业集团的全资子公司。广能公司自2016年1月1日起全面推行“全面预算管理”，要求各部门、各单位严格按《全面预算管理办法》相关规定执行。公司成立了全面预算管理组织机构，设全面预算管理委员会，下设由公司生产技术、安全管理、人力资源等部门组成的11个全面预算管理工作组。全面预算管理办公室设在公司企业管理部，负责全面预算管理的日常工作。全面预算管理委员会是公司全面预算管理工作的最高权力机构，由公司总经理担任该委员会主任。在对预算管理体系梳理的基础上，2015年1月1日，广能公司信息化全面预算管理系统全面建成并正式上线投入有效运行。

此项目的实施使广能公司“以企业发展战略为目标、以精细化管理为核心、以科学客观的定额管理为基础、以成本过程控制为重点、以绩效考评为手段，以数字化矿山信息平台为支撑的覆盖全业务、全员参与、全过程管控的预算管控建设”达到预期目标，为广能公司加强内部控制、深挖内部潜力、激发内生动力、增强市场竞争力、应对和适应严峻的市场形势、实现企业生存发展战略目标搭建起了坚实的信息化管理平台模式。广能公司真正实现了优化企业管理、强化内控压成本、激发内生动力、向管理要效益的深刻变革。

资料来源　佚名. 降本提效之信息化全面预算管理实施案例［EB/OL］.［2017-09-06］. http://www.sohu.com/a/190118192_99953234.

12.1　财务预测

所谓预测，就是依据已有信息，运用科学手段和方法，推断未来的发展趋势。在现代市场经济条件下，激烈的竞争必然导致企业的优胜劣汰。企业要在市场竞争中获得成功，不仅要了解市场的现在和过去，更重要的是对未来发展趋势做出科学预测。预测是决策的基础，为决策提供相关的信息，进而可以为决策提供科学依据。

12.1.1　财务预测概述

1）什么是财务预测

所谓财务预测，就是财务工作者根据企业过去一段时期财务活动的资料，结合企业现在面临和即将面临的各种变化因素，运用数理统计方法，以及结合主观判断，来预测企业未来财务状况。狭义的财务预测仅指估计企业未来的融资需求，广义的财务预测包括编制全部的预计财务报表。财务管理中的财务预测通常是狭义的，即估计公司未来的融资需求，是对未来不确定性的一种预期。财务预测是进行融资的前提。公司要维持正常的生产经营以及对外提供产品和服务，必须要有一定的资产。随着公司成长、规模扩大和销售额增加，势必会有增加流动资产甚至是固定资产投入的需求。因此，资金的筹措就是公司展开生产经营活动的前提。

2）财务预测的目的和意义

表面上看，和其他预测一样，财务预测是不可能非常准确的，进而产生不准确的计划而使预测和计划失去意义。而事实并非如此，预测和计划是超前思维的过程，其结果并不仅仅是一个资金需求量的数字，更重要的是对未来各种可能的前景的思考和认识。财务预测的真正目的是为了体现财务管理的事先性，即帮助财务人员认识和控制未来的不确定性，使对未来的无知降到最低限度，使财务计划的预期目标同可能变化的周围环境和经济条件保持一致，并对财务计划的实施效果做到心中有数。财务预测的意义在于有助于改善投资决策。根据销售前景估计出的融资需要不一定能得到满足，因此，需要根据可能筹措到的资金来安排销售增长，以及有关的投资项目，使投资决策建立在可行的基础之上。

12.1.2　财务预测的步骤

财务预测的基本步骤如下：

1）销售预测

财务预测的起点是销售预测。一般情况下，财务预测把销售数据视为已知数，作为财务预测的起点。销售预测本身不是财务管理的职能，但它是财务预测的基础，销售预测完成后才能开始财务预测。

销售预测对财务预测的质量有重大影响。如果销售的实际状况超出预测很多，企业没有准备足够的资金添置设备或储备存货，则无法满足顾客需要，不仅会失去盈利机会，并且会丧失原有的市场份额。相反，销售预测过高，筹集大量资金购买设备并储备存货，则会造成设备闲置和存货积压，使资产周转率下降，导致权益收益率降低，股价下跌。

2）估计经营资产和经营负债

通常，经营资产是销售收入的函数，根据历史数据可以分析出该函数关系。根据预计销售收入，以及资产与销售收入的函数，可以预测所需经营资产的数额。大部分经营负债也是销售收入的函数，亦应预测经营负债的自发增长，这种增长可以减少企业外部融资的数额。

3）估计各项费用和保留盈余

假设各项费用也是销售收入的函数，可以根据预计销售收入估计费用、支出和损失，并在此基础上确定净收益。净收益和股利支付率共同决定保留盈余所能提供的资金数额。

4）估计所需融资

根据预计经营资产总量，减去已有的经营资产、经营负债的自发增长、可动用的金融资产和内部提供的盈余保留便可得出外部融资的需求。

12.1.3 财务预测：销售百分比法

销售百分比通常以销售收入的年增长率表示。利润表和资产负债表的许多项目被认为是与销售保持同比率增长的，如存货、应收账款等。用销售百分比法预测财务报表时，通常认为这些项目的数额随销售增长而增长，其他与销售没有直接关联的项目，则取决于公司的股利政策及对债务和权益融资的权衡情况，即首先假设部分收入、费用、资产、负债与销售收入存在稳定的百分比关系，根据预计销售额和相应的百分比预计资产、负债和所有者权益，然后根据会计恒等式确定融资需求，这种方法叫恒定比率法（constant ratio method）。其优点是便于实施，缺点是不利于管理层决策。可以通过以下具体的例子来掌握这种方法。

表12-1显示了A公司2013—2017年度的部分财务比率，结合这些资料，讨论如何使用销售百分比法进行财务报表预测。

对于上述财务比率需要说明的是，折旧的基础是固定资产，因此预测折旧时，使用“折旧/固定资产净额”比率比使用“折旧/销售收入”更为合理。

销售百分比法的操作步骤如下。

1）分析历史比率

进行历史比率分析的目的是预测未来，得到预算财务报表。销售百分比法认为部分费用与该年销售收入的比率在一定时期内有一定稳定性，所以在分析前首先要计算若干年度的相关费用与销售收入之比，一个精确的分析至少需要使用过去5年的数据。为简便起见，假设公司所需货币资金与销售收入之比是恒定比率。除非公司的信用政策发生重大改变或公司客户发生重大变化，否则应收账款/销售收入比率应比较稳定。

表12-1　**A公司2013—2017年度部分财务比率表（%）**

项目	2013年	2014年	2015年	2016年	2017年	平均
非折旧费用/销售收入	90.70	91.90	92.26	90.01	86.96	90.37
折旧/固定资产净额	46.4	51.12	55.64	41.85	47.08	48.42
固定资产净额/销售收入	12.52	9.55	7.18	10.25	10.87	10.07
货币资金/销售收入	3.14	5.21	10.86	8.69	53.72	16.32
应收账款/销售收入	6.11	2.88	2.55	1.47	2.35	3.07
存货/销售收入	17.39	21.38	19.25	11.35	13.66	16.61
应付账款/销售收入	26.97	25.56	23.40	20.01	27.32	24.65
应计项目/销售收入	2.46	1.96	2.13	2.01	4.11	2.53
股利支付率	42.14	1.47	0.92	0.3	0.02	8.97
实际所得税支付率	19.41	22.65	31.23	17.22	13.27	20.76

假定固定资产净额和销售收入之比稳定也有一定合理性。一方面，某些公司的固定资产和销售收入之间确实存在固定联系，甚至短期也是如此；另一方面，从长期来看，实际上所有公司的销售收入和固定资产都有很强的关联，几乎没有公司能够不提高生产能力却持续扩大销售的。预测资产负债表时，第一个预测年份的固定资产的购买费用常通过近期的实际计划来确定。如果没有固定资产购买计划，一般假设固定资产/销售收入比率恒定，并据此确定固定资产费用。

2）预测利润表

由于国际金融局势动荡、国内经济增长放缓和原材料价格的上涨，A公司2016年及2017年的销售增长有大幅度的下降，但公司保持了超行业的增长，即原材料价格的下跌将使企业逐渐走出成本上升的阴影。结合现实情况并基于对最近4年A公司的销售增长的统计，可以合理地预计该公司2018年的销售增长率为25%。利用这个预测的销售增长率以及表12-2的资料，可以预测A公司2018年的利润表。

结合预测增长率25%以及表12-2，2018年A公司的相关财务数据预测如下：

销售收入=42 637 291 053×（1+25%）=53 296 613 816.2（元）

据表12-1，可假定非折旧费用/总销售收入为90.4%。因此，预计2018年非折旧费用为：

53 296 613 816.2×90.4%=48 180 138 889.8（元）

据表12-1，可假定固定资产净额/销售收入比率为10.07%，折旧费用/固定资产净额为48.42%。因此预计2018年折旧费用为：

$$\text{预计2018年的折旧费用}=\text{销售收入}\times\frac{\text{固定资产净额}}{\text{销售收入}}\times\frac{\text{折旧费用}}{\text{固定资产净额}}$$

$$=53\,296\,613\,816.2\times10.07\%\times48.42\%$$

$$=2\,598\,686\,395\text{（元）}$$

表12-2 2016年A公司的简化利润表 单位：元

项目	金额
销售收入	42 637 291 053
减：折旧费用	2 181 364 219
非折旧费用	37 075 651 299
应税利润	3 380 275 535
减：所得税	448 612 150
净利润	2 931 663 385
减：股利	707 914
留存收益增加	2 930 955 472

假设所得税支付率为20.76%，股利发放率为8.97%（两项假设均基于A公司历年的实际数据，见表12-1），根据上述数据可编制2018年预测利润表（见表12-3）。

表12-3 A公司2018年预测利润表 单位：元

项目	金额
销售收入	53 296 613 816.2
减：折旧费用	2 598 686 395
非折旧费用	48 180 138 889.8
应税利润	2 517 788 531.4
减：所得税	522 692 899
净利润	1 995 095 632.4
减：股利	178 960 078
留存收益增加	1 816 135 554.4

3）预测资产负债表

资产负债表上的部分项目会随着销售额的增加而增加，这些项目主要包括如下各项。

（1）货币资金。据表12-1，A公司最近几年平均货币资金/销售收入比率为16.32%。因此，预计2018年的货币资金余额为：

53 296 613 816.2×16.32%=8 698 007 375（元）

（2）应收账款。据表12-1，A公司最近几年平均应收账款/销售收入比率为3.07%。假设2018年A公司的信贷政策和客户信用状况没有大的变化，则预计2018年的应收账款为：

53 296 613 816.2×3.07%=1 636 206 044（元）

（3）存货。据表12-1，A公司最近几年平均存货/销售收入比率为16.61%。假设存货管理政策不变，则预计2018年存货为：

53 296 613 816.2×16.61%=8 852 567 555（元）

（4）固定资产。据表12-1，固定资产净额/销售收入比率的历史平均值为10.07%，并且在过去几年中，公司的固定资产净额平稳增长，可以合理预期2018年保持该增长率，则预计2018年固定资产净额为：

53 296 613 816.2×10.07%=5 366 969 011（元）

（5）应付账款。据表12–1，应付账款/销售收入的历史平均值为24.65%。假设A公司的应付政策不变，预计2018年应付账款为：

53 296 613 816.2×24.65%=13 137 615 306（元）

（6）应计项目（指应付工资、应付税金等项目）。一般来说，销售额增加了，应付工资和应付税金等项目也会增加，并且应计项目/销售收入的比率有一定稳定性。据表12–1，A公司的应计项目/销售收入的比率的历史平均值为2.53%。预计2018年应计项目为：

53 296 613 816.2×2.53%=1 348 404 330（元）

（7）留存收益。留存收益也会随销售额增加而增加，但是其增长率不等于销售增长率。新留存收益额等于原有留存收益加上第二步计算出来的增加额。

最后，根据上面的计算可得出A公司2018年的预测资产负债表（表12–4）。

表12–4　**2018年A公司预测资产负债表**　金额单位：元

资产	金额	占销售收入百分比（%）	负债及所有者权益	金额	占销售收入百分比（%）
流动资产			流动负债		
货币资金	8 698 007 375	16.32	应付账款	13 137 615 306	24.65
应收账款	1 636 206 044	3.07	应计项目	1 348 404 330	2.53
存货	8 852 567 555	16.61	流动负债合计	14 486 019 636	27.18
流动资产合计	19 186 780 974	36	长期债务		
固定资产			所有者权益		
固定资产净额	5 366 969 011	10.07	普通股	1 878 592 500	
			留存收益	3 784 041 515	
			所有者权益合计	5 662 634 015	
资产总计	24 553 749 985	46.07	负债及所有者权益总计	20 148 653 651	

注：留存收益等于2017年年末数加上预计增加值1 816 135 554元（表12–3）；该表未包括外部融资需求额，因此不平衡。

从预测过程可知，应付账款和应计项目等资产负债表项目是随着销售同步增长的，因此这类资产被称为自发性融资资金（spontaneously generated funds）。

由表12–4可以看出，预计总资产为24 553 749 985元，预计负债及所有者权益为20 148 653 651元，说明A公司为更高的销售水平需要筹集4 405 096 334元（二者之差）的新资产，即A公司需要筹集额外的资金为4 405 096 334元。由于预计负债及所有者权益中已经包括了自发性融资资金，因此这部分资金只能通过外部融资取得。事实上，这部分资金被称为外部融资需求额（additional funds needed，AFN）。

总之，销售收入增加必然要求有更多的资产支持，新增的资产一部分通过自发性融资项目（应付账款、应计项目、留存受益等）解决，其余的部分则需要通过外部融资（债务、优先股、普通股或它们的组合）解决。

4）筹集外部融资需求额

事实上，由前三步的分析可以得出：

外部融资需求额=总共需要增加的资产-自发性债务融资-留存收益增加额 （12-1）

或者用字母表示为：

$$AFN=\frac{A^*}{S_0}\times\Delta S-\frac{L^*}{S_0}\times\Delta S-M\times S_1\times RR \quad (12-2)$$

其中：A^*为与销售额直接相关的资产，这些资产在销售增加时也势必增加；S_0为上年销售收入；L^*为自发性债务融资；S为销售增长额；S_1为预期销售收入；M为边际利润率；RR为公司留存收益率。

式（12-2）表明，公司的外部融资需求取决于销售增长S、资本密集度A^*/S_0、自发性债务融资占销售收入的比率L^*/S_0、边际利润率M以及留存收益率RR 5个因素。但是，这个公式成立的前提是假设被预测的公司的各项财务比率大致保持不变。如果预计相关财务比率将会发生较大变化，使用该公式将不能得到合理结果。所以，在实际中，公司需要通过编制预算财务报表计算所需的融资金额。

在前面的例子中，A公司曾预计2018年的外部融资需求额4 405 096 334元就是通过编制预测资产负债表算出来的。当然，我们也可以使用式（12-2）来计算。只不过，仅前面的资料还不足够，边际利润率M以及留存收益率RR还需要结合更多资料才能给出合理估计值。然后，把相关数据代入式（12-2），就可以得到外部融资需求额。容易理解，这样算出来的结果与通过编制预算财务报表计算出来的结果未必完全相同，但应该差别不大。

最后，A公司的财务人员需要决定采取哪种方式筹集外部融资需求额。这取决于很多因素，主要包括企业的目标资本结构、短期借款对流动比率的影响、债券和股票市场的现状、已有财务协议的限制性条款等。只有在考虑所有的相关因素后，财务人员才能做出最优的筹资决策。

12.1.4 增长率的确定

公司要以发展求生存，销售增长是任何公司都要追求的目标。制订公司财务计划时也必须全面考虑增长率、投资和融资目标的一致性。公司增长的财务意义是资金增长。销售增长的公司往往需要补充资金，这主要是因为销售增加通常会引起存货和应收账款等资产的增加，并且销售增长得越多，需要的资金也越多。

从资金来源来看，公司增长的实现方式有三种：①完全依靠内部筹资。这时的增长率被称为内在增长率。内部资源是有限度的，这种增长方式会限制企业发展，无法充分利用扩大企业财富的机会。②主要依靠外部筹资。对外发行股票或债券筹集资金可以实现增长，但这种增长往往是不能持久的。增加负债会使企业的财务风险增加、筹资能力下降，最终会使公司借款能力完全丧失；增发股票筹资，不仅会分散控制权，而且会稀释每股收益，除非追加投资具有更高的报酬率，否则不能增加股东的财富。③平衡增长。在保持目前公司的财务结构和与此相关的财务风险的基础上，按照股东权益的增长比率增加借款，以此支持销售增长。这种增长方式一般不会消耗企业财务资源，是一种可持续的增长方式，这时的增长率被称为可持续增长率。

1）内部增长率 R_0

由前节可知，销售增长引起的资金需求增长，有三种途径满足：一是动用金融资产；二是增加内部留存收益；三是外部融资。如果企业没有可动用的金融资产，且不能或者不打算从外部融资（不包括负债的自然增长），只靠内部积累，这就限制了销售的增长。此时的销售增长率称为“内部增长率”，记做 R_0。一般根据式（12-2）来确定内部增长率 R_0。

应该指出，实际计算时，通常认为企业的全部资产都与销售相关，即 A^* 表示企业的全部资产，因此可以用资产销售百分比近似代替资本密集度 A^*/S_0；认为 L^* 是企业的应付账款、预收账款等自发性债务；认为边际利润率M是计划销售净利率；认为预期本期销售额 $S_1=S_0\times(1+R)$，其中R是本期销售增长率。经过上述简化后，式（12-2）变化为：

$$AFN=\frac{A^*}{S_0}\times\Delta S-\frac{L^*}{S_0}\times\Delta S-M\times S_1\times RR=\frac{A^*}{S_0}\times\Delta S-\frac{L^*}{S_0}\times\Delta S-M\times S_0\times(1+R)\times RR \tag{12-3}$$

当AFN等于零时，R就是内部增长率 R_0，此时有：

$$0=\frac{A^*}{S_0}\times\Delta S-\frac{L^*}{S_0}\times\Delta S-M\times S_0\times(1+R_0)\times RR$$

两边同除以ΔS，得：

$$0=\frac{A^*}{S_0}-\frac{L^*}{S_0}-M\times\frac{S_0}{\Delta S}\times(1+R_0)\times RR=\frac{A^*}{S_0}-\frac{L^*}{S_0}-M\times\frac{1+R_0}{R_0}\times RR \tag{12-4}$$

得到内部增长率的计算公式为：

$$0=\frac{资产}{销售额}-预计销售净利率\times\frac{1+内部增长率}{内部增长率}\times留存收益率 \tag{12-5}$$

【例12-1】假设某公司2016年度的销售额为3 000万元，预计2017年度的销售净利率为4.5%。该公司的股利支付率为30%，2016年度的简化资产负债表见表12-5。求该公司的内部增长率 R_0。

表12-5　**某公司2016年度简化资产负债表**　单位：万元

资产	金额	负债及所有者权益	金额
流动资产		流动负债	
货币资金	100	短期借款	60
应收账款	100	应付票据	5
存货	500	应付账款	176
流动资产合计	700	预收账款	9
		非流动负债	810
		负债合计	1 060
长期资产	1 300	实收资本	100
		资本公积	16
		留存收益	824
		所有者权益合计	940
资产总计	2 000	负债及所有者权益总计	2 000

根据A公司2016年度简化资产负债表可以计算如下比率：

资产÷销售额=2 000÷3 000×100%=66.67%

应付账款÷销售额=176÷3 000×100%=5.87%

预收账款÷销售额=9÷3 000×100%=0.3%

因此有：

$$0=\frac{资产}{销售额}-\frac{自发性负债}{销售额}-预计销售净利率\times\frac{1+内部增长率}{内部增长率}\times留存收益率$$

$$=\frac{资产}{销售额}-\frac{应付账款+预收账款}{销售额}-预计销售净利率\times\frac{1+内部增长率}{内部增长率}\times（1-股利支付率）$$

$$=66.67\%-5.87\%-0.3\%-4.5\%\times\frac{1+内部增长率}{内部增长率}\times（1-30\%）$$

可得内部增长率 R_0=5.493%。

2）可持续增长率 R_1

可持续增长率（sustainable growth rate）是指在不发行新股、不增加财务杠杆、保持公司目前经营效率和财务政策条件下公司销售所能达到的最大增长率，记做 R_1。

这个定义的假设前提是：①公司目前已经设定了最佳的资本结构，并且愿意继续维持下去。②公司不愿意或者不打算发售新股，增加债务是其外部筹资的唯一资金来源。③公司的股利支付率达到了理想比率，公司打算继续维持。④公司的销售净利率和资产周转率都将维持当前水平，并且销售净利率可以涵盖增加负债的利息。在这些假设条件下，公司销售的实际增长率将等于可持续增长率，并且公司新增的负债数量恰好用来保持公司的负债权益比率不变。

可持续增长率的定义不是说企业的增长不可以高于或者低于可持续增长率，它最重要的意义在于，提醒公司管理人员必须事先预计并且解决公司超过可持续增长率之上的增长所导致的财务问题。这个问题的解决要么靠提高资产收益率，要么靠改变公司的财务政策。提高资产收益率需要提高经营效率，这并非总是可行的；改变公司财务政策则是有风险的。因此，公司也许可以在短期内依靠负债融资快速地增长，但从长期来看总是要受到可持续增长率的制约。

可以从期初股东权益入手计算公司的可持续增长率。限制销售增长的是资产，限制资产增长的是资金来源。如果不改变公司的经营效率和财务政策，限制资产增长的就是股东权益的增长率。因此，可持续增长率的计算公式可推导为：

$$可持续增长率=股东权益增长率$$

$$=\frac{股东权益本期增加额}{期初股东权益}$$

$$=\frac{本期净利润\times本期留存收益率}{期初股东权益}$$

$$=期初权益资本净利率\times本期留存收益率$$

$$=\frac{本期净利润}{本期销售额}\times\frac{本期销售额}{期末总资产}\times\frac{期末总资产}{期初股东权益}\times本期留存收益率$$

$$=销售净利率\times总资产周转率\times期初权益期末总资产乘数\times本期留存收益率 \quad (12-6)$$

由此可见，可持续增长率的高低取决于式（12-6）中的4项财务比率。销售净利率与资产周转率的乘积是资产净利率，它体现了企业运用资产获取收益的能力，取决于企业的综合实力。留存收益率和权益乘数的高低是公司财务政策选择问题，取决于决策人对收益和风险的权衡。换言之，可持续增长率是由企业当前的经营效率和财务政策决定的内在增长能力。

【例12-2】假设A公司2012—2016年的主要财务数据见表12-6，请计算这几年该公司的可持续增长率和实际增长率。

表12-6 **A公司2012—2016年主要财务数据表** 单位：万元

项目	2012年	2013年	2014年	2015年	2016年
销售收入	1 000.00	1 100.00	1 430.00	1 352.46	1 487.71
税后利润	50.00	55.00	71.50	67.62	74.39
股利	20.00	22.00	28.60	27.05	29.75
留存收益	30.00	33.00	42.00	40.57	44.63
股东权益	330.00	363.00	405.90	446.47	491.11
负债	60.00	66.00	151.80	80.99	89.10
总资产	390.00	429.00	557.70	527.46	580.21

根据式（12-6），可进行如表12-7所示的计算。

表12-7 **A公司可持续增长率和实际增长率计算表（%）**

项目	计算公式	2012年	2013年	2014年	2015年	2016年
销售净利率	税后利润/销售收入	5.00	5.00	5.00	5.00	5.00
总资产周转率	销售收入/总资产	2.56	2.56	2.56	2.56	2.56
期初权益期末总资产乘数	期末总资产/期初股东权益	1.3	1.3	1.54	1.3	1.3
留存收益率	留存收益/税后利润	0.6	0.6	0.6	0.6	0.6
可持续增长率	前面四项的乘积	10.00	10.00	12.00	10.00	10.00
实际增长率	本期销售收入/上期销售收入		10.00	30.00	-5.42	10.00

可见，可持续增长率与实际增长率之间也有一定的联系，如果某一年的经营效率和财务政策与上年相同且不增发新股，则实际增长率就等于上年的可持续增长率；如果某一年的公式中的4个财务比率有一个或多个增加，则实际增长率就会超过上年的可持续增长率；如果某一年的公式中的4个财务比率有一个或多个减少，则实际增长率就会低于上年的可持续增长率。

但是，从长期来看，企业的实力和承担风险的能力决定了企业的增长速度，正常的企业在增长率的问题上是没有多少回旋余地的。

12.1.5 财务报表预测的其他方法

财务报表预测的销售百分比法是一种简单实用的方法。它具有明显的优点：使用成本低；便于了解主要变量之间的关系；可以作为复杂方法的补充或检验。但这种方法也有非常大的局限性：这种方法把有关公司的预测全部设定为销售收入预测值的一定比例，可实际上许多变量并不是销售收入的一定比例。例如，营运资本的增长速度通常慢于销售收入的增长速度，而厂房、设备等固定资产随着销售增长的部分往往大于按比例预测的数额。资本预算往往包括一系列的跨时间决策，从而导致销售百分比法的假设前提是不准确的。而且，销售百分比法没有包括以下几个在预测中应该考虑的因素：①生产能力过剩，因为公司存在过剩生产能力就意味着它可以比在满负荷运转下需要更少的外部融资；②规模经济，很多资产的应用都具有规模效用，随着公司规模的变化，公司的变动成本率也会发生变化，而不是像销售百分比法假设的那样恒定不变。

由于上述原因的存在，为了改进财务预测的质量，往往需要使用更为精确的方法。

1）简单线性回归

财务预测的回归分析，是利用一系列的历史资料求得资产负债表项目和销售额之间的函数关系，并据此预测销售额、资产、负债数量，以预测融资需求。

这种方法假设某项资产和销售之间存在线性关系，然后根据公司历史资料和回归分析的最小二乘法可以求出具体的函数关系，根据预计销售额和求得的直线方程可以预计资产负债项目，以后的计算步骤就和销售百分比法相同。

使用简单线性回归分析方法预测资产负债表项目所得出的数据能综合反映这些项目与销售收入的历史关系和发展趋势，不同的是，之前所使用的销售百分比法假设这些项目与销售收入的历史平均比率为最佳，并将在以后年度保持不变，并没有考虑其发展趋势，因而也是不准确的。

【例12-3】假设A公司过去10年的销售收入、存货和应收账款相关数据见表12-8。假设存货和应收账款与销售收入之间存在线性关系。试用简单线性回归方法预测2018年A公司的存货和应收账款。

表12-8 **A公司销售收入-存货-应收账款表** 单位：万元

年份	销售收入	存货	应收账款
2008	1 543	214	137
2009	1 658	346	143
2010	1 865	384	203
2011	1 850	371	191
2012	1 925	386	189
2013	2 058	415	202
2014	2 534	424	258
2015	2 472	432	276
2016	2 850	413	288
2017	3 000	470	303
2018	3 300（预测值）		

先根据历史数据做出存货-销售收入散点图（图12-1）和应收账款-销售收入散点图（如图12-2所示）。

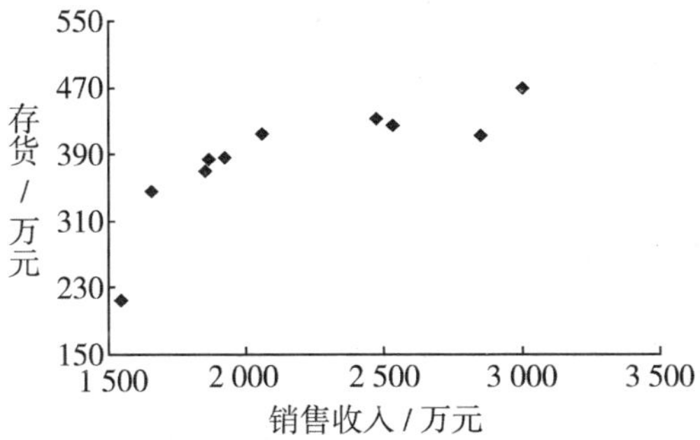

图12-1　A公司存货-销售收入散点图

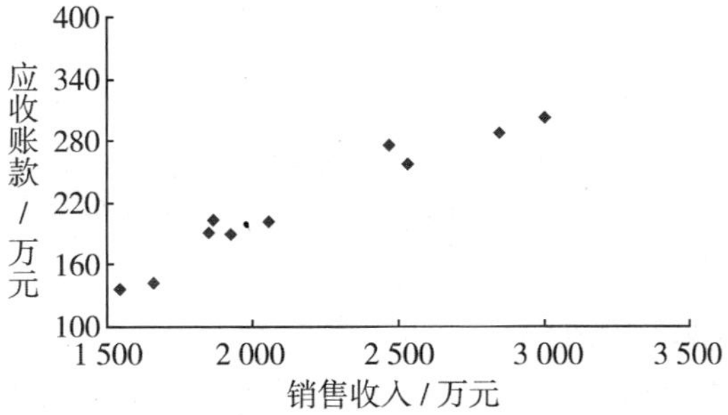

图12-2　A公司应收账款-销售收入散点图

根据散点图，可以估计相应的回归等式：

存货=0.107×销售收入+152

应收账款=0.113×销售收入-29

可以使用上述回归关系预测2018年A公司的存货和应收账款：

2018年存货=0.107×销售收入+152=0.107×3 300+152=505（万元）

2018年应收账款=0.113×销售收入-29=0.113×3 300-29=344（万元）

事实上，影响存货和应收账款变动的因素除了销售收入外还有其他因素。计算表明，存货-销售收入的相关系数为0.78，应收账款-销售收入的相关系数为0.97。因此，正如在两个散点图中看到的一样，存货-销售收入、应收账款-销售收入之间并不存在严格的线性关系。但是，简单线性回归仍提供了一个可以预测目标存货水平或其他与销售收入有较强线性关系的资产水平的合理基础。

2）超容量调整

用销售百分比法进行财务报表预测时，一个重要假定就是公司的固定资产不存在过剩的生产能力。现在考虑固定资产中存在过剩生产能力的情况。

再次考虑上一节中的A公司的资料。假设A公司固定资产在2017年存在过剩生产能力。具体而言，假定只使用了全部生产能力的80%，当年的销售收入增长30%。如果固定资产被完全利用，2017年的销售收入增长将达到37.5%，这就是满负荷销售收入，即：

$$\text{满负荷销售收入（增长率）}=\frac{\text{实际销售收入（增长率）}}{\text{固定资产生产能力使用率}}\times 100\%=\frac{30\%}{80\%}\times 100\%=37.5\% \quad (12\text{-}7)$$

如果不考虑过量生产能力，仅仅按照销售收入的增长比率来增加固定资产，将会多预测所需筹资额。这是因为，当过量生产能力存在时，销售额可增长至满负荷销售水平而不用增加任何固定资产。例如，如果A公司2017年实际的销售增长率为32%，比30%的预测增长率高出了两个百分点，但这部分销售增长不需要A公司为之额外筹集固定资产，完全可以由闲置的过量生产能力满足。但是，一旦销售增长超出了满负荷销售水平，就需要靠外部筹资来增加固定资产了。总之，超额生产能力的存在通常意味着公司可以比满负荷运转需要更少的外部融资。

因此，进行财务报表预测时，尤其是预测固定资产或存货时，要考虑到过剩生产能力的调整问题。

3）使用计算机进行财务预测

对于大型企业来讲，无论是销售百分比法还是线性回归分析法都显得过于简化。实际上影响融资需求的变量有很多，如产品组合、信用政策和价格政策等。将这些因素纳入预测模型后计算量将大大增加，手工处理已经不现实，这就需要使用计算机进行财务预测。

使用计算机进行财务预测有很多优点。例如，可以选择使用的模型并预测各项财务数据，并可以随时更新；可以使用概率技术，分析预测的可靠性；计算机预测通常是和财务规划相结合的综合系统，不仅用于资金的预测和规划，而且包括需求、价格、成本及各项资源的预测和规划，能快速生成预计的财务报表，从而支持财务决策。

4）通过编制现金预算预测财务需求

现金预算是对未来现金流量的详尽描述，它不仅是计划的工具，而且是预测的工具。本章12.3节将具体介绍该方法。

12.2 利润规划

利润最大化是企业财务管理的一个极重要的目标，目标利润规划是现代企业管理的要求。作好企业目标利润规划，就是要求企业运用量本利分析法科学合理地确定盈亏平衡点，确定目标利润，预测利润，进行盈亏临界点分析和利润敏感性分析，从而实现目标利润。利润规划把维持企业生存和发展所需的资金、可能取得的收益、未来要发生的成本和费用这三者紧密联系起来。利润规划要求企业为实现目标利润而对其经营活动进行综合调整。

12.2.1 量本利的相互关系

量本利分析（volume-cost-profit analysis，VCP）是业务量-成本-利润分析的简称，指在成本按照性态分为变动成本和固定成本的基础上，以数学化的会计模式与图式来解释固定成本、变动成本、销售量、单价、销售额、利润等变量之间的内在规律性联系的一种分析方法。量本利分析法的应用十分广泛。结合一定的预测技术，量本利分析法可用于预测企业的保本业务量、实现目标利润的业务量等；量本利分析法可用于企业的生产决策、定价决策和投资不确定性分析；还可以用于全面预算、成本控制和责任会计等；此外，使用量本利分析法还能有效降低企业的经营风险。

1）收入、成本、利润

收入是指企业通过销售商品、提供劳务、对外投资以及由他人使用本企业资产等经营活动所取得的收益。收入的形成通常会带来资产的增加或者负债的减少，从而增加企业的所有者权益。它是企业经济利益和现金流入的主要来源。按照收入的来源及其重要性程度，可将它分为主营业务收入、其他业务收入、对外投资收入、营业外收入等。其中营业外收入是企业边缘性或偶发性交易事项的结果，与正常经营过程没有直接关系。企业的经营过程中存在销售折扣、折让和销售退回等事项，从而形成了收入的抵扣项目。

成本是企业为了取得收入而付出的代价。传统的成本是按照经济用途或经济职能分类的，虽有利于对外提供成本信息，但无法解释成本和利润的确切关系。按照成本性态分类可弥补这个缺点。成本性态就是指成本总额与业务量总额的依存关系。据此可将成本分为固定成本、变动成本和混合成本三类。固定成本的金额在一定时期和一定的业务量范围内不受业务量影响，保持不变；变动成本的金额在一定时期和一定业务量范围内随业务量的变化而成正比例地变化；混合成本的金额则随着业务量同方向但不成正比例地变化，它介于固定成本和变动成本之间，可以分解为固定成本和变动成本两部分。

利润则是指收入和成本间的差额，是企业经营活动的成果，是维持企业生存发展、扩大企业规模的基础。

2）量本利分析

企业财务管理的一个重要目标就是提高利润，而不是单方面地降低成本或提高收入。为此，需要深入分析收入、成本、利润、业务量之间的关系。

（1）量本利分析基本方程式及其变形

量本利分析的基本方程式是用公式来表示成本、业务量和利润三者的依存关系，主要涉及单价、单位变动成本、销售量、固定成本和利润等因素。

根据成本性态分析可知：

总成本=固定成本+变动成本　（12-8）

根据利润的定义可知：

利润=收入−成本=收入−（固定成本+变动成本）

=销售量×单价−（固定成本+销售量×单位变动成本）

=销售量×单价−销售量×单位变动成本−固定成本

即：

利润=销售量×单价−销售量×单位变动成本−固定成本　（12-9）

式（12-9）明确表达了销售量、单价、单位变动成本、固定成本、利润5个变量之间的数量关系，被称为基本方程式，这种形式有利于计算预期利润。

【例12-4】某企业只生产A产品，单价为10元，单位变动成本为6元，固定成本为40 000元，2018年的计划销售量为12 500件，则预期利润是多少？

将有关数据代入式（12-9），得：

利润=销售量×单价−销售量×单位变动成本−固定成本

=12 500×10−12 500×6−40 000=10 000（元）

如果已知预期利润和式（12-9）右侧的3个变量，就可以确定剩余那个变量的值。由此可得到如下4个基本方程式的变换形式为：

$$\text{单价}=\text{单位变动成本}+\frac{\text{固定成本}+\text{目标利润}}{\text{销售量}} \quad (12\text{-}10)$$

$$\text{销售量}=\frac{\text{固定成本}+\text{目标利润}}{\text{单价}-\text{单位变动成本}} \quad (12\text{-}11)$$

$$单位变动成本=单价-\frac{固定成本+目标利润}{销售量} \quad (12\text{-}12)$$

固定成本=销售量×单价-销售量×单位变动成本-目标利润 (12-13)

有时，企业采用税后利润作为经营目标。税后利润是利润总额扣除所得税，而所得税既不是固定成本也不是变动成本。

税后利润=利润总额-所得税=利润总额-利润总额×所得税税率

=利润总额×（1-所得税税率）

将式（12-9）代入上式的“利润总额”，得：

税后利润=（销售量×单价-销售量×单位变动成本-固定成本）×（1-所得税税率） (12-14)

这是基本方程式的第5个变换形式，它经常被用来计算实现目标利润所需的销售量，因此常表达为：

$$销售量=\frac{固定成本+\dfrac{税后利润}{1-所得税税率}}{单价-单位变动成本}$$

【例12-5】某企业只生产A产品，2016年的税前目标利润为20 000万元。

①已知A产品的单位变动成本为9万元/件，固定成本为40 000万元，2016年预计销售量为20 000件，则A产品2016年的单价应为多少？

②已知A产品的单位变动成本为9万元/件，固定成本为40 000万元，2016年预计单价为12万元/件，则A产品2016年的销售量应该是多少？

③已知A产品的固定成本为40 000万元，2016年预计销售量为20 000件，预计单价为12万元/件，则A产品2016年的单位变动成本为多少？

④已知该企业的单位变动成本为9万元/件，2016年预计销售量为20 000件，预计单价为12万元/件，则A产品的固定成本为多少？

⑤如果所得税税率为50%，该企业2016年的税后目标利润是10 000万元，其他条件同②，则A产品2016年的销售量应该是多少？

①由式（12-10）得：

$$单价=9+\frac{40\,000+20\,000}{20\,000}=12（万元/件）$$

②由式（12-11）得：

$$销售量=\frac{40\,000+20\,000}{12-9}=20\,000（件）$$

③由式（12-12）得：

$$单位变动成本=12-\frac{40\,000+20\,000}{20\,000}=9（万元/件）$$

④由式（12-13）得：

固定成本=20 000×12-20 000×9-20 000=40 000（万元）

⑤由式（12-14）的常用形式得：

$$销售量=\frac{40\,000+\dfrac{10\,000}{1-50\%}}{12-9}=20\,000（件）$$

边际贡献（contribution margin）是量本利分析中十分重要的概念，它是产品销售收入与相应变动成本之间的差额，反映了产品盈利能力的大小。边际贡献的表达形式有单位边际贡献（unit contribution margin）、边际贡献总额（total contribution margin）和边际贡献率

（contribution margin rate）。

单位边际贡献是单价与单位变动成本之间的差额，它反映了每销售一件产品可以创造的边际贡献，即：

单位边际贡献=单价-单位变动成本　(12-15)

边际贡献总额是销售收入与变动成本总额之间的差额，它反映了销售全部产品可以创造的边际贡献，即：

边际贡献总额=销售收入-变动成本　(12-16)

边际贡献率是边际贡献总额占销售收入的百分比，它反映了每单位销售收入中边际贡献所占的份额，即：

$$边际贡献率=\frac{边际贡献总额}{销售收入}\times 100\% \qquad (12-17)$$

该指标是判断产品盈利能力大小的主要依据。通常情况下，边际贡献率越高，产品的创利能力越强；边际贡献率越低，产品的创利能力越弱。

与边际贡献率相关的另一指标是变动成本率（variable cost rate）。变动成本率是指变动成本占销售收入的百分比，即：

$$变动成本率=\frac{变动成本总额}{销售收入}\times 100\% \qquad (12-18)$$

结合式（12-16）和式（12-17）得：

边际贡献率+变动成本率=1　(12-19)

这说明边际贡献率与变动成本率两项指标存在一种互补关系：变动成本率越低，边际贡献率就越高，产品创利能力就越强；变动成本率越高，边际贡献率就越低，产品创利能力就越弱。这两个指标在企业的经营决策中具有重要意义。结合量本利分析基本方程式，可得利润公式为：

利润=销售量×单价-销售量×单位变动成本-固定成本

　　=销售收入-变动成本总额-固定成本

　　=边际贡献总额-固定成本

即：

利润=边际贡献总额-固定成本　(12-20)

可知，产品销售收入用于收回变动成本总额之后的余额是边际贡献总额。如果边际贡献总额大于固定成本，企业盈利；如果边际贡献总额小于固定成本，企业会发生亏损。进一步可知：

利润=销售量×单价-销售量×单位变动成本-固定成本

　　=销售量×（单价-单位变动成本）-固定成本

　　=销售量×单位边际贡献-固定成本

即：

利润=销售量×单位边际贡献-固定成本　(12-21)

比较式（12-20）与式（12-21），可知：

边际贡献总额=销售量×单位边际贡献　(12-22)

【例12-6】某企业只生产A产品，该产品2017年12月的预计销售量为5 000件，单价为1 000元/件，有关成本资料见表12-9。

表 12-9 **有关成本资料表** 单位：元

项目	金额
直接材料	300
直接人工	200
变动制造费用	120
固定制造费用	100 000
单位生产成本	640
每件销售费用	80
固定行政管理费用总额	500 000

请根据上述资料计算2017年12月A产品的单位边际贡献、边际贡献总额、边际贡献率、变动成本率和营业利润。

单位变动成本=直接材料+直接人工+变动制造费用+每件销售费用
=300+200+120+80
=700（元）

单位边际贡献=单价-单位变动成本
=1 000-700
=300（元）

边际贡献总额=销售量×单位边际贡献
=5 000×300
=1 500 000（元）

$$边际贡献率=\frac{边际贡献总额}{销售收入}\times100\%=\frac{1\ 500\ 000}{5\ 000\times1\ 000}\times100\%$$
=30%

变动成本率=1-边际贡献率=1-30%=70%

营业利润=边际贡献总额-固定成本总额
=1 500 000-100 000-500 000
=900 000（元）

（2）量本利图

量本利图将销售量、成本、利润的关系反映在直角坐标系中，形象具体、简明直观。量本利图能够清楚地表明企业利润为零既不盈利也不亏损时应达到的产销量，故又被称为盈亏临界图。常见的量本利图有基本式、边际贡献式、量利式。

第一，基本式量本利图。

基本式量本利图的绘制方法如下：第一，选定直角坐标系，以横轴代表销售量，以纵轴代表销售收入和成本。第二，在纵轴上绘制固定成本线。在纵轴上找出固定成本数值，并以此为起点，绘制一条平行于横轴的直线，这就是固定成本线。第三，绘制销售收入线。以原点为起点，以产品单价为斜率，在选定的坐标系内绘制出销售收入线。第四，绘制总成本线。以纵轴上代表固定成本数值的点为起点，以单位变动成本为斜率，在选定的坐标系内绘制一条直线，这就是总成本线。它可以看做是变动成本线向上平移直至通过纵轴上固定成本数值点得到的。

根据例12-4的资料，按照上面的步骤，可以绘制基本式量本利图（如图12-3所示）。

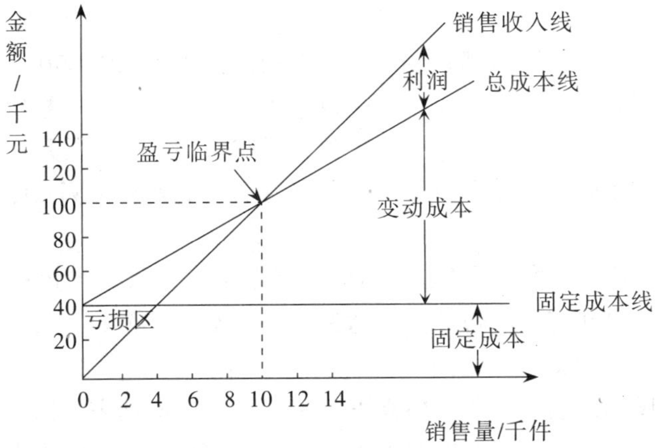

图12-3　基本式量本利图

图12-3反映了销售量、成本与利润之间的相互关系，它表达如下意义。

固定成本线与横轴之间的距离代表固定成本，它不因产量增减而变动。总成本线与固定成本线之间的距离代表变动成本，它随产量而成正比例变化。

销售收入线与总成本线的交点是盈亏临界点，该点上企业既不亏损也不盈利。图12-3中，盈亏临界点销售量为10 000件。盈亏临界点之上，销售收入大于总成本，销售收入线与总成本线之间的距离代表利润；盈亏临界点之下，销售收入小于总成本，销售收入线与总成本线之间的距离代表亏损。

盈亏临界点的高低同时取决于销售收入线和总成本线。总成本线既定时，产品单价越高，表现为销售收入线的斜率越大，盈亏临界点就越低；反之，盈亏临界点就越高。销售收入线既定时，固定成本越多或单位变动成本越多，盈亏临界点就越高；反之，盈亏临界点就越低。

第二，边际贡献式量本利图。

边际贡献式量本利图可以使人直观地了解边际贡献的数值。根据例12-4的资料，可以绘制图12-4。

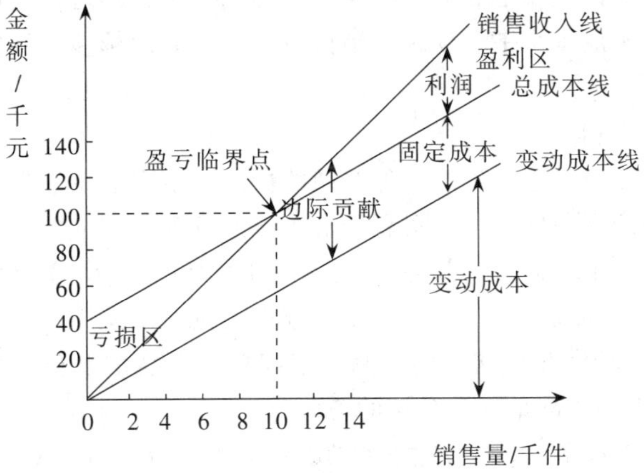

图12-4　边际贡献式量本利图

边际贡献式量本利图的绘制特点是：先做出变动成本线，在此基础上以纵轴上代表固定成本的点为起点做出一条平行于变动成本线的总成本线。其他部分与基本式量本利图的绘制方法相同。

比较两种形式的量本利图可知：基本式量本利图将固定成本放在变动成本之下，突出表明固定成本的特点，即在一定产量和时间范围内不受产量影响，稳定不变。边际贡献式量本利图将固定成本置于变动成本之上，形象地反映出边际贡献的形成过程和构成，即企业的销售收入首先用于弥补产品自身的变动成本，剩下的就是边际贡献，再减去固定成本就得到利润。

由图12-4可以看出，边际贡献随产品销售量增加而扩大，当边际贡献等于固定成本时，企业处于盈亏临界状态；当边际贡献超过固定成本后，企业开始盈利。

第三，量利式量本利图。

量利式量本利图的绘制方法是：建立直角坐标系，以横轴表示销售数量，以纵轴表示利润或亏损。以纵轴上代表利润为零的点为起点画一条水平线，代表损益平衡线。在纵轴上标出固定成本点，即销售量为零时的亏损额。

计算任一销售量下的损益数，连接由销售量和损益数确定的点与纵轴上的固定成本点得到一条直线，这就是利润线。利润线与横轴的交点就是盈亏临界点。

利用例12-4的资料，按照上面的步骤，可以绘制图12-5。

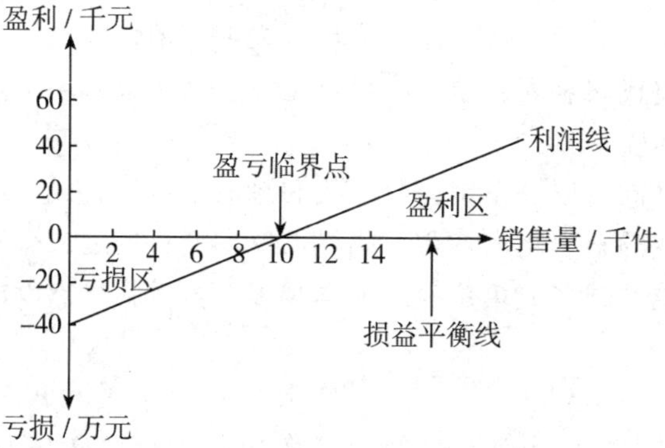

图12-5 量利式量本利图

量利式量本利图可以直观地表明以下规律：当销售量为零时，企业的固定成本将全部亏损。当产品的单价和成本水平不变时，销售量越大，利润越多，亏损越少；反之，利润越少，亏损越多。

（3）多种产品量本利分析

以上的讨论均局限于企业只生产一种产品的情况。事实上，很少有企业只生产一种产品，因此，进行多种产品条件下的量本利分析才更贴近现实。

假设某企业生产n种产品，并定义：P_i是第i种产品的单价，PVC_i为第i种产品的单位变动成本，Q_i为第i种产品的销售量，F为企业的固定成本总额，Q为企业销售n种产品的总销售量，π为销售n种产品所获得的利润。根据单种产品量本利分析的边际贡献方程式(12-21)，容易推出多种产品量本利分析的公式为：

$$利润 = \sum(某种产品的单价 - 某种产品单位变动成本) \times 其销售量 - 固定成本总额$$

$$\pi = \sum_{i=1}^{n}(P_i - PVC_i)Q_i - F \quad (12\text{-}23)$$

利用这一公式，通过前面的相似讨论，可以求出企业生产销售的各种产品的损益平衡点的销售水平，以及达到目标利润所需的目标销售水平。

如果进一步假设多种产品销售组合保持不变，则可以定义 $W_i=Q_i/Q$ 为第i种产品销售量占全部销售量的比例，则式（12-23）可以转化为：

$$\begin{aligned}\pi &= \sum_{i=1}^{n}(P_i - PVC_i)Q_i - F \\ &= \sum_{i=1}^{n}(P_i - PVC_i)W_iQ - F \\ &= Q\sum_{i=1}^{n}(P_i - PVC_i)W_i - F\end{aligned}$$

这样，如果制定了目标利润，就可以根据上面的式子求出n种产品共同的目标销售量：

$$Q = \frac{\pi + F}{\sum_{i=1}^{n}(P_i - PVC_i)W_i} \quad (12\text{-}24)$$

这里，还可以定义 $\sum_{i=1}^{n}(P_i - PVC_i)W_i$ 为综合边际贡献，它是由每种产品的单位边际贡献与各自的销售量比例的乘积之和计算出来的。

【例12-7】假设某企业生产3种产品A、B、C，有关资料见表12-10。

表12-10　**某企业基本生产资料表**

项目	产品A	产品B	产品C
销售单价（元/件）	20	42	50
单位变动成本（元/件）	16	28	36
销售量（件）	3 200	8 000	4 800

又知，企业生产这三种产品的固定成本为84 000元。假设企业这3种产品的生产组合和销售结构都保持不变。如果该企业预计下一期目标利润为24 000元，那么这3种产品的目标销售量是多少？

根据表12-10，计算3种产品的销售量比例为：

$$Q_A=\frac{\text{产品A的销售量}}{\text{全部产品的销售量}}\times100\%=\frac{3\ 200}{3\ 200+8\ 000+4\ 800}\times100\%=20\%$$

$$Q_B=\frac{\text{产品B的销售量}}{\text{全部产品的销售量}}\times100\%=\frac{8\ 000}{3\ 200+8\ 000+4\ 800}\times100\%=50\%$$

$$Q_C=\frac{\text{产品C的销售量}}{\text{全部产品的销售量}}\times100\%=\frac{4\ 800}{3\ 200+8\ 000+48\ 00}\times100\%=30\%$$

将目标利润为24 000元代入式（12-24）中，计算全部产品的目标销售量为：

$$\begin{aligned}Q &= \frac{\pi + F}{\sum_{i=1}^{n}(P_i - PVC_i)W_i} \\ &= \frac{24\ 000+84\ 000}{(20-16)\times20\%+(42-28)\times50\%+(50-36)\times30\%} \\ &= 9\ 000\text{（件）}\end{aligned}$$

根据销售结构保持不变的假设得：

产品A的目标销售量=9 000×20%=1 800（件）

产品B的目标销售量=9 000×50%=4 500（件）

产品C的目标销售量=9 000×30%=2 700（件）

12.2.2 盈亏平衡分析

量本利分析的一个基本内容就是盈亏平衡分析。盈亏平衡即保本，是指企业一定时期内的收支相等，不盈也不亏，利润等于零。当企业处于这种收支相等、不盈也不亏、利润等于零的特殊情况时，企业达到盈亏平衡状态。盈亏平衡分析是指在企业位于盈亏平衡状态的条件下，研究成本、业务量和销售收入的关系，确定销售总收入正好弥补销售总成本时的销售量和销售金额。

1）盈亏平衡点

使企业达到盈亏平衡状态的业务量称为盈亏平衡点（break-even point）。它有两种表现形式：一是实物量，即盈亏平衡点的销售量；二是价值量，即盈亏平衡点的销售额。两者都是反映企业达到盈亏平衡点时的业务量指标。因此，盈亏平衡点的确定，就是指计算这两项指标。

（1）盈亏平衡点的销售量（break-even volume）。由量本利分析的基本方程式可知，目标利润为零时：

$$销售量=\frac{固定成本+目标利润}{单价-单位变动成本}=\frac{固定成本}{单价-单位变动成本}$$

此时的销售量就是盈亏平衡点的销售量，即：

$$盈亏平衡点的销售量=\frac{固定成本}{单价-单位变动成本}=\frac{固定成本}{单位边际贡献} \quad (12\text{-}25)$$

盈亏平衡点的销售量这个指标反映了企业销售多少数量的产品才能保本。

（2）盈亏平衡点的销售额（break-even sales）。确定企业的盈亏平衡点的销售量首先就要假设企业只生产一种产品，是一种比较简单的情况。如果企业同时生产并销售多种产品，就无法确定某一个销售量使之达到盈亏临界点。此时可以选择计算盈亏平衡点的销售额。

$$\begin{aligned}盈亏平衡点的销售额&=盈亏平衡点销售量\times单价\\&=\frac{固定成本}{单价-单位变动成本}\times单价\\&=\frac{固定成本}{(单价-单位变动成本)/单价}\\&=\frac{固定成本}{1-变动成本率}\\&=\frac{固定成本}{边际贡献率}\end{aligned}$$

可以得出：

$$盈亏平衡点的销售额=\frac{固定成本}{边际贡献率}=\frac{固定成本}{1-变动成本率} \quad (12\text{-}26)$$

【例12-8】利用例12-6的资料，计算该企业2017年12月的盈亏平衡点的销售量和盈亏平衡点的销售额。

$$盈亏平衡点的销售量=\frac{固定成本总额}{单位边际贡献}=\frac{100\ 000+500\ 000}{300}=2\ 000（件）$$

$$盈亏平衡点的销售额=\frac{固定成本总额}{边际贡献率}=\frac{100\ 000+500\ 000}{30\%}=200（万元）$$

2）安全边际

许多企业在计算盈亏平衡点的基础上，还要考虑企业经营的安全程度，确定安全边际（margin of safety）。如果企业的销售量高于盈亏平衡点的销售量，则企业可以盈利，其经营是相对安全的；反之，若企业经营水平低于盈亏平衡点，则其经营是危险的。

安全边际是与盈亏平衡点相关的一项指标，反映了企业经营的安全程度。安全边际有绝对数和相对数两种形式。安全边际的绝对数表现形式有安全边际量和安全边际额；安全边际的相对数表现形式是安全边际率。

安全边际量，也称安全幅度，是预计销售量和盈亏平衡点销售量之间的差额，它以实物量衡量预计销售数与盈亏平衡点之间的差距，从而反映企业经营的安全程度，即：

$$安全边际量=预计销售量-盈亏平衡点销售量 \quad (12\text{-}27)$$

安全边际额是预计销售额和盈亏平衡点销售额之间的差额，它以价值量衡量预计销售数与盈亏平衡点之间的差距，从而反映企业经营的安全程度，即：

$$\begin{aligned}安全边际额&=预计销售额-盈亏平衡点销售额\\&=预计销售量\times单价-盈亏平衡点销售量\times单价\\&=安全边际量\times单价\end{aligned}$$

安全边际率是安全边际量（安全边际额）占预计销售量（预计销售额）的比例，即：

$$安全边际率=\frac{安全边际量}{预计销售量}\times100\%=\frac{安全边际额}{预计销售额}\times100\% \quad (12\text{-}28)$$

【例12-9】以例12-6的资料，计算某企业2017年12月的安全边际量、安全边际额和安全边际率。

$$盈亏平衡点销售量=\frac{固定成本总额}{单位边际贡献}=\frac{100\ 000+500\ 000}{300}=2\ 000（件）$$

$$盈亏平衡点销售额=\frac{固定成本总额}{边际贡献率}=\frac{100\ 000+500\ 000}{30\%}=200（万元）$$

$$安全边际量=预计销售量-盈亏平衡点销售量=5\ 000-2\ 000=3\ 000（件）$$

$$安全边际额=预计销售额-盈亏平衡点销售额=500-200=300（万元）$$

$$安全边际率=\frac{安全边际量}{预计销售量}\times100\%=\frac{3\ 000}{5\ 000}\times100\%=60\%$$

或者：

$$安全边际率=\frac{安全边际额}{预计销售额}\times100\%=\frac{300}{500}\times100\%=60\%$$

例12-9的结果表明，该公司经营的安全幅度是3 000件，安全系数为60%，它表明公司销售所能下降的幅度，超过这一限度就会出现亏损。所以，安全边际的3个指标越大，企业经营就越安全，风险就越小。

3）盈亏平衡点作业率

衡量企业经营安全程度，除了安全边际的指标，还可以采用盈亏平衡点作业率（danger ratio）指标。盈亏平衡点作业率是指盈亏平衡点销售量（额）占预计销售量（额）的百分比，即：

$$盈亏平衡点作业率=\frac{盈亏平衡点销售量}{预计销售量}\times100\%=\frac{盈亏平衡点销售额}{预计销售额}\times100\% \quad (12-29)$$

结合式（12-28）可知：

$$安全边际率+盈亏平衡点作业率=1 \quad (12-30)$$

根据例12-6的资料，某公司2017年12月的盈亏平衡点作业率为：

$$盈亏平衡点作业率=\frac{盈亏平衡点销售量}{预计销售量}\times100\%=\frac{2\,000}{5\,000}\times100\%=40\%$$

或：

$$盈亏平衡点作业率=\frac{盈亏平衡点销售额}{预计销售额}\times100\%=\frac{200}{500}\times100\%=40\%$$

容易验证，盈亏平衡点作业率+安全边际率=40%+60%=1。

这说明盈亏平衡点作业率与安全边际率存在互补关系。盈亏平衡点作业率越大，说明盈亏平衡点业务量与预计销售量就越接近，安全边际率就越小，企业的经营风险就越大；盈亏平衡点作业率越小，说明盈亏平衡点业务量比预计销售量小得越多，安全边际率就越大，企业的经营风险就越小。

4）多种产品的盈亏平衡分析

前面的分析都基于企业只生产一种产品的假设。但在实际中，企业很少仅仅依靠一种产品保持生存，而更多的是依靠生产多种产品在日益激烈的竞争环境中得以生存。

如果企业有多种产品，则其盈亏平衡点不能用数量表示，只能用金额表示，即只能计算盈亏平衡点的销售额。多种产品的盈亏平衡点的销售额的计算方法主要有加权平均法和分别计算法。

（1）加权平均法

由于各种产品的边际贡献率不同，而整个企业的综合盈亏平衡点销售额与产品的品种结构有着直接的联系，因此，需要根据各种产品的单价、单位变动成本和销售量计算出一个加权平均边际贡献率，然后根据固定成本总额和加权平均边际贡献率计算出综合的盈亏平衡点销售额。具体的计算步骤如下：

第一，计算出某种产品销售额占全部产品销售额的比重。

$$某种产品销售比重=\frac{某种产品销售额}{\sum 某种产品销售额}\times100\% \quad (12-31)$$

第二，以某种产品的单位边际贡献率为基础，以某种产品的销售比重为权数，计算出企业的加权平均边际贡献率。

$$加权平均边际贡献率=\sum(某种产品边际贡献率\times某种产品销售比重) \quad (12-32)$$

第三，计算多种产品的综合盈亏平衡点销售额。

$$综合盈亏平衡点销售额=\frac{固定成本总额}{加权平均边际贡献率} \quad (12-33)$$

第四，根据每种产品的销售比重可推算出该产品的盈亏平衡点销售额。

$$某种产品的盈亏平衡点销售额=综合盈亏平衡点销售额\times某种产品的销售比重 \quad (12-34)$$

【例12-10】假设A公司生产甲、乙、丙三种产品，固定成本总额为600万元。三种产品2017年的相关资料见表12-11。

试确定加权平均边际贡献率并计算企业综合盈亏平衡点的销售额、3种产品的盈亏平衡点销售额。

表12-11　**A公司产品相关资料表**

产品	销售量（万件）	单价（元/件）	单位变动成本（元/件）
甲	10	200	160
乙	5	300	210
丙	2	500	300

加权平均边际贡献率计算见表12-12。

表12-12　**加权平均边际贡献率计算表**

产品	销售收入（万元）	销售收入比重（%）	单位边际贡献（元）	边际贡献率（%）
甲	2 000	44	40	20
乙	1 500	33	90	30
丙	1 000	23	200	40
合计	4 500	100		

加权平均边际贡献率=44%×20%+33%×30%+23%×40%=27.9%

$$综合盈亏平衡点销售额=\frac{固定成本}{加权平均边际贡献率}=\frac{600}{27.9\%}=2\ 151（万元）$$

甲产品盈亏平衡点销售额=2 151×44%=946（万元）

乙产品盈亏平衡点销售额=2 151×33%=710（万元）

丙产品盈亏平衡点销售额=2 151×23%=495（万元）

从上述计算可以看出，多种产品盈亏平衡点销售额的计算是以各种产品的预计销售结构不变为前提的。但在实际销售中，各种产品的销售结构会发生变化，这时综合盈亏平衡点销售额也会发生变化。具体而言：当边际贡献率高的产品多销售时，实际的盈亏平衡点销售额就会低于预计值；反之，当边际贡献率低的产品多销售时，实际的盈亏平衡点销售额就会高于预计值。

（2）分别计算法

加权平均法适用于固定成本无法在各种产品之间进行分配的企业，分别计算法则适用于固定成本能够在各种产品之间合理分配的企业。

使用分别计算法时，先将固定成本总额分配给各种产品，然后按照单种产品盈亏平衡点的预测方法分别计算各种产品的盈亏平衡点销售额，并据此计算全部产品的综合盈亏平衡点销售额。

在分配固定成本时，应选择适当的分配标准，如按照销售额或销售量比例、产品重量、长度、面积、所需工时比例等。

【例12-11】假设例12-10的企业按照甲、乙、丙三种产品的销售额比例分配其固定成本，则各种产品的盈亏平衡点销售额及全部产品的综合盈亏平衡点销售额计算见表12-13。

表12-13　**多种产品盈亏平衡点销售额计算表（分别计算法）**

项目	甲产品	乙产品	丙产品	合计
销售收入（万元）	2 000	1 500	1 000	4 500
销售比重（%）	44	33	23	
固定成本（万元）	264	198	138	600
边际贡献率（%）	20	30	40	
盈亏平衡点销售额（万元）	1 320	660	345	2 325

12.2.3 各因素变动分析

量本利分析涉及利润、价格、单位变动成本、固定成本、销售量5个因素，相互之间的关系错综复杂。例如，价格下降，会引起销售量增加，同时会影响利润；销售量的变化又会引起成本变化，从而影响利润。变动分析，是指量本利发生变动时相互影响的定量分析。变动分析主要研究两个问题：①销售量、成本和价格发生变动时，测定其对利润的影响；②目标利润发生变动时，分析实现目标利润所需的销售量、收入和支出。

1）有关因素变动的影响

在目标利润既定的前提下，价格和成本水平发生变化，必然会影响到实现目标利润的业务量水平。一般来说，在其他因素不变的情况下，价格上升，目标业务量下降；价格下降，目标业务量上升。成本上升，目标业务量上升；成本下降，目标业务量下降。下面仍以例12-6的资料说明这一变化规律。

某企业的价格、成本、销售量、目标利润等资料同例12-6一样。假设有关因素发生变动的具体情况是：价格上升10%或下降10%；单位变动成本上升5%或下降5%；固定成本上升5%或下降5%。这些变化对目标业务量的影响分析如下。

（1）单价变化的影响

$$单价上升10\%后的目标销售量=\frac{600\ 000+900\ 000}{1\ 000\times(1+10\%)-700}=3\ 750（件）$$

目标销售额=3 750×1 100=4 125 000（元）

$$单价下降10\%后的目标销售量=\frac{600\ 000+900\ 000}{1\ 000\times(1-10\%)-700}=7\ 500（件）$$

目标销售额=7 500×900=6 750 000（元）

（2）单位变动成本变化的影响

$$单位变动成本降低5\%后的目标销售量=\frac{600\ 000+900\ 000}{1\ 000-700\times(1-5\%)}=4\ 478（件）$$

目标销售额=4 478×1 000=4 478 000（元）

$$单位变动成本上升5\%后的目标销售量=\frac{600\ 000+900\ 000}{1\ 000-700\times(1+5\%)}=5\ 660（件）$$

目标销售额=5 660×1 000=5 660 000（元）

（3）固定成本变化的影响

$$固定成本降低5\%后的目标销售量=\frac{600\ 000\times(1-5\%)+900\ 000}{1\ 000-700}=4\ 900（件）$$

目标销售额=4 900×1 000=4 900 000（元）

$$固定成本上升5\%后的目标销售量=\frac{600\ 000\times(1+5\%)+900\ 000}{1\ 000-700}=5\ 100（件）$$

目标销售额=5 100×1 000=5 100 000（元）

上述计算结果表明，降低成本、提高价格可以降低实现目标利润的业务量，也是企业增加利润的途径之一。

（4）多因素同时变动的影响

在实际经济生活中，各个因素并不是孤立存在而是相互影响的。综合考察有关因素同时变动的影响才能如实反映客观实际情况。

①单价和固定成本总额同时上升。假设在例12-6中，单价由原来的1 000元提高

到1 200元；同时，为使产品的预期销售量能顺利达成，需增加固定成本（如长期的广告费）支出150 000元。

盈亏平衡点的销售量由原来的2 000件降低到：

$$\frac{600\ 000+150\ 000}{300+200}=1\ 500\text{（件）}$$

实现目标利润的销售量由原来的5 000件降低到：

$$\frac{600\ 000+150\ 000+900\ 000}{300+200}=3\ 300\text{（件）}$$

完成预计销售量5 000件，可比原定目标多实现利润：

$$200\times5\ 000-150\ 000=850\ 000\text{（元）}$$

②单价降低，销售数量上升。仍以例12-6的资料计算。假设该企业决定采取薄利多销的措施扩大销售：单价由原来的1 000元降低到900元。研究发现这次降价能使预计销售数量由原来的5 000件上升到7 000件。

盈亏平衡点的销售数量由原来的2 000件上升到：

$$\frac{100\ 000+500\ 000}{300-100}=3\ 000\text{（件）}$$

实现目标利润的销售量由原来的5 000件提高到：

$$\frac{20\times5\ 000+500\ 000+900\ 000}{300-100}=7\ 500\text{（件）}$$

降价后，预计销售量上升了2 000件，可是利润却没有达到目标值：

$$(300-100)\times7\ 000-100\ 000-500\ 000=800\ 000\text{（元）}$$

这说明降价的幅度过大，销售量增加的幅度太小，使得企业因降低单价而蒙受了100 000元的损失。

2）实现目标利润的几种模型

实现目标利润的模型就是分析当利润是已知数，而其他因素是待求的未知数时，实现目标利润所需要的有关条件。下面对实现目标利润的几种情况进行论述。

（1）实现目标利润的业务量模型

在价格和成本水平既定的条件下，为保证企业已确定的目标利润应该达到的销售量或销售额称为实现目标利润的业务量。可以由量本利分析的基本方程式变化得到该模型。

$$\text{目标销售量}=\frac{\text{固定成本}+\text{目标利润}}{\text{单价}-\text{单位变动成本}}=\frac{\text{固定成本}+\text{目标利润}}{\text{单位边际贡献}} \quad (12\text{-}35)$$

$$\text{目标销售额}=\frac{\text{固定成本}+\text{目标利润}}{\text{边际贡献率}} \quad (12\text{-}36)$$

结合例12-6的资料，若该企业的目标利润设为120万元，则实现目标利润的销售量和销售额计算为：

$$\text{目标销售量}=\frac{\text{固定成本}+\text{目标利润}}{\text{单价}-\text{单位变动成本}}=\frac{600\ 000+1\ 200\ 000}{1\ 000-700}=6\ 000\text{（件）}$$

$$\text{目标销售额}=\frac{\text{固定成本}+\text{目标利润}}{\text{边际贡献率}}=\frac{600\ 000+1\ 200\ 000}{30\%}=6\ 000\ 000\text{（元）}$$

需要指出的是，上述模型中的目标利润是税前利润。要确定实现目标税后利润的业务量，必须对上述模型进行如下修改。

因为：

$$税前利润=\frac{税后利润}{1-税率}$$

所以：

$$税后目标利润销售量=\frac{固定成本+税后目标利润/(1-税率)}{单位边际贡献} \quad (12-37)$$

$$税后目标利润销售额=\frac{固定成本+税后目标利润/(1-税率)}{边际贡献率} \quad (12-38)$$

只有税后利润才是企业留存收益的真正来源，从这个角度出发，可以说目标税后利润比目标税前利润更具有实际意义。

（2）实现目标利润的成本水平模型

实现目标利润的成本水平是指在其他因素不变的条件下，分别确定单位变动成本和固定成本总额。该模型可以通过量本利分析的基本模型变化得到。

$$目标单位变动成本=\frac{销售额-固定成本-目标利润}{销售量}=单价-\frac{固定成本+目标利润}{销售量} \quad (12-39)$$

目标固定成本=销售额-变动成本-目标利润=边际贡献总额-目标利润 （12-40）

结合例12-6的资料，假设该公司的目标利润为120万元，则应保持的成本水平计算为：

$$目标单位变动成本=单价-\frac{固定成本+目标利润}{销售量}=1\,000-\frac{600\,000+1\,200\,000}{5\,000}=640（元）$$

目标固定成本=边际贡献总额-目标利润=300×5 000-1 200 000=300 000（元）

计算表明，要达到目标利润120万元，该企业必须将其产的单位变动成本从700元降为640元，或者将固定成本总额从60万元降为30万元。

（3）实现目标利润的价格模型

实现目标利润的价格模型对于企业的定价预测具有一定的指导意义。计算公式为：

$$目标价格=\frac{变动成本+固定成本+目标利润}{销售量}=单位变动成本+\frac{固定成本+目标利润}{销售量} \quad (12-41)$$

根据例12-6的资料，该企业实现目标利润的价格计算为：

$$目标价格=单位变动成本+\frac{固定成本+目标利润}{销售量}=700+\frac{600\,000+1\,200\,000}{5\,000}=1\,060（元）$$

以上计算说明，公司在维持目前成本水平的基础上，要实现120万元的目标利润，价格应该从1 000元/件提高到1 060元/件。

（4）实现目标利润的综合措施

如前文所述，在实际经济生活中，各个因素并不是孤立存在的而是相互影响的。因此，要实现目标利润往往不能只采取单一的措施，而是各种因素同时调整，要采取综合措施。

以例12-6的资料计算。假设该企业决定将其目标利润由题中的900 000元提高到1 000 000元，则可采取以下综合措施。

①提高单价，同时加大长期广告投入，因而增加固定成本总额。假设该企业决定提高单价，同时，为维持预计的销售量5 000件，需要加大长期广告投入100 000元，则为达到新的目标利润，需要将单价提高到：

$$\frac{1\,000\,000+600\,000+100\,000}{5\,000}+700=1\,040（元）$$

②扩大销售数量，同时降低单价。假设企业决定通过扩大销量完成目标利润，但销量的扩大需要降低产品的单价。企业预计能使销售数量由原来的5 000件扩大到6 000件，则要实现目标利润1 000 000元，需要将单价降低到：

$$\frac{1\,000\,000+100\,000+500\,000}{6\,000}+700=967\text{（元）}$$

12.2.4　利润敏感性分析

由量本利分析的基本方程式可知，影响利润的因素有单价、销售量、单位变动成本和固定成本总额等，它们从不同方面影响着利润。为了研究各种经济因素对利润的影响，取得事半功倍的效果，需要进行利润的敏感性分析。

敏感性分析是指研究和分析一个系统因周围环境和条件发生变化而引起的状态或者输出结果改变达到的程度。利润敏感性分析是指研究每个参数值以相同的方向和幅度改变后，在其他因素不变的情况下，利润会发生多大程度的改变，或每个指标各自变化到什么程度，仍然能够使利润达到最优解。

1）敏感系数的确定

所谓敏感系数是指一个因素发生1%的数量改变后能引起利润额变化的百分比。尽管单价、销售量、单位变动成本和固定成本总额等从不同方面影响着利润，但它们对利润的贡献和影响能力不尽相同。有的因素小幅变化后，利润就会随之发生明显变化，这些因素的敏感系数就大，或者说这些因素就是敏感因素；反之，有些因素即使本身发生了很大幅度变化，也只是对利润有微乎其微的影响，这些要素的敏感性系数就低，或者说这些因素是不敏感因素。各个因素的敏感程度可以用敏感系数来衡量，其计算公式可表示为：

$$\text{敏感系数}=\frac{\text{目标值变动的百分比}}{\text{参数值变动的百分比}} \tag{12-42}$$

具体到利润敏感性分析而言就是：

$$\text{敏感系数}=\frac{\text{目标利润变动的百分比}}{\text{影响目标利润的因素变动百分比}} \tag{12-43}$$

【例12-12】A公司生产并销售甲产品，当前市价为100元/件，单位变动成本为60元/件，生产甲产品的固定成本为300 000元，目前甲产品的销量为10 000件。试计算当前企业利润，并分析每个因素提高10%的情况下对企业利润的影响，据此确定各个因素的敏感系数。

利润=销量×单价−销量×单位变动成本−固定成本

=10 000×100−10 000×60−300 000

=100 000（元）

（1）计算单价的敏感系数。假设单价提高10%，则：

单价变动后的利润=10 000×100×（1+10%）−10 000×60−300 000=200 000（元）

$$\text{利润变化百分比}=\frac{200\,000-100\,000}{100\,000}\times100\%=100\%$$

$$\text{单价敏感系数}=\frac{\text{单价变动引起的利润变动百分比}}{\text{单价变动百分比}}=\frac{100\%}{10\%}=10$$

这表明，在其他因素不变的情况下，单价上涨1%，利润会增加10%；单价下降1%，利润会减少10%。

（2）计算单位变动成本的敏感系数。假设单位变动成本提高10%，则：

单位变动成本提高后的利润=10 000×100−10 000×60×（1+10%）−300 000

=40 000（元）

$$利润变化百分比=\frac{40\ 000-100\ 000}{100\ 000}\times100\%=-60\%$$

$$单位变动成本敏感系数=\frac{单位变动成本提高引起的利润变化百分比}{单位变动成本变化百分比}=\frac{-60\%}{10\%}=-6$$

这表明，在其他因素不变的情况下，单位变动成本上涨1%，利润会减少6%；单位变动成本下降1%，利润会增加6%。

（3）计算销售量的敏感系数。假设销售量提高10%，则：

销售量提高后的利润=10 000×（1+10%）×（100−60）−300 000=140 000（元）

$$利润变化百分比=\frac{140\ 000-100\ 000}{100\ 000}\times100\%=40\%$$

$$销售量敏感系数=\frac{销售量变化引起的利润变化百分比}{销售量变化百分比}=\frac{40\%}{10\%}=4$$

这表明，在其他因素不变的情况下，销售量上涨1%，利润会增加4%；销售量下降1%，利润会减少4%。

（4）计算固定成本总额的敏感系数。假设固定成本总额提高10%，则：

固定成本总额提高后的利润=10 000×（100−60）−300 000×（1+10%）

=70 000（元）

$$利润变化百分比=\frac{70\ 000-100\ 000}{100\ 000}\times100\%=-30\%$$

$$固定成本总额的敏感系数=\frac{固定成本总额变化引起的利润变化百分比}{固定成本总额变化百分比}=\frac{-30\%}{10\%}=-3$$

这表明，在其他因素不变的情况下，固定成本总额上涨1%，利润会减少3%；固定成本总额下降1%，利润会增加3%。

上面的计算过程见表12-14。

表12-14 **利润敏感性分析表**

项目	变动程度（%）	变动后利润（元）	利润变动程度（%）	敏感系数
销售单价	+10	200 000	+100	+10
单位变动成本	+10	40 000	−60	−6
销售量	+10	140 000	+40	+4
固定成本总额	+10	70 000	−30	−3

利润敏感性分析表的缺点是不能连续表示各因素变动与目标利润变动之间的关系，为此，需要绘制利润敏感性分析图，如图12-6所示。

图12-6的横轴代表单位变动成本、固定成本、销量、单价等各因素变动的百分比；纵轴代表利润额以及利润变动百分比。在本例中，以10%为间隔，取各因素变动百分比范围为±20%。连接原来的目标利润点（0，10万元）和单价变动20%后的点（20%，30万元），就可以得到表示单价敏感性的直线。表示其他因素敏感性的直线的画法与之类似。不难看出，在利润敏感性分析图中，与利润线夹角越小的直线所代表的因素对利润的敏感性程度就越高。

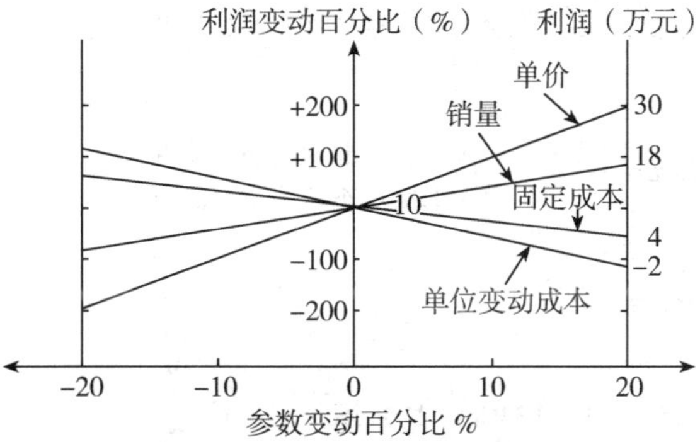

图12-6　利润敏感性分析图

由此可见，敏感系数可正可负，正号代表利润与参数成相同方向变化，负号代表利润与参数成反方向变化。敏感系数的绝对指标是利润受参数值影响的程度。就本例而言，单价和销量最为敏感，其次是单位变动成本；最不敏感的因素是固定成本总额。敏感性分析有一定的局限性，主要是因为它假设在一种参数发生变化时其他因素保持不变。实际上，很多因素之间也是相互影响的，而不是彼此孤立的。例如，产品的单价上升后非常有可能会引起销售量的下降，因此有必要进一步对利润进行分析。

2）参数临界值的确定

所谓临界值是指在作财务决策时，在保证不亏损的最低条件下，各个因素变动能达到的上下限。超过这一限度，企业经营活动将会发生实质变化，即变成亏损。进行临界值分析，是因为尽管提高利润是企业的共同目标，但有时不得不做出让步，但无论如何得保证不亏损。

临界值可以采用敏感系数加以确定：由盈利变为亏损，利润变化的百分比为-100%，根据每个因素的敏感系数很容易能够确定各个因素的临界值。

以例12-12和计算出来的结果进行分析。

（1）单价的最小值。由于单价与利润同方向变化，故单价降低到使利润水平为零时就达到了企业能够容忍的最小值。

$$单价的敏感系数=\frac{单价变化引起的利润变化百分比}{单价变化百分比}$$

故：

$$单价变化百分比=\frac{单价变化引起的利润变化百分比}{单价敏感系数}$$

当利润变化为-100%时：

$$单价变化百分比=\frac{-100\%}{10}=-10\%$$

故：

单价最小值=200×（1-10%）=180（元）

这表明，只要单价的下降幅度不超过10%，企业仍有可能盈利。所以当企业采取薄利多销的销售政策来提高竞争力时，单价的降幅不应该高于10%，所能接受的最低价格为180元/件。

（2）单位变动成本的最大值。由于单位变动成本与利润反方向变化，故单位变动成本升高到使利润水平为零时就达到了企业能够容忍的最大值。

$$单位变动成本敏感系数=\frac{单位变动成本变化引起的利润变化百分比}{单位变动成本变化百分比}$$

故：

$$单位变动成本变化百分比=\frac{单位变动成本变化引起的利润变化百分比}{单位变动成本敏感系数}$$

当利润变化为-100%时：

$$单位变动成本变化百分比=\frac{-100\%}{-7.5}=13.33\%$$

故：

单位变动成本最大值=150×（1+13.33%）=170（元）

这表明，只要单位变动成本的上升幅度不超过13.33%，企业仍有可能盈利，所能接受的单位变动成本最大值为170元/件。

（3）销售量的最小值。由于销售量与利润同方向变化，故销售量降低到使利润水平为零时就达到了企业能够容忍的最小值。

$$销售量的敏感系数=\frac{销售量变化引起的利润变化百分比}{销售量变化百分比}$$

故：

$$销售量变化百分比=\frac{销售量变化引起的利润变化百分比}{销售量的敏感系数}$$

$$销售量变化百分比=\frac{-100\%}{10}=-10\%$$

当利润变化为-100%时：

销售量最小值=10 000×（1-10%）=9 000（件）

这表明，只要销售量的下降幅度不超过10%，企业仍有可能盈利，所能接受的销售量最小值为9 000件。

（4）固定成本总额的最大值。由于固定成本总额与利润反方向变化，故固定成本总额升高到使利润水平为零时就达到了企业能够容忍的最大值。

$$固定成本总额的敏感系数=\frac{固定成本总额变化引起的利润变化百分比}{固定成本总额变化百分比}$$

故：

$$固定成本总额变化百分比=\frac{固定成本总额变化引起的利润变化百分比}{固定成本总额的敏感系数}$$

当利润变化为-100%时：

$$固定成本总额变化百分比=\frac{-100\%}{-1.5}=66.67\%$$

固定成本总额最大值=300 000×（1+66.67%）=500 100（元）

这表明，只要固定成本总额的上升幅度不超过66.67%，企业仍有可能盈利，所能接受的固定成本总额最大值为500 100元。

上面的计算过程见表12-15。

分析参数临界值也是以待求变量以外的其他变量都不变为前提的。在实际市场中，各个因素之间的相互影响使问题更为复杂。但掌握每一个因素的变化程度及其极限水平是有助于提高决策正确性的。

表12-15 参数临界值计算表

项目	敏感系数	利润变化程度（%）	参数变化程度（%）	参数临界值
销售单价	+10	-100	-10	180
单位变动成本	-7.5	-100	+13.33	170
销售量	+10	-100	-10	9 000
固定成本总额	-1.5	-100	+66.67	500 100

12.3 财务预算

12.3.1 全面预算体系

全面预算是指由一系列预算按其经济内容及相互关系组成的有机体。全面预算是企业经营思想、目标和决策的数量化，即在财务预测和决策的基础上，按照规定的目标和内容对企业未来的生产、销售和现金流量等有关方面以计划的形式具体地、系统地反映出来，以便有效地组织和协调企业的全部生产经营活动，完成企业的既定目标。

1）全面预算的内容

全面预算体系是由一系列预算按照其经济内容及相互关系有序排列组成的有机体，主要包括经营预算、长期投资支出和财务预算三部分。

经营预算（operating budgets）是指与企业日常业务直接相关、具有实质性的基本活动的一系列预算的统称，也称日常业务预算。这类预算的具体内容有：①销售预算；②生产预算；③直接材料预算；④直接人工预算；⑤制造费用预算；⑥产品成本预算；⑦期末存货预算；⑧销售费用预算；⑨管理费用预算。这些预算通常与企业的利润表计算相关，并且大多以实物量指标和价值量指标分别反映企业收入和费用的构成情况。

长期投资支出预算（long-term investment budgets）是专门决策预算（special budgets）的一种。专门决策预算是指企业不经常发生的、需要根据特定决策临时编制的一次性预算。

财务预算（financial budgets）是指与企业现金收支、经营成果和财务状况相关的有关各项预算。主要包括：①现金预算；②财务费用预算；③预计利润表；④预计资产负债表。这些预算以价值量指标总括反映经营预算和长期投资支出预算的结果。财务预算是全面预算体系的最后环节。财务预算在全面预算体系中占有举足轻重的地位，是全面预算体系的核心组成部分。

全面预算的各项预算之间是前后衔接、相互钩稽的，形成了一个完整的体系，它们之间的联系如图12-7所示。

此外，全面预算按照其涉及的预算期可以分为长期预算和短期预算。长期预算是指预算期超过了一年的预算，如长期销售预算、资本支出预算、长期资金筹措预算等。短期预算是指年度预算或者时间更短的季度预算和月度预算，如材料预算、货币资金预算和成本

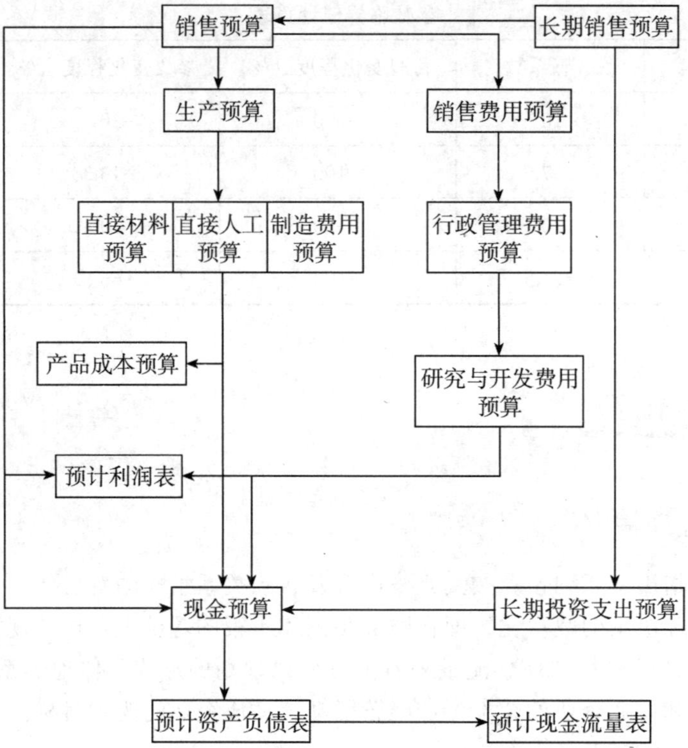

图 12-7 全面预算示意图

费用预算。按照编制方法，全面预算还可以分为固定预算、弹性预算、滚动预算、调整预算和零基预算等。

2）全面预算的编制程序

全面预算的编制，涉及企业经营管理的各个部门。只有实际执行人参与预算的编制，才能使预算成为他们愿意努力完成的目标。因此，预算的编制应该采取自上而下、自下而上的方法，不断反复和修正，最后由有关机构综合平衡，并作为正式的预算落实到各有关部门付诸实施。

一般而言，全面预算的编制程序包括以下步骤。

（1）在预测和决策的基础上，由预算委员会拟定企业预算总方针，包括经营方针、各项政策以及企业总目标和分目标，如利润目标、销售目标、成本目标等。

（2）组织各生产业务部门按具体目标要求编制本部门预算草案。

（3）由预算委员会平衡与协商调整各部门的预算草案，并进行预算的汇总与分析。

（4）审议预算并上报董事会，最后通过企业的综合预算和部门预算。

（5）将批准后的预算下达给各部门执行。

12.3.2 现金预算的编制

1）现金预算的内容

现金预算反映企业在预算期内预计的全部现金流入和全部现金支出，以及由此预计的现金收支所产生的结果。现金预算是企业财务预算的重要组成部分，也是进行预算控制的重要工具。现金预算应以有关的生产经营预算、成本费用预算和资本预算所提供的资料为编制基础。现金预算的具体内容包括现金收入预算、现金支出预算、现金余缺预算、资金筹集和运用预算。

2）现金预算的编制方法

编制现金预算，常用的有三种方法：现金收支法、净损益调整法、预计资产负债表法。这三种方法所需的原始数据相同，分别利用不同的预测技术提供现金预算资料。

（1）现金收支法

现金收支法也称为直接编制法，它是以预算期内各项经济业务实际发生的现金收付为依据来编制现金预算。

具体而言，首先，根据本期销售预算等资料确定本期营业现金收入和其他现金收入，其他现金收入是指公司投资活动和理财活动的现金收入；然后，根据本期各项费用预算资料，确定本期营业现金流出和其他现金流出，其他现金流出是指公司投资活动和理财活动的现金流出；最后，确定本期现金结余的最低存量，以此推算出本期现金的不足或多余数。多余现金可用于归还借款或者进行投资业务，不足现金则应设法筹资来弥补。

现金收支法直接明了，编制灵活，容易被人理解。它的缺陷在于它是按照现金收付制实现编制的，与按权责发生制编制的利润表之间无法衔接，无法看出一定时期内利润总额与现金的关系。

（2）净损益调整法

净损益调整法也被称为现金预算的间接编制方法，它以预算利润表中按权责发生制原则编制而确定的税后利润为起点，经过逐笔调整处理各项影响损益和现金余额的会计事项，把本期净利润额调整为现金净收入。

具体而言，首先，要将权责发生制下的预计损益数加上不减少现金的费用支出，再减去不增加现金的各项收入，将其调整为现金收付基础上的净损益额；然后，加减与本期损益无关的现金收支数，调整为预算期内的现金净收入数；最后，再加上期初余额，减去期末最低存量现金，得出预算期内的现金余缺数。

这种方法是按权责发生制编制的净损益，能够与按现金收付实现制确定的现金净流量在一张现金预算表中得到充分统一，充分揭示现金流量和一定时期内的净损益之间的关系，既反映了公司的损益情况，又反映了现金的余缺状况。

（3）预计资产负债表法

预计资产负债表法是运用资产负债表基本会计等式之间的相互关系，推算出企业一定时期内的现金余额。

具体而言，编制一张估计的资产负债表，然后根据会计方程式列出下列算式：

现金=负债+所有者权益-非现金资产

结果为正，说明现金多余；结果为负，说明现金不足。

这种方法比较简单，也符合基本会计原理，但不能明确显示现金流入和流出的具体数据，不能对现金收入和现金支出的各项经济业务进行逐项预测和分析。

3）现金预算的编制过程

编制现金预算常用现金收支法，并且应该以日常业务预算和专门决策预算为基础。下面假设A公司的日常业务预算和专门决策预算的资料如下：

(1) 销售预算

销售预算是编制全面预算的起点。销售预算的主要内容是销售量、单价和销售收入。销售量是根据市场预测和销货合同并结合企业生产能力确定的。单价是通过价格决策确定的。销售收入是两者的乘积，在销售预算中计算得出。

【例12-13】A公司生产和销售一种产品，2016年的销售预算见表12-16。

表12-16 **A公司销售预算表**

项目	第一季度	第二季度	第三季度	第四季度	全年合计
预计销售量（件）	200	240	300	360	1 100
预计单位售价（元/件）	1 000	1 000	1000	1 000	1 000
销售收入（元）	200 000	240 000	300 000	360 000	1 100 000

销售预算通常包括预算现金收入的计算。假设每季度销售收入中，本季度收回60%，余下的现金要在下个季度才能收回，则每一季度的现金收入都包括两部分，即上一季度的应收账款在本季度收到的现金，以及本季度销售额中能收到的货款。由此可得表12-17。

表12-17 **A公司预计现金收入表** 单位：元

上年应收账款	120 000				120 000
第一季度	120 000	80 000			200 000
第二季度		144 000	96 000		240 000
第三季度			180 000	120 000	300 000
第四季度				216 000	216 000
现金收入合计	240 000	224 000	276 000	336 000	1 076 000

除了产品销售，企业还有其他来源可以获得现金，如对外提供劳务、长短期投资获得的利息或股利、出售股票和债券的收入等。这些现金流入量一般不易把握，难以采取定期现金预算方式加以预测，因此这里假设这些现金流入量为零。

(2) 生产预算

生产预算是在销售预算的基础上编制的，这是因为产品的生产量和销售量存在密切关系。企业的生产和销售不可能做到“同步同量”，因此必须存储一定的存货，以保证意外需求的满足和均衡生产。预算期间，除必须备有足够的产品支持销售外，还应考虑预算期初存货和预算期末存货等因素。

生产预算的主要内容有预计销售量、期初和期末存货、生产量等。它们之间存在如下关系：

预计生产量=预计销售量+预计期末存货量-预计期初存货量 (12-44)

【例12-14】A公司的生产预算见表12-18。

需要解释的是，企业通常会准备一定量的存货以避免发生意外需求时不能按时供货，并可平衡生产，节省赶工的额外支出。例12-14中，假设企业本期存货数量按照下期销售量的10%安排，如24（第一季度期末存货）=240（第二季度预计销售量）×10%。

表12-18　**A公司生产预算**　单位：件

项目	第一季度	第二季度	第三季度	第四季度	全年
预计销售量	200	240	300	360	1 100
加：期末存货	24	30	36	40	40
合计	224	270	336	400	1 140
减：期初存货	20	24	30	36	20
预计生产量	204	246	306	364	1 120

（3）直接材料预算

直接材料预算是以生产预算为基础编制的，主要是用来确定预算期材料采购量和采购成本。

直接材料预算的内容包括直接材料的单位产品材料用量、本期生产需用量、期初和期末材料库存量、预计材料采购量等。它们之间存在如下关系：

预计材料采购量=本期生产需用量+预计期末材料存货量-预计期初材料存货量　（12-45）

其中：

本期生产需用量=单位产品材料用量×预计生产量

【例12-15】A公司的直接材料预算见表12-19。

表12-19　**A公司直接材料预算表**

项目	第一季度	第二季度	第三季度	第四季度	全年
预计生产量（件）	204	246	306	364	1 120
单位产品材料用量（千克/件）	10	10	10	10	10
生产需用量（千克）	2 040	2 460	3 060	3 640	11 200
加：预计期末材料存货量（千克）	246	306	364	400	400
合计	2 286	2 766	3 424	4 040	11 600
减：预计期初材料存货量（千克）	200	246	306	364	200
预计材料采购量（千克）	2 086	2 520	3 118	3 676	11 400
单价（元/千克）	10	10	10	10	10
预计采购金额（元）	20 860	25 200	31 180	36 760	114 000

需要解释的是，例12-15假定各季度的“期末材料存货量”根据下一季度生产需用量的10%确定，如：

246（第一季度期末材料存货量）=2 460（第二季度材料生产需用量）×10%

为了方便编制现金预算，通常要预计材料采购的各季节现金支出。例12-15中，假设材料采购款有50%在本季度内付清，余下的在下季度付清，由此可得表12-20。

（4）直接人工预算

直接人工预算是以生产预算为基础编制的，是用来确定预算期内人工工时的消耗水平和人工成本水平的。

表 12-20 **A公司预计现金支出** 单位：元

上年应付款	6 000				6 000
第一季度	10 430	10 430			20 860
第二季度		12 600	12 600		25 200
第三季度			15 590	15 590	31 180
第四季度				18 830	18 830
合计	16 430	23 030	28 190	34 420	102 070

直接人工预算的主要内容有预计产量、单位产品工时、人工总工时、每小时人工成本、人工总成本等。直接人工预算的基本计算公式为：

预计直接人工总成本=预计人工总工时×预计每小时人工成本 （12-46）

其中：

预计人工总工时=预计单位产品工时×预计产量

【例 12-16】A 公司 2016 年直接人工预算见表 12-21。

表 12-21 **A公司直接人工预算表**

项目	第一季度	第二季度	第三季度	第四季度	全年
预计产量（件）	204	246	306	364	1 120
单位产品工时（小时/件）	2	2	2	2	2
人工总工时（小时）	408	492	612	728	2 240
每小时人工成本（元）	5	5	5	5	5
人工总成本（元）	2 040	2 460	3 060	3 640	11 200

需要指出的是，表 12-21 中预计产量资料来源于生产预算，单位产品人工工时和每小时人工成本资料来源于标准成本资料。

（5）制造费用预算

制造费用预算是指除直接材料和直接人工预算以外的其他一切生产费用的预算，通常也分为变动制造费用预算和固定制造费用预算两部分。

变动制造费用以生产预算为基础进行编制。如果有完善的标准成本资料，用单位产品的标准成本与产量相乘，即可以得到相应的预算金额；反之，则需要逐项预计计划产量需要的各项制造费用。

固定制造费用需要逐项进行预计，通常与本期产量无关，按每季实际需要的支付额预计，然后求出全年数。

【例 12-17】假设 A 公司采用变动成本法编制预算，变动制造费用按直接人工工时比例分配，折旧以外的各项制造费用于当季付现。A 公司 2016 年制造费用预算见表 12-22。

结合直接人工预算表可得：

$$变动制造费用分配率=\frac{5\,600\,(全年变动制造费用合计)}{2\,240\,(全年预计直接人工总工时)}=2.5\ （元/时）$$

表12-22 **A公司制造费用预算表** 单位：元

项目	第一季度	第二季度	第三季度	第四季度	全年
间接人工	200	240	160	400	1 000
间接材料	600	700	600	400	2 300
修理费	300	360	300	340	1 300
水电费	240	260	300	200	1 000
变动制造费用合计	1 340	1 560	1 360	1 340	5 600
修理费	1 200	1 480	1 300	1 300	5 280
折旧	2 000	2 000	2 000	2 000	8 000
管理人员工资	1 400	1 400	1 400	1 400	5 600
保险费	440	500	500	420	1 860
财产税	400	500	400	360	1 660
固定费用合计	5 440	5 880	5 600	5 480	22 400
制造费用合计	6 780	7 440	6 960	6 820	28 000
减：折旧	2 000	2 000	2 000	2 000	8 000
现金支出的费用	4 780	5 440	4 960	4 820	20 000

$$固定制造费用分配率=\frac{22\,400（全年固定制造费用合计）}{2\,240（全年预计直接人工总工时）}=10（元/时）$$

（6）产品成本预算

产品成本预算由生产预算、直接材料预算、直接人工预算、制造费用预算汇总得到。其主要内容是产品的单位成本和总成本。单位产品成本资料来源于前述直接材料预算、直接人工预算和制造费用预算；生产量、期末存货量来自生产预算；销售量来自销售预算。生产成本、存货成本和销货成本等，根据单位成本和有关数据计算得出。

【例12-18】A公司的成本预算见表12-23。

表12-23 **A公司产品成本预算**

项目	每件单位成本	单位产品耗用量	单位成本（元/件）	总生产成本（元）（1 120件）	期末存货（元）（40件）	销货成本（元）
直接材料	10元/千克	10千克/件	100	112 000	4 000	110 000
直接人工	5元/小时	2小时/件	10	11 200	400	11 000
变动制造费用	2.5元/小时	2小时/件	5	5 600	200	5 500
固定制造费用	10元/小时	2小时/件	20	22 400	800	22 000
合计	—	—	—	151 200	5 400	14 950

需要指出的是，表12-23中直接材料的相关资料来源于直接材料预算表，直接人工的

相关资料来源于直接人工预算表，变动制造费用和固定制造费用的相关资料来源于制造费用预算表。

（7）销售和管理费用预算

销售费用是为了实现销售预算而支付的费用。销售费用预算的编制以销售预算为基础。编制销售费用预算时，要对过去的销售费用进行分析，考察过去销售费用支出的必要性和效果。

管理费用是搞好一般管理业务所必需的费用。编制管理费用预算时，要分析企业的业务成绩和一般经济状况，努力使费用合理化。管理费用多属于固定成本，因此，一般是以过去的实际开支为基础，按预算期可预见的变化来调整。

【例12-19】A公司的销售及管理费用预算见表12-24。

表12-24 **A公司销售及管理费用预算** 单位：元

项目	金额	项目	金额
销售人员工资	8 000	管理人员薪金	6 000
广告费	4 000	福利费	800
包装、运输费	1 200	保险费	1 000
保管费	1 000	办公费	2 000
销售费用合计	14 200	管理费用合计	9 800
合计			24 000
每季度支付现金（24 000÷4）			6 000

（8）现金预算

一般来说，现金预算包括4个部分：①现金收入，包括期初现金余额和预算期内的现金流入；②现金支出，指预算期内预计发生的现金支出；③现金收支差额，指现金收入和现金支出的差额；④现金的筹集和运用，即根据预算期内现金收支差额和企业的现金管理政策，确定筹集或运用现金的数额。

现金预算的编制要综合运用前面7个预算的相关资料。

【例12-20】A公司的2016年现金预算见表12-25。

需要指出的是，例12-20中因为A公司在四个季度内全是现金多余，因此不需要向银行借款。如果某一季度出现了现金不足，A公司应该考虑向银行借款，并编制借款和还款的预算表。例如，假设由于其他原因，A公司第一季度的现金余额为-30 000元。因此，A公司预算在第一季度末向银行借入短期借款50 000元，计划在年末归还。短期借款的年利率为10%。故A公司需要在年末还本付息53 750元。其他季度现金余额与表12-25相同。由此可编制表12-26。

12.3.3 预计财务报表的编制

预计的财务报表是财务管理的重要工具，包括预计利润表、预计资产负债表和预计自由现金流量。

表12-25　**A公司现金预算表**　单位：元

项目	第一季度	第二季度	第三季度	第四季度	全年
期初现金余额	8 000	216 750	193 820	425 610	8 000
加：销货现金收入	240 000	224 000	276 000	336 000	1 076 000
可供使用现金	248 000	440 750	469 820	761 610	1 084 000
减：直接材料	16 430	23 030	28 190	33 970	101 620
直接人工	2 040	2 460	3 060	3 640	11 200
制造费用	4 780	5 440	4 960	4 820	20 000
销售及管理费用	6 000	6 000	6 000	6 000	24 000
所得税	2 000	2 000	2 000	2 000	8 000
购买设备		200 000		600 000	800 000
股利		8 000		8 000	16 000
现金多余或不足	216 750	193 820	425 610	103 180	103 180

表12-26　**融资预算表**　单位：元

项目	第一季度	第二季度	第三季度	第四季度	全年
季末现金余额	-30 000	193 820	425 610	103 180	692 610
季末银行借款	50 000				
季末支付利息					
偿还银行借款				-50 000	
融资金额合计	50 000			-53 750	
期末现金余额	20 000	193 820	425 610	49 430	688 860

1）预计利润表的编制

预计的利润表和实际的利润表的内容和格式相同，只不过数字是面向预算期的。它是在汇总销售、成本、销售及管理费用、营业外收支、资本支出等预算的基础上编制的。通过编制预计利润表，可以了解企业预期的盈利水平。根据上节资料，可以编制A公司的预计利润表，见表12-27。

其中：销售收入来源于销售收入预算；销货成本来源于成本预算；销售及管理费用来源于销售费用和管理费用预算；所得税按照利润规划时估计的数额填写。

2）预计资产负债表的编制

预计资产负债表与实际资产负债表内容、格式相同，只不过数据反映的是预测的各种资产、负债及所有者权益项目的余额。根据本期期初资产负债表，以及销售、生产、资本等预算的有关数据加以调整，可编制A公司的预计资产负债表，见表12-28。

表12-27 **A公司预计利润表** 单位：元

项目	金额
销售收入	1 100 000
销售成本	148 500
毛利	951 500
销售及管理费用	24 000
利润总额	927 500
所得税（估计）	8 000
税后净利润	919 500

表12-28 **A公司预计资产负债表** 单位：元

项目	年初	年末	项目	年初	年末
货币资金	8 000	103 180	应付账款	6 000	18 380
应收账款	120 000	144 000	长期借款	98 000	98 000
直接材料	2 000	4 000	负债合计	104 000	116 380
产成品	2 700	5 400	普通股	136 000	136 000
土地	30 000	30 000	未分配利润	82 700	986 200
房屋及设备	200 000	1 000 000	权益总额	218 700	999 800
减：累计折旧	40 000	48 000			
资产总额	322 700	1 238 580	负债及所有者权益总额	322 700	1 238 580

有关科目的计算过程为：

年末应收账款=本期销售额×（1-本期收现率）

=360 000×（1-60%）=144 000（元）

其中：本期销售额和本期收现率资料来源于销售预算表。

年初直接材料=年初直接材料存货量×材料单价

=200×10

=2 000（元）

年末直接材料=年末直接材料存货量×材料单价

=400×10

=4 000（元）

其中：年初（末）直接材料存货量和材料单价资料来源于直接材料预算表。

年初产成品=年初产成品数量×产品单位成本=20×135=2 700（元）

年末产成品=年末产成品数量×产品单位成本=40×135=5 400（元）

其中：年初（末）产成品数量和产品单位成本资料来源于生产预算表。

年末应付账款=本期采购额×（1-本期付现率）

=36 760×（1-50%）=18 380（元）

其中：本期采购额和本期付现率资料来源于直接材料预算表。

年末未分配利润=期初未分配利润+本期利润-本期股利

=82 700+919 500-16 000=986 200（元）

基本训练

第12章基本训练

第13章 股利政策

学习目标

- 了解股利支付的程序和方式；
- 掌握股利政策理论，如客户效应理论、信号传递理论和代理成本理论；
- 了解股利政策理论在国内外的实证检验情况；
- 了解股利政策的影响因素，掌握实务中的股利政策，如剩余股利政策、固定或持续增长的股利政策、固定股利支付率政策和低正常加额外股利政策；
- 掌握股票回购的目的和优缺点，了解股票回购如何影响股票价格；
- 掌握股票股利和股票分割的特征，了解股票股利和股票分割的信号作用；
- 掌握中国上市公司股利政策的相关法律和法规；
- 认识中国上市公司股利分配的情况。

引子

金安国纪科技股份有限公司2016年度利润分配实施公告

2017年7月5日，金安国纪科技股份有限公司公告2016年度利润分配实施方案：以公司现有总股本728 000 000股为基数，向全体股东每10股派0.650000元人民币现金（含税；扣税后，QFII、RQFII以及持有股改限售股、首发限售股的个人和证券投资基金每10股派0.585000元，持有非股改、非首发限售股及无限售流通股的个人股息红利税实行差别化税率征收，先按每10股派0.650000元，权益登记日后根据投资者减持股票情况，再按实际持股期限补缴税款；持有非股改、非首发限售股及无限售流通股的证券投资基金所涉红利税，对中国香港投资者持有基金份额部分按10%征收，对中国内地投资者持有基金份额部分实行差别化税率征收；对于QFII、RQFII外的其他非居民企业，公司未代扣代缴所得税，由纳税人在所得发生地缴纳）。

发放范围：截至2017年7月11日下午深圳证券交易所收市后，在中国证券登记结算有限责任公司深圳分公司（以下简称“中国结算深圳分公司”）登记在册的本公司全体股东。

股权登记日：2017年7月11日。

除权（除息）日：2017年7月12日。

现金红利发放日：2017年7月18日。

资料来源　佚名. 金安国纪科技股份有限公司2016年度利润分配实施公告［EB/OL］.［2017-07-05］. http：//quotes.money.163.com/f10/ggmx_002636_3543291.html.

股利政策是关于公司是否发放股利、发放多少股利以及何时发放股利等方面的方针和策略，是企业利润分配的一部分，主要涉及三个方面：一是股利支付比率的设计；二是股利支付具体形式的选择；三是股利发放的程序和策划，如发放频率、股利宣告日、登记日、除息日和发放日的确定等。

13.1　股利支付的程序和方式

13.1.1　股利支付程序

股份有限公司向股东支付股利，前后有一定的过程，主要经历股利宣告日、股权登记日、除权除息日和股利支付日。

（1）股利宣告日。股利宣告日即公司董事会将股利支付情况予以公告的日期。公告中会宣布每股支付的股利、股权登记期限和股利支付日。

（2）股权登记日。股权登记日即有权领取股利的股东有资格登记截止日期。只有在股权登记日之前在公司股东名册上记载名字的股东，才有权分享股利。

（3）除权除息日。除权除息日即领取股利的权利与股票相互分离的日期。

对于公司股票来说，有普通股与优先股之分，普通股可以获得股利，优先股只能获得优先股息。一般来说，除权日是针对普通股而言的，也称为除权交易日，是指股权登记日后的第二个交易日，即从该日起开始购买公司普通股的投资者将不能取得公司上一个宣告日公布的股利。而除息日则是针对优先股而言的，也称除息交易日。因此从这个意义上说，除权日和除息日具有相同的内涵，通常将二者统称为除权除息日。

在除权除息日前，股利权从属于股票，持有股票者享有领取股利的权利；从除权除息日开始，股利权与股票相分离，新购入股票的人不能分享股利。

在中国，除权除息日通常是股权登记日之后的第一个交易日[①]。上市公司在宣布董事

① 由于B股实行的是T+3的交收制度，因而它的除息交易操作方法有别于T+1制度下A股的操作方法。应先弄清三个日期及其含义，它们是最后交易日、除息交易日和股权登记日。三个日期中首先要确定的是除息交易日，确定除息交易日是为了说明在该日以前买入或持有的股票为带息股票；其次是最后交易日，弄清最后交易日是为了确定该日是带息股票交易的最后一天，并借此确定股权登记日的具体日期；最后是股权登记日，根据T+3交收制度，股权登记日应该是最后交易日的第3个营业日，因为只有在这一天，投资人的股权登记才告完毕。如某股票的除息交易日为9月1日，其最后交易日则为8月31日，其股权登记日即在9月3日(以上日期均当做营业日来计算)。值得一提的是，营业日不同于自然日，中国的营业日不等于美国的营业日。这是因为上海B股是以美元来结算的，而美元现汇的收付由花旗银行纽约分行处理。由于两国的节假日各有不同，因此营业日的计算必须要剔除两国的节假日，T+3的交收更准确地说是成交后剔除两国节假日的第3个营业日交收。根据上述实例，如9月3日为美国节假日，则股权登记日应延期至9月4日，尽管9月3日上海证券交易所仍然开张营业，是营业日。

会、股东大会的分红、配股方案后，尚未正式进行分红、配股工作，股票在除权、除息前就称为“含权”“含息”股票。股票在除权后交易，交易市价高于除权价，取得分红或配股者得到市场差价而获利，为填权；交易市价低于除权价，取得分红或配股者没有得到市场差价，造成浮亏，为贴权。而在国外，股票市场上的除权除息日是在股权登记日的前两个营业日。

（4）股利支付日。股利支付日即公司向股权登记日股东发放股利的日期。

以下以中国上市公司发放股利的实际例子，进一步说明股利支付程序。

徐州海伦哲专用车辆股份有限公司（以下简称海伦哲）2015年度权益分派方案已获2016年5月19日召开的2015年年度股东大会审议通过。2015年度权益分派方案为：以公司现有总股本364 925 238股为基数，向全体股东每10股派0.15元人民币现金（含税）。权益分配方案还宣布了股权登记日、除息日及红利发放日。股权登记日为2016年5月27日，除息日为2016年5月30日，股利支付日为2015年5月30日。

海伦哲的股利支付程序如图13-1所示。

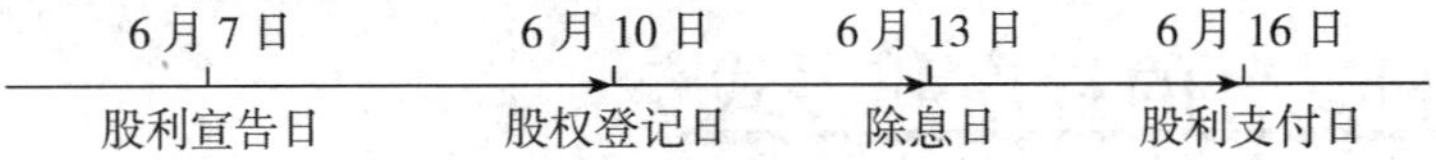

图13-1 海伦哲的股利支付程序

①股利宣告日。海伦哲在2016年5月19日发布2015年度分红派息实施公告，这一天就是股利宣告日。公告内容包括股利的形式和数量、股权登记日、除息日、股利支付日等信息。

②股权登记日。在2016年5月27日股票停止交易之后，海伦哲停止股权转让手续的办理，同时公司将得到当天为止交易公司股票的股票持有人名单，名单上的股东就是股利的派发对象。

③除息日。2016年5月30日，海伦哲股票的所有权和领取股息权相分离，也就是说，在这一天购买海伦哲股票的股东就不能享受最近一期宣告的股利。

④股利支付日。2016年5月30日为股利支付日，这一天公司支付所宣告的股利。

13.1.2 股利支付方式

根据公司支付的股利对公司财务状况的影响，股利可分为三种：资产式股利、债权式股利和股权式股利。资产式股利是指公司利用减少资产的方式向股东支付股利，常见的形式有现金股利、财产股利等。同理，债权式股利是指公司用增加负债的方式支付股利，也称为负债股利，按照偿债期限长短又可分为债券股利和票据股利两种。股权式股利就是常见的股票股利。要注意，债券股利、票据股利和股票股利中的债券、票据和股票必须是分派公司自身签发和发行的，否则就都是财产股利。[①]分派现金股利、财产股利和负债股利，都会使股东权益减少；而分派股票股利则不影响股东权益总额，因为它一方面减少了留存收益，另一方面增加了实缴股本。

1）现金股利

现金股利（cash dividends）是指公司以现金向股东分配的股利，是运用最为普遍的股

① 杨家新. 公司股利政策研究［M］. 北京：中国财政经济出版社，2002.

利形式。现金股利可以用若干金额的货币表示，也可以用股份面额价值的一定百分比表示。

现金股利还可以分为正常现金股利、正常现金股利加额外股利、特别股利和清偿股利等几种方式。正常现金股利一般按季度、半年或年度定期发放，发放这种股利表示公司希望以后保持同一频率，按时发放股利。正常现金股利加额外股利适用于各年收益率波动性较大的公司，这类公司定期支付的股利数额较少，只有在本年收益超过正常年份时才分派额外股利，这种支付方式既能保证投资者每期固定获得股利，又可以将公司经营效益好的年份的盈余分配给投资者。特别股利是一种一次性发放的股利。清偿股利是破产企业以耗竭储备金来分配股利的特殊股利形式，是作为已缴股本的退还。

通过支付现金股利，公司未分配利润将减少，股东权益也会相应减少。在股本不变的前提下，这种股利支付方式会直接降低每股净资产值，提高净资产收益率。

2）财产股利

财产股利（property dividends）是以非现金形式分派公司的收益，如产品、服务、存货、不动产、有价证券等，最常见的财产股利形式是公司所持有的其他公司的有价证券，如股票、债券。财产股利和现金股利相比，只是派发的资产类型不同而已。

3）负债股利

负债股利（debt dividends）包括债券股利和票据股利。

债券股利（bond dividends）就是公司将本公司发行的债券作为股利向股东分配。发放债券股利的公司一般都是意欲停止现金股利分配，并且想要增加资本结构中的负债比重。

在我国，只有在迫不得已的情况下，才会在征得股东大会的同意并经国务院证券监督管理机构批准后发行债券，用非流动负债来抵付股利。

票据股利（scrip dividends）就是公司签发票据向股东分配的股利。有的公司已经宣布分配现金股利了，但是缺乏可用来分配的现金，又不能从银行或者公开金融市场获得资金。在这样无奈的窘况下，为了顾全发放现金股利的信誉，公司只能签发票据增加负债来分配股利。实质上，票据股利就是权宜之计，其功能是递延了公司本该支付的现金股利。用于股利分配的票据可以带息或者不带息，有的规定到期日，有的不规定到期日。

派发负债股利，一方面会减少留存收益，另一方面会相应地增加负债。负债股利的实质是权益间的一种转换，即将股东权益转换为债权人权益。

目前，财产股利和负债股利这两种股利方式在中国公司股利政策的实务中很少使用，但并非法律所禁止。

4）股票股利

股票股利（stock dividends）是指公司向普通股股东按其持有股份的一定比例所增发的同类股票。

13.2 股利政策理论

13.2.1 股利政策无关论

Miller和Modigliani全面阐述了股利政策无关论。他们指出，在一个完善的资本市场[①]中，当公司的投资政策恒定时，股利政策对公司价值和资本成本没有影响，即著名的MM股利政策无关论。该理论认为，更高的股利支付导致更低的留存收益和资本利得，反之亦然，这样使得股东总财富保持不变。根据股利政策无关论，公司价值完全取决于投资政策所决定的盈利能力，而不是取决于股利和留存收益之间是如何分割的，即从股利政策无关论来看，公司现金流量的风险是由该公司的经营现金流量风险决定的，而不是由公司股利政策决定的。于是，单就股利政策而言，无所谓最优，也无所谓最次，股利政策是无足轻重的。在建立股利政策无关论理论时，Miller和Modigliani做出了一系列的严格假设，但这些假设在现实世界中是不一定成立的。自从Miller和Modigliani的开创性工作以来，Black所谓的股利之谜引起了人们极大的关注。随后的财务经济学家逐渐放松了这些假设，试图从风险、税收、信息不对称和代理成本等视角解释公司股利政策。

13.2.2 “在手之鸟”理论

“在手之鸟”理论（bird in the hand theory）的代表人物是Gordon。Gordon对MM股利政策无关论中假定投资者对资产收益和股利收入要求相同的报酬率提出了质疑，进而对股利政策无关论进行了批评。他认为，在投资者看来，经由留存收益投资而获得的资本利得的不确定性要高于股利支付的不确定性，所以投资者偏好于股利而不是资本利得。这是因为现实中的市场是不完备的，由于各种不确定因素的存在，股票行情经常波动，这就使得某些投资者不满足于按照经常波动的价格出售股票去取得收益。事实上，投资者更看重1美元的预期股利，而不是1美元的预期资本利得，也就是说，投资者更注重眼前收益，就如同其宁可只要手中的一只鸟，也不要树上的两只鸟。因为，根据风险和收益对等原则，投资者的这种偏好会产生以下结果：当公司降低股利支付率时，股票的必要收益率（K_s）随之上升，以补偿额外风险，即在股票预期报酬率公式（$K_s=D/P_0+g$）中，预期股利收益（D/P_0）的风险要比成长率g部分的风险小。于是，投资者所要求的收益率将随着股利支付水平的上升（留存收益率的下降）而上升，从而增加公司价值。这种理论强调高红利增加股票价值，认为“一鸟在手胜于双鸟在林”，所以称为“在手之鸟”理论。

Gordon的模型表明，如果假定资本成本变动，公司股票价值就随之变动，并与分红有关，所以当资本成本变动时，股利政策会影响公司股票价值。根据Gordon的“在手之鸟”理论，投资者对股利的偏好胜于资本利得。当公司提高股利支付水平时，投资者投资的必要报酬率降低，公司的权益资本成本降低，从而导致公司价值上升，即股利支付水平

① 完善的资本市场由以下三个假设构成：一是完善竞争假设，任何一个证券交易者都没有足够的力量通过其交易活动对股票现行价格产生明显的影响；二是完备信息假设，所有投资者都可以平等地免费获取影响股票价格的任何信息；三是无摩擦假设，证券的发行和买卖等交易活动不存在经纪人费用、交易税和其他交易成本，在利润分配和不分配、资本利得和股利之间均不存在税负差异。

与公司价值正相关。

13.2.3 税收因素

税收调整模型假设投资者要求和确保支付股利的股票具有更高的预期收益。税收调整模型的结果是根据投资者所处的不同股利税率等级，而将投资者划分为不同的客户[①]，这个论点首次在Miller和Modigliani的开创性之作里提到。他们发现，在许多可加以分析的市场不完善性因素中，只有一种能够使投资者在股利和资本利得之间产生系统性偏好，即个人所得税。与股利相比，资本利得存在税负上的优势，因而投资者对资本利得的偏好要胜过股利。在随后的研究中，Modigliani发现顾客效应只会引起投资组合构成的名义变化，而不会造成如Miller预测的主要差异。Masulis和Trueman在相当现实的假设下，对投资和股利政策进行了模型化分析。Masulis和Trueman的模型预测到，对于不同税负的投资者，他们理想的公司投资或股利政策也是不一样的。随着股利税负的增加（减少），股利支付减少（增加），而盈余的再投资增加（减少）。

13.2.4 信号传递理论

Akerlof使用二手汽车市场建立了一个在没有信号传递情况下的混合均衡模型，该模型显示了信息不对称的成本。Spence把Akerlof的模型一般化，使它成为所有关于信号传递的财务模型的原型。该模型确定了一个独特和特定的信号传递均衡，在均衡中求职者把他的品质信号传递给潜在的雇主。虽然这种情况是运用就业市场建立的，但是Spence认为，把它延伸到有限的其他一些情况也是可以的（如入学程序、升职和信用卡申请）。

在不对称信息的状态下，管理者知道公司盈利能力的真实分布函数，而投资者却不知道这些内部信息。为了减少代理成本，公司管理者把股利政策作为一种信号，向投资者传递有关公司质量的信息。通过非预期的股利政策的变化来减少管理者和股东之间的信息不对称，是股利信号传递模型的基石。在信息不对称的情况下，对于有限理性的投资者来说，他们并不像Miller和Modigliani所假设的那样，与公司管理者拥有相同的信息，投资者并不知道公司盈利能力的真实分布函数。但是作为公共信息的股利政策，投资者几乎可以无成本获得。因此，在信息不对称的情况下，投资者会关心公司的股利政策，他们可以通过对公司股利政策的理解和判断，来改变自己对公司盈余的预期，从而决定自己的投资决策。

股利信息内涵的思想萌芽于Linter有关股利政策的经典研究中，Linter采访了当时有代表性的首席执行官（CEO）和首席财务官（CFO）。采访的一个基本发现是多数管理者试图维持一个稳定、正常的股利。用Linter的话来说，管理者表现出“不愿意降低已经建立起来的成规的股利水平，同时在提高已经成规的股利水平上也趋于保守”。

Ambarish、Bhattacharya、John和Williams、Miller和Rock、John和Mishra、Jhon和Lang等人建立了关于公司股利政策的信号传递模型。信号传递模型的支持者认为，相对

---

① 在公司财务上，顾客效应是指投资者根据个人情况对企业财务政策形成某种特殊偏好，并自觉选择该证券进行投资的现象。当运用于股利政策时，这一选择对象主要是指企业的股利支付水平。顾客效应的提出是基于这样一种背景：投资者在对公司制定的股利政策不满意时，可以通过买卖证券来满足自己的当前收益要求。由于投资者及与投资相关的个人情况较为复杂，如个人收支情况、对待风险的态度、消费偏好等，难以进行定量分析和统一比较，而税负因素具有单一性和综合性，便于分析，因此股利政策所考虑的顾客效应多数集中在分析税负对投资者顾客形成的影响上。

于其他方法而言，把公司股利政策作为传递公司质量信息的方法成本更低。Asquith和Mullins指出，使用股利作为信号意味着信号传递的其他方法并不是完美的替代。

13.2.5 代理成本理论

在管理者具有很高股权以及大股东能够很好地监督管理者行为的公司里，由于股东和管理层的目标更为一致，因此代理成本将大大降低。代理成本问题源于以下几个方面：①通过接受管理者提出的高风险、高回报项目，潜在的财富从公司债权人转移给股东；②没有接受净现值为正的项目（投资不足问题）和投资于净现值为负的项目中（投资过度问题）；③在职消费超过谨慎的公司管理者消费水平。

股利政策从三个方面影响这些关系。股利政策影响代理成本的第一种方式是通过限制股利支付来减少代理成本。Fama和Jensen认为，可以通过控制索取权偏好的契约来减少股东和债权人之间的潜在冲突，这些安排可以通过把大量的股利支付给股东加以修正。Smith和Warner的模型假定，管理者全心全意为股东利益服务，或者股东和管理者之间的合同（可以）无成本地使管理者像他们拥有公司全部股票那样行事。在这种情况下，管理者会通过剥削债权人的方式来增加股东的利益，按照股东利益行事的管理者存在以有利于股东而损害债权人利益的方式设计公司的经营和融资结构的动机。如果公司在支付股利时不通过增发新股进行融资，公司的资产基数就会减少（这事实上是通过减少投资来为实施股利政策融资），资本结构就会恶化，债券的市场价格就会下跌，通过在债务合同中订立适当的限制股利发行的条款就可以增加债券的价值。John和Kalay指出，为了防止把财富从债权人转移到股东，因此即使是潜在的，股利支付最小化的债务契约也是十分必要的。当然，这是对早期资本资产定价模型构建者论点的循环论证。资本资产定价模型认为，在均衡时，所有的资产按照它们市场价值的比例持有；否则，它们就不是一种均衡状态。Myers认为，把大量的股利分给股东会导致拒绝净现值为正的项目和对低成本资本的滥用，由此导致了股东财富的次优化。

尽管存在潜在大量代理成本的促成，但股利政策并不是对债权人财富掠夺的主要来源。在那些股利支付受债券持有者契约约束的公司中，股利支付水平仍然低于约束下允许的最高水平（Kalay）。Kalay通过分析债务契约中限制股利支付的条款，认为股利政策和投资决策是相互依赖的，如果合同规定一个较低的股利支付上限，公司就有一个较高的留存收益下限，那些没有或几乎没有预期盈利性项目的公司就会承受过度投资成本；而那些经常有预期盈利项目的公司，确定一个较低的股利上限，会降低通过外部资本市场进行股权融资的要求，进而降低因此产生的融资成本和代理成本。

股利政策影响代理成本的第二种方式是通过加强对资本市场的监督来减少这些成本。大量的股利支付会减少可用于在职消费和投资机会的资金，同时也要求管理者到资本市场上去寻求融资。对资本市场的有效监控减少了非最优的投资机会和过量的在职消费，因此减少了与所有权和控制权分离相关联的成本。

Rozeff认为，股利支付是一种像保证成本或审计成本一样用于减少股权代理成本的机制。公司的股利支付率是权衡因支付股利而招致的外部融资交易成本和减少的股权代理成本的结果。Easterbrook假设管理者不是公司其他参与者的完美代理人，而是为了追求自身利益。由于管理者对公司的收入流不具有剩余索取，因此管理者的利益和其他参与人的利益之间存在很大的差异。管理者、股东和其他参与者将发现，设置机制以给管理者更好的作为代理人的激励具有很大的优势，如监督、担保和事后调整等。他识别出了两种代理成本来解释股利政策：一种形式的代理成本是监督管理者的成本；另一种形式的代理成本是源于管理者自身的风险厌恶度。第一种形式的监督管理者的成本由股东承担。单个股东监督管理者要承担全部成本，但只按其所持有股份的比例获得收益，这种成本和收益的不对称性使得单个股东对管理者不能有效地监督。如果有一个类似于债券持有者契约的信托人代表股东监督管理者，股东的财富就会增加。第二种形式的代理成本与风险相关。投资者具有分散的股票组合，他们只关注不可分散的风险，而管理者关注全部的风险，因为如果公司经营恶化或破产，他们将丧失工作和与公司股票相关的财富。因此，风险厌恶的管理者将选择较安全但收益低的项目。调整资本结构（债务比率）可以降低破产风险，管理者先通过决策筹集资金，随后截留利润追加投资，降低债务比率，进而降低破产风险。由于股利具有调整资本结构的作用，因此发放股利使得公司不断走向资本市场筹集资金。Easterbrook认为，资本结构稳定的企业经理可能有更大的机会进行偷懒、在职消费和做出其他一些用于增加个人利益而不是股东利益的行为。需要不断筹集新资金的公司经理比那些远离资本市场的公司经理更可能按投资者利益行事。因此，企业的股利支付有利于股东对管理者监督机制的形成。

股利政策影响代理成本的第三种方式是股利的支付能减缓自由现金流量代理成本。所有权和控制权相分离使得公司管理者受在职消费的诱惑或者浪费公司多余的资金。Berle和Means最先认识到管理者对超过有利可图的投资机会的多余资金的无效使用。Jensen提出的自由现金流量假说进一步发展了这个观点，提供了用股利政策分析企业代理问题的另一种方法，认为所有净现值为正的项目融资后余下的资金（即自由现金流量）会导致管理者和股东之间的利益冲突。Jensen认为，通过增加管理者控制的资源，其权力也增加了，这有助于管理者抵制恶意兼并，从而增加其工作的安全性，增加他们个人的权利和薪水，为中下层管理者创造更多的晋升机会。当公司拥有大量自由现金流量时，股东和管理者之间关于股利政策代理的冲突尤为严重，问题是如何迫使管理者吐出现金而不是投资于净现值小于零的项目。如果管理者在公司拥有大量自由现金流量时仍然宣告或维持低股利支付政策，就说明这类公司存在严重的代理问题。Jensen（1986）指出，股利和债务利息的支付会减少管理者用于投资边际净现值项目和管理者在职消费的自由现金流量，从而减少了自由现金流量的代理成本。

近年来，人们开始关注另一种形式的代理问题，即控制股东和小股东之间的利益冲突问题。Shleifer和Vishney认为，在某些国家，代理成本来自控制股东和小股东之间的利益冲突，而不是管理者和分散股东之间的利益冲突。正如Laporta等人所总结的：“全世界大公司的中心代理问题都是如何限制控股股东损害小股东的利益。”最近的研究注意到股利政策如何缓减内部人（控制股东或管理者）和外部投资者之间的利益冲突。La portal等人指出，在公司内部人和外部人之间存在严重代理问题的世界中，股利能起到一个有效的作用。通过支付股利，内部人把公司盈余还给投资者，因此不再利用这些盈余使其自身受益。他们提出了两个可供选择的股利代理模型——“结果模型（the outcome model）”和

“替代模型（the substitute model）”[①]。结果模型预测到，在其他情况相同时，投资者保护好的国家股利支付率较高，替代模型的预测与之相反。结果模型进一步预测到，在投资者保护好的国家中，具有更高成长机会的公司应该具有更低的股利支付率。

13.2.6 行为模型理论

迄今为止，没有典型的范例能全面地解释所观察到的公司股利行为。投资者的行为大多受社会标准和观念的影响。不幸的是，该动机一直被财务理论者所忽视，很大一部分原因是将投资者行为纳入传统的财务定价模型中存在很大的困难。

进入20世纪80年代以来，以Thaler和Shefrin、Kahneman和Tversky、Marsh和Merton等为代表的学者将行为科学引进和应用于股利政策研究中，着重从行为学的角度探讨股利政策。Shefrin和Statman利用自我控制理论和不确定性下选择的后悔厌恶理论来解释股利偏好。

自我控制说和后悔厌恶理论都不是以效应最大化为基础的经济模型，而是以行为理论为前提，从行为学视角来解释人们为什么偏好现金股利。自我控制说认为，人类的行为不可能是完全理性的，有些事情即使会带来不利后果，人们也不能自我控制，如吸烟、酒后驾车等。大多数人一方面对未来有着长期规划目标，另一方面又有着实现当前需要的渴望。这种内在冲突要求他们通过自我控制来对当前的短期行为进行自我否定，以符合长期发展的需要。实现自我控制的方法有两种：一种是运用个体自身坚强的意志力，修正当前的行为动机，以达到自我否定。但是，现实生活中似乎缺乏这种必要的意志力，于是他们往往求助于另一种外在的规则来限制其被某种短期行为诱惑而屈服的机会。对于缺乏自我否定能力的人来说，股利政策实际上为他们提供了一种外在的约束机制。按照这一思路，Shefrin和Statman推断，老年人需要定期现金收益以供晚年生活，而年轻投资者由于很难自我控制消费，因此会选择股利收益率较低的股票投资组合，以强迫自我储蓄。所以，投资组合的股利收益率与投资者的年龄正相关，而与工作所得负相关。

不确定性下选择的后悔厌恶理论，其中心内容是：在不确定条件下，投资者在做出决策时要把现时情形和他们过去遇到过的做出不同选择的情形进行对比，如果个体认识到这样一种不同的选择会使他们处于更好的境地，他们就会感到后悔；相反，如果从现时选择中得到了最好的结果，他们就会有一种欣喜的感觉。Kahneman和Tversky指出，相比于花费股利带来的现金收益，出售股票为投资者带来了更多的遗憾和不安。如果股东因收入需求而出售股票，那么随后售出股票的价格的上升将增加股东的悔意。显然，在这个模型中，资本利得和股利并不是完全替代的。对后悔的厌恶会导致对股利的偏好，这是基于股利效用的消费原则而不是基于投资资本。股利收益率与负储蓄率（dissaving rate）正相关。如果负储蓄率与年龄正相关而与收入负相关，那么投资组合的收益率也将与年龄正相关而与收入负相关。

Marsh和Merton开发了一个股利政策理性预期模型，作为对永久盈余的管理回应。在均衡中，股利水平由未来预期收入决定。理性预期理论认为，无论何种决策，无论市场对管理层行为做出何种反应，股利水平都不仅取决于行为本身，更取决于投资者对管理层决

① “结果模型”是指股利作为投资者保护的结果；“替代模型”是指股利作为投资者保护的替代品。

策的未来绩效的预期。在临近管理层宣布下期股利之时，投资者通常会根据对公司内部若干因素（如以前的股利、目前及预期利润、投资机会和融资计划等）以及外界宏观经济环境、行业景气程度、政府政策可能的变化等其他因素的分析，对股利支付水平和支付方式做出种种预测。当股利政策真正宣布时，投资者会将它与预期进行比较。如果两者相同，即使宣布的股利比前些年增加了，股价也不会变化；如果宣布的股利高于或低于预期水平，投资者就会重新估计公司及其股票的价值，审查预料之外的股利变动的含义。他们可能会把预料之外的股利政策作为预测公司未来收益变动的线索，也就是说，预料之外的股利政策包含公司盈利和其他方面的信息。总之，如果公司宣布的股利政策与投资者预期的股利政策存在差异，股票价格就很可能发生变化。

13.3　股利政策的影响因素

13.3.1　法律因素

股利政策的制定将影响公司的投资机会和财务状况，并与股东和债权人的福利密切相关。为了保护各方利益，国家通过法律、法规对公司的股利政策进行规范，以确定股利分配的法律边界。这些法律限制主要表现在以下方面：

1）资本保全

资本保全的规定要求公司股利的发放不能侵蚀资本，即用于股利分配的资金只能是公司的当期利润或留用利润，而不能用资本，包括股本和资本公积。发放股利这一条款的理性目的在于保证公司有完整的产权基础，以此保护债权人的利益。

2）公司积累

此规定限制公司现金股利只能从当期的利润和过去累积的留存盈利中支付。例如，我国规定公司分配当年税后利润时，应当先提取公积金（提取公积金之前应当先利用当年利润弥补亏损），然后才可按股东持有的股份比例分配。

3）净利润

此规定要求公司账面累计税后利润必须是正数时，才可以发放现金股利。以前年度的亏损必须足额弥补。

4）无力偿付债务的规定

此规定要求，如果公司已经无力偿付到期债务或因支付股利将使其失去偿还能力，则公司不能支付现金股利，否则就属于违法行为。无力偿付债务的规定不允许公司在现金有限的情况下，为取悦股东而支付现金股利，这项规定为债权人提供了利益保障。

5）超额累积利润的限制

由于股东接受股利应缴纳的所得税高于其进行股票交易的资本所得税，因此公司可以通过累积利润使股价上涨来帮助股东避税，于是许多国家规定，公司不得超额累积利润。一旦公司的保留盈余大大超过公司目前及未来投资的需要，就会被加征额外税收。中国的法律尚未对公司超额累积利润做出限制性规定。

13.3.2 股东因素

股利政策最终要由代表股东利益的董事会来决定，股东在税负、投资机会、股权稀释方面的意愿会对公司的股利政策产生影响，公司制定股利政策的目的在于使绝大多数股东的财富有所增长。由于股权结构及公司治理方面的原因，公司的大股东在利润分配方面起实质性的作用。

1）税负

如果一个公司拥有很大比例的因达到个人所得税的某种界限而按高税率课税的富有股东，那么其股利政策将倾向于多留盈利少派股利，因为低股利政策可以为这些富有股东带来更多的资本利得，从而达到节税的目的。相反，如果一个公司的绝大部分股东是低收入阶层，其所适用的个人所得税税率比较低，则税负状况并不是他们关心的内容，他们会要求公司给予更高的股利支付率。

2）股东投资机会

如果公司将留存盈利用于再投资所得的报酬，低于股东个人单独将股利收入投资于其他投资机会所得的报酬，则该公司就不应多留存盈利，而应多发放现金股利给股东。尽管公司难以对每位股东的投资机会及投资报酬率进行评估，但至少应对风险相同的公司外部投资机会可获得的投资报酬率加以评估。若评估显示，公司外部有更好的投资机会，则公司应选择多发放现金股利、少留存盈利的股利政策；反之，公司则应尽可能留存利润。

3）股权控制要求

以现有股东为基础组成的董事会在长期的经营中可能形成了一定的有效控制格局，他们往往也会将股利政策作为维持其控制地位的工具。尤其是当公司为有利可图的投资机会筹集所需资金，而外部又无适当的筹资渠道可供利用时，为了避免增发新股，从而让许多新股东参与到公司事务中来，打破已形成的控制格局，他们就会选择低股利支付率，以便从内部取得所需资金。

4）大股东影响

以前，中国上市公司的一个典型特点就是其股票可分为可流通的公众股及不可流通的国家股、法人股。在此背景下，中国大部分上市公司的持股比例非常集中，且股权抗衡机制难以形成，第一大股东的持股比例远远高于第二大股东的持股比例。因此，第一大股东很可能选择对大股东有利的分配方式，而损害广大中小股东和债权人的利益。

13.3.3 管理层及公司治理因素

在现实经济生活中，由于市场的不完美、信息的不对称，公司管理层存在着道德风险和逆向选择行为，从而导致他们存在机会主义倾向和寻租行为，这势必会对公司股利政策的制定产生一定影响。许多研究结果表明，市场越成熟有效，企业管理层的道德风险和逆向选择行为对股利政策的影响就越小。在西方比较发达的资本市场中，存在比较完善的经理人员市场和企业收购兼并市场，企业内部一般有比较完善的治理结构，经理层、董事会、股东大会和监事会有相互制衡的机制，这在一定程度上减少了公司管理层的机会主义行为，使股利政策的制定能满足股东利益最大化的目标。对于像中国这样的新兴市场而言，上市公司的董事、监事、经理大多数由原来公司的高层管理者担任或控制，外部董事、监事较少，董事长和总经理交叉任职的情况比较普遍，公司的治理结构缺乏有效的制衡机制，公司管理层的道德风险和逆向选择行为对公司的股利分配产生了一定的影响，导致广大中小股东的福利受到损失，这主要表现在以下两个方面：

第一，选择对管理层自身有利的股利政策。当他们的持股比例较高时，就会高额发放现金股利，以提高个人财富；当他们持有公司大量股票期权时，就会少发现金红利，使公司股票价格上升，从而使得其持有股票期权的价值上升。

第二，内部交易。这里的内部交易是指管理层利用信息优势炒作本公司股票，或者与市场主力（庄家）联手操纵股票价格，从而获得巨额利润的行为。在中国，股利政策一直是市场钟爱、经久不衰的炒作题材，一些市场主力在利益的驱动下，对上市公司许以种种好处，游说管理层采用某种流行的股利政策。

13.3.4　公司财务特征因素

1）盈利能力

这里的盈利能力包括上市公司当前的盈利水平、估计的未来盈利水平和累积盈余，而本质上是盈利的稳定性影响着股利政策。一般一个公司的盈利越稳定，其股利支付率就越高。这是因为，从稳定股票价格、树立良好形象的目的出发，公司总是力图维持稳定的股利，公司股利政策的制定从一开始就要考虑到此项政策长期维持下去的可能性，盈利稳定的公司对保持较高的股利支付率更具信心。此外，收益稳定的公司由于其经营和财务风险小，因而与其他收益不稳定的公司相比，更能以低成本筹集负债资金。

2）自由现金流量

由于投资者把股利政策的变化看做是公司财务状况（尤其是盈利能力）或者是公司投资机会的一个信号，因此，当公司削减其股利时，市场对股价的负面反应是很明显的，而公司支付股利的直接必要支持是自由现金流量。出于此方面的考虑，当公司未来现金流波动较大时，公司经理层会选择公布一个比预期收入水平要低一些的股利分配比率，这样可以保证管理者在未来现金流一旦达不到预期时，也能维持一定的分红率。公司未来现金流波动越大，股利分配率越小。

3）变现能力

公司的变现能力是影响股利政策的一个重要因素。公司资金的灵活周转是公司生产经营得以正常进行的必要条件。公司现金股利的分配自然也应以不危及企业经营资金的流动性为前提。如果公司的现金充足，资产有较强的变现能力，则支付股利的能力也比较强。如果公司因扩充或偿债已消耗大量现金，资产的变现能力较差，那么大幅度支付现金股利则非明智之举。由此可见，企业现金股利的支付能力在很大程度上受其资产变现能力的限制。

4）筹资能力

公司具有较强的筹资能力，也就具有较强的股利发放能力。一般来说，规模大且成熟的公司比规模小、新创业的高速发展公司更易进入资本市场，具有更多的外部筹资渠道和更低的筹资成本。因此，许多小公司和新成立的公司较多地依赖内部融资，其股利支付率比实力雄厚的大公司低得多。

另外，股利的发放与公司未来的筹资能力存在矛盾，较多地发放现金股利，有利于公司未来以较有利的条件发行新证券筹集资金，但它也使公司不得不以高成本从外部融资；反之，如果公司目前发放低股利，尽管可暂时节约外部筹资成本，但不可避免地会对今后较长时期的筹资环境产生不良影响。

5）投资机会

公司的股利政策应以其未来的投资需求为基础加以确定。如果公司有较多的有利可图的投资机会，则管理者倾向于采用低股利、高留存利润的政策，尤其对处于成长期的公司而言，它们往往处于资金紧缺状态，资金需要量大且紧迫，若将较大比例的盈余留存下来用于再投资，不仅满足了公司发展的需求，还可扩大公司的权益基础，改善资本结构，进一步提高公司的债务筹资能力。当然，在采用低股利政策时，公司管理层必须把股东取得现金的短期利益和留存收益扩大投资的长期利益合理地结合起来，并向股东说明提高留存利润、投资于盈利高的项目，从长远来看对他们更有利。

6）资本结构及资本成本

公司债务和权益资本之间应该有一个最优的比例，即最优化资本结构，在这个比例基础上，公司价值最大，资本成本最低。由于股利政策不同，留存收益也不同，这使得公司资本结构中权益资本的比例偏离最优资本结构，从而对公司股利政策的选择产生制约。

不同的股利政策将影响公司未来的筹资成本。留存收益是企业内部筹资的一种重要方式，同发行新股或举债相比，成本较低。但股利支付与企业未来筹资成本之间存在着矛盾，这就要求企业权衡股利支付与筹资要求之间的得失，考虑企业未来的投资需求，制定出符合企业实际需要的股利政策。

7）股本规模及所处行业

上市公司股本规模的大小对股利政策有较大影响。当上市公司股本规模达到一定程度时，保持每股净利润的同步增长，需要有很高的成长性。因此相对来说，小盘股股本扩张潜力较大，往往发放股票股利，而少发放现金股利。

上市公司所处行业也会影响其股利政策。朝阳行业能以数倍于经济发展速度的水平偿债，因此能进行大比例的送股；夕阳产业则会随着经济的高增长而萎缩，难以进行大比例分红。公用事业往往现金充裕，而且投资机会较少，所以发放现金股利的可能性较大。

13.3.5 宏观经济因素

1）货币及财政政策

一国经济在不同的发展时期，国家会制定不同的货币及财政政策，而这两个宏观政策会影响到企业的股利政策。当国家采取积极的财政政策时，利率处于较低水平，企业进行外部融资的成本较低，因此可以适当增加股利支付率。例如，中国经济经过改革开放30多年的高速增长，由短缺经济走向剩余经济，国内有效需求不足，为了扩大内需、支持经济增长，国家实行积极的财政政策和货币政策，中国上市公司在制定股利政策时，在形式上表现为由大比例配送转变为现金股利的逐年增加。

2）通货膨胀

当发生通货膨胀时，公司储备的资金往往不能满足重置资产的需要。公司为了维持其原有生产能力，需要从留存利润中予以补足，这时管理层可能调整其股利政策。以美国为例，20世纪70年代末以前，通货膨胀对美国的消费者和企业没有什么影响，但到了20世纪80年代，美元贬值，通货膨胀对企业的固定资产重置产生了直接影响，与20世纪70年代相比，美国企业的平均股利支付水平在1982—1984年，下降了约25%。

3）资本市场的融资环境

股利政策从某种角度看是融资政策的延伸，如果一国存在多种融资渠道和融资方式可供利用，那么企业就不一定要通过内部留存盈利来筹集发展资金，甚至在特殊情况下，还可以通过外部筹资来发放股利；相反，若资本市场没有效率，融资渠道不畅通，或者资金供给实行行政配给，企业就只能更多地利用内部资金，少发或者不发股利。

13.4 实务中的股利政策

13.4.1 剩余股利政策

剩余股利政策是指股份公司以资本需求为出发点，其生产经营所获得的盈余首先应满足公司有利可图的投资项目的需要，如果有剩余利润，则用于派发股利；如果没有剩余利润，则不派发股利。

剩余股利政策注重扩大再生产，严格地说，它是公司考虑从收益中获得资金的股利方针，是公司的一个筹资决策。只要公司有了预期投资收益率超过资本成本率的投资方案，公司就会用留存利润来为这一方案融资。现金股利仅仅是一个被动的剩余额。

其具体应用程序是：①根据投资机会计划和加权平均的边际资本成本函数的交叉点确定最佳资本预算水平（投资规模水平）；②利用最优资本结构比例，预计企业投资项目的权益资金需要额；③尽可能地使用留存收益来满足投资所需的权益资本数额；④留存收益在满足投资需要后尚有剩余时，则派发现金股利。

剩余股利政策的理论依据是MM理论。MM理论认为，在理想状态下的完全资本市场中，公司的股利政策与公司普通股每股市价无关，公司派发股利的高低不会给股东财富带来实质性影响，公司决策者不必考虑公司的分红模式，公司的分红政策随着公司的投资、融资方案的制订而自然确定。因此，在完全资本市场条件下，股利政策完全取决于可接受投资项目的多寡，这种被动的剩余处理，意味着股利是无关的，投资者对于盈利的留存或发放股利毫无偏好。如果公司将盈利再投资后所能得到的报酬率超过投资者自行将盈利投资于具有类似风险的机会所能赚到的报酬率，则大多数投资者倾向于将盈利保存下来用于再投资，而不愿公司将盈利作为股利加以分配。相反，如果公司的投资项目所获得的报酬率低于投资者自行投资于风险相同的其他投资机会所获得的报酬率，则投资者更喜欢发放现金股利。

剩余股利政策的优点在于：能充分利用最低成本的资金来源，保持合理的资本结构。对投资者来说，尽管这种股利政策所取得的股利较少，但由于公司有大量净收益大于零的投资机会，因此发展前景良好，其股票溢价的可能性较大，对股东有一定的吸引力。

剩余股利政策的缺点在于：①由于每期发放的股利同时受到盈余水平及投资机会好坏的影响，因此发放额极不稳定，波动性大；②在现实生活中，存在法律、股东偏好等多方面的因素对股利分配产生影响，公司的价值或者说股票的价格不仅仅由其投资的获利能力决定。

【例 13-1】某公司以60%的资产负债率为其目标资本结构，公司当年可供分配的利润是5 000万元，预计公司明年的总资产将达到1.2亿元，现有权益资本为3 000万元。在采取剩余股利政策时，公司当年的股利支付率是多少？

明年的目标权益额=12 000×（1-60%）=4 800（万元）

需补充的权益资本=4 800-3 000=1 800（万元）

当年支付股利=5 000-1 800=3 200（万元）

公司当年的股利支付率=3 200÷5 000×100%=64%

【例 13-2】某公司2017年实现的税后净利润是5 000万元，法定公积金的提取比例为10%。2018年，公司投资计划所需资金是4 000万元，公司的目标资本结构是自有资金占60%。公司采取剩余股利政策，2018年年末该发放多少股利？股利支付率是多少？

提取法定公积金=5 000×10%=500（万元）

可供分配的利润=5 000-500=4 500（万元）

投资所需自有资金=4 000×60%=2 400（万元）

向投资者支付股利额=4 500-2 400=2 100（万元）

股利支付率=2 100÷4 500×100%=46.7%

【例 13-3】某公司的目标资本结构负债比例为50%。2017年，公司具有5 000万元留存收益。请问：

（1）在满足目标资本结构的条件下，不采取外部权益融资，公司当年的最大净投资额是多少？

（2）假设在投资额等于7 500万元时，投资带来的边际收益等于资本的边际收益，在保持目标资本结构的前提下，如果公司采取剩余股利政策，那么发放股利金额是多少？

（3）假设公司遇到了非常好的投资机会，在投资额达到1.5亿元时，投资带来的边际收益等于资本的边际收益，在保持目标资本结构的前提下，如果公司采取剩余股利政策，发放股利金额是多少？

计算如下：

（1）由于不采取外部权益融资，因此，公司不发放股利，将其所有留存收益均用于投资时，投资规模最大。根据负债为50%的目标资本结构，公司内部权益筹资额为5 000万元，债务融资额为5 000万元，最大净投资额为1亿元。

（2）留存收益用于再投资额=7 500×（1-50%）=3 750（万元）

2017年可发放股利=5 000-3 750=1 250（万元）

（3）投资额达到1.5亿元，已经超过第（1）问中不依赖外部权益融资时的最大可投资额，因此公司将把全部留存收益用于投资，不发放股利。

13.4.2 固定股利支付率政策

固定股利支付率政策是指公司从每年盈利中提取固定百分比的部分作为股利分配给股

东。固定股利支付率越高，公司留存的盈余越少。股利支付率一经确定，一般不得随意更改。

在此政策下，公司的税后利润一经确认，所派发的股利也就相应确定了。从企业盈利与投资者收益的关系来说，这是一种真正稳定的股利政策，因为它使企业的股利支付与盈利状况保持着稳定的关系。但从绝对数额来看，在这种股利政策下，股东所得非常容易变化，股利随经营状况的变动波动较大。

在资本市场比较发达的国家，采用固定股利支付率政策的公司很少。

固定股利支付率政策的理论依据是“在手之鸟”理论。该理论认为：现在的股利收入是固定的，而保持盈余进行投资，给股票投资者带来的收益具有不确定性。由于投资者对风险厌恶，并且认为随着时间的推移，风险将会随之增大，因此，股票投资者对获取现在的收入具有特别的偏好。这样，如果两种情况基本一致，那么只要是股利政策不同的股票，支付股利的股票就比不支付股利的股票的价格要高，股利支付率高的股票就比股利支付率低的股票的价格要高。股利的分配模式与股票市价相关。显然，固定股利支付率政策是根据投资者厌恶风险、喜欢现在收益的特性来确定、派发股利，以满足投资者愿望的，而股利政策与股价具有相关性，满足了投资者的愿望，因此投资者必然会支持公司的股价处于一个较高的位置，从而实现公司股价最大化。

固定股利支付率政策的优点在于：①根据投资者的风险厌恶特性，满足其对现在股利的偏好；②股利与公司盈余紧密配合，体现多盈多分、少盈少分、无盈无分的原则，基本上能做到公平对待每一位股东。

固定股利支付率政策的缺点在于：①财务压力较大。公司实现利润越多，派发的股利越多。然而，公司的盈利状况良好并不代表公司有足够的现金派发股利。②缺乏财务弹性。公司在不同阶段，根据财务状况和投资机会制定不同的股利政策，会更有效地实现公司的财务目标，而在固定股利支付率政策下，公司丧失了利用股利政策的财务方法，因而缺乏财务弹性。③确定固定股利支付率难度大。若比率过低，则不能满足投资者对现时股利的要求；反之，公司发展需要大量现金时，又要受其制约。因此，固定股利支付率政策适用于处于稳定发展阶段的公司。

【例13-4】某公司采用固定股利支付率政策，按当年盈余的30%支付股利。2015年该公司盈余650万元，2016年盈余较上年增长10%，请分别计算2015年与2016年的股利支付额。如果2016年公司的投资额为2 000万元，40%用权益融资，则还需要筹措多少外部权益资本？

2015年应发放股利=650×30%=195（万元）

2016年应发放股利=650×（1+10%）×30%=214.5（万元）

投资方案所需权益资本=2 000×40%=800（万元）

内部权益筹资额（2015年）=650-195=455（万元）

所需外部权益筹资额=800-455=345（万元）

【例13-5】某公司的产品供不应求，公司拟投资2 000万元，扩大生产能力20%。该公司想要维持目前60%的负债比率，并想继续执行30%的固定股利支付率政策。该公司在2015年的税后利润为800万元，那么该公司2016年为扩充上述生产能力必须从外部筹措多少权益资本？

留存收益=800×（1-30%）=560（万元）

权益资本=2 000×（1-60%）=800（万元）

所需外部权益资本=800-560=240（万元）

【例13-6】某公司去年税后净利润为5 000 000元，今年由于经济不景气，税后盈余为4 750 000元，目前流通在外的股数为1 000 000股。该公司对未来仍然满怀信心，决定再投资4 000 000元设立新厂，其中60%来自举债，40%来自权益资本。另外，该公司去年股利为每股3元。

（1）若该公司每年均维持固定股利支付率政策，则该公司今年每股股利应该为多少?

（2）根据剩余股利政策，该公司今年每股应发放多少股利?

计算如下：

（1）该公司去年的每股盈余=5 000 000÷1 000 000=5（元）

股利支付率=3÷5×100%=60%

该公司今年的每股盈余=4 750 000÷1 000 000=4.75（元）

该公司今年每股股利=4.75×60%=2.85（元）

（2）根据剩余股利政策，公司先用留存收益作为再投资所需要的权益资金，有剩余再分配股利。

再投资设立新厂所需的权益资本=4 000 000×40%=1 600 000（元）

可供分配的盈余=4 750 000-1 600 000=3 150 000（元）

每股股利=3 150 000÷1 000 000=3.15（元）

13.4.3 稳定增长股利政策

稳定增长股利政策是指在一段时间内公司保证每股股利金额的相对稳定，即股利发放额保持不变或稳定增长。这一政策的特点是：不论经济状况如何，也不论企业经营业绩好坏，每期的每股股利支付水平都保持稳定，只有当管理层认为未来盈利将发生显著的、不可逆转的变化时，才会在这一时刻改变每股股利的支付水平。

这种股利政策把股利分配作为一个优先考虑的目标，不让其随利润和资金需求的波动而波动。

从实践中可以观察到，大多数公司倾向于采取这种股利政策，由于受通货膨胀的影响，股利支付额往往具有稳定增长特性。

稳定增长股利政策除了依据“在手之鸟”理论外，还依据信号传递理论。信号传递理论认为：公司所采用的股利政策能将公司的盈利情况、财务状况等财务信息传播给股票投资者。如果一个公司的股利支付率一直比较稳定，某一时刻其发生较大幅度的波动，股票投资者将会认为公司的盈利能力或财务状况变动较大，公司的股票价格也会相应地发生变动。基于此，稳定增长股利政策给投资者传递了一个公司盈利情况和财务状况稳定或持续增长的信息，因而使公司的股票价格维持在一个相对高位。

稳定增长股利政策的优点在于：①向证券市场和投资者传递稳定的信息，不会导致股价的剧烈波动；②使股东获得稳定的收入，对于那些以获得股利收入为主要目的的股东而言，稳定增长股利政策能够提供稳定的收入来源，对股东有较强的吸引力；同时，能满足一些要求获取稳定收入的机构投资者的需求；③避免股利支付的大幅度、无序性波动，有助于预测现金流出量，便于公司事先进行资金调度和财务安排。

稳定增长股利政策的缺点在于：①不能完全反映公司当期经营业绩；②股利支付与公司盈利相脱离，在公司出现短暂困难时，会给公司的财务运行带来压力，影响公司的正常经营；③不能保持较低的资本成本。

【例13-7】某公司进入了成熟发展阶段，公司的利润增长率与通货膨胀率持平，均为3%。考虑到这种情况，董事会决定采取稳定增长股利政策，年增长率水平同样定为3%。2015年，公司税后利润为3 000万元，提取10%的公积金，其余80%用于发放股利。公司2016年需发放的股利是多少？如果该公司持有的某高科技股股价很幸运地大幅上涨，带来大额营业外收入，导致公司2016年利润上涨到6 000万元，公司是否应该提高股利支付额？

解：2015年支付股利=3 000×（1−10%）×80%=2 160（万元）

2016年应支付股利=2 160×（1+3%）=2 224.8（万元）

由于公司此项收入是非正常营运收入所得，无法长期维持，因此，董事会要慎重考虑，谨防在2016年提高股利支付水平后，无法维持稳定增长股利政策，从而带来负面影响。

13.4.4　低正常加额外股利政策

低正常加额外股利政策介于稳定增长股利政策和固定股利支付率政策之间，是指公司每年稳定地支付数额较低的经常性股利。一般情况下，公司都按此金额发放股利，当累积的盈余和资金较多时，除正常股利之外，加付额外（通常较大金额）股利给股东。如果公司的盈余和现金流量经常变动，不易准确预测，则此种政策不失为最佳选择。在美国，许多大公司，如通用汽车公司、杜邦公司和美国钢铁公司等，长期以来都采用这种股利政策。

低正常加额外股利政策的理论依据依然是“在手之鸟”理论和信号传递理论，只是运用的方式和思考的角度不同。由于公司派发的股利固定维持在一个较低的水平上，因此在公司盈利较少或需要较多的保留盈余进行投资时，公司仍然能够按照既定的股利水平派发股利，体现“在手之鸟”理论，维持股票的现有价格，实现公司的目标。而一旦公司盈利较大且有剩余现金时，公司就可以派发额外股利，体现信号传递理论，公司将派发额外股利的信息传递给股票投资者，有利于股票价格的上升。

低正常加额外股利政策的优点在于：①吸收了稳定性股利的优点，同时又摒弃了其不足，使公司在股利发放上留有较大余地，具有较大的财务弹性，可以根据公司的具体情况，制定不同的股利政策，以实现公司财务目标最大化；②对于股东来说，此政策既保证了股东投资有一个起码的收益保障，又可以使股东分享企业繁荣的好处。

低正常加额外股利政策的缺点在于：①仍然缺乏稳定性，盈利的变化使得额外股利不断变化，或时有时无，给人漂浮不定的感觉；②如果公司较长时期一直发放额外股利，股东有可能误认为是正常股利，一旦取消额外股利，容易产生公司财务状况恶化的错误印象，造成股价下跌。

13.4.5　股利政策类型的选择

以上4种股利政策各有利弊，公司在分配股利时应借鉴其基本决策思想，综合考虑各种因素的影响，制定最适合公司实际情况的股利政策。其中，居主导地位的影响因素是公司目前所处的发展阶段，因为对发展阶段的定位决定了公司未来的发展取向，并会间接地带动其他诸多因素相应地变化，公司应根据自己所处的发展阶段选择相应的股利政策。

1）创始阶段

处于创始阶段的公司，经营风险高，融资能力差，同时，该阶段是一个纯粹的现金流净流出阶段。为了降低财务风险，公司应贯彻先发展后分配的思想，因此剩余股利政策为最佳选择。

2）高速增长阶段

进入高速增长阶段后，公司的产品销量急剧上升，为防止其他竞争者进入，公司要迅速扩大生产能力，达到规模优势。这意味着公司要进行大量的投资，不宜宣派股利。同时，由于公司已经渡过了初始创业阶段的艰难，并有了某种竞争优势，因此投资者往往有分配股利的要求。此时，为了平衡这两个方面的要求，应采用低正常加额外股利政策，在支付方式上应尽可能采用股票股利的方式而避免现金支付。

3）稳定增长阶段

该阶段的显著特征是，产品的市场容量、销售收入稳定增长，生产能力扩张的投资需求减少，广告费用支出比例下降，现金流动表现为净现金流入量，EPS值呈上升态势。这些均表明，公司已具备持续支付较高股利的能力，因此，该阶段理想的股利政策应该是稳定增长股利政策。

4）成熟阶段

公司一旦进入成熟阶段，市场趋于饱和，则销售收入不再增长，利润水平稳定。另外，发展至该阶段，公司通常已积累了相当的盈余和资金，这时公司可考虑由稳定增长股利政策转为固定股利支付率政策，从而与公司的整个发展阶段相适应。但股利支付的起点标准不宜太高，应留有余地。

5）衰退阶段

有些公司经过成熟期后可能进入衰退阶段，产品单一的公司更是如此。此时，公司如果不被解散或被其他公司重组与兼并，就要投资进入新的行业与领域，以求新生，这意味着公司的投资需求增加。另外，此时产品销售收入减少，利润下降。因此，公司已不具备支付股利的能力，应采用剩余股利政策。

13.5 股票回购

股票回购是指上市公司利用现金等方式，从股票市场上购回本公司发行在外的一定数额的股票的行为。公司在股票回购完成后可以将所回购的股票注销。但在绝大多数情况下，公司将回购的股票作为“库藏股”保留（公司回购股票且不注销，这部分股票称为库藏股），库藏股仍属于发行在外的股票，但不参与每股收益的计算和分配。库藏股日后可移作他用，如发行可转换债券、雇员福利计划等，或在需要资金时将其出售。当公司回购股票时，在外流通股票数量下降而每股盈余增加。

【例13-8】某公司的股票回购之前税后利润为600万元，流通股数为300万股，股票价格为15元/股，回购资金为240万元。

（1）计算股票回购之后公司在外流通股数。

（2）每股收益如何变化？

解：（1）在外流通股数 $=300-\frac{240}{15}=284$（万股）

（2）回购之前的每股收益 $=600\div300=2$（元/股）

回购之后的每股收益 $=600\div284=2.11$（元/股）

13.5.1 股票回购的动机

股票回购产生于公司规避政府对现金股利的管制。1973年，美国政府对公司支付现金股利施加了限制性条款，因而许多公司转而采用股票回购方式，向股东分配现金股利。进入20世纪80年代后，敌意并购盛行，股票回购规模持续增长。随后，公司管理当局通常将股票回购当做现金股利的一种替代，用来规避现金股利税收。

Weston等（1996）将股票回购的一般动因归纳为6个假说[①]：

（1）股利避税假说（dividend tax avoidance hypothesis）。

（2）杠杆节税假说（leverage tax shield hypothesis）。

（3）信号传递假说（information or signal hypothesis）。

（4）债券持有者被剥夺假说（bondholder expropriation hypothesis）。

（5）股东之间的财富转移假说（wealth transfers among shareholders hypothesis）。

（6）公司控制权假说（market for corporate hypothesis）。

这6个假说可以归纳为3个方面的理论：税负理论、代理理论和信号理论。

1）税负理论

税负效应可从资本结构和股利政策的角度来探讨。一方面，由于债务利息具有税盾作用，不论公司是否通过债务融资进行股票回购，其利息在税前利润中所占的比例均会提高，因此股票回购具有一定的杠杆节税效果。另一方面，公司支付现金时，股东必须按普通所得纳税，而如果实行股票回购，出让股东可按低于或等于资本利得税对出让所得纳税。

（1）杠杆节税假说。股份回购提高了公司的负债/权益比率。公司无论是采用多余现金、有价证券还是债务为回购融资，都会改变公司的资本结构，提高公司的财务杠杆率。在现金回购方式下，假定公司中非流动负债规模不变，则伴随股票回购而来的是股权资本在公司资本结构中的比重下降，公司财务杠杆率提高；在用债务回购股份的情况下，非流动负债增加，股权资本比重下降，公司财务杠杆率提高。此外，由于债务利息在税收前抵扣，财务杠杆率的上升使得税收上可抵减的利息支付额增加，也有助于公司合理避税。税盾价值的增加也提高了公司的价值。另外，股票回购带来的公司杠杆率增加可能会优化公司的资本结构，能在一定程度上降低加权平均资本成本。

（2）股利避税假说。现金股息应按照普通收入所得税税率进行纳税。在美国《1986年税收改革法》允许削减并最终取消资本利得优惠税率之前，资本利得是以较低的优惠税

① WESTON J F, CHUNG K S, HOAG S E. Mergers, restructuring and corporate control [M]. London: Prentice Hall Inc., 1996.

率计征的。股东从回购股份中得到的现金只有当股份回购价格高于股东的认购价格时才需要纳税，并且是按照较低的资本利得优惠税率缴纳的。股票回购使得股东能够以较低的资本利得税来代替现金股利必须缴纳的较高普通个人所得税。

股利避税假说的基本条件是由股票回购使股东规避的应纳税额必须大于股票回购过程产生的交易费用。

2）代理理论

代理理论从三个角度解释了股票回购的财富增长效应：债券持有者被剥夺假说、股东之间的财富转移假说、公司控制权假说。

（1）债券持有者被剥夺假说。如前所述，股票回购通常都会增加公司的财务杠杆比率，减少公司的权益份额。权益部分的相对减少意味着原债权人享有的资产担保减少。于是，公司的偿债能力下降，且容易导致Myers所谓的投资不足问题，从而使债权人处于不利地位，债权人的部分财富向股东转移，引起股价上涨。

（2）股东之间的财富转移假说。股利支付是对股东按照持股比例进行的分配，没有股东之间的财富转移。而公司实行股份回购时，股东财富可能会在出让股份者和不出让股份者之间转移。不同种类的股东可能受到不同的财力约束和成本限制，选择继续持有还是向公司出让全部或部分股票，这样就发生了出让和未出让股东之间的财富转移。但是根据这个假说，股票回购不会造成全体股东总体财富的增长效应。

（3）公司控制权假说。股票回购有助于公司防御外来收购。如果管理人员判定公司价值被低估，出于对公司可能受到较低溢价的接管招标的担心，管理层有可能进行股票回购，使控制权相对集中，从而提高外部接管的难度和成本，保护投资者的利益。回购使得公司流通在外的股票数减少，从而使收购方更难获得控制权。因为回购的股票作为库存股可能被注销，没有表决权，回购后公司还必须将回购股票再卖给稳定的股东，这样才能起到反收购的作用。

另外，目标公司实施的股票回购通常是在股价上升之后进行的，这会导致公司财务状况恶化，降低了公司作为收购目标的吸引力。

3）信号理论

股票回购的公告对于投资者来说是一个信号，信号的含义并不确定。在现有理论中，信号理论对股票回购动机的解释力是最强的。

13.5.2 股票回购的正面影响和负面影响

运用股票回购可以产生以下正面影响：

（1）维护和提升股票价格。当宏观经济不景气或者股市低迷时，股票回购使得流通在外的股票数量减少，在公司总收益不变的情况下，提高了每股收益，进一步降低了市盈率，从而会推动股票价格上升。此外，根据信号传递理论，股票回购常被投资者认为是管理层发出的积极信号，表明管理层认为公司的股价被低估了，这样具有正面效应的信号能促使公司股价上升。

（2）利用财务杠杆效应，优化公司资本结构。这一影响和杠杆节税假说相符，无论公司使用现金还是负债来进行股票回购，都会提高公司的财务杠杆比率。资本结构的变化可能会帮助公司形成最佳资本结构和最低的加权平均资本成本。

（3）有增加灵活性和节税的好处。对于投资者来说，股票回购比现金股利更加灵活，股票回购在带来资本利得的同时，还赋予了股东选择的权利，股东可以选择出售或者不出售手中的股票。此外，股票回购可以节约税费。目前，中国股息和红利的个人所得税税率为20%，而股票转让所得尚未征收个人所得税，卖出股票时支付的佣金、过户费和印花税成本约占成交额的7.5‰。这与股利避税假说相符合。

（4）有利于实现公司长期的股利政策目标。对于公司管理层而言，股票回购可以防止派发剩余现金造成的短期效应。因为一旦派发现金股利，投资者对公司未来的持续派现就有了一定的期望。而回购股票属于有剩余现金时的非常股利政策，投资者对未来派现不会产生过多期望，不会对公司产生未来派现压力。而且股票回购带来了流通股份额的减少，进一步减少了公司未来派现的压力。

（5）适时缩减公司的经营规模。当公司预计暂时没有好的投资项目，同时有较多现金盈余时，就可以通过股票回购缩减经营规模，以避免资本浪费。当公司经营严重亏损，需要用减资方式来收缩经营战线时，也可以通过股票回购达到目的。

（6）防御外来收购。这一点和公司控制权假说一致。

（7）在中国，股票回购对于优化上市公司股权结构和促进国有企业体制改革都起到了积极作用。

当然，公司也要慎重考虑股票回购政策的运用，如果使用不当，也会产生一些负面影响，从而增加公司运营的风险：

（1）需要大量资金支付回购成本。要进行回购的上市公司必须有雄厚的资金实力。如果使用现金回购，公司没有权衡好现金流的安排，这会对公司的正常运营造成很大影响。负债率较高的公司如果再举债回购，会加大财务风险，从而对公司的经营和发展产生很大影响。

（2）可能使公司的发起人更加重视公司利润的短期兑现，而忽视公司的长远发展，进而损害公司的根本利益。

（3）容易导致内幕操纵股价。上市公司回购股票，可能会利用内部信息进行炒作，信息不对称会使广大普通投资者遭受损失，甚至有可能出现以回购为名炒作本公司股票价格的违规现象。

（4）可能向投资者传递负面的信号。投资者可能认为公司将盈余的现金用于股票回购，表明公司的成长性较差和没有好的投资机会，从而会影响公司的形象和投资者对公司价值的估计。

13.5.3　股票回购的信号作用

信号传递假说源于股份公司管理层和中小股东间的信息不对称。所有权和经营权的分离及由此所导致的所有者和经营者之间的信息不对称，意味着二级市场上的股票价格往往与真实价格相背离。由于法律规定内部人员不能参与交易，公司的内幕信息不能及时释放到市场上，因此，对市场上的广大中小股东而言，当某公司宣布将以超出市场价格的溢价购回其股份时，回购公告被视为公司管理层传递内部信息的一种手段。

回购所传递的公司内部信号并不是明确的。一方面，将大量现金用来回购股票而不是用于投资，表明公司承认目前没有好的投资项目，公司的资金没有有利的用途。另一方面，由于存在着内部人员交易限制，当公司宣布溢价收购股票时，就表明公司的管理层认为公司的普通股价值被低估了。1987年10月19日的“黑色星期一”，纽约股票市场暴跌，股票价格平均跌幅超过20%。第二天，花旗集团董事会即宣布回购公司2.5亿美元的股票。随后，更多的上市公司管理层纷纷仿效花旗集团，宣布回购本公司股票。短短两天内，股票市场公布的股票回购计划总金额达到62亿美元。

此外，股票回购和现金股利虽然都能传递给投资者积极的信号，但是信号的内容会有所不同。现金股利表明企业潜在的产生现金的能力是持续不断增强的，带给投资者的信号是公司将长时间维持派现政策。股票回购并不是经常发生的事件，其传递给投资者的信号往往是公司有一次性的大量剩余现金，或者是管理层认为公司股票的价格被大大低估了。

现有的信号传递理论主要集中于研究股票回购所传递的信号内容及信号成本。从信号传递的内容来看，股票回购传递的好消息可能包括未被观测到的公司价值、未被观测到的当前现金流、未被观测到的未来现金流。从信号传递的成本来看，可能包括为未来投资筹集外部资本的成本、为了履行未来分配义务导致破产的可能性、分配所承担的税负或者消减当期投资所造成的损失。

13.5.4 股票回购的方式

常见的股票回购方式有以下几种：

1）公开市场收购

公开市场收购（open-market repurchase），是指公司和市场上其他投资者一样，通过证券经纪机构按照公司股票市价购买股票。美国90%以上的股票回购采用这种方式。公开市场收购方式很容易推高股价，增加回购成本，交易税和佣金方面的支出也高。公司通常在股票市场表现低迷时采用这种方式进行小规模回购，小规模回购的股票多用于股票期权、雇员股利计划和可转换证券执行转换权。

2）要约回购

要约回购（tender offer）可分为固定价格要约回购和荷兰式拍卖回购。

固定价格要约回购是指公司向股东发出要约，说明需要购买的股票数量和某一固定的回购价格，回购价格一般高于股票市价。这种方式的优点是赋予所有股东均等的机会向公司出售其所持股票，而且公司可以在回购数量不足时取消回购计划或延长要约有效期。这种方式与公开市场收购相比，通常被市场认为是更加积极的信号，其原因大概是要约回购的价格高于市场价格，但是溢价的存在也使固定价格要约回购的成本较高。

荷兰式拍卖回购在回购价格的确定方面给予公司更大的灵活性。在执行荷兰式拍卖回购时，首先，公司会说明计划回购的股票数量以及回购价格的范围（给定最高价和最低价）。其次，股东进行投标，向公司说明愿意接受的价格和出售的股票数量。最后，在股东投标完毕之后，公司汇总所有投标公司，在价格范围内按照从低到高的价格顺序排列，然后决定能够全部购回指定股票数量的最低价格。这一确定的回购价格将支付给所有按这一价格或者低于这一价格投标的股东。实证研究表明，荷兰式拍卖回购产生的信号传递作用比固定价格要约回购的影响要小一些，其原因可能是前者的溢价通常低于后者的溢价。

3）协议回购

协议回购（negotiated repurchase），是指公司按照协议价格向少数拥有大量股份的股东购回股票。这些大股东可能正大量购买公司股票意欲接管公司。为了抵御这类收购，目标公司可能会安排协议回购，从这些不受欢迎的投资者手中溢价购回大量股份，这类避免接管的方式通常被称为“绿色邮件”（green mail）。此外，在股票的卖方首先提出协议回购的情况下，协议回购的价格往往会低于市场价格。

4）可转让出售权

可转让出售权（transferable right to sell）是实施股票回购的公司赋予股东的在一定期限内以特定价格向公司出售其持有股票的权利。之所以称为“可转让”，是因为此权利一旦形成，就可以同依附的股票分离，而且分离后可在市场上自由买卖。执行股票回购的公司向其股东发行可转让出售权，那些不愿出售股票的股东可以单独出售该权利，从而满足各类股东的需求。此外，因为可转让出售权的发行数量限制了股东向公司出售股票的数量，所以这种方式还可以避免股东过度接受回购要约的情况。

假设使用固定价格要约回购，公司采用的回购价格应该不会导致不投标出售股票的股东比投标出售股票的股东更好或者更差，也就是说，不论股东是否接受要约，双方都要受到公平的待遇。这样公司应该提供的均衡股票价格为：

$$P^*=\frac{S\times P_c}{S-n} \tag{13-1}$$

其中：P^*为均衡股票价格；S为回购之前流通在外的股数；P_c为回购之前每股的现行市价；n为将要被回购的股份数量。

【例13-9】假如爱家股份有限公司发行在外的股票有750万股，公司股票目前的市场价格是30元/股，而公司计划购回150万股，计算回购的均衡价格。

解：$P^*=\frac{S\times P_c}{S-n}=\frac{750\times 30}{750-150}=37.5$（元/股）

如果公司提供的招标价格为40元/股，那么出售股票的股东将获利，不出售股票的股东将受损。如果招标价格是35元/股，那么不出售股票的股东将获利，出售股票的股东将受损。当招标价格为37.5元/股时，双方受到公平的待遇。

13.6　股票股利和股票分割

13.6.1　股票股利

1）股票股利的定义

股票股利是指公司以股票形式向股东支付的股利，即上市公司以本公司股票代替现金作为股利向股东分红的一种形式。在中国，一般把股票股利称为“送红股”。

不同于现金股利，股票股利只是资金在股东权益账户之间的转移，就是将未分配利润或者盈余公积转化为股本。股票股利不会导致公司现金的流出，股东权益的账面价值总额也不变。股票股利也不会直接改变每位股东的股权比例。

股票股利所引起的变化是：所有者权益各项目的结构发生变化，即未分配利润或者盈余公积减少，股本相应增加。股票股利增加了公司流通在外的股票数量，每股普通股权益将被稀释，从而使每股盈余和每股市价下降。又由于股东所持股份的比例不变，因此每位股东所持股票的市场价值总额仍保持不变。

【例13-10】某机场在2016年12月22日宣布用未分配利润向全体股东按每10股送3股的比例送红股，发放股票股利之前的股东权益账户见表13-1。股票股利发放之后，股东权益账户如何变化？

表13-1 **某机场股东权益账户（发放股票股利之前）** 单位：元

项目	金额
股本	1 424 438 500
资本公积	1 957 415 925
盈余公积	620 840 943
未分配利润	1 639 691 962
股东权益合计	5 642 387 330

解：未分配利润减少的数额=股票面值×股票数×股利支付率

=1×1 424 438 500×0.3=427 331 550（元）

股本部分增加的数额=1 424 438 500×0.3=427 331 550（元）

公司股票数量增加额=1 424 438 500×1.3=1 851 770 050（元）

因此其他账户没有变化。

股票股利发放之后的股东权益账户见表13-2。

表13-2 **某机场股东权益账户（发放股票股利之后）** 单位：元

项目	金额
股本	1 851 770 050
资本公积	1 957 415 925
盈余公积	620 840 943
未分配利润	1 212 360 412
股东权益合计	5 642 387 330

根据发放比例的大小，股票股利可分为小比例股票股利（small-percentage stock dividends）和大比例股票股利（large-percentage stock dividends）。如果股票股利的发放比例低于原发行在外普通股数量的20%，一般称为小比例股票股利。如果股票股利的发行比例大于或等于原发行在外普通股数量的20%，就称为大比例股票股利。由于小比例股票股利的发放比例比较小，一般预期其不会造成股价的大变化，而大比例股票股利可能大大降低股票市价。

2）股票股利分配动因

从股票股利的定义来看，股票股利只是资金在股东权益账户之间的转移，而不是资金的运用。股票股利只不过是将资金从留存收益账户转移到其他股东权益账户，并未改变每位股东的股权比例，也未增加企业的资产总额。因此，股票股利应该没有实质性的经济含义。然而，在现实经济环境中，股票股利对公司的股票市价有重要的影响。实证研究的结果表明，市场对股票股利产生了显著为正的非正常报酬率。针对这种现象，理论界提出以下几种股票股利的分配动机理论：

第一，信号传递理论。股票股利可以向投资者传递信号。在信息非对称的状态下，管理当局比投资者知道更多关于企业的有利信息。除了在公开媒体上简单地发表声明外，管理当局可以通过股票股利来更有信心地阐明自己对企业未来光明前景的预期。信号传达的有利信息将带动公司股价上涨。

第二，最佳价格理论。最佳价格理论认为，上市公司发放股票股利，是为了把公司股价保持在某个“最佳”的范围之内。对于小规模的投资者来说，由于资金有限，因此他们偏好较低的股票价格。但对于机构投资者来说，较高的股价可以节省他们的交易成本。这样就存在一个最佳的价格区间，它使得不同层次的投资者的偏好得到均衡。因此，当公司管理当局为了讨好各类股东或者使得本公司的股票更富流动性时，他们会通过分配股票股利等方式将股价调整到一个最佳的区间。

第三，投资者幻觉理论。投资者幻觉理论认为，股票股利使原有股东的持股数量增加，并使股价下降，因此在一定程度上，股票股利使投资者更容易出售部分股票而获得收入。当然，没有股票股利时，股东也可以通过卖掉部分原有股权而获得收入。一般来说，很多投资者在触及本金问题上有一种反感情绪。在这样的情况下，股票的出售不仅代表本金的付出，还要缴纳资本利得税。因此，在一些投资者看来，出售股票股利而得到的额外收益并不是本金的出售，而是一笔意外之财，他们仍然保持原有的股权。股票股利可以对这些投资者产生一种有利的心理影响，这就是投资者幻觉。

3）分配股票股利的影响

上市公司发放股票股利，对上市公司本身和上市公司的股东都会有影响。

发放股票股利对上市公司的影响：

第一，上市公司利用股票股利代替现金股利，这样既履行了向股东派发其应得收益的责任，又将大部分利润资本化，成功地将资金留存于公司内，以备投资之需。公司以此保留了大量资金，减少了筹资费用，有利于公司的长期发展。

第二，派发股票股利增加了公司在外流通股数，降低了股票价格，吸引了广大小额投资者，使公司股票保持较好的流动性。这一点是和最佳价格理论相对应的。

第三，股票股利会向市场传递有利信号，公司会被认为有良好的成长预期。

发放股票股利给公司带来的并非全是好处。发放股票股利必定会增加公司股本，进而摊薄公司的利润，降低EPS。EPS往往是投资者判断公司价值的关键指标，过低的EPS会使投资者不看好公司前景，从而对股价造成下跌压力。股票股利也会被投资者认为是消极的信号，认为公司发生财务困难而采用股票股利取代现金股利。另外，股票股利的管理费用远远高于现金股利，会增加公司的负担。

发放股票股利对股东的影响：

第一，如果公司在发放股票股利的同时发放现金股利，股东会因所持股数的增加而得到更多的现金。事实上，公司发放股票股利后股价并不成比例下降，一般在发放少量股票股利后，大体不会引起股价的变化，这可使股东得到股票价值相对上升的好处。

第二，发放股票股利通常是成长中的公司所为，因此投资者往往认为发放股票股利预示着公司将会有较大的发展，利润将大幅上升，足以抵消增发股票带来的消极影响。这种心理可以稳定住股价甚至使股价略有上升。

第三，股东需要现金时，还可将分得的股票股利出售，在出售股票股利需交的资本利得税率低于现金股利需交的所得税税率时，股东可以获得好处。

但是，若公司盈利不能赶上股本扩张的速度，保留资金的再投资收益不能达到投资者预期的报酬率，就会引起公司股票价格大幅度下降，最终使投资者利益受到损害。

13.6.2 股票分割

1）股票分割的含义

股票分割（stock split）又称拆股，是公司管理当局将其股票分割或拆细的行为，通过成比例地降低股票面值而增加普通股的数量。

和股票股利不同的是，股票分割不会改变公司的普通股股本、资本公积、留存收益，没有发生股东权益账户中各项之间的资金转移。此外，股票分割会引起每股面值降低，并由此引起每股收益和每股市价下跌。股票分割一般以兑换比例来表达，如2：1或3：1等。2：1意味着股东所持有的一股将变成两股，假定原来票面价值是30元，股票分割之后就变为15元。

股票合并作为股票分割的反向操作行为，又称为“反分割”（reverse split）。反分割减少了在外流通的普通股数量，提高了股票面值，同时还提高了每股收益。与股票分割一样，反分割后，普通股股本总额、资本公积、留存收益都保持不变，股东权益总额也保持不变。

股票分割和股票股利非常相似，都是在不增加股东权益的前提下增加股票的数量，不改变股东所持股票的账面价值总额。所不同的是，股票股利会引起股东权益构成项目的金额变化，而股票分割不改变股东权益的构成项目。从实务上来讲，二者的差别较小，一般根据有关证券管理部门的规定来加以区别。

2）股票分割的动机和影响

股票股利的分配动机理论同样适用于解释股票分割。但是股票股利和股票分割的目的还是各有侧重。股票股利主要是为了保留盈利，而实行股票分割的动机主要在于通过增加股票股数降低股票面额，从而吸引更多的投资者。

股票分割给上市公司和投资者带来的影响也和股票股利基本一样。股票分割和发放股票股利都能达到降低公司股价的目的，但一般来讲，只有在公司股价涨幅巨大且预期难以下降时，才采用股票分割的办法。若公司股价上涨幅度不大，往往通过发放股票股利的办法来维持其股价介于理想的范围之内。此外，股票分割往往是成长中的公司的行为，所以，宣布股票分割往往给人一种公司正处于发展之中的印象。

和股票分割相对应，公司在某个时期如果希望减少流通在外普通股的数量或是认为股价偏低要提高股价时，可通过股票合并（反分割）来实现。但是通常反分割向市场传递的是不利信号，表示公司也承认自己处于财务困境。实证证据和统计结果都表明，在其他因素不变时，股票反分割宣布日前后股票价格会有大幅度的下跌。

【例13-11】假设机场宣布进行2：1的股票分割，股票分割之前的股东权益账户见

表13-1。

股票分割之后，股东权益账户如何变化？如果是1：2的反向分割呢？

解：股票分割和反向分割之后的股东权益账户都不变，和表13-1相同。

13.6.3　股票股利和股票分割的信号传递作用

信号传递理论建立在两个假设之上：①管理层和股东之间存在着信息不对称，管理层会主动将有利的信息传递给股东，而不会主动将不利的信息传递给股东；②信号的传递方式不可以随便模仿，否则会付出非常大的代价。基于这两个假设，信号传递理论提出4个不同的假说来解释股票股利和股票分割。

1）传递信息假说

传递信息假说（convey information hypothesis）认为，股票股利或者股票分割的宣布可以向投资者传递信息。在信息不对称的状态下，管理层比股东知道更多关于企业的有利信息。除了在公开媒体上简单地发表声明之外，管理层还可以通过发放股票股利来更有信心地阐明自己对企业光明前景的预期。实证经验表明，在股票股利公布前后，股票价格会有重大、积极的反应。

股票股利通常出现在企业盈利和现金股利增加之前，市场把股票股利看做盈利能力增强和现金股利增加的一个“先导信号”。因此，并不是股票股利本身引起股票价格的积极反应，而是这些信号所传递的有利信息所引起的。而且要使股票价格继续保持较高水平，企业必须具备更好的股利支付能力以及盈利能力。

2）保留盈利假说

保留盈利假说（retained earnings hypothesis）认为，由于公司分配政策受到有关法律法规（如公司法、证券交易法规）的限制，因此企业的留存利润必须维持在一定的水平上。股票股利将盈余转为股本后，会进一步限制现金股利的发放。因此，当公司预期未来的获利将增加时，可以发放股票股利，而不影响稳定的现金股利政策。相反，当公司预期未来盈利不理想时，发放股票股利就会对现金股利产生负面作用，即必须付出消减现金股利的代价，而降低现金股利的成本是相当大的。所以，公司发放股票股利，表明管理层对企业未来的获利能力看好。

3）声誉假说

声誉假说（reputation hypothesis）认为，假定公司主动将有利的信息传递给投资者，那么其向投资者主动提供的信息一定是被证实的确有利的信息。

如果公司主动传递好的信息但结果并非如此（也就是用好的信号来传递坏的信息），将使公司的信息披露声誉受到损害，今后也将无法再度使用同类信号来取得投资者的信任，并有可能最终使投资者丧失对公司的信心。因此，经常用股票股利来传递盈利增加信号的公司，必然不会任意发布不实信息。此外，宣布发放股票股利而盈利并未增加的公司，声誉可能受到损害，即使其以后发放股票股利，也可能不会有什么信息含量。

4）引起注意假说

引起注意假说（attention hypothesis）认为，公司管理层借用股票股利的事件以引起市场的注意，希望投资者重新评价公司的未来现金流量和盈利能力。一般来说，小公司发放股票股利比大公司更能引起市场的注意，从而对股价产生较大的影响。这是因为小公司平时不被市场注意，所以其股票价格被低估的情况可能比大公司严重。因此，当小公司宣布分配股票股利时，它所传递的信息比大公司多。

基本训练

第13章基本训练

第14章 公司估值

学习目标

- 掌握公司估值的原理，了解公司价值对于经济活动的重要意义；
- 了解公司估值的几种常用方法和其背后的经济学假设；
- 理解自由现金流、残值的概念，掌握其组成和计算方法；
- 学会用现金流量折现法对目标公司进行估值；
- 掌握用乘数法对目标公司进行估值；
- 理解乘数法的基本原理；
- 了解公司价值评估模型在实际中的应用；
- 了解公司价值评估中的一些难题及其解决思路。

引子

博通拟收购高通形成绝对垄断　引发产业界担忧

在美国，半导体巨头博通提出1 300亿美元要约收购计划遭到同行业知名公司高通拒绝之后，近日博通再度对高通发出收购邀约，并提交了11名新董事人选的提名，谋求进入新一届高通董事会。据报道，包括微软和谷歌在内的多家巨头公司私下对此并购案表示了担心。11月6日，博通公布了针对高通的要约收购，计划以每股70美元的价格，斥资1 300亿美元（含250亿美元负债）收购高通。对此，高通董事会回应称该要约严重低估了公司价值，而且并购交易将会遭遇多国政府的反垄断审核。

分析人士认为，博通收购高通，须通过美国、中国、欧盟等全球主要国家和地区的反垄断审查，全球同业者普遍难以支持这一合并。高通和博通是无线通信芯片市场的领先厂商。博通合并高通后，势必将给英特尔带来更大的威胁，后者正在凭借其在PC芯片市场的主导地位向移动市场扩张。分析人士认为，两家公司合并后，新公司将拥有从电信基础设施到手机端整个无线通信产业链上所有芯片的设计能力，这意味着形成了绝对垄断。

2017年，高通与苹果出现知识产权纠纷，并可能导致苹果在未来的新产品中放弃高通芯片。假如高通被博通收购，其与苹果公司的关系可能得到改善。美国媒体认为，苹果对博通收购高通交易的潜在影响正是谷歌、微软等巨头担忧的原因。因为苹果公司受益的同时，竞争对手不可避免会受损。谷歌的手机和平板电脑使用安卓操作系统和高通芯片。根据国际数据公司IDC的统计，安卓系统及其衍生品占智能手机市场的85%。微软则刚刚发布了第一款使用高通芯片的Windows 10个人电脑，并且可能会继续推出此类平板电脑和混合型电脑，它们比传统的英特尔电脑功耗更低，该产品的目标定位将与苹果的iPad展开市场竞争。另外，微软和谷歌都意识到，独立的高通更符合自身利益，而假如博通成功收购高通，新公司将与苹果公司走得更近。

资料来源　高菲. 博通拟收购高通形成绝对垄断　引发产业界担忧［N］. 中国证券报，2017-12-11.

14.1　公司估值的意义

为什么要进行公司估值？从上面的例子中我们可以看到一点原因，即为了公司兼并、收购与合资等业务的顺利进行。这些活动都是公司经营中引人注目的活动，而且很多都是公司发展所必需的，那么交易金额是否合理，交易双方是否可以从这个交易中获利或亏损，自然是要对标的公司进行精确估值才清楚。当然，这只是其中一个原因，另一个非常重要的原因是为了进行价值管理。现在大家广泛接受的一个概念就是公司治理的目标是使股东权益最大化，为了实现这个目标，公司就要制定、执行可以提升公司价值的经营战略，那么当然要知道公司价值是如何计算的，由什么决定，与什么相关，这样才可能去制定相关的战略。还有一个原因，便是价值投资的需要。在资本市场中，投资者在全球范围内寻找可行的投资项目。某股票的价格是否合理，某公司的债权是不是值得投资，无不与该公司的价值密切相关。了解公司的价值评估，有助于公司管理者努力去创造价值，有助于投资者找到那些有价值的投资对象，进而就能保证并购、重组市场健康有序发展。

14.2　公司估值方法

公司估值的方法非常多，繁简度也不同，大概可以分为三类：现金流量折现法；乘数法；实物期权法。目前，绝大多数公司倾向于现金流量折现法。本章我们着重介绍前两种方法。

经典的估值理论认为，一项资产的真正价值或者称内在价值，取决于该资产创造未来现金流的能力，具体到估值来说即“现值规律”——任何资产的价值等于其未来全部现金流的折现值总和。需要明确的是，估值中最需要关注的一点就是现金流，即在资产估值中，现金流决定一切。在估值方法中，现金流量折现法完全体现了这个估值原理，而乘数法虽然从表面上看没有明确表现，但是事实上其仍是以现值规律为基础的，只是它将最繁琐的现金流估计交给了市场去完成，认为市场力量使得可比公司的价格可以完全体现未来的现金流状况。

14.2.1 现金流量折现法（绝对估值法）

现金流量折现法最明显的优点是完全符合“现值规律”，所以理论上该方法可以衡量出企业的真实价值，即企业在竞争环境下的内在价值。如果我们可以确切地估计出企业的未来现金流，同时，能够根据现金流的风险特性确定出恰当的折现率，就可以采用现金流量折现法估出企业的价值。但当实际情况与假设的前提条件有差距时，就会影响估值结果的可信度。

14.2.2 乘数法（相对估值法）

现金流量折现法需要精确预测公司每年的现金流，这对于评估者的要求比较高，而乘数法相对来说就比较简单。该方法以目标公司的相似参照公司的价格参数为基础，其最大的优点就是能够利用市场来完成评估过程中最艰巨的任务，即评估预期增长和盈利能力对公司价值的影响，但关键是要找到“相似”的公司和价格参数。还有一个困难就是如何控制与参照公司不同之处对价值的影响。

14.3 现金流量折现法

14.3.1 基本思路

现金流量折现法就是使用净现值的基本思想，对公司未来的现金流进行估计，采用合适的折现率进行折现，从而得到公司未来现金流的现值，并将其视为公司的内在价值，即所需的公司价值的方法。这其中涉及自由现金流量的估计和折现率的选取。

14.3.2 自由现金流量及其计算

既然是评估公司价值中所用的现金流，那么可以很自然地想到它就是流入和流出公司的现金差值。公司存在的意义就是创造价值，为所有者带来持续的现金流。这个概念反映到现金流量折现法，就会涉及其中一个关键概念——自由现金流量。之所以称为“自由”，是指对于这些现金，公司可以自由分配给债权和股权所有者。所以它的定义式为：

自由现金流量=分配给债权所有者的现金+分配给股权所有者的现金 （14-1）

但是在预测中，我们通常将其分解成三个部分来分别计算，最后加总得到公司总的自由现金流量。这三个组成部分分别是：运营现金流、净资本支出以及净营运资本的变化。

1）运营现金流的计算

运营现金流是指由公司日常的经营、买卖活动产生的现金流，与公司的融资、投资活动有关的利息等现金流不包括在内。计算运营现金流时，我们首先用收入减去成本，但是成本中要扣除折旧，因为它实际上并不引起现金的流出。当然，也不计算融资活动引起的利息费用。税收是要扣除的，因为它是用现金支付的项目。

在实际计算中，我们计算的起点通常并不是收入，而是息税前收入（earnings before

interest and taxes，EBIT)，即交付利息和税收之前的收入。对其进行以下两步调整，即将折旧加回和减去税收，就可得到我们想要的运营现金流。公式整理为：

运营现金流=息税前收入+折旧-税收 (14-2)

运营现金流对于公司而言，是一个非常重要的指标，因为它体现了公司日常经营的现金流量是否可以满足现金支出的需要。所以，如果公司经常性地出现数值为负的运营现金流，就表明公司的运营可能出现了问题。

表14-1是华润双鹤（600062）2016年12月31日的简化利润表（为了简便和符合估值原理要求，我们本章的例子虽然都是从实际报表中获得，但是其中剔除了与经常性业务不相关的投资损益等信息，所以例子中所使用的数据与公司原始财务报表数据略有不同，以下情况类似），我们可以依据表中的信息计算运营现金流。

表14-1 **华润双鹤简化利润表**

2016年12月31日 单位：元

项目	金额
业务收入	5 565 665 426.76
除折旧外的运营成本	4 626 871 201.20
折旧	35 969 083.16
息税前收入（EBIT）	902 825 142.40
利息	-3 968 416.52
税前收益	906 793 558.92
所得税	167 546 402.59
净利润	739 247 156.33

我们从EBIT出发，进行以上两步调整，就可以得到所需要的数据——运营现金流，见表14-2。

表14-2 **运营现金流的计算** 单位：元

项目	金额
息税前收入（EBIT）	902 825 142.40
+ 折旧	35 969 083.16
- 所得税	167 546 402.59
运营现金流	771 247 822.97

在实际操作中，我们也可以从净利润开始推算（自下而上法），计算过程见表14-3。

我们还可以从业务收入开始计算（自上而下法），计算过程见表14-4。

实际中具体用哪种方法，要根据所评估对象的实际情况，从趋势较好把握的部分入手。可以看到，华润双鹤2016年的运营现金流量约为7.7亿元，单从数字来看是比较好的。

表14-3　运营现金流的计算（自下而上法）　单位：元

项目	金额
净利润	739 247 156.33
+利息	-3 968 416.52
+折旧	35 969 083.16
运营现金流	771 247 822.97

表14-4　运营现金流的计算（自上而下法）　单位：元

项目	金额
业务收入	5 565 665 426.76
-除折旧外的运营成本	4 626 871 201.20
-所得税	167 546 402.59
运营现金流	771 247 822.97

2）净资本支出的计算

净资本支出为公司购买固定资产所需的资金减去固定资产处置所获得的资金。在计算中，我们使用期末固定资产净值与期初固定资产净值的差，再经过折旧调整得到净资本支出。公式整理为：

净资本支出=期末固定资产净值-期初固定资产净值+折旧　（14-3）

净资本支出可能为正，也可能为负，主要取决于公司处置旧资产和购置新资产的规模的比较。

表14-5为华润双鹤2016年净资本支出的计算。

表14-5　华润双鹤2016年净资本支出的计算　单位：元

项目	金额
2016年年末固定资产净值	622 424 668.80
-2016年年初固定资产净值	639 754 434.90
+折旧	35 969 083.16
净资本支出	18 639 317.06

可以看出，2016年该公司在固定资产规模上有了进一步的扩张，在资本支出方面投入了逾0.18亿元，这比较符合制药企业的实际情况。

3）净营运资本的变化的计算

公司不仅需要在固定资产上投资，也要进行流动资产的投资，反映到报表上就是营运资本的变化。净营运资本等于流动资产减去流动负债，那么净营运资本的变化可以很容易地通过以下公式计算出来：

净营运资本的变化=期末净营运资本-期初净营运资本　（14-4）

表14-6是从华润双鹤的年度报表中摘录的营运资本的相关信息。

表 14-6 **华润双鹤 2015 年、2016 年营运资本列表** 单位：元

项目	金额
2016年初流动资产	2 633 311 686
2016年初流动负债	657 770 704
2016年末流动资产	3 031 918 795
2016年末流动负债	666 543 709

根据其信息可以很容易计算出净营运资本的变化，见表 14-7。

表 14-7 **华润双鹤 2016 年净营运资本的变化的计算** 单位：元

项目	金额
2016年年末净营运资本	2 365 375 086
-2016年年初净营运资本	1 975 540 982
净营运资本的变化	389 834 104

可见，2016年净营运资本从年初到年末增幅近3.9亿元。

4）自由现金流量的计算

有了以上三个部分，我们就可以计算出自由现金流量。公式整理为：

自由现金流量=运营现金流-净资本支出-净营运资本的变化 （14-5）

华润双鹤2016年自由现金流量的计算见表 14-8。

表 14-8 **华润双鹤 2016 年自由现金流量的计算** 单位：元

项目	金额
运营现金流	771 247 822.97
-净资本支出	18 639 317.06
-净营运资本的变化	389 834 104
自由现金流量	362 774 401.91

我们看到，华润双鹤2016年的自由现金流量约为3.6亿元。

掌握了这个方法，原则上讲公司以后每年的现金流量都可以估计出来。

14.3.3 加权平均资本成本（WACC）

资本成本并不取决于资本的来源，而是取决于资本的用途，它反映了公司的投资者要求的回报率，所以我们将其作为现金流量折现法的折现因子。我们前面曾经专门讨论过不同融资模式下资本成本的计算。而为公司整体进行估值，我们需要知道的是公司整体意义上的资本成本是多少，这除了需要掌握我们前面已经熟知的公司的债务资本成本和权益资本成本以外，还要掌握一个重要的概念——目标资本结构。有关公司资本结构的定义和影响因素前面也有了详细的讨论，这里不再赘述。公司在运营过程中实际的资本结构是不断变动的，但是公司的目标不会变，那就是调整资本结构，以最小化资本成本。对于一个给定的公司，能使其资本成本最小化的资本结构就称为目标资本结构。在计算中，我们假设

公司在追求目标资本结构，这样，虽然公司并不总能保持在目标资本结构上，但是可以认为，其实际的资本结构在围绕着目标资本结构波动。那么在计算过程中，我们可以根据历史观测数据来推算其目标资本结构。

我们可以计算出公司债务、股东权益的资本成本，再加上目标资本结构，就可以很容易地计算出加权平均资本成本，公式整理为：

$$WACC=K_d \cdot \frac{D}{D+E}+K_e \cdot \frac{E}{D+E} \tag{14-6}$$

其中：K_d为债务成本；K_e为权益成本；$\frac{D}{D+E}$和$\frac{E}{D+E}$分别为目标债务权重和目标权益权重。但是这个式子忽视了债权与股权的一个基本的不同点：利息支出是可以免税的。所以在实际计算中，我们使用的是经税率调整过的加权平均资本成本，公式整理为：

$$WACC=K_d \cdot (1-T) \cdot \frac{D}{D+E}+K_e \cdot \frac{E}{D+E} \tag{14-7}$$

其中：T为税率，这样我们便可得到公司价值的折现率。当然，在计算与公司整体风险相同的项目时，也可以用这个折现率。这也就是其称为平均资本成本的原因，因为公司具体项目的风险是不同的。

以华润双鹤为例，其2012—2016年资本结构的主要情况见表14-9。

表14-9 **华润双鹤2012—2016年资本结构列表** 金额单位：元

项目 \ 年份	2012	2013	2014	2015	2016
流动负债	295 000 000	210 000 000	0	0	0
资本结构比例（%）	5.76	3.71	0	0	0
非流动负债合计	118 746 496.2	115 835 508.9	108 575 467.2	224 949 711.9	187 827 817.2
资本结构比例（%）	2.32	2.04	1.87	3.38	2.6
股东权益合计	4 706 734 249	5 336 225 740	5 684 370 562	6 433 908 638	7 038 499 048
资本结构比例（%）	91.92	94.25	98.13	96.62	97.4
负债及股东权益合计	607 775 643	6 480 915 882	6 619 296 297	7 763 107 207	8 241 549 951

由于流动负债和非流动负债的成本是不同的，因此我们需要将其区别对待。而且，在流动负债中要除去没有成本的应付账款、应付职工薪酬等，只包括需付利息的短期借款，因为只有这部分才是有成本的资本。

可以看出，在这5年间，其资本结构比较稳定。以2016年为例计算权益成本，根据表14-9中的数据可知，2016年目标资本结构为：流动负债、非流动负债、股东权益分别占0、2.6%、97.4%。结合其年报中披露的信息，税率取18.48%，报表信息披露的非流动负债利率为6.6%。流动负债的结构比较复杂，有一部分是不计利息的，其他则信息不足。同期银行短期贷款利率中，最低的年利率为4.35%。结合市场表现，设其权益成本为8.1%。

那么我们可以得出华润双鹤的WACC：

$$0\times4.35\%\times(1-18.48\%)+2.6\%\times6.6\%\times(1-18.48\%)+97.4\%\times8.1\%=8.03\%$$

14.3.4 残值估计

从理论上来说，用上面的方法估计了未来的现金流量，并得到了合适的折现率，用求现值的公式$PV=\sum_{t=1}^{\infty}\frac{FCF_t}{(1+WACC)^t}$，即可计算出公司的现值。但是在实际操作过程中，虽然对于公司一般是有永续经营的假设，但是我们不可能明确地估计出公司未来所有期间的现金流，所以必须用简化的步骤计算公司在最后期限的持续经营价值。而要简化的前提是，公司要达到一种“均衡状态”而不再有快速的增长过程。很多情况下，假定公司在评估当日就处于均衡状态是不合理的。所以公司的价值实际上是分两块估计的，可以表示为：

公司价值=明确的预测期间的现金流量现值+明确的预测期之后的现金流量现值 (14-8)

第一项主要靠对历史业绩和公司未来的经营计划、宏观经济形势分析等进行预测，主要是涉及经营增长率等指标。由于期间有限，可参照数据多，因此相对比较明确、简单。第二项是假设公司处于均衡状态后的价值，我们称为残值（有时也称持续价值），残值在公司价值中占有很大比重，因而非常重要。但是这一段的估计不确定性非常大，比较难以确定。目前通常的处理方法是，不详细预测公司的长期现金流量，而是对这一阶段公司的绩效进行一些简化的假设（如假设增长率不变），使用永续现金流量模型进行估计。有时也会用非现金流量法来评估残值，即直接对残值进行估值，可以用清算价值法、重置成本法、比较法、价值拉动因素模型等。

下面我们结合例子具体地给出几个估计残值的方法。

1）永续年金法

该方法假设期末的现金流将会永远恒定持续下去，公司残值即从预测期T期末开始的永续年金现值。永续年金在T期初的价值等于预期每年现金流除以收益率。公式如下：

$$PV=\frac{FCF_T}{WACC} \quad (14-9)$$

假如华润双鹤自2017年起每年有1亿元的自由现金流量，那么其2017年及以后所有现金流在2016年年末的现值约为12.45亿元。

永续年金法基于这样一个经济学原理：天下没有免费的午餐。任何一个能够创造超过投资者要求的最低回报水平收益的公司最终都会面临与其他公司的竞争。当其他竞争者进入该盈利行业时，该公司的收益率最终会被迫下降到资本成本的水平。在最终的平衡状态下，该行业不会有超额利润。所以在估值过程中，假定预测期后公司达到竞争平衡状态，那么销售额稳定，维持现有资本运转的成本等于折旧的支出，用不变的现金流折现得到预测期末的价值，然后再折现得到当前的价值，即为残值。例如，我们将刚才计算出的2016年年末的12.45亿元折至2012年年末，得残值为9.15亿元（$\frac{1\,245\,000\,000}{1.08^4}$）。

2）持续增长法

该方法假设公司的现金流将会永远以增长（亏损）率g持续增长（亏损）。这是一种较激进的办法，但是可能更符合实际，其也被称为“戈登模式”（Gordon model）。公式如下：

$$PV=\frac{FCF_T}{WACC-g} \quad (14-10)$$

其实比较一下就可以发现，永续年金法是g=0情况下的特例。

在某些情况下，一些公司可以在相当长的一段时间内保持在市场竞争中的优势地位，从而可以保证长期取得超过资本成本的收益。当这种竞争优势被市场进入壁垒（如专利权、垄断地位或强大的品牌效应）所保护时，该公司就可能长期保持竞争优势。如果管理者确信公司可以使较高的收益延伸到更大的市场并长期保持时，在预测公司现金流的过程中就应该采取更加长远的观点。研究发现，微软、可口可乐和沃尔玛这样的优秀公司不仅能够长期保持他们的竞争优势，还可以把这种优势延伸到更大规模的投资计划中。

持续增长法也有一些局限性：第一，可能没有充分认识到持续增长所需的现金流出。第二，忽视了资本结构变化的影响，增加的现金流量往往会导致资本结构的重大变化（如高的权益负债比）。第三，没有对增长所需额外投资的经济收益进行前提假设，因而增长的净现值用永续年金来表示就可能大于或小于永续年金法中的永续年金现值（在永续年金法中，假定经济增长产生的净现值NPV等于0）。第四，当永续年金的增长率接近长期资本成本时，残值可能会趋向无穷大，这是完全不可能的。

扩展形式：在实际操作中，也常常将永续年金法和持续增长法结合起来，这就得到了流量模型的扩展形式。这其实是一种分步逐项预测的方法。比如对于一个快速增长的公司，我们可以设定其未来的不同阶段以不同的增长率增长，最后达到稳定，从而以永续恒定的现金流经营下去。

3）比较法

该方法是通过一个预先确定的参数（如面值与市值比或价格与收益比）来估计公司权益的市场价值。由于后面几节会深入地探讨这个问题，因此我们在这里只做一个概述。首先，我们对与预测期末的目标公司在规模、行业和风险等方面相近的参照公司最近一段时期的面值与市值比或价格与收益比进行考察，然后将目标公司普通权益的价值乘以参照公司的面值与市值比或价格与收益比，求出目标公司权益的未来价值。目标公司负债的价值加上普通股的预期价值即得到公司预计的总价值，再将此价值以资本成本进行折现，就可得到公司现值。

该方法的优点是强调了公司战略的长期影响。只有在对科技、竞争、消费者需求及其他相关因素的长期趋势上进行大量的分析比较以后才能找到合理的比照参数。它比较适用于那些预计在预测期外会有显著不同的业绩表现的公司。

14.3.5　预测期的选择

公司的预测期到底应该取多长，很难有确定性的答案，这便需要我们针对目标公司的不同情况，合理做出假设。大多数美国公司的ROE会在5~10年内降到市场平均水平，但是具有显著垄断优势或品牌效应的公司可以在更长时期内创造超额收益。

14.3.6　使用模型计算公司价值

在选择好合适的预测期，对预测期内的现金流进行了预测，并算出了残值和WACC后，使用现值公式就可以计算出公司价值，具体公式如下：

$$PV=\sum_{t=1}^{T}\frac{FCF_t}{(1+WACC)^t}+\frac{PV_T}{(1+WACC)^T} \tag{14-11}$$

其中：T为明确预测期期末时点；等式右边的前一部分为t个明确预测期内的现金流现值，后一部分为残值；PV_T为残值在T时点的价值。用现金流量折现法来估算公司价值的过程中涉及相当多的估计内容，程序也比较繁杂，所以使用该方法必须要对公司的现状乃至长远的发展预期有比较好的把握，才可以得出较令人信服的结果。

14.3.7 现金流量折现法的适用性

现金流量折现法对于那些现金流为正值且在未来一段时间内可以准确估计的公司来说，如果风险数据易于取得，那么估计起来简便易行。

但是，实际状况往往要复杂得多。有些公司预计在未来一段时间内会持续地损失现金，有些公司的现金流变化呈现周期性的大幅波动，还有些正在进行并购的公司，并购之前与并购之后的现金流可能完全不同，这些都影响了现金流量折现法的应用。

在评估那些投资和财务政策方面有重大变动（如改变股东结构、资本结构）的公司时，必须在评估过程中考虑这些变动的影响，折现率也要进行相应调整，以反映新的经营风险和财务风险。

从折现法的应用过程中我们可以很清楚地看到，残值的影响非常大，而它又与期末增长率密切相关，所以在实际计算中，往往通过广泛的价值敏感性模拟来确定合适的价值区间。

14.4 乘数法

以上我们介绍了如何采用现金流量折现法来对公司价值进行估算。根据有关调查，在并购过程中对目标公司的价值进行评估时，管理者普遍认为现金流量折现法是最可靠的方法。现金流量折现模型不仅预测准确，而且能够揭示出公司经营状况及公司价值的来源，因而深得业界资深人士的青睐。下面我们将介绍一种较为简单，却最为常用的公司估值方法——乘数法。

根据摩根士丹利1999年公布的一份研究报告，在成熟的证券市场上，证券分析师们最常采用的估值方法就是乘数法，超过了50%的使用率，而前面所介绍的现金流量折现法，尽管评估准确，但操作起来异常复杂，使用率只有不到20%。因此，乘数法在公司估值实务中也占据了举足轻重的位置。下面，我们就将对如何采用乘数法评估公司价值进行详细阐述。

14.4.1 基本思路

首先介绍一下用乘数法进行估值的基本思路。我们可以打一个形象的比喻：假设你有一套200平方米、四室两厅的住宅打算出售，为此，你向房地产商咨询该房屋的售价，房地产商会怎么分析呢？他通常会从数据库中搜索出最近几年在同一社区出售的类似房屋每平方米的售价，并计算出其每平方米的平均售价，如5 000元/平方米，作为你的房屋每平方米的售价，用其乘以你的房屋面积200平方米，就可以得出你的房屋大概的价格是100万元。

采用乘数法对公司价值进行评估的思路与房地产商计算房屋价格的思路是非常类似的。我们首先承认一个假设：市场赋予任何具有同类特征的资产价值应与某种因素存在密切的关系。比如说同类的公司，其价值就应与公司的每股收益存在密切关系。在此基础上，我们就可以采用乘数法开展公司价值的评估，其基本流程如图14-1所示。

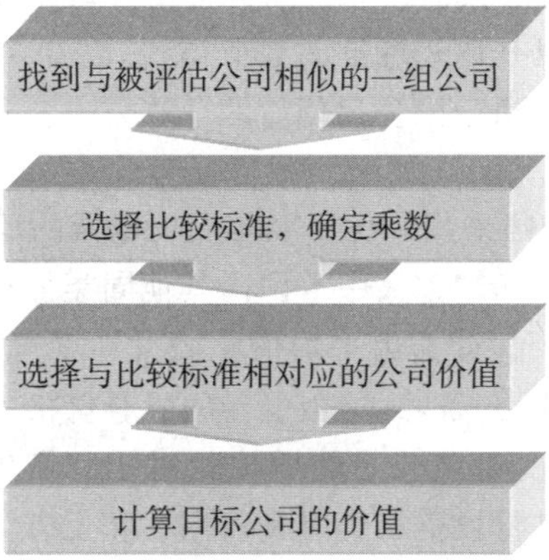

图14-1　乘数法计算公司价值的基本流程

乍看起来，乘数法计算公司价值的流程并不繁琐，然而其每一步骤的内涵却是非常丰富的。

首先，找到与被评估公司相似的一组公司，或者称可比公司。许多分析师将可比公司的概念定义为：在同一行业竞争并且规模大致相同的公司。在14.4.4“关于可比公司的一些讨论”这一部分，我们将对可比公司的选择和应用进行详细阐述。

其次，选择比较标准，确定乘数。在计算房屋价格时，我们对于同类房屋选择的比较标准是房屋的面积，相应的乘数就是房屋的每平方米售价。在确定公司价值的比较标准时，可供选择的标准非常多，不同行业之间的标准也各不相同。使用最为广泛的比较标准主要有EBITDA（息、税、折旧及摊销前利润）和EPS（每股收益）。已知资产的价格以及比较标准，用价格除以比较标准就可以得到相应的乘数。乘数的数值越高，说明投资者愿意为每一单位的比较标准支付的代价就越高。关于比较标准的选择和乘数的确定，我们将在14.4.2“乘数的选择”中进行详细讨论。

再次，选择与比较标准相对应的公司价值。我们知道，公司价值有不同的体现方式，一是公司负债价值和权益价值之和，称为公司的总价值；二是公司的股票价格。不同的比较标准对应着公司价值不同的体现方式。如果采用EPS作为标准，那么公司价值就应该体现为股票价格，因为EPS完全属于普通股股东。事实上，当投资者购买公司股票的时候，他购买的正是公司未来每股收益的现金流。但是，如果采用EBITDA作为标准，情况就不一样了，此时的公司价值就应当体现为公司的总价值，包括公司的负债价值和权益价值。这是因为，EBITDA中不仅包含了分配给股东的现金流，还包含了分配给公司债权人的现金流。与之相对应，计算得出的公司价值就应当是公司的总价值。公司总价值相同的公司，其股票价格并不一定相同，这是因为不同的公司可能有不同的资本结构（此外，发行在外的股份数对股票价格也会有影响）。即使两家公司的EBITDA相同，不同的资本结构也会导致债权人和股东对于EBITDA现金流量不同的分配，从而造成不同的EPS。

最后，计算目标公司的价值。假设目标公司乘数与其同类公司乘数的平均值是相同的，于是有：

$$\frac{V_T}{S_T}=\overline{M} \tag{14-12}$$

其中：V_T为目标公司的价值；S_T为目标公司的比较标准的数值，如采用EPS作为比较标准时，S_T就是目标公司EPS的数值；$\overline{M}$是同类可比公司乘数的平均值，其中，同类可比公司的乘数可以用其价格除以其比较标准的数值得到。

根据上式，我们就可以得到目标公司价值的计算公式：

$$V_T=\overline{M}\times S_T \tag{14-13}$$

【例14-1】一名证券分析师采用EPS标准对国美电器的股票价格进行评估。首先确定一组用做比较的类似公司，如苏宁、大中等国内其他同类公司。然后分别用每个公司的股票价格除以它们各自的EPS，并计算出平均值。假设计算得到的平均值为15，则用15乘以国美公司的EPS数值0.29港元，得到国美电器的股票价格为4.35港元。如果国美电器的股价与EPS的比值低于15，说明该公司的股价相对于其产生的每股收益而言被低估了，此时投资者购入该公司股票进行投资将会有利可图；相反，如果国美公司的股价与EPS的比值高于15，说明该公司的股价相对于其产生的EPS而言被高估了，此时投资者应当卖空该公司的股票。

14.4.2 乘数的选择

前面已经提到，采用乘数法对公司的价值进行评估，首先要找到一个适当的比较标准，然后将可比公司的价值除以各自的比较标准，就得到了可比公司的乘数，这一过程就称为将公司价值进行标准化。可供选择的比较标准非常多，因而所得到的乘数的含义也各不相同。在实际操作中，对于某一行业，往往有最适合的某个或某几个比较标准。以下，我们将首先对成熟市场上存在的各种乘数做一个简要的介绍，然后再总结出不同行业内常用的乘数。

成熟市场上最常用到的乘数分为以下三类：一是基于公司市值（股票价格）的乘数；二是基于公司总价值（股权价值+债务价值）的乘数；三是与增长相关的乘数。值得注意的是，正如前面所提到的，选用的公司价值体现方式同我们选择的比较标准之间，必须要存在对应关系，具有可比性。各个乘数的基本情况我们简单介绍如下：

1）基于公司市值（股票价格）的乘数

（1）市盈率（P/E）

比较标准：公司的每股收益（EPS）。

计算公式：市盈率=股票价格÷EPS （14-14）

其中：EPS=净收入÷流通股数

适用的公司：

①市盈率适用于那些盈余可预见性非常低的公司，比如周期性行业的公司，建筑、资本性商品和石油服务行业等都倾向于使用市盈率作为估值方法。该方法的一个好处就是，市盈率关注的是当期或者下一期的盈余，这与投资者们看待这些公司未来发展的视角是一致的。

②市盈率也被用于估计处于成长性行业的公司价值，如医药卫生和技术类行业的

公司。

（2）价格/现金盈余（P/CE）

比较标准：公司的每股现金盈余（cash earnings per share）。

计算公式：P/CE=股票价格÷每股现金盈余　（14-15）

其中：每股现金盈余=（净收入+折旧+摊销）÷流通股数

适用的公司：

①同市盈率一样，价格/现金盈余乘数也具有相对静态的特性，只关注未来一到两年内的情况。因此，它同样适用于那些盈余可预见性比较低的公司，如化学和汽车行业的公司。

②同时，由于这是相对于现金盈余的乘数，因此它也适用于那些现金盈余高的公司，如公用事业和建筑行业的公司，由于它们的资本密集度较高，因而现金盈余也比较多。

（3）价格/销售收入（P/S）

比较标准：公司的每股销售收入（sales per share）。

计算公式：P/S=股票价格÷每股销售收入　（14-16）

其中：每股销售收入=全部的销售额÷流通股数

适用的公司：

①该方法适用于无法得到或准确估计其EPS或者EBITDA的公司。比如投资银行家为某家公司的一个部门估值，就无法对其盈利进行估计，但这个部门的销售收入则很容易取得，因此，这个时候通常采用P/S乘数进行估值。

②对于EPS被操纵的公司，由于此时其EPS并不反映其真实的盈余状况，因此通常也采用P/S乘数，欧洲的汽车和资本性商品等行业就具有这一特性。不过在这种情况下，更为常用的方法应当是EV/S（公司总价值/销售收入乘数），这在下文将会提到。

③对于那些处于发展初期，需要的投资过多，导致其EPS为负的公司，也适用于该乘数，电信、因特网和媒体行业的公司就适合采用该方法进行估值。此外，对于那些EBITDA为负的公司，采用EV/EBITDA乘数同样毫无意义，因此，也适用于该方法。

（4）价格/自由现金流量（P/FCF）

比较标准：公司的每股自由现金流量（free cash flow per share）。

计算公式：P/FCF=股票价格÷每股自由现金流量　（14-17）

其中：每股自由现金流量=全部的自由现金流量÷流通股数

$$\text{自由现金流量}=\text{经营利润}+\text{折旧}+\text{摊销}-\text{运营资本的变化}-\text{净利息}-\text{支付的税收}-\text{维持经营所需的资本支出}$$

适用的公司：现金生成量高的公司，如金属、矿产和建筑行业的公司。

（5）价格/账面价值（P/BV）

比较标准：公司的每股净资产（net asset per share）。

计算公式：P/BV=股票价格÷每股净资产　（14-18）

其中：每股净资产=净资产÷流通股数

适用的公司：银行、基础原材料行业里的纸浆或纸业、房地产和保险公司。

此外，针对某些行业自身的特点，分析师们为其量身定做了合适的乘数，某些乘数甚至并不采用财务数据作为指标。

（6）价格/顾客数目

比较标准：顾客数目。

适用的公司：

①互联网公司和生产手机的公司。

②网络公司也用价格/点击次数乘数进行估值。

（7）价格/产品生产量

比较标准：产品生产量。

适用的公司：软饮料公司、消费品生产公司和水泥生产公司等。

2）基于公司价值（enterprise value）的乘数

（1）公司价值/EBITDA（EV/EBITDA）

比较标准：公司的息、税、折旧及摊销前利润（EBITDA）。

计算公式：EV/EBITDA=公司价值÷息、税、折旧及摊销前利润 （14-19）

其中：EV=公司市值+公司债务价值

（2）公司价值/销售收入（EV/S）

比较标准：公司的销售收入（sales）。

计算公式：$EV/S=\frac{公司价值}{销售收入}$ （14-20）

适用的公司：

①属于周期性行业的公司。

②建立成本过高，从而还没有实现盈利的公司。

（3）公司价值/不含财务杠杆的自由现金流量（EV/UFCF）

比较标准：不含财务杠杆的自由现金流量（unlevered free cash flow）。

计算公式：$EV/UFCF=\frac{公司价值}{不含财务杠杆的自由现金流量}$ （14-21）

其中：UFCF=自由现金流量+净利息×（1-税率）

适用的公司：金属和建筑行业的公司，使用的原因与P/FCF乘数类似。

（4）公司价值/账面资产价值

比较标准：公司的账面资产价值。这个指标很容易同公司的市净率相混淆。我们注意到，市净率计算公式的分子和分母分别是公司的每股股价和公司的每股净资产，因而，这两个指标是不一样的。这里再次涉及分母与分子的匹配问题，对于选择账面价值作为比较标准，如果我们选择的分子是公司总价值，那么，相应的分母就应该是公司总资产的账面价值；相比之下，如果我们选择的分子是公司的股权价值，相应的分母就应该是公司的净资产，即股权的账面价值。

但是，单纯考虑使用账面价值作为公司价值的比较标准似乎不太合理。众所周知，账面价值衡量的是公司资产的历史成本，用资产的历史成本来考察资产的获利能力不太妥当，特别是当公司的资产已经历史久远的时候。导致历史成本无法准确衡量资产价值的原因主要有两个：一是通货膨胀，现在的价格与购置资产时的价格相比，往往发生了很大的变化；二是科学技术的进步可能带来的资产的贬值。因此，对于那些认为账面价值无法很好地反映资产真实价值的公司而言，也可以采用资产的重置价值。所谓资产的重置价值，是指在目前情况下重新购买公司相应资产所需要的成本。公司价值和重置价值的比率称为“托宾Q比率”。

3）与增长相关的乘数

（1）P/EG

计算公式：P/EG=市盈率÷三年或五年内EPS增长率（14-22）

适用的公司：奢侈品、技术类和保健品等增长性行业的公司。

（2）EV/EG

计算公式：$$EV/EG=\frac{公司价值/EBITDA}{三年或五年内EBITDA增长率} \tag{14-23}$$

适用的公司：同样适用于高速增长的公司，比如保健品、技术类和电讯行业的公司。

14.4.3　乘数的基本原理

乘数法被普遍采用的一个重要原因就是其所需的假设条件比现金流量折现法要少得多。采用现金流量折现法，其前提条件必须非常明确，如要有公司当期和未来数期的详尽的资产负债表和利润表，要有公司资金成本的详细信息，以及公司资本结构的合理估计。事实上，当我们采用乘数法进行估计时，并非没有用到上述这些信息，而是将其隐含于乘数之中了。本小节的目的就是向大家还原乘数的本来面目，使大家知道我们运用的每一个乘数都用到了哪几个控制变量，进一步加深读者对每个乘数的理解。

要考察乘数的基本原理，就必须回到确定股票价格和公司价值的最简单的现金流量模型，并根据模型的相关数据计算出乘数。由于基于公司股票价格的乘数和基于公司价值的乘数分别对应着两个不同的现金流量折现模型，因此，在下文中，我们依然将其分开介绍。

1）基于公司股票价格的乘数的基本原理

最简单的公司股票价格决定模型是稳定增长的股利折现模型，其计算公式如下：

$$P_0=\frac{DPS_1}{K_\varepsilon-g} \tag{14-24}$$

其中：P_0表示当期的股票价格；DPS_1表示下一期支付的股利；K_ε表示公司的股权成本；g表示公司预期的股利增长率。

接着，通过对公式（14-31）进行变形，来看看我们所熟悉的几个典型的乘数都是由哪些变量所决定的。

对公式（14-31）两端同时除以公司当期的市盈率EPS_0，就可以得到公司当期市盈率的计算公式，如下所示：

$$P/E=\frac{股利支付比率\times(1+g)}{K_\varepsilon-g} \tag{14-25}$$

其中：股利支付比率=每股支付的股利/EPS

由公式（14-25）我们可以看出，P/E这一乘数的决定变量有股利支付比率、预期股利的增长率以及公司的股权成本三个变量。

对公式（14-24）两端同时除以公司当期的销售收入，就可以得到公司当期P/S乘数的计算公式，如下所示：

$$P/S=\frac{利润率\times股利支付比率\times(1+g)}{K_\varepsilon-g} \tag{14-26}$$

其中：利润率=EPS/每股销售额

由公式（14-26）我们可以看出，P/S乘数的决定变量有利润率、股利支付比率、预期股利的增长率以及公司的股权成本四个变量。

对公式（14-24）两端同时除以公司股权的账面价值（净资产），就可以得到公司当期P/BV乘数的计算公式，如下所示：

$$P/BV=\frac{ROE\times股利支付比率\times(1+g)}{K_\varepsilon-g} \tag{14-27}$$

其中：ROE=EPS/每股净资产

由公式（14-34）我们可以看出，P/BV乘数的决定变量有股权收益率（ROE）、股利支付比率、预期股利的增长率以及公司的股权成本四个变量。

2）基于公司价值的乘数的基本原理

公司价值的决定模型就是前面所提到的自由现金流量折现模型，对于稳定增长的公司，其价值的计算公式如下：

$$EV_0=\frac{FCF_1}{K_c-g} \tag{14-28}$$

其中：EV_0表示当期的公司价值；FCF_1表示下一期的自由现金流量；K_c表示公司的加权平均资本成本，即WACC；g表示公司预期的现金流增长率。

根据公式（14-28），我们可以推导出我们所需要的乘数的计算公式，以下就试着推导几个较为常见的乘数的计算公式。

对公式（14-28）两端同时除以公司预期下一期的自由现金流量，就可以得到公司价值/自由现金流量乘数，如下所示：

$$EV/FCF=1/(K_c-g) \tag{14-29}$$

由公式（14-29）我们可以看出，EV/FCF乘数的决定变量为公司的加权平均资本成本和公司自由现金流预期的增长率两个变量。

对公式（14-28）两端同时除以公司当期的EBIT，就可以得到公司价值/EBIT乘数，如下所示：

$$EV/EBIT=\frac{FCF/EBIT}{K_c-g} \tag{14-30}$$

由于FCF=EBIT（1-t）-ΔNWC-NCS（其中，t表示税率；ΔNWC表示净营运资本（net working capital）的变化；NCS（net capital spending）表示固定资产净额的当期与前期的差值，即投入固定资产的现金），因此：

$$EV/EBIT=\frac{1-t}{K_c-g}=\frac{\Delta NWC/EBIT}{K_c-g}-\frac{NCS/EBIT}{K_c-g} \tag{14-31}$$

对公式（14-28）两端同除以公司当期的EBITDA，就可以得到公司价值/EBITDA乘数，如下所示：

$$EV/EBITDA=\frac{FCF/EBITDA}{K_c-g} \tag{14-32}$$

由于EBITDA=EBIT+D+A（D、A分别表示折旧和摊销），FCF=EBIT×（1-t）-ΔNWC-（CS-D-A）（此处CS和上面的NCS的差别在于，CS是固定资产总额当期和前期的差值，而NCS则是扣除了折旧和摊销后的固定资产净额当期和前期的差值，两者之间的关系为CS=NCS+当期折旧+摊销），因此：

$$EV/EBITDA=\frac{1-t}{K_c-g}+\frac{(D+A)\times t}{K_c-g}-\frac{\Delta NWC/EBITDA}{K_c-g}-\frac{CS/EBITDA}{K_c-g} \tag{14-33}$$

同理，读者可以试着推导前面提到的其他乘数，如EV/S、EV/BV等乘数的决定因素。

本小节的分析并不是提倡读者重新使用现金流量折现法，而是要使读者明白导致可比公司之间乘数发生差异的原因。拿市盈率来说，不知道上述分析的读者，可能认为市盈率为20的股票比市盈率为50的股票要便宜得多，但经过上述分析我们知道，市盈率的决定因素为$P/E=\frac{股利支付比率\times(1+g)}{K_\varepsilon-g}$，因此，市盈率为50的股票可能是其预期的增长率要高得多，或者是其股权资本成本较低，或者是各个决定变量综合作用的结果。这正是为什么IT行业或者新兴技术公司的市盈率比较高的原因，因为人们预期它们的增长率比较高。

另外，本小节分析的另一个重要作用就是为下文可比公司的选择奠定良好的基础。在下文即将提到，只要能够控制好各个乘数的决定变量，我们就能够灵活把握可比公司的范围。

【例14-2】一家网络公司的股权成本为15%，预期增长率为10%，股利支付比率为80%，计算其市盈率。

根据$P/E=\frac{股利支付比率\times(1+g)}{K_\varepsilon-g}$可知：

$$P/E=\frac{80\%\times(1+10\%)}{15\%-10\%}=17.6$$

14.4.4　关于可比公司的一些讨论

从14.4.1“基本思路”的介绍中我们可以认识到，评价乘数法估值是否成功的关键因素有两个：一个是是否选用了合适的乘数；另一个是是否选取了合适的可比公司作为比较标准。只有正确地完成了这两个步骤，接下去的计算才是有意义的：分别计算出每个可比公司的乘数并加以平均，将其与目标公司的乘数进行比较。如果两者之间存在明显的差异，那么我们就必须对其原因进行探讨。比如一家公司的市盈率为50，而选取的可比公司的平均水平仅为20，我们就无法简单地认为该公司的价值被高估了，而应当分析该公司自身的特点，如增长率、风险等。如果排除了这些因素的干扰，仍无法解释两者的差异，我们才可以认为该公司的价值被高估了。

1）可比公司的选择

有关可比公司的选择，《国际会计准则》在其“收入原则”第59和60条中规定：“在选择公司作比较时，应该注意只能选择可比的公司。尽管已经有要求，可比公司在现阶段应该有相同或类似的业务，与此同时，很明显还应当考虑其他相关的因素，以便获得更为有效的对比。”从估值的角度看，可比公司应当是那些具有类似的现金流量、增长潜力以及风险特征的公司。很明显，目标公司的历史可以作为一个不错的可比对象，即以目标公司历史上的平均乘数进行比较。但是，乘数变动会受到利息率、股市整体环境等变量的影响，并且公司的业务模式也会发生巨大的变化，在这种情形下，与历史进行比较就没有意义了。

在实践中，通常规定可比公司与目标公司必须处于同一个行业。这一选择暗含的理论假设是：同一行业的公司，其现金流量会反映类似的市场能力，因此将会高度相关；同一行业内的公司也具有类似的风险和增长率。另外，经常考虑的比较因素还包括产品、资本结构、管理深度、人事经验、竞争性质、盈利及其增长、账面价值、信用度等。实证研究发现，精心挑选的可比对象，可以大大提高估值的准确程度。一般说来，在确定可比公司的时候，对于行业的定义越宽泛，可供选择的公司数量越多，但这些公司之间的差异也越大；对于行业的定义越狭窄，可供选择的公司数量就会越少。因此，在实践中，如何选择一个合适的行业标准，使其包含数目恰当的可比公司，是值得仔细斟酌的。

2）对决定乘数的重要变量进行控制

在我们挑选出乘数、确定好可比公司之后，一个非常实际的问题就是：怎样更好地对这些乘数进行把握？在“乘数的基本原理”一节中，我们向读者推导了一些典型的乘数的决定公式。以市盈率为例，它是由公司的预期股利增长率、股权的资本成本以及股利支付率三个变量所决定的。我们挑选出来的可比公司中，由于每家公司特有的性质，因此它们之间的预期增长率可能各不相同。但是，由于我们的精心挑选，另外两个变量——股权的资本成本以及股利支付率都得到了很好的控制。这样，预期增长率就成为了影响乘数的重要变量。于是，我们很自然地就会想到一个问题：如何消除预期增长率之间的差异对市盈率的影响，从而使得我们挑选出的可比公司与目标公司之间具有更强的“可比性”呢？

这里介绍两种较为常见的方法，并结合中国的实例进行阐述，以使读者对于控制重要变量的方法有一个更为深刻的认识。

第一，也是最为简单的一种方法，就是根据重要的变量对我们的乘数进行修正。以市盈率为例，预期的增长率是决定该乘数的重要变量，因此，我们可以将各家公司的乘数除以相应的EPS预期增长率，以此得到一个更合适的新的乘数。不知道大家注意到了没有，这个新的乘数，正是我们在14.4.2“乘数的选择”中介绍的第三类乘数——P/EG乘数。对于其他的乘数的重要变量，也可以进行类似的处理，当然，这种方法隐含的假设是：重要变量只有一个；除了重要变量之外，其他变量在各个公司之间都是可比的。

第二，当影响乘数的重要变量不止一个时，上述调整就相对比较困难了。此时，可以采用一种新的调整方法：将乘数根据相应的重要变量进行回归，然后根据回归等式计算出目标公司乘数的估计值，并与其真实乘数进行比较。

我们以P/BV（价格/账面价值）乘数为例进行分析。在实际操作中，该乘数在对银行进行估值时被普遍采用。一般而言，P/BV乘数与股权收益率（ROE）之间存在很强的正相关关系，股权收益率越高的银行，其P/BV乘数一般也比较高，这与我们前面在公式（14-27）中得出的结论是一致的。事实上，在公式（14-27）中，P/BV乘数的大小还由股利支付比率、预期增长率、加权平均资本成本等变量决定。为了简单起见，我们假设影响P/BV乘数的重要变量仅有ROE一个，以此建立回归模型。若要同时控制多个重要变量，读者可类似地建立具有多个因变量的回归模型，进行多元回归。

公式（14-27）中给出的P/BV的决定公式为：

$$P/BV=\frac{ROE\times \text{股利支付比率}\times(1+g)}{K_e-g}$$

因此，我们可以认为两者在理论上满足线性关系，因而可建立回归模型如下：

$$P/BV=\alpha+\beta\times ROE+\varepsilon \tag{14-34}$$

值得一提的是，采用回归法对影响乘数的重要变量进行控制，应当注意满足两个条件：一是选择的可比公司数目要尽可能多；二是乘数和重要变量之间的相关关系要尽可能强。如果不能满足上述两个条件，我们的结果就很容易受到一些无关因素的影响，做出的估计也就不可靠了。

3）如何扩大可比公司的范围

现在我们再来回忆一下我们选择可比公司的标准：与目标公司具有类似的现金流量、增长潜力以及风险特征的公司。更进一步，选择可比公司的标准取决于我们选择的乘数以及影响它的变量。比如，我们选择市盈率作为乘数，影响它的重要变量有公司的增长率（确切地说，应当是公司股利的增长率，但在稳定增长的成熟公司，这两者通常相差不多），以及公司的股权成本、公司的股利支付率，那么，我们选择可比公司的标准，就应当是这些公司在这三个变量之上尽可能地相似。

在通常情况下，我们选择的可比公司应当位于同一行业中，这是因为在同一行业中的公司，影响乘数的变量都会比较相似。然而，在目标公司所处的行业之内选择可比公司往往会受到许多限制，如某一行业内的公司数目相对较少，或者目标公司不只在一个行业之内经营。但是，既然可比公司不是指处于同一行业的公司，而是那些影响乘数的关键变量相似的公司，我们就没必要停留在某一个特定的行业。如果我们可以对这些变量进行控制，那么，一家网络公司就可以同一家石油公司进行比较了，也就是说，我们可以随意挑选任何行业的任意一家公司作为目标公司的可比公司。

前面我们提到了如何对影响乘数的关键变量进行控制，而所谓的关键变量，就是那些在我们挑出的“可比公司”之间变动显著的变量。如果我们随意挑选任何行业的任意一家公司作为目标公司的可比公司，那么，这些可比公司之间在影响乘数的所有变量之上都会发生显著的变化。因而，凡是影响乘数的变量，都是关键变量。

我们可以采用回归的方法对这些关键变量进行控制。以市盈率为例，我们可以建立如下回归模型：

$$PE=\alpha+\beta_1 g+\beta_2 K_e+\beta_3 x \tag{14-35}$$

其中：g表示公司的增长率；K_e表示公司的股权成本；x表示公司的股利支付率。

再如，以P/BV乘数为例，我们又可以建立如下回归模型：

$$P/BV=\alpha+\beta_1 g+\beta_2 ROE+\beta_3 x+\beta_4 K_e \tag{14-36}$$

其中：g表示公司的增长率；ROE表示公司的股权收益率；K_e表示公司的股权成本；x表示公司的股利支付率。通过这种方法对影响乘数的各个变量进行控制，就可以根据我们的需要扩大可比公司的范围。

14.4.5　乘数法的缺陷

相比自由现金流量折现模型，乘数法为公司股票价格评估提供了一种简单易行的方法，从而得以在资本市场中长期盛行，足见其实用价值。但是，要准确评估公司价值的话，孤立的乘数分析是不够的，因为乘数法的比较分析有如下缺陷：

首先，采用乘数法估算公司价值时，选取的乘数是可比公司乘数的平均值，但是各个可比公司的乘数本身可能差异很大。以EV/EBITDA为例，可比公司的实际平均值可能为

8，但每个公司各自的比值可能介于3～20。假设这些公司具有相同的EBITDA，那么它们的公司价值为什么会有如此大的差异呢？乘数法本身无法回答这个问题，还得求助于现金流量折现模型：两个公司可以拥有相同的EBITDA，但是它们的自由现金流量可以不同。比如说，其中一家公司可能是资本密集型公司，那么，相同的EBITDA对它而言则意味着更高的运营资本投入，从而降低了其自由现金流量。而公司的价值最终是由自由现金流量决定的，因而资本密集型公司的价值就会比较低，从而EV/EBITDA也会比较低。

其次，乘数是一个静态的比较，它仅仅体现了公司在某一时间点的缩影，因而无法捕捉公司动态的业务发展及变化的竞争状况。如果乘数法的比较仅仅使用当前的标准，而没有考虑到未来增长的差异，那么对于增长较快的公司而言，其评估价格将会偏高。而事实上，这样的评估价格是合理的。

再次，大多数乘数无法做到对影响乘数变化的重要变量进行控制，而只能单纯地停留在乘数表面意义上进行比较，因此，我们很容易忽视潜在的风险差异而无法对价值进行准确评估。此外，即使要对关键变量进行控制，在关键变量数据的搜集上，也很容易造成估计的偏差，从而影响到最后结果的准确性。

最后，不同的分析师对于乘数的选择有各自的偏好，即使对于同一个乘数，其计算标准也千差万别。比如计算EV/EBITDA，某些分析师使用当前的EBITDA，某些分析师却采用过去几年的平均值，也有些分析师采用未来估计数值的平均值。不同的判断标准，导致得出的结果有可能大相径庭，不具有可比性。

为了避免单独采用某个乘数进行价值评估的缺陷，在实际操作中，分析师们通常采用多个具有“互补”功能的乘数进行横向比较，以求估计结果尽可能准确。此外，尽管现金流量折现模型比较繁琐，却深刻地揭示了公司价值的内在决定因素，因此，许多分析师在采用乘数法进行估计之后，也多选用如现金流量折现模型等其他估值模型进行验证。总体来说，虽然乘数法简单易行，但不宜长期只采用乘数法来估计公司价值。

14.5 公司价值评估模型的应用

在实践中，各种公司价值的评估模型广泛应用于以下三个领域：第一，公司的兼并和收购；第二，公司价值管理；第三，公司基础价值投资。以下简要地介绍公司价值评估模型在这三个领域中的应用。

14.5.1 公司的兼并和收购

公司的兼并和收购是伴随着公司的生产经营必然会发生的活动。我们首先来看看并购事件发生背后的逻辑。为什么我们要去收购或兼并一家公司，而不选择去扩张我们的产品系列、新建一家全新的企业，或者采取联合销售的模式呢？这是因为，采用并购交易的手段去获得一家企业，具有以下四个方面的优势：

1）风险较低

已建立的企业具有一个成型的消费者基础、可靠的财务记录以及成熟的产品系列，收购这样的企业，将跨国公司经营中风险最大的初创阶段。

2）节约资本投资

作为一项独立的投资，收购的目标公司很快可以为我们带来现金流入，因而更容易为公司进行融资，因为不论是债权人或者股东都会认为，收购本身就是一个可预见的偿债和实现股东收入的来源。相比之下，另外建立一家公司的成效将不会如此及时和显著。

3）掌握目标公司的控制权

这只是针对采用联营作为替代手段而言的，虽然联营的成本较低，却削弱了对目标公司的控制，而收购则可以保证对于目标公司的控制权。

4）目标公司的成长性

如果对于目标公司的运营能够比原先的股东更有效率的话，那么，目标公司的成长性将得到极大的提高。

并购在这四个方面的优势，是使其经久不衰的主要原因。然而事实上，许多并购在考虑了融资成本之后，还是使得买主赔了钱。因此，尽管并购能为我们带来收益，但我们要将其与我们付出的成本相比较，才能决定这笔并购是不是值得做。而站在卖方的立场，他同样也会考虑目标公司相对于他的价值，如果买方不能提出比这更高的开价的话，卖方同样不会同意出售公司。那么，怎么衡量并购的收益和成本呢？公司价值的评估模型为我们提供了一个极好的工具。

我们以一个例子来阐明公司价值评估模型在并购中的应用。

【例14-3】假设有一家生产啤酒的公司，其当年的自由现金流量为3 000万元，并预计以5%的年增长率逐年增长。该公司的加权平均资本成本为9.8%，现有负债的市场价值为1亿元。一家生产白酒的公司为扩展业务领域，有意收购这家啤酒公司，并且认为，依靠自己现有的营业网点和技术平台，可以将啤酒公司每年自由现金流量的增长率从5%提高到6%。请问白酒公司最少应向啤酒公司支付多少收购资金？白酒公司愿意支付的最高价款是多少？

首先，计算啤酒公司对于其现有股东的价值大小，采用现金流量折现模型，有：

$$EV=\frac{3\ 000\times(1+5\%)}{9.8\%-5\%}=62\ 625\text{（万元）}$$

扣除其负债价值1亿元，就得到其对于现有股东的价值为55 625万元。因此，白酒公司至少应支付55 625万元，才能让现有股东放弃该公司的所有权。

假设白酒公司收购了啤酒公司，啤酒公司自由现金流量的增长率将升至6%，依然采用现金流量折现模型，可以得到收购后的啤酒公司对于白酒公司的价值为：

$$EV=\frac{3\ 000\times(1+6\%)}{9.8\%-6\%}=83\ 684.21\text{（万元）}$$

扣除其负债价值1亿元，就得到其对于白酒公司的价值为73 684.21万元。因此，白酒公司愿意支付的最高价款就是83 684.21万元，如果啤酒公司要求的收购款高于此数额，那么，白酒公司的收购成本就将大于其收益，从而应该放弃该收购计划。

这个例子告诉我们，公司价值评估模型在并购中发挥着非常重要的作用。

14.5.2　公司价值管理

所谓公司价值管理（value-based management），是指公司围绕实现其自身价值最大化的目标进行运作，而管理人员的决策行为则以此目标为标准，致力于提升公司价值。公司价值评估模型的作用，正是帮助管理人员区分哪些决策有助于提升公司价值，从而选择最佳的战略方案。因此，公司价值评估模型在价值管理中发挥着重要的作用。我们同样以一个例子来阐明其作用。

【例14-4】假设一家网络公司有意引进一项新的技术来整合公司资源，该技术需要的初期投资为300万元，其所能带来的收益是下一年度的自由现金流量将增加15万元。假设该公司的自由现金流量始终保持着6%的增长率，其加权平均资本成本为10.5%。请问引进该项技术是否符合价值管理的目标？

首先计算引进该项目所带来的公司价值的增加。由于下一年度的自由现金流量增加了15万元，采用现金流量折现模型，不考虑初期投入的成本，公司的价值将会增加：

$$\Delta EV=\frac{15\times(1+6\%)}{10.5\%-6\%}=393.59\text{（万元）}$$

由于公司价值的增加超过了初期投入的300万元，因而该项投资增加了公司的价值，符合价值管理的目标，管理人员应当实施该项目。

14.5.3 公司基础价值投资

按照基础价值投资理论，投资者们应当对那些股票基础价值超过其股票价格的公司进行投资，而卖空（如果允许的话）那些基础价值低于其股票价格的公司。因为该理论认为，公司的股票价格最终将趋于其内在的基础价值。该理论的成功运用者正是大家耳熟能详的巴菲特大师，他也由此提出了自己的基础价值投资理念。一般说来，公司的股票价格很容易得到，但是如何计算其基础价值呢？这还是要用到我们的公司价值评估模型。

【例14-5】假设某公司当前的自由现金流量为4 300万元，并保持3%的速度逐年增长。该公司的加权平均资本成本为8%，当前股票价格为30元，发行的股份数为2 000万股。请问按照基础价值投资理念，我们应当如何处理该公司股票？

首先，还是按照现金流量折现模型，计算出该公司的价值为：

$$EV=\frac{4\,300\times(1+3\%)}{8\%-3\%}=88\,580\text{（万元）}$$

于是公司股票的基础价值为：

$$P=88\,580\div2\,000=44.29\text{（元）}$$

该公司股票的基础价值高于其当前股票价格30元，因而我们应当买入该公司股票。

14.6 公司估值中的一些难题

本节重点介绍公司估值中的一些难题。前面提到的现金流量折现法以及乘数法都适用于简单情形下的单一公司，可以解决我们实际估值中的大多数问题。但是，在实际操作中，公司估值还有一些需要探讨的地方，是我们前面的讨论所没有解决的。本节将重点讨论三个方面的估值难题。

14.6.1　可转换债券估值难题

1）可转换债券

在介绍可转换债券估值难题之前，我们首先来回顾一下什么是可转换债券。可转换债券是这样一种债券，它的持有人在到期前有权按照某个确定的比例将其转换为股票。换句话说，可转换债券赋予持有人这样一种期权，他可以在有利的情况下自由将债券转换为股票，而没有义务一定这么做。因此，当股票价格上升时，该期权的价值就非常明显。而对于可转换债券的发行方来说，通过在债券中加入这样一种期权，就能够降低债券应付的利息。

一份典型的可转换债券通常包含以下几个术语：转换率，即每份债券可以转换的股票的份数；转换价格，即债券面值与转换率的比值；市场转换价值，即一份债券能够转换的股票的市场价值；转换溢价，即可转换债券的市场价值超过市场转换价值的部分。

【例14-6】一张可转换债券，其面值为1 000元，可转换为40股股票，其市场交易价值为1 200元，股票的价格为28元/股。

那么，由于每张债券可转换为40股股票，该债券的转换率就是40；将债券面值除以转换率，就得到债券的转换价格为25元；该债券可以转换的股票的市场价值就是1 120元；由于该债券目前的交易价格为1 200元，因此其转换溢价就是80元。

2）估值难题

可转换债券估值的难题在于其资本成本的确定。从该债券特有的性质中我们可以看出，它应当是介于普通债券和股票之间的一种证券，因而我们不难猜想，其资本成本也应当介于普通债券和股票之间。举例说来，某公司发行了可转换债券，我们可以通过公司评级等手段确定其普通债券的成本（如8%）；同时，通过CAPM或者股利折现模型来确定其股票成本（如16%）。那么，我们就可以预期该可转换债券的成本应当介于8%和16%之间。也就是说，可转换债券的成本将会以普通债券的成本为下限，而以股票的成本为上限。

下面，我们以一个具体的例子来说明如何处理含有可转换债券的公司的资本成本。

【例14-7】假设一家水泥公司的资本由两部分构成：200万股流通股票，每股45元，成本为12%；利率为7%的3万张可转债，每张面值为1 000元，期限为30年，半年付息一次。正常情况下，该公司的债务成本为8%。目前公司的所得税税率为25%。

假设所有的可转换债券都没有得到转换。在这种情况下，可转换债券就相当于普通的债券，而其成本仅为7%。此时，我们就可以计算出该公司WACC的下限值。公司的股权价值为9 000万元（200×45），债权价值为3 000万元（3×1 000），股权和债券的比重分别为75%和25%。因而WACC的下限为：

$$WACC_L=12\%\times75\%+7\%\times（1-25\%）\times25\%=10.31\%$$

当然，这个数值低估了WACC，因为我们假定所有的可转换债券都没有转换。

假设所有的可转换债券都得到转换的话，此时的可转换债券就相当于股权和债权的一个整体，我们就可以将可转换债券价值拆分为普通债券的价值和股权的价值。可转换债券的面值为1 000元，利率7%，因而每半年支付的利息为35元，按照8%的债务成本进行折现，可以得到每张可转换债券的普通债券部分的价值为886.88元。因而其所包含的普通债券的总价值为2 660万元，其所包含的股权价值为340万元。在这种情况下，公司普通债券的总价值为2 660万元，而股权价值为9 340万元（9 000+340），相应的权重分别为22.2%和77.8%。因而WACC的上限就为：

$WACC_U$=12%×77.8%+8%×（1-25%）×22.2%=10.67%

当然，由于假定所有的可转换债券都得到了转换，因此这个结果高估了WACC。

尽管如此，我们还是无法确定可转换债券的具体的资本成本。一般说来，如果债券转换的可能性非常低，我们就选择接近于10.31%的数值；如果转换的可能性非常高，则选择接近于10.67%的数值。

在实际操作中，分析师们通常通过建立随机模型来模拟利率和股价的波动，由此来确定其价值；有的模型则是先确定出该债券的β值，再运用资本资产定价模型得出其资本成本。这为确定可转换债券的资本成本提供了一种很好的方法。

采用随机模拟的方法最大的缺陷就在于，目前还没有一个为大家所公认的模拟利率和股价波动的模型，因此，最终得到的结果的精确性就取决于我们选择的模型的精确性。而事实上，不同的模型其结果往往相去甚多。一种可行的办法就是先选择几个模型，然后对其进行敏感性分析，从而确定一个最优的模型。

14.6.2 私人公司估值难题

1）私人公司资本成本的估计

对于没有上市的私人公司，我们在进行公司价值评估时，有许多必要的数据都难以取得，最为困难的是对私人公司资本成本的估计。首先，对于私人公司，我们无法准确知道其股权和债券的市场价值，因而无法确定其资本结构。其次，如果采用CAPM模型估计私人公司的资本成本的话，我们也无从取得其β系数的值。因此，我们无法准确估计出私人公司的资本成本。

在这样的情况下，我们只能在市场上寻找类似的上市公司，用其债务成本和β系数作为私人公司的债务成本和β系数的估计。至于私人公司的资本结构，我们可以求助于该公司的CFO，也可以利用相似的上市公司的资本结构为其估计。

2）关于私人公司的流动性折扣问题

前面已经提到，在运用乘数法对公司价值进行评估时，通常要求目标公司必须是上市公司。但是，对于私人公司，或者说未上市的公司，如果用乘数法对其进行评估，往往会高估其股票价格或者公司价值。

这是为什么呢？原因很简单，我们可以从现金流量的角度来考虑这个问题。首先我们必须承认一个原则，那就是对于投资者来说，只有那些可支配的现金流量才是价值的最终来源。因此，如果投资者购买某家公司的证券，其最终目的并不在于持有该项证券，而是为了取得该项证券在未来可以带来的可支配的现金流量。这样我们就很容易理解前面这个问题的原因了：如果投资者购买的不是公开上市的公司的证券，那么，该证券就没有一个流动性良好的二级市场，投资者就无法轻易地卖掉这项证券，这就意味着投资者无法非常自由地支配该证券的现金流量。这样一来，如果投资者想要将该证券自由地转换为现金，他就只好支付给买家一个流动性折扣，以补偿买家所继承的流动性损失。于是，我们就可以得出如下结论：私人公司的股票价格将低于其上市后的价格，两者之间的差异就体现为其流动性折扣。

采用乘数法计算目标公司的股票价格时，由于我们选取的可比公司都是那些已经上市了的公司，那么，在此基础上计算出来的目标公司的股票价格就会是上市后目标公司的股票价格。因此，对于私人公司来说，该价格并没有考虑到它因为没有上市所必须要付出的流动性折扣，也就必然高估了私人公司的股票价格。

（1）从期权的角度看流动性折扣

对于私人公司证券的普通持有者而言，由于他们对于这种证券何时将上市成为可交易证券并没有选择的权利，也许这种证券在他们持有期间内都不会上市，也许明天就会上市，但是无论如何，他们都无法决定该证券何时会上市。按照这种观点，那些其他条件相同的可交易证券的价值，就相当于这个不可交易证券加上一个可以按照市场价格将该证券转化为现金的期权的价值。所以，可交易证券与不可交易证券之间的价值差异，就是我们前面所提到的流动性折扣，实际上就相当于一个可变现的期权价值。

那么，如何衡量这种可变现的期权价值呢？事实上，这是非常难以估算的，因为对于不同的投资者而言，这种期权的价值并不相同。对于那些手头资金比较宽裕的投资者而言，他们并不会急于将手中的证券变现，而可能选择较长时间的持有，因此，他们对这种可交易期权的评价就比较低；而对于那些资金紧张的投资者而言，他们随时都有需要将手中的证券变现，那么，他们对于该期权的评价就会比较高。从供求决定价格的理论观点来说，可交易期权的价格应当是市场上的边际投资者对于可变现期权的评价，但是，在现实的市场中，我们很难判断谁是边际投资者，因而通过这种方法来测定其价格并不具有可操作性。

（2）不同标的证券下的可变现期权的价值

不同的证券具有不同的现金流量特征，因此，可变现期权的价值应当同其标的证券的特征密切相关。

①对于债券的购买者而言，他们可以定期得到公司支付的利息，并能够在债券到期时拿回本金。而且，一旦公司发生违约，债券持有者将有权部分拥有公司的资产。换句话说，债券的这种特征，使得债券的所有人可以准确估算出其未来的现金流量，而不必将手中的债券变现。事实上，这种情况减少了债券持有者将债券变现的需要，因而也必然降低了其对于可变现期权价值的评价。那些购买债券的人，通常也是对债券变现需要不强烈的投资者。比如说，保险公司通常都会拿自己的资产购买债券，并在债券到期之前长期持有，因为债券稳定的现金流入可以同其理赔现金流出相匹配。因此，对于债券持有者而言，可变现期权的价值通常都是比较低的。

②对于普通股股票的购买者而言，情形就大不一样了。在股票没有上市交易的情形下，小股东对于股利的分发并没有决定权，其所得的投资现金流量完全由管理层所决定。因而，只有将手中的股票变现，他们才可以得到可以支配的现金流量。股票的这一特点，使得股票持有人对于其可变现期权的评价特别高。

③第三种证券是优先股，其特征介于普通股股票和债券之间。在通常情况下，优先股的持有人对于公司盈利的索取权低于债权人，但高于普通股股东，公司对于优先股所分发的红利，使得其持有人可以得到一个相对确定的现金流。除非公司破产，这笔现金流才可能被推迟并累计。因此，从理论上说，优先股的可变现期权价值应当高于债券，但低于普

通股股票。

根据上述讨论，我们知道，对于债券而言，由于其确定的现金流量，我们通常不必考虑其流动性折扣，除非有明确的证据证明债券的不可交易性会影响其价格。而在现实中，优先股在多数公司中的地位都是微不足道的，所以通常也可以忽略不计。因此，我们要评估私人公司整体价值的流动性折扣，就相当于评估其普通股股票的折扣乘以其目标资本结构中普通股股票的比重。

（3）普通股股票流动性折扣的估计方法

在实践中，通常采用三种方法估计普通股股票的流动性折扣：

①计算上市的可比公司发行的受限制股票的价格折扣。由于在证监会登记股票需要一定的时间和成本，因此在一些情况下，上市公司也会发行一些没有在证监会登记过的股票。这样的股票，也称为受限制的股票，由于没有经过登记，不能上市交易，因而它也就类似于我们前面提到过的私人公司的普通股。所以，我们要估计私人公司普通股股票的流动性折扣，就可以找到上市的可比公司发行的受限制股票相对于流通股股票价格的折扣，据此来进行估计。

但是，通过这样计算得出的私人公司股票流动性折扣，通常会低估了其真实的折扣。这是因为，受限制的股票是由上市公司发行的，持有者可以预期到，其最终是会上市交易的。另外，其上市所需要的时间不会太长，通常会在某个时间段内。这样的特征就降低了持有者未来现金流量的不确定性，也就降低了其要求的流动性折扣。因此，相对于真正的私人公司普通股股票来说，这样计算得出的折扣通常比较低。

【例14-8】要计算一家未上市的食品公司的股票价格，我们找到了国内同行业若干家规模类似的已上市的食品公司作为其可比公司。已知这些可比公司的平均市盈率为30，该公司当时的EPS为0.2元/股。此外，我们得知这些可比公司中有几家发行了受限制的股票，其折扣的平均值为34%。试估计目标公司的股票交易价格。

由于该食品公司没有上市交易，因此其股票的交易价格应该包含了一个流动性折扣。我们首先计算该公司如果上市的话，其股票的交易价格应当是：

$P_{上市}=30\times0.2=6$（元/股）

我们以可比上市公司发行的受限制股票的折扣34%作为目标公司股票交易价格的估计，那么，目前目标公司股票的交易价格就应当是：

$P_{未上市}=6\times(1-34\%)=3.96$（元/股）

所以目标食品公司目前股票的交易价格就应当是3.96元/股。

②计算公司上市前股票交易的私募价格与上市价格之间的折扣。这是最为直接的估计私人公司股票价格流动性折扣的方法。但是，通过这种方法估计流动性折扣有两大缺陷：首先，并非所有的私人公司最终都会选择上市，因而并非所有的私人公司都能选用这种方法来估计流动性折扣；其次，如果我们的最终目的是估计公司股票的私募交易价格，那么通过这种折扣来计算就行不通了，因为计算该折扣的前提就是要知道公司股票的私募交易价格。

③计算公司实施上市所需要的成本。这是因为如果公司上市需要的成本显著地小于股票的流动性折扣，那么，公司的股东就会有动机去督促公司上市，以提升自己手头股票的价值。因此，公司上市所需要的成本可以作为衡量公司股票流动性折扣的一个标准。

公司上市需要的成本通常包括两大部分：一是公司给承销商的补贴，通常表现为公司给承销商提供一定数额的认股权证，这部分成本占发行额的比重通常相对固定，不随发行额的变化而发生太大的改变；二是证券的承销费用、注册费用、法律费用、会计费用以及印刷费用等直接成本，这部分成本通常是固定成本，因而随着发行规模的增大，这部分成本占发行额的比重会逐渐下降。

但是，对于公司的管理层而言，上市有可能使他们失去对公司的绝对控制权，因而上市的成本还应包括控制权丧失的成本。管理层和股东利益的不一致是“代理风险”下的一种体现，因此，对公司的管理层而言，只有当流动性折扣与上市成本之间的差额足以超过其控制权丧失的成本时，他们才会选择上市。选用上市成本衡量流动性折扣，有可能还是低估了流动性折扣。

此外，如果目标公司的股东对于上市的需求并不强烈，那么实际的流动性折扣可能比上市成本要低些；反之，流动性折扣可能比上市成本更大。但是不管怎样，上市成本还是比较好地反映了流动性折扣的大小。

【例14-9】某家私人公司的管理层决定将公司上市，发行额为1亿元人民币，预计发行费用为100万元，给券商的补贴可以折算为650万元。试估计该公司股票的流动性折扣。

如前所述，我们采用公司的上市成本作为其股票流动性折扣的估计。

$$c=\frac{100+650}{10\ 000}\times 100\%=7.5\%$$

因此，该公司股票的流动性折扣估计为7.5%。

14.6.3　分公司价值评估难题

在前面提到的现金流量折现模型或者乘数法估值模型中，我们隐含着一个重大的假设，那就是我们的目标公司仅仅从事一种业务。而事实上，绝大多数公司往往同时经营多种业务，特别是那些集团公司，它们往往有专门的分公司来经营某一特定的业务。比如一家生产家电的集团公司，它下面可能会有空调、彩电、洗衣机等业务，每种业务都由某一家分公司来经营。

对分公司的价值进行评估，通常会遇到两个问题：一是如何理清母公司与分公司之间的现金流。由于母公司与分公司之间存在特殊的联系，因此要想准确地界定出属于目标分公司的现金流并不是一件容易的事情。二是如何处理分公司的资本成本。如果采用CAPM模型估算分公司的资本成本，其β系数通常难以估计，而且也很难为其确定一个资本结构。上述这两大难题，就是本节要讨论的主要问题。

1）需要考虑的问题

对于含有多项业务的集团公司，如果我们仅仅要评估整个集团公司的整体价值，有时候也可以忽略其所包含的多项业务，而仅仅将其视为一个只有单一业务的公司，并采用前面提到的办法进行估值。事实上，采用上述办法未必可行，要准确评估整个公司的价值，往往需要分别评估从事每项业务的分公司的价值。另外，在很多情况下，我们也需要对公司从事某项业务的特定分公司进行价值评估。比如，IBM公司想出售它的PC业务，就需要对此项业务的价值单独进行评估。

由此可以看出，评估含有多项业务的公司的某一具体业务，在实际估值中是非常必要的，也是很有可能发生的。那么，评估某个分公司的价值同评估仅仅从事单一业务的公司的价值相比有什么不同呢？事实上，其不同之处就在于，评估分公司的价值需要考虑的问题更多，主要有以下三个方面：

首先，如果我们的目标公司包含多项业务，我们就必须对其各项业务进行划分，从而对从事各项业务的分公司进行评估。一般来说，我们对公司业务划分得越细，最终评估的价值就会越准确。但是，随着业务的不断细分，我们评估模型需要的一些信息，如分公司相应的财务信息或者市场上存在的可比公司，就会变得难以取得，这样，我们就无法自如地对每个分公司的价值进行评估。因此，在划分公司的各项业务时，我们就面临着在细分业务和取得相关数据之间的权衡取舍。

其次，如果目标公司内部的各个分公司之间发生了关联交易，如分公司甲卖给分公司乙一批商品，在很多情况下，需要对这两个公司之间发生的现金流进行重新调整。对于各个分公司之间发生的交换货物或者劳务所采用的内部转移价格，我们首先要判断这个价格是否与外部公司支付的市场价格相一致。如果两个价格出现了背离，我们就要对关联分公司的现金流量进行调整。当集团公司内部的某家分公司是另一家分公司的上游供应商时，这种现象尤为明显。举个例子，某家集团公司下面同时拥有一家航空公司和燃油公司，为了支持航空公司的发展，每年燃油公司都会以非常优惠的价格（远低于市场价格）向航空公司出售燃油。在这种情况下，航空公司的现金流量就会高于当它作为一家独立经营的公司时的状况，而燃油公司的现金流量则要低于其独立经营时的状况。为了真实地反映这两家公司的价值，我们必须根据当时燃油的实际市场价格，对这两家公司发生的现金流量进行调整。否则，我们势必会高估航空公司的价值，而低估燃油公司的价值。可以想象这么一种情况：当我们要购买这家航空公司时，如果不对现金流量进行调整，就会以很高的价格成交。而一旦成交后，我们就将发现，由于失去了燃油公司的支持，这家航空公司的现金流量远远没有预期的高，这样一来，我们的这笔交易就亏本了。

在实际操作中，这种调整往往是非常复杂的，因为一家集团公司内部的各种业务之间往往有千丝万缕的联系。要消除内部交易所带来的价值上的扭曲，唯一的方法就是根据当时的市场价格对内部成交价格进行调整。

最后，也是会计上经常提到的一个问题，就是如何处理总公司产生的费用和收益。我们知道，总公司产生的许多费用，基本上都是为分公司服务的，如公司的广告费用、财务分析费用、税收计划费用、法律和财务上的费用，以及管理人员的薪酬和职工的工资、公司办公的场地费用等，每家分公司都会从中受益。因此，一种可行的处理方法就是将这些费用分摊到每家分公司身上。但是，这又引起了另一个问题，就是如何公平地在每家分公司身上分摊这些费用呢？这就取决于财务专家的评估了。最终，总公司产生的费用和收益都将按照合理的比例分摊到每家分公司身上。

以上就是评估分公司价值时需要考虑的一些问题，下面我们就来看看在具体的评估模型中，如何来考虑这些问题。

2）采用现金流量折现法估算分公司价值

采用现金流量折现模型，需要具备三个方面的信息：分公司的预测现金流量、分公司的资本成本以及分公司的资本结构。

（1）分公司的预测现金流量

由于我们估值的对象是某一特定的分公司，因此，在进行现金流量预测时，就需要对该分公司的实际现金流进行调整，剔除应该划归公司总部或者其他分公司的现金流，同时考虑公司总部分摊到该分公司头上的现金流。值得注意的是，对于现金流的预测和调整，都应当以外部的市场价格作为基准。

（2）分公司的资本成本

在确定分公司的资本成本时，一种常见的错误是简单地将总公司的资本成本作为分公司的资本成本。事实上，由于总公司下面包含了许多分公司，而每家分公司的资本成本各不相同，因此总公司的资本成本应当是众多分公司资本成本的加权平均值，而不会简单等同于某家分公司的资本成本。我们也可以将总公司看成是其旗下所有分公司的一个投资组合，这样就更容易理解这个资本成本的含义了。因此，我们只能将每家分公司当做一个独立的公司，来衡量其资本成本。

但是，与独立的公司不同，分公司的资本成本通常无法直接衡量，因为其没有正式上市发行的证券，所以从某种意义上说，其更类似于私人公司。所以，我们可以在市场上寻找与其业务相同、独立经营的上市公司作为可比公司，以其资本成本作为该分公司的资本成本的一个近似值。

另一种估算分公司资本成本的方法就是分别估计其债务成本和权益成本。对于债务成本而言，我们可以通过估算该分公司的风险级别来确定。对于权益成本而言，又有以下几种方法可以衡量：如果分公司要对母公司支付红利，那么我们就可以用股利折现模型来估计其权益成本；此外，也可以通过估算分公司的β值，采用资本资产定价模型来确定其权益成本。当总公司内部各家分公司的风险类别都类似时，我们可以对各家分公司采用与母公司相似的β值；我们也可以在市场上寻找与目标分公司风险类似的公司的β值，作为对目标分公司β值的一个估计。

（3）分公司的资本结构

与估算目标分公司的融资成本相同，我们在确定分公司的资本结构时，也需要将其视为一个独立的公司来考虑。但是，目标分公司的实际资本结构可能与总公司的资本结构有较大差异，或者与其目标资本结构相去甚远。比如一家分公司，其资金来自于母公司发行的债券，那么，这家分公司实际上就是100%的债务融资。但在现实中，一般不会有哪家公司是100%负债经营的，因此，我们并不能以此作为该分公司的资本结构。

一种解决的办法就是找到与该目标分公司可比的上市公司，以其目标资本结构来估计目标分公司的资本结构。此外，也可以基于母公司管理层提供的信息，加之大量的业内数据和主观判断，来确定债务成本和权益成本在目标分公司中的权重，由此确定其资本结构。

3）采用乘数法估算分公司价值

对分公司运用乘数法，关键的问题是要找到与其业务类似的一组可比公司，但在很多情况下，要找到这样的可比公司还是非常困难的。更进一步，即使我们找到了合适的可比公司，在运用乘数法得出结论之前，还是需要对目标分公司的财务状况进行调整。与自由现金流量折现法一样，我们要使得目标分公司的收益和成本之间能够匹配，剔除掉那些属于总公司或者其他分公司的收益或者成本，并加上分摊到的总公司的收益和成本。经过这样的处理之后，我们才能运用乘数法得到可靠的结论，否则我们的估计就会出现错误。

基本训练

第14章基本训练

附录一

现值、终值表

附表一　　　　复利终值系数表（F/P，r，n）=（1+r）^{n}

n \ r	1	2	3	4	5	6	7	8	9	10	11	12	13	14	n \ r
1%	1.01000	1.02010	1.03030	1.04060	1.05101	1.06152	1.07214	1.08286	1.09369	1.10462	1.11567	1.12683	1.13809	1.14947	1%
2%	1.02000	1.04040	1.06121	1.08243	1.10408	1.12616	1.14869	1.17166	1.19509	1.21899	1.24337	1.26824	1.29361	1.31948	2%
3%	1.03000	1.06090	1.09273	1.12551	1.15927	1.19405	1.2297	1.26677	1.30477	1.34392	1.38423	1.42576	1.46853	1.51259	3%
4%	1.04000	1.08160	1.12486	1.16986	1.21665	1.26532	1.31593	1.36857	1.42331	1.48024	1.53945	1.60103	1.66507	1.73168	4%
5%	1.05000	1.10250	1.15763	1.21551	1.27628	1.34010	1.40710	1.47746	1.55133	1.62889	1.71034	1.79586	1.88565	1.97993	5%
6%	1.06000	1.12360	1.19102	1.26248	1.33823	1.41852	1.50363	1.59385	1.68948	1.79085	1.89830	2.01220	2.13293	2.26090	6%
7%	1.07000	1.14490	1.22504	1.31080	1.40255	1.50073	1.60578	1.71819	1.83846	1.96715	2.10485	2.25219	2.40985	2.57853	7%
8%	1.08000	1.16640	1.25971	1.36049	1.46933	1.58687	1.71382	1.85093	1.99900	2.15892	2.33164	2.51817	2.71962	2.93719	8%
9%	1.09000	1.18810	1.29503	1.41158	1.53862	1.67710	1.82804	1.99256	2.17189	2.36736	2.58043	2.81266	3.06580	3.34173	9%
10%	1.10000	1.21000	1.33100	1.46410	1.61051	1.77156	1.94872	2.14359	2.35795	2.59374	2.85312	3.13843	3.45227	3.79750	10%
12%	1.12000	1.25440	1.40493	1.57352	1.76234	1.97382	2.21068	2.47596	2.77308	3.10585	3.47855	3.89598	4.36349	4.88711	12%
14%	1.14000	1.29960	1.48154	1.68896	1.92541	2.19497	2.50227	2.85259	3.25195	3.70722	4.22623	4.81790	5.49241	6.26135	14%
16%	1.16000	1.34560	1.56090	1.81064	2.10034	2.43640	2.82622	3.27841	3.80296	4.41144	5.11726	5.93603	6.88579	7.98752	16%
18%	1.18000	1.39240	1.64303	1.93878	2.28776	2.69955	3.18547	3.75886	4.43545	5.23384	6.17593	7.28759	8.59936	10.1472	18%
20%	1.20000	1.44000	1.72800	2.07360	2.48832	2.98598	3.58318	4.29982	5.15978	6.19174	7.43008	8.91610	10.6993	12.8392	20%
24%	1.24000	1.53760	1.90662	2.36421	2.93163	3.63522	4.50767	5.58951	6.93099	8.59443	10.6571	13.2148	16.3863	20.3191	24%
28%	1.28000	1.63840	2.09715	2.68435	3.43597	4.39805	5.62950	7.20576	9.22337	11.8059	15.1116	19.3428	24.7588	31.6913	28%
32%	1.32000	1.74240	2.29997	3.03596	4.00746	5.28985	6.98261	9.21704	12.1665	16.0598	21.1989	27.9825	36.9370	48.7568	32%
36%	1.36000	1.84960	2.51546	3.42102	4.65259	6.32752	8.60543	11.7034	15.9166	21.6466	29.4393	40.0375	54.4510	74.0534	36%
40%	1.40000	1.96000	2.74400	3.84160	5.37824	7.52954	10.5414	14.7579	20.6610	28.9255	40.4957	56.6939	79.3715	111.120	40%
50%	1.50000	2.25000	3.37500	5.06250	7.59375	11.3906	17.0859	25.6289	38.4434	57.6650	86.4976	129.746	194.620	291.929	50%

续表

n / r	15	16	17	18	19	20	21	22	23	24	25	26	27	28	n / r
1%	1.16097	1.17258	1.18430	1.19615	1.20811	1.22019	1.23239	1.24472	1.25716	1.26973	1.28243	1.29526	1.30821	1.32129	1%
2%	1.34587	1.37279	1.40024	1.42825	1.45681	1.48595	1.51567	1.54598	1.57690	1.60844	1.64061	1.67342	1.70689	1.74102	2%
3%	1.55797	1.60471	1.65285	1.70243	1.75351	1.80611	1.86029	1.91610	1.97359	2.03279	2.09378	2.15659	2.22129	2.28793	3%
4%	1.80094	1.87298	1.94790	2.02582	2.10685	2.19112	2.27877	2.36992	2.46472	2.56330	2.66584	2.77247	2.88337	2.99870	4%
5%	2.07893	2.18287	2.29202	2.40662	2.52695	2.65330	2.78596	2.92526	3.07152	3.22510	3.38635	3.55567	3.73346	3.92013	5%
6%	2.39656	2.54035	2.69277	2.85434	3.02560	3.20714	3.39956	3.60354	3.81975	4.04893	4.29187	4.54938	4.82235	5.11169	6%
7%	2.75903	2.95216	3.15882	3.37993	3.61653	3.86968	4.14056	4.43040	4.74053	5.07237	5.42743	5.80735	6.21387	6.64884	7%
8%	3.17217	3.42594	3.70002	3.99602	4.31570	4.66096	5.03383	5.43654	5.87146	6.34118	6.84848	7.39635	7.98806	8.62711	8%
9%	3.64248	3.97031	4.32763	4.71712	5.14166	5.60441	6.10881	6.65860	7.25787	7.91108	8.62308	9.39916	10.2451	11.1671	9%
10%	4.17725	4.59497	5.05447	5.55992	6.11591	6.72750	7.4025	8.14027	8.95430	9.84973	10.8347	11.9182	13.1100	14.4210	10%
12%	5.47357	6.13039	6.86604	7.68997	8.61276	9.64629	10.8038	12.1003	13.5523	15.1786	17.0001	19.0401	21.3249	23.8839	12%
14%	7.13794	8.13725	9.27646	10.5752	12.0557	13.7435	15.6676	17.8610	20.3616	23.2122	26.4619	30.1666	34.3899	39.2045	14%
16%	9.26552	10.7480	12.4677	14.4625	16.7765	19.4608	22.5745	26.1864	30.3762	35.2364	40.8742	47.4141	55.0004	63.8004	16%
18%	11.9737	14.1290	16.6722	19.6733	23.2144	27.3930	32.3238	38.1421	45.0076	53.1090	62.6686	73.9490	87.2598	102.967	18%
20%	15.4070	18.4884	22.1861	26.6233	31.9480	38.3376	46.0051	55.2061	66.2474	79.4968	95.3962	114.475	137.371	164.845	20%
24%	25.1956	31.2426	38.7408	48.0386	59.5679	73.8641	91.5915	113.574	140.831	174.631	216.542	268.512	332.955	412.864	24%
28%	40.5648	51.9230	66.4614	86.0706	108.890	139.380	178.406	228.360	292.300	374.144	478.905	612.998	784.638	1 004.34	28%
32%	64.3590	84.9538	112.139	148.024	195.391	257.916	340.449	449.393	593.199	783.023	1 033.59	1 364.34	1 800.93	2 377.22	32%
36%	100.713	136.969	186.278	253.338	344.540	468.574	637.261	866.674	1 178.68	1 603.00	2 180.08	2 964.91	4 032.28	5 483.90	36%
40%	155.568	217.795	304.913	426.879	597.630	836.683	1 171.36	1 639.90	2 295.86	3 214.20	4 499.88	6 299.83	8 819.76	12 347.7	40%
50%	437.894	656.841	985.261	1 477.89	2 216.84	3 325.26	4 987.89	7 481.83	11 222.7	16 834.1	25 251.2	37 876.8	56 815.1	85 222.7	50%

附表二　　复利现值系数表（P/F，r，n）=（1+r）$^{-n}$

r \ n	1	2	3	4	5	6	7	8	9	10	11	12	13	14	n / r
1%	0.99010	0.98030	0.97059	0.96098	0.95147	0.94205	0.93272	0.92348	0.91434	0.90529	0.89632	0.88745	0.87866	0.86996	1%
2%	0.98039	0.96117	0.94232	0.92385	0.90573	0.88797	0.87056	0.85349	0.83676	0.82035	0.80426	0.78849	0.77303	0.75788	2%
3%	0.97087	0.94260	0.91514	0.88849	0.86261	0.83748	0.81309	0.78941	0.76642	0.74409	0.72242	0.70138	0.68095	0.66112	3%
4%	0.96154	0.92456	0.88900	0.85480	0.82193	0.79031	0.75992	0.73069	0.70259	0.67556	0.64958	0.62460	0.60057	0.57748	4%
5%	0.95238	0.90703	0.86384	0.82270	0.78353	0.74622	0.71068	0.67684	0.64461	0.61391	0.58468	0.55684	0.53032	0.50507	5%
6%	0.94340	0.89000	0.83962	0.79209	0.74726	0.70496	0.66506	0.62741	0.59190	0.55839	0.52679	0.49697	0.46884	0.44230	6%
7%	0.93458	0.87344	0.81630	0.76290	0.71299	0.66634	0.62275	0.58201	0.54393	0.50835	0.47509	0.44401	0.41496	0.38782	7%
8%	0.92593	0.85734	0.79383	0.73503	0.68058	0.63017	0.58349	0.54027	0.50025	0.46319	0.42888	0.39711	0.36770	0.34046	8%
9%	0.91743	0.84168	0.77218	0.70843	0.64993	0.59627	0.54703	0.50187	0.46043	0.42241	0.38753	0.35553	0.32618	0.29925	9%
10%	0.90909	0.82645	0.75131	0.68301	0.62092	0.56447	0.51316	0.46651	0.42410	0.38554	0.35049	0.31863	0.28966	0.26333	10%
12%	0.89286	0.79719	0.71178	0.63552	0.56743	0.50663	0.45235	0.40388	0.36061	0.32197	0.28748	0.25668	0.22917	0.20462	12%
14%	0.87719	0.76947	0.67497	0.59208	0.51937	0.45559	0.39964	0.35056	0.30751	0.26974	0.23662	0.20756	0.18207	0.15971	14%
16%	0.86207	0.74316	0.64066	0.55229	0.47611	0.41044	0.35383	0.30503	0.26295	0.22668	0.19542	0.16846	0.14523	0.12520	16%
18%	0.84746	0.71818	0.60863	0.51579	0.43711	0.37043	0.31393	0.26604	0.22546	0.19106	0.16192	0.13722	0.11629	0.09855	18%
20%	0.83333	0.69444	0.57870	0.48225	0.40188	0.33490	0.27908	0.23257	0.19381	0.16151	0.13459	0.11216	0.09346	0.07789	20%
22%	0.81967	0.67186	0.55071	0.45140	0.37000	0.30328	0.24859	0.20376	0.16702	0.13690	0.11221	0.09198	0.07539	0.06180	22%
24%	0.80645	0.65036	0.52449	0.42297	0.34111	0.27509	0.22184	0.17891	0.14428	0.11635	0.09383	0.07567	0.06103	0.04921	24%
26%	0.79365	0.62988	0.49991	0.39675	0.31488	0.24991	0.19834	0.15741	0.12493	0.09915	0.07869	0.06245	0.04957	0.03934	26%
28%	0.78125	0.61035	0.47684	0.37253	0.29104	0.22737	0.17764	0.13878	0.10842	0.08470	0.06617	0.05170	0.04039	0.03155	28%
30%	0.76923	0.59172	0.45517	0.35013	0.26933	0.20718	0.15937	0.1259	0.09430	0.07254	0.05580	0.04292	0.03302	0.02540	30%
35%	0.74074	0.54870	0.40644	0.30107	0.22301	0.16520	0.12237	0.09064	0.06714	0.04974	0.03684	0.02729	0.02021	0.01497	35%

续表

r \ n	15	16	17	18	19	20	21	22	23	24	25	26	27	28	n / r
1%	0.86135	0.85282	0.84438	0.83602	0.82774	0.81954	0.81143	0.80340	0.79544	0.78757	0.77977	0.77205	0.76440	0.75684	1%
2%	0.74301	0.72845	0.71416	0.70016	0.68643	0.67297	0.65978	0.64684	0.63416	0.62172	0.6095	0.59758	0.58586	0.57437	2%
3%	0.64186	0.62317	0.60502	0.58739	0.57029	0.55368	0.53755	0.52189	0.50669	0.49193	0.47761	0.46369	0.45019	0.43708	3%
4%	0.55526	0.53391	0.51337	0.49363	0.47464	0.45639	0.43883	0.42196	0.40573	0.39012	0.37512	0.36069	0.34682	0.33348	4%
5%	0.48102	0.45811	0.43630	0.41552	0.39573	0.37689	0.35894	0.34185	0.32557	0.31007	0.29530	0.28124	0.26785	0.25509	5%
6%	0.41727	0.39365	0.37136	0.35034	0.33051	0.31180	0.29416	0.27751	0.26180	0.24698	0.23300	0.21981	0.20737	0.19563	6%
7%	0.36245	0.33873	0.31657	0.29586	0.27651	0.25842	0.24151	0.22571	0.21095	0.19715	0.18425	0.17220	0.16093	0.15040	7%
8%	0.31524	0.29189	0.27027	0.25025	0.23171	0.21455	0.19866	0.18394	0.17032	0.15770	0.14602	0.13520	0.12519	0.11591	8%
9%	0.27454	0.25187	0.23107	0.21199	0.19449	0.17843	0.16370	0.15018	0.13778	0.12640	0.11597	0.10639	0.09761	0.08955	9%
10%	0.23939	0.21763	0.19784	0.17986	0.16351	0.14864	0.13513	0.12285	0.11168	0.10153	0.09230	0.08391	0.07628	0.06934	10%
12%	0.18270	0.16312	0.14564	0.13004	0.11611	0.10367	0.09256	0.08264	0.07379	0.06588	0.05882	0.05252	0.04689	0.04187	12%
14%	0.14010	0.12289	0.10780	0.09456	0.08295	0.07276	0.06383	0.05599	0.04911	0.04308	0.03779	0.03315	0.02908	0.02551	14%
16%	0.10793	0.09304	0.08021	0.06914	0.05961	0.05139	0.04430	0.03819	0.03292	0.02838	0.02447	0.02109	0.01818	0.01567	16%
18%	0.08352	0.07078	0.05998	0.05083	0.04308	0.03651	0.03094	0.02622	0.02222	0.01883	0.01596	0.01352	0.01146	0.00971	18%
20%	0.06491	0.05409	0.04507	0.03756	0.03130	0.02608	0.02174	0.01811	0.01509	0.01258	0.01048	0.00874	0.00728	0.00607	20%
22%	0.05065	0.04152	0.03403	0.02789	0.02286	0.01874	0.01536	0.01259	0.01032	0.00846	0.00693	0.00568	0.00466	0.00382	22%
24%	0.03969	0.03201	0.02581	0.02082	0.01679	0.01354	0.01092	0.00880	0.00710	0.00573	0.00462	0.00372	0.00300	0.00242	24%
26%	0.03122	0.02478	0.01967	0.01561	0.01239	0.00983	0.00780	0.00619	0.00491	0.00390	0.00310	0.00246	0.00195	0.00155	26%
28%	0.02465	0.01926	0.01505	0.01175	0.00918	0.00717	0.00561	0.00438	0.00342	0.00267	0.00209	0.00163	0.00127	0.00100	28%
30%	0.01954	0.01503	0.01156	0.00889	0.00684	0.00526	0.00405	0.00311	0.00239	0.00184	0.00142	0.00109	0.00084	0.00065	30%
35%	0.01109	0.00822	0.00609	0.00451	0.00334	0.00247	0.00183	0.00136	0.00101	0.00074	0.00055	0.00041	0.00030	0.00022	35%

附表三　　年金终值系数表 $(F/A, r, n) = [(1+i)^n - 1]/r$

r \ n	1	2	3	4	5	6	7	8	9	10	11	12	13	14	n / r
1%	1.00000	2.01000	3.03010	4.06040	5.10101	6.15202	7.21354	8.28567	9.36853	10.4622	11.5668	12.6825	13.8093	14.9474	1%
2%	1.00000	2.02000	3.06040	4.12161	5.20404	6.30812	7.43428	8.58297	9.75463	10.9497	12.1687	13.4121	14.6803	15.9739	2%
3%	1.00000	2.03000	3.09090	4.18363	5.30914	6.46841	7.66246	8.59234	10.1591	11.4639	12.8078	14.1920	15.6178	17.0863	3%
4%	1.00000	2.04000	3.12160	4.24646	5.41632	6.63298	7.89829	9.21423	10.5828	12.0061	13.4864	15.0258	16.6268	18.2919	4%
5%	1.00000	2.05000	3.15250	4.31012	5.52563	6.80191	8.14201	9.54911	11.0266	12.5779	14.2068	15.9171	17.7130	19.5986	5%
6%	1.00000	2.06000	3.18360	4.37462	5.63709	6.97532	8.39384	9.89747	11.4913	13.1808	14.9716	16.8699	18.8821	21.0151	6%
7%	1.00000	2.07000	3.21490	4.43994	5.75074	7.15329	8.65402	10.2598	11.9780	13.8164	15.7836	17.8885	20.1406	22.5505	7%
8%	1.00000	2.08000	3.24640	4.50611	5.86660	7.33593	8.92280	10.6366	12.4876	14.4866	16.6455	18.9771	21.4953	24.2149	8%
9%	1.00000	2.09000	3.27810	4.57313	5.98471	7.52333	9.20043	11.0285	13.0210	15.1929	17.5603	20.1407	22.9534	26.0192	9%
10%	1.00000	2.10000	3.31000	4.64100	6.10510	7.71561	9.48717	11.4359	13.5795	15.9374	18.5312	21.3843	24.5227	27.9750	10%
12%	1.00000	2.12000	3.37440	4.77933	6.35285	8.11519	10.0890	12.2997	14.7757	17.5487	20.6546	24.1331	28.0291	32.3926	12%
14%	1.00000	2.14000	3.43960	4.92114	6.61010	8.53552	10.7305	13.2328	16.0853	19.3373	23.0445	27.2707	32.0887	37.5811	14%
16%	1.00000	2.16000	3.50560	5.06650	6.87714	8.97748	11.4139	14.2401	17.5185	21.3215	25.7329	30.8502	36.7862	43.6720	16%
18%	1.00000	2.18000	3.57240	5.21543	7.15421	9.44197	12.1415	15.3270	19.0859	23.5213	28.7551	34.9311	42.2187	50.8180	18%
20%	1.00000	2.20000	3.64000	5.36800	7.44160	9.92992	12.9159	16.4991	20.7989	25.9587	32.1504	39.5805	48.4966	59.1959	20%
22%	1.00000	2.22000	3.70840	5.52425	7.73958	10.4423	13.7396	17.7623	22.6700	28.6574	35.9620	44.8737	55.7459	69.0100	22%
24%	1.00000	2.24000	3.77760	5.68422	8.04844	10.9801	14.6153	19.1229	24.7125	31.6434	40.2379	50.8950	64.1097	80.4961	24%
26%	1.00000	2.26000	3.84760	5.84798	8.36845	11.5442	15.5458	20.5876	26.9404	34.9449	45.0306	57.7386	73.7506	93.9258	26%
28%	1.00000	2.28000	3.94840	6.01555	8.69991	12.1359	16.5339	22.1634	29.3692	38.5926	50.3985	65.5100	84.8529	109.612	28%
30%	1.00000	2.30000	3.99000	6.18700	9.04310	12.7560	17.5828	23.8577	32.0150	42.6195	56.4053	74.3270	97.6250	127.913	30%
35%	1.00000	2.35000	4.17250	6.63288	9.95438	14.4384	0.4919	28.6640	39.6964	4.5902	74.6967	101.841	138.485	187.954	35%

续表

n / r	15	16	17	18	19	20	21	22	23	24	25	26	27	28	n / r
1%	16.0969	17.2579	18.4304	19.6147	20.8109	22.0190	23.2392	24.4716	25.7163	26.9735	28.2432	29.5256	30.8209	32.1291	1%
2%	17.2934	18.6393	20.0121	21.4123	22.8406	24.2974	25.7833	27.2990	28.8450	30.4219	32.0303	33.6709	35.3443	37.0512	2%
3%	18.5989	20.1569	21.7616	23.4144	25.1169	26.8704	28.6765	30.5368	32.4529	34.4265	36.4593	38.5530	40.7096	42.9309	3%
4%	20.0236	21.8245	23.6975	25.6454	27.6712	29.7781	31.9692	34.2480	36.6179	39.0826	41.6459	44.3117	47.0842	49.9676	4%
5%	21.5786	23.6755	25.8404	28.1324	30.5390	33.0660	35.7193	38.5052	41.4305	44.5020	47.7271	51.1135	54.6691	58.4026	5%
6%	23.2760	25.6725	28.2129	30.9057	33.7600	36.7856	39.9927	43.3923	46.9958	50.8156	54.8645	59.1564	63.7058	68.5281	6%
7%	25.1290	27.8880	30.8402	33.9990	37.3790	40.9955	44.8652	49.0057	53.4361	58.1767	63.2490	68.6765	74.4838	80.6977	7%
8%	27.1521	30.3243	33.7502	37.4502	41.4463	45.7620	50.4229	55.4568	60.8933	66.7648	73.1059	79.9544	87.3508	95.3388	8%
9%	29.3609	33.0034	36.9737	41.3013	46.0185	51.1601	56.7645	62.8733	69.5319	76.7898	84.7009	93.3240	102.723	112.968	9%
10%	31.7725	35.9497	40.5447	45.5992	51.1591	57.2750	64.0025	71.4027	79.5430	88.4973	98.3471	109.182	121.100	134.210	10%
12%	37.2797	42.7533	48.8837	55.7497	63.4397	72.0524	81.6987	92.5026	104.603	118.155	133.334	150.334	169.374	190.699	12%
14%	43.8424	50.9804	59.1176	68.3941	78.9692	91.0249	104.768	120.436	138.297	158.659	181.871	208.333	238.499	272.889	14%
16%	51.6595	60.9250	71.6730	84.1407	98.6032	115.380	134.841	157.415	183.601	213.978	249.214	290.088	337.502	392.503	16%
18%	60.6953	72.9390	87.0680	103.740	123.414	146.628	174.021	206.345	244.487	289.494	342.603	405.272	479.221	566.481	18%
20%	72.0351	87.4421	105.931	128.117	154.740	186.688	225.026	271.031	326.237	392.484	471.981	567.377	681.853	819.223	20%
22%	85.1922	104.935	129.020	158.405	194.254	237.989	291.347	356.443	435.861	532.750	650.955	795.165	971.102	1 185.74	22%
24%	100.815	126.011	157.253	195.994	244.033	303.601	377.465	469.056	582.630	723.461	898.092	1 114.63	1 383.15	1 716.10	24%
26%	119.347	151.377	191.735	242.585	306.658	387.389	489.110	617.278	778.771	982.251	1 238.64	1 561.68	1 968.72	2 481.59	26%
28%	141.303	181.868	233.791	300.252	385.323	494.213	633.593	811.999	1 040.36	1 332.66	1 706.80	2 185.71	2 798.71	3 583.34	28%
30%	167.286	218.472	285.014	371.518	483.973	630.165	820.215	1 067.28	1 388.46	1 806.00	2 348.80	3 054.44	3 971.78	5 164.31	30%
35%	254.738	344.897	466.611	630.925	852.748	1 152.21	1 556.48	2 102.25	2 839.04	3 833.71	5 176.50	6 989.28	9 436.53	12 740.3	35%

附表四　　**年金现值系数表 (P/A, r, n) = $[1-(1+r)^{-n}]/r$**

r \ n	1	2	3	4	5	6	7	8	9	10	11	12	13	14	n / r
1%	0.99010	1.97040	2.94099	3.90197	4.85343	5.79548	6.72819	7.65168	8.56602	9.47130	10.3676	11.2551	12.1337	13.0037	1%
2%	0.98039	1.94156	2.88388	3.80773	4.71346	5.60143	6.47199	7.32548	8.16224	8.98259	9.78685	10.5753	11.3484	12.1062	2%
3%	0.97087	1.91347	2.82861	3.71710	4.57971	5.41719	6.23028	7.01969	7.78611	8.53020	9.25262	9.95400	10.6350	11.2961	3%
4%	0.96154	1.88610	2.77509	3.62990	4.45182	5.24214	6.00206	6.73275	7.43533	8.11090	8.76048	9.38507	9.98565	10.5631	4%
5%	0.95238	1.85941	2.72325	3.54595	4.32948	5.07569	5.78637	6.46321	7.10782	7.72173	8.30641	8.86325	9.39357	9.89864	5%
6%	0.94340	1.83339	2.67301	3.46511	4.21236	4.91732	5.58238	6.20979	6.80169	7.36009	7.88687	8.38384	8.85268	9.29498	6%
7%	0.93458	1.80802	2.62432	3.38721	4.10020	4.76654	5.38929	5.97130	6.51523	7.02358	7.49867	7.94269	8.35765	8.74547	7%
8%	0.92593	1.78326	2.57710	3.31213	3.99271	4.62288	5.20637	5.74664	6.24689	6.71008	7.13896	7.53608	7.90378	8.24424	8%
9%	0.91743	1.75911	2.53130	3.23972	3.88965	4.48592	5.03295	5.53482	5.99525	6.41766	6.80519	7.16073	7.48690	7.78615	9%
10%	0.90909	1.73554	2.48685	3.16987	3.79079	4.35526	4.86842	5.33493	5.75902	6.14457	6.49506	6.81369	7.10336	7.36669	10%
12%	0.89286	1.69005	2.40183	3.03735	3.60478	4.11141	4.56376	4.96764	5.32825	5.65022	5.93770	6.19437	6.42355	6.62817	12%
14%	0.87719	1.64666	2.32163	2.91371	3.43308	3.88867	4.28830	4.63886	4.94637	5.21612	5.45273	5.66029	5.84236	6.00207	14%
16%	0.86207	1.60523	2.24589	2.79818	3.27429	3.68474	4.03857	4.34359	4.60654	4.83323	5.02864	5.19711	5.34233	5.46753	16%
18%	0.84746	1.56564	2.17427	2.69006	3.12717	3.49760	3.81153	4.07757	4.30302	4.49409	4.65601	4.79322	4.90951	5.00806	18%
20%	0.83333	1.52778	2.10648	2.58873	2.99061	3.32551	3.60459	3.83716	4.03097	4.19247	4.32706	4.43922	4.53268	4.61057	20%
22%	0.81967	1.49154	2.04224	2.49364	2.86364	3.16692	3.41551	3.61927	3.78628	3.92318	4.03540	4.12737	4.20277	4.26456	22%
24%	0.80645	1.45682	1.98130	2.40428	2.74538	3.02047	3.24232	3.42122	3.56550	3.68186	3.77569	3.85136	3.91239	3.96160	24%
26%	0.79365	1.42353	1.92344	2.32019	2.63507	2.88498	3.08331	3.24073	3.36566	3.46481	3.54350	3.60595	3.65552	3.69485	26%
28%	0.78125	1.39160	1.86844	2.24097	2.53201	2.75938	2.93702	3.07579	3.18421	3.26892	3.33509	3.38679	3.42718	3.45873	28%
30%	0.76923	1.36095	1.81611	2.16624	2.43557	2.64275	2.80211	2.92470	3.01900	3.09154	3.14734	3.19026	3.22328	3.24867	30%
35%	0.74074	1.28944	1.69588	1.99695	2.21996	2.38516	2.50752	2.59817	2.66531	2.71504	2.75188	2.77947	2.79939	2.81436	35%

续表

r \ n	15	16	17	18	19	20	21	22	23	24	25	26	27	28	n / r
1%	13.8651	14.7179	15.5623	16.3983	17.2260	18.0456	18.8570	19.6604	20.4558	21.2434	22.0232	22.7952	23.5596	24.3164	1%
2%	12.8493	13.5778	14.2919	14.9920	15.6785	16.3514	17.0112	17.6580	18.2922	18.9139	19.5235	20.1210	20.7069	21.2813	2%
3%	11.9379	12.5611	13.1661	13.7535	14.3238	14.8775	15.4150	15.9369	16.4436	16.9355	17.4131	17.8768	18.3270	18.7641	3%
4%	11.1184	11.6523	12.1657	12.6593	13.1339	13.5903	14.0292	14.4511	14.8568	15.2420	15.6221	15.9828	16.3296	16.6631	4%
5%	10.3797	10.8378	11.2741	11.6896	12.0853	12.4622	12.8212	13.1630	13.4886	13.7986	14.0939	14.3752	14.6430	14.8981	5%
6%	9.71225	10.1059	10.4773	10.8276	11.1581	11.4699	11.7641	12.0416	12.3034	12.5504	12.7834	13.0032	13.2105	13.4062	6%
7%	9.10791	9.44665	9.76322	10.0591	10.3356	10.5940	10.8355	11.0612	11.2722	11.4693	11.6536	11.8258	11.9867	12.1371	7%
8%	8.55948	8.85137	9.12164	9.37189	9.60360	9.81815	10.0168	10.2007	10.3711	10.5288	10.6748	10.8100	10.9352	11.0511	8%
9%	8.06069	8.31256	8.54363	8.75563	8.95011	9.12855	9.29224	9.44243	9.58021	9.70661	9.82258	9.92897	10.0266	10.1161	9%
10%	7.60608	7.82371	8.02155	8.20141	8.36492	8.51356	8.64869	8.77154	8.88322	8.98474	9.07704	9.16095	9.23722	9.30657	10%
12%	6.81086	6.97399	7.11963	7.24967	7.36578	7.46944	7.56200	7.64465	7.71843	7.78432	7.84314	7.89566	7.94255	7.98442	12%
14%	6.14217	6.26506	6.37286	6.46742	6.55037	6.62313	6.68696	6.74294	6.79206	6.83514	6.87293	6.90608	6.93515	6.96066	14%
16%	5.57546	5.66850	5.74870	5.81785	5.87746	5.92884	5.97314	6.01133	6.04425	6.07263	6.09709	6.11818	6.13636	6.15204	16%
18%	5.09158	5.16235	5.22233	5.27316	5.31624	5.35275	5.38368	5.40990	5.43212	5.45095	5.46691	5.48043	5.49189	5.50160	18%
20%	4.67547	4.72956	4.77463	4.81219	4.84350	4.86958	4.89132	4.90943	4.92453	4.93710	4.94759	4.95632	4.96360	4.96967	20%
22%	4.31552	4.35673	4.39077	4.41866	4.44152	4.46027	4.47563	4.48822	4.49854	4.50700	4.51393	4.51962	4.52428	4.52810	22%
24%	4.00129	4.03330	4.05911	4.07993	4.09672	4.11026	4.12117	4.12998	4.13708	4.14281	4.14743	4.15115	4.15415	4.15657	24%
26%	3.72607	3.75085	3.77052	3.78613	3.79851	3.80834	3.81615	3.82234	3.82725	3.83115	3.83425	3.83670	3.83865	3.84020	26%
28%	3.48339	3.50265	3.51769	3.52945	3.53863	3.54580	3.55141	3.55579	3.55921	3.56188	3.56397	3.56560	3.56688	3.56787	28%
30%	3.26821	3.28324	3.29480	3.30369	3.31053	3.31579	3.31984	3.32296	3.32535	3.32719	3.32861	3.32970	3.33054	3.33118	30%
35%	2.82545	2.83367	2.83975	2.84426	2.84760	2.85008	2.85191	2.85326	2.85427	2.85502	2.85557	2.85598	2.85628	2.85650	35%

附录二

正态分布曲线面积

正态分布曲线面积

Z	0.00	0.01	0.02	0.03	0.04	0.05	0.06	0.07	0.08	0.09
0.00	0.0	0.0040	0.0080	0.0120	0.0160	0.0199	0.0239	0.0279	0.0319	0.0359
0.10	0.0398	0.0438	0.0478	0.0517	0.0557	0.0596	0.0636	0.0675	0.0714	0.0753
0.20	0.0793	0.0832	0.0871	0.0910	0.0948	0.0987	0.1026	0.1064	0.1103	0.1141
0.30	0.1179	0.1217	0.1255	0.1293	0.1331	0.1368	0.1406	0.1443	0.1480	0.1517
0.40	0.1554	0.1594	0.1628	0.1661	0.1700	0.1736	0.1772	0.1808	0.1844	0.1879
0.50	0.1915	0.1950	0.1985	0.2010	0.2054	0.2088	0.2133	0.2157	0.2190	0.2224
0.60	0.2257	0.2291	0.2324	0.2357	0.2389	0.2422	0.2454	0.2486	0.2517	0.2549
0.70	0.2580	0.2611	0.2642	0.2673	0.2703	0.2734	0.2764	0.2793	0.2823	0.2852
0.80	0.2881	0.2910	0.2939	0.2967	0.2995	0.3023	0.3051	0.3078	0.3106	0.3133
0.90	0.3159	0.3186	0.3212	0.3238	0.3264	0.3289	0.3315	0.3340	0.3365	0.3389
1.00	0.3413	0.3438	0.3461	0.3485	0.3508	0.3531	0.3554	0.3577	0.3599	0.3621
1.10	0.3643	0.3665	0.3686	0.3703	0.3729	0.3749	0.3770	0.3790	0.3810	0.3830
1.20	0.3849	0.3869	0.3888	0.3907	0.3925	0.3943	0.3962	0.3980	0.3997	0.4015
1.30	0.4032	0.4049	0.4066	0.4082	0.4099	0.4115	0.4115	0.4147	0.4162	0.4177
1.40	0.4192	0.4207	0.4222	0.4236	0.4251	0.4265	0.4279	0.4292	0.4306	0.4319
1.50	0.4332	0.4345	0.4357	0.4370	0.4382	0.4394	0.4406	0.4418	0.4429	0.4441
1.60	0.4452	0.4463	0.4474	0.4484	0.4495	0.4550	0.4515	0.4525	0.4535	0.4545

续表

Z	0.00	0.01	0.02	0.03	0.04	0.05	0.06	0.07	0.08	0.09
1.70	0.4554	0.4564	0.4573	0.4582	0.4591	0.4599	0.4608	0.4616	0.4625	0.4633
1.80	0.4641	0.4649	0.4656	0.4664	0.4671	0.4678	0.4686	0.4693	0.4699	0.4706
1.90	0.4713	0.4719	0.4726	0.4732	0.4738	0.4744	0.4750	0.4756	0.4761	0.4767
2.00	0.4772	0.4778	0.4783	0.4788	0.4793	0.4798	0.4803	0.4808	0.4812	0.4812
2.10	0.4821	0.4826	0.4830	0.4834	0.4838	0.4842	0.4846	0.4850	0.4854	0.4857
2.20	0.4861	0.4864	0.4868	0.4871	0.4875	0.4878	0.4881	0.4884	0.4887	0.4890
2.30	0.4893	0.4896	0.4898	0.4901	0.4904	0.4906	0.4909	0.4911	0.4913	0.4916
2.40	0.4918	0.4920	0.4922	0.4925	0.4927	0.4929	0.4931	0.4932	0.4934	0.4936
2.50	0.4938	0.4940	0.4941	0.4943	0.4945	0.4946	0.4948	0.4949	0.4951	0.4952
2.60	0.4953	0.4955	0.4956	0.4957	0.4959	0.4960	0.4961	0.4962	0.4963	0.4964
2.70	0.4965	0.4966	0.4967	0.4968	0.4969	0.4970	0.4971	0.4972	0.4973	0.4974
2.80	0.4974	0.4975	0.4976	0.4977	0.4977	0.4978	0.4979	0.4979	0.4980	0.4981
2.90	0.4981	0.4982	0.4982	0.4983	0.4984	0.4984	0.4985	0.4985	0.4986	0.4986
3.00	0.4986	0.4987	0.4987	0.4988	0.4988	0.4989	0.4989	0.4989	0.4990	0.4990
3.10	0.4990	0.4991	0.4991	0.4991	0.4992	0.4992	0.4992	0.4992	0.4993	0.4993
3.20	0.4993	0.4993	0.4994	0.4994	0.4994	0.4994	0.4994	0.4995	0.4995	0.4995
3.30	0.4995	0.4995	0.4995	0.4996	0.4996	0.4996	0.4996	0.4996	0.4996	0.4997
3.40	0.4997	0.4997	0.4997	0.4997	0.4997	0.4997	0.4997	0.4997	0.4997	0.4998
3.50	0.4998	0.4998	0.4998	0.4998	0.4998	0.4998	0.4998	0.4998	0.4998	0.4998
3.60	0.4998	0.4998	0.4999	0.4999	0.4999	0.4999	0.4999	0.4999	0.4999	0.4999
3.70	0.4999	0.4999	0.4999	0.4999	0.4999	0.4999	0.4999	0.4999	0.4999	0.4999
3.80	0.4999	0.4999	0.4999	0.4999	0.4999	0.4999	0.4999	0.4999	0.4999	0.4999
3.90	0.5000	0.5000	0.5000	0.5000	0.5000	0.5000	0.5000	0.5000	0.5000	0.5000

注：Z为标准差的个数，表中数据是平均数和Z个标准差之间的那部分正态曲线下的总面积。

主要参考文献

［1］中国注册会计师协会．财务成本管理［M］．北京：中国财政经济出版社，2017.

［2］罗斯，威斯特菲尔德，杰富，等．公司理财［M］．吴世农，沈艺峰，王志强，译.11版.北京：机械工业出版社，2017.

［3］中国注册会计师协会．公司战略与风险管理［M］．北京：中国财政经济出版社，2017.

［4］陈在维．资本支出预算［M］．北京：经济科学出版社，2006.

［5］金圣才．公司财务、衍生产品投资、其他金融产品投资［M］．2版．北京：中国石化出版社，2009.

［6］卢家仪，蒋冀．财务管理［M］．3版．北京：清华大学出版社，2006.

［7］马丁，佩顿．价值管理——公司对股东变革的反应［M］．娄芳，译．上海：上海财经大学出版社，2005.

［8］陈国欣．财务管理学［M］．2版．天津：南开大学出版社，2011.

［9］陈玉菁，宋良荣．财务管理［M］．4版．北京：清华大学出版社，2016.

［10］谌勇．现代财务管理［M］．北京：清华大学出版社，2005.

［11］沈艺峰，肖珉，黄娟娟，等．中小投资者法律保护与公司权益资本成本［J］．经济研究，2005（6）：115-124.

［12］肖作平．中国上市公司资本结构影响因素研究——理论和证据［M］．北京：中国财政经济出版社，2005.

［13］熊楚熊，刘传兴．公司中级理财学［M］．2版．上海：立信会计出版社，2016.

［14］阿特勒尔．财务管理基础［M］．赵银德，张华，等，译．3版．北京：机械工业出版社，2004.

［15］拉舍．财务管理实务［M］．陈国欣，等，译．北京：机械工业出版社，2004.

［16］布瑞翰，休斯顿．财务管理基础［M］．3版．胡玉明，译．大连：东北财经大

学出版社，2004.

［17］田辉．乘数估值法在证券市场股权估值中的应用［J］．中国资产评估，2004（5）：19-21.

［18］叶康涛，陆正飞．中国上市公司股权融资成本影响因素分析［J］．管理世界，2004（5）：127-142.

［19］谢剑平．财务管理：新概念与本土化［M］．北京：中国人民大学出版社，2004.

［20］张先治，陈友邦．财务分析［M］．8版．大连：东北财经大学出版社，2017.

［21］贝斯利，布里格姆．财务管理精要［M］．刘爱娟，等，译．12版．北京：机械工业出版社，2003.

［22］科普兰，威斯顿．财务理论与公司政策［M］．宋献中，等，译．大连：东北财经大学出版社，2003.

［23］李常青．股利政策理论与实证研究［M］．北京：中国人民大学出版社，2001.

［24］FERNANDEZ P.Valuation using multiples：How do analysts reach their conclusions?［J］．Research Paper，2002.

［25］KROAJCZYK R A，LEVY A.Capital structure choice：Macroeconomic conditions and financial constraints［J］．Journal of Financial Economics，2003（68）：75-109.

［26］LA-PORTA R，LOPEZ-DE-SILANES F，SHLEIFER A，et al.Legal determinants on external finance［J］．Journal of Finance，1997（52）：1131-1150.

［27］JAGGIA P B，THAKOR A V. Firm - specific human capital and optimal capital structure［J］．International Economic Review，1994（35）：283-308.

［28］ISRAEL R.Capital structure and the market for corporate control：The defensive role of debt financing［J］．The Journal of Finance，1991（46）：1391-1409.

［29］MYERS S C，MAJLUF N S.Corporate financing and investment decisions when firms have information that investors do not have［J］．Journal of Financial Economics，1984（13）：187-221.

［30］SCHWARTZ E，ARONSON J.Some surrogate evidence in support of the concept of optimal financial structure［J］．Journal of Finance，1967（22）：10-18.

［31］SCHWARTZ E.Theory of the capital structure of the firm［J］．Journal of Finance，1963（18）：18-39.